GB

한길그레이트북스

인류의 위대한 지적 유산

GB
한길그레이트북스

인류의위대한지적유산

정약용

경세유표 I

이익성 옮김

한길사

GB
HANGILGREATBOOKS

인류의위대한지적유산

Kyǒngse yup'yo I

Chǒng Yag-yong

Translated by
Lee Ik-sung

Published by
Hangilsa Publishing Co., Ltd.
Seoul, Korea

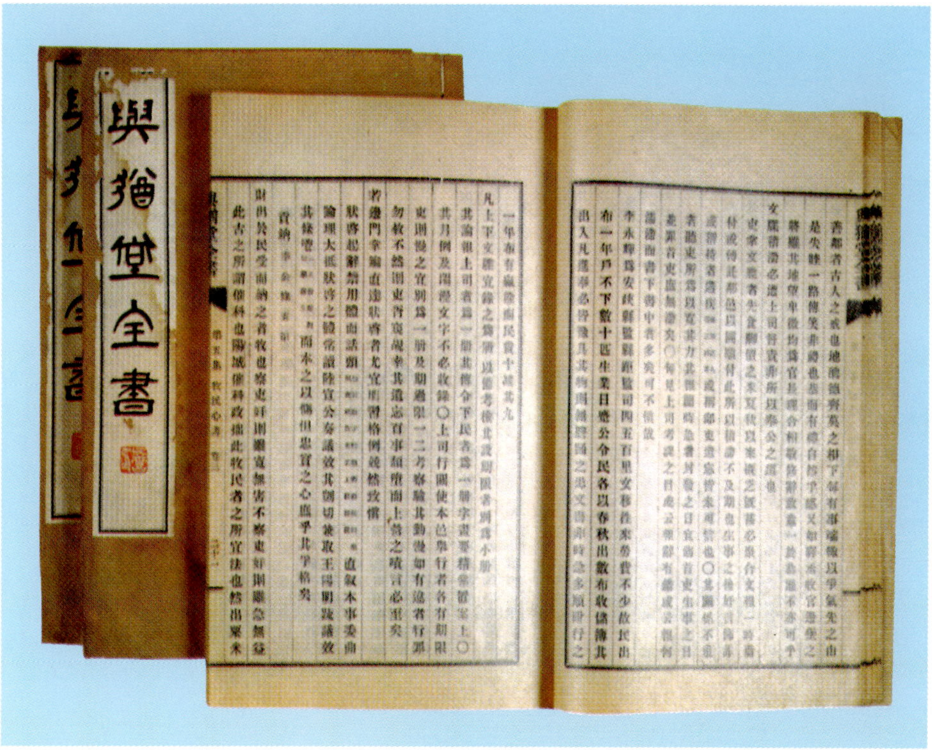

신조선사본(新朝鮮社本) 『여유당전서』.
1934~38년에 걸쳐 발행한 154권 76책의 활자본. 다산의 방대한 저술 중 중요한 내용이 수집 정리되어 있다.

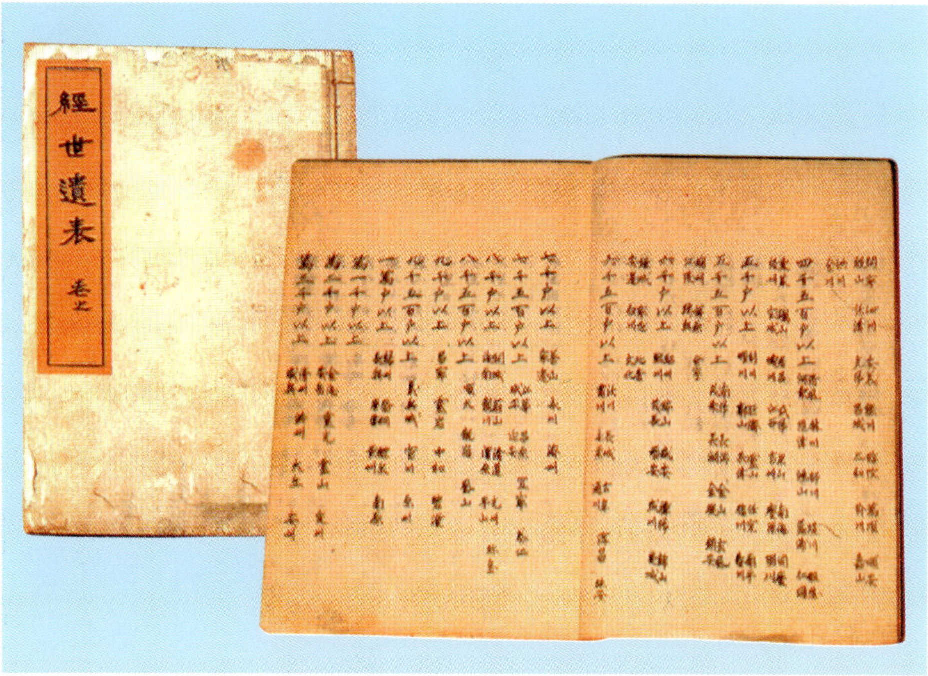

『경세유표』.
『경세유표』 48권은 1817년 정약용이 56세 되는 해에 저술을 시작했는데 끝내지는 못했다.
『경세유표』의 원래 이름은 『방례초본』이었다.
『주례』의 이념에 따라 거기 대비되는, 우리나라를 새로이 경영할 국가제도를 초함으로써 수정과 윤색을 기다려 후에 길이 운용되도록 한다는 뜻에서 다산은 이 책의 제명을 『방례초본』이라고 하였다. 다산은 환갑을 맞아 '한평생을 다시 돌이켜' 새로운 삶의 길로 정진하려고 결심한 1822년에 제명을 『경세유표』로 바꾼 듯하다.

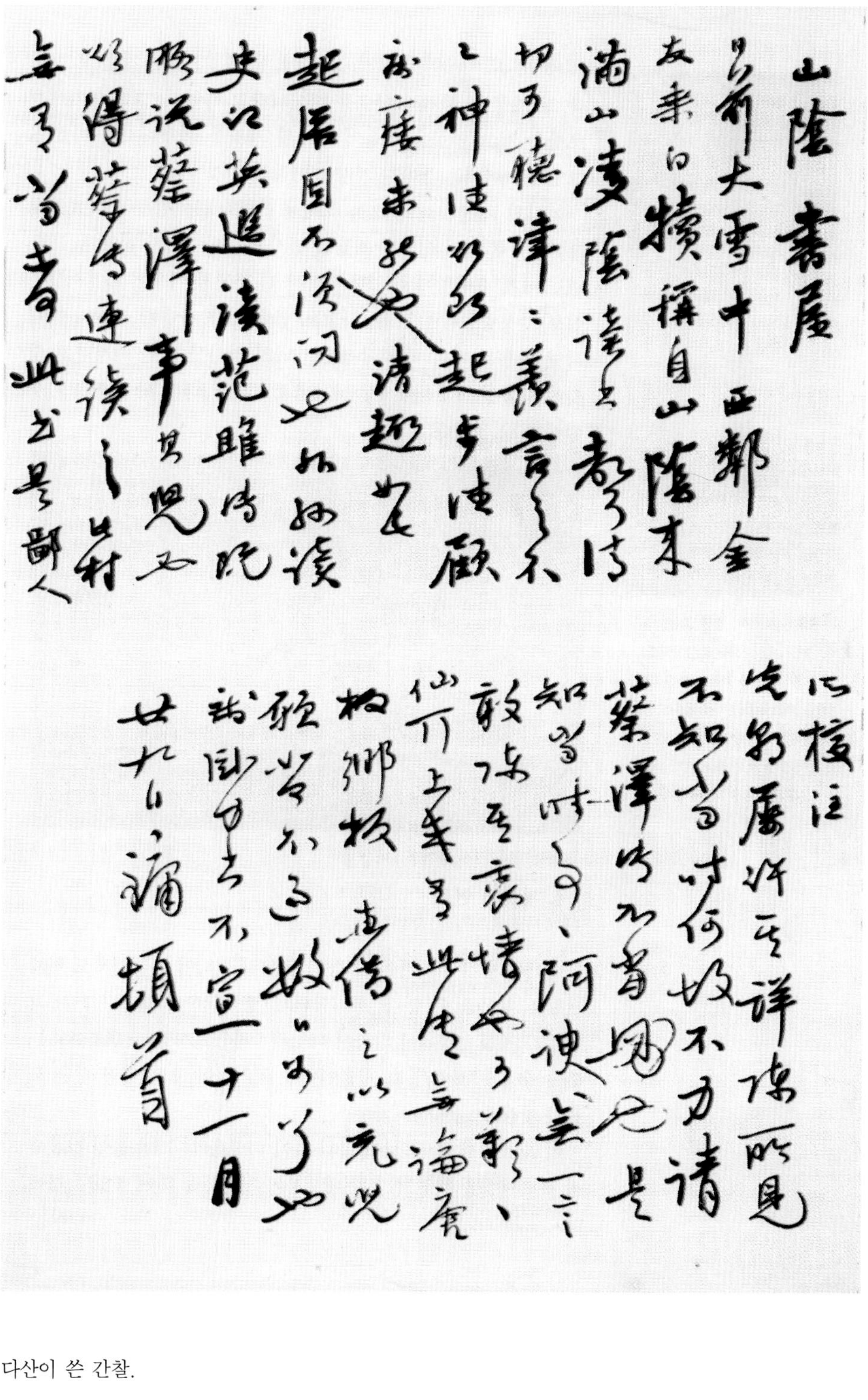

다산이 쓴 간찰.

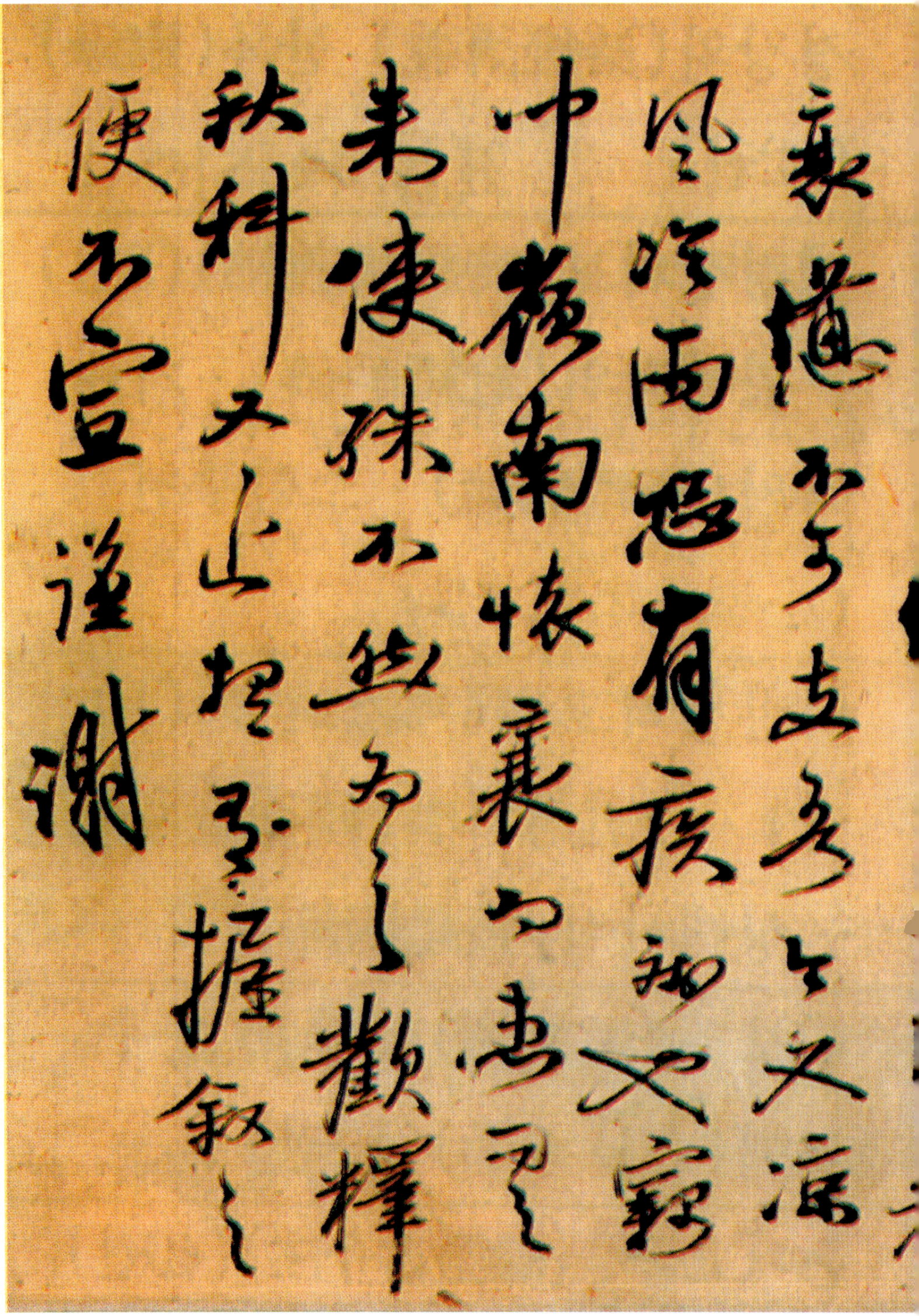

다산이 쓴 간찰.

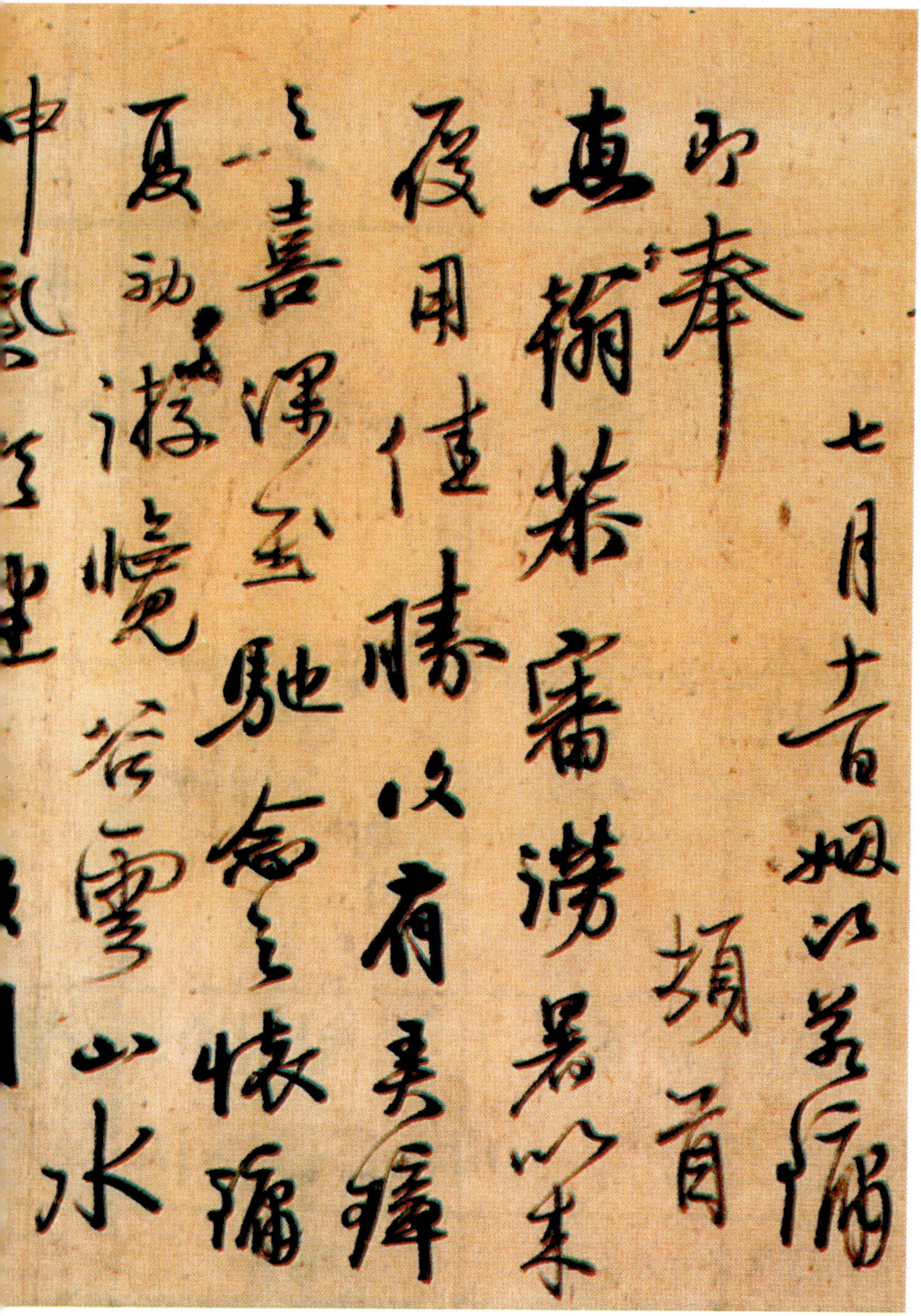
七月十二日
頓首
即奉
溽暑以來
履用佳勝以有美
之喜
馳念之懷
山水

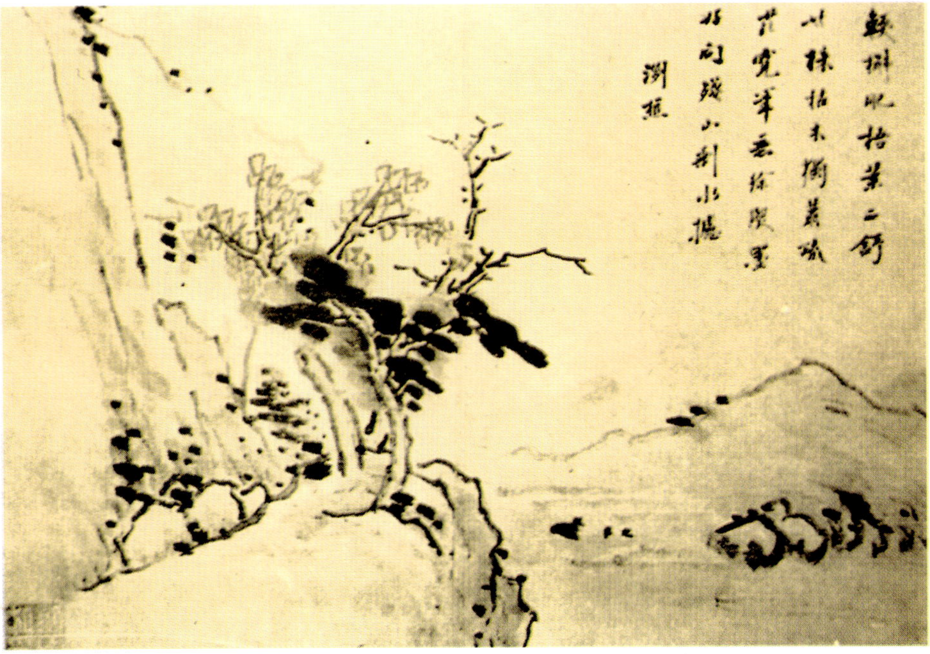

다산이 그린 산수화.
전형적인 문인화로서 다산의 취향의 일면을 볼 수 있다.

다산이 그린 산수화.

「두강승유도」(斗江勝遊圖).
다산의 고향 마현과 한강의 풍광을 이건필(李建弼)이 그린 것이다.

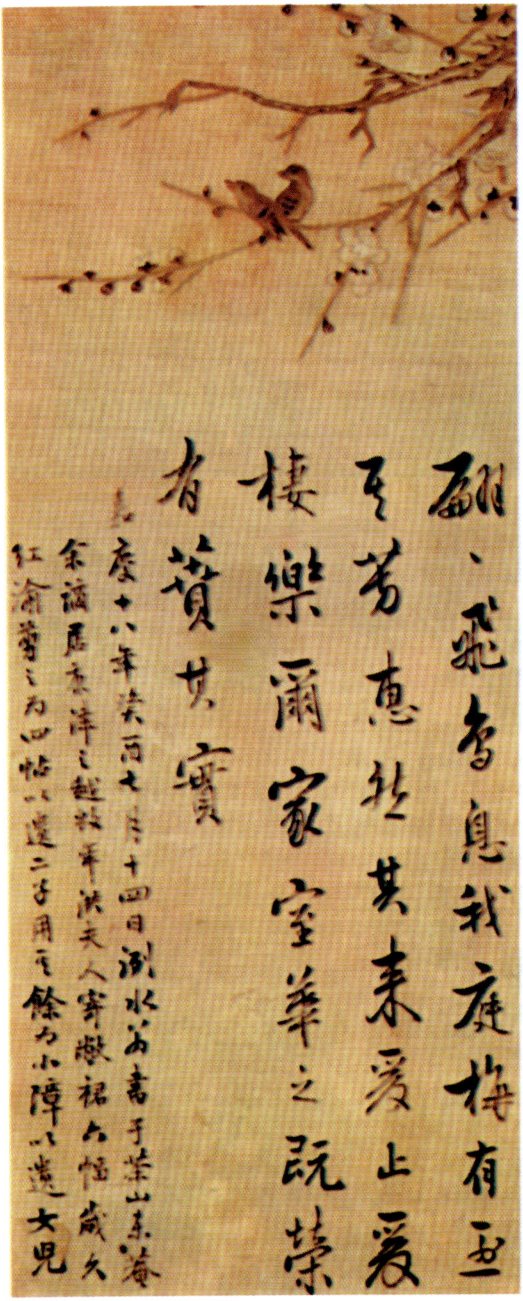

다산이 직접 쓰고 그린 화조도(花鳥圖).
1813년 다산이 강진에 유배되어 있으면서 부인 홍씨가 보내온 헌 치마폭을 찢어 4개의 첩으로 만들고 거기에 그림과 시를 써서 그의 아들과 딸에게 보낸 것이다.

화조도(花鳥圖)의 부분도.

옮긴이 이익성(李翼成, 1917~86)은 경남 밀양에서 태어나
사립 정진학교를 졸업하였다.
옮긴 책으로는 『경세유표』(經世遺表)를 비롯하여
『이익 곽우록』(李瀷 藿憂錄) 『정상기 농포문답』(鄭尙驥 農圃問答)
『이중환 택리지』(李重煥 擇里志) 『우정규 경제야언』(禹禎圭 經濟野言)
『박제가 북학의』(朴齊家 北學議) 『박제형 조선정감』(朴齊炯 朝鮮政鑑) 등이 있으며,
『허균』(許筠) 『김육』(金堉) 『박지원』(朴趾源) 『정약용』(丁若鏞) 등의
편역한 책들이 있는데, 이는 한길사에서 실학사상독본으로 펴낸 바 있다.

GB
한길그레이트북스

인류의위대한지적유산

정약용

경세유표 I

이익성 옮김

한길사

●경세유표 Ⅰ·차례

●경세유표 Ⅱ·차례

●경세유표 Ⅲ · 차례

경세유표 제15권

● 간행사

흔히들, 다산(茶山) 정약용(丁若鏞)을 우리나라 실학(實學)의 집대성자라고 한다. 우리나라 실학은 18세기로 접어들면서 성호(星湖)를 대종(大宗)으로 하는 경세치용파(經世致用派)와 연암(燕岩)을 중심으로 하는 이용후생파(利用厚生派)의 두 갈래가 주류를 이루어왔는데 다산은 성호학통(星湖學統)을 이어 경세치용의 학을 크게 확충하였고 한편으로 연암그룹의 이용후생 방법을 받아들여 과학기술의 이론을 더욱 발전시킴으로써 실학의 일대 회합점(滙合點)을 이룩하였다.

뿐만 아니라 다산은 유교 경전에 대한 참신한 해석으로 실학파의 경학(經學)을 최고 수준으로 끌어올렸다. 그리하여 당시의 석학들인 석천(石泉) 신작(申綽)·대산(臺山) 김매순(金邁淳) 등과 왕복 강론함으로써 우리나라 경학의 새로운 장을 열어놓았다. 이러한 활동은 드디어 19세기 중·후기의 완당(阮堂) 김정희(金正喜)와 같은 경학의 대가를 배출하게 하여 실사구시파가 실학의 한 유파로서 자리잡게 되었다. 완당은 순수 고증학의 견지에서 다산의 경전 해석을 주관적이라고 하여 불만을 토로하기도 했지만 다산의 학문적 업적을 거룩한 백세대업(百世大業)이라고 찬양하였다.

다산의 방대한 저술 가운데 다산 자신이 그의 노작을 말하면서 일표이서(一表二書)를 들었는데, 『경세유표』(經世遺表)와 『목민심서』(牧民心書)·『흠흠신서』(欽欽新書)가 그것이다. 그런데 이 세 가지 중에서 일표(一表) 즉 『경세유표』를 제일 먼저 꼽은 것은 그가 그만큼 『경세유표』에 비중을

두었기 때문일 것이다. 실제로 『목민심서』는 수령(守令)의 지방행정을 위해, 그리고 『흠흠신서』는 형옥(刑獄)에 관한 사법관리(司法官吏)의 심판을 위해 지은 것이다. 다시 말하면 이 이서(二書)는 모두 일정한 부문에 한(限)한 것이다. 이에 비하여 『경세유표』는 우리나라 전체의 체제를 전면적으로 개혁하기 위해 쓴 것이다. 다산이 생각하고 있었던 이상적(理想的) 국가형태를 이 『경세유표』 속에 담아둔 것이다. 이상적 국가형태라고 하여 절대로 유토피아를 그린 것이 아니다. 종두지미(從頭至尾) 우리나라의 현실적 사정을 염두에 두고 구체적으로 설계를 한 것이다.

다산이 현실적 사정에 입각하여 설계를 한 것이므로 다산 자신의 이상(理想)이 그대로 구김없이 피력된 것인지는 의문이 아닐 수 없다. 당시의 정치적·사회적 여건이나 사상적 상황으로 보아 다산이 아무런 구애없이 자기 생각을 펼칠 수 있지는 못했을 것이기 때문이다. 우선 한 가지 예로 다산이 가장 중요시하는 토지제도에 있어서 『경세유표』에 나오는 '정전제'(井田制)는 그의 논설문 형식으로 되어 있는 '전론'(田論)과는 상당히 거리가 있다. 전론의 '여전제'(閭田制)는 정전제에 비해 훨씬 더 파격적이다. 정전제와 여전제 가운데 어느 쪽이 더 전진적인가 하는 것은 차치하고 정전제는 유교경전에 근원을 둔 것임에 반하여 여전제는 다산의 창의적 발상으로, 당시의 세속인에게 크게 해괴하게 받아들여졌을 것이다. 그러니까 여전제는 자기의 사사로운 논술로서 상협(箱篋) 속에 넣어둘 수 있지만 『경세유표』와 같은 뚜렷한 저서 속에 공표하기는 어려웠을 것이다.

다산이 『경세유표』를 구상할 때에 주로 『주례』(周禮)를 바탕으로 한 것은 분명한 일이다. 최근 어느 중국인 학자가 이 점에 대해 다산 사상의 진보성을 회의적으로 보고 있기에 필자는 두 가지를 일러주었다. 첫째 당시 유교세계에 있어서 다산이 자기의 개혁사상을 수용시키기 위해서는 『주례』와 같은 경전에 근거를 둬야 했다는 것이다. 특히 다산이 천주교 옥사에 관련되어 사상적으로 항상 주목을 받고 있던 처지였다는 것을 알아야 하고 둘째 중세적 정치 지배질서를 극복하기 위해서는 고대세계에서 그 원리를 구해올 수밖에 없었다는 것이다. 다시 말하면 '근대'라는 개념도 형성되지

못했고 근대사회의 법제도를 알 수도 없었던 당시에 개혁의 방향을 고대의 것으로 제시한다는 것을 이해해야 한다는 것이다. 하나의 가정이지만 이 개혁이 성공되면 자연히 근대지향으로 나아가게 된다는 것을 부언해도 좋을 것이다.

이 책은 일찍이 소정 가형(素丁 家兄, 李翼成)이 다산의 원문을 우리말로 옮겨, 1977년 한국고전번역원에서 색인을 포함하여 4책으로 출판했던 것으로, 이번에 한길사에서 역문(譯文) 중 어려운 말들을 쉽게 풀이하고 새로 조판을 하고 판형을 달리하여 재판(再版)을 낸 것이다. 가형의 고심노력으로 이루어진 이 역고(譯稿)가 이제 새로운 책자로 나와 독서계에 널리 공급되게 된 것을 충심으로 기뻐하여 개간(改刊)에 협조한 한국고전번역원 여러 요우(僚友)들, 그리고 값진 해제를 써주신 경희대 사학과 김태영 교수와 어려움을 무릅쓰고 이러한 민족의 고전을 기꺼이 다시 내준 한길사 김언호 사장에게 아울러 감사의 뜻을 표해둔다.

1997년 新春,
북한산 기슭에서
李 佑 成

●『경세유표』에 나타난 정약용의 국가개혁론

1. 제명

이 책의 제명 『경세유표』(經世遺表)의 원래 이름은 『방례초본』(邦禮艸本)으로 되어 있었다. 우선 저자 다산(茶山) 정약용(丁若鏞)의 별호는 사암(俟菴)인데, 선생의 현손(玄孫) 정규영(丁奎英)이 편찬한 「사암선생연보」(俟菴先生年譜)에 보면 1817년(순조 17) 다산의 56세 되는 해에 "『방례초본』의 저술을 시작했는데 끝내지는 못하였다. 살피건대 이 책은 또한 『경세유표』라고도 한다"라고 서술해두었다. 이름을 달리하는 두 책은 사실 동일한 책인 것으로서 아무래도 『방례초본』이 그 처음의 제명이었던 것으로 보인다.

다산의 문집에는 「방례초본서」라고 하는 서문이 실려 있는데, 이는 그가 『경세유표』의 모두에 서문으로 얹어둔 「인」(引)의 내용과 온전히 동일한 문자이다. 더구나 서문의 내용을 보면 그가 이 책의 원래 제명을 『방례초본』으로 하였다는 사실이 확연히 드러난다.

여기 논하는 것은 법(法)이다. 법인데도 이름하여 예(禮)라고 한 것은 무슨 까닭인가. 선왕은 예로써 나라를 다스리고 백성을 인도하였다. 그런데 예가 쇠퇴하게 되자 법이라는 명칭이 생겼다. 법은 나라를 다스리는 것이 아니며 백성을 인도하는 것도 되지 못한다. 천리(天理)에 비추

어보아 합당하고 인정(人情)에 시행해도 화합한 것을 예라 하며, 위엄으로 두렵게 하고 협박으로 비통하게 함으로써 이 백성들로 하여금 벌벌 떨며 감히 범하지 못하도록 하는 것을 법이라 이른다. 선왕은 예로써 법을 삼았으나, 뒷날 임금들은 법으로써 법을 삼았으니 이것이 같지 않은 바이다. 주공(周公)이 주나라를 경영할 때에 낙읍에 있으면서 법 육편을 제정하고는 이름하여 예라 하였다. 그것이 예가 아니었으면 주공이 어찌 예라고 하였을 것인가.

즉 옛날 주공이 주나라를 경영하기 위하여 제정한 『주례』(周禮)를 궁극의 이념으로 하면서 다산은 우리나라를 새로이 경영하기 위한 '방례'(邦禮)를 논한다고 그 자신 모두에서 분명히 말해두고 있었던 것이다. 그리고 또한 "주례는 천자의 예인데, 우리나라는 제후국이니 제도를 모름지기 작게 만들어야 한다"(『經世遺表』 天官吏曹 第1)라고도 하여 주례와 대조되는 '방례'를 저술하고 있음을 명백히 하고 있었다.

그런데 그같은 '방례'를 저술하면서 그는 왜 그것을 '초본'(艸本)이라 해두고 있었는가. 그것도 그는 같은 서문에서 밝혀두었다.

초본이라 한 것은 무엇 때문인가. 초(艸)하는 것은 수정과 윤색을 기다린다는 것이다. 식견이 얕고 지혜가 짧으며, 이력이 적고 견문이 고루하며, 거처가 궁벽하고 참고할 서적이 모자라니, 비록 성인이 지었다 하더라도 불가불 뒷사람에게 수정 윤색하도록 하지 않을 수가 없을 것이다. 수정하고 윤색하지 않을 수 없으니 어찌 초가 아닌가. (중략) 그 고루한 것은 양해하고 고체(固滯)한 것은 공평하게 되도록 수정하고 윤색할 것이다. (중략) 이것이 초본이라 이름하는 까닭이다.

그러니까 『주례』의 이념을 따라 거기 대비되는, 우리나라를 새로이 경영할 국가제도를 초함으로써 수정과 윤색을 기다려 후에 길이 운용되도록 한다는 뜻에서 다산은 이 책의 제명을 『방례초본』이라고 하였던 것이다.

그러면 그것이 『경세유표』로 제명을 바꾸게 된 것은 언제부터였는가. 다산은 환갑이 되는 1822년(순조 22, 壬午)에 자찬묘지명(自撰墓誌銘)을 지었는데, 거기에는 그가 평생 동안 저술한 저서들에 대한 간략한 해설을 덧붙여두었다. 바로 이 묘지명(集中本)에 "『경세유표』 48권은 미졸업(未卒業)이요, 『목민심서』는 48권이며 『흠흠신서』는 30권이다"라고 하여 『방례초본』을 그 자신이 『경세유표』로 제명을 바꾸어서 기록해두었다. 『방례초본』의 자술이 1817년(순조 17) 그가 강진에 유배중인 때였으니, 그로부터 5년 사이의 어느 때인가 그는 스스로 제명을 『경세유표』로 고친 것이었다.

'경세'(經世)란 무슨 뜻을 나타내기 위한 말이며 또 '유표'(遺表)란 무엇을 뜻하는 것인가. 그는 같은 묘지명에서 '경세'의 뜻을 스스로 풀이해둔 바 있다. 즉 "경세라는 것은 무엇을 말함인가. 관제(官制)·군현제(郡縣制)·전제(田制)·부역(賦役)·공시(貢市)·창저(倉儲)·군제(軍制)·과거제(科擧制)·해세(海稅)·상세(商稅)·마정(馬政)·선법(船法) 등 나라를 경영하는 모든 제도에 대해서 현재의 운용에 구애받음이 없이 기본 골격을 세우고 요목을 베풀어 그것으로써 우리 구방(舊邦)을 새롭게 해보겠다는 것"이라고 하였다. 하나의 국가개혁론이었던 것이다. 그리고 '유표'의 '유'는 죽으면서 남긴다는 뜻 그대로이며, '표'라는 것은 신하가 임금에게 올리는 글을 일컫는 말이다.

아마도 환갑을 맞게 된 다산은 자신의 저술을 점검하면서, 자신이 살아있는 동안에는 '우리 구방을 새롭게 해보겠다'는 이 국가개혁론이 국왕에게 전달될 기회가 없을 것이라는 사실을 너무나 잘 알고 있었던 까닭에, 이를 '죽어서나 혹시 올리게 될' 개혁론이라는 뜻으로 『경세유표』라고 개명했을 것으로 이해된다. 자찬묘지명의 다음 구절도 그같은 추정을 뒷받침해준다.

> '육경사서'(六經四書)를 가지고서 수기(修己)를 하고 '일표이서'(一表二書)를 가지고서 천하 국가를 다스리고자 했으니, 본·말이 구비되었다고 할 것이다. 그러나 알아주는 사람은 이미 적고 꾸짖는 사람은 많으니, 천명이 허락해주지 않는다면 비록 한 무더기 불 속에 던져 태워버려도

괜찮겠다. (중략) 나는 건륭 임오년(영조 38, 1762)에 태어나서 지금 도광(道光) 임오년을 맞았으니, 한 갑자 60년이 되었다. 죄 많고 후회스런 세월인지라 지금까지의 인생을 총결하여 한평생을 다시 돌이켜 가려고 한다. 금년부터 정결하게 몸을 닦고 실천하여 하늘이 주신 밝은 명(命)을 살펴서 여생을 마치고자 한다.

다산은 환갑을 맞아 '지금까지의 인생을 총결하여 한평생을 다시 돌이켜' 정리하면서, 새로운 삶의 자세로 살아갈 결심을 피력하였다. 18년 먼 유배생활로부터 돌아온 지 4년째 되는 해의 일이었다. 그리고 '일표이서'에 대해서도 그는 다시, "성인의 경전에 근본을 두고 시의(時宜)에 알맞도록 힘써 서술해두었으니, 없어져버리지 않는다면 혹 이를 취해 쓸 자가 있을 것이다"(자찬묘지명 壙中本)라고 하여, 언젠가는 세상에 널리 쓰여지기를 기대해 마지않는 심정이었다. 그 가운데서도 『목민심서』와 『흠흠신서』의 두 책은 일상 목민의 실정에 직접 도움이 되는 책이므로 사실상 그후로도 널리 전사(轉寫)되고 활용되어가기에도 이르렀다.

그런데 국가체제의 기본 제도와 그 운용 전반에 관한 개혁론으로 저작한 『방례초본』을 두고 말하자면, 그같은 기대는 매우 실현성이 희박하다고 하지 않을 수가 없다. 실상 그 개혁론이 당로자에 의해 쓰여질 날은 이미 기약할 수가 없는 일이었던 것이다. 그는 아마도 그래서 그것을 『경세유표』로 다시 명명하게 되었던 것은 아닌가 하고 짐작해본다.

2. 저작

이 책은 1817년(순조 17) 저자가 강진에서 유배생활을 하는 동안에 저작한 것이었다는 사실은 앞서 언급한 바와 같다. 그리고 저자가 그후 환갑을 맞아 아직 미완의 상태에 있는 이 책의 제명을 『경세유표』로 바꾸어 점검하고 있었다는 사실도 앞서 살펴본 그대로이다.

뿐만 아니라 다산은 1817년 당시 이 책을 저술하고 있었다는 직접 언급을 이 책 속에다 남겨두기도 하였다. 즉 이 책의 「지관수제」(地官修制) 전제(田制) 7에서, "신이 남쪽 지방을 떠돈 지가 17년인데, 시험삼아 강진 한 현의 세법만 논하더라도 놀랄 만한 일이 한이 없다"고 한 대목이 눈에 띈다. 그가 강진으로 유배된 것은 1801년이므로 17년을 떠돌았다면 곧 1817년이 된다. 그 17년의 현지 경험이 그의 개혁론의 현실성을 뒷받침하고 있었던 셈이다.

그러면 다산은 남쪽 지방으로 유배된 이후 줄곧 이같은 정법 관계 국가개혁론에다 주로 정신을 집중시키고 살았는가. 사실은 오히려 그러하지가 않았던 모양이다. 그의 시문집 가운데에는 그가 둘째아들 학유(學游)에게 보낸 「신학유가계」(贐學游家誡)라고 하는 글이 남아 있는데, 그 끄트머리에다 "경오년 중춘(仲春) 다산 동암에서 쓰다"라고 스스로 주기(註記)한 대목이 남아 있다. 여기 경오년은 곧 1810년(순조 10)에 해당한다. 그는 유배생활 10년이 지난 이때 둘째아들에게 보낸 훈계의 글에서 자기 심경의 일단을 다음과 같이 밝혔다.

> 내가 나이 스물이었을 때에는 이 세상 모든 일을 다 가져다가 일제히 타발(打發)하고 일제히 정돈하고자 하였다. 나이 30, 40이 되었을 때에도 이 마음은 쇠하지 않았다. 그러나 풍상을 맞은 이래 무릇 백성과 나라에 관계되는 전제·관제·군제·재부와 같은 일들에 대해서는 드디어 생각을 줄여버릴 수가 있게 되었다. 오직 경전의 전주(箋注) 같은 일에 관해서는 의난(疑難)한 곳을 풀고 바른 해석으로 돌이키고자 하는 소원이 있다. 지금은 풍비(風痺)를 맞아 몸이 퇴폐(頹廢)하게 되니 이 마음도 점차 쇠락하게 되었다. 그러나 정신과 기운이 조금 나아지면 여러 가지 생각이 또 불끈 다시 일어나는구나.

실상 다산은 1801년 유배 이후 주로 경전의 연구에 관심을 기울이고 있었다. 「사암선생연보」를 보더라도 1802년 이후 『단궁잠오』(檀弓箴誤),

『예전상의광』(禮箋喪儀匡), 『주역심전』(周易心箋), 『시경강의』(詩經講義), 『시경강의보』(詩經講義補), 『춘추고징』(春秋考徵), 『논어고금주』(論語古今注), 『맹자요의』(孟子要義), 『대학공의』(大學公議), 『중용자잠』(中庸自箴) 등 이른바 '육경사서'에 관한 그의 독특한 해석들이 이 기간 동안에 거의 이룩되고 있었다.

아마도 그는 그같은 경전의 연구를 1816년(순조 16, 丙子)경에는 거의 다 끝내고 있었던 것으로 보인다. 즉 이해에 흑산도에 유배중인 그의 둘째 형 손암(巽菴) 정약전(丁若銓)의 부음을 접하고 다산은 그의 두 아들에게 편지를 보내어 회상하면서, "외롭기 짝이 없는 이 세상에서 다만 손암 선생만이 나의 지기였는데 이제는 그분마저 잃고 말았구나. 지금부터는 공부해서 얻는 것이 있다 하더라도 누구에게 말해볼 수 있겠느냐. (중략) 경집(經集) 240책을 새로 장정해서 책상 위에 놓아두었지만 이제는 내가 불살라 버려야 하겠구나"라고 통탄하고 있었다. 그는 유배 이후 먼저 경전의 연구에 시종하고 있었던 것이다.

그런데 「사암선생연보」에 의하면, 그로부터 1년 만인 1817년에 다산은 『경세유표』를 저술하였으며, 더구나 이 책이 미완인 상태에서 1818년 봄에는 다시 『목민심서』의 저작을 일단 끝내었고, 여름에는 『국조전례고』(國朝典禮考)를 저술하였으며, 8월에는 해배되어 마현(馬峴) 본가로 돌아오게 되었다. 그리고 이듬해인 1819년(순조 19) 여름에는 그의 '정법삼서'(政法三書) 가운데의 마지막 하나인 『흠흠신서』를 저술하였다.

18년 동안의 유배생활 끝에 풍비를 맞아 다소 몸이 불편한 상태에서, 그리고 더구나 해배라고 하는 일생의 전기를 전후한 3년 동안에 '일표이서'와 같은 방대한 저술을 완료한다는 것은 보통사람으로서 할 수 있는 일은 아니다. 더구나 이 책들은 각기 방대한 자료를 바탕으로 하여 씌어진 것이며, 그 자료들이란 각 구절마다 아주 곡진한 사례들로 가득 차 있는 것이라는 사실을 염두에 두어 고찰하지 않으면 안되는 것이다. 아마도 이 정법 관계의 저술을 위한 방대한 자료들을 그는 오랫동안에 축적해오고 있었음에 틀림이 없을 것이다. 그같은 저술의 과정에 관한 실상을 「사암선생연보」는

또한 다음과 같이 소개해두었다.

> 여름이 더워도 손을 떼지 않고 긴 겨울 밤에도 새벽 닭 우는 소리가 들릴 때까지 계속하였다. 그 제자로서 경(經)・사(史)를 고열(考閱)하는 자가 수인(數人)이며, 입으로 부르면 나는 듯이 받아쓰는 자가 3인이요, 항상 번갈아가며 초고(草稿)를 다듬고 정서하는 자가 수삼인이며, 옆에서 도와 책지(冊紙)를 가다듬고 책을 꾸미며 바로잡아 장황(粧潢)하는 자가 3~4인이었다. 무릇 한 책을 저술함에는 먼저 그 자료들을 수집하여 서로 대비하고 서로 참고하여 완색하며 빗질하듯 정밀하게 골라 배열하였다.

즉 다산은 자료의 수집에서부터 저술을 끝내고 제책하는 데 이르기까지 많은 제자들을 동원하여 일을 진행시켰는데, 특히 저술행위 자체보다도 그 자료의 수집과 체계를 잡는 일에 더 오래고 정밀한 고심을 기울였던 것으로 이해된다. 그러기에 그는 '정법삼집'과 같은 정밀하고도 방대한 저술을 해배 전후의 3년 동안에 일단 끝낼 수가 있었던 것이다.

그런데 한편 『경세유표』는 길이 미완인 채로 남게 되었지만, 그 또한 1817년에 끝낸 저술은 아니었다. 『경세유표』에는 그보다 1년 뒤에 저작한 『목민심서』의 내용을 참고하라는 기사가 여러 곳에서 산견되는 것이다. 가령 『경세유표』는 그 「전제별고」(田制別考)에서 '어린도설'(魚鱗圖說)을 소개하면서 오가작통 제도의 유효성을 역설하되, "왕수인(王守仁)이 말한 십가패법(十家牌法)을 채용함이 마땅하다"고 설명하고, 거기에다 "『목민심서』에 나와 있다"고 주기로 덧붙여둔 대목이 눈에 띈다.

그같은 대목은 「지관수제」의 창름지저(倉廩之儲)에서는 여러 곳에 나와 있다. 우선 진휼곡(賑恤穀)의 유래를 말하면서, "대개 의창곡(義倉穀)이 구황곡으로 변했고 또 진휼곡으로 변한 것이며, 근래에 창설된 것은 아니다" 하고는 "아울러 『목민심서』에 밝혀두었다"고 원주를 달아두기도 하였다. 또 환상(還上)제도의 농간술(弄奸術)의 하나인 '반백'(半白) 항목을 설명하면

서, "아전은 공연히 그 반을 받아가고 백성은 공연히 그 반을 바치는 것을 이름인데, 『목민심서』에 자세히 밝혀두었다"고 주기해두고 있다. 그리고 봄철에 환곡을 여러번에 걸쳐 나누어주는 폐단을 말하면서도, "자세한 것은 『목민심서』에 나와 있다"라고도 하였다.

『경세유표』「지관수제」의 창름지저는 주로 환상(還上)에 관한 개혁론을 내용으로 하고 있는 것인데, 현실에서 운용되고 있는 환상제도의 부정과 농단을 다산은 『목민심서』를 통하여 자세히 분석하고 있으므로, 양자의 상호 보완관계를 언급해두었던 것이라고 이해된다.

『경세유표』가 그보다 뒤에 편찬한 『목민심서』의 내용을 끌어다 언급하고 있다는 것은 이 책이 결코 1817년에 미완인 채 저술을 끝마친 상태로 그냥 남겨진 것이 아니었다는 사실을 명백히 증거해준다. 1817년의 『방례초본』은 곧 초고본이었으며, 그후로도 다산은 그것을 계속 보완하고 있었던 것으로 이해할 수밖에 없다.

그러나 그같이 보완하고 있으면서도 그는 끝내 그것을 완성하지 못한 채 남기게 되었다. 그러면 『경세유표』는 언제 현재의 모습대로 일단 마무리되기에 이르렀는가. 살펴보면 「자찬묘지명」에 "『경세유표』 48권은 미졸업"이라고 해두었다는 사실이 눈길을 끈다. 이 책은 다산이 환갑을 맞아 '한평생을 다시 돌이켜' 새로운 삶의 길로 정진하려고 결심한 1822년(순조 22)에, 아마도 제명을 『방례초본』에서 『경세유표』로 바꾸면서, 일단 미완의 상태인 채 마무리짓게 되었던 것으로 이해된다.

3. 저작 배경

다산은 조선왕조가 개창되고 400년이나 지나 그가 살고 있던 당시까지도 조선왕조 이전부터 인습적으로 자행되던 수탈체제가 거의 변함 없이 그대로 지속되어오고 있다는 현실을 누구보다도 통절히 인식하고 있었다. 그는 『경세유표』 서문에서 다음과 같이 말하였다.

조종(祖宗)의 법이란 것은 대부분 창업의 시초에 만든 것인데, 그때에는 천명(天命)을 아직 환하게 알 수가 없었고 인심(人心)도 아직 미처 온전히 안정되지 않았으며 큰 공을 세운 장수나 재상 중에는 거칠고 억센 무부(武夫)가 많았고 백관이나 사졸(士卒) 가운데는 변덕스런 소인이 많았다. (중략) 그런 까닭에 성스러운 임금과 현명한 신하가 비밀스럽게 국사를 계획할 적에 좌우로 돌아보아야 하며 앞뒤로 구애되어 끝내는 아무 일도 하지 못하고 말았다. (중략) 그러므로 무릇 창업의 시초에는 법을 개혁하지 못하고 말세의 풍속을 그대로 따라 이를 떳떳한 법으로 삼으니, 이것이 예나 지금이나 공통되는 근심거리이다.

즉 다산에 의하면 개국의 시초에는 국가체제를 개혁할 수가 없어 전대의 폐법(弊法)을 그대로 이어받아 통치하는 것이 공통되는 폐단이라고 하였다. 그리고 같은 서문에서 그는, "우리나라의 법이라는 것은 대개가 고려의 옛것을 인순한 것으로서, 세종 때 이르러 다소 손익을 가하였으나 한 번 임진왜란을 겪은 후로는 백 가지 법도가 무너져 모든 일이 어수선"하게 되었다고 인식하였다. 그래서 다산 당시의 현실은, "터럭 한 끝에 이르기까지 병들지 않은 것이 없으니, 지금에 와서 개혁하지 않는다면 반드시 나라를 망치고 말" 상태에 들어 있는 것이라고 논단하였다. 객관적으로 개국 초부터 과연 그같은 인습적 통치체제가 계속되어오고 있었는가. 가령 여기에서 과물(果物)을 수취할 때 자행되는 인습적 수탈체제의 전개를 일별하기로 한다.

1) 고려 말 조선 초의 경우

좌정승 하륜(河崙) 등이 제거해야 할 민폐 몇 가지를 상소하여 아뢰었다. "전조(前朝)의 말기에 민폐가 다단하였는데 아조(我朝)에 들어와 점차 개혁하였지만 아직도 민간에는 몇 가지 남은 폐단이 있습니다. (중략) 과물을 두고 말하자면 아직 익지 않은 때에 관리가 나와서 과일의 개수를 헤아려 나무둥치에 표시해놓고는 익기를 기다려 따가는데, 떨어진 것이 있으

면 억지로 그 숫자를 채우도록 핍박하여 괴롭히니, 나무 가진 본호(本戶)는 고의로 그 나무를 손상시켜버리기에 이릅니다. (중략) 집터 이외의 산이나 들판에 있는 과일나무는 10분의 1세를 매겨서 호주로 하여금 스스로 바치도록 할 것이요, 개수를 헤아려 둥치에 표시해놓고 본호를 괴롭히는 일은 없도록 조처하기 바랍니다." (중략) 임금이 그렇게 하도록 했다(『태종실록』 태종 6년 7월 기묘).

2) 15세기 후기 성종 때의 경우

내전(內殿)으로부터 제주의 당감자와 유자를 내어와 승정원에 하사하고는 임금이 이어 전교하였다. "누가 일러 이 물산이 우리나라 땅에는 맞지 않다고 하였는가. 내가 듣기로는 제주 사람으로서 감귤나무를 가지고 있으면 수령이 그 결실의 유무를 막론하고 매우 괴로운 징렴을 해대니, 이로 인하여 백성들이 편히 살 수가 없어 오히려 나무를 베고 뿌리까지 잘라버리는 일이 있다고 한다. 이는 다른 까닭이 아니다. 다만 해독만 입고 이로움은 없기 때문이다. 만약 이들 나무를 심는 자가 있으면 모두 복호시켜줄 것이요 혹 후한 상을 주기도 한다면 백성들이 기꺼이 심고 가꿀 것이다. 당해 기관으로 하여금 의논하여 아뢰도록 하라"(『성종실록』 성종 20년 2월 임자).

3) 17세기의 경우

우리나라 산협지대의 땅들은 백성들에게 이로움이 극히 적어서 대개가 버려져 있다. 성읍이라든가 촌락들도 대개가 산기슭에 있으므로 이런 땅을 과원으로 만들 수가 있다. 여기에 만일 대추·밤·감·배·뽕나무·닥나무·칠·대나무 등을 토질에 맞추어 매호마다 수십 수백 주씩 심는다면 그 이익이 전답의 수입보다 못지않을 것이다. 그런데도 백성들이 나무를 심지 않는 것은 무슨 이유인가. 그것은 역시 관리들이 닥치는 대로 침해하기 때문이다. 지금 혹 어느 고을에 밤나무밭이 있으면 농민들로 하여금 번을 서서 지키게 하고는 열리는 것보다 갑절을 징렴하니, 심지어 먼 곳에 가서 사

사로이 사다가 바치기도 한다. 그러므로 백성들은 밤나무밭 미워하기를 마치 원수처럼 미워하는 것이다. 남방의 민가에 유자나무가 있으면 관에서는 반드시 대장(臺帳)에 등록케 하고 징납을 해대니, 자기 신역 이외에도 이 나무 지키고 열매 바쳐야 하는 노역까지 덧붙여 해야 되는 것이다. 비록 유자나무가 썩어버린 뒤에도 그 징납은 자손에게까지 전해 내려가고 해독은 이웃 마을에까지 미친다. 그러므로 그 나무의 싹이 돋는 것을 보면 서로 경계하면서 뽑아버린다. 심지어 벌통에 이르기까지 등록을 시키니, 산골 백성들이 양봉하기도 어렵게 되었다. 말이나 매를 길러도 대장에 등록케 하니 세력 없는 자는 말도 매도 사육하기가 어렵다. 무엇 한 가지 명목만 있으면 모두가 백성들에게 해독이 되는데, 그 사이 어거지와 독촉, 이서(吏胥)들 간의 농간과 작폐는 또 이루 다 말할 수가 없다(『반계수록』 2 田制下 田制雜議附).

4) 19세기 초의 경우

남쪽 해변의 예닐곱 고을에는 모두 귤과 유자가 생산되는데, 거기 딸린 여러 섬에는 그 생산이 더욱 풍성하다. 그런데 수십 년 이래 날마다 쇠퇴하고 달마다 줄어들어 지금은 오직 귀족집에나 혹 한 그루가 있고 섬 가운데 혹 수령이 직접 관리하는 네댓 그루가 있을 뿐이다. 그 까닭을 물으니 다음과 같이 말한다. "매년 중추가 되면 저졸(邸卒)이 이서의 대장을 가지고 나와 그 과일의 개수를 세고 나무둥치에 표시를 해두고 갔다가 그것이 누렇게 익으면 비로소 와서 따가는데, 혹 바람에 몇 개 떨어진 것이 있으면 곧 추궁하여 보충하게 하고 그렇게 하지 못할 것 같으면 그 값을 징수한다. 광주리째 가지고 가면서 돈 한 푼 주지 않는다. 저졸을 대접하느라 닭을 삶고 돼지를 잡게 되니 그 비용이 많이 들고 이웃이 떠들썩하게 모두 이 집을 나무라고 들어간 비용을 이 집에서 받아낸다. 이에 몰래 그 나무에 구멍을 뚫고 후추(胡椒)를 집어넣어 나무가 저절로 말라죽으면 대장에서 빠지게 된다. 그루터기에서 움이 돋으면 잘라버리고 씨가 떨어져 싹이 나면 보이는 대로 뽑아버리니, 이것이 귤과 유자가 없어지는 까닭이다. 근래에 듣기로

는 제주 또한 이 폐단이 있다 하니, 이같이 해서 그치지 않는다면 몇십 년 안 가서 우리나라에 귤과 유자가 없어질 것이다"(『목민심서』 工典 山林).

그리고 가령 수공업의 경우에서 살피자면 다음과 같다.

1) 국초부터 17세기까지

『경국대전』에는 서울 안의 공장(工匠)들에게서도 역시 세를 받는다고 되어 있다. 그러나 지금(17세기)인즉 서울 안의 공장들은 모두 일정한 세가 없고, 다만 관에서 일 시킬 경우가 생기면 닿는 대로 잡아다 일을 시키는데 그 대가로 주는 삯은 매우 적다. 더구나 외방의 경우는 세가 있고 없고를 막론하고 소문나는 대로 잡아다 억지로 일을 시킬 뿐이다. 관부가 이미 이같이 하니 세가 양반들 또한 그 본을 받아 함부로 일을 시키고는 삯을 제대로 주지 않는다. 그러므로 공장을 업으로 하는 자는 오히려 그 재능이 소문날까봐 두려워한다. 그 때문에 온갖 공장의 기예에 법도가 없어지고 거칠어져 모양새를 이루지 못하게 되었다. 그것이 온 나라의 습속으로 되고 말았으니, 사람들은 거기에 마음과 눈이 익숙해져서 그것이 거칠고 조잡하다는 것을 알지도 못하게 되었다(『반계수록』 1 田制 上).

2) 19세기 초

우리나라 풍속에는 목수라든가 대장장이가 나무를 다듬고 쇠붙이 다루는 법을 좀 알고 있으면 관장이 불러다 사역을 시키고는 삯은 주지 않고 매질만 빈번하다. 그러므로 팔뚝을 잘라버리고 손가락을 쪼개버리면서 그 자손들에게 타일러 금지시키니, 다시 공장이란 것이 있을 수 있겠는가. 농구라든가 직기(織機), 배와 수레 등이 아직도 원시시대의 옛 제도를 지키고 있으니, 전야(田野)는 날로 황폐해지고 재용(財用)은 날로 줄어든다. 한번 수해나 한재를 만나면 하늘을 원망할 뿐이요, 백성은 근심으로 가득하고 나라는 가난해져도 도무지 어찌할 도리가 없다(『여유당전서』 제2집 中庸講義 1).

더구나 그같은 인습적 수탈체제는 어느 정도의 개량정책을 통해서는 결코 개선되는 것이 아니었다. 가령 "영조의 말씀에 '나라가 비록 망하더라도 균역은 하지 않을 수 없다' 하였으니, 아아, 이는 왕자(王者)의 정대한 말이었다"고 하여, 다산은 영조의 '위대한 결단'에 따라 균역법이 단행된 일을 두고 격찬하여 말하고 있었다(『경세유표』 1 地官戶曹 제1 經田司). 그런데 그 시행의 결과는 반드시 개선된 길로 운용되어가고 있는 것이 아니었다. 오히려 그것이 이루 다 말할 수 없는 폐정(弊政)으로 운용되어가고 있는 현상을 다산은 『목민심서』의 「첨정」(簽丁)편에서 너무나 곡진하게도 그려놓고 있었다. 결과적으로도 균역법 시행 이후로 군정의 문란은 더 한층 확대되어가고 있었으며, 결국 삼정의 문란이 19세기 농민항쟁의 기본 원인으로 귀착되어가고 있었다는 사실은 다 아는 바와 같다. 그리고 다산은 또 말하였다.

> 일찍이 바닷가에 사는 사람들의 말을 듣건대 대체로 균역법을 시행한 이후 다만 고기잡이 통발이 절반 넘게 철거되었을 뿐 아니라 도대체 고기잡이가 그전보다 못하게 되었다고 합니다. 신(臣)은 아마도 어세(漁稅)가 무거워졌기 때문에 임금의 혜택이 말라들게 된 현상이라고 생각합니다. 지금 만약 그 세(稅)를 조금 가벼이 해줌으로써 어민들에게 나머지 이익이 생겨나게 한다면, 일찍이 없어졌던 진주조개가 다시 돌아온 아름다운 고사가 반드시 옛날에만 있었던 일로 끝나지는 않을 것입니다(『여유당전서』 제1집 8 地理策).

인습적·주구적 수탈체제는 고려시기의 폐정 이래 거의 고쳐진 것 없이 자행되고 있으며, 가령 '나라가 망하더라도'라고까지 각오하는 위대한 임금님의 결단 아래 단행된 균역법과 같은 개량정책조차 병든 사회구조를 조금도 개선할 수 없다는 것이 다산이 느낀 현실이었다. 게다가 말세의 폐정은 날이 갈수록 더욱 악화되어가고 있었다. 가령 그가 현실적인 농민의 부담 가운데 단일 항목으로서는 '가장 큰 것'이라고 진단한 '민고'(民庫)의 경우

가 그러한 사례였다.

> 지금 각 도의 군현마다 소위 민고라는 것이 있다. (중략) 민고라는 것은 향리들이 제멋대로 그 규례를 만들었고 수령들이 제멋대로 그 법을 만들었으니, 천지가 생긴 이래로 이런 일이 있었던가. 팔도에 모두 민고가 있지만 그 법식은 도마다 각기 다르고, 고을마다 모두 민고가 있지만 그 규례가 고을마다 각기 다르다. 그 법의 득실은 고사하고 한 임금의 나라에는 마땅히 한 임금의 제도가 있어야 하겠거늘, 그 산란함이 이와 같으니 천지가 생긴 이래로 이런 일이 있었던가(『목민심서』 戶典 平賦).

즉 다산에 의하면 인습에 인습을 더해온 현실 정치구조는 어느 것 하나 병들지 아니한 것이 없고, 또한 조그마한 개선책 정도만으로는 어느 한 병통도 개선이 되지 않는데다가 현실에서는 이서의 주구(誅求) 등으로 인한 병통이 자꾸만 늘어나고 있었으니, 이는 국가체제의 근본적 대개혁·대변통을 단행하지 않으면 안되는 현실이었다. 실로 그것은 서문에 써둔 그대로 '충신과 지사가 팔짱을 낀 채 방관하고 있을 수 있는 일'이 아니었다. 이것이 그가 『경세유표』를 저작하게 된 배경이었던 것이다.

4. 『경세유표』의 규모와 내용

조선 왕조가 개창되었을 당시에는 내외의 정세가 아직도 안정된 상태가 아니었으므로, 집권 당로자들이 국가 통치체제에 관한 근본적 개혁을 단행할 수가 없었다고 서술한 다산의 관찰은 매우 정확한 것이었다. 최소한의 개혁을 통해 통치체제를 유지해오고 있었던 것이다.

그같은 인습적 국가체제를 근본적으로 고쳐서, 객관적 사리에도 맞고 사회 실정에도 부합하는 새로운 국가체제를 수립하고자 하는 원대한 개혁론을 제시한 것은 조선 후기 실학자 반계(磻溪) 유형원(柳馨遠, 1622~73,

광해군 14~현종 14)의 『반계수록』(磻溪隨錄)이 아마도 그 처음이 아니었나 한다. 다산이 『경세유표』를 저작하게 된 내력을 말하면서도 이 『반계수록』을 직접 언급하였다.

그런데 『반계수록』도 그러하거니와 특히 『경세유표』는 『주례』를 전형으로 참작하면서 국가체제 개혁론을 제시하고 있다는 사실이 주목된다. 유교문화권에서 국가 통치체제를 가장 완벽에 가까운 형태로 담고 있는 고경전이 곧 『주례』이기 때문이었다. 그러나 물론 『경세유표』는 『주례』의 편제를 그대로 따른 것이 아니었다. 그것은 두 가지 면에서 그러할 수밖에 없는 일이었다.

우선 첫째로 다산은 오래고도 근원적인 고경(古經)의 연구를 통하여 '치국평천하'(治國平天下)의 근본 원리가 『주례』 이전의 요·순(堯舜)에서 발원하고 있었다는 사실에 확신을 가지고 있었다. 고경 가운데서도 다산이 특히 중시하고 만년에 이르기까지 연구를 늦추지 않고 있었던 것이 곧 『상서』(尙書)였다. 그것은 그가 '도의 큰 근원'을 이 책 속에서 만나고 있었기 때문이다.

> 도의 큰 근원은 요·순에서 일어나 하(夏)나라 은(殷)나라를 거쳐 『주례』로 흘러들어가고 공문(孔門)에서 끝나면서 『중용』(中庸)·『대학』(大學) 두 책이 되고 만다. (『상서』의) 「요전」(堯典)을 읽으면서 이 큰 근원을 만나니, 이에 크게 숨쉬고 흐느끼게 된다(『尙書古訓』 堯典).

이는 곧 왕정의 이념의 원형이 요·순에서 발원한 것이었다는 전제 위에 다산의 개혁론이 입각하고 있었다는 사실을 전해주는 대목이다. 가령 그는 앞으로 모든 개혁을 추진할 원동력을 왕권에서 구하고 있는데, 그 왕권의 성격에 대한 고찰에서도 역시 『주례』의 경우 보다 원형적 이념형으로서의 요·순의 경우를 제시하고 있었다.

> 내가 보건대 임금의 직사(職事)를 떨쳐 일으키기에 분발하여 천하 사

람들을 항상 들끓고 바쁘게 역사(役使)시킨 이가 요・순이며, 또한 치밀하고 엄혹하므로 천하 사람들이 항상 조심하고 두려워하여 일찍이 한 오라기의 거짓도 못하게 이끌어간 이도 요・순이었다. 천하에 요・순보다 부지런한 이가 없었건마는 하는 일이 없었다고 속이고, 천하에 요・순보다 치밀한 이가 없었건마는 엉성하고 오활하다고 속여왔다. (중략) 『역』(易)에 천(天)의 운행은 굳건하다고 하였다. 밝고 밝은 요・순이 천으로 더불어 함께 굳건하여 일찍이 잠깐의 휴식도 갖지 못하였고, 우(禹)・직(稷)・계(契)・고요(皐陶) 등도 맹렬하게 분발하여 왕의 고굉이목(股肱耳目) 노릇을 다하였다(『경세유표』 引).

나아가 다산은 특히 『주례』에도 그 전형이 명시되어 있지 않은, 가령 전・부(田賦)의 제도 같은 경우 그 원형이 되었다고 생각한 『상서』의 경우를 더 근원적으로 탐구하여 서술하고 있다.

살피건대 우공(禹貢)이란 요・순의 법이다. 요・순의 법에는 그 전(田)이 9등이고 그 부(賦)도 9등이었다. 전이란 정지(井地)에서 곡식을 바치는 것이요, 부란 부가(夫家)에서 재부(財賦)를 거두는 것이었다. 『주례』에 대사도(大司徒)가 9등으로써 천하의 지정(地征)을 마련하고 9등으로써 천하의 재부를 거두었으니, 지정이란 우공에서 말한 전이요, 재부란 우공에서 말한 부인 것이니, 한 전과 한 부를 병행시켜 나라 경용(經用)의 근본으로 삼고 임금이 백성 어거하는 권한으로 삼았다. 그런데 진(秦)나라 이래로 전적(典籍)이 흩어져 헌장(憲章)을 밝힐 수가 없이 되었다(『경세유표』 지관수제 九賦論).

즉 다산은 어디까지나 요・순시대의 제도가 남아 있다고 하는 『상서』 「우공」편을 이념적 근거로 하고서 『주례』의 '전・부'를 고찰하며 서술하고 있었던 것이다.

그같은 『상서』에 나타난 왕정의 이념적 단편들은 다산의 『경세유표』에

기회 있을 때마다 서술되어 있다. 그는 왕정의 서술을 '도의 큰 근원'에서부터 시작하는 방편을 쓰고 있었던 것이다.

그런데 역시 왕정이 제도적으로 구비되어 있는 전형적인 고경은 『주례』였다.

> 하(夏)나라의 예가 모두 다 훌륭하지는 못하였으므로 은나라가 그것을 따르면서도 덜어내고 더한 바가 있었으며, 은나라의 예가 모두 다 훌륭하지는 못하였으므로 주나라가 그것을 따르면서도 또한 덜어내고 더한 것이 있었다. 그런데 전장 법도(典章 法度)가 주나라에 이르러 크게 구비되어 진선·진미(盡善盡美)해져서 덜어내거나 더할 것이 없게 되었으니, 왕자가 일어난다면 반드시 일체로 『주례』를 준수하여 백세가 지나도 변함이 없을 것이다(『論語古今注』 爲政 下).

> 『주례』는 역시 고인(古人)으로서도 믿지 않는 사람이 많았으나, 모두 천학(淺學)이었습니다. 왕안석(王安石)은 비록 믿는 편이었지만, 그 이면을 깊이 알지는 못하였습니다. 오직 주자는 알고 믿었습니다. 그러나 정현(鄭玄)의 주(注)는 10에 6, 7은 틀린 것인데도 선유(先儒)는 정현까지 아울러 믿고 있었으니, 이것이 한스러운 일입니다. 제가 만약 병 없이 오래 살게 된다면 『주례』 전체를 주석하고 싶지만, 아침 이슬 같은 목숨이 언제 죽을지 모르니 감히 뜻을 내지 못하겠습니다. 그러나 진실로 3대의 치세를 회복하고자 한다면 이 책 아니고서는 착수할 수가 없습니다(『여유당전서』 시문집 答仲氏).

그래서 "나라를 경영하는 모든 제도에 대해서 현재의 운용에 구애받음이 없이 기본 골격을 세우고 요목을 베풀어 그것으로써 우리 구방(舊邦)을 새롭게 해보겠다"는 계획 아래 착수한 국가체제 전반적 개혁안으로서의 『경세유표』가 『주례』를 전형으로 하게 되었음은 필연적인 일이었다. 가령 그는 "현재의 법을 토대로 하여 우리 백성을 다스려보고자"(「자찬묘지명」) 저

술한 『목민심서』에서는 치국의 분야를 현실의 육조 직제 그대로를 따라 서술하는 방식을 취하였으나, 『경세유표』에서는 편명부터 『주례』를 크게 참작하는 방식으로 저작하였다. 쉽게 도표화하면 다음과 같다.

『목민심서』의 육전	『경세유표』의 육전	『주례』의 육전
이전(吏典)	천관이조(天官吏曹)	천관총재(天官冢宰)
호전(戶典)	지관호조(地官戶曹)	지관사도(地官司徒)
예전(禮典)	춘관예조(春官禮曹)	춘관종백(春官宗伯)
병조(兵曹)	하관병조(夏官兵曹)	하관사마(夏官司馬)
형조(刑曹)	추관형조(秋官刑曹)	추관사구(秋官司寇)
공조(工曹)	동관공조(冬官工曹)	동관고공기(冬官考工記)

그래서 『경세유표』는 가령 관직의 설치를 말하는 초두에서부터, "『주례』 육전에 소속한 기관이 각기 60이나 (중략) 『주례』는 천자의 예인데, 우리나라는 제후국이니 제도를 모름지기 작게 만들어야 한다. (중략) 그래서 옛 법전을 상고하고 각기 그 유(類)에 따라 육조에 나누어 소속케 하였다. 육조의 소속 기관이 각기 20이니 그 수가 모두 120이다. 이 또한 천지(天地) 도수(度數)의 형상인 것이다"(『經世遺表』 天官吏曹 第1)라고 하여, 기본적으로 『주례』를 전제로 하면서 각 국가기관과 그 기능을 분류, 설명하고 있다. 또 가령 각급 학교 교육을 지관호조(地官戶曹)의 관할로 소속시킨 것도 『주례』를 기준으로 재편한 사례이다. 왕정을 이룩하자면 '일체로 『주례』를 준수'하지 않을 수가 없다는 입장에 서 있었기 때문이다.

그러나 물론 다산은 현실을 무시하고서 『주례』를 더 우선적으로 기준삼지는 않았다. 우선 『주례』에는 천관총재(天官冢宰)가 모든 관료를 통솔하는 최고 정무(政務)기구로 되어 있으나, 『경세유표』는 당시 조선의 현실을 따라 영의정 이하로 구성되는 의정부를 최고 정무기구로 해두고 이조(吏曹) 이하 모든 국가기관들을 통솔하게 하였다. 또 가령 관원을 선발하는 과거 같은 제도는 『주례』에는 전혀 없는 것이었다. 요·순 3대의 선거는 추

천제도였던 것이다. 그리고 조선 후기 과거제도는 모든 실학자가 그 악폐를 지적하듯이 실로 전면적 개혁을 요하는 말속(末俗)으로 운용되고 있었다.

그런데 『경세유표』는 이 폐단 많은 과거제도를 역대의 장처(長處)를 골라 살리되, 각급 학교를 통하여 추천된 인재를 다시 중앙에서 시험을 보여 선발하는 방식으로 개혁하고 있었다. 말하자면 현실 과거제의 악폐를 버리고 그것을 요·순 3대의 추천제와 결합시킴으로써 각각의 장점을 살려 개혁하는 제도를 세우게 되었던 것이다. 그리고 가령 실학자로서의 면모답게, 새로 개발된 중국의 선진 산업기술을 도입하는 이용감(利用監)을 개설하여 부국강병을 도모하도록 해둔 것도 다산이 『경세유표』에서 창안해낸 제도의 하나였다.

그런데 『경세유표』는 천(天)·지(地)·춘(春)·하(夏)·추(秋)·동(冬)의 육조에다 각기 20씩의 소속 기구를 배치해두었으나, 정작 그 각 기구의 개혁안에 관한 구체적 설명은 완결되어 있지 못하다. 즉 이 책의 제1권은 천관이조와 지관호조 및 춘관예조의 소속기구를, 제2권은 하관병조와 추관형조 및 동관공조의 소속기구를 배치, 설명해두고 있다. 그리고 제3·4권은 천관수제라 하여 이조 각 기구의 운용에 관한 개혁안을 설명해두었다. 그리고 제5~13권은 지관수제라고 하여 정전제를 중심으로 하는 전제개혁과 그 역사적 유래, 부공(賦貢)제도, 창름(倉廩)제도, 호적제도에 관한 개혁안을 말한 것으로서 이 책 전체의 압도적 비중을 점하고 있다. 제14권은 균역사목(均役事目)을 논한 것이다. 그리고 제15권은 문관 등용의 선거제도를 말해둔 춘관수제와 무과 및 진보(鎭堡)제도를 논한 하관수제(夏官修制)로 충당하고 있다. 도대체 예조와 병조에 해당하는 춘·하관 제도 개혁안이 너무나 소략할 뿐 아니라 특히 형조 및 공조의 개혁안에 해당하는 추관수제와 동관수제에 관한 설명은 전혀 결하고 있는 것이다.

그런데 『경세유표』의 저작을 일단락한 뒤 거의 20년 세월을 살면서도 다산은 그 결한 부분을 보충하여 완결하지 않았다. 더구나 그같이 완결되지 못한 국가체제 개혁론을 남겨두고서도 그는, "육경사서를 가지고서는 수기(修己)하고 일표이서를 가지고서는 천하국가를 다스리니, 이에 본·말이

구비되었다"고 자신의 묘지명에다 써두고 있었다.

먼저 형벌의 운용에 관해서는 다산은 이미 『흠흠신서』를 별도로 저술해 두고 있었다. 그리고 아마도 다산은 추관수제와 동관수제를 그 기구 배치를 말해둔 하관병조와 동관공조의 설명으로 다소는 대신하고 있었던 것으로도 이해된다. 보기에 따라 각기는 당해 분야의 새로운 국가체제 운용기구로서 아마도 완벽한 짜임새를 구현하고 있는 것이라 하여도 괜찮을 것이다. 게다가 『목민심서』의 형전과 공전 분야 서술이 이 방면의 참고로도 활용될 수 있는 것이다. 그러나 정작 추관수제와 동관수제를 아예 생략해버린 사실 자체는 아무래도 이해하기 힘든 대목이다.

이해하기 힘든 대목은 그밖에도 여럿 있다. 가령 『경세유표』의 서문에 배열해둔 15항목의 '불가역론'(不可易論)과 같은 것이다. 살펴본 대로 다산은 『경세유표』의 본래 제명을 『방례초본』으로 하면서 그것이 '초'(草)인 까닭은 곧 '수정과 윤색'을 기다리기 때문이라고 하였다. 그러면서도 그는 다음의 15가지 원칙에 대해서는 결코 '변동할 수 없는 것'이라고 그 서문에 못박아두었다.

즉 ① 중앙 기구를 120으로 한정하고 육조에 각기 20씩 소속시키는 것, ② 관계(官階)를 9품계로 정하고 정(正)·종(從)의 구분을 없애되 오직 1·2품에만 구분을 두는 것, ③ 호조를 교관(敎官)으로 하고 교민(敎民)의 직무를 수행하도록 하는 일, ④ 고적(考績)의 법을 엄하게 하고 고적의 조목을 상세히 하여 당우(唐虞) 3대의 옛 제도를 회복하는 것, ⑤ 삼관삼천(三館三薦)의 법을 혁파함으로써 신진 관원의 문벌의 귀천을 구분하지 말도록 하는 것, ⑥ 남발되고 있는 능(陵) 수호직(守護職)을 통하여 요행스럽게 관직 취득하는 문을 막는 것, ⑦ 별시(別試)를 없애고 3년마다 대·소과를 통일하며 인재를 선발하는 일, ⑧ 문·무과의 정원을 동등히 하고 급제자는 모두 관직에 보임하는 일, ⑨ 전지(田地) 10결마다 1결을 취해서 공전(公田)으로 하고 조법(助法)을 쓰되 세를 별도로 거두지 않는 것, ⑩ 군포(軍布)를 없애고 9부(賦)의 제도를 써서 민역(民役)을 균평히 하는 일, ⑪ 둔전(屯田)을 정비하여 왕도(王都)와 군현을 호위하는 지반으로 삼

는 일, ⑫ 사창(社倉)과 상평창(常平倉) 제도를 정비하여 중간 농단을 막고 민생에 도움되도록 하는 일, ⑬ 금(金)·은전(銀錢)의 사용 등 화폐제도를 정비·활용하여 귀금속이 중국으로 빠져나가는 것을 막는 일, ⑭ 향리의 정원을 제한하고 그 세습을 금해서 간활이 발붙이지 못하도록 하는 일, ⑮ 이용감을 개설하고 북학(北學)할 방법을 논의하여 부국강병하도록 하는 것 등의 15항목인 것이다.

이들 '불가역론'은 물론 당해 제도 혹은 기관의 개혁안을 설명하는 대목마다에서 반드시 변동해서는 안된다고 하는 배경을 상고해두고 있는 사항들이었다. 객관적으로 고찰하더라도, 당시로서는 지리멸렬한 인습적 국가체제를 개혁하는 데 필수적인 사항들이기도 한 것이었다. 뿐만 아니라 금·은전을 활용한다는 주장 같은 데에서 짐작할 수 있듯이 매우 선진적인 발상인 것으로 이해할 수 있는 항목도 있다.

그러나 적어도 국가체제를 근본적으로 개혁할 제도를 초(草)하는 입장에서 여기 '불가역'의 사항들을 열거해둔 것은 대체 무슨 의미를 지니는 것일까. 그 사항들을 무슨 오의(奧義)를 지닌 비결쯤 되는 것으로 신비스럽게 해석할 필요는 없을 것이다. 그렇다고 하여 물론 막연한 이상주의적 조항을 나열해둔 것쯤으로 백안시해서도 안될 것이다. 다산이라고 하는 거대한 학인이 자기 시대와 사회를 온갖 정성을 다하여 개혁해보려고 일평생 노력하고 있었다는 사실을 인정한다면, 우리는 그같은 '불가역론'을 한번쯤은 다시 생각해볼 필요가 있을 것이다. 아마도 당시로서는 최선의 개혁안을 강구하는 가운데, 인습에 인습을 거듭해온 현실사회의 병폐를 감안하여, 다산은 거기 결코 '변동해서는 안되는' 최소한의 원칙선을 몇 가지 들어두었던 터라고 이해할 수가 있을 것이다.

5. 조선 후기 실학과 다산학에서 차지하는 『경세유표』의 위상

조선 후기의 실학에서는 국가체제 혹은 사회구성에 관한 여러 가지 개혁

론이 나왔는데 그 가운데에서 『경세유표』는 어떠한 위치에 있는 것인가. 아마도 실학의 국가개혁론으로서는 유형원의 『반계수록』이 가장 선구적 위치를 점할 것이요, 거기 대비되면서도 또한 확고부동한 독자적 위치를 지니고 있는 것이 곧 『경세유표』가 아닌가 한다. 사실상 본격적 국가개혁론을 서술한 저술은 실학 가운데서도 이 두 가지에 불과한 편이다. 양자는 각기 어떠한 독자성을 지닌 것인가.

양자는 실로 동일한 측면을 많이 공유하고 있다. 우선 무엇보다도 양자가 개혁론의 원형이 되는 고전으로서 곧 『주례』를 활용하고 있다는 공통성을 들 수가 있다. 양자는 『주례』에 나타난 국가체제를 이상형으로 전제하고서 각자의 개혁안을 제시하고 있었던 것이다. 그러나 물론 양자 공히 『주례』 그대로를 따라 현실을 서술한 것은 아니었다. 조선 후기 실학의 학풍 일반이 대체로 그러하였던 것처럼 현실을 기준으로 하고서 그것을 개혁하기 위하여 고전을 원용하고 있었던 것이다.

양자가 모두 토지제도의 개혁을 모든 국가체제 개혁의 근본으로 하고서 이론을 전개시키고 있다는 사실에서도 공통성을 찾을 수 있다. 물론 『반계수록』의 경우는 이른바 '균전론'이요, 『경세유표』의 경우는 다 알 듯이 '정전제론'이어서 동일하지는 않다. 그러나 양자가 궁극적으로는 토지의 국유를 전제하고 있을 뿐 아니라 더구나 토지를 기준으로 하고서 거기에 인간을 배치하고 있었다고 하는 매우 독특하면서도 유사한 공통성을 가지는 것이다. 그러므로 양자는 조선 후기 실학 가운데서도 가장 철저한 국가체제 개혁론에 값하는 독자성을 공통으로 지닌다 할 것이다.

그런데 그같이 국가적으로 재편성·재배치된 인간형을 두고 살피자면 양자는 다소 상이한 곳이 있다. 가령 농민상을 두고 말하자면 양자는 모두 자영농의 제도적 정립을 목표로 하고 있다. 그런데 자영농이라 할지라도 전자의 경우는 주로 자연경제 상태에서 화평한 생활을 누리고 살아가는 인간형으로 나타나 있다. 그것은 아마도 이른바 3대의 공동체적 농민상을 염두에 두고 그려놓은 인간형인 듯도 하다. 그런데 후자의 경우는 좀더 역동적인 농민상으로 나타나 있다. 여기서도 물론 인간은 기본적으로 단위 공

동체의 일원으로 존재하도록 조직되어 있다. 그런데도 여기 농민은 스스로 힘써 농사짓지 않으면 공동체 일원으로서 떳떳하게 존립하기가 어려울 것으로 강제되고 있으며, 또 상업적 농업을 전제로 하여 부를 축적하기도 하고, 나아가서는 공동체의 추천을 통하여 국가 관원으로 발탁되기도 하는 등, 좀더 역동적인 존재로 그려져 있는 것이다. 여기서는 다만 균전의 이상을 실현할 제도뿐 아니라 그렇게 분여받은 전지를 어떻게 좀더 잘 경작하느냐는 '치전'(治田)에 큰 중점을 두고 있으며, 나아가서는 그 농민들로부터 어떻게 부세(賦稅)를 균평하게 거둘 것인가 하는 '균부'(均賦)에도 매우 비중을 두는 국가 관리체계가 서술되어 있는 것이다.

양자에 나타난 농민상의 차이는 어디서 온 것이었는가. 그것은 곧 조선 후기 사회상의 변화를 반영하고 있는 것으로 이해된다. 다산이 『경세유표』를 저작한 19세기 초의 조선사회 농민들은, 국가체제의 온갖 수탈을 겪으면서도, 자기 개선의 노력과 투쟁을 통하여 점차 자립적 자영농으로 자신을 정립시켜나가고 있었다.

역사적으로 보아 농민층이 자립적 자영농으로 발돋움하기 위해서 노력하는 단계에는 각자가 모두 좀더 이기적인 타산을 품은 영악한 모습의 인간형으로 등장하고 있는 편이었다. 그것은 곧 상품화폐경제의 세례를 받고서, 그같은 새로운 사회경제 현상을 발판으로 삼고서야 '발돋움'이라는 것을 하게 되어 있었던 까닭에서이다. 그러므로 『경세유표』에는 위로는 국왕으로부터 아래로는 직접생산자에 이르기까지 각자 자기 직무의 수행을 위하여 맹렬한 노력을 기울이는, 그리고 서로가 서로를 감시·감독하는 인간상으로 가득 채워져 있다. 그것은 인습적 지리멸렬성을 극복하기 위해서만 그러한 것이 아니라, 바로 좀더 '타산을 품은 영악한' 역사 단계의 인간상을 등장시키고 있기 때문인 것으로 이해된다.

살펴본 대로 다산은 자신의 묘지명을 쓰면서 이른바 '일표이서'를 두고, "없어져버리지 않는다면 혹 이를 취해 쓸 자가 있을 것이다"라고 하는 자신감을 피력해둔 바 있었다. 그러나 『경세유표』를 포함한 그의 개혁론이 문헌으로서는 남았지만 그것을 현실정치에 취해서 쓴 자는 아무도 없었다.

또 그 이후로 국가개혁론이라는 이름에 값할 만한 개혁론은 다시 나오지도 않았다. 세상도 더 없이 변하고 있었다. 그래서 『경세유표』는 전근대 우리나라 국가체제의 개혁론으로서는 최후의 원형에 해당하는 문헌이 되고 말았다. 그것이 전근대를 집대성한 최후의 원형인 것이므로 '근대'를 살아가는 우리들에게는 언제나 역사의 원형적 현장으로서의 의미를 지닐 수가 있게 되었으며, 끊임없는 탐구의 대상으로 남아 있을 수가 있게 되었다.

그리고 『경세유표』는 단일한 문헌으로서도 역사적 가치가 덜한 것은 아니지만, 다산의 다른 정법서인 『목민심서』 『흠흠신서』와 상호 보완 관계에 있다. 다른 양자는 각기 나름대로의 특색을 지닌 것이지만, 앞서 언급한 바와 같이 특히 『경세유표』를 보완하는 부분을 갖추고 있다는 사실을 염두에 두어야 할 것이다. 그래서 세 가지 가운데는 아무래도 『경세유표』가 핵심적 위치를 차지한다는 사실도 자명한 것이다.

뿐만 아니라 다산의 학술을 제대로 짐작하기 위해서는, 실로 '육경사서'에 관한 그의 저술들을 동시에 깊이 읽어내지 않으면 안될 것이다. 가령 『경세유표』의 정전제는 현명한 왕권과 현명한 신료의 합심 아래 철칙 같은 불변의 법을 제정함으로써 점진적으로 실현할 제도인 것으로 서술되어 있다. 그런데 그같은 왕권은 궁극적으로 어떻게 창출해야 하는 것이며 그같은 왕법은 어떻게 제정할 것인지의 근원적 물음에 관한 한, 이 문헌에는 해법이 없다. 그같은 문제는 역시 그의 경전에 관한 연구를 통해서야만, 가령 다산이 만년에 이르러 특히 독특한 관심을 기울여 마무리한 『상서』 등에 관한 연찬을 통해서야만 비로소 알아낼 수 있는 것이 아닌가 하고 이해된다.

이제 현실 개혁론이 아닌 문헌으로서의 『경세유표』는 현재의 우리들에게 무엇을 말해주고 있는 것인가. 가령 『경세유표』에서 가장 비중을 두어 서술해둔 정전제를 두고 말할지라도 현재로서는 여러 학자들이 여러 가지 해석을 서로 달리하고 있는 형편이다. 가령 그 가운데 전지의 소유관계를 두고서도 그것이 과연 국유론인가 사유론인가 하는 논란이 아직도 미해결의 과제로 남아 있다. 지주-작인 제도를 인정하는 듯한 서술은 도대체 무엇을 의미하는 것인가에 대해서도 아직은 정설이 없다. 심지어 그같은 복

고적 개혁안은 다만 한 이상주의자의 공상적 공동체론에 불과한 것이라는 논의도 남아 있다.

아마도 『경세유표』에서 오늘 우리가 역사적 현실성을 바로 연결시키기란 어려운 일일 것이다. 그러나 그것은 연구하는 자의 시각이라든가 역량 여하에 따라 실로 매우 다양한 의미와 해석을 낳게 해줄, 우리나라 전근대 역사를 총체적으로 집약해둔 한 원천적 문헌으로서의 가치를 지닌다. 그런 면에서 이는 다른 어느 책보다도 길이 남아 활용될 것으로 이해된다.

6. 간행

살펴본 대로 다산은 환갑의 해를 맞아 자신의 저술들을 일단 정리하면서 '인생을 총결'하고 새로운 삶의 자세로 살아갈 결심을 피력하였다. 『경세유표』도 이때에 일단 미완성인 채로 완결시켰던 것으로 보인다. 그후로 다산은 별다른 저술활동을 하지는 않았다. 다만 만년에 가서 『상서』의 연구를 집성하여 마무리한 것으로만 알려져 있다.

그리고 다산은 자신의 모든 저술을 생전에 일단 완결한 상태의 정고본(定稿本)으로 남겨두었던 것이라고 전해진다. 그후 다산의 자제나 혹은 다른 유지가 그 출간을 위해 노력하였으나, 역부족으로 불가능한 채 남게 되었다. 그런데 그 가운데의 일부는 이미 다산 재세시부터 전사되어 널리 활용되고 있었다 하며, 더구나 1883년(고종 20)에는 국왕의 어명으로 다산의 저술을 거의 망라하여 『여유당집』(與猶堂集)을 정사(精寫)해 들이도록 하고 국정에 참고하려 했다고 한다. 다시 망국 직전인 구한말의 1908년(戊申)에 조선광문회(朝鮮光文會)에서 이건방(李建芳)의 서문을 붙인 『경세유표』의 간행을 시도하였으나 역시 완간에 이르지는 못하였다.

그후 1936년 다산의 서거 100주년을 맞자, 민족운동의 일환으로서의 조선학에 큰 관심이 일어나게 되었으며, 이에 그 중심 사업으로 다산학의 연구가 대대적으로 진행되었다. 이때 특히 다산의 저술을 묶어 『여유당전

서』라는 이름으로 정인보(鄭寅普)·안재홍(安在鴻) 등의 교열 아래 신조선사에서 활판인쇄로 간행하기에 이르렀는데, 154권 76책이었다. 물론 『경세유표』도 이에 널리 공간되었다. 그후 1960년에 문헌편찬위원에서 신조선사본을 영인 간행한 적이 있었다. 그리고 다시 1970년에는 경인문화사에서 같은 책을 영인 간행하였는데, 현재로서는 이것이 비교적 널리 유포되어 있는 편이다.

『경세유표』는 워낙 현실에서 곧 활용할 수 있는 성질의 저술이 아니다. 그러므로 그 대중화가 매우 더딜 수밖에 없었다. 가령 그 번역본으로 말할지라도 1977년에 이르러서야 소정(素丁) 이익성(李翼成)의 주석으로 민족문화추진회에서 처음으로 낸 적이 있었다(본 번역서는 이 책을 다시 다듬어 펴내는 것이다). 소정은 특히 조선 후기 실학의 연구와 주석에 높은 안목을 갖춘 한학자로서 많은 업적을 남기신 분이다. 오늘날 실학 관계 번역서는 거의가 그의 손으로 이룩된 것들이다. 다산 학술의 정수가 집약된 『경세유표』와 같은 경국(經國)의 큰 문헌이 전고(典故)와 석문(釋文)에 두루 능한 역자를 만나 쉬운 우리말로 풀이되었다.

【김태영】

●다산 정약용 연보*

1762년(영조 38, 1세) 6월 16일 사시(巳時) 광주군 초부면 마현리(지금의 양주군 와부면 능내리)에서 4남 1녀 가운데 4남으로 출생했다. 본관은 압해(押海)로, 압해는 나주의 속현이므로 나주 정씨라고도 한다. 관명(冠名)은 약용(若鏞), 자는 미용(美鏞)·송보(頌甫), 호는 사암(俟菴)·다산(茶山)이다. 다산은 사도세자의 변고로 시파에 가담하였다가 벼슬을 잃은 부친 정재원(丁載遠)이 귀향할 때 출생하였기 때문에 자를 귀농(歸農)이라고도 했다.

1763년(영조 39, 2세) 완두창(豌豆瘡)을 앓았다.

1765년(영조 41, 4세) 천자문을 배우기 시작했다.

1767년(영조 43, 6세) 부친인 정재원이 연천현감으로 부임하자 그곳에 따라가 부친의 교육을 받았다.

1768년(영조 44, 7세) 오언시를 짓기 시작했다. '산'이라는 제목의 시에 "작은 산이 큰 산을 가렸으니, 멀고 가까움이 다르기 때문"(小山蔽大山 遠近地不同)이라는 구절이 있는데, 진주공(晉州公 : 다산의 아버지)이 그의 명석함에 놀랐다. 천연두를 앓아 오른쪽 눈썹 위에 흔적이 남아 눈썹이 세 개로

---

* 이 연보는 송재소, 『다산시연구』(창작과비평사, 1986)에 실린 「사암선생연보」(俟菴先生年譜)를 참고로 작성한 것이다. 「사암선생연보」는 다산의 현손(玄孫)인 정규영(丁奎英)이 1921년에 작성한 것으로 지금까지 나와 있는 다산 연보 중에서 가장 잘 정리된 것으로 평가되고 있다.

나누어지자 스스로 호를 삼미자(三眉子)라고 했다. 『삼미자집』이 있는데, 이는 10세 이전의 저작이다.

1770년(영조 46, 9세) 모친 해남 윤씨가 죽었다. 모친은 고산(孤山) 윤선도(尹善道)의 후손이다. 윤선도의 증손인 공재(恭齋) 윤두서(尹斗緖)는 다산의 외증조부가 된다. 다산의 얼굴 모습과 수염이 공재를 많이 닮았다. 다산이 일찍이 문인들에게 말하기를 "나의 정분(精分)은 외가에서 받은 것이 많다"라 하였다.

1771년(영조 47, 10세) 경서(經書)와 사서(史書)를 수학했다. 이때 경서와 사서를 본떠 지은 글이 자기 키만큼이나 되었다.

1774년(영조 50, 13세) 두시(杜詩)를 본떠 시를 지었는데, 부친의 친구들에게 칭찬을 받았다.

1776년(영조 52, 15세) 관례를 치르고 풍산 홍씨 홍화보(洪和輔)의 딸과 결혼했다. 이때 진주공이 호조좌랑이 되어 서울에 있었기 때문에 아버지를 따라 살림집을 세내어 서울 남촌에 살았다.

1777년(정조 1, 16세) 선배 이가환과 자형 이승훈을 추종하여 성호(星湖) 이익(李瀷)의 유고를 보고 사숙했다. 진주공의 임소인 화순으로 따라갔다. 청주, 전주 등지를 유람하면서 시를 지었다.

1778년(정조 2, 17세) 전남 화순의 동복현에 있는 물염정(勿染亭)과 광주 서석산(瑞石山)을 유람했다. 겨울에 둘째형 약전과 함께 화순현에 있는 동림사(東林寺)에서 독서하며 『맹자』를 읽었다.

1779년(정조 3, 18세) 진주공의 명으로 공령문(功令文)을 공부했고, 성균관에서 시행하는 승보시(陞補試)에 선발되었다. 손암 정약전이 녹암 권철신을 스스로 모셨는데, 기해년(녹암 44세, 손암 22세, 다산 18세) 겨울 천진암(天眞庵) 주어사(走魚寺)에서 강학회를 열었다. 눈 속에 이벽이 밤중에 찾아와 촛불을 켜놓고 경전에 대한 토론을 밤새며 했는데, 그후 7년이 지나 서학에 대한 비방이 생겨, 그처럼 좋은 강학회가 다시 열릴 수 없게 되었다고 한다.

1780년(정조 4, 19세) 진주공이 예천군수로 부임하자 그곳에서 글을 읽었다. 반

학정(伴鶴亭), 촉석루(矗石樓)를 유람하며 독서하고 시를 지었다. 겨울에 진주공이 어사의 모함으로 예천군수를 사임하고 마현으로 돌아왔다.

1781년(정조 5, 20세) 서울에서 과시(科詩)를 익혔다. 7월에 딸을 낳았는데, 5일 만에 죽었다.

1782년(정조 6, 21세) 서울 창동(倉洞 : 지금의 남대문 안)에 집을 사서 살았다.

1783년(정조 7, 22세) 성균관에 들어갔다. 2월에 세자책봉을 경축하기 위한 증광감시(增廣監試)에서 둘째형 약전과 함께 경의(經義) 초시(初試)에 합격하고, 4월에 회시(會試)에서 생원으로 합격했다. 회현방으로 이사, 재산루(在山樓)에 살았다. 9월 12일에 큰아들 학연(學淵)이 태어났다.

1784년(정조 8, 23세) 향사례(鄕射禮)를 행하고, 「중용강의」 80여 항목을 바쳤다. 율곡의 기발설(氣發說)을 위주로 했는데, 정조가 감탄했다. 이벽(李檗)을 따라 배를 타고 두미협(斗尾峽)을 내려가면서 서교(西敎)에 관한 얘기를 듣고 책 한 권을 보았다. 『성호사설』을 통해 상위수리(象緯數理)에 관한 책들 이외에 서양인 방적아(龐迪我)의 『칠극』(七克), 필방제(畢方濟)의 『영언여작』(靈言蠡勺), 탕약망(湯若望)의 『주제군징』(主制群徵) 등의 책을 열람했다. 6월 16일, 반제(泮製)에 뽑혔다. 9월 28일, 정시(庭試)의 초시에 합격했다.

1785년(정조 9, 24세) 2월 25 · 27일, 4월 16일, 반제에 뽑혀 상으로 종이와 붓을 하사받았다. 10월 20일, 정시의 초시에 합격했다. 11월 3일, 감제(柑製)의 초시에 합격했다. 겨울 제주도에서 귤을 공물로 바쳐와서 선비들에게 시험을 보였는데, 다산이 초시에 수석으로 합격했다. 12월 1일, 임금이 춘당대에 친히 나와 식당에서 음식을 들었다. 그리고 식당명(食堂名)을 짓도록 했는데, 다산이 수석을 차지하여 『대전통편』(大典通編) 한 질을 하사받았다.

1786년(정조 10, 25세) 2월 4일, 별시(別試)의 초시에 합격했다. 7월 29일, 둘째아들 학유(學游)가 출생했다. 8월 6일, 도기(到記 : 식당장부)의 초시에 합격했다.

1787년(정조 11, 26세) 1월 26일, 3월 14일, 반제에 수석으로 뽑혔다. 『국조보

감』(國朝寶鑑) 한 질과 백면지(白綿紙) 1백 장을 하사받았다. 8월21일, 반제에 뽑혔고, 8월 성균관 시험에 합격했다. 『병학통』(兵學通)을 교지와 함께 하사받았다. 12월, 반제에 뽑혔고, 다산은 과거 보는 일을 그만두고 경전의 뜻을 궁구하려는 마음을 가졌다. 아마도 임금이 무인(武人)으로 등용할 뜻이 있었기 때문인 것 같다.

1788년(정조 12, 27세) 1월 7일, 반제에 합격했다. 희정당(熙政堂)에서 임금을 뵈오니 책문(策文)이 몇 수인가를 물었다. 3월 7일, 반제에 수석 합격하여, 희정당에서 임금을 뵈오니 초시와 회시의 횟수를 질문했다.

1789년(정조 13, 28세) 1월 7일, 반제에 합격했다. 임금이 4번 초시를 본 것을 확인하고 급제하지 못함을 민망히 여겼다. 3월, 전시(殿試)에 나가서, 탐화랑(探花郎)의 예로써 7품관에 부쳐져서 희릉 직장(禧陵直長)에 제수되었고, 초계문신(抄啓文臣)에 임명되었다. 5월에 부사정(副司正)으로 옮겼고, 6월에 가주서(假注書)에 제수되었다. 이 해 문신의 시험에 수석을 5번, 수석에 비교된 것이 8번이었다. 각과문신(閣課文臣)으로 울산 임소로 진주공을 찾아뵈었다. 겨울에 주교(舟橋)를 설치하는 공사가 있었는데, 다산이 그 규제(規制)를 만들어 공(功)을 이루었다. 12월에 셋째 아들 구장(懼牂)이 태어났다.

1790년(정조 14, 29세) 2월 26일, 한림회권(翰林會圈)에서 뽑혔고, 29일에 한림소시(翰林召試)에서 뽑혀 예문관 검열(檢閱)에 단독으로 제수되었다. 3월 8일, 해미현(海美縣)으로 정배(定配)되었다. 13일에 배소(配所)에 이르렀는데, 19일에 용서받아 풀려났다. 5월 3일, 예문관 검열로 다시 들어가고, 5일에 용양위(龍驤衛)의 부사과(副司果)로 승직되었다. 7월 11일, 사간원 정언(正言)에 제수되었다. 9월 10일, 사헌부 지평(持平)에 제수되어 무과감대(武科監臺)에 나아갔다.

1791년(정조 15, 30세) 5월 23일, 사간원 정언에 제수되었다. 10월 22일, 사헌부 지평에 제수되었다. 겨울에 「시경의」(詩經義) 800여 조를 지어올려 임금으로부터 칭찬을 받았다. 임금이 그 책에 대해서 비지(批旨)를 내리기를 "널리 백가를 인용하여 문장으로 표현해 놓은 것이 무궁하니, 참으로

평소 학문이 축적되어 해박한 사람이 아니라면 어떻게 이와 같이 훌륭하게 할 수 있겠는가?"라 하였다. 겨울에는 호남에서 진산사건(珍山事件 : 辛亥邪獄으로 최초의 천주교도 박해사건)이 일어났다. 목만중, 이기경, 홍낙안 등이 공모하여 서교(西教)에 빠진 자들을 모두 제거하고자 했다.

1792년(정조 16, 31세) 3월 22일, 홍문관록(弘文館錄)에 뽑혔으며, 28일 도당회권(都堂會圈)에서 뽑혀, 29일 홍문관 수찬(修撰)에 제수되었다. 임금이 남인 가운데서 사간원·사헌부의 관직을 이을 사람을 채제공과 상의하였다. 다산이 28명의 명단을 작성하여 올리니 그 가운데 8명이 먼저 두 부서에 배치되었다. 4월 9일, 진주 임소에서 진주공의 상(喪)을 당했다. 5월, 충주에 반장(返葬)하고, 마현으로 돌아와 곡했다. 광주(廣州)에 여막을 짓고 거처했다. 겨울에 수원성의 규제를 지어 올렸고, 「기중가도설」(起重架圖說)을 지어 올려서 4만 냥을 절약하였다.

1793년(정조 17, 32세) 4월에 소상(小祥)을 지내고 연복(練服)으로 갈아 입었다. 여름에 화성 유수로 있던 채제공이 돌아와 영의정이 되었다.

1794년(정조 18, 33세) 6월에 삼년상을 마쳤다. 7월 23일, 성균관 직강(直講)에 제수되었다. 8월 10일, 비변랑(備邊郎)에 임명하는 계(啓)가 내렸다. 10월 27일, 홍문관 교리(校理)에 제수되었다가 28일 수찬에 제수되었다. 12월 7일, 경모궁(景慕宮 : 정조의 아버지인 장헌세자의 神位를 모시던 궁)에 존호(尊號)를 추존해 올릴 때 도감(都監)의 도청(都廳 : 우두머리)이 되었다.

1795년(정조 19, 34세) 1월 17일, 사간원 사간(司諫)에 제수되었다. 품계가 통정대부에 오르고 동부승지에 제수되었다. 2월 17일, 병조 참의에 제수되어, 임금이 수원으로 행차할 때 시위(侍衛)로서 따랐다. 3월 3일, 의궤청(儀軌廳) 찬집문신(纂輯文臣)으로 계하(啓下)되었고, 규영부(奎瀛府) 교서승(校書承)으로 부임할 것을 명받았다. 3월 20일, 우부승지(右副承旨)에 제수되었다. 『화성정리통고』(華城整理通攷)의 찬술과 원소(園所 : 장헌세자의 능인 顯隆園의 터)를 설치하라는 명을 받고, 이가환·이만수·윤행임 등과 합작하였다. 4월에 규영부 교서직에서 이윽고 정직(停職)되었

다. 이는 일종의 악당들이 헛소문을 선동하여 모함하고 헐뜯고 간사한 꾀를 썼기 때문이다. 다산이 이때부터 가슴 속에 우울한 마음이 있었다. 마침내 다시는 대궐에 들어가 교서를 하지 아니하였다. 7월 26일, 주문모 입국사건으로 금정도(金井道 : 洪州에 있는 지명) 찰방(察訪)으로 외보(外補)되었다. 이때에 목재(木齋) 이삼환(李森煥 : 성호 이익의 증손)에게 청하여 온양의 석암사(石巖寺)에서 만났는데, 당시 내포(內浦)의 이름 있는 집 자제들이 소문을 듣고 모여들어 날마다 수사(洙泗)의 학(學)을 강학하고, 사칠(四七)의 뜻과 정전(井田)의 제도에 대해서 물었으므로 별도로 문답을 만들어 「서암강학기」(西巖講學記)를 지었다. 성호유고를 가져다 처음 『가례질서』(家禮疾書)로부터 교정했다. 『퇴계집』 반 부를 가져다 매일 새벽에 일어나 세수하고, 바로 그가 남에게 보낸 편지 한 편을 읽은 뒤에 아전들의 인사를 받았다. 정오가 되면 연의(演義) 1조(一條)씩을 수록(隨錄)하여 스스로 경계하고 성찰하였는데, 그것을 이름하여 「도산사숙록」(陶山私淑錄)이라 하였으니, 모두 33칙(則)이다. 12월 20일, 용양위 부사직으로 옮겨졌다.

1796년(정조 20, 35세) 10월에 규영부 교서가 되었다. 『사기영선』(史記英選)의 제목과 『규운옥편』(奎韻玉篇)의 범례에 자문했다. 이만수 등과 더불어 『사기영선』을 교정했다. 12월 1일, 병조 참지(兵曹參知)에 제수되었고, 3일에 우부승지에 제수되었다. 다음날 좌부승지에 올랐다가 부호군(副護軍)으로 옮겨졌다.

1797년(정조 21, 36세) 3월 대유사(大酉舍)의 향연에 참석하고 춘추경전(春秋經傳)을 교정했다. 이서구·김조순과 함께 두시(杜詩)를 교정했다. 교서관(校書館)에 입직(入直)하면서 『춘추좌씨전』을 교정했다. 6월 22일, 좌부승지를 사퇴하는 「변방사동부승지소」(辨謗辭同副承旨疏)를 올렸다. 윤윤6월 2일, 곡산 부사(谷山府使)에 제수되었다. 겨울에 홍역을 치료하는 여러 가지 처방을 기록한 『마과회통』(麻科會通) 12권을 완성했다.

1798년(정조 22, 37세) 4월, 『사기찬주』(史記纂註)를 올렸다. 겨울에 곡산의 좁쌀, 콩을 돈으로 바꾸어 올리라는 영(令)을 철회하여 주도록 요청하여 허

락을 받았다. 『오례의도척』(五禮儀圖尺)과 실제 척이 달라서 척을 바로잡았다. 종횡표를 만들어 호적, 군적을 정리했다.

1799년(정조 23, 38세) 2월에 황주 영위사(黃州迎慰使)로 임명하는 교지를 받았다. 4월 24일, 내직으로 옮겨져 병조 참지에 제수되었다. 상경 도중인 5월 4일에 동부승지를 제수받고 부호군에 옮겨졌다. 입성(入城)한 5월 5일에 형조 참의(刑曹參議)에 제수되었다. 「초도둔우계」(椒島屯牛啓)를 올렸다. 10월에 조화진과 충청감사 이태영이 이가환, 정약용과 주문모 밀입국을 보고한 한영익 부자를 서교에 탐닉하였다고 상주하였는데, 정조는 무고라고 일축하였다. 12월에는 『춘추좌전』의 세서례(洗書禮) 때 어제시(御製詩)에 화답하는 시를 지어올렸다. 이 달에 넷째 아들 농장(農牂)이 태어났다.

1800년(정조 24, 39세) 봄에 다산은 세로(世路)가 위험하다고 느껴 전원으로 돌아갈 계획을 결단하였다. 6월 28일, 정조가 승하하였다. 겨울에 졸곡(卒哭)을 지낸 뒤 열수(洌水 : 한강의 상류로 다산의 고향을 말함) 가로 돌아가기로 결심했다. 이에 다산은 초천(苕川)의 별장으로 돌아가 형제가 함께 모여 날마다 경전을 강(講)하고, 그 당(堂)에 '여유'(與猶)라는 편액을 달았다. 이 해에 『문헌비고간오』(文獻備考刊誤)가 이루어졌다.

1801년(순조 1, 40세) 2월 8일, 사간원의 계(啓)로 인하여 9일 하옥되었다. '책롱사건'(冊籠事件)이 발단이었다. 19일 만인 2월 27일에 출옥되어 장기(長鬐)로 유배되었다. 손암(巽菴)은 신지도(薪智島)로 유배되었다. 3월에 장기에 도착하여 『이아술』(爾雅述) 6권과 『기해방례변』(己亥邦禮辨)을 지었는데, 겨울 옥사 때 분실되었다. 여름에 성호가 모은 1백 마디의 속담에 운을 맞춰 지은 『백언시』(百諺詩)가 이루어졌다. 10월, 황사영의 백서사건으로 손암과 함께 다시 투옥되었다. 11월, 다산은 강진현(康津縣)으로, 손암은 흑산도(黑山島)로 유배되었다.

1802년(순조 2, 41세) 큰아들 학연이 와서 근친(覲親)하였다. 겨울에 넷째 아들 농장이 요절했다는 소식이 왔다.

1803년(순조 3, 42세) 봄에 「단궁잠오」(檀弓箴誤)가 이루어졌다. 여름에 「조전

고」(弔奠考)가 이루어졌다. 겨울에 「예전상의광」(禮箋喪儀匡)이 이루어졌다.

1804년(순조 4, 43세) 봄에 「아학편훈의」(兒學編訓義)가 이루어졌다.

1805년(순조 5, 44세) 여름에 「정체전중변」(일명 「기해방례변」) 3권이 이루어졌다. 겨울에 큰아들 학연이 찾아왔다. 이에 보은산방(寶恩山房)에 나가 밤낮으로 『주역』과 『예기』를 가르쳤다. 혹 의심스러운 곳이 있어 그가 질문한 것을 답변하여 기록해 놓았는데, 모두 52칙이었다. 이를 이름하여 「승암문답」(僧菴問答)이라고 하였다.

1807년(순조 7, 46세) 5월에 장손(長孫) 대림(大林)이 태어났다. 7월에 형의 아들 학초(學樵)의 부음을 받고 묘갈명을 썼다. 『상례사전』(喪禮四箋) 50권이 완성되었다. 겨울에 「예전상구정」(禮箋喪具訂) 6권이 이루어졌다.

1808년(순조 8, 47세) 봄에 다산(茶山)으로 옮겨 거처했다. 다산은 강진현 남쪽에 있는 만덕사(萬德寺) 서쪽에 있는데, 처사(處士) 윤단(尹慱)의 산정(山亭)이다. 공이 다산으로 옮긴 뒤 대(臺)를 쌓고, 못을 파고, 꽃나무를 열지어 심고, 물을 끌어 폭포를 만들고, 동쪽 서쪽에 두 암자를 짓고, 서적 천여 권을 쌓아놓고 글을 지으며 스스로 즐기며 석벽(石壁)에 '정석'(丁石) 두 자를 새겼다. 『주역』의 어려운 부분을 들추어 「다산문답」 1권을 썼다. 봄에 둘째아들 학유가 방문했다. 여름에 가계(家誡)를 썼다. 겨울에 「제례고정」(祭禮考定)이 이루어졌다. 또 『주역심전』(周易心箋)이 이루어졌다. 「독역요지」(讀易要旨) 18칙을 지었고 「역례비석」(易例比釋)을 지었다. 「춘추관점」(春秋官占)에 보주(補注)를 냈다. 「대상전」(大象傳)을 주해했다. 「시괘전」(蓍卦傳)을 주해하였다. 「설괘전」(說卦傳)을 정정하였다. 『주역서언』(周易緖言) 12권이 이루어졌다.

1809년(순조 9, 48세) 봄에 「예전상복상」(禮箋喪服商)이 이루어졌다. 『상례외편』(喪禮外篇) 12권이 완성되었다. 가을에 『시경강의』(詩經講義)를 산록(刪錄)했다. 내용은 『모시강의』(毛詩講義) 12권을 첫머리에 놓고, 따로 『시경강의보유』 3권을 지었다.

1810년(순조 10, 49세) 봄에 「관례작의」(冠禮酌儀), 『가례작의』(嘉禮酌儀)가

이루어졌다. 봄, 여름, 가을에 3차례 가계(家誡)를 썼다. 9월에 큰아들 학연이 바라를 두드려 억울함을 상소했기 때문에 특별히 은총이 있었으나, 홍명주의 상소와 이기경의 대계(臺啓)가 있었기 때문에 석방되지 못했다. 겨울에 『소학주관』(小學珠串)이 이루어졌다.

1811년(순조 11, 50세) 봄에 『아방강역고』(我邦疆域考), 겨울에 「예전상기별」(禮箋喪期別)이 이루어졌다.

1812년(순조 12, 51세) 봄에 『민보의』(民堡議)가 이루어졌다. 겨울에 『춘추고징』(春秋考徵) 12권이 완성되었다. 「아암탑문」(兒菴塔文)을 지었다.

1813년(순조 13, 52세) 겨울에 『논어고금주』(論語古今注)가 이루어졌다. 이 책은 여러 해 동안 자료를 수집하여 이 해 겨울에 완성했는데 40권이다. 이강회(李綱會), 윤동(尹峒)이 도왔다. 『논어』에 대해서는 이의(異義)가 워낙 많아서 「원의총괄」(原義總括) 표를 만들어 「학이」(學而) 편에서부터 「요왈」(堯曰) 편까지의 원의를 총괄한 것이 175조가 된다. 춘추삼전(春秋三傳)이나 『국어』에 실린 공자의 말을 모아 한 편을 만들어 책 끝에 붙였는데, 「춘추성언수」(春秋聖言蒐) 63장이 그것이다.

1814년(순조 14, 53세) 4월에 장령(掌令) 조장한(趙章漢)이 사헌부에 나아가 특별히 대계(臺啓)를 정지시켜, 죄인명부에서 그 이름이 삭제되었다. 그 때 의금부에서 관문(關文)을 발송하여 석방시키려 했는데 강준흠(姜浚欽)의 상소로 막혀서 발송하지 못했다. 여름에 『맹자요의』(孟子要義)가 이루어졌다. 가을에 『대학공의』(大學公議) 3권이 이루어졌다. 『중용자잠』(中庸自箴) 3권이 이루어졌다. 『중용강의보』가 이루어졌다. 겨울에 『대동수경』(大東水經)이 이루어졌다. 또 이여홍(李汝弘 : 汝弘은 李載毅의 字)의 편지에 답하여 학문과 사변의 공(功)을 논했다.

1815년(순조 15, 54세) 봄에 「심경밀험」(心經密驗)과 「소학지언」(小學枝言)이 이루어졌다.

1816년(순조 16, 55세) 봄에 『악서고존』(樂書孤存)이 이루어졌다. 6월, 손암(巽菴)의 부음을 들었다. 손암의 묘지명을 썼다.

1817년(순조 17, 56세) 가을에 『상의절요』(喪儀節要)가 이루어졌다. 『방례초

본』(邦禮艸本)의 저술을 시작했는데 끝내지는 못했다. 뒤에 『경세유표』로 개명했다.

1818년(순조 18, 57세) 봄에 『목민심서』가 이루어졌다. 여름에 『국조전례고』(國朝典禮考) 2권이 이루어졌다. 8월에 이태순(李泰淳)의 상소로 관문(關文)을 발하여 다산을 떠나 14일 비로소 열수의 본집으로 돌아왔다.

1819년(순조 19, 58세) 여름에 『흠흠신서』(欽欽新書)가 이루어졌다. 이 책의 처음 이름은 『명청록』(明淸錄)이었는데 후에 우서(虞書)의 "흠재흠재"(欽哉欽哉) 즉 형벌을 신중히 하라는 뜻을 써서 이 이름으로 고쳤다. 겨울에 『아언각비』(雅言覺非) 3권이 이루어졌다.

1820년(순조 20, 59세) 겨울에 옹산(翁山) 윤정언(尹正言)의 묘지명을 지었다.

1821년(순조 21, 60세) 봄에 「사대고례산보」(事大考例刪補)가 이루어졌다. 겨울에 남고(南皐) 윤참의 지범(尹參議持範)의 묘지명을 썼다.

1822년(순조 22, 61세) 이 해는 다산의 회갑년이다. 「자찬묘지명」을 지었다. 윤지평 지눌(尹持平持訥)의 묘지명을 썼다. 이장령 유수(李掌令儒修)의 묘지명을 썼다. 신작(申綽)의 편지에 답하면서 육향의 제도를 논했다.

1823년(순조 23, 62세) 9월 28일, 승지(承旨) 후보로 낙점되었으나 얼마 후 취소되었다.

1827년(순조 27, 66세) 10월에 윤극배(尹克培)가 '동뢰구언'(冬雷求言)으로 상소하여 다산을 참혹하게 무고하였으나 끝내 실현되지 못했다.

1830년(순조 30, 69세) 5월 5일에 약원(藥院)에서 탕제(湯劑)의 일로 아뢰어 부호군(副護軍)에 단부(單付)되었다. 그때 익종(翼宗 : 순조 아들)이 위독하여 약원(藥院)에서 약을 논의할 것을 청했다. 약을 달여 올리기로 했는데, 채 올리기도 전 6일 세상을 떠났다.

1834년(순조 34, 73세) 봄에 『상서고훈』(尙書古訓)과 『지원록』(知遠錄)을 개수(改修)하고 합하여 모두 21권으로 만들었다. 가을에 다산에 있을 때 『상서』를 읽으면서 매색(梅賾)의 잘못된 이론을 잡아서 논술했던 『매씨서평』(梅氏書平)을 개정했다. 순조의 환후가 급해 명을 받들고 12일에 출발했는데 홍화문(弘化門)에서 초상이 있음을 듣고 이튿날 고향으로 돌아왔다.

1836년(헌종 2, 75세) 2월 22일 진시(辰時)에 열상(洌上)의 정침(正寢)에서 생을 마쳤다. 이 날은 다산의 회혼일(回婚日)이어서 족친(族親)이 모두 왔고 문생(門生)들이 다 모였다. 장례 절차는 모두 유명(遺命) 및 「상의절요」(喪儀節要)를 따랐다. 이에 앞서 임오년(1822) 회갑 때 공이 조그마한 첩(帖)을 잘라 유명을 적어 두었으니 장례 절차였다. 4월 1일에 유명대로 여유당(與猶堂) 뒤편 광주(廣州) 초부방(草阜坊) 마현리(馬峴里) 자좌(子坐)의 언덕에 장사지냈다.

1910년 7월 18일에 특별히 정헌대부(正憲大夫) 규장각 제학(奎章閣提學)을 추증(追贈)하고 문도공(文度公)의 시호를 내렸다.

다산 문집의 판본은 필사본으로 서울대학교 규장각 소장본 『여유당집』(與猶堂集)과 한국정신문화연구원 소장본 『열수전서』(洌水全書), 활자본으로 1936년 신조선사(新朝鮮社)에서 간행한 『여유당전서』(與猶堂全書) 등이 있다. 영인본으로 1985년 여강출판사가 간행한 『여유당전서』(전20책)이 있다.

• 일러두기

1. 이 책은 신조선사본(新朝鮮社本)을 가지고 국역하였으며 조선광문회본(朝鮮光文會本)의 방례초본서(邦禮艸本序)를 첨부하였다.

2. 이 책은 유표(遺表)인만큼 옮겨 적는 글에서도 표문체(表文體)를 사용하여야 하지만 문장마다 반복이 많으므로 이를 간결하게 서술문체로 하였다. 한편, 신근안(臣勤案), 신우산(臣又按) 등은 '생각건대' '살피건대'로 표기하였다.

3. 원문을 영인하여 첨부하였다. 원문의 잘못된 한자는 교정하여 서미(書眉)에 적었고 구두(句讀)를 달았다.

4. 주석(註釋)은 괄호안에 넣었다.

5. 부호는 다음과 같이 사용하였다.

( ) 음과 뜻이 같거나, 다른 한자를 묶을 때 표시한다.

" " 대화 등의 인용문을 묶는다.

' ' 강조 부분을 묶는다.

『 』 책명을 표시한다.

○ 원문의 오자(誤字)를 표시한다.

· 원문의 탈자(脫字)를 표시한다.

방례초본 서(邦禮艸本序)

옛날 성왕(聖王)은 천하를 다스리면서 백성들은 욕심이 있다는 것을 알았는데, 그 욕심을 고르지 않으면 반드시 어지럽게 되는 까닭에 예(禮)로써 조절하였으며, 그 욕심을 징계하지 않으면 반드시 어지럽게 되는 까닭에 법으로써 제어하였다.

조절함은 방탕하게 됨을 막는 것이요, 제어함은 그 지나치고 과람하게 됨을 방지하는 것이었다. 그러나 조절, 제어하는 것은 모두 천칙(天則)의 본연에 따른 것이고 사람의 사사로 할 수 없는 것이다. 진실로 사람으로서 할 수 있는 것이라면 곧 음일(淫佚)해질까 두려운 것이니, 어찌 예와 법을 할 수 있겠는가?

『서경』(書經)에, "하늘이 오륜(五倫)을 서(敍)하여 법을 두고, 하늘이 등급을 질(秩)하여 예(禮)를 두었다"[1] 하였다. 질서의 근본은 함께 하늘에서 나온 것이니, 질이 바로 서이며 서가 바로 질이다. 그리하여 예와 법은 한가지인데, 특히 경우에 따라서 말을 다르게 했을 뿐이다. 그러므로 위로 교(郊)·묘(廟)[2]의 제사(祭祀)로부터 조근(朝覲)[3]·직공(職貢)[4]·졸승

---

1) 이 말은 고요모(皐陶謨 : 『서경』의 편명)에 보임.

2) 교(郊)·묘(廟) : 교는 교사(郊社)로, 천지(天地)에 제사하는 곳. 묘는 종묘로, 임금의 선조에 제사하는 곳.

3) 조근(朝覲) : 제후(諸侯)가 천자(天子)를 뵙는 것인데, 봄에 하는 것은 조(朝), 가을에 하는 것

(卒乘)[5] · 부세(賦稅) 따위의 제도에 이르기까지 모두 예라 하며 또한 법이라 하기도 하였다. 그것은 그 근본이 이미 한가지이므로 그 작용하는 것도 또한 처음부터 같았음을 말하는 것이다.

그런데 세상이 쇠퇴하고 도의가 망해져서 선왕(先王)의 전장(典章)과 법도가 다 찢기고 없어지니, 임금된 자는 천하를 자기 한 몸의 사사로운 물건인 양 여긴다. 대저 천하는 큰 물건이요, 천하의 이(利)는 큰 이인데, 이것을 제가 오로지 하고자 생각하므로 진실로 천하 사람을 위엄으로 협박하고 통절하게 억제하지 않으면 안 되었다. 이리하여 제 요령껏 혹독한 형벌을 제정하여 천하를 호령하면서, 그것을 법이라 하였다. 이 법이라는 것은 한 사람의 사리(私利)하려는 마음에서 나온 것이요, 하늘의 질과 서가 아니었다.

예란 제사에 제기나 벌여놓는 것처럼 대단하지도 않은 일뿐이고, 법이란 형벌과 옥송(獄訟) 따위뿐이다. 이러하니 그 예가 되는 근본을 잃은 것이 어찌 예뿐이리요? 법도 또한 법이라 하기에 부족하다. 왜냐하면 법의 근본이 하늘에서 나왔고, 사람은 명을 하늘로부터 품수(禀受)했은즉, 법 앞에는 귀한 사람, 천한 사람의 구별이 없기 때문이다. 그런 까닭으로 천자(天子)로부터 서인(庶人)에 이르기까지 모두 법의 규제를 받아서 감히 스스로 방자하지 못했는데, 이것이 참으로 선왕의 예법인 것이다.

지금은 법을 제정할 때 하늘에 근본을 두지 않고 사람의 사심으로써 만든다. 사람이 제 마음대로 만들었으니 그 규제를 기꺼이 받겠는가? 그러므로 후세의 법은 오직 신민(臣民)에게만 시행될 뿐이고 천자에게는 상관이 없다. 오직 상관이 없을 뿐만 아니라, 천자가 제 하고 싶어하는 데에 따라서 법을 만든다. 게다가 제 의사를 한껏 반영해서 음란함을 부리며 죄 없는 사람을 죽이고 만 백성에게 해독을 끼치면서, 오히려 방자하게 민중에게

을 근(覲)이라 함.

4) 직공(職貢) : 제후가 천자에게 물품을 바치는 것.

5) 졸승(卒乘) : 졸은 보병(步兵), 승은 전차(戰車)를 이름.

호령하기를, "이것이 진실로 법이다" 한다. 아아! 법을 만든 그 근본이 어찌 참으로 그러했으리요? 세상 선비들은 보고 들은 것에 익숙해졌고, 임금의 위엄을 겁내어서 이것을 당연한 것으로 여긴다.

군신(君臣) 사이의 의(義)에는 죽음은 있어도 버림받음은 없다는 것과, 춘추필법(春秋筆法)에, "장차 하려는 뜻이 있으면 반드시 베어 죽인다"[6]라는 말을 망령되게 인용하고, 뜻을 굽히고 세상에 아부하며 경전(經傳)을 인용하여 억지로 갖다 붙인다.

무릇 힘으로 항거해내지 못하면 복종하지 않을 수 없는 것도 사실이다. 그러나 이것을 바로 천지의 상도(常道)요, 고금의 대의(大義)라 한다면, 이것은 또 2천 년 이래로 학문을 강론한 자의 허물이다. 그리고 그 예와 법의 근본을 능히 깨달은 사람도 드물었다. 하물며 우리 동방은 궁벽지게 한 모퉁이에 있어 그것을 존숭(尊崇)하고 흠모한 이는 오직 중국 진(秦)·한(漢) 이후의 선비였다. 이를 본받고 이를 법하면서 그들의 조잡한 학설만을 배울 뿐이고, 진리는 탐구하지 않으면서 그들의 형적(形跡)만 비슷하도록 모방할 뿐이며, 몸소 실행하지는 않은 터인즉, 선왕의 전장(典章)을 어찌 급급히 말했겠는가. 이러므로 여러 세대가 지나도록 한 번도 좋은 시대가 없었다.

내가 더벅머리 아이 적에, 근세의 큰 선비인 다산(茶山) 선생이 저술한 글이 수십 종이 있다는 것을 이미 알고 있었다. 『흠흠신서』(欽欽新書), 『목민심서』(牧民心書) 같은 것은 모두 옥송(獄訟)을 불쌍하게 여기고 백성에게 편리하도록 하는 절실한 글이거니와, 더구나 『방례초본』(邦禮艸本)은 나라를 경영하고 다스림을 마련하여, 지난 세대를 잇달고 내후(來後)를 개발하는 큰 전장이니 주관(周官) 법도에 근본하여 그때의 형편과 인정에 알맞도록 참작하였다.

바야흐로 고요한 마음으로 독특한 경지에 도달하게 되어서는, 비록 맹자

---

6) 이 말은, 임금을 시해하려는 생각만 품어도 주참한다는 뜻인데, 『공양전』(公羊傳) 소공(昭公) 원년 조에, "言將自是弑君也 君親無將 將而爲誅"라고 보임.

(孟子)의 말이라도 따르지 않음이 있었는데, 하물며 그 이하인 마(馬)·정(鄭)·공(孔)·가(賈)[7]이겠는가. 자신의 서문에, "선왕은 예로써 법했는데, 후왕(後王)은 법으로써 법했다" 했으니, 여기에서 선생의 학문을 짐작할 수가 있다. 이미 예를 법으로 할 수 있음을 알았으면, 예 아닌 것을 법으로 할 수가 없음도 또한 당연히 알아야 한다. 이러므로 이말은 질서의 근본이 모두 천칙에서 나왔고 예와 법이 한가지라는 것으로, 후세가 함부로 사욕을 부리면서 억지로 법이라고 이름한 것과는 다르다. 선생 같은 분은, 호걸스러운 사람이 문왕(文王)의 시대를 기다리지[8] 않고 나왔다고 할 만하지 않겠는가.

아아, 선생의 재주와 학문도 이미 세상에 펼쳐져 시행되지 못하고 도리어 세상과 빗맞고 남들에게 따돌림당해서 거친 산, 장기(瘴氣) 있는 바닷가로 귀양까지 가지 않았는가. 그리하여 늙어서 죽기까지 한갓 빈말만을 세상에 남겼은즉 이것 또한 이미 슬픈 일이다.

그런데 세상의 도의가 더욱 나빠지고 선비의 기풍이 더욱 비루해져서 오직 녹봉(祿俸)과 이욕(利慾)만을 도모하여, 권세와 임금의 총애가 있는 사람의 집에 부지런히 드나들거나, 그렇지 않고 산림에서 도덕을 강구하고 학문을 담론하는 자도 또한 악착스럽게 고비(皐比)[9]에 앉아서 문호(門戶)하나 수립하여 제 한몸 사사로이 계획하는 데 급급하다. 선생의 말씀은 저 은하수 같이 아득하게 여겨서 일찍이 지나치는 길에서도 묻지를 않아, 선생의 글이 상자 속에 담긴 채로 먼지와 그을음이 앉고 좀벌레만 배부르게 한 지가 벌써 1백 년이나 되었으니, 나는 여기에서 그윽이 느낀 바가 있다. 일찍이 들으니, 서양 사람으로서 몽테스키외는 『만법정리』(萬法精理 : 법의 정신)를 저술했고, 루소는 『민약론』(民約論)을 저술했는데, 정부에서 그

---

7) 마(馬)·정(鄭)·공(孔)·가(賈) : 동한(東漢)의 마융(馬融), 정현(鄭玄), 공안국(孔安國), 가규(賈逵)를 말한 것임.

8) 문왕(文王)의 시대를 기다림 : 문왕 때처럼 잘 다스려진 시대를 기다린다는 뜻.

9) 고비(皐比) : 호랑이 가죽. 송(宋)나라의 장재(張載)가 항상 호랑이 가죽을 깔고 앉아서 『주역』(周易)을 강론했는데, 후세에 와서는 강학(講學)하는 자리를 고비라 이르게 되었음.

책을 급히 구해서 시행하지 않는 나라가 없었다 한다. 학설이 한 번 나오자 바람이 일 듯이, 우레가 움직이듯이 하여 세상 사람들의 보고 들음을 불끈 하게 한 번 새롭게 하였고, 또한 그에 따라서 더욱 깊이 연구하고 더욱 정밀하게 강론하였으니, 지금 유럽 여러 나라가 나날이 부강하게 되는 것은 모두 학술의 공이다.

지금 선생의 글로써 몽테스키외와 루소 등 여러 사람의 학술을 비교하여, 그 사이에 경중을 가늠하기는 진실로 쉽지 않으나, 다만 저들은 모두 분명한 말로 바로 지적하고 숨기거나 꺼리는 바가 없는 까닭에 가슴속 기이한 포부를 능히 죄다 발표할 수가 있었다. 그런데 선생의 말은 완곡하면서 정당하고, 정밀한 중에 칼날 같은 날카로움이 가끔 노출되어서 지극히 이치가 있다. 이따금 문장을 대하면, 여러번 탄식하면서 감히 말을 다하지 못했는바, 이것은 선생이 만났던 시기가 그러했기 때문이다. 만약 이러한 이유로 선생이 저 사람들보다 못함이 있다 한다면, 사리에 합당한 말이 아니다. 그러나 선생의 학술은 오직 당시에 시용(施用)되지 못했을 뿐 아니라 구구한 공언(空言)처럼 취급되어 강론하지 않았다. 몽테스키외와 루소 같은 여러 사람들의 도(道)와 말이 시행되어, 그 공적이 한 세상에 아름답고 광채가 백대에 드리운 것과 비교하여 과연 어떻다 하겠는가. 이 점에서 나라가 선생의 때를 만나지 못했음을 나는 거듭 슬퍼하고, 동서양이 서로 비교되지 않음을 깊이 한탄하는 바이다.

그러나 세상이 그 사람의 때를 만나고 못 만남에 따라서 나라의 성쇠와 존망이 매였은즉 내가 선생을 위해 슬퍼함도, 어찌 다만 그의 때를 만나지 못했음을 위한 것뿐이겠는가. 근래에 동지 여러 사람이 회사를 세우고 국조(國朝)의 문헌과, 산림에 숨어 살던 기숙(耆宿)[10]의 저술을 수집하면서 이 글을 첫째로 간행하였다. 선생의 글이 끝내 묻혀버리지 않을 줄은 내가 진실로 알고 있었거니와, 그 먼지와 그을음 앉은 상자 속에서 나와서 천하에 공포되게 된 것인즉, 제군의 애씀이 부지런했다 할 수가 있다. 오직 그

10) 기숙(耆宿) : 학문과 덕행(德行)이 훌륭한 노인.

것이 전해지지 않은 까닭에 사람들이 강론할 수 없었고, 오직 강독하지 못했으므로 또한 시행될 수가 없었다. 진실로 널리 유포되어서 강독하는 자가 많아진다면, 취하여 정사에 시행할 자가 없을는지 어찌 알겠는가.

무릇 선생의 글이 정사에 시행되어서 질서와 전례의 근본을 밝히게 된다면, 그것이 겨우 한 나라의 법이 될 뿐 아니라 천하 후세의 법이 될 것임도 의심할 바 없다. 그런즉 선생이 비록 당시에는 불우했다 하더라도 후세에 대우받음은 쉽게 요량하지 못했으리라.

무신(戊申)년 4월 초하룻날 아침에 후학 이건방(李建芳)은 삼가 서문한다.

방례초본 인(邦禮艸本引)

여기에 논한 것은 법이다.

법이면서 명칭을 예라 한 것은 무엇인가? 선왕(先王)[1]은 예로써 나라를 다스렸고, 백성을 지도하였다. 그런데 예가 쇠해지자 법이라는 명칭이 생겼다. 법은 나라를 다스리는 것이 아니며, 백성을 지도하는 것도 아니다. 천리에 비추어서 합당하고 인정에 시행해도 화합한 것을 예라 하며, 위엄으로 겁나게 하고 협박으로 시름하게 하여 이 백성들이 벌벌 떨며 감히 범하지 못하도록 하는 것을 법이라 이른다. 선왕은 예로써 법을 삼았고, 후왕(後王)은 법으로써 법을 삼았으니, 이것이 같지 않음이다.

주공(周公)이 주(周)나라를 경영할 때에 낙읍(洛邑)에 있으면서 법 여섯 편(篇)을 제정하고 예(周禮)라 이름하였다. 그것이 예가 아니었으면 주공이 어찌 예라 일컬었겠는가. 세속에, 당우(唐虞)시대의 다스림을 말하는 자는, "요(堯)와 순(舜)은 모두 팔짱을 끼고 공손한 모습으로, 고요하게 아무 말도 하지 않았다. 그러나 그들이 띠 지붕 밑에 앉아 있어도 그의 덕화(德化)가 젖어듦이 마치 향기로운 바람이 사람을 감싸는(襲人) 것 같았다" 한다. 이리하여 희희(熙熙)한 것을 순순(淳淳)하다 하고, 호호(皥皥)한 것을 거거(蘧蘧)하다 하여 무릇 시행하는 것이나 움직임이 있으면 번번이 당

---

1) 선왕(先王) : 선대(先代)의 성왕(聖王). 보통 우(禹)·탕(湯)·문왕(文王)·무왕(武王)을 지칭하는 말임.

의 시대를 인증(引證)하여 윽박지른다. 그러면서 "한비(韓非)[2]와 상앙(商鞅)[3]의 방법은 각박하고 정밀하여서, 실상 말세의 풍속을 다스릴 만한 것이건만, 특히 요순은 어질고 영진(嬴秦)[4]은 포악했으므로, 부득불 엉성하고 느슨한 것을 옳게 여기고 촘촘하고 급박한 것을 그르게 여겼다" 한다.

내가 보건대 흥작(興作)하기에 분발하여, 천하 사람을 바쁘고 시끄럽게 노역시키면서, 일찍이 한 번 숨돌릴 틈에도 능히 편안함을 도모하지 못하도록 한 이가 요순이요, 정밀하고 엄혹(嚴酷)하여 천하 사람을 공손하게 움츠리고 송구(悚懼)하여 일찍이 털끝만큼이라도 감히 거짓을 꾸미지 못하도록 한 이도 요순이었다. 천하에 요순보다 부지런한 사람이 없었건만, 하는 일이 없었다고 속이고, 천하에 요순보다 정밀한 사람이 없었건만, 엉성하고 오활하다고 속인다. 그리하여 임금이 매양 일을 하고자 하면 반드시 요순을 생각하게 하여 스스로 단념하도록 하니, 이런 이유로 천하가 나날이 부패해져서 능히 새로워지지 못하는 것이다.

공자가, "순(舜)은 한 일이 없었다"라고 한 것은 순이 현성(賢聖)한 신하를 스물두 사람이나 두었으니 또 무슨 할 일이 있었겠느냐는 뜻이었다. 그 말뜻이 넘쳐흐르고 억양(抑揚 : 억누르기도 하고 부추기기도 함)되어 말 밖에 멋(風神)이 있었는데, 지금 사람들은 오로지 이 한마디 말을 가지고서, 순은 팔짱끼고 말없이 앉아서 손가락 하나 움직이지 않았어도 천하가 순순히 화(化)하여졌다 하며, 요전(堯典)과 고요모(皐陶謨)[5]를 아울러 태연스레 잊어버리니, 어찌 답답하지 않은가. 『주역』(周易)에, "하늘의 운행(運行)은 군건하다" 하여, 밝고 밝은 요순이 하늘과 함께 군건하여 일찍이 잠

2) 한비(韓非) : 전국시대(戰國時代) 한(韓)나라의 공자(公子). 『설림』(說林), 『설난』(說難) 등 많은 저서를 남겼음.

3) 상앙(商鞅) : 전국시대 위(衛)나라의 공자. 진(秦)나라 효공(孝公)을 도와서 법령을 제정하였다. 정전(井田)을 폐지하고 세부체제(稅賦體制)를 정비하였다. 그러나 법을 너무 가혹하게 하다가 마침내 미움을 받아 거열형(車裂刑)을 당했다.

4) 영진(嬴秦) : 영은 진나라 임금의 성씨(姓氏). 영씨의 진나라라는 뜻.

5) 요전(堯典)과 고요모(皐陶謨) : 모두 『서경』의 편명(篇名).

깐 동안이라도 휴식하지 못했음을 밝혔다. 그리고 우(禹)·직(稷)·설(契)·익(益)·고요(皐陶)들도 아울러 맹렬하게 분발하여 임금의 팔 다리와 귀 눈의 역할을 하였다. 그런데 지금 대신(大臣)의 자리에 있는 자는 바야흐로 '대체를 갖는다'(持大體)는 세 글자로써 천하 만사를 다한 것처럼 여기니, 또한 지나치지 않은가.

조참(曹參)[6]은 고요함으로써 정승 자리에 있었는데 한(漢)나라는 덕도 없이 일어나서 가혹한 진(秦)나라의 대를 이었다. 그러므로 조금만 시끄럽게 하면 백성이 장차 무리지어 일어나서 난리를 꾸밀 터이므로 형세가 잔 생선 삶[7]듯하는 것으로써 법하지 않을 수가 없었으며, 진평(陳平)은 매우 간특한 사람으로 음양을 다스리고 사시(四時)에 순응하는 것을 대신의 직분이라 하여, 그 사람의 단점을 때워넘겼다. 위상(魏相)과 병길(丙吉)도 또한 꾀를 잘 내고 교묘하게 벼슬살이를 하여 진평의 비결을 이용하고 엉성한 허물을 엄폐하여, 하는 일 없이 승상부(丞相府) 녹(祿)을 먹었으니 그 당·우 시대에 굳은살이 박이도록 분주하던 자와 비교하면 진실로 어떠한가.

가의(賈誼)는 말을 할 만한 때에 말했다. 제왕이 흥망할 운수를 걸고, 크게 다스리고자 한다면 말을 할 만한 때였겠지만, 장수와 정승에 어진 자와 어리석은 자가 섞여 있는데, 그들의 협동을 바라고자 한다면 말을 할 수가 없는 때였다. 그런 까닭으로 일 꾸미기를 좋아하는 소년이라는 지목을 받아 남모르는 울분을 품고 억울하게 죽었다.

왕안석(王安石)은 청고(淸苦)함을 거짓으로 꾸며서, 그 행실을 가다듬고 경전을 원용(援用)하여 그 간사함을 엄식(掩飾)하였다. 2제(帝)와 3왕(王)[8]의 도가 실상 제 가슴에 환하지 않았고, 한갓 한때 얕은 소견으로써

---

6) 조참(曹參) : 한나라 고조(高祖)를 도와서 천하를 평정하였고, 소하(蕭何)가 죽자 이어 정승이 되었다. 한결같이 소하의 법을 준수해서 백성을 번거롭게 하지 않았다.

7) 잔 생선 삶듯 : 시끄럽게 하지 않는다는 뜻. 하상공(河上公)이 노자장구(老子章句)를 해석하면서, "작은 생선을 삶을 때에 창자도, 비늘도 없애지 않는 것은 잘못 건드렸다가 문드러질까 염려한 것이다"라고 하였음.

천하 사람을 거느려서 상고(商賈)의 이(利)에 얽매였다. 그리하여 원로대신으로서, 만인이 기망(期望)하는 자와 싸우고자 하며, 조정이 텅 비더라도 걱정하지 않았으니 이것이 천하가 욕하는 이유였다. 어찌 『주례』에서 일찍이 청묘법(靑苗法)과 보갑법(保甲法)[9]을 말했던가, 청묘법과 보갑법을 『주례』에서 나온 것이라 속였다 하여 왕안석의 일로 경계 삼아서, 무릇 법을 조금 변경해야 한다고 말하면 무리지어 일어나서 힘껏 공격하여 왕안석이라 지목하며, 자신은 한기(韓琦)와 사마광(司馬光)[10]인 양하니 이것이 천하의 큰 병통이다. 하후씨(夏后氏)의 예도 하후씨 홀로 마련한 것이 아니었고, 곧 요·순·우·직·설·익·고요 등이 정신을 모으고 정성과 지혜를 다해서 만세를 위해 입법한 것인데, 어찌 그 한 조목 한 조례(條例)인들 사람마다 바꿀 수 있겠는가.

그러나 은(殷)나라가 하(夏)나라의 대를 이어서는 줄이거나 보태는 것이 없을 수 없었고, 주(周)나라가 은나라의 대를 이으면서 또한 줄이거나 보태는 것이 없을 수 없었다. 왜냐하면 세상의 도가 강이 흐르는 것과 같은데 한 번 정한 것이 만세토록 변하지 않는다는 것은 이치로 보아도 맞지 않는다. 진(秦)나라의 법은 바로 진나라의 법이었지, 천성(千聖)과 백왕(百王)이 유전(流傳)한 것이 아니었다. 그런데 한나라가 일어나면서 진나라의 법을 따랐고 감히 털끝만큼도 변동한 일이 없었다. 심한 것으로는 시월을 1년의 첫달로 한 것과, 서적을 가지면 극률(極律)로 다스린 것이었다. 그

---

8) 2제(帝)와 3왕(王) : 2제는 요(堯)와 순(舜), 3왕은 하(夏)의 우(禹), 은(殷)의 탕(湯), 주의 문왕과 무왕.

9) 청묘법(靑苗法)과 보갑법(保甲法) : 모두 송(宋)나라 왕안석이 창설한 법. 청묘법은 곡식의 이삭이 푸를 때에 상평창(常平倉) 곡식을 백성에게 꾸어주었다가 추수한 후에 이식을 붙여서 받아들이는 법. 보갑법은 민가(民家) 열 집씩을 묶어서 한 보(保)로 만들고 한 집에 장정(壯丁)이 두 사람이면 한 사람을 뽑아서, 병정으로 삼던 법.

10) 한기(韓琦)와 사마광(司馬光) : 한기는 송나라 인종(仁宗)·영종(英宗)·신종(神宗)을 내리 섬긴 어진 신하로, 국가 대사를 맡아서 위태함을 피하지 않으니 조정에서 중하게 여겼다. 사마광도 송나라의 어진 정승으로, 왕안석의 신법(新法)을 공박하고 외직(外職)으로 쫓겨났다가, 철종(哲宗) 때에 정승이 되어서, 새 법으로써 백성에게 해가 되는 것은 모두 폐지하였음.

런 법이 100년이나 내려오다가, 무제(武帝) 이후에 이르러 비로소 그 한두 가지를 약간 변동했는데, 이와 같은 것은 왜 그런가.

은나라와 주나라의 사람은 슬기롭고 착해서, 그 재주와 식견이 비록 순우(舜禹)가 만든 것이라도 능히 줄이고 보태어 형편에 합당하도록 하였다. 그러나 한나라 사람은 거칠고 어리석어서 그 재주와 식견이, 비록 상앙과 이사(李斯)[11]가 만든 것이라도 그냥 따라서 하고 거기서 벗어날 줄을 몰랐다. 이것을 보면, 법을 능히 고치지 못하는 것과 제도를 능히 변경하지 못하는 것은 한결같이 그 사람이 어진가 어리석은가에서 비롯하는 것이지, 천지의 이치가 원래부터 고치거나 변경함이 없고자 한 것은 아니었다.

생각건대, 우리 효종대왕은 공법(貢法)[12]을 고쳐서 대동법(大同法)[13]으로 하였고, 또 우리 영종대왕(英祖)은 노비법(奴婢法)[14]과 군포법(軍布法)[15]을 고치고, 한림천법(翰林薦法)[16]도 고쳤다. 이것은 모두 천리에 합당하고 인정에 화협(和協)하여, 사시가 변하지 않을 수 없는 것과 같았다. 그런데 그때 회의하던 신하들의 발언이 뜰에 가득했고, 기세를 올려 힘껏 간하여 임금의 소매를 잡아끌고[17] 대궐 난간을 부러뜨리던[18] 옛사람의 일을

---

11) 이사(李斯) : 진나라 사람. 시황(始皇) 때 정승이 되었고 군현(郡縣) 제도를 확정하였다.

12) 공법(貢法) : 전부(田賦) 이외에 그 지방 특산물을 시기에 따라서 나라에 바치도록 마련한 법.

13) 대동법(大同法) : 현물로 바치던 공물을 미곡으로 환산하여 전지 매 결(結)에 일정한 양을 거두던 법.

14) 노비법(奴婢法) : 기자(箕子) 때부터 죄 지은 자를 노비로 삼았다. 조선 숙종 때에 노(奴)에게는 매년 무명(木) 2필, 비(婢)에게는 무명 1필씩을 받았다. 그후 현종 때에 반필씩 감했고 영조 때에는 비에게 받던 것을 모두 면제하였다.

15) 군포법(軍布法) : 15세에서 60세까지의 남정(男丁)으로서 군역(軍役)이 있는 자에게서, 평상시 1년에 무명 1필씩을 징수하던 법.

16) 한림천법(翰林薦法) : 예문관 검열(藝文館檢閱)을 한림이라 하는데, 이 한림을 뽑는 법. 전임(前任) 또는 현임(現任) 한림과 의정(議政), 제학(提學) 등이 검열 후보자의 명단에서 가장 적격한 사람을 선발하였음.

17) 임금의 소매를 잡아끌고 : 위(魏)나라 문제(文帝)가 기주(冀州) 백성 10만 호를 이사시키고자 하므로, 신비(辛毗)가 간(諫)하였다. 문제가 답하지 않고 일어났는데, 신비는 문제의 소매를 잡아당기면서 다시 간하였다고 한다.

18) 대궐 난간을 부러뜨리던 : 한(漢)나라 성제(成帝) 때 주운(朱雲)이 임금에게 "상방 참마검(尙

스스로 본뜨고자 한 자가 있기까지 하였다. 그러나 그 법을 시행한 지 수백 년 후에 낙(樂)을 누리고 덕(德)을 받아 비로소 백성의 뜻이 조금 안정되었다. 만약 효종·영조 두 임금이 근거없는 논의에 의혹되어서, 시일만 보내고 끝내 고치지 않았더라면 그 법의 이해득실은 마침내 천고(千古)에 밝혀지지 않았을 것이다. 영조가 균역법(均役法)[19]을 제정할 때에 저지하는 자가 있었는데, 영조가 말하기를, "나라가 비록 망한다 하더라도 이 법을 고치지 않아서는 안 된다" 하였다. 아아, 이것은 대성인의 정대한 말씀으로 시속(時俗) 임금으로서는 아무리 애를 쓰더라도 입 밖에 낼 수 없는 말이 아니었던가.

그러므로 법을 고치고 관직을 정리하는 것을 춘추필법에서 귀하게 여겼으니, 반드시 왕안석의 일이라 하여 나무라는 것은 용렬한 사람의 속된 말인 즉 현명한 임금이 관심할 바가 아니다. 지금에 와서도 그 일을 저지하는 자는 반드시, "조종(祖宗)께서 제정한 법을 변경하기를 논의할 수 없다" 한다. 그러나 조종의 법은 나라를 창건하던 초기에 만든 것이 많다. 그때에는 천명을 아직 환하게 알지 못하고 인심도 미처 안정되지 못했으며, 공을 세운 장수와 정승은 추솔(麤率)하고 억센 무인(武人)이 많았으며, 여러 벼슬아치도 간사한 사람이 많았다. 각자 제 사심으로 제 몸에 이익이 될 것만 구하다가 조금이라도 만족하지 못하면 반드시 무리지어 일어나서 소란을 꾸몄다. 이런 까닭에 착한 임금과 어진 신하가 유악(帷幄) 속에서 비밀스럽게 계획할 때에 왼쪽으로 쳐다보고 오른쪽으로 돌아보며, 앞이 걸리고 뒤가 당겨서 끝내는 아무 일도 하지 못하고 그만두었다. 무릇 일을 할 수가

方斬馬劒)을 하사하시면 간사한 사람 하나를 베겠습니다" 하니, 임금이 그 사람이 누구인가 하고 물었다. "장우(張禹)입니다"라고 대답하자, 임금이 노해서, 어사를 시켜 운을 끌어내리니, 운이 전(殿) 난간을 꽉 붙들고 있었으므로 난간이 부러졌다. 운이 부르짖기를, "용방(龍逄), 비간(比干)을 지하에 따르는 것만으로도 족합니다" 하였다. 이후 성제는 이 부러진 난간을 간하는 신하의 귀감으로 삼도록 하였다.

19) 균역법(均役法) : 영조 26년에 종래의 양포세(良布稅)를 줄이고 어염세(魚鹽稅)를 신설하여 그 결손을 보충하였음. 양민의 부담을 줄인 대신 특권층이 독점했던 어염업에 세를 징수한 데 의의가 있었다.

없었던 것은 그런 이유 때문이며, 그렇게 하는 것이 원망을 적게 하는 방법으로, 적당하지 못한 것이 있더라도 나 자신만을 위한 것은 아니었다. 그러므로 무릇 국가를 창건한 초기에는 법을 능히 고치지 못하고 말속(末俗)을 그대로 따르는 것을 큰 도리로 삼으니 이것이 예나 지금이나 공통된 병통이다.

그래서 우리나라 법은 고려법을 따른 것이 많았는데, 세종(世宗) 때에 와서 조금 줄이고 보탠 것이 있었다. 그후 임진왜란 이래로 온갖 법도가 무너지고 모든 일이 어수선하였다. 군영(軍營)을 여러번 증설하여, 나라의 경비가 탕진되고 전제(田制)가 문란해져서 세금을 거두는 것이 공평하지 못했다. 재물이 생산되는 근원은 힘껏 막고 재물이 소비되는 구멍은 마음대로 뚫었다. 이리하여 오직 관서(官署)를 혁파하고 인원 줄이는 것을 구급(救急)하는 방법으로 삼았다. 그러나 이익이 되는 것이 되(升)나 말(斗)만큼이라면 손해되는 것은 산더미 같았다. 관직이 정비되지 않아서 정사(正士)에게 녹(祿)이 없고, 탐묵(貪墨)한 풍습이 크게 일어나서 백성이 시달림을 받았다.

그윽이 생각건대 대개 터럭 하나만큼이라도 병통 아닌 것이 없는바, 지금이라도 고치지 않으면 반드시 나라가 망한 다음이라야 그칠 것이다. 이러하니 어찌 충신과 지사가 팔짱만 끼고 방관할 수 있을 것인가. 『주역』에, "생각이 제 위치를 벗어나지 못한다"[20] 하였고, 군자(공자)는, "그 직위에 있지 않거든 그 정사를 논하지 마라" 했으니, 죄에 연루된 신하로서 감히 나라의 법(邦禮)을 논하겠는가. 그렇기는 하다. 그러나 반계(磻溪) 유형원(柳馨遠)이 법을 고치자고 논의했어도 죄를 받지 않았고, 그의 글도 나라 안에 간행되었으니 다만 이용되지 않았을 뿐이었으며, 그가 말한 것은 죄가 되지 않았다.

초본(艸本)이라 한 것은 무엇 때문인가. 초(艸)라는 것은 수정과 윤색을 기다리는 것이다. 식견이 얕고 지혜가 짧으며, 경력이 적고 문견이 고루하

---

20) 이 말은 간(艮)괘의 대상(大象)에 보임.

며, 거처가 궁벽하고 서적이 모자라니, 비록 성인이 지었더라도 불가불 후인에게 수정·윤색하도록 하지 않을 수가 없을 것이다. 수정·윤색하지 않을 수가 없으니 어찌 초가 아닌가.

오직 관직을 120으로 한정하고, 6조(曹)에서 각각 20관서(官署)를 거느리도록 하는 것은 변동할 수 없다. 관계(官階)를 9품으로 정하고, 정(正)과 종(從)이라는 구별은 없었는데 오직 1품과 2품에만 정과 종이 있도록 하는 것은 변동할 수 없다. 호조(戶曹)를 교관(敎官 : 주나라 때 인민과 토지를 맡은 관청)으로 하고 6부(六部)를 6경(六卿)으로 삼아 향3물(鄕三物)[21]을 두어 만민을 가르친다는 면목(面目)은 변동할 수가 없다. 고적(考績)하는 법을 엄하게 하고 고적하는 조목을 상세하게 하여, 당우시대의 옛 법대로 회복하는 것은 변동할 수 없다. 3관(三館)과 3천(三薦)하는 법[22]을 혁파해서 신진은 귀천을 구분하지 말도록 하는 것은 변동할 수 없다. 능(陵)을 수호하는 관직을 처음 벼슬하는 자에게 맡기지 말아서 요행으로 벼슬길에 들어서는 문을 막는 것은 변동할 수 없다. 대과와 소과를 합쳐서 하나로 만들고, 급제 서른 여섯 사람을 뽑는 데 3년 만에 대비(大比)하며 증광(增廣)·정시(庭試)·절제(節製)[23] 따위의 법을 없애서 사람 뽑는 데에 제한이 있도록 하는 것은 변동할 수 없다. 문과와 무과에 정원을 서로 같게 하고, 과거에 급제한 자들은 모두 관직에 보임되도록 하는 것은 변동할 수 없다. 전지 10결(結) 머리에 1결을 취해서 공전(公田)으로 하고 농부에게

---

21) 향3물(鄕三物) : 옛적 향학(鄕學)의 교과로서, ① 6덕(六德) : 지(知)·인(仁)·성(聖)·의(義)·충(忠)·화(和), ② 6행(六行) : 효(孝)·우(友)·목(睦)·연(婣)·임(任)·휼(恤), ③ 6예(六藝) : 예(禮)·악(樂)·사(射)·어(御)·서(書)·수(數)를 두었던 것을 말함.

22) 3관(館)과 3천(薦)하는 법 : 3관은 홍문관(弘文館)·교서관(校書館)·예문관(藝文館)으로, 문과에 급제한 36명을 3관에 차례로 갈라 붙이는 것. 3천은 선전천(宣傳薦)·부장천(部將薦)·수문장천(守門將薦)으로, 무과에 급제한 36명을 갈라 붙이는 법임.

23) 증광(增廣)·정시(庭試)·절제(節製) : 증광은 나라에 경사가 있을 때에 기념으로 보이던 과거. 정시는 증광이나 별시(別試) 때에 대궐 뜰에서 보이던 과거. 절제는 인일절(人日節)·상사절(上巳節)·칠석절(七夕節)·중양절(重陽節) 따위의 명절에 성균관 및 지방의 유생을 시취(試取)하던 일.

조력하도록 하며, 세를 별도로 거두지 않는 것은 변동할 수 없다. 군포의 법을 없애고 9부(賦)[24]의 제도를 정리하여 민역(民役)을 크게 고르도록 하는 것은 변동할 수 없다. 둔전(屯田)하는 법을 마련하고 경성 수십 리 안은 모두 3군(三軍)의 전지(田地)로 삼아 왕도를 호위하고 경비를 줄이며, 읍성 몇 리 안쪽은 모두 아병(牙兵)의 전지로 하여 군현을 호위하도록 하는 것은 변동할 수 없다. 사창(社倉)[25]의 한도를 정하고 상평(常平)[26]의 법을 세워서 간사함과 제멋대로 하는 일을 막는 것은 변동할 수 없다. 중전(中錢)과 대전(大錢), 은전(銀錢)과 금전(金錢)을 주조하여 9부환법(九府圜法)[27]의 등급을 분변하여 중국으로 빠져나가는 길을 막는 것은 변동할 수 없다. 향리(鄕吏)의 정원을 제한하고 세습하는 법을 금해서 간사함과 교활함을 막는 것은 변동할 수 없다. 이용감(利用監)을 개설하고 북학(北學)[28]할 방법을 의논하여 부국강병하도록 도모하는 것은 변동할 수 없다.

무릇 이와 같은 것들이 단정하여 시행되기를 진실로 원한다. 그리고 소소한 조례와 자잘한 명수(名數)에 혹 구애됨이 있어 통하기 어려운 것이라, 어찌 감히 내 소견을 고집하여 한 글자도 변동할 수 없다 하겠는가. 그 고루한 것은 용서하고, 그 편협한 것은 공평하게 하여서 수정하고 윤색할 것이다. 혹 수십 년 동안 시행하여 편리한가 못 한가를 실험한 다음, 이에

---

24) 9부(賦) : 9종의 부세(賦稅) 『주례』 천관(天官) 태재조(太宰條)에 9종의 부세로써 재물을 거두었다. 방중지부(邦中之賦)·사교지부(四郊之賦)·방전지부(邦甸之賦)·가삭지부(家削之賦)·방현지부(邦縣之賦)·방도지부(邦都之賦)·관시지부(關市之賦)·산택지부(山澤之賦)·폐여지부(幣餘之賦)를 말함.

25) 사창(社倉) : 흉년에 빈민을 구제하기 위해서 설치한 곡창.

26) 상평(常平) : 물가를 조절하는 것. 미곡·면포 따위의 생활필수품을 값이 쌀 때에 시가보다 다소 비싼값으로 구입해서 저장해두었다가 값이 오르면 시가보다 다소 싼값으로 판매하였음.

27) 9부환법(九府圜法) : 주(周)나라 관제(官制)에, 대부(大府)·옥부(玉府)·내부(內府)·외부(外府)·천부(泉府)·천부(天府)·직내(職內)·직금(職金)·직폐(職幣)가 있는데, 모두 재물을 관장하던 관직이었다. 환(圜)이란 고르게 유통하는 것을 이르는 것이다(前漢 食貨志 第四下師古註).

28) 북학(北學) : 우리나라보다 문화가 발달한 중국에 가서 배워와야 한다는 것. 『맹자』(孟子) 등문공(滕文公)에 "북쪽으로 가서 중국에 유학하여"(北學於中國)라는 말에서 따온 것임.

금석(金石)같이 굳은 법전을 만들어서 후세에 전해주면, 이것이 또한 지극한 소원이며 큰 즐거움이 아니겠는가.

잘 정비된 수레에 잘 길들여진 말을 멍에로 붙들어 매었어도 오히려 좌우로 옹위하고 앞으로 수백 보를 걸려보아서, 그 조화가 이루어진 다음이라야 이에 얽어매고 몰아가는 것이다. 왕자가 법을 세워서 세상을 이끌어 나가는 것이 이것과 무엇이 다르겠는가. 이것이 초본이라 이름하는 까닭이다.

아아, 이것이 어찌 초본이 아니겠는가.

경세유표 제1권

천관 이조(天官吏曹) 제1 ● 치관지속(治官之屬)

지관 호조(地官戶曹) 제2 ● 교관지속(敎官之屬)

춘관 예조(春官禮曹) 제3 ● 예관지속(禮官之屬)

천관 이조(天官吏曹) 제1

우리나라가 창건되어 대통(大統)을 전해온 지 400여 년에 기강이 해이해져 모든 일이 부진하니, 마땅히 법령을 개정하고 관직(官職)을 정리하여 조종(祖宗)의 공덕을 빛나게 해야 한다. 이리하여 3공(公)·3고(孤)[1]에게 명하여 6전(典)[2]을 널리 선포해서 6관(官)[3]을 가르치게 하고, 6관에게 명하여 그 직무를 다스리며, 그 소속된 관청을 갈라 맡아서 왕을 돕고 나라를 다스리기를 청한다.

1. 천관(天官) 이조(吏曹)로 소속기관은 20, 나라의 다스림을 관장한다. 2. 지관(地官) 호조(戶曹)로 소속기관은 20, 나라의 교육을 관장한다. 3. 춘관(春官) 예조(禮曹)로 소속기관은 20, 나라의 예(禮)를 관장한다. 4. 하관(夏官) 병조(兵曹)로 소속기관은 20, 나라의 군정(軍政)을 관장한다. 5. 추관(秋官) 형조(刑曹)로 소속기관은 20, 나라의 형벌을 관장한다. 6. 동관(冬官) 공조(工曹)로 소속기관은 20, 나라의 공사

---

1) 3공(公)·3고(孤) : 3공은 주대(周代)의 태사(太師)·태부(太傅)·태보(太保)이나, 조선조 관직으로는 영의정과 좌·우의정. 3고는 주대의 소사(少師)·소부·소보이며, 조선조 관직으로는 찬성(贊成)이 여기에 해당됨.

2) 6전(典) : 치전(治典)·예전(禮典)·교전(敎典)·정전(政典)·형전(刑典)·사전(事典)임.

3) 6관(官) : 천관총재(天官冢宰)·지관사도(地官司徒)·춘관종백(春官宗伯)·하관사마(夏官司馬)·추관사구(秋官司寇)·동관사공(冬官司空).

(工事)를 관장한다. 무릇 6조(曹)에 소속된 관장은 큰 일은 그 조에 아뢰어 처리하고 작은 일은 전결한다.

살피건대, 『주례』(周禮) 6관에 소속된 것이 각각 60(小宰의 조문)이다. 정현(鄭玄) 주(注)에는, "6관 소속이 360인데, 천지(天地)·사시(四時)·일월·성신의 도수(度數)를 본떠서 천도(天道)가 구비되었다" 하였다.

생각건대, 『주례』는 천자의 예이고, 우리나라는 제후의 나라이니 제도를 작게 하는 것이 마땅하다. 또 옛 법전을 상고하니 경관(京官)[4]의 직사(職司) 수는 110이다. 이것을 혹 갈라 쪼개고 또는 모아 합치며 혹은 더해 보태었다. 그리하여 옛 법전을 상고하고 각각 그 유(類)에 따라 6조에 갈라 붙였다. 6조의 소속기관이 각각 20이니 그 수효가 120이다. 이 또한 천지 도수의 형상인 것이다.

생각건대, 나라의 온갖 일이 어지럽게 뒤섞여 있는데, 어찌 반드시 360으로 할 필요가 있는가? 그러나 주공(周公)이 예를 마련하면서 반드시 360으로 큰 한계를 정하고 가감하지 못하도록 한 것은, 진실로 일에 일정한 수효가 없으면 어지럽게 되는 원인이 되기 때문이었다. 세상의 변화는 일정함이 없고 임금의 욕심도 한정이 없는 것이다. 만약 입법(立法) 초기에 흐리멍덩하기만 하고 천작(天作)으로 된 쇠뭉텅이 같은 형상이 없다면 두어 대(代)를 넘지 않아서 보태고 줄이며, 없애고 일으키게 될 것이다. 따라서 기강이 문란하여 단서조차 찾을 길이 없어, 조금이라도 살피지 않으면 반드시 토붕와해(土崩瓦解)하고 말 것이다.

지금 6관에 소속된 기관을 120으로 한정했으나, 나라의 온갖 일을 이 숫자에서 반드시 가감할 수 없다는 것은 아니다. 그러나 이와 같이 한 다음이라야 법제가 되는 것이다. 향제(鄉制)를 정하는 데도, "5족(族)이 주(州)가 되고, 5주가 당(黨)이 되며, 5당은 향(鄉)이 된다" 하였으니, 법제의 엄절(嚴截)함이 이와 같았으며, 군제(軍制)를 정하는 데도, "5졸(卒)이 여

4) 경관(京官) : 서울 안에 있는 각 관직과 개성·강화·수원·광주의 유수(留守).

(旅)가 되고, 5여가 사(師), 5사가 군(軍)이 된다" 하여, 법제의 엄절함이 이와 같았다. 그러니 관직 제도만이 어찌 그렇지 않겠는가? 법을 정한 다음이라도 만약 변통하지 않을 수 없는 것이 있으면 20이라는 숫자 안에서 혹 양분하여 그 반분을 줄이거나, 또는 하나로 합치면서 한 가지는 그냥 둔다. 다만 그 큰 수효만 가감할 수 없게 하면 천만 년이 되어도 영원히 변하지 않을 헌장(憲章)이 될 것이다.

살피건대, 『주례』 서관(序官)에 또는 60이 못되고(천관 같은 것) 또는 60이 조금 넘는 것(지관 같은 것)이 있다. 그 중에는 여럿을 합쳐 하나로 만들 것(質人 등 七官은 司市에 합쳐야 할 것임)과, 하나를 갈라 여럿으로 할 것(司會 · 甸師 등속은 반드시 하나로만 할 것이 아님)이 반드시 있으나, 지금은 상세하게 알 수 없다. 다만, 천관 소재(小宰)의 조문으로 법제의 큰 표준을 삼음이 마땅하다.

3공(公)의 직무는 치도(治道)를 논하고 나라를 경영하여 하늘의 조화를 삼가 밝히는 것이다.

의정부(議政府) : 영의정(領議政) 공(公) 1인, 좌의정(左議政) · 우의정(右議政) 공 2인, 도찬성(都贊成) 고(孤) 1인, 좌찬성(左贊成) · 우찬성(右贊成) 고 2인, 사인(舍人) 상사(上士) 1인, 검상(檢詳) 중사(中士) 2인, 사록(司錄) 하사(下士) 2인, 녹사(錄事) 서하사(庶下士) 6인, 서리(書吏) 12인, 조례(皁隷) 30인.

생각건대, 옛 제도는 모두 3공과 3고로 되어 있다. 우리나라 제도에 정부의 보좌하는 신하도 실상은 옛 3고인데, 지금은 4원(員)을 두었으니 옛 제도와 부합하지 않는다. 또 3고의 위계는 정경(正卿)보다 높은 것인데, 지금 좌 · 우참찬(參贊)이 6조의 판서(判書)와 같은 품계인 것도 어긋남이 있는 듯하다. 나의 생각에는 찬성(贊成)은 1원(員)을 증원하고 좌 · 우참찬은 줄이는 것이 적당할 듯하다.

살피건대, 옛 제도에 중사가 반드시 상사보다 많고, 하사가 중사보다 많

은데, 예(禮)인즉 그러하므로 사인은 1원(員), 검상은 2원으로 한 것이다.

치관지속(治官之屬)

이조(吏曹) : 판서(判書) 경(卿) 1인, 참판(參判) 중대부(中大夫) 1인, 참의(參議) 하대부(下大夫) 1인, 정랑(正郎) 상사(上士) 2인, 좌랑(佐郎) 중사(中士) 4인.

서리 12인, 조례 24인.

생각건대, 관계(官階)는 9품(品)으로 한정하고 정(正)·종(從)의 구별은 없이 하되, 오직 1품과 2품에만 정·종이 있도록 함이 마땅하다. 이러므로 3품 이상은 대부가 되며, 4품 이하는 정사(正士)로 한다(그 법은 다음에 있음). 즉 4품·5품은 상사이고, 6품·7품은 중사이며, 8품·9품은 하사가 되는 것이다. 그런즉 정랑은 본래 5품이었으나 지금은 올려서 4품 상사로 만들고(다음에 표가 있음), 좌랑은 본래 6품이니 중사이다.

살피건대, 원제(原制)에는 6조 낭관(郎官)에 정랑과 좌랑의 정원이 같다. 그런데 지금 『주례』를 상고하니 중사가 반드시 상사보다 갑절이고, 하사는 반드시 중사보다 갑절이다. 무릇 신분이 높은 사람의 수가 적고 낮은 사람의 수가 많으며, 높은 관직의 수는 적고 낮은 관직의 수가 많은 것은 천지간에 떳떳한 법이다. 지금 여러 관청, 관직의 정원에 매양 이 뜻을 지키려는 생각에서 정랑은 2인, 좌랑은 4인으로 하였다.

생각건대, 원제에 조례의 수는 매우 적고 서리의 수가 혹 갑절이나 되는데, 이 또한 처음에 갑자기 정한 제도를 그대로 따르고 고치지 못한 것이다. 『주례』에는 도례(徒隷)의 수가 부사(府史)보다 열 갑절이나 된다. 초(楚)나라 우윤무우(芋尹無宇)는, "왕은 공(公)을 신하로 하고, 공은 대부(大夫)를 신하로, 대부는 사(士)를, 사는 조(皁)를, 조는 여(輿)를, 여는 예(隷)를, 예는 요(僚)를, 요는 복(僕)을, 복은 대(大)를 신하로 하며, 말

(馬)에는 어인(圉人)이 있고, 소(牛)에는 목자(牧者)가 있는 것이(昭公 7년에 보임) 옛 제도이다" 하였다. 지금 서리는 곧 주대(周代)의 부사이고, 지금 조례는 곧 주대의 도례이다(史라는 것은 지금의 書寫이다). 그러므로 서리가 많고 조례가 적은 것은 옛 제도가 아니므로 이제 바로잡았다.

승정원(承政院) : 도승지(都承旨) 중대부 2인, 좌 · 우승지 하대부 4인, 주서(注書) 하사 4인.

서리 24인, 조례 60인.

생각건대, 승정원은 옛적 납언(納言)이요, 후세의 상서성(尙書省)으로서 그 관직이 반드시 이조에 소속되어야 하는 것은 아니다. 그러나 『주례』에 태재(太宰)의 밑에 곧 궁정(宮正)이 있는데 궁정의 직무는 전적으로 왕궁의 계령(戒令)을 관장하여 궁중의 관부(官府)와 차사(次舍)를 독찰(督察)해서 명판(名版)에 기록하며(지금 省記와 같음), 정령(政令)을 발표하여 지금으로 말하면 정원(政院)의 직무와 십분 같았다. 총재(冢宰)의 직분이 본디 왕궁의 일을 관장하는 것이니(곧 왕궁과 정부가 일체라는 뜻임), 정원을 천관 소속으로 하는 것이 분명하여 이것을 관련(官聯)이라 이른다.

생각건대, 원제에 도승지가 1명이고 일반 승지가 5명이어서 『주례』의 정원과 같지 않다. 또 6승지 가운데 두어 사람은 항상 가선(嘉善) 품계(品階)인 자로 임명하는 것이므로, 지금은 중대부 2명을 배정한 것이다. 이미 도(都)라 하면서 또 두 사람으로 한 것이 타당하기는 하겠지만, 이것은 도총관(都摠官)도 정원이 몇 사람이고, 도순찰(都巡察)도 정원이 두어 사람이나 있으니 이것은 혐의할 것이 없다. 그런즉 다음 네 자리는 좌승지(左承旨) · 우승지(右承旨) · 좌부승지(左副承旨) · 우부승지(右副承旨)라 하고 동부(同副)라는 칭호는 없애는 것이 마땅하다.

살피건대, 원제에는 주서(注書)가 두 자리이다. 그러나 사변가주서(事變假注書)라는 것이 있으니 벌써 세 자리이고, 하번한림(下番翰林)이 항상 후당(後堂 : 지금의 堂後라는 것임)에 있은즉 네 자리이니, 지금 하나를 증

원하여도 근거 없는 것이 아니다. 또 주서실(注書室)을 본래 사선각(四仙閣)이라 하니 그 명칭에 맞추지 않을 수 없다.

생각건대, 서리와 조례 외에 또 구종(驅從)이라는 명칭이 있고, 다른 관청에도 또 고지기·청지기라는 여러 가지 명색(名色)이 있어 다 기록할 수 없으므로 여기에는 우선 생략하고 말하지 않으나, 만약 이것을 시행하려면 이런 점은 윤색하기에 달렸다.

생각건대, 우(虞)나라의 납언은 곧 지금의 간관(諫官)이다. 그런즉 그 직무에 간쟁할 책임이 있다는 것을 조례에 명시함이 마땅하다.

생각건대, 승지가 경연관(經筵官)과 지제고(知制誥)를 겸무하는데, 원제와 같게 함이 마땅하며 변경할 수 없다(지제고는 例兼으로 함이 마땅하다).

종친부(宗親府) : 전첨(典籤) 상사 1인, 전부(典簿) 중사 2인.
서리 10인, 조례 20인.

생각건대, 종친부·충훈부(忠勳府)·의빈부(儀賓府)·돈령부(敦寧府)·중추부(中樞府)를 5상사(上司)라 하며, 6조에 예속되어 있지 않다. 그러나 선왕의 법에 모든 관원을 모두 6관에 예속시키고 오직 3공만이 6관의 위에 있다 했는데, 이는 임금이 법을 세우는 데에도 엄숙하고 간략하기가 이와 같음이 마땅하다. 『주례』에, 도종인(都宗人)과 가종인(家宗人)이 모두 춘관(春官)에 예속되었고 도사마(都司馬)와 가사마(家司馬)는 모두 하관(夏官)에 예속되어 있다. 도(都)라는 것은 왕의 자제의 집이고, 가(家)라는 것은 선왕의 자제의 집이다(鄭注에 나타나 있다). 그런즉 5상사가 비록 높으나 그 낭관(郎官)을 이조에 예속시키더라도 무엇이 해되겠는가?

살피건대, 고사(古事)에 전첨은 반드시 친왕자(親王子)가 있은 다음이라야 차임(差任)하는 것이므로 전부(典簿) 한 사람뿐일 때도 있었다. 낭관은 두 사람을 갖추는 것이 마땅하므로 전부를 한 사람 증원하였다.

생각건대, 전첨은 본래 4품이니 틀림없는 상사이거니와, 전부는 본디 5

품인데 5품은 중사가 아니므로 낮추어서 6품으로 하였다(다음 표에 보임).

생각건대, 녹사(錄事)의 정원은 왕자의 많고 적음을 보아서 그때 그때 증감하는 것이므로 여기에서는 기록하지 않는다.

의빈부(儀賓府) : 경력(經歷) 상사 1인, 도사(都事) 중사 2인.

서리 4인, 조례 8인.

살피건대, 종친부 · 충훈부 · 의빈부의 여러 대부(지금은 堂上이라 부름)의 수는 많을 때도 있고 적을 때도 있다. 많을 때에는 서리와 조례의 수효도 알맞게 요량해서 증감할 것이나, 여기에 정한 인원은 비록 극히 적을 때라도 더 줄일 수는 없다.

생각건대, 녹사(錄事)의 정원은 부마(駙馬)의 많고 적음에 따라서 증감되는 것이므로 여기에는 기록하지 않았다.

돈령부(敦寧府) : 지사(知事) 경(卿) 1인, 동지사(同知事) 중대부 1인, 도정(都正) 하대부 1인, 판관(判官) 상사 1인, 주부(主簿) 중사 1인, 참봉(參奉) 하사 2인.

녹사 2인, 서리 6인, 조례 16인.

생각건대, 원편(原編)에는 돈령부에 영사(領事) 1원(員 : 정1품) 판사(判事) 1원(종1품)이 있다. 그러나 고사에 국구(國舅)가 몇 사람 있으면 그 몇 사람을 모두 영사로 제수했고, 종1품인 자가 몇 명 있으면 모두 판사를 제수했다. 그런즉 영사와 판사에 본래 정원이 없었던 것이다. 또 1품 귀신(貴臣)을 6관에 다 예속시킴은 불가하므로 서관(序官)의 등수(等數)에 두지 않았다.

생각건대, 충훈부 · 중추부는 병조(兵曹)에 예속시킴이 마땅하므로 여기에 기록하지 않았다.

사옹원(司饔院) : 제조(提調) 경 1인, 중대부 2인, 하대부 4인, 첨정(僉正) 상사 1인, 주부 중사 2인, 봉사(奉事) 하사 2인.
서리 10인, 조례 20인.

살피건대, 『주례』에 내옹(內饔)·외옹(外饔)·선부(膳夫)·포인(庖人)을 모두 천관 총재에 예속하였으니 이것 또한 궁(宮)과 부(府)를 일체로 한다는 뜻이었다. 원전(原典)에도 사옹원이 이조에 예속되어 있으므로 지금 그대로 두었다. 그리고 이번에 제조 1원은 이조 판서가 예겸(例兼)하고, 중대부 2원은 도승지가 예겸하며, 하대부 4원은 좌·우승지가 예겸하도록 했다.

생각건대, 원제에 도제조 1원은 대신이 겸하도록 되어 있으나, 3공은 치도(治道)를 강구하느라 옹선(饔膳)을 살필 여가가 없으니 줄임이 마땅하다.

사도시(司䆃寺) : 제조 경 1인, 첨정 상사 1인, 주부 중사 2인
서리 6인, 조례 12인.

살피건대, 『주례』 천관(天官)에 선부(膳夫)는 왕의 식품과 6곡(穀)을 관장했으므로, 사도시를 일부러 이조에 예속시켰다(원전에는 호조 소속으로 되어 있음).

생각건대, 원제에 큰 관청에는 서리라 하고 작은 관청에는 서원(書員)이라 했는데, 이것은 의미 없는 등급이다. 『주례』에는 큰 관청이나 작은 관청이나 통틀어 부사(府史)라 일렀은즉, 이런 점은 간략히 함이 마땅하며 번거롭게 하지 말 것이다. 또 쌀과 베(布)를 관리하는 아문(衙門)에는 반드시 고지기가 있다. 이번에 자세하게 하지 않는다. 다음도 모두 이와 같다.

내자시(內資寺) : 제조 중대부 1인, 주부(主簿) 중사 1인, 봉사(奉事) 하사 2인.

서리 6인, 조례 12인.

살피건대, 『주례』에 무릇 궐 내에 제공하는 쌀 · 국수 · 술 · 장(醬) 따위를 관장하는 관원은 모두 천관 소속이다. 그러므로 내자시를 일부러 이조에 소속시켰다(원전에는 호조 소속으로 되어 있음).

생각건대, 원제에 주부 · 직장(直長) · 봉사가 각각 한 사람씩으로 되어 있는데, 중사가 두 사람, 하사가 한 사람이다. 이것은 『주례』의 높은 자리를 적게, 낮은 자리는 많게 한다는 뜻이 아니므로, 중사를 줄이고 하사를 늘렸다. 다음도 모두 이와 같다.

내섬시(內贍寺) : 제조(提調) 중대부 1인, 주부 중사 1인, 봉사 하사 2인.

서리 6인, 조례 12인.

생각건대, 내섬시는 본래 술과 단술 따위를 공궤(供饋)하는 곳이었는데, 지금은 기름(油)과 초(醋)도 공급한다. 『주례』에 이런 등속의 관청을 모두 천관에 소속시켰으므로 이제 그대로 따른다(원전에는 호조 소속임).

생각건대, 지금 여러 기관의 제조(提調)는 상대부와 중대부를 섞어서 임명하고 있다. 무릇 뒤섞임은 어지러움의 근본이 된다. 임금이 법을 세우는 데에는 한결같이 해서 변동이 없도록 한 다음이라야 비록 간신이 정권을 잡더라도 크게 어지럽히지는 못한다. 그러니 어떻게 반드시 뒤섞이도록 힘쓸 것이겠는가?

사선감(司膳監) : 제조 경 1인, 첨정(僉正) 상사 1인, 주부 중사 7인, 봉사 하사 2인.

서리 6인, 조례 12인.

생각건대, 사선감은 사재감(司宰監)이다. 『주례』 천관(天官)에 어인(漁

人)은 어물(魚物)을 갖추고, 염인(鹽人)은 소금을 맡아서 모두 왕의 찬수를 제공했다. 그러므로 사재감을 고쳐 사선감이라 하여 이조에 예속시켰다(원전에는 호조 소속으로 되어 있음).

의영고(義盈庫) : 제조 중대부 1인, 주부 중사 1인, 봉사 하사 2인.
서리 4인, 조례 8인.

살피건대, 의영고는 기름 · 꿀 · 황랍(黃蠟)을 관장한다. 『주례』에는 이런 관청을 모두 천관에 소속시켰다. 이제 그대로 따른다(원전에는 호조 소속임).

능인서(凌人署) : 제조 중대부 1인, 별제(別提) 중사 2인, 별검(別檢) 하사 2인.
서리 4인, 조례 8인.

생각건대, 『주례』에 능인이라는 관직은 본래 천관 소속이다. 대개 왕의 선수(膳羞)를 총재가 모두 관장하므로 얼음을 바치는 관직도 또한 천관에 소속되어 있다. 이제 그대로 따른다.

생각건대, 동빙고(東氷庫)는 두모포(豆毛浦)에 있고, 서빙고(西氷庫)는 한강(漢江)가에 있다. 무릇 빙고에 재물이 소비되는 것은 모두 얼음을 뜨고 얼음을 실어나르는 데 불편이 따르기 때문이다. 나는 궁궐(禁苑) 안에 찬 샘물이 있으니 응달진 곳에다 큰 움을 파서 사방을 돌로 쌓고 틈을 회로 바르고, 대한(大寒) 열흘 후쯤에 수일 동안 몹시 추운 날이 반드시 있을 것이므로 그때를 타서, 얼음 뜨는 사람에게 샘물을 길어다가 움 안에다 쏟아 넣도록 한다. 물을 한 동이 부으면 한 동이가 얼고, 물을 두 동이 쏟으면 두 동이가 얼어서, 잠깐 동안에 한 움이 온통 얼음으로 될 것이다. 이 얼음은 그 벽에 틈이 없으므로 외풍이 사이에 들지 못한다. 그러므로 봄, 여름에 날씨가 따뜻해져도 녹지 않으며 얼음도 극히 좋을 것이라고 생각한다.

내가 일찍이 곡산부(谷山府)에 원으로 있을 때에, 그 고을에 얼음을 저장하는 데 민폐(民弊)가 있으므로, 이 방법을 시험삼아 써보니 그 다음해 여름에도 온 움이 돌 같이 단단해 도끼를 이용해서 겨우 깨뜨린 일이 있었는데, 그것만 보아도 이 방법은 진실로 좋은 방법이다. 얼음이 이미 움에 가득하면 이엉으로 지붕을 덮는다. 민간에 쓸 것은 남산(南山) 응달에 샘물이 맑고 차가운 곳을 택해서, 앞에서 말한 방법대로 얼음을 저장하도록 한다(北山 쪽은 양달 진 곳이어서 쉽게 녹는다). 빙고 서리와 조례를 시켜 발매(發賣)하여 자급(自給)하도록 하며, 서울 안에 사사로 얼음을 저장하는 것을 일체 금하면 두어 해를 지나지 않아 빙고는 부유한 기관이 될 것이며, 국가의 경비도 수만 꿰미의 돈을 줄이게 될 것이니 이 또한 적지 않은 도움이 될 것이다(지금 얼음을 저장하는 비용이 수만 꿰미나 된다).

종부시(宗簿寺) : 제조 종경(宗卿) 1인과 경 1인, 도정(都正) 하대부 1인, 첨정 상사 1인, 주부 중사 2인.
서리 8인, 조례 16인

살피건대, 원전에, "친왕자(親王子)가 있으면 도제조(都提調)로 삼고 그렇지 않으면 도제조는 없다. 오직 종대부(宗大夫) 한 사람을 제조로 삼고, 1원은 문신(文臣) 가운데 경으로 삼는다" 하였다.

생각건대, 『주례』에 태재 팔통(太宰八統)[5]에는 친친(親親)이 첫째로 되었고, 태재 구냥(太宰九兩)[6]에는 종법(宗法)이 중간이다. 친척을 친목하게 하여 종의(宗誼)를 도타이하는 것이 진실로 태재의 직분인 까닭으로 종친부와 종부시를 모두 천관에 예속시킨 것이었다.

---

5) 태재 팔통(太宰八統) : 태재가 여덟 자리 기통(紀統)으로써 임금에게 고(告)하고 만민을 통솔한 것을 이름. 즉, 1. 친친(親親) 2. 경고(敬故) 3. 진현(進賢) 4. 사능(使能) 5. 보용(保傭) 6. 존귀(尊貴) 7. 달리(達吏) 8. 예빈(禮賓)임.

6) 태재 구냥(太宰九兩) : 태재가 아홉 가지 짝으로써 방국(邦國) 인민을 연계(連繫)하였다. 1. 목(牧) 2. 장(長) 3. 사(師) 4. 유(儒) 5. 종(宗) 6. 주(主) 7. 이(吏) 8. 우(友) 9. 수(藪).

관상감(觀象監) : 제조 경 1인과 중대부 1인, 도정 하대부 1인, 부정(副正) 예상사(藝上士) 2인, 주부 중사 4인, 봉사 하사 6인.

서리 12인, 조례 24인.

천문학 교수(天文學教授) 중사 4인, 훈도(訓導) 하사 8인, 습독 제생(習讀諸生) 10인, 금루관(禁漏官) 30인.

살피건대, 원편에는 관상감에 영사(領事) 1원이 있는데, 영의정(領議政)이 예겸(例兼)했다. 대개 3공에게는 음양(陰陽)을 조화시키고 사시(四時)를 순하게 하는 책임이 있다는 것이나, 이 말을 나는 일찍부터 의심했다(이에 대한 내용은 尙書說에 있음). 내 생각에는 영사 1원은 줄이는 것이 마땅할 듯하다.

생각건대, 『주례』에 풍상씨(馮相氏)는 세월 일성(歲月日星)의 차례를 관장하고 보장씨(保章氏)는 성신 일월(星辰日月)의 변동을 관장하는데, 춘관 종백(春官宗伯)의 소속으로 되어 있으니 관상감은 예조에 소속됨이 당연하다. 그러나 5제(帝) 때에는 책력(冊曆)을 만들던 모든 관직이 모두 천관 소속으로 되어 있다(뜻이 서경설에 있음). 그러므로 사마천(司馬遷)[7]이 천문역법(天文曆法)에 대해 서술하면서 바로 천관서(天官書)라 이름하였다. 그러므로 책력을 만들어 시각을 밝히는 것은 천관의 본직이다. 풍상씨와 보장씨는 오직 기후를 살피고 요이(妖異)와 상서를 분별할 뿐이며, 책력을 만드는 관직은 아니다. 『주례』에 천관 소속이 60도 못 되니, 아마 이런 관직의 명칭이 탈락된 것도 없지 않으리라. 나는 이런 이유로 관상감을 천관에 예속시켰다.

생각건대, 책력을 만들어 시각을 밝히는 것은 신성(神聖)한 사람의 직무이다. 옛적에 전욱(顓頊)·제곡(帝嚳)·요(堯)·순(舜)이 모두 이 방법에 밝았다. 우리나라의 귀족들은 이런 일을 비루한 일이라 여기고 오직 관사

---

7) 사마천(司馬遷) : 한(漢)나라 사람으로 자(字)는 자장(子長), 태사령(太史令)·중서령(中書令)을 지냈고, 저서에 『사기』(史記) 130권이 있음.

(官師)의 여러 족속이 이 기예(技藝)를 익히니 또한 나쁜 습속이다. 내 생각에는 나이 젊은 문신(文臣)에게 책력을 만드는 데에 필요한 여러 가지 글을 습독(習讀)하도록 하여, 7정(政)[8]이 교식(交食)하고 침범하는 수(數)를 계산할 수 있는 자는 관상감 도정을 삼도록 허용하며, 한 번 이 직에 제수된 자는 모든 청요(淸要)한 벼슬길에 막힘이 없도록 한다면, 10년이 지나지 않아서 진신대부(縉紳大夫) 중에도 책력을 만들 수 있는 자가 있을 것이라고 생각한다. 나는 이런 이유로 도정 한 자리를 증원하였다.

생각건대, 원전에 의하면 관상감에 정(正)만 있고 부정(副正)은 없다. 그런데 무릇 정은 모두 당하(堂下) 3품관이다. 지금 3품으로 하려 하여도 당하관이 없는 까닭으로, 모든 정을 올려서 도정으로 삼거나, 또는 낮추어서 부정으로 삼기도 하였다. 다른 것도 모두 이와 같다.

생각건대, 예사(藝士)라는 것은 한 가지 기예(技藝)로써 벼슬한 자여서 적사(適士)와는 같지 않다. 다른 것도 모두 이와 같다.

생각건대, 『주례』에 족장(族葬)하는 법이 있다(墓大夫조에 있음). 그런즉 주공(周公)은 백성에게 풍수를 살펴서, 어버이를 장사하도록 하지 않았던 것이다. 왕제(王制)에, "시일(時日)이 어떠 어떠하다 하여 군중이 의심을 품도록 한 자는 죽인다" 하였고, 고 · 허 · 왕 · 상(孤虛旺相)[9]이라는 설(說)을 퍼뜨린 선유(先儒)는 모두 좌도(左道)[10]라 하여 배척하였다. 지금 관청을 설치하여 직무를 분담하면서 지리학(地理學)과 명과학(命課學)을 두는 것은 옳은 제도가 아니다.

---

8) 7정(政) : 일(日) · 월(月)과 수 · 화 · 금 · 목 · 토의 5성(星). 그 운행하는 데에 절도가 있음이 한 나라의 정사와 같다는 뜻에서 7정이라 이름.

9) 고(孤) · 허(虛) · 왕(旺) · 상(相) : 고 · 허는 천간(天干), 즉 갑을을 일(日)로 하고, 지지(地支), 즉 자축을 진(辰)이라 하는데, 이것이 완전하지 못하므로, 고 · 허가 있게 된다. 초 1일이 갑자일이면 그날에서 열흘까지는 술해일이 없기 때문에 술해일이 '고'가 되며, 진사일이 '허'가 된다. 나머지도 모두 이와 같다(『史記』 龜策傳). 왕 · 상(旺相)은 기운이 성한 것을 이르는데 금왕(金旺)은 사 · 오 · 미 · 신 · 유(巳午未申酉)에 있고, 목왕(木旺)은 해 · 자 · 축 · 인 · 묘(亥子丑寅卯)에 있다(『孟子』 公孫丑下篇注疏).

10) 좌도(左道) : 유교의 종지에 어긋나는 모든 교리.

그러므로 나는 생각하기를, 지리학과 명과학은 지금부터 철폐하고, 다시는 선발하지 않으며, 역서(曆書) 안에 기록된, "제사(祭祀)하기에 적당하다", "혼인 치르기에 알맞고, 출행(出行)하기에 적당치 못하다", "침자(鍼刺)하기에 알맞지 않다"라는 등의 여러 가지 글은 아울러 삭제할 것이다. 이에 하소정(夏小正)·월령(月令)에서 왕정(王政)으로서 훌륭했던 것을 뽑고, 절후(節候)를 상고해서 엮어넣으며, 또 고금(古今)의 『농서』(農書)와 『본초』(本草)에서 무릇 9곡(穀)과 여러 가지 채소의 씨앗 심기, 채집하기에 알맞다는 말을 뽑아서 기후를 참고하고, 남북(南北)도 분간해서 그 날짜 밑에다 자세하게 써넣기를, 지금 역서에 '알맞다', '꺼린다'라는 여러 가지 글과 같도록 한다면, 하늘을 대신해서 물(物)을 다스리며 백성에게 공경하게 농시(農時)를 가르친다는 것이 이보다 지나침이 없으리라고 생각한다. 지난 날의 명(明)나라 학사(學士) 해진(解縉)이 상소하여 역서에 대해 논한 것이 내 말과 꼭 같았다. 그 소장이 『명신소의』(名臣疏議)에 기록되어 있으니 상고하면 알 수 있다.

무릇 "음양에 비추어 꺼림이 있다"는 말이 일에 방해됨이 크다. 지금 장례를 치르기 위해서 날짜를 택하는 자가 월덕(月德)이 좋지 못하다 하여 온전히 한 달을 넘기거나 또는 연운(年運)이 합당치 못하다 해서 온전히 한 해를 넘기기도 하니, 그 해를 이루 다 말할 수 없다. 지금 역서 둘째 장에 이른바 '연신방위도'(年神方位圖)라는 것이 있고, 책 끝에는 천은(天恩)·천사(天赦)라는 것이 한 장 있는데 모두 요사스런 말이다. 나는 이 두 장을 없애고 그 대신 두 장을 보충하여, 8도(道)의 포정사(布政司)[11]와 절기의 시각(時刻), 일식·월식하는 시각, 해가 돋고 지는 시각을 기록해서, 먼 지방 백성들도 다 바른 시각을 알도록 하는 것이 또한 왕정의 큰 일이라고 생각한다(아들 學淵이 상고하니, 정종 때에 이미 간행, 선포된 것이 있음).

내의원(內醫院) : 제조(提調) 공(公) 1인, 경(卿) 1인과 중대부 2인,

---

11) 포정사(布政司) : 감사(監司)가 집무하는 관청.

부정(副正) 예상사(藝上士) 2인, 주부(主簿) 중사 2인, 봉사(奉事) 하사 4인.

서리 8인, 조례 16인.

살피건대, 고사에 부제조 1원은 도승지가 예겸하였다. 이제 도승지가 2명이므로 제조도 2명이다.

생각건대, 주부가 2명이나 1명은 직장(直長)이고, 봉사가 4명이나 그 가운데 둘은 참봉(參奉)이다. 다음에도 이와 같은 것이 많다.

생각건대, 관상감과 삼의사(三醫司)[12]에는 모두 조례가 없어서 체모가 말이 아니다. 지금 서리 정원을 줄여서 조례로 만들었다.

전의감(典醫監) : 제조 경 1인, 중대부 1인, 첨정 예상사(藝上士) 2인, 주부 중사 4인, 봉사 하사 4인.

서리 2인, 조례 4인.

의학 교수(醫學敎授) 예중사 1인, 훈도(訓導) 하사 2인, 습독 제생(習讀諸生) 30인.

생각건대, 전의감과 혜민서(惠民署)는 『주례』에 있는 질의(疾醫) · 양의(瘍醫)이다. 그러나 그 관청이 가난한 까닭에 재정이 없어 꼴이 말이 아니다. 그러므로 그 직무를 제대로 수행하지 못하고, 드디어 지극히 필요한 기관이 도리어 실속 없는 명칭만 남게 되었으니, 어찌 통탄할 일이 아니겠는가?

살피건대, 『주례』 9부법(賦法)에 따르면 방중지부(邦中之賦)가 첫째이다. 지금 온갖 가게의 장사하는 사람에게 모두 부역(賦役)이 있는데, 유독 약재를 매매하는 가게에는 부세(賦稅)를 징수하지 않는바, 이것은 고르지 못한 행정이다. 그 직업이 비록 조촐하고 아담하나, 장사하는 것은 같은 데

---

12) 삼의사(三醫司) : 내의원(內醫院) · 전의감(典醫監) · 혜민서(惠民署)를 가리킴.

어찌 징수하는 것이 없단 말인가? 지금 6부(部, 지금은 5부이나 처음에는 6부로 만들었음)에 약재 매매하는 가게를 3등급으로 분류해서, 상등은 해마다 세 꿰미의 돈을, 중등은 두 꿰미를, 하등은 한 꿰미를 징수하도록 해서 동쪽 3부는 전의감에 소속시키고, 서쪽 3부는 혜민서에 소속시킨다. 그리하여 여기에서 징수하는 것으로써 기름과 땔나무 따위의 경비를 공급하고, 서리와 조례의 월급(月料)을 지급할 것인데, 이 일은 그만둘 수 없다.

혜민서(惠民署) : 제조 중대부 1인, 주부 예중사 2인, 봉사 하사 6인, 서리 2인, 조례 4인.

의학 교수 예중사 1인, 훈도 하사 1인.

생각건대, 위에 말한 세 기관이 이른바 삼의사(三醫司)이다. 의학은 나라의 큰 정사이니, 지금은 그 법을 연구하고 밝혀서 명목과 실상이 서로 부합하도록 할 것이며, 형편 없는 지경으로 두어서는 안 된다.

명부사(命婦司) : 내명부 여어(內命婦女御)에 상 2급(級) 여어 4인, 중 2급 여어 8인, 하 2급 여어 16인.

세자궁(世子宮) 내명부 여어에 중 2급 여어 4인, 하 2급 여어 4인.

살피건대, 원전에 빈(嬪)은 정1품, 귀인(貴人) 종1품, 소의(昭儀) 정2품, 숙의(淑儀) 종2품, 소용(昭容)은 정3품이고, 그 밑에 또 숙용(淑容 : 종3품), 소원(昭媛 : 정4품), 숙원(淑媛 : 종4품) 등 3등급이 있다. 내 생각에는 내명부(內命婦)는 3품으로 그치는 것이 마땅하고, 숙용·소원·숙원이라는 명칭은 줄이는 것이 마땅할 듯하다.

생각건대, 원전에 상궁(尙宮)이 정5품이고 아래로 종9품까지 있어, 그 계급이 12층이고 그 명색이 27가지나 된다. 여어(女御) 같은 낮은 계층의 무리를 이렇게 많은 명색을 두어서 무엇을 하려는 것인가? 27가지 명색 중에 좋은 것만 택해서, 4품을 상궁, 5품을 상침(尙寢)이라 하며, 품마다 2

명씩으로 하고, 6품을 전의(典衣), 7품을 전선(典膳)이라 하여 품마다 4명씩으로 하고, 8품을 전약(典藥), 9품을 전등(典燈)이라 하여 품마다 8명씩으로 하면, 모두가 24명이나 되어서 모자람이 없을 것이라 생각한다.

살피건대, 원전에 세자궁 명부로서 양제(良娣)는 2품, 양원(良媛)은 3품, 승휘(承徽)는 4품, 소훈(昭訓)은 5품인데 이제 그대로 하였다.

살피건대, 원전에 세자궁 여어에 수규(守閨)는 6품이고 아래로 9품까지 명색이 아홉이나 있다. 아홉 가지 중에 좋은 것만 택해서 6품은 수규, 7품은 수장(守藏), 8품은 장봉(掌縫), 9품은 장찬(掌饌)이라 하여 품마다 2명씩으로 하면 8명이 된다.

총괄해서 말하면 『주례』에, 9빈(嬪) 여어에 여축(女祝) 4명, 여사(女史) 8명, 여해(女奚) 16명이라는 것이 있어, 천관에 소속되었는바, 또한 궁(宮)과 부(府)가 일체라는 뜻이었다. 원전에도 또한 그러하므로 이제 또한 그대로 하였다.

생각건대, 외명부(外命婦)는 다만 품계만 있고 본래 정원이 없는바, 아울러 관계(官階) 끝에 밝혔다.

내수사(內需司) : 전수(典需) 엄상사(奄上士) 1인, 전회(典會) 중사 2인, 전화(典貨) 하사 4인.

서제(書題) 엄 20인.

서리 8인.

생각건대, 원전에 내수사 관직에 별좌(別座) · 별제(別提)라는 명칭이 있는데, 대개 전수를 별좌로, 전회를 별제라 일컬은 것이다.

내시부(內侍府) : 상선(尙膳) 엄(奄) 3품 4인, 상탕(尙帑) 상사 8인, 상촉(尙燭) 중사 16인, 상혼(尙閽) 하사 32인, 습독(習讀) 엄 40인.

생각건대, 『주례』에 내소신(內小臣)으로 혼인(閽人) · 시인(寺人) 등은

모두 엄인(奄人)이고 천관 총재에 소속되었으니, 또한 궁과 부가 일체하는 뜻이다. 이제 또한 그대로 하였다.

생각건대, 원전에 상선(尙膳) 2원은 종2품이고, 상온(尙醞)·상다(尙茶) 각 1원은 정3품이다. 그 아래에 또 상약(尙藥)·상전(尙傳)·상책(尙冊)·상호(尙弧)·상탕(尙帑)·상세(尙洗)·상촉(尙燭)·상훤(尙烜)·상설(尙設)·상제(尙除)·상문(尙門)·상경(尙更)·상원(尙苑)이 있어, 정3품에서 종9품까지 모두 59명이나 된다. 지금 그 중에 좋은 명칭만 가려서 6등급으로 분간했다. 상탕이 8명이니, 그 중 4명은 전탕(典帑)으로, 상촉이 16명이니 그 중 8명은 전촉(典燭)이라 하며, 상훈이 32명이니 그 중 16명은 전훈이라 한다(예는 앞에 있음).

모두 60명이니, 원전과의 차이가 그리 크지는 않다.

생각건대, 엄인의 직품은 원전에도 종2품에 불과한데, 근일에는 혹 기정(旣定)된 제도를 넘어서기도 하는데 예가 아닌 듯하다. 『주례』에도 엄인의 직품은 상사에 불과한데 여기에도 우선 3품관 4명을 두었으나, 주공(周公)이 정한 옛 제도는 아니다.

액정서(掖庭署): 제조 중대부 2인, 사알(司謁) 서중사(庶中士) 8인, 사안(司案) 하사 20인.

생각건대, 사알 8명 중 4명은 사약(司鑰 : 6~7품)이고, 사안 20명 중에 10명은 사소(司掃 : 8~9품)이다. 앞에 예를 적었다.

생각건대, 국법(國法)에, 외조에서는 신하가 내시(內侍)와 더불어 말을 할 수 없은즉, 내시부에 제조는 없음이 가하다. 액정이 비록 천하다고 하나 이미 조관(朝官)과 더불어 말을 하는 것인즉, 어찌 제조가 없을 것인가?

지금 도승지 2명에게 액정서 제조를 예겸하도록 배정했는바, 또한 알맞은 듯하다.

지관 호조(地官戶曹) 제2

교관지속(敎官之屬)

호조(戶曹) : 판서 경(卿) 1인, 참판 중대부 1인, 참의 하대부 1인, 정랑 상사 2인, 좌랑 중사 4인.

서리 20인, 조례 40인.

살피건대, 원전에는 서리가 60명이다.

생각건대, 호조의 사무가 비록 번다하나 서리의 정원이 이렇게 많을 필요는 없다고 생각한다. 『주례』는 천자(天子)의 예이나, 대사도(大司徒) 부사(府史)의 정수(定數)가 18명에 불과한데 하물며 작은 나라이겠는가? 이것은 대개 호조는 이록(利祿)이 풍족한 까닭으로 차차 증가되어 이에 이른 것이었다. 구전(舊典)에는 38명인데 속전(續典)에 60명으로 되었으니 이것으로도 알 수 있다. 하물며 현재는 경전사(經田司)・판적사(版籍司) 따위, 별도 아문(衙門)을 차린 것이 많고, 그곳 서리는 모두 호조에서 갈라져 나간 것이므로 이번에는 서리를 다만 20명만 배정하였다. 고지기가 또 20명은 되어야 할 터이니, 조례 40명과 급료를 변통하면 거의 적당할 것이다.

한성부(漢城府) : 판윤(判尹) 경 1인, 좌윤(左尹) 중대부 1인, 우윤(右

尹) 하대부 1인, 서윤(庶尹) 상사 2인, 주부(主簿) 중사 2인.
서리 20인, 조례 40인.

생각건대, 한성부라는 것은 한(漢)나라 때의 경조윤(京兆尹)과 같은데, 『주례』에는 이런 관직이 없다. 그러나 이것이 향수(鄕遂)를 총괄하는 관직이니 지관(地官)에 속하는 것이 마땅하다.

생각건대, 서윤 2명 중 한 명은 판관이다(예는 앞에 보임).

육부(六部) : 부령(部令) 부마다 중사 1인, 교관(敎官) 부마다 하사 2인.
서리 부마다 4인, 조례 8인.

생각건대, 옛적 왕국(王國)의 제도에, 국도(國都)를 정전(井田) 꼴같이 아홉으로 나누었고 왕궁이 복판에 위치하였다. 모든 관공서가 앞쪽 한 구역에 있고 모든 저자 가게는 뒤쪽 한 구역에 있으며, 좌우 6향(鄕)이 서로 마주한 것이 선왕(先王)의 법이다. 우리나라도 창건한 당초부터 비록 이와 같지는 않았으나 부(部)를 가르는 수효는 여섯으로 하는 것이 마땅하고 다섯으로 하는 것은 적당하지 못하다. 이제 5부로 된 것은 갈라서 6부로 배정하고 동북 쪽은 동(東) 1부, 정동 쪽은 동 2부, 동남 쪽은 동 3부라 한다. 그리고 서북 쪽은 서(西) 1부, 정서 쪽은 서 2부, 서남 쪽은 서 3부라 한다. 6부로써 6향에 맞추어 선왕의 법에 따르는 것은 그만둘 수 없다.

생각건대, 옛적에 대사도의 직무는 전적으로 인민의 교육을 관장하였다. 이른바 "향 3물(鄕三物)로써 만민을 가르친다"는 것이다. 후세의 호부(戶部)는 오로지 재부(財賦)만 관장하여, 오직 거두어들이는 것만 직무로 삼았으므로 백관(百官)이 별처럼 많이 있어도 사람을 가르치는 관직은 한 사람도 없었다. 이러므로 윤기(倫紀)가 끊어지고 풍속이 무너져버렸다. 후세의 정치로는 한 문제(漢文帝)와 당 태종(唐太宗)이 훌륭했다 하겠으나, 끝내 3고(古) 시대와 비슷할 수 없었음은 모두 이 때문이었다. 『주례』에 향

로(鄕老) · 향대부(鄕大夫) · 주장(州長) · 당정(黨正) · 족사(族師)라는 등속은 모두 사람을 가르치는 관직이므로, 이제 육부(六部) · 육학(六學)을 오로지 사람을 가르치는 것을 직무로 삼아 단지 사송(詞訟)만을 듣는 것에 그치지 않도록 한다. 그러므로 도사(都事)를 고쳐서 교관(敎官)이라 하였다.

육학(六學) : 향대부(鄕大夫) 학마다 2인, 교수(敎授) 학마다 중사 1인, 훈도(訓導) 학마다 하사 1인, 동몽교관(童蒙敎官) 학마다 하사 1인. 서리 학마다 4인, 조례 학마다 8인.

살피건대, 옛적에 당(黨)에는 상(庠)이 있고, 주(州 : 5당이 1주)에는 서(序)가 있으며, 향(鄕 : 5주가 1향)에는 교(校)가 있고, 국(國 : 6향이 1국)에는 학(學)이 있었는데, 이것이 맹자(孟子)가 말한 상 · 서 · 학 · 교라는 것이었다. 그런즉 지금의 4학은 곧 옛날에 향교(鄕校 : 옛적에 四門小學이라는 것이 있어, 오로지 글자만 익혔는데, 지금 사람들이 4학을 4문 소학이라고 하는 것은 잘못이다)라 이른 것이다. 따라서 마땅히 여섯으로 할 것이고 넷으로 함은 마땅하지 않으며, 옛적 향로 · 향대부 · 주장 · 당정의 직무를 상고하여 힘써 시행함이 마땅하고, 다만 시부(詩賦) 따위로 유희 삼아 책임을 메우는 것은 불가하다. 그런즉 의당 그 명위(名位)를 높여야 할 것이다.

6부에서 각각 덕망 있는 대부 두 사람을 선발하여 6부의 향대부로 삼아 6학의 교수로 한다. 무릇 사람을 가르치거나 사람을 벌할 때에 모두 향대부에게 명(命)을 품(稟)하는 것은 그만둘 수 없다. 『주례』에는 향마다 향대부가 경(卿) 한 사람으로 되어 있으나, 이번에는 반드시 두 사람으로 하였다. 이것은, 그때에는 위에 향로(鄕老 : 2향마다 公이 한 사람임)가 있고, 그 밑에 주장과 당정이 있었으므로 비록 경이 한 사람이더라도 넉넉했으나, 지금은 그렇지가 못하니 마땅히 두 사람이 있어야 한다. 그 중 한 사람은 정경(正卿)으로, 한 사람은 중대부나 하대부로 한다. 만약 본부(本府) 안에 본래 정경이 없으면 중대부와 하대부 각각 한 사람이라도 가하다.

만약 중대부도 없으면 이웃 부(部)의 경대부(卿大夫)에게 그 직무를 대신해서 주관하도록 하여도 불가할 것은 없다.

생각건대, 무릇 관직을 마련하는 법에 비록 1원이라도 통솔받지 못하는 곳이 생기게 해서는 안 된다. 지금 동몽 교관(童蒙教官)만이 소속된 데가 없이 스스로 한 관직으로 된 것은 옳은 제도가 아니다. 옛적에 향학 외에 소학(小學)이라는 것이 공궁(公宮) 남쪽에 별도로 있었다(王制에 보임). 북위(北魏)의 효문제(孝文帝)가 낙양(洛陽)으로 천도하고 4문 소학을 세웠는데, 지금의 4학은 곧 향학이며 또한 4문학이다. 그런즉, 동몽 교관도 4학의 정식 관직이 됨이 마땅한데 어찌해서 허공에 떠서 정박할 데를 모르는 것인가? 이미 6학을 설치했고 또 학마다 동몽 교관 한 사람을 두었으니 그 직무를 수행하도록 함은 그만둘 수 없다고 생각한다.

전자서(典粢署) : 제조 경 1인, 주부 중사 1인, 봉사 하사 2인. 서리 2인, 조례 6인.

생각건대, 『주례』 지관(地官)에 용인(舂人)·희인(饎人)이 있어, 자성(粢盛)을 공급했는데, 원전에는 자성을 맡은 관직이 없다. 오직 동교(東郊)에 적전(籍田) 두어 구역이 있어, 백성의 힘을 빌려서 갈고 김매다가 수확할 때가 되어서는 호조 낭관(郎官)이 벼 베는 것을 감독하는 것뿐이다. 지금은 낭관이 베는 것을 감독하던 법마저 없어졌으니, 법의 큰 결점이다. 나는, 동교에다 적전을 더 설치하고 적전 가에다 공서(公署) 하나를 설치해서, 호조 낭관이 밭갈기, 씨뿌리기, 옮겨심기, 김매기, 거두기, 방아찧기, 쌀쓸기를 감독하며, 쌀을 받아서 저장했다가 제사 때가 되면 제소(祭所)에 바쳐서 희생(犧牲)을 맡은 관직같이 함은 그만둘 수 없다고 생각한다.

생각건대, 원전 친경(親耕)조에 적전 영(籍田令)이 있으니, 전자서 낭관에게 이 직무를 겸하도록 함이 마땅하다.

전생서(典牲署) : 제조 경 1인, 주부 중사 1인, 봉사 하사 2인.

서리 6인, 조례 10인.

생각건대, 『주례』에 전생관(典牲官)의 서차(序次)가 재부(財賦)를 관리하는 여러 관직의 위(牧人·充人 등)에 있는데 제사를 중하게 여긴 것으로서 이번 또한 그대로 하였다.

사축서(司畜署) : 제조 중대부 1인, 주부 중사 1인, 봉사 하사 2인. 서리 4인, 조례 8인, 목인(牧人) 20인.

살피건대, 속전(續典)에도 오히려 이 관청이 있으니, 혁파된 것이 오래지 않았다. 생각건대, 짐승을 기른 다음이라야 희생이 있을 수 있는데, 목관(牧官)은 없애고 생관(牲官)을 남겨둔 것은 희생을 잇따라 제공하기 어렵기 때문이다. 중국 사람이 "조선(朝鮮)에는 양(羊)이 없다" 하나, 양이 없는 것이 아니라, 양을 치지 않는 것이다. 우리나라 풍속에 집집마다 소를 치니 소를 구할 수가 있고, 마을마다 돼지를 치니 돼지도 구할 수 있으나, 유독 양은 구할 수가 없다. 오직 외방(外方) 고을 창고 뜰에다 10여 마리씩 기르는데 창노(倉奴)에게 기르도록 할 뿐이요, 먹이는 데에 부지런한가 게으른가를 주관(主官)이 고찰하지 않으며, 줄고 느는 것도 감사가 묻지 않는다. 양 한 마리가 불어나면 창노에게 1년 동안 해롭고, 두 마리가 불어나면 창노에게 2년 동안 해가 되는데 양이 어찌 불어나겠는가?

이제 목축(牧畜)을 맡은 관서를 다시 설치하고 목인 수십 명을 증원한 다음, 근교(近郊)에 갈라 보내서 양치는 데에 전념하도록 함이 마땅하다. 밤섬(栗島 : 용산에 있음)·전도(典島)·청라도(青羅島 : 부평에 있음)·미법도(彌法島 : 강화에 있음) 같은 여러 곳에 모두 우리를 설치하고 양을 칠 것이다. 그해 연말에 공장(功狀)을 아뢰도록 하고 본서(本署)에서 그 부지런함과 게으름을 고찰한 다음, 호조에 보고한다. 그리하여 공이 있는 자는 서반(西班) 말직(末職)에 참여하도록 하면 10년이 못 되어 조선에도 양이 많아질 것이다. 그 요포(料布)와 소비되는 재물 같은 것은 사축서 공물(貢

物)을 본서(지금은 호조에 속해 있다)에 다시 이속(移屬)시키는 것이 마땅하다. 또 빙고(氷庫)에 얼음 저장하는 법을 나의 말대로 한다면 해마다 수만 꿰미 돈이 남을 터이니, 그 절반을 사축서로 넘겨주면 넉넉하지 못함을 걱정하지 않아도 될 것이다.

광주(廣州) 당정주(棠亭洲)에도 양을 칠 만하다.

평시서(平市署) : 제조 경 1인, 판관(判官) 상사 1인, 주부 중사 2인.
서리 6인, 조례 10인.

생각건대, 『주례』에 사시(司市)가 지관 소속이므로, 이제 그대로 하였다.

사록창(司祿倉) : 제조 중대부 1인, 부정(副正) 상사 1인, 주부 중사 1인, 봉사 하사 2인.
서리 8인, 조례 12인.

사록창이란 광흥창(廣興倉)이다.

생각건대, 광흥창이란, 백관에게 녹봉(祿俸)을 분배하는 관부(官府)이다. 『주례』 지관에도 사록이라는 관직이 있는데, 그 직장(職掌)은 비록 누락되었으나(經文이 결락되어 있다) 그 명칭을 없앨 수는 없다.

생각건대, 원전에는 광흥창에만 홀로 제조가 없는데 무슨 까닭인지 모르겠다. 만약 호조에 관계된다고 해서 제조를 두지 않은 것이라면, 다른 기관도 그런 것이 많으니 호조 참판에게 예겸하도록 함이 마땅하다.

사희창(司餼倉) : 제조 하대부 1인, 부정(副正) 상사 1인, 주부 중사 1인, 봉사 하사 2인.
서리 8인, 조례 16인.

사희창이란 군자감(軍資監)이다.

생각건대, 군자감은 오로지 서리와 조례(吏隸)의 요(料)를 관장하는 곳이다. 비록 군수(軍需)도 있기는 하나 중점이 요를 주는 데에 있으므로, 사희창이라 한다.

살피건대, 속전에 군자감 제조는 호조 판서가 예겸하도록 되어 있다.

살피건대, 6관에 3대부(大夫)가 있는 것은, 겉치레로 둔 것이 아니고, 그 직무를 분담하여 함께 국사를 처리하기 위한 것이다. 우리나라에 이(吏)·병(兵)·형(刑) 3조의 참판과 참의는 그런대로 관장하는 직무가 있으나, 호(戶)·예(禮)·공(工) 3조의 참판과 참의는 전연 맡은 일이 없어 순전히 쓸데없는 관직(冗官)으로 되어 있으니, 또한 법을 잘못 세운 것이다. 이제 사희창 제조를 호조 참의가 예겸하도록 배정한다.

사향창(司餉倉) : 제조 경 1인, 주부 중사 2인.

서리 2인, 조례 6인.

내향고(內餉庫) 서리 1인.

사향창이란 용산 별영(龍山別營)이다.

생각건대, 용산 별영은 곧 군향(軍餉)을 맡은 곳이다. 지금 제도는 호조 좌랑이 예겸하나, 호조의 낭관(郎官)은 본래 사무가 바쁜데도 이 직무를 겸하고 본시 풍성한 기관의 관원으로서 또 이 녹봉을 겸하도록 함은 모두 고르지 못하다. 이제 별도로 한 관청을 설치하여 그 제조는 호조 판서가 예겸하도록 하고, 낭관만은 별도로 두 사람을 둠이 마땅하다. 그리고 서리와 조례는 호조에서 줄여 옮겨 씀이 편리하다.

내향고란 양향청(粮餉廳)이다. 저동(苧洞)에 있으며, 별영과 더불어 서로 표리(表裏)가 된다.

직공사(職貢司) : 제조 경 1인과 중대부 1인, 부정(副正) 상사 1인, 주부 중사 2인.

서리 10인, 조례 20인.

직공사란 선혜청(宣惠廳)이다.

생각건대, 선혜청에 도제조가 3원으로 3공(公)이 겸하는데, 대개 창설 초기에 대신에게 관리하도록 했던 것을 그 후에도 답습해서 고치지 않은 것이다. 지금은 법제가 이미 확립되었으므로 대신에게 창조(倉曹)를 거느려서 서리와 조례를 차임(差任)하고, 두곡(斗斛)을 고찰하도록 하는 것은 사체에 방해될 듯하니 그 자리는 줄이는 것이 마땅할 듯하다.

생각건대, 선혜청을 창설하던 때에는 대동법(大同法)이 영구히 시행될지 짐작할 수 없었다. 그러므로 그 낭관을 판관(判官)·주부라 하지 않고 임시로 낭청(郎廳)이라 하여, 군직(軍職)의 녹을 받도록 했던 것이다. 지금은 대동법을 세운 지 이미 오래이고 시행에도 폐단이 없는데, 어찌하여 아직도 임시 설치한 것으로 명칭할 것인가? 모든 일이 초창기에는 모두 이와 같았다. 이제 낭관을 모두 정관(正官)으로 편입시켜서, 산만하고 기강이 없도록 하지 말 것이다.

생각건대, 선혜청 낭관이 본시 5원이었으나, 이제 균역청(均役廳)과 상평청(常平廳)이 모두 별도 관청으로 되었으므로 낭관을 2원으로 줄인다.

상평사(常平司) : 제조 경 1인, 주부 중사 2인.
서리 4인, 조례 8인.

생각건대, 선혜청 안에 상평청(常平廳)과 진휼청(賑恤廳)이라는 것이 있는데, 상평청은 국초(國初)에 설치한 것으로 지금은 그 명칭만 남았을 뿐이다. 여러 도의 환자곡(還上穀)이 처음에는 모두 상평과 진휼 두 청의 곡식이었으나, 그 모곡(耗穀)에 불편함이 있다는 이유로 일 맡은 신하가 그 양을 해마다 줄이고 달마다 깎아버렸다. 그리하여 지금 외방 고을에 상평청과 진휼청 곡식이 많은 곳도 3~4섬, 적은 곳도 3~4말인바, 구차스럽게 그 명목만 남아서 존양(存羊)[1]하는 뜻을 은근히 담고 있을 뿐이다.

---

1) 존양(存羊) : 구례(舊例)를 버리지 않고 그대로 두는 일. 노문공(魯文公)이 종묘에 삭일(朔日)

생각건대, 상평청이라는 것은 3대 때의 떳떳한 법이다. 맹자의, "개와 돼지가 사람의 먹을 것을 먹어도 단속할 줄 모른다"라는 말은, 풍년이 들어서 낟알 곡식이 어지럽게 흩어져도 물가를 공평하게 하여 거두어들일 줄 모른다는 말이고, 또 "굶어 죽은 시체가 길에 널렸는데도 창고의 곡식을 내어 구제할 줄 모른다"는 말은 흉년에 곡식이 금싸라기같이 귀해져도 물가를 공평하게 하여 나눠줄 줄을 모른다는 말이다. 선왕의 법이 본래 이와 같았는데 이것이 어찌 경수창(耿壽昌)[2]이 창안한 것이겠는가?

왕제(王制)에 "나라에 3년 동안 먹을 만큼 저축한 양식이 없음은 위망(危亡)할 조짐이다" 하였으니, 만약 상평하는 방법이 아니면 어찌 3년 동안 먹을 만큼의 양식을 저축할 수가 있겠는가? 이제 상평청으로서 성(城) 안에 있는 것은 별도 아문을 만들어서 내사(內司)로 하고, 또 강변에 터를 잡아 창고를 세워서 외사(外司)로 하여 풍년이 든 가을마다 값을 올려서 사들였다가, 흉년이 든 봄에 값을 내려서 내다 판다. 그리하여 물가가 항상 평등하도록 하는데 이것을 상평이라 이른다. 상평이라는 것은 흉년을 구제하는 정사이니, 진휼(賑恤)하는 정사도 상평관(常平官)에게 붙이는 것이 마땅하다. 상평청과 진휼청을 원래 서로 분리하지 않은 것도 이 때문이었다. 그러나 만약 진휼하는 해를 만나면 상평청 제조는 5인으로 증원하고 낭관은 4인으로 증원하는 것이 마땅하며, 6부를 갈라 맡아서 진휼하는 것을 감독하도록 한다.

평부사(平賦司) : 제조 경 1인과 중대부 2인 · 하대부 2인, 첨정(僉正) 상사 2인, 주부 중사 2인.

을 고유(告由)하는 제사에 참석하지 않으므로, 자공(子貢)이 그 제사에 소용되는 양(羊)마저 없애려 하니, 공자가 "사(賜)야, 너는 그 양을 아끼느냐? 나는 그 예를 아끼노라" 하였다. 제물에 양이라도 있으면 그런 예가 있었다는 것을 알지만, 양마저 없애면 그 예는 드디어 없어지게 되는 까닭이다(『論語』 八佾篇).

2) 경수창(耿壽昌) : 한 선제(漢宣帝) 때 사람. 상술에 밝았다. 대사농 승(大司農承)이 되어서는 변방 고을에 모두 창(倉)을 설치하도록 하여, 곡식이 흔할 때는 값을 더 주고 사들였다가, 귀할 때에 가서 시가보다 싸게 팔았는데, 명칭을 상평창이라 하였음.

서리 8인, 조례 16인.

평부사란 균역청(均役廳)이다.

생각건대, 『서경』(書經) 우공(禹貢)에 "전지(田地)가 있는 자에게는 부세(賦稅)가 있다" 하였으니 부(賦)라는 것은 주(周)나라의 9부이다. 『주례』에는 천관 총재가 9부로써 재물을 수렴했는데, 첫째 방중지부(邦中之賦), 둘째 사교지부(四郊之賦), 셋째 방전지부(邦甸之賦), 넷째 가삭지부(家削之賦), 다섯째 방현지부(邦縣之賦), 여섯째 방도지부(邦都之賦), 일곱째 관시지부(關市之賦), 여덟째 산택지부(山澤之賦), 아홉째 폐여지부(幣餘之賦)로, 대부(大府)에서 9부의 2등품을 관장하여 그 재물을 받아들였다. 관시지부로 왕의 찬수(饌羞)와 의복을 대령하고 방중지부로 빈객(賓客)을 대접하며, 사교지부로 초말(稍秣)[3]을 대비하며, 가삭지부로 분반(匪頒)할 것을 대비하며, 방전지부로 국가 공사에 대비하고, 방현지부로 폐백(幣帛)을 대비하며, 방도지부로 제사에 대비하며, 산택지부로 상사(喪事)에 대비하며, 폐여지부로 사여(賜與)에 대비하였다.

사회(司會)는 9부(賦)하는 법으로써 전야(田野)의 재용(財用)을 영(令)하였고, 지관 재사(載師)는 모든 토지의 생산력을 요량하였다. 그리하여 국택(國宅)에는 부세가 없고 원전(園廛)에는 20분의 1을, 근교에는 10분의 1을, 원교에는 20분의 3을, 전(甸)·초(稍)·현(縣)·도(都)에는 모두 10분의 2를 초과하지 않았으나, 오직 옻나무 숲에 대한 부세는 20분의 5로 하였다. 무릇 택지에 나무를 심지 않은 자에게는 이포(里布)가 있었고, 전지를 경작하지 않는 자는 옥속(屋粟)을 내야 했으며, 백성으로서 직사(職事)가 없는 자에게는 부가의 정(夫家之征)을 내도록 했는데, 수시로 그 부를 징수하였다.

여사(閭師)는 서울 안과 사교(四郊)의 인민과 육축(六畜)의 수효를 관장하여, 때에 따라 그 부를 징수하였다. 현사(縣師)는 방국(邦國)·도비

---

3) 초말(稍秣) : 초는 군사들의 요미(料米), 말은 말(馬) 먹이는 꼴.

(都鄙)·초전(稍甸)·교리(郊里) 등 지역을 관장하여 그 부가(夫家)·인민(人民)·전래(田萊 : 경작하지 않은 전지를 萊라 함) 따위의 수효를 분변하고, 육축과 거련(車輦)까지 상고하여 연말에 전야(田野)의 부공(賦貢)을 징수하였다. 수인(遂人)은 나라의 야(野 : 전·초·현·도)를 관장하여 연말에 그 가구의 많고 적음과, 육축과 거련을 조사하고, 노유(老幼)와 폐질(廢疾)을 분변하여 공부(貢賦)를 내도록 하였다. 이재(里宰)는 그 읍의 인민과 육축을 비교하여 연말에 그 재부를 징수하였다. 부(賦)라는 것은 요순(堯舜)과 삼왕(三王)의 법이었고, 후세에 백성의 재물을 취렴(聚斂)하던 신하가 창설한 것은 아니었다.

우리나라에는 본래부터 부법(賦法)이 없었고 이른바 전세(田稅)라는 것도 또한 맥(貊)의 법에 가까워서 국용(國用)과 관용(官用)이 자연 부족하였다. 이리하여 명목 없는 부세가 날마다 불어나서 모두 전결(田結)에 따라 징수하는데, 옛적에는 맥의 법이었던 것이 지금에는 걸(桀)의 법이 되어버렸다. 시험 삼아서 남방(南方) 사정을 논한다면, 무논(畓)에 종자 열 말을 뿌리면 대개 곡식 20포(苞)를 수확하는데, 그 중 10포는 전지 임자에게 보내고, 2포는 종자로, 2포는 환자곡으로, 2포는 잡부(雜賦 : 자잘한 명목은 지금 다 기록할 수도 없다)로 각각 들여가니, 농부가 먹는 것은 기껏해야 3~4포에 불과하다. 선왕은 10분의 1을 징수했는데 지금은 10분의 7~8을 내야 하니, 백성이 무엇으로 살겠는가? 높고 큰 선박이 해마다 수천 꿰미 이익을 남기고, 염전과 어장에도 해마다 수백 꿰미 이익을 얻는데 여기에 부세를 징수하는 것을 어찌 학정이라 이르겠는가?

세상에서는 홍계희(洪啓禧)가 균역청을 창설함으로써 집안이 멸망하게 되었다 하나 사실은 그렇지가 않다. 진실로 법을 잘못 세웠다 하여 반드시 천벌을 받는다면 군포(軍布)를 창설한 사람은 장차 씨도 남기지 못했을 것이다. 이것은 모두 입법하던 초기에 선인(船人)·어부(漁夫)·향리(鄕吏)들이 근거 없는 말로 선동함으로써 식견 없는 사대부가 따라서 화동(和同)한 것이었다. 균역법(均役法) 조목을 읽어보니, 우리 영조대왕이 이 법을 창설할 때에 선포(宣布)한 전교(傳敎)는 그 지극한 정성과 독실(篤實)했던

뜻이 천지와 귀신을 충분히 감동시켰고, 그 영단을 내린 말씀은 만부(萬夫)라도 빼앗지 못할 용기가 있었으니, 왕자(王者)의 기상이 이처럼 성대하여 참으로 크게 일을 할 만한 임금이었다. 그러나 이때 정사를 맡은 신하는 두려워서 벌벌 떨며, 다만 백성의 원망이 자기 몸에 돌아올까 두려워하였다. 그리하여 그들이 세운 조례들은 모두 이럭저럭 때워넘긴 것이어서 법제로 되지 않았다. 구전(口錢)과 택세(宅稅)는 감히 엄두도 내지 못했고, 또 솔밭(松田)·대밭(竹田)·옻숲(漆林)·닥숲(楮林)·과원(果園)과 육축(六畜) 같은 것은 도무지 의논조차 하지 않았다.

여러 고을 은결(隱結)을 조사해서 밝혀냈다는 것도 또한 하나를 들춰내는데 백(百)은 누락되어, 헛 명목만 있을 뿐 실상은 없었다. 지금은 마땅히 위로 우공(禹貢)과 『주례』의 본법(本法)을 상고하고, 아래로 한(漢)·당(唐)·송(宋)·명(明)의 남긴 제도를 고찰해서, 9부(賦)를 제정하여, 민역(民役)을 고르게 하는 것은 그만둘 수가 없다. 그런 까닭에 균역청을 별도 아문으로 세우고 명칭을 평부사라 해야 한다고 생각한다. 그 제조는 호조의 3대부가 예겸하도록 하며, 그밖에 중대부와 하대부 한 사람씩 사리를 환하게 아는 사람을 엄선하여 부공(賦貢)을 고르게 하는 것이 마땅하다.

판적사(版籍司) : 제조 경 1인, 판관(判官) 상사 1인, 주부 중사 2인. 서리 4인, 조례 8인.

살피건대, 판적사는 별도 아문을 세워서 그 제조는 호조 판서가 예겸하도록 하고, 서리는 호조에서 뽑아오는 것이 마땅하다.

생각건대, 정전(井田)하던 때에, 백성이 호구 조사에서 혹 누락될까 두려워했던 것은 그 형편이 그렇게 된 것이다. 그러나 정전제도가 없어지고 요역(徭役)이 날로 복잡해지자, 백성은 오직 호구(戶口)를 속이고 숨기는 것으로 가계(家計)를 삼았으니 진실로 별도 기관을 세워서 전적으로 호적 사무를 정리하지 않으면 마침내 성과가 없을 것이다.

살피건대, 『주례』 소사구(小司寇)에는 대비년(大比年)에 백성의 수효를

등록하면서, 이가 난 아이(生齒) 이상을 천부(天府)에 올렸고 추관 사민(秋官司民)에도 만민의 수효를 등록할 때 이가 난 아이 이상을 모두 판적에 기록하였다. 그리하여 나라 안과 도비(都鄙) 및 교야(郊野)를 분변하며, 남녀를 달리 기록하고, 해마다 그 죽고 난 것을 올리고 삭제하며, 3년 대비(大比)에는 만민(萬民)의 수효를 사구(司寇)에게 알렸다. 사구는 첫겨울, 사민성(司民星)에게 제사하는 날에 그 수효를 왕에게 바치면, 왕이 절하고 받아서 천부에 올렸던 것이니 판적이라는 것은 추관이 관장했던 것이다. 그러나 지금은 호조(戶曹)라 부르는데, 호라는 것은 호구를 통괄하는 것이기 때문에 판적사를 호조에 붙이지 않을 수가 없다.

경전사(經田司) : 제조 경 1인과 중대부 2인 · 하대부 2인, 부정(副正) 상사 2인, 주사(主事) 중사 4인.

서리 6인, 조례 18인.

생각건대, 오늘날 국가에 가장 긴급한 것은 전정(田政)이다. 오랜 시일을 전야(田野)에 살면서 전정의 문란함을 직접 보고, 진실로 눈물을 흘리고 싶은 때가 많았다. 강진 고을은 누락된 전결(田結)이 가장 적다고 일컫는 곳이다. 그런데 전안(田案)에 등록된 전지가 6천여 결이고, 누락된 전지가 거의 2천 결이나 된다고 한다. 그렇다면 공가(公家)에서 4분에 3을 취하고 고을 아전(縣吏)이 4분에 1을 갖는 것이니, 비록 노(魯)나라의 계씨(季氏)가 공실(公室)의 재물을 4분 했으나 어찌 이보다야 더했겠는가? 해남은 강진과 비교하면 지역은 더욱 작은데 누락된 결수는 오히려 많으며, 나주는 누락된 결수가 원안(元案)에 기재된 결수보다 많으니, 천하에 어찌 이런 일이 있겠는가? 그러나 특별히 몇 결만을 지적해서 누락된 결이라 한다 해도 그 해됨이 그리 심하지는 않았는데, 지금은 그렇지 않아서 한 고을 전지를 통계(通計)한 다음 호부(豪富)한 민호로서 세를 바치기에 염려 없는 자의 전지를 택해서 누락된 결로 만들고 사사로 돈과 쌀을 징수하는데 이것을 방결(防結)이라 하며, 현리(縣吏)[4]와 저리(邸吏)[5]가 여기에

틈을 타서 이(利)를 노린다. 그리하여 전지 중에 하천이 되어버린 것, 유사(流沙)가 덮여진 것, 예전부터 묵었거나 근래에 묵혀진 것 따위와 떠돌이·비렁뱅이·홀아비·과부·고아, 자식없는 늙은이와 가난하고 병든 자에게 피부와 골수를 다 긁어낸다(剝膚椎髓) 해도 어쩔 수 없는 자들의 전지를 골라서 원안에 기재된 결수에다 충당한다.

그리고 현리와 저리들은 늦은 겨울이나 이른 봄에 징수하기를 마치면 큰 배에다 실어서 혹 영남으로 보내거나 혹은 경강으로 보내고 그 남은 것을 먹는데, 관청에서 수입하는 세는 100석도 되지 않는다. 그리고 한악(悍惡)한 아전과 교활한 포교(捕校)로서 민간에 나다니면서 명목을 검독이라 하고 받아내다가, 받을 수 없는 자의 결세(結稅)를 그가 살던 이웃이나 그 마을 사람에게 징수하며, 그의 친족간이나 인아간(姻婭間)에게서 징수하기도 한다. 방(房)을 수색하고, 땅을 파며, 목을 달아매고 결박을 한다. 솥과 가마를 들어내고, 송아지와 돼지를 빼앗아서 온 마을이 시끄럽게 되고, 우는 소리는 하늘에 진동하여 천지의 화기(和氣)를 해쳐 쓸쓸해진 인가가 비참하기만 하다. 이들이 지나가면 열 집에 아홉은 비게 되며, 추녀가 무너지고 벽이 부서지며, 창문이 넘어져버린다. 그런데 검독해서 빼앗아간 것은 관가에는 한 톨도 들어가지 않으니, 이른바 갈백(葛伯)[6]이 제물을 제가 먹어버리고 선조에게 제사하지 않는 것과 같다.

세곡(稅穀)을 실으러 왔던 경강 조선(京江漕船)들은 배를 말뚝에 달아매고 봄·여름을 그냥 넘긴다. 그러면 현령(縣令)과 현리가 따라서 꾀기

---

4) 현리(縣吏) : 고을 아전.

5) 저리(邸吏) : 경저리(京邸吏)와 영저리(營邸吏)의 줄인 말. 서울이나 감영(監營)에 있으면서 지방 관청의 사무를 연락하고 대행하던 서리(胥吏). 경주인(京主人)·영주인(營主人)이라 하기도 함.

6) 갈백(葛伯) : 갈(葛) 땅의 백(伯). 탕(湯) 임금이 박(亳) 땅에 있을 때 갈과 이웃이었는데, 갈백이 선조에게 제사를 모시지 않으므로 탕이 사람을 시켜 "어째서 제사하지 않는가?" 하고 묻자 갈백은, "제사에 소용되는 희생(犧牲)이 없어서 못한다"고 하였다. 탕이 소와 양을 보내주었으나 갈백이 먹어버리고 또 제사하지 않았다는 고사. 이는 당시 관리들이 백성들에게 무리한 세금을 착취해서 나라에 바치지도 않고 자기들 사욕만 채우는 것을 비유한 말.

를, "기왕, 만선(滿船)이 되도록 싣지 못하게 되었는데 이를 기다리느라고 돌아가지 못할 바에는, 배에 조금 실은 쌀이라도 영남에다 팔아넘기면 그 이를 내가 먹고 너에게도 몫이 있을 것이며, 가을이 되면 손해를 보충할 수 있을 것이다" 한다. 그리하여 사공(沙工)들은 빈 배를 모래밭에 끌어올려놓고 가을이 되기를 기다린다. 그렇게 되면 일을 맡은 신하는 조당(朝堂)에 아뢰기를, "백성의 버릇이 간사하여 관망하기만 일삼는다"라고 한다. 그러면 조정에서는 공문을 띄워서 크게 꾸짖어 백성 단속이 더욱 엄중해지니, 실상은 백성들은 세를 바치고 나서 죽고 없어진 지가 벌써 달이 넘었으니 어찌 원통하지 않겠는가? 국가의 세입이 평년에도 12만 섬을 넘지 못하는데, 만약 흉년을 만난다면 경강으로 실어나르는 곡식은 매양 수만 섬을 넘지 못할 것이니, 나라의 경비는 장차 어디에서 나오겠는가?

우리나라 제도는 보통 한 결의 전지에 전세 네 말, 삼수미(三手米)[7] 두 말 두 되, 대동미(大同米) 열두 말을 징수하는데, 그것을 조운(漕運)하는 선가(船價)는 그 중에서 나오니, 한 결에 대한 수입은 열여덟 말 두 되에 불과하다. 그리고 태창(太倉)에서 녹(祿)을 갈라주거나, 선혜청에서 공물(貢物)값을 갈라줄 때에는 열다섯 말이라는 것이, 지극히 작은 말(斗)이어서 열 한두 말에 불과하다. 그렇다면 한 결에서 징수하는 것으로 나라에서 쓰는 것은 다해도 열다섯 말에 불과하다. 그러나 한창 민간에서 거둬들일 때에는 섬(斛) 같은 말로써 서른네 말을 거두는데, 서울 말(京斗)로 풀이하면 적어도 마흔다섯 말 아래로 내려가지 않을 것이니, 이것은 또 백성이 바치는 것은 셋인데 나라에서는 그 하나만을 받아들이는 셈이 된다.

위로는 나라를 가난하게 하고 아래로는 백성을 벗겨내어 그 중간에서 살찌는 자는 탐학한 관원과 간활(奸猾)한 아전들이니 어찌 원통하지 않은가? 옛날 성인은 그렇게 될 것을 알고, 정전(井田)하는 법을 마련해서 그 간사함을 미리 막았던 것이다. 그런데 지금 사람들은 정전법을 말하는 자가 있

---

7) 삼수미(三手米) : 훈련도감에 소속된 군병으로서, 사수(射手) · 살수(殺手) · 포수(砲手)를 삼수라 하는데, 이들을 양성하기 위해서 특별 과세하는 것을 삼수미라 함.

으면, 오활(迂濶)해서 사리에 적절하지 못하다고 지목한다. 그렇다면 옛날 성인은 오활하고 지금 사람은 지혜가 많으며, 옛날 성인은 사정에 어둡고 지금 사람은 사무(事務)를 안다는 것인데, 어찌 그런 이치가 있겠는가? 다만 옛적에는 밭뿐이었는데 지금은 논(水田)이 많으며, 또 우리나라 지세는 산림이 많고 원야(原野)가 적으니 정전은 진실로 할 수가 없다. 그러나 한 가지 방법이 있어, 정전 모양은 없으면서 정전 같은 실효는 거둘 수 있게 되니 어찌 좋지 않겠는가? 전지 10결마다 그 중 한 결은 공전으로 만들고 나머지 아홉 결은 사전으로 만든 다음, 아홉 결을 받은 농부에게 공전 한 결을 함께 가꾸어서 국세에 충당하도록 하고, 사전 아홉 결에는 부세를 없애서 죄다 자기 집에 들이도록 하면, 이것이 바로 정전이다. 바삐 한 관청을 세우고 경전사(經田司)라 명칭하여, 공전을 관리하도록 하는 법은 늦출 수 없다고 생각한다.

제조 5원(員) 중에 3원은 호조의 3대부로 삼고, 2원은 문서와 사리에 주밀(周密)하고 밝은 사람을 특별히 뽑아서 전적으로 관장하도록 한다. 그리고 부정 2인은 옥당 학사(玉堂學士) 중에 총명한 사람으로 삼아, 여러 도에 나가면 경전 어사(經田御史)가 되고 왕도(王都)에 들어오면 경전사 부정이 되도록 한다. 주부 4인은 일찍이 수령을 지내면서 치적이 있던 자를 삼는다. 이리하여 먼저 경전 어사를 보내 남모르게 드나들면서 관원을 차출하여 전지를 측량한다. 숨긴 것과 누락된 것을 밝혀내고, 묵은 것과 거친 것을 조사하여 이곳에 남은 것으로써 저곳에 모자라는 것을 보충하며, 그러고도 남는 것은 원적(原籍)에다 편입한다. 그리고 공부(公府)와 군문(軍門) 및 여러 도에 봉치(封置)해둔 돈을 다 내어, 사전을 사들여서 공전으로 만들어 원장(原帳)이 400결이 되면 40결을 매수하고 원장이 500결이 되거든 50결을 매입하면, 10분의 1로 하는 법이 이에 따라 확립될 것이니 이것이 어찌 정전이 아니겠는가? 정전은 9분의 1로 하는데, 여기에 10분의 1이라는 것은 무엇인가? 9분의 1이 곧 10분의 1이다(뜻이 맹자의 논설에 있음). 10분의 1을 넘는 것은 걸(桀)의 법이고, 10분의 1이 못 되는 것은 맥(貊)의 도(道)로서, 10분의 1로 하는 것이 천하의 중도(中道)이다

(『春秋傳』에 이 뜻이 있음).

바야흐로 공전을 창설할 때에는 온 나라가 소란해질 것이다. 하지만 우매한 백성은 성공을 함께 누릴 수는 있지만 처음 계획에 함께 할 수는 없는 것이니 온 나라가 시끄럽게 될 것이다. 그러나 임금의 한 마음은 만 가지 교화의 근본이니, 진실로 성상의 결단이 확연하여 영조가 균역법을 세우던 것과 같이 한다면 성공하지 못할 것을 어찌 걱정하겠는가? 영조가 이르기를, "나라가 비록 망한다고 하더라도 균역하는 법을 하지 않을 수는 없다" 하였으니, 아아! 이것이 왕자의 정대한 말이었다. 순(舜)이 말하기를, "능히 힘을 분발해서 임금의 일을 밝히는 자가 있거든 총재(百揆) 자리에 앉혀서 모든 일을 밝히고 온 백성을 사랑하도록 하라"고 하였다. 그런데 분(奮)이란 분발하는 것이며 분신(奮迅)하는 것인데, 닭이 뛰어나게 힘센 것을 분이라 하고, 양(羊)이 뛰어나게 힘센 것을 분이라 하는 것이니(爾雅에 있다), 아래에 있는 신하로서 능히 분발하고 협찬(協贊)함이 있은 다음이라야 공전하는 법을 세울 수가 있다. 그리고 규모와 절목(節目)은 모름지기 세밀하여 조리가 분명하게 한 다음이라야 이에 폐단이 없이 시행할 수가 있을 것이다. 아울러 다음 편에 기록하였다.

조운사(漕運司) : 제조 경 1인 · 중대부 1인, 첨정(僉正) 상사 2인, 감찰(監察) 중사 2인.

서리 2인, 조례 6인.

생각건대, 우리나라 뱃길 가운데 위험해서 건너기 어려운 지역은 서남(西南) 바닷가의 칠산(七山)과 안흥(安興) 두어 곳이 있을 뿐이다. 그러나 파선(破船)되는 배는 해마다 10여 척이나 되는데, 그 원인으로는 첫째 배를 만드는 제도가 좋지 못했고, 둘째 수령들이 가외의 것을 보태어 실은 때문이며, 셋째 뱃사람들이 일부러 파선시키기 때문인데, 그 중에도 일부러 파선시키는 것이 열에 일여덟 척이나 된다. 별도로 한 관청을 설치하고 조운사라 명칭하여, 그 제조는 호조의 대부가 겸무하며, 첨정 2명은 일찍이

헌부(憲府)의 관직을 거친 자를 삼아, 조정에 있을 때에는 본사(本司)의 첨정이 되고, 외방에 나가면 서남도 전운어사(西南道轉運御使)가 되어, 남모르게 드나들면서 선인(船人)의 간악한 짓을 금하도록 한다. 또 공전미(公田米)를 혹 환롱(幻弄)하여 간사한 짓을 하면서 즉시 발송하지 않는 자가 있으면 밝혀내서 죄주고, 혹 여러 길 조운관(漕運官 : 法聖浦僉使・牙山縣監 등과 같다)으로서 조운을 영솔(領率)하는 데에 착실치 못함이 있거나, 연로(沿路) 수령으로서 조선을 호송하는 데에 조심성이 없는 자는 아울러 출척(黜斥)하는 벌을 시행하도록 한다면, 당・송(唐宋)시대의 전운사와 비교하더라도 폐단은 적으면서 성과는 많아질 것이다. 그리고 감찰(監察) 2원(員)은 또한 경기 연안 또는 충주(忠州)・여주(驪州) 강변에 은밀히 다니면서 조사하고 다스리기를 법대로 하면, 그 효과가 반드시 현저할 것이다.

감찰의 직함은 선무랑 조운사도사 검교감찰원 부어사(宣務郎漕運司都事檢校監察院副御史)라 한다.

사포서(司圃署) : 제조 중대부 1인, 별제(別提) 중사 2인.
서리 4인, 조례 8인.

생각건대, 『주례』에 장인(場人)의 직무는 나라의 포장(圃場)을 관장하여 과목(果木)과 초과(草果) 따위를 심는 것인데, 지관(地官)에 소속되었으므로 이제 그대로 하였다.

생각건대, 심고 가꾸는 정사는 또한 나라의 쓰임을 넉넉하게 하고 백성의 살림을 돕는 것이다. 봉산・황주의 배, 가평・양주의 밤, 청산과 보은의 대추, 풍기・순창의 감, 강진・장흥의 귤・유자・치자 따위는 법을 시행하여 모두 심도록 권장함이 마땅하다. 그리하여 혹 널리 심어 숲을 이루어서, 능히 천 그루 만 그루에 이르도록 한 자는 사포서에 보고하여, 거짓인가 사실인가를 조사한 다음, 추천하여 서반 말직(西班末職)에 보임되도록 한다. 묘당(廟堂)에서 불러 시험해서 능히 농서(農書)를 환하게 알고 그 땅의 알

맞은 작물을 가려서 농포(農圃)를 경영할 만한 새 지식이 있는 자는, 사포서 관직에 승진하여 보임시킨다. 이와 같이 하면 10년을 넘지 않아서 나라 안의 진기한 과실을 이웃 나라에 판매하여 재용(財用)을 넉넉하게 하기에 족할 것이다.

사광서(司礦署) : 제조 중대부 1인, 판관(判官) 상사 2인, 주부 중사 2인.
서리 2인, 조례 6인.

생각건대, 『주례』에 횡인(卝人)의 직무는 금·옥·주석·보석 따위 광물이 생산되는 지역을 관장하여, 사굴(私掘)하는 것을 엄하게 금단하며, 지관에 예속되었으니 이제 그대로 한다. 횡이란 곧 광(礦)이라는 뜻인데, 원전에는 호조 낭관(戶曹郞官)에 은색(銀色)이라는 것이 있으니, 이제 별도로 이 관직을 만듦이 마땅하다.

생각건대, 우리나라는 산악이 웅장하여 금·은·동·철이 곳곳에서 산출된다. 강계의 은파동(銀坡洞)과 수안의 홀곡점(笏谷店)은 우연히 노출된 것이다. 관가에서 금령(禁令)을 베풀어서 저절로 방지되게 하는 것과 간사한 백성이 도굴하여 범법하는 것은 모두 마땅하지 않다. 무릇 금·은·동이 나는 광혈(礦穴)은 모두 관에서 재물을 내어 채굴하고, 혹 사사로이 채굴하는 사람은 사전(私錢)을 주조하는 것과 같은 율(律)로 다스리되 오직 철광만은 백성이 사사로 채굴하도록 허가하는 것이 마땅하다고 생각한다. 그리고 동을 주조하는 방법은 이용감(利用監)에서 북쪽의 중국에서 배워 와서 사광서에 가르치는 것이 마땅하다.

육보서(六保署) : 제조 중대부 1인, 별제 중사 2인, 봉사 하사 2인.
서리 2인, 조례 6인.

육보서란 활인서(活人署)이다.

생각건대, 『주례』에 대사도(大司徒)는 여섯 가지의 보식(保息)으로써 만민을 길렀다. 첫째 어린이를 사랑하고, 둘째 늙은이를 봉양하며, 셋째 궁한 이를 구원하고, 넷째 가난을 구휼하며, 다섯째 질병을 위로하고, 여섯째 부유한 자를 안정시켰다. 우리나라 활인서의 관직은 도성 안 병자를 구휼하는 일을 관장하였을 뿐, 그 직장(職掌)이 구비되지 못했다. 그러나 마땅히 지관에 예속되는 것은 의심할 바 없다.

부유한 자를 안정시키는 정사는 오직 마음에 둘 뿐이고 힘쓸 필요가 없다. 이제 역질(疫疾)을 구료(救療)하는 것을 여섯 가지 보식하는 수효에 충당하려 한다. 대개 질병을 위로하는 것은, 귀머거리·장님·절름발이·벙어리의 부류를 관장하고, 역질을 구료하는 것은 오로지 염병·홍역 따위를 구료하는 것이다.

산학서(算學署) : 제조 경 1인, 교수(教授) 중사 2인, 훈도(訓導) 하사 4인.

조례(皁隸) 4인.

생각건대, 한 가지 기예(技藝)로써 벼슬하는 자는 각각 그 관서(官署)가 있는데, 오직 산학이 호조에 예속되고 율학(律學)이 형조(刑曹)에 예속됨은 의리가 고르지 못하다. 이제 이것은 별도 기관으로 했으나, 제조는 호조판서가 예겸하도록 함이 마땅하다.

생각건대, 훈도가 네 사람인데 그 중 두 사람은 주사(籌士)이다. 그 예는 앞에 기록하였다.

춘관 예조(春官禮曹) 제3

예관지속(禮官之屬)

예조(禮曹) : 판서 경 1인, 참판 중대부 1인, 참의 하대부 1인, 정랑 상사 2인, 좌랑 중사 4인.

서리 20인, 조례 28인.

생각건대, 『주례』에 춘관의 장(長)은 종백(宗伯)으로 되어 있다. 종백이란 유우씨(有虞氏)의 질종(秩宗)이며, 종(宗)이란 신기(神示)가 의탁하는 곳이다. 그러므로 질종이 삼례(三禮)를 맡는데, 삼례란 천신(天神)·지기(地示)·인귀(人鬼)에 대한 예이다. 『주례』 대종백의 직책 중 삼례를 첫째로 말한 것도 이 때문이다. 지금 원편 예전(原編禮典)에는 첫째가 과거(科擧)이고, 다음이 생도(生徒)이며, 제례(祭禮)는 열째 조목에 있다. 그때 편집(編輯)한 신하가 선왕의 전장(典章)을 상고하지 않아서 이런 차오(差誤)가 있는 것이다.

태상시(太常寺) : 제조 공 1인, 경 1인, 도정(都正) 하대부 1인, 첨정 상사 2인, 주부 중사 2인, 공봉(供奉) 하사 4인.

서리 16인, 조례 30인, 임부(飪夫) 60인.

생각건대, 국조(國朝)의 제례는 전적으로 태상에게 맡겨져 있다. 하물며 시호(諡號)[1]를 의논하고 궁중 잔치를 진상하여 맡은 것이 모두 존중한 일인데, 정격(政格)에 태상시의 관직을 반드시 서(庶)라는 명목이 있는 자로 차임(差任)함은 무슨 연고인가? 정격에 적자(嫡子)와 서자(庶子)를 구별하는 것은 본래 잘못된 법이다. 서라는 명목이 있는 자는 이 관직에 합당하지 않다고 이르지 않았는데, 서라는 명목이 없는 자는 어찌해서 이 관직을 마땅찮게 여기는지 모르겠다. 이제 태상시의 관직을 의망(擬望)할 때 모두 옥당(玉堂)[2]으로서 해야 될 것이다.

생각건대, 『주례』에, "경 대부의 상(喪)에 소사(小史)[3]가 시호를 내리고 뇌문(誄文)[4]을 읽는다" 하였는데, 소사라는 관직을 어느 때부터 태상으로 옮겨왔는지 모르겠다.

통례원(通禮院) : 제조 경 1인, 도정(都正) 하대부 2인, 상례(相禮) 상사 2인, 찬의(贊儀) 중사 2인, 인의(引儀) 중사 4인, 하사 10인.

서리 8인, 조례 20인.

생각건대, 통례원은 옛날 홍로경(鴻臚卿)[5]이며, 『주례』에는 추관 조사(秋官朝士)의 직으로 되어 있다. 그 직장이 매우 번거로운데, 본원(本院)은 아주 가난하고 서리와 조례도 매우 적으니 증원하지 않을 수 없다. 항상 외방 관직으로 제수될 때마다 으레 예물(禮物)은 본원에 보내서 공용(公用)에 보충함도 적당할 것이다.

1) 시호(諡號) : 그 사람이 살았을 때의 행적을 사정(査定)하여 임금이 내려주는 아름다운 호칭.
2) 옥당(玉堂) : 홍문관(弘文館)의 별칭. 홍문관 부제학(副提學) 이하 교리(校理)·부교리(副校理)·수찬(修撰)·부수찬(副修撰) 등의 호칭.
3) 소사(小史) : 나라의 기록·계보(系譜)를 맡아보던 관직.
4) 뇌문(誄文) : 죽은 사람의 생전 공적을 찬양하고, 슬퍼하는 뜻을 나타내는 노래.
5) 홍로경(鴻臚卿) : 한(漢)나라 때 처음으로 설치하여 조하(朝賀) 경조(慶吊)를 맡도록 했던 곳인데, 당(唐)나라 때에 와서는 홍로시(鴻臚寺)라 칭하여 빈객 접대와 나라의 흉의(凶儀) 등 의식을 맡도록 하였다. 홍로경은 홍로시의 장관임.

생각건대, 제조 1명은 예조 판서가 예겸하도록 함이 마땅하다.

전유사(典壝司) : 제조 공(公) 1인, 경 1인, 영(令) 중사 2인, 참봉 하사 2인.

서리 6인, 조례 10인, 수복(守僕) 4인.

전유사는 사직서(社稷署)이다.

생각건대, 관직제도는 모두 통솔하는 데가 있어야 마땅하다. 그물에 벼리가 있는 것 같고 옷에 깃을 다는 것 같아야, 천공(天工)을 삼가 밝힐 수 있다. 사직에는 본래 관원이 있거니와, 여단(厲壇) · 성황단(城隍壇) · 우단(雩壇) · 영단(禜壇) · 풍운뇌우단(風雲雷雨壇) · 산천(山川) · 북교(北郊) 따위 여러 단은 또 누가 주관하는가?

만일 모두 예조에 예속시킨다면 사직에도 관원을 둘 필요가 없다. 이제 중사 2명에게 남북의 여러 단을 겸해서 관장하도록 하고 하사 두 사람에게 동서(東西) 여러 단을 겸해서 관장하도록 배정한다. 봄 · 가을에 살펴보아서, 무릇 붕탑(崩塌)의 걱정이 있으면 수시로 예조에 보고해서 수보(修補)하기를 청하는 일은 그만둘 수 없다.

전묘사(典廟司) : 제조 공 1인, 경 1인, 영 중사 2인, 참봉 하사 2인.

서리 4인, 조례 8인, 수복 4인.

여러 궁(宮), 여러 전(殿)의 승호관(承護官)은 중사, 또는 상사로 때에 따라 증감하여 본사(本司)의 원외랑(員外郎)을 삼는다.

생각건대, 종묘에 여러 전과 여러 궁이 있는 것은 사직에 여러 단이 있는 것과 같다. 이제 영희전(永禧殿) · 경모궁(景慕宮)의 예에 따라 그 지키는 관원을 모두 전묘사 원외랑으로 파견하여 지키도록 했으며, 별도로 아문을 세움은 마땅치 않다. 또 선원전(璿源殿) · 조경묘(肇慶廟) · 경기전(慶基殿) 같은 곳은 모두 그 지역 사람으로서, 벼슬하다가 그만두고 한가하게 있

는 자를 승호관으로 삼아, 6년이 되면 체임(遞任)하고 다시 전보(轉補)하지 않음이 사리에 합당할 듯하다. 혹 특별히 전보할 자는 6년을 기필할 필요는 없다.

또 저경궁(儲慶宮)·육상궁(毓祥宮)·선희궁(宣禧宮)·문효묘(文孝廟) 같은 곳은 비록 내시에게 수직(守直)하도록 하나, 또한 본사의 낭관(郎官)에게 한 궁씩 맡겨서, 때에 따라 봉심(奉審)하여 허물어진 곳이 있으면 모두 본사에서 예조에 보고하여 보수하도록 요청함이 마땅하다.

영희전에 승호관 2명을 두는데, 직함은 선무랑 전묘사 원외랑 분차 영희궁 승호관(宣務郎典廟司員外郎分差永禧宮承護官)이라 한다.

경모궁에도 승호관이 2명인데, 직함은 선무랑 전묘사 원외랑 분차 경모궁 승호관이라 하며, 그 나머지도 모두 이와 같이 한다.

화령전(華寧殿) 수호관은 예에 의해 건릉 영(健陵令)을 겸하도록 하여, 그 직함을 선무랑 수릉사(守陵司) 원외랑 분차 건릉 영 겸 화령전 승호관이라 한다.

생각건대, 관직제도는 위로는 천도(天道)에 응하고 아래로는 인문(人文)을 상고하여 360으로 한정하거나 또는 120으로 한정함이 마땅하다. 법을 세우는 처음에 제도를 한번 정했으면, 비록 백대(百代)를 전해내려가도 감히 보태거나 줄이지 못하고, 옮기거나 바꾸지 못한 다음이라야 바야흐로 제도라 할 수가 있다. 생각하건대 여러 전과 여러 궁을 지은 것은 열성(列聖)의 효도하는 생각과 군신의 충성된 정성에서 기인한 것이다. 국조(國祚)가 영원하여 백년 천년이 되면 궁(宮)·묘(廟)·능(陵)·원(園)의 수효도 따라서 증가될 것이다.

한 차례 효도하는 마음이 생길 때마다 한 아문을 세우고, 또 수직하는 관직을 모두 처음 벼슬길에 들어오는 사람의 자리로 만든다면 요행을 넘보는 문이 날로 넓어지고, 관원으로서 지켜야 할 예법이 나날이 어지러워져서 반드시 수습할 수 없는 지경에 이를 것이다. 그러므로 여러 단과 여러 사(祀)는 한결같이 사직(社稷)에 예속시키고, 여러 전과 여러 궁은 한결같이 종묘에 예속시키며, 여러 원과 여러 묘는 한결같이 수릉사(守陵司)에 예속

시킴이 마땅하다는 것이다. 또 모든 단·묘·능을 수호하는 관원은 오직 물 뿌리고 청소하는 일 외에는 직무가 없다. 사송(詞訟)이란 처음 벼슬한 사람들의 재주를 시험하고 정사를 익히는 것이 아니니, 벼슬을 그만두고 한가롭게 살고 있는 자에게 이 관직에 있게 하여 관록을 먹도록 하는 것이 사리에 합당할 듯하다.

수릉사(守陵司) : 제조 경 1인, 첨정(僉正) 상사 1인, 참봉 하사 2인, 영(令) 능(陵)마다 중사 2인.

서리 2인, 조례 4인, 수복(守僕) 능마다 4인.

생각건대, 능관(陵官)은 이미 내직(內職)이니, 아문이 있어 서울에 있을 때는 회동할 곳이 있고 회의할 곳도 있게 함이 마땅하다. 지금은 그렇지 않아서 당번이 되면 각자 그 능으로 나가고, 번을 마치면 각자 자기 집으로 돌아가기 때문에 통솔이 없고 매인 데가 없으니, 옳은 제도가 아니다. 종묘 곁에 작은 관청을 하나 설치해서 수릉사라 하고, 그 제조는 예조판서가 예겸하며, 별도로 낭관 3인을 세워서 여러 능의 일을 총괄하도록 한다. 그리하여 훼손된 곳이 있거나, 위에 아뢰어야 할 사정이 있으면 여러 능에서 본사(本司)에 보고하고, 본사에서는 예조에 보고하여 계달하고 조정에서 여러 능에 알리고자 함이 있으면 또한 본사에 하달하여 전달되도록 한다는 것이다. 또 조정에 길흉의 큰 일이 있어 본사에서 여러 능에 곧 통지하도록 한다면 여러 능은 외방 고을과 같고 본사는 저사(邸舍)와 같은 것이니 이런 것은 그만둘 수 없다.

만약 관직을 증설하는 것이 어렵다면, 같은 지역에 두 개의 능이 있는 곳은 두 개의 수호관을 합쳐서 하나로 함이 마땅한데 희릉(禧陵)·효릉(孝陵)과, 선릉(宣陵)·정릉(靖陵)과, 강릉(康陵)·태릉(泰陵)과, 공릉(恭陵)·순릉(順陵)이 모두 그렇다. 이와 같은 곳은 희릉에 관원 하나를 두고 효릉에 관원 하나를 두어서, 선 보름은 희릉 관원이 효릉을 겸해 지키고, 후 보름은 효릉 관원이 희릉을 겸해서 지키도록 한다. 다른 곳도 모두 이와 같이

함이 사정에 합당할 듯하다.

또 여러 능으로부터 해마다 나무 100다발씩을 실어오도록 해서 공용(公用)에 보충하고, 또는 여러 능에 딸린, 먼 곳 사찰을 본사로 이관시킴이 또한 적당할 듯하다.

건원릉 영(健元陵令)의 직함을 통덕랑 수릉사 원외랑 분차 건원릉 영(通德郞守陵司員外郎分差健元陵令)이라 하고, 여러 능도 모두 이와 같이 한다.

현륭원 영(顯隆園令)의 직함을 선무랑 수릉사 원외랑 분차 현륭원 영이라 하고, 여러 원(園)의 수봉관(守奉官)도 또한 같다. 여러 묘의 수위관(守衛官)도 여러 원과 같게 한다.

여러 원의 관원도, 모두 벼슬을 그만두고 한가하게 살고 있는 사람으로 임명하되, 다만 여러 능과 현륭원은 상사나 중사로써 삼는다(4·5·6·7품). 여러 원과 여러 묘 이하는 하사 중에 벼슬을 그만둔 자로 삼는다(8·9품). 모두 6년 만에 체직하며 승진 또는 전임(轉任)시키는 법은 없게 한다(혹 특별히 승진시킬 자는 반드시 6년을 기필할 것이 아니다).

제례감(齊禮監) : 제조 중대부 1인, 첨정 상사 2인, 주사(主事) 중사 2인.

서리 4인, 조례 8인.

생각건대, 덕으로써 인도하고 예로써 정제(整齊)하는 것은 선왕이 만인을 어거하던 방법이었다. 『주례』 춘관에 백성을 예로써 정제하는 관직이 하나뿐이 아니다. 그러므로 이제 별도로 관청을 하나 세워서 제례감이라 명칭하여 관혼상제에 예로써 하지 않는 자가 있으면 잡아다가 다스리고, 혹 서인(庶人)이 사(士)의 예를 쓰거나, 삼사(三士)가 대부의 예를 쓰는 것도 잡아서 다스리도록 한다. 혹 대부가 왕후(王侯)의 예를 쓰는 자는 헌부(憲府)에 보고한 다음, 조사하여 다스리기를 청하니 또한 지극히 긴요한 관아(官衙)이다. 입후(立後)하는 법도 지금은 너무 남용되고 있으니, 이

관청에서 한계를 반포(頒布)하고 주문(奏聞)하는 것을 관장하도록 함이 마땅하다.

사간원(司諫院) : 대사간(大司諫) 하대부 1인, 헌납(獻納) 상사 2인, 정언(正言) 중사 2인.

서리 10인, 조례 20인.

살피건대, 『주례』 지관(地官)에 사간(司諫)이라는 관직이 있다. 그러나 이것은 간관(諫官)이 아니고 곧 만민의 덕을 따져서, 그 덕행과 도예(道藝)를 살피는 직이었다. 또 보씨(保氏)라는 관직이 있어, 왕의 악함을 간하는 일을 관장했으나, 이것도 또한 국자(國子)를 교도하는 관직이지, 간관은 아니었다. 그렇다면 선왕 때에는 간관이 없었던가? 간관이 없었던 것이 아니라 사람마다 간관 아닌 사람이 없었다. 삼공(三公)도 간관이고, 삼고(三孤)도 간관이며, 육관(六官)의 경·대부(卿大夫)도 모두 간관이었고, 좌우에 시어(侍御)하는 신하도 모두 간관이었다. 그런데 별도로 한 관청을 설치하여 전적으로 간쟁(諫諍)을 관장하도록 한 것은 한나라 때부터 시작되었다. 이것은 진언하는 길을 활짝 여는 것이 아니고, 이에 진언하는 길을 막아서 좁게 한 것이었다.

우리 조정에도 사간원을 설치해서 간쟁과 논박을 관장하도록 하였는데, 대사간이 1원(員)이고 당하관(堂下官)이 4원이다(사간 1원, 헌납 1원, 정언 2원). 중엽 이전에는 선임하는 것이 아주 깨끗하여 이 관직을 맡은 자가 그 직을 능히 수행한 자도 있었으나, 근세에는 관제가 나날이 어지러워져서, 옥당(玉堂)에게 포섭(兜攬)되지 않는 자가 없다. 이에 구차하게, 한미(寒微)하고 고단(畸孤)하고 용렬한 사람을 뽑아서 그 자리를 채워놓으니, 무릇 간관이 된 자는 앞뒤만 둘러보며 감히 입을 열지 못한다. 논박하는 것도 오히려 어려운데 하물며 간쟁하는 것이겠는가? 오직 낭패당한 사람을 못(淵)에 밀어넣고, 돌로 내리치듯 하는 것을 직분으로 한다.

그런 중에 또 아침에 제수되었다가 저녁이면 갈려서 물결에 모래가 흘러

가듯 하며, 능히 사흘 동안 사무 보는(行公) 자가 드물다. 또 말 한마디 행동 하나에도 승지(承旨)가, 추고(推考)·피혐(避嫌)·퇴대(退待)·인의(引儀)·위소(違召) 따위를 살피니, 소소한 체면은 촘촘한 것이 소 털 같고, 자잘한 염의(廉義)는 가늘기가 모기 눈썹 같다. 비록 큰 덕이 있는 사람이라도 한 번 이곳에 들어왔다가는 그 신명(身名)을 보전한 자가 드문즉, 천하의 희극(戲劇)으로 실상이 없는 것은 이보다 심한 것이 없다. 무릇 간쟁하는 관직은 한 기관에 전적으로 책임지울 것이 아니다. 옛날에 좌보(左輔)·우필(右弼)·전의(前疑)·후승(後丞)이 모두 간쟁하는 신하였다.

설어(褻御)[6]도 잠규(箴規)하는 것이 있고, 여분(旅賁)[7]도 규간(規諫)하는 것이 있었다. 사(史)는 기록하고, 고(瞽)는 풍송(諷誦)하였다. 국풍(國風)[8]에 부(賦)·비(比)·흥(興)[9]과 소아(小雅)·대아(大雅)[10]는 풍자하거나 바른 말을 가락에 올려서, 왕의 어지러움을 은근히 깨우쳤다. 육률(六律)과 오성(五聲)은 팔음(八音)으로 전파하고, 오언(五言)을 내고들여서, 정치가 잘 되고 안 된 것을 살폈으니 선왕 때에는 진언하는 길을 개방한 것이 이와 같이 넓었던 것이다. 지금은 쓸쓸하게 굶주리고 있는 몇몇 사람에게 이 일을 전적으로 맡겨서 허물을 듣고자 하니 그렇게 되겠는가? 이제 간원(諫院)을 혁파하고 그 직장(職掌)을 공경 대부로서 존귀하고 친밀한 자에게 맡겨서 진언하는 길을 넓히고자 하나, 시속 사람의 식견이 얕아서 선왕의 법을 모르고, 다만 "간원을 없애서 남의 말을 받아들이지 않으려 한다"라고만 할 터이니, 그 말이 두려워서 우선은 그대로 두기로 한다.

---

6) 설어(褻御) : 임금을 가까이 모시는 신하.

7) 여분(旅賁) : 창과 방패를 잡고 임금이 거둥하는 수레를 호위하는 관원.

8) 국풍(國風) : 『시경』(詩經)의 편명(篇名). 주남(周南)에서 빈풍(豳風)까지 15국(國)의 풍속을 노래한 것.

9) 부(賦)·비(比)·흥(興) : 『시경』의 체(體). 부는 그 일을 부연(敷衍)해서 바로 말하는 것(敷陳其事而直言之者也), 비는 저 사물로써 이 사물과 비교한 것(以彼物比此物也), 흥은 먼저 다른 사물을 말해서 읊조리려는 말을 이끌어내는 것(先言他物以引起所詠之詞也).

10) 소아(小雅)·대아(大雅) : 『시경』의 편명.

그러나 간원의 직을 맡는 자는 태상(太常) · 태복(太僕) 등 여러 기관의 직을 겸임해서, 듣고 봄에 변화가 있도록 함이 마땅하다. 또 승정원(承政院) · 홍문관(弘文館) · 시강원(侍講院) · 태사원(太史院) · 국자감(國子監) · 사헌부(司憲府) 및 육조의 경 · 대부도 모두 그 직장에 간쟁하는 일로써 인도하여, 임금 앞에 출입하는 자는 간쟁하는 책임이 자기 몸에 있다는 것을 다 알도록 하여, 말세의 폐단을 한번에 바로잡는 것을 진실로 그만둘 수가 없다.

위소(違召)하는 법은 크게 불경한 짓이다. 임금이 명소(命召)하면, 말에다 안장 차리기를 기다리지 않고 바로 달려가는 것이 예이다. 그런데 어찌 패(牌)만 바치고 나오지 않는 것을 일정한 규식(規式)으로 할 수가 있겠는가?

지금부터는 남에게 논박을 당한 자라도 무릇 소명(召命)이 있으면 곧 달려와서 그 실정을 삼공과 구경에게 찬찬하게 신고하도록 함이 마땅하다. 삼공과 구경은 그 가부를 회의하여, 혹 출사(出仕)시키기를 청하거나 체직(遞職)되기를 허가하도록 청하면, 이제 이른바, "처치(處置)한다"는 법은 그 풍습이 거의 그칠 것이다.

대사간의 직함은, 통정대부 사간원 대사간 겸경연 참찬관 태상시 도정(通政大夫司諫院大司諫兼經筵參贊官太常寺都正)이라 한다(반드시 태상뿐이 아니다).

정언의 직함은, 선무랑 사간원 정언 겸경연 시독관 종부시 주부(宣務郎司諫院正言兼經筵侍讀官宗簿寺主簿)라 하며 다른 것도 모두 이와 같다.

이제부터 사간원과 사헌부의 관원은 모두 옥당에서 선발하여 통하도록 하여야 이 벼슬길이 다시 깨끗해질 것이다. 중국 제도는 모두 급제하여 출신(出身)하는 자는 먼저 한림(翰林)으로 삼았다가, 다음에 간관으로 삼는데 이것이 알맞은 법이다.

홍문관(弘文館) : 대제학(大提學) 경 1인, 제학(提學) 중대부 1인, 부제학(副提學) 하대부 2인, 교리(校理) 상사 4인, 수찬(修撰) 중사 4인,

정자(正字) 하사 6인.

서리 18인, 조례 36인.

검서관(檢書官) 중사 4인.

생각건대, 원전에 홍문관 영사(領事)는 오직 영의정이 겸임했는데, 반드시 그럴 것이 아닌 듯하다. 이제 삼공이 모두 겸임하도록 하는데, 좌우상(左右相)은 감사(監事)로 삼는다.

살피건대, 원전에 홍문관 18학사(學士) 가운데 대제학은 들지 않았는데, 반드시 그럴 것도 아닌 듯하다. 그러므로 이제 대제학을 합해서 18이 되도록 배정한다.

생각건대, 원전에 직제학(直提學)·전한(典翰)·응교(應敎)·부응교(副應敎)·박사(博士)·저작(著作) 등 여러 명칭이 있어, 벼슬길에 새로 통하는 자를 주의할 때에 경쟁이 시끄럽게 일어나고, 전임하거나 승진·강등시킬 때에 격식이 어지러워지기 쉽다. 당론(黨論)이 이를 연유해서 일어나게 되며, 관제가 이를 연유해서 어지럽게 된다. 이제 교리(校理) 4명을 동벽(東壁)으로, 수찬(修撰) 4명을 서벽(西壁)으로, 정자(正字) 6명을 남상(南牀)으로 각각 배정하여 분분한 많은 명칭을 없애기로 한다.

살피건대, 교리가 4명이면 그 중 2명은 부교리(副校理)이고, 수찬이 4명이면 그 중 2명은 부수찬(副修撰)이며, 정자가 6명이면 그 중 4명은 부정자(副正字)인데, 예는 앞에 기록하였다.

생각건대, 남상은 반드시 훌륭한 명망이 있는 자로만 할 것이 아니고, 대개 하사의 품계로서 옥당에 들어온 자를 으레 정자로 삼는다. 이로부터 승진해서 수찬·교리가 될 수 있게 하고, 바로 수찬에 제배(除拜)되는 법은 없애서, 분경(奔競)을 억제하며, 물정(物情)을 화평케 함이 또한 마땅하다.

생각건대, 옥당 관원이 경연관(經筵官)을 예겸해서, 대제학은 지사(知事)로, 중대부는 동지사(同知事)로, 하대부는 참찬관(參贊官)으로, 상사는 시강관(侍講官)으로, 중사는 시독관(侍讀官)으로, 하사는 검토관(檢討官)으로 되는데 모두 원제(原制)대로 한다.

생각건대, 옥당 관원은 위로 문형(文衡)[11]에서 아래로 정자까지 모두 지제고(知製誥)를 겸하는데, 반드시 별도로 선발하여 임명한 다음에 지제고로 삼을 필요는 없다. 그리고 제고(製誥)라는 두 글자가 반드시 참람한 것도 아닌데, 반드시 지제교(知製教)라고 하는 것은 의미가 없을 듯하다.

생각건대, 춘추관(春秋館)은 별도로 한 관직이 됨이 마땅하다. 지금 옥당 관원들은 일찍이 한번도 사책(史策)을 엿보지 못했는데, 모두 춘추관 관명을 겸한 것은 명칭과 사실이 맞지 않는다. 대개 명칭과 사실이 맞지 않는 것은 모든 관원의 게으름에서 연유한 것이다. 지금부터는 옥당 직함에 춘추관의 관호(官號)를 버리고, 오직 이 관직을 실제로 겸무하면서 사실상 사사(史事)에 참여하는 자만이 이 직함을 쓰도록 함이 마땅하다.

살피건대, 지금은 예문관(藝文館)이 실상 요긴하지 않은 관아로 되어 있다. 원전에는, "사명(辭命)[12] 짓는 것을 관장한다"라고 되어 있으나, 사명을 짓는 것은 오직 제학 한 사람뿐이고, 홍문관 제학도 사명을 짓지 않는 것은 아닌데, 어째서 이 관이 별도로 있어야 하는가? 이제 예문관의 여러 직장(職掌)을 모두 홍문관으로 돌리고, 예문관이라는 명칭은 이제부터 혁파하는 것이 마땅하다. 중국 제도는 한림(翰林)을 옥당이라 하는데, 우리나라에서는 둘로 나누어서 홍문관을 옥당, 예문관을 한림이라 한다. 일찍이 인석(印石) 한 덩이를 중국 가는 사신편에 보내서 '9세 옥당 · 5세 한림'이라는 여덟 글자를 새기도록 요청했더니, 각자(刻字)하는 사람이 괴이하게 여기며 '옥당과 한림에 다른 점이 있는가?' 했다 한다. 이것은 우리를 비웃는 말일 터인데, 홍문관과 예문관을 반드시 두 기관으로 두지 않는 것이 옳지 않겠는가? 그리고 또한 예문관은 본래부터 관아가 없으니 따라서 숙직(宿直)하는 일도 없다. 빈 명칭뿐이고 실상이 없기가 이 같으니 폐지하는 데 의심할 것이 없다.

생각건대, 왕자(王者)가 관직을 설치해서 직장을 분담시킨 것은 하늘의

---

11) 문형(文衡) : 대제학(大提學)의 별칭.
12) 사명(辭命) : 임금의 말씀과 명령.

일(天工)을 대리하는 것이다. 삼공·육경과 백집사(百執事)의 신하는 모두 임금의 덕을 돕고 사람의 기강을 세우며, 예악(禮樂)·형정(刑政)·재부(財賦)·갑병(甲兵)까지, 그 진실하고 급절(急切)한 일에 마음을 다해야 할 것이다. 그리고 문사(文詞)에 부천(浮淺)한 재주와 청화(淸華)하고 뛰어난 관직은, 모두 세상 도리를 해치고 나라 정사를 병들게 하기에 족하며, 이 관직에 있는 자에게 그 성명(姓名)을 영화롭게 하고, 그 자손에게 덕을 입히는 데에 불과할 뿐이다. 이것이 사대부에게는 조금 이로운 일이지만, 국가에는 해가 크다.

사방 먼 곳 사람들은 청화하고 유밀(有密)한 신하로 지목하지만, 임금의 사인(私人)이라 하여 오히려 자신을 소원하게 여기니 잘못됨이 적지 않다. 그런데 청화한 관직을 거쳐서, 사람마다 능히 하지 못하는 것을 하게 된 자는 교만하여 스스로 높은 체하며, 동료를 업신여기다가 남에게 미움을 받는다. 끝내는 아름답던 명망마저 보전하지 못하는 자가 또한 등(背)이 서로 바라보일 정도이니, 이 점도 군자가 생각할 바이다.

우(虞)나라 제도와 주(周)나라 제도에는 모두 청직(淸職)이라는 것이 없었고, 지금 관각(館閣)의 관직 같은 것은 한나라 때까지도 또한 그러했다. 당 태종(唐太宗)이 비로소 홍문관을 설치했는데, 그후에 변해서 한림원이 되었고, 송(宋)나라 이후로부터 관직(館職)·원직(院職)·전직(殿職)·각직(閣職)이 분분하게 일어나자 정치는 나날이 더욱 쇠해지고 세도(世道)가 나날이 더욱 낮아졌으니, 삼대(三代)의 인효(仁孝)하던 속습(俗習)과 이경(二京)의 충후(忠厚)하던 기풍은 다시 볼 수가 없게 되었다. 이로 인하여 말한다면 이 옥당이라는 직함도 아울러 그 명칭을 고쳐서 주대(周代)·한대(漢代)의 관제를 따름만 같지 못하다. 특히 경연에서 날마다 강독하는 것으로써, 혹 임금의 덕에 도움이 있다는 것은 감히 경솔하게 논의할 수 없으나, 예문관과 규장각(奎章閣)에는 화직(華職)이 많이 설치되어 있다. 직제학·응교·직각(直閣)·대교(待敎)라는 빛난 관명(華名)이 많이 설치되었고, 호당독서(湖堂讀書)[13]·내각응제(內閣應製)·월과(月科)·순시(旬視) 따위 문사의 화려함이 많이 설치되어 있어 윗사람이나 아랫사

람이나 편안하게 노닥거리기만 하여 나라를 좀먹고 백성을 병들게 한다. 빈궁한 집에 어떤 괴로움이 있는지 알지 못하고, 변경지대에 어떤 걱정이 있는지를 알지 못한다.

온갖 제도가 무너지고 모든 일이 흥기하지 않으니 모두 국가의 복이 아니다. 이런 청화의 관직은 아울러 혁파(革罷)해야 한다고 생각한다. 이에 실제 일을 요량해서 실속 있는 관직을 세우며, 성실한 마음을 품어서 실속 있는 정사를 시행하고, 사공(事功)에 분발하여 우·주(虞周)시대와 같은 치적을 이룩한다면 또한 좋지 않겠는가? 지금 사람에게 요·순·문·무(堯舜文武)와 당 태종, 송 인종 가운데 누가 더 어진가 하고 묻는 이가 있다면, 크게 성내지 않을 자가 없을 터인데, 관직을 설치하여 직무를 분담시키는 데에는 반드시 우·주를 버리고 당·송 제도를 따르려 하니 또한 심히 의심스럽다.

생각건대, 규장각은 어제문자(御製文字)를 소장하는 곳이니, 그 직이 어찌 중하지 않은가? 그러나 이로 인해서 별도 아문을 세우는 것은 옛 사람의 뜻이 아닌 듯하다. 송나라 제도는 한 임금마다 어제가 있으면 문득 각(閣) 하나를 세웠는데 용도각(龍圖閣)·천장각(天章閣)·보문각(寶文閣)·휘유각(徽猷閣)·현모각(顯謨閣) 따위가 서로 잇따라서 설립되었고, 원(元)나라 사람도 그를 본받아서 또 규장각을 설치하였다. 우리 세조(世祖) 때에도 규장각을 설치하기를 의논했으나 실행하지 않았는데, 우리 선대왕이 효성이 깊어서 조상의 공덕을 빛내기 위해 드디어 각을 세웠으니, 이것은 매우 장한 일이었다. 그런데 그 직이 너무 조촐하고 그 명망이 너무 빛나니, 이로부터 옥당이 드디어 낮아져서 선임(選任)하기에 남잡(濫雜)함이 많은데, 형편이 그럴 수밖에 없다.

열성(列聖)의 어제는 이미 명산에 감춰져 있고, 내원(內苑)에 있는 것은

---

13) 호당독서(湖堂讀書) : 문신 중에 문장이 뛰어난 사람에게 휴가를 주어서 독서하도록 했는데, 성종 23년에 용산호(龍山湖) 옆에 있던 폐사(廢寺)를 수리하여 독서당(讀書堂)을 만들었으므로 호당독서라 부르게 되었다.

또 봉모당(奉謨堂)에 감추어서 별도 수직하는 자가 있으니 학사의 규장각이라는 것은 명칭과 실제가 안 맞는다. 『일성록』(日省錄)과 『시정기』(時政記)가 동떨어지게 다른 것도 아니고, 소장된 서적도 홍문관과 특별히 다를 것이 없으며, 초계(抄啓)[14]해서 권과(勸課)하는 정사도 또한 반드시 실효가 있는 것은 아니니, 규장각을 반드시 별도 아문으로 세울 것이 아니라고 생각한다. 다만 홍문관 부제학이 봉모당 직학사(直學士)를 겸무하고, 홍문관 수석교리(首席校理) 1명이 봉모당 첨학사(僉學士)를 겸하며, 수석정자 1명이 봉모당 대교(待敎)를 겸하여, 때에 따라 봉심(奉審)하고 때에 따라 폭쇄(曝曬)하여도 또한 모자라는 일이 되지 않을 것이다(檢書官 네 사람이 본래 어제 및 『일성록』을 정리하는데, 그 중 두 사람은 옥당에 남아서 어제를 정리하고, 그 중 두 사람은 史局에 보내서 編史하는 일을 돕도록 하는 것이 마땅하다).

생각건대, 호당(湖堂)에 사가(賜暇)하는 것과 내각에서 초계하는 것은 태평한 세대의 훌륭한 일이다. 그러나 나라에서 과거 보이는 법을 마련한 까닭은 어진이를 택해서 뽑고 그 능함을 알아서 등용하려 함이다. 이미 과거로 뽑아서 벌써 벼슬을 제수했고 이미 청화의 지위에 좌정했는데, 이 사람을 다시 시험하고 이 사람을 다시 고과(考課)하니, 이것이 어찌 어질고 유능한 자를 대우하는 도리인가! 후세의 실상 없는 글은 곧 광대들의 잡스러운 희롱이며 조충(雕蟲)의 작은 재주이다. 이것으로 놀이하고 잔치하거나, 혹 군신간에 서로 농지거리하는 데에 가까우면 호당의 제술(製述)하는 것도 진실로 좋은 일이 아니다. 하물며 초계하는 법은 새로 진출한 선비까지 널리 뽑으니, 총명함과 우둔함이 서로 섞이고, 공교로움과 졸렬함이 서로 나타나게 되어서, 덕 있는 사람을 대우하기에는 부족함이 있다. 또 비록 총명한 사람이라도, 어전 지척(御前咫尺)에 돌아앉아서 여러 가지 경서를 강하도록 하니, 잘못 실패하는 때도 있어 황구(惶懼)한 땀이 등을 적시기도 한다. 혹 가벼운 벌이라도 받게 되면 졸렬함이 다 드러나는데, 동몽(童

---

14) 초계(抄啓) : 문신 중에 문재(文才)가 뛰어난 사람을 선발해서 임금에게 계달(啓達)하는 일.

蒙)같이 때리며 생도(生徒)같이 단속한다.

한번이라도 이 선발을 거친 자는 의기가 움츠러들어서 감히 낯을 들어 일을 논하지 못하고 종신토록 머뭇거리기만 하며, 문득 임금의 사인이 되어버리니, 이것은 좋은 법제가 아니다. 신하로서 사적(仕籍)을 금규(金閨 : 조정)에 통한 자가, 무릇 포부가 있으면 혹 소장(疏章)을 올려서 일을 논하고, 혹 언의(言議)를 드려서 정사를 돕더라도 불가할 것은 없는데, 어찌 반드시 거자(擧子)로 굴복시켜서 그 포부를 시험하는 것인가? 초계해서 과시(課試)하는 법은 지금부터 혁파하는 것이 마땅하다고 생각한다.

생각건대, 홍문관 18학사는 모두 간관(諫官)을 겸하는 것이 마땅하다. 그 직장 안에 조례를 갖추어 말해서, 이 관직에 있는 자는 다 간쟁할 책임이 자기 몸에 담착(擔着)되었음을 알고, 한갓 간원(諫院)에만 핑계함이 없도록 해야 거의 도움이 있을 것이다.

시강원(侍講院) : 태사(太師) · 태부(太傅) · 태보(太保) 공(公) 3인, 소사(少師) · 소부(少傅) · 소보(少保) · 고(孤) 3인, 빈객(賓客) 경 2인, 부빈객(副賓客) 중대부 2인, 보덕(輔德) 하대부 2인, 필선(弼善) 상사 2인, 사서(司書) 중사 2인, 설서(說書) 하사 2인.

서리 10인, 조례 24인.

살피건대, 삼공(三公)이 사(師) · 부(傅) · 보(保)가 됨은 삼대 이래로 변하지 않는 전고(典故)이다. 다만 옛적에는 삼공이 임금의 스승이었는데, 후세에는 임금의 세도가 더욱 높아지니, 삼공을 낮추어서 세자(世子)의 스승으로 삼았다. 그런데 원제에 사 · 부는 있어도 보(保)는 없으며, 소사(少師)는 있어도 소모와 소보가 없음은 모두 무슨 까닭인지 모르겠다. 이제 우의정(右議政)을 태보로, 세 찬성(贊成)을 삼소(三少)로 삼고, 참찬(參贊)이라는 명칭은 드디어 없앰으로써 거의 옛 제도에 가깝게 한다.

생각건대, 원편에 찬선(贊善) · 진선(進善) · 자의(諮議) 등 세 자리가 있어, 산림현사(山林賢士)를 대우하도록 하였다.

생각건대, 산림현사라는 그 관직 명칭을 다르게 함은 마땅치 못하다. 그 찬선이었던 자가 보덕으로, 진선이었던 자가 필선으로 될 수 있으며, 자의였던 자가 설서로 될 수도 있는데, 어찌 그 명칭을 다르게 해서 예사 풍속에서 뛰어난 다음이라야 어진이를 대우할 수 있다는 것인가? 그저께 사헌부(司憲府)에 있었으면 지평(持平)·장령(掌令)으로 부르고, 이조에 전입하였으면 참의·참판으로 일컫는데, 유독 시강원에서만 반드시 별도 명칭을 세우는 것은 의미가 없을 듯하다.

옛적 관직 제도에는 다만 그 조의 명칭만 있고 관직 명칭은 없었다. 궁정(宮正)은 상사 2명, 중사 2명, 하사 8명이고, 선부(膳夫)는 상사 2명, 중사 4명, 하사 8명이라는 것과 같으니, 궁정과 선부는 그 조나 서(署)의 명칭이고 관원을 일컫는 것은 아니었다. 후세에 와서 실속 있는 덕이 점점 쇠해지고 겉치레만 더욱 심해지자, 관아 하나를 세울 때마다 청화한 명칭으로 꾸몄다. 이것은 그 관직을 받는 자에게는 한갓 교만한 기세를 자라나게 하고, 보는 자에게는 부러워하는 마음만 발동시킬 뿐이니 모두 세상을 병들게 하는 법이다.

생각건대, 문학(文學) 두 글자는 관직 명칭으로는 되지 않는 것이니, 줄이는 것이 마땅할 듯하다.

세손 배강원(世孫陪講院)에 사·부·보는 고(孤) 3인, 유선(諭善)으로 중대부 2인, 익선(翊善)으로 하대부 2인, 권독(勸讀)으로 상사 2인, 찬독(贊讀)으로 중사 2인이다.

서리가 6인, 조례가 16인이다.

살피건대, 『의례』(儀禮)에, "적자(適子)가 있는 자에게 적손(適孫)은 세우지 않는다"[15] 하였으니, 만약 세자가 있으면 세손을 위한 기관은 배강원이 되고, 세자가 없을 것 같으면 세손을 위한 기관이 시강원이 되는 것은 나라 제도가 본래 그러하였다.

생각건대, 원제에 사·부는 있어도 보는 없으니 이제 3고(孤)를 그대로

15) 이 말은 『의례』 최복(衰服) 자하전(子夏傳)에 보임.

세손의 사 · 부 · 보로 배정한다.

생각건대, 배강원은 때에 따라서 있기도 하고 없어지기도 하는 관청이므로, 별도 아문을 세움은 옳지 않으니, 시강원과 합쳐서 한 기관으로 함이 마땅하다. 예전에는 강서원(講書院)이라 일컬었으나 이번에는 배강원이라고 했다.

태사원(太史院) : 영사(領事) 공 1인, 감사(監事) 공 2인, 지사(知事) 경 2인, 동지사(同知事) 중대부 2인, 수찬관(修撰官) 하대부 2인, 편수관(編修官) 상사 2인, 기주관(記注官) 중사 2인, 기사관(記事官) 하사 2인.

서리 4인, 조례 16인.

생각건대, 태사원이라는 것은 춘추관이다. 우리 동국(東國)에서는 사기(史記)를 춘추라 일컫지 않으니 반드시 춘추관이라 할 것이 아니다. 『주례』 춘관에 태사(太史) · 소사(小史) · 내사 (內史) · 외사(外史)가 있는데 모두 사관(史官)이었다. 사기 일을 맡은 자가 소사와 외사이고, 모두 태사에게 예속되었으니, 태사는 그 장관(長官)이었다. 한나라 때는 사관을 바로 태사령(太史令)이라 했고, 송나라 제도는 국사원(國史院)이라 일컬었다. 우리나라 제도는 예문관(藝文館)을 한림(翰林)이라 하고, 한림이 실상 국사(國史)를 관장하고 있다. 그러나 춘추관과 예문관은 모두 관서가 없이 다만 빈 명칭으로 사관이라 일컬을 뿐이요, 실상은 새로 검열로 들어온 자 한 사람이 혼자서 국사를 관장하면서 승정원 주서실(注書室)에 붙어 있으니 그 구차스럽고 무기력함이 이와 같다. 만력 임진(萬曆壬辰)년에 왜구가 크게 쳐들어 와서 경복궁을 불태워버렸고, 지금 어거(御居)하는 창덕궁은 제도가 초초하여 관사가 미비하다. 생각건대, 경복궁 옛 제도는 이와 같이 빈약하지 않았을 듯하니, 궐내에다 별도 아문을 세워서 사국(史局)으로 하는 것이 마땅하다. 단지 시정(時政)만 기록할 뿐이 아니라, 동국의 옛 사기를 모두 수정하며 국조(國朝)의 야사(野史)도 두루 찾아서, 조심스럽게 간

직하는 것도 모두 그 직무로 해야 할 것이다.

사국 관원을 차제(差除)하는 데에는, 때에 따라 홍문관과 시강원 관원에게 이 관직을 겸하게 하지 않을 수가 없을 것이다. 그러나 삼망(三望)[16]을 갖추어서 차제하여 정목(政目)[17]에 나온 자는 사국(史局)을 주직(主職)으로 하고, 옥당이나 춘방(春坊)[18]은 겸직으로 해야 할 것이다. 그렇지 않은 자는 사국을 예겸하는 관함(官銜)으로서, 지금처럼 명색만 있고 실상은 없게 하지 않는 것이 마땅하다.

사국의 신하가 그대로 옥당을 겸했으면, 그 관함은 통훈대부 태사원 편수관 검교 홍문관 교리 겸경연 시강관 지제고(通訓大夫太史院編修官檢校弘文館校理兼經筵侍講官知制誥)라 한다(증손 文燮이 상고해보건대, 편수관과 교리는 모두 上士로서 대부라고 일컬을 수가 없다. 통훈대부라는 호칭을 이제 없앤다면, 通德郞이라 함이 마땅하다).

생각건대, 좌사(左史)는 행동을 기록하고, 우사(右史)는 언어(言語)를 기록함이 옛법이다. 지금 제도는 큰 조회 때에 주서(注書) 2명과 한림 2명이 좌우사(左右史)가 되는데, 이제 홍문관 정자 6명 중에 우료(右僚) 2명을 한림과 태사원 기사관으로 삼아서, 사국(史局)을 주직(主職)으로 하고 옥당을 겸함(兼銜)하는 것이 사리에 합당할 듯하다.

생각건대, 지금 제도에는 겸춘추(兼春秋)가 몇 사람이 있어, 서북(西北) 사람으로서 육조의 낭관이 된 자에게 겸하도록 하며, 또 별겸춘추(別兼春秋)라는 것이 있어 일찍이 한림을 거친 사람으로서 품계가 승진된 자로 삼는데, 모두 구차스럽게 때워넘기는 법이다. 이제 편수관과 기주관(記注官)은 시임(時任)이거나 중경(重經)임을 상관없이 옥당으로 차임하여 실관(實官)으로 한다(시임 옥당이면 옥당을 兼銜으로 한다). 이렇게 하면 당당한 사신(史臣)이 되는데, 하필이면 별겸춘추라 할 것인가?

---

16) 삼망(三望) : 관직을 보임(補任)할 때에 후보자 셋을 기록해서 천거하던 일.

17) 정목(政目) : 벼슬아치의 임명 또는 면직을 기록한 문서.

18) 춘방(春坊) : 조선시대 세자시강원(世子侍講院)의 별칭.

교서감(校書監) : 제조 경 1인 · 중대부 1인, 교리 상사 2인, 정자 하사 12인, 사준(司準) 서(庶) 하사 10인.

서리 10인, 조례 16인.

사자관(寫字官) 예(藝) 상사 4인, 중사 8인, 하사 28인.

생각건대, 『주관』(周官)에 외사(外史)가 책 이름을 사방에 전달하는 일을 관장하였고, 주소(注疏)하기를, '책 이름을 바르게 하여 사방에서 알고 읽도록 한다' 했으니, 교서(校書)라는 관직은 곧 이런 뜻이었다. 유향(劉向)이 천록각(天祿閣)에서 글을 교정(校正)하면서, 혹은 지금 글로써 옛글을 교정하고, 혹은 중고(中古)의 글로써 옛글을 교정하여 탈자(脫字)와 오자(誤字)를 교열 정정했는데, 이것이 외사가 책 이름을 전달하는 따위의 일이었다. 지금은 다만 칠서(七書)를 경사(京司)에서 교정하여 오자는 비록 적어졌으나 잘못된 음(音)이 매우 많다. 마땅히 문학한 선비를 뽑아 교서(校書)하는 관직을 제수하여 교정하도록 해야 할 것이다. 『십삼경주소』(十三經注疏)도 또한 이 감(監)에서 교정하여 개판(開板)하는 것은 그만둘 수가 없다.

살피건대, 지금 제도에 초하루마다 글씨를 고시(考試)하는 법이 있어, 전서(篆書)와 해서(楷書)를 달마다 시취(試取)하는데, 본감(本監)에서 이미 인전(印篆)을 관장하니 이 일도 주관함이 마땅하며, 승문원(承文院)에서 주관하는 것은 마땅치 않은 듯하다. 교서감 제조는 마땅히 여섯 가지 서체에 밝은 자로 삼아서 이 일을 관장하도록 하는 것 또한 책 이름을 사방에 전달하는 뜻이라고 생각한다.

생각건대, 원전에는 무릇 제사와 향축(香祝)을 모두 교서감에게 주장하도록 되었는데 또한 적당치 못한 듯하다. 혹 성균관(成均館) 여러 낭관(郎官)을 빌려와서 직숙(直宿)을 대행하고, 또 충의위(忠義衛) 3명에게 그 축판(祝板)을 쓰도록 하는 것은 모두 구차스럽고 잘못된 법이다. 이제부터 향축은 모두 태상시(太常寺)에서 주관하고, 축판은 본감에서 사자관을 파송(派送)하여 쓰는 것이 사리에 합당하지 않을까 생각한다.

살피건대, 교서하는 관직이 옛적에는 청직(淸職)이었다. 지금은 새 급제(及第)를 관(館)에 갈라 붙이는 법에, 승문원이 첫째이고, 성균관이 다음이며, 교서감이 가장 낮다. 승문원으로서 귀족을 대우하고 성균관으로서 서북 사람을 대우하며, 교서관으로서 서류(庶流)와 천족(賤族)을 대우하는데, 이와 같이 좋지 못한 법은 없다.

왕자가 어진 사람을 뽑아 쓰는 데에는 한도가 없는 것인데, 이제 도예(道藝)의 높고 낮음과 재예(才藝)의 길고 짧음은 헤아리지 않고 다만 씨족(氏族)의 귀천과 지역의 원근만을 참고하여 벼슬길을 분간함은 과연 무슨 법을 따른 것인가? 인심이 화평하지 못하고 인재가 일어나지 않아서 국운이 상실되고 벼슬길이 막힘은 모두 여기에 연유한다. 벼슬이 자기 뜻대로 된 자는 의기가 교만해져서 재행(才行)을 닦지 아니하고 자기 뜻대로 되지 못한 자는 강개한 마음을 노래하며 재행을 닦지 않으니, 그러는 사이에 해를 당하는 것은 나라이며 병들게 되는 것은 세상 도리이다.

대비(大比)하는 해마다 급제 36명을 뽑는데(科制에 기록했다), 9경(卿)과 3원(三院 : 弘文院・태사원・貢擧院)이 도당(都堂)에서 회의하여, 문학이 뛰어난 자 12명을 뽑아서 교서감에 붙이고, 경술(經術)이 뛰어난 자 12명을 뽑아서 국자감에 붙이며, 재예가 뛰어난 자 12명을 뽑아서 승문감(承文監)에 붙여서 초사(初仕)를 시키고, 귀족・천족은 분간하지 말도록 한다. 3년을 지나 대비하는 날이 되면 이 36명을 두고 도당에서 또 회의한 다음, 3감(三監)에서 각각 3명을 선택해서 홍문관에 들인다. 그 나머지 24명은 그대로 3감에서 차차 승진시키고 다른 기관의 관직에 전보하기도 하는데, 그 중에 재행이 더욱 진보되고 공적이 훌륭한 자가 있으면, 혹 대신이 천거하거나 임금이 발탁하여서 '청화의 벼슬길'(淸華之路)에 통하도록 하면 거의 도움이 있을 것이라고 생각한다.

생각건대, 사자(寫字)하는 관직은 별도로 한 관서를 세움이 마땅하다. 교서가 바로 사자이며 사자가 바로 교서이기 때문에, 호조의 산학(算學)과 형조의 율학(律學)과는 크게 다름이 있으므로, 이에 본감에다 붙이고 따로 아문을 세우지 않았다.

생각건대, 원전에는 사자관을 승문원에다 붙였으나, 또한 적당하지 않은 듯하다.

국자감(國子監) : 지사 경 1인, 동지사 중대부 1인, 대사성(大司成) 하대부 1인, 사예(司藝) 상사 2인, 전적(典籍) 중사 4인, 정자 하사 12인. 서리 16인, 조례 32인, 수복(守僕) 40인.

국자감이란 성균관이다.

생각건대, 옛날 태학(太學)에서는 사람들에게 풍악을 가르쳤기 때문에 명칭을 성균(成均)이라 하였다. 그러나 지금 태학에서는 풍악을 익히지 않아서, 성균이라는 것이 쓸데없는 이름이 되었으니 그대로 따를 수가 없다. 그리고 국자(國子)란 왕자(王子)와 공후(公侯)의 적자(適子)와 공경대부(公卿大夫)의 적자인데, 지금 태학에는 반드시 국자만이 있는 것이 아니니, 국자감이라는 것도 또한 명칭과 실상이 서로 어긋나지만 아직은 근사한 까닭으로 국자감이라고 했다.

살피건대, 옛적에는 사람을 가르치는 법이 원래 두 길이었다. 국자는 태학에서 가르쳤는데 대사악(大司樂)이 주관했고, 평민은 향학(鄕學)에서 가르쳤는데 대사도(大司徒)가 주관하였다. 순 임금이, "기(夔)여, 너에게 악(樂)을 맡도록 명하노니 주자(胄子)를 가르치되 곧으면서 온화하게 하라" 했으니, 이것은 태학에서 국자를 가르친 것이다. 순 임금이, "설(契)이여, 백성들이 친근해지지 않는구나. 너를 사도로 삼으니, 공경하게 오교(五敎)[19]를 펼쳐라" 했으니, 이것은 향학에서 만민을 가르친 것이었다.

『주례』 춘관에, 대사악이 육덕(六德)으로써 국자를 가르쳤는데 이것도 순이 기에게 명하던 그 법이고, 지관(地官)조에는, 대사도가 향삼물(鄕三物)로써 만민을 가르쳤는데 이것은 순이 설에게 명하던 그 법이었다. 2제(二帝)와 3왕(三王)의 법이 확연하게 둘로 서서, 역력하게 볼 수가 있음은

19) 오교(五敎) : 오상(五常)과 같음.

다만 이 한 가지 법이었다. 지금에는 국자가 어떤 인물인지, 성균이 어떤 것인지를 알지 못하여, 필서(匹庶)의 자식이 국자라 자칭하고, 광대의 노래를 성균에 해당시키니 어찌 그릇된 것이 아니겠는가?

왕제(王制)는 한(漢)나라 법이다. 왕제 이래로 국자와 평민이 함께 태학에 들어가게 되었고, 그 제도가 2천 년이나 내려왔으니, 옛 제도는 회복할 수 없게 되었다. 비록 그러나 주자와 국자를 가르치던 법이 드디어 없어진 것은 잘못된 일이다. 우리나라 제도에 종학(宗學)이라는 것이 있어, 종실(宗室) 자제를 교육했는데(자세한 것은 다음에 기록하였다), 지금은 다시 혁파되었다. 당당한 태학은 종실 자제를 교육하던 곳인데 까닭없이 서민에게 양보하고 쓸쓸하게 한 학궁(學宮)을 세워서 종학이라 한 것도 벌써 억울한 일이겠는데, 지금에는 그 명칭마저 혁파되었으니 개탄할 일이 아닌가?

지금 태학 안에 있는 명륜당(明倫堂)을 종학 관서로 만들어서 그 양무(兩廡 : 東廡・西廡)에 종실의 자제 및 공경의 적자가 거처하도록 하고(종실 자제는 東齋에, 공경의 자제는 西齋에 있도록 한다), 만약 세자가 입학하게 되면 명륜당에서 나이 차이대로 하는 예를 거행해서 태학의 옛 법을 보존하도록 한다. 그리고 비천당(丕闡堂)을 만민의 학교로 만들며, 별도로 양무를 세워서 진사(進士)가 있도록 하는데, 만약 세자가 입학하게 되면 감히 나이 차례대로 섞여들지 못하도록 하여 향학의 옛 법을 보존하는 것이 사리에 합당하지 않을까 생각한다.

지금 동재와 서재는 집 제도가 누악(陋惡)함이 비교할 데가 없어, 뜰은 헌함보다 높고 헌함은 방보다 높아서, 여기에다 국자를 거처하게 할 수는 없으니, 허물어서 새롭게 함이 마땅하다. 동재・서재의 방이 각각 아홉을 넘지 않으니 그전 재목으로써 비천당 동・서쪽 뜰에다 옮겨 짓고, 동・서쪽 두 재(齋)를 합쳐서 서른 여섯 방이 되게 하는데, 그전보다 넓고 시원하도록 한다. 그리고 비천당은 경부당(敬敷堂)이라 고쳐 부르는 것이 사리에 합당할 듯하다.

종학에 박사 경 1인, 좨주(祭酒) 하대부 1인, 사업(司業) 상사 1인, 도

선(導善) 중사 2인, 사회(司誨) 하사 2인을 둔다.

서리 2인, 조례 10인을 둔다.

생각건대, 종학에 박사를 두는 것은 세자가 입학했을 때에 경서를 교수(教授)하기 위한 스승으로서 대제학(大提學)이 예겸한다.

생각건대, 원전[20]에는, 종학 관직으로 도선(導善) 1원(정 4품), 전훈(典訓) 1원(정 5품), 사회(司誨) 2원(정 6품)이 있고, 모두 사성(司成) 이하 전적(典籍) 이상에서 겸무하도록 되어 있는데, 종학의 대우가 너무 박한 듯하므로 쾌주·사업 등을 종학에 붙였다.

생각건대, 원전에는 대군부(大君傅)·왕자부(王子傅)·왕손부(王孫傅)가 있어 모두 종9품이었는데 이것도 박한 듯하므로, 이번에는 쾌주를 왕자부로(大君도 같다), 사업을 왕손부로, 도선을 종실 자제의 스승으로, 사회를 공경 자제의 스승으로 배정했는데, 거의 사리에 합당할 듯하다.

생각건대, 종학의 여러 관직은 모두 산림에 숨어 있던 선비를 섞어서 제수함이 마땅하며, 과거로 출신한 자만을 있도록 함은 옳지 않다.

장악원(掌樂院) : 제조 경 1인·중대부 1인, 도정(都正) 하대부 1인, 첨정(僉正) 상사 2인, 협률(協律) 중사 2인, 교관(教官) 하사 2인, 전율(典律) 서(庶) 중사 10인, 전성(典聲) 하사 36인, 악생(樂生) 200인, 악공(樂工) 400인.

서리 4인, 조례 16인.

살피건대, 우대(虞代)의 전악(典樂)을 주나라에서는 대사악(大司樂)이라 했고, 동주(東周) 때에는 대사성(大司成 : 文王世子에 기록되었음)이라 하였다. 옛적에는 태학을 풍악 맡은 기관으로 했는데, 풍악이 없어지자 학교제도도 희미해져버렸다. 옛 풍악을 다시 지을 수는 없으나, 장악원을 태학 안에 옮겨다 설치하고, 대사성을 장악원 도정으로, 지성균(知成均)·동

20) 『경국대전』(經國大典) 경관직(京官職) 정 4품 아문조에 보임.

지성균(同知成均)을 제조(提調)로 삼아서 풍악에 대한 일을 다스리도록 하여야 거의 옛 제도와 가까워진다고 생각한다.

생각건대, 지금의 악사는 모두 천한 무리여서 전악이라는 칭호가 매우 하찮게 되었다. 원전[21]에는 전악·전율·전음(典音)·전성(典聲)이 있으나, 이제 다만 전율·전성 두 가지만 남겼다.

생각건대, 전율 10명 중에 6명은 부전율(副典律)이고, 전성 36명 중에 18명은 부전성(副典聲)이었다(예는 위에 적혀 있음).

생각건대, 『주례』에는 악관(樂官) 소속에 악사(樂師)·전동(典同)·대서(大胥)·소서(小胥)·대사(大師)·소사(小師)·경사(磬師)·종사(鐘師)·생사(笙師)·박사(鎛師)·매사(韎師)·모인(旄人)·약사(籥師)·약장(籥章)·고몽(瞽矇)·지료(眡瞭) 따위 여러 가지 명칭이 있다. 이번에는 전율·전성 중에 팔음(八音)을 맡은 여러 악사와 가무를 아뢰는 여러 악공(樂工)에게 각각 갈라 맡아서 전문으로 공부하도록 했으니, 이에 성과가 있을 것이다. 지금 같이 혼동하여 서로 뒤섞임은 옳지 않기에 시험삼아 다음과 같이 분류하였다.

율사 2명은 정사(正士)인 협률랑(協律郎 : 六律과 六呂를 관장한다)으로 종사 4명은 전율(典律 : 모든 쇠붙이 소리를 다 맡는다), 금사(琴師) 6명은 부전율(副典律 : 모든 絃樂을 다 맡는다), 가사(歌師) 8명·무사(舞師) 8명은 전성(典聲)으로, 생사 4명·경사 4명·약사(모든 竹製 악기를 다 맡음) 6명·고사(鼓師) 2명·훈사(壎師) 2명·축사(柷師) 2명은 각각 부전성으로 한다. 악사 1명마다 악공 12명을 영도(領導)하면 악사 48명이 악공 576명을 영도하게 되며, 나머지 24명은 여공(餘工)이라 하여 잡무를 처리하도록 한다.

승문감(承文監) : 제조 공 3인·경 6인·중대부 8인·하대부 8인, 교리(校理) 상사 2인, 교검(校檢) 중사 2인, 정자 하사 12인.

---

21) 『경국대전』 잡직(雜職) 장악원(掌樂院) 조에 보임.

제술관(製述官) 중사 2인, 이문학관(吏文學官) 하사 2인, 이문습독관(吏文習讀官) 서 하사 20인.
서리 8인, 조례 16인.

살피건대, 원전에는 정자가 4명이었다. 그러나 지금은 새 급제로서 분관(分館)된 자를 모두 승문원 권지부정자(權知副正字)로 제수하여, 그 수효는 한정이 없다. 이번에 12명으로 한정한 것은 3년 대비 때에 새 급제 36명을 3관에 갈라 붙이면 그 수효가 12명씩이 되기 때문이다.

생각건대, 정자 12명 중에 8명은 부정자인데, 그 예는 위에 기록되어 있다. 바야흐로 분관하는 당초에 문학·경술·재예 세 과목으로 분간하고, 그 세 과목 중에서 또 상·중·하 3등급으로 나눈다. 그리하여 상등 4명은 먼저 부정자로 붙였다가 3일을 지나서 정자로 승진시키고 중·하등 여덟 사람은 이에 부정자로 붙였다가 3년이 되면, 혹은 홍문관에 들여보내고, 혹은 본사(本司)에 승진시킨다.

공거원(貢擧院) : 제거(提擧) 경 2인·중대부 4인·하대부 8인, 부정 상사 1인, 주사(主事) 중사 2인.
서리 4인, 조례 8인.

생각건대, 경 2명은 예조 판서가 하나이고 대제학이 하나이다. 중대부 이하는, 그때를 당하면 3공과 9경이 도당(都堂)에 회의하여 문학하는 선비 12명을 엄선하여 추천해서 임명을 받았다.

생각건대, 과거에 법도가 없음이 우리나라에서 가장 극심하고, 과거가 크게 어지러움도 오늘에 와서 극심하다. 선거하는 법은 고요(皐陶)가 마련한 구덕(九德)[22]의 조목보다 나은 것이 없다. 이것이 엄밀하고 적당한 법이었으나, 덕행이란 본래 형적(形跡)이 없는 것이어서 말세의 풍속을 금단해

---

22) 구덕(九德) : 충(忠)·신(信)·경(敬)·강(剛)·유(柔)·화(和)·고(固)·정(貞)·순(順).

내지 못한다. 구덕으로 선발하던 법을 지금에 회복할 수는 없으나, 주나라와 한나라의 제도는 오히려 상고할 수가 있기에 이에 채집해서 다음과 같이 기록하였다.

『주례』 향대부(鄕大夫)에 3년 만에 대비하여, 그 덕행과 도예를 고찰해서 어진 자와 유능한 자를 흥기(興起)시켰다. 다음날에 향로(鄕老) 및 향대부와, 어질고 유능한 뭇 관리의 명부를 왕에게 바치면, 왕은 재배(再拜)하고 받아서 천부(天府)에 올렸다.

한 문제(漢文帝) 15년에, 제후(諸侯)·왕(王)·공(公)·경(卿)·군수(郡守)에게 조서하여, 현량하고 능히 바른 말로써 끝까지 간쟁할 수 있는 사람을 천거하도록 하였다.

무제(武帝) 원광(元光) 원년 초에는 군국(郡國)에 영을 내려서 효(孝)·염(廉) 각 한 사람을 천거하도록 하였다.

원광 5년에는 아전이나 백성 중에 당시의 힘쓸 바에 밝고 선성(先聖)의 학술(學術)에 익숙한 자를 불렀다.

원삭(元朔 : 역시 한 무제의 연호) 원년에는 사과(四科)로 제한했는데, 첫째는 덕행이 고묘(高妙)하고 지절(志節)이 청백(淸白)한 사람, 둘째는 학문에 능통하며 행실을 닦고 경서로써 박사가 될 만한 사람, 셋째는 법령을 밝게 익혀서 의옥(疑獄)을 판결하기에 족하며, 능히 장독(章牘)을 상고하고 문부(文簿)를 살펴서, 어사가 될 만한 사람, 넷째는 굳세면서도 지략(知略)이 많아서 일을 당하여도 의혹하지 않을 뿐 아니라 총명함이 결단하기에 족하며, 재덕이 삼보(三輔)[23]와 현령(縣令)으로 임명하기에 족한 사람이었다.

소제(昭帝) 시원(始元) 5년에는 군국에 조서하여 문학이 고제(高第)한 자를 한 사람씩 천거하도록 하였다.

평제(平帝) 원시(元始) 2년에는 조서를 내려서 무용(武勇)과 절의(節義)

---

23) 삼보(三輔) : 한대(漢代)에 장안(長安)을 경조(京兆)·풍익(馮翊)·부풍(扶風) 세 구역으로 가르고 삼보라 하였음.

가 있고 병법(兵法)에 밝은 자를 고을마다 한 사람씩 천거하도록 하였다.

장제(章帝) 원화(元和) 2년에는 군국에 명령하여, 경서에 밝은 자를 천거하도록 하였다.

생각건대, 이 이상은 천거는 있어도 과시(科試)는 없었다.

한 순제(漢順帝) 영가(永嘉 : 후한 質帝의 연호. 146년 1년간. 순제는 144년 8월에 죽었으므로, 저자의 착오인 듯함.) 원년에 상서령(尙書令) 좌웅(左雄)이 선거하는 법을 고치도록 논의하여, 나이가 40세 이상인 자에 한해서 유자(儒者)는 경학(經學)을 시험하고, 문리(文吏)는 장주(章奏)를 시험하도록 하였는데, 호광(胡廣)은 그를 반박했으나 좌웅의 논의에 따르도록 조서하였다.

위 문제(魏文帝) 황초(黃初) 3년에 조서하기를, "군국에서 선거한 자는, 노유(老幼)를 상관하지 말고, 유사로서 경술(經術)에 능통하거나, 문리로서 법문(法文)에 통달하면, 모두 시험해서 등용(登用 : 시험한 다음에 등용한다)하고, 유사(有司)는 고의로, 사실대로 하지 않은 자를 규찰(糾察)하라" 하였다.

동진 원제(東晋元帝) 때에는 천하가 어지러웠으므로 백성을 위로하는 데에 힘써서, 먼 지방에서 천거한 효렴(孝廉)과 수재(秀才)는 다시 책시(策試)하지 않고, 오는 대로 곧 벼슬을 제수하였다. 그후 천하가 조금 안정되자, 이에 조서하여 경서를 시험하고 과거에 합격하지 못한 자가 있으면 그 사람을 천거한 자사(刺史)와 태수(太守)를 면관(免官)시켰다. 그후부터는 효렴과 수재과에 감히 함부로 천거하지 못했고, 경사(京師)에 보내온 자도 모두 병을 핑계하고 사퇴하였다.

송나라 제도는, 큰 고을에서는 해마다 두 사람을 천거하고 나머지 고을에서는 한 사람씩을 천거하였다.

수재와 효렴으로 천거된 여러 고을 사람이 오면 모두 책시(策試)했는데 천자가 혹 친림(親臨)하기도 하였다.

북제(北齊)의 과시하던 법은, 중서(中書)는 수재를 책시하고 집서(集書)는 공사(貢士)를 책시하며 고공랑중(考功郎中)은 염량(廉良)을 책시하였

다. 천자가 평상복 차림으로 여연(輿輦)을 타고 나와서 조당(朝堂) 복판에 앉아 있으면, 수재와 효렴으로 추천된 자는 각자 그 반열(班列)에서 글을 지어 바쳤다.

글자가 빠졌거나 잘못된 것이 있으면 불러일으켜서 좌석 후면에 세우고, 글씨가 나쁜 자가 있으면 먹물 한 되를 마시게 하며, 문리(文理)가 엉뚱한 자는 좌석을 빼앗고 용도(容刀)[24]를 풀도록 하였다.

생각건대, 거인(擧人)을 책시하는 것은 좌웅으로부터 시작되었으나, 시부(詩賦)로써 선비를 뽑는 법은 없었고, 영갑(令甲)[25]에도 나타나지 않았다.

한 영제(漢靈帝) 광화(光和) 원년에 비로소 홍도문 학사(鴻都門學士)를 두었는데, 주석하기를, '홍도는 문 이름이라' 했으며, 그 안에다 학교를 설치해서 학생이 천 명이나 되었다 한다.

수(隋)나라 시어사(侍御史) 이악(李諤)이 상서하기를, "위(魏)나라의 삼조(三祖)[26]로부터 문사(文詞)를 숭상하여, 군인(君人)의 큰 도리는 가볍게 여기고, 조충(雕蟲)의 작은 기예를 좋아하게 되었습니다. 낮은 사람이 윗사람을 따르는 것은 그림자나 산울림과 같은 점이 있어, 부화(浮華)함을 다투어 부린 것이 드디어 풍습이 되었는데, 강 왼쪽 제·양(齊梁) 지역에 그 폐단이 더욱 심합니다. 귀천현우(貴賤賢愚)가 모두 읊조리기에만 힘써서, 드디어 진리(眞理)의 정미한 것은 버려두고 괴이하고 허망한 것만 찾고 있으며, 한 운자(韻字)나 한 글자의 기교(奇巧)함을 다투어서, 연달아 쓴 글과 많은 두루마리는 달과 이슬을 형용하는 것에 불과하고 책상에 쌓이고 상자에 가득한 것도 다만 바람이나 구름의 모양을 말한 것입니다. 세속은 이것으로써 서로 높게 여기고 조정에서는 여기에 의거해서 선비를 뽑으니, 이록(利祿)의 나오는 길이 이미 열렸으므로 숭상하는 심정이 더욱 독실합니다. 이리하여 마을의 동몽(童蒙)과 귀족의 총각이 육갑(六甲)도

---

24) 용도(容刀) : 장식하기 위해서 차던 칼. 칼 모양은 있어도 날은 없었음.

25) 영갑(令甲) : 정령(政令)을 이르는 말.

26) 위(魏)나라의 3조(三祖) : 조조(曹操 : 武帝) · 조비(曹丕 : 文帝) · 조예(曹叡 : 明帝).

모르면서 먼저 오언시(五言詩)를 짓습니다. 근본은 버리고 끝을 좇아서 유행(流行)이 화양(華壤)[27]을 두르니 서로서로 스승하여 경박한 풍습을 더욱 부채질합니다"라고 하였다.

생각건대, 시부로써 선비를 뽑는 법은 대개 한 영제가 홍도문학사를 둔 때부터 비롯되었다.

당(唐)나라에서 선비를 뽑던 과거제도는 수(隋)나라 법을 많이 따랐는데 그 큰 요점이 세 가지였다. 학관(學館)을 경유한 자는 생도(生徒)라 하고, 주 · 현(州縣)에서 올라온 자는 향공(鄕貢)이라 하여 모두 유사(有司)에 올려서 진출 또는 퇴거(退去)시켰다. 그리고 과거 조목에는 수재(秀才) · 명경(明經) · 진사(進士) · 준사(俊士) · 명법(明法) · 명자(明字) · 명산(明算) · 일사(一史) · 삼사(三史) · 개원례(開元禮) · 도거(道擧) · 동자(童子)라는 것이 있었다.

수재과는 방략책(方略策) 5도(道)를 시험하고, 명경과는 경서의 대의(大義) 10조를 묻고 또 시무책(時務策) 3도를 답하도록 하며, 개원례에서는 대의 100조목과 대책(對策) 3도를 물으며, 삼전과(三傳科)는 『좌씨전』(左氏傳)의 대의 50조와 대책 3도를 물으며, 사과(史科)는 『사기』(史記)마다 대의 100조와 대책 3도를 물었다.

진사과는 시무책 5도와 대경(大經)[28] 1첩(帖)[29]을 시험하고, 명법과는 율(律) 7영(令) 3조를 시험하며, 서학과(書學科)는 설문(說文)과 자림(字林) 20조를 시험하고, 산학과(算學科)는 구장(九章)[30] 3조를 시험하였다.

대범 적당하지 못한 사람을 천거할 경우에는, 그 거주(擧主)를 폐직시키

27) 화양(華壤) : 중화(中華) 땅덩이라는 것.

28) 대경(大經) : 당(唐)대에 진사시험에 이용하던 경서의 분류. 『예기』(禮記)와 『좌전』(左傳)을 말함.

29) 첩(帖) : 책 속에 무엇을 표시하기 위하여 붙이는 쪽지. 지금의 첨지(籤紙).

30) 구장(九章) : 황제의 신하인 예수(隷首)가 만든 산법(算法). 방전(方田) · 속미(粟米) · 쇠분(衰分) · 소광(少廣) · 상공(商功) · 균수(均輸) · 영부족(嬴不足) · 방정(方程) · 구고(句股)의 아홉임.

고, 고시(考試)할 때에 실상으로 하지 않은 자는 모두 벌이 있었다.

개원(開元 : 唐 玄宗의 연호, 713~741) 25년에 조칙(詔勅)하기를, "진사(進士)는 성운(聲韻)만을 학문으로 하여 고금(古今) 역사에 밝지 못하고, 명경(明經)은 외기만을 힘써서 그 뜻을 궁구한 자가 드물다. 지금부터 명경과는 대의 10조목을 묻고, 시무책 3도를 답하도록 하며 진사는 대경 10첩을 시험하도록 하라"고 하였다.

생각건대, 당 고종(唐高宗) 영휘(永徽) 2년 이후부터 수재과를 없애고 다만 진사과에 수십 명을 뽑았다. 그 인원의 많고 적음이 해마다 같지 않았으나 대략은 많아도 35~36명에 불과하였다.

『문헌통고』(文獻通考)에, "당나라가 융성하던 때에도 해마다 예부에서 방방(放榜)한 진사 및 여러 과거가 50~70명을 넘은 적이 없었으니, 한창려(韓昌黎)가 말한 것과는 같지 않다. 또 개원 17년에는 천하에 명경과와 진사시에 급제한 사람이 해마다 100명을 넘지 못하도록 한정했고, 또 태화(太和)에는 진사과 급제는 40명을 넘지 않도록 하고 명경과는 110명을 넘지 못하도록 칙서하였다" 했다.

생각건대, 그 수효가 해마다 같지 않은 것은 문사(文詞)가 선발 기준에 합격한 것만 뽑고 구차스럽게 충수하지 않았던 때문이다.

송나라의 등과총목(登科總目)에는, "태조(太祖) 건륭(建隆) 원년에는 진사가 19명, 태종(太宗) 태평흥국(太平興國) 2년에는 진사가 109명, 진종(眞宗) 함평(咸平) 원년에는 진사가 50명, 인종(仁宗) 천성(天聖) 2년에는 진사가 200명, 영종(英宗) 치평(治平) 2년에는 진사가 200명"이라 하였다.

살피건대, 이상은 모두 해마다 선비를 뽑은 것이다.

또, "송 영종(宋英宗) 치평 4년에는 진사가 250명, 신종(神宗) 희령(熙寧) 3년에는 진사가 295명, 철종(哲宗) 원우(元祐) 3년에는 진사가 523명, 휘종(徽宗) 숭녕(崇寧) 2년에는 진사가 538명이었다" 했다.

생각건대, 송 영종 치평 2년에 비로소 조서해서, 3년 만에 한 차례 과거를 보였던 까닭으로 진사가 많을 때는 500여 명이나 되었고, 송 이종(理

宗) 보경(寶慶) 2년에 이르러서는 진사가 987명이나 되었는데 세상이 쇠해질수록 과거는 더욱 많아진 것이 이와 같았다.

생각건대, 진사시와 명경과는 각각 뽑을 것이 아니라 다만 그 법을 통해서 정한 다음이라야 이에 시행해도 폐단이 없을 것이다. 아울러 하편(下篇)에 밝혔다.

박지원(朴趾源)의 『열하일기』(熱河日記)에 북경의 시원(試院) 제도를 기록했는데, "시원의 담 둘레는 거의 5리나 되었다. 벽돌로 쌓아서 성(城) 같았고 미끈한 것이 칼날로 깎은 듯한데 높이는 두 길 남짓하고 위에다 가시덤불을 얹었다. 그 안에다 큰 원우(院宇)를 설치해서 사방이 한 간씩 되는 방 수천 개를 만들었고, 방 하나마다 서로 반 간씩 떨어져 있었다. 좌우로 창을 내어서 밝은 빛을 받도록 했고, 앞쪽은 판자문이고 복판은 작은 온돌로 되었으며 부엌과 목욕탕이 다 갖추어져 있었다. 밖으로는 벽돌로, 처마 끝까지 쌓아서 한 구석도 허술한 데가 없고, 안팎이 깨끗하였다. 비록 구멍을 뚫어서 간사함을 부리고자 해도, 담벼락이 철성(鐵城) 같이 굳어서 그 형세는 어떻게도 할 수가 없었다. 어제, 낙방한 응시자의 시권(試券)을 보니 길이가 두 자(二尺) 남짓하고 너비는 여섯 자인데 보통 쓰는 책종이이며, 주인(硃印)친 정간(井間)에 자잘한 해자(楷字)로는 천 마디 말이라도 기록할 만하였다.

윗머리에 예부(禮部)라는 두 글자를 인주로 찍었고 아래쪽에는 봉미(封彌)[31]했는데, 예부에서 인쇄한 시지(試紙)를 응시하는 자에게 나누어준 것인 듯하였다. 고열(考閱)한 자취가 팔가문(八家文)을 비평한 것 같았고, 아래쪽에는 본방(本房)이라 기록한 다음, 직함과 성씨를 갖추었고 두어 줄의 비평한 말이 있었다. 또 여러 고시관의 직함과 성씨를 열기하여 모두 비평한 조목을 만들었는데 모두 주서(硃書)로, 한 정간(井間)에 한 글자씩 쓰고, 상·중·하·차·외·갱(上中下次外更)의 등급은 없었다. 비록 낙방

31) 봉미(封彌) : 과거에 응시한 자가 답안지의 오른편 끝에다 성명·생년월일·주소·사조(四祖 : 부·조부·증조부·외조부)를 기록한 다음, 풀로 봉해서 제출하던 일.

된 것이라도 품제(品題)한 것이 간절(諄復)하여 그 글 작자가 낙방하게 된 까닭을 환하게 알도록 하였으며, 분명하고 친절하여 스승이 제자를 온화하게 훈도(訓導)하는 뜻이 있었다. 중국 장옥(場屋)의 엄숙함과 고시하는 데에 자상하고 신중한 것을 볼 수 있으며, 과거 공부를 하는 자도 한스럽게 여기지 않을 만하다" 하였다.

살피건대, 우리나라에는 시원(試院)이 없고 임시로 예조 및 비천당(丕闡堂)을 1소(所)·2소로 하는데, 구차스러움이 심하다. 나라의 큰 정사로서 공거(貢擧)보다 더한 것이 없건만, 그 초초함이 이와 같으니 다른 것이야 더구나 무슨 말을 하겠는가? 이번에는 동성(東城) 안에 한 곳 널찍한 땅을 택해서, 시원을 창건(創建)하기를 작정하였다. 사방 153간 되는 땅에다, 전면 한복판에 3간으로 문을 만들어서 복판은 시관이 사용하고, 좌우로 작은 문은 거자(擧子 : 응시자)가 쓰며 후면 한복판 한 간에도 문을 만들어서 거자들이 시권을 바치고 나가도록 한다.

한복판에다 높은 집을 세워서 시관이 있는 열두 간 사방에다 모두 헌함을 만들어서 거자들이 있는 방을 굽어볼 수 있도록 한다. 면마다 4간 안쪽에다 방을 만들어서 서리와 조례가 있으며 음식을 제공하는 사람도 있도록 한다. 고시하는 방은 남쪽에 남향으로 만들고 동·서·북 3면은 모두 여러 시관이 휴식하는 곳으로 하며, 또 한 면마다 감찰(監察) 한 사람이 앉는다. 시원 밖은 한두 간 떨어져서 두 길 높이 되는 담을 두르고, 담 밖에도 감찰 한 사람이 밤낮으로 순행(巡行)하여 간사한 사람을 살핀다. 그 나머지 규정은 모두 예부의 식례(式例)에 비추어서 하는 것이 마땅하다.

생각건대, 시원에 주사(主事) 두 사람은, 비록 과거 볼 때가 아니라도 이 원에 숙직(宿直)함이 마땅하며, 무릇 무너지고 헐어진 곳이 있으면 그때그때 수선하도록 한다. 무릇 과거에 관계되는 일을 아뢰든가 알리는 것은 모두 본원(本院)에서 주장하여 지금의 4관소(館所)와 같이 함이 마땅하다. 나머지는 직장조(職掌條)에 자세히 적었다.

상의원(尙衣院) : 제조 경 1인, 중대부 1인, 도정 하대부 1인, 첨정 상

사 1인, 주부 중사 2인, 참봉(參奉) 하사 2인.
서리 10인, 조례 18인.

생각건대, 원편[32]에는, '상의원 도정은 오직 세자의 관례(冠禮) 때에만 차임(差任)한다'라고 하였다.

상서원(尙瑞院) : 제조 경 1인, 도정 하대부 1인, 주부 중사 2인, 봉사(奉事) 하사 2인.
서리 6인, 조례 8인.

생각건대, 상서원은 주관(周官)으로는 장절(掌節)이고, 한관(漢官)으로는 부새랑(符璽郞)이다. 그러나 『주례』 춘관(春官)에 전서(典瑞)라는 관직이 있고, 지금에도 옥새(玉璽)를 서(瑞)라 하기 때문에 예조에 예속시켰다.

도정은 병방승지(兵房承旨)가 예겸한다(원전에는 도승지가 예겸하도록 되어 있음).

양로사(養老司) : 국로(國老) 상대부 몇 사람, 주부 중사 2인.
서리 2인, 조례 6인.

살피건대, 양로사란 지금의 기로소(耆老所)이다. 우리나라 제도에 공경으로서 나이가 70세 된 자는 기사(耆社)에 가입하고 영수각(靈壽閣)에다 화상을 걸도록 한다. 임금의 수(壽)는 60세만 되어도 또한 기사에 들게 되는데, 이것은 훌륭한 의전(儀典)이다.

생각건대, 봄에는 기로(耆老)에게 연향(宴享)하고, 가을에는 고자(孤子)에게 음식을 주는 것은 선왕의 예법이었다. 그리고 양로하는 예는 본디 태

32) 속대전(續大典) 권1 정3품 아문조에 보임.

학에서 주관한 것이므로 왕제(王制)에 "유우씨(有虞氏)는 국로를 상상(上庠)에서 봉양했고, 하후씨(夏后氏)는 국로를 동서(東序)에서 봉양했으며, 주나라는 국로를 동교(東膠)에서 봉양했다. 무릇 천자가 시학(視學)할 때에는 반드시 양로하는 예를 거행했다"(아울러 대학설에 자세히 밝혔음) 하였으니, 양로사를 태학으로 옮겨다 설치해서 옛 제도를 따름은 그만둘 수 없다고 생각한다.

생각건대, 원편에 "기로소 낭관은 괴원(槐院)[33]과 국자감의 참외(參外)[34]로써 삼는다" 했는데 국자 참외는 가하지만, 괴원이야 어찌 가당이나 하겠는가? 낭관 두 사람을 모두 국자감 낭관으로 삼는 것이 마땅하다고 생각한다.

양현고(養賢庫) : 제조 하대부 1인, 주부 중사 1인, 별검(別檢) 하사 2인.

서리 2인, 조례 4인

생각건대, 제조 1명은 대사성(大司成)이 예겸하는 것이 마땅하다(원전에는 제조가 없음).

생각건대, 원전에 낭관 3명을 모두 국자감 낭관으로서 겸무하도록 했으므로 이번에도 그대로 하였다.

생각건대, 고아(孤兒)를 위휼(慰恤)하는 정사도 또한 옛날 태학에서 하던 일이었다. 이른바 고아란 나라 일로 죽은 사람의 자녀이다. 항상 춘분에 양현고로 불러서 음식을 먹이고, 외읍(外邑)에 있는 자는 향교에서 이렇게 하도록 함이 마땅하다.

애영서(哀榮署) : 제조 중대부 1인, 주부 중사 2인.

---

33) 괴원(槐院) : 승문원(承文院)의 별칭.

34) 참외(參外) : 7품 이하를 이르는 말. 참하(參下)와 같음.

서리 4인, 조례 8인.

생각건대, 옛적에는 조신(朝臣)의 상(喪)에 나라 임금이 극진히 슬퍼하고, 부물(賻物)을 보냈는데 그 예가 극히 후하였다. 『주례』 춘관에 직상(職喪)이 대부와 사의 상사를 주장하여 모든 관청 유사(有司)로서 일을 함께 할 자는, 직상이 모두 달려오도록 하였다. 상축(商祝)과 하축(夏祝) 같은 것은 이미 제사를 설시(設施)하고 희생(犧牲)을 깨끗이 할 때부터 바쁘게 일을 도왔다. 이에 전인(甸人)은 부엌을 만들고, 관인(管人)은 물을 길으며, 예인(隷人)은 변소를 치우고, 총인(冢人)은 땅을 물색(物色)하며, 서인(筮人)은 묘혈(墓穴)을 점치고, 수인(遂人)은 수레를 바쳤는데, 온 관원이 와서 도우며 감히 뒤에 처지지 못했다. 이것은 모두 옛날 성왕이 예로써 신하를 부려서 깊고 후한 은택(恩澤)이 끝내 변치 않는 것이었다.

후세에는 몸과 마음을 다해서, 병이 들도록 나라 일에 수고했건만 죽는 날에 한낱 사신(使臣)도 그 집에 보내지 않고, 장막과 일산으로 보답함이 개와 말을 위하는 것보다 못하니, 어떻게 충(忠)과 선(善)을 권장할 수 있겠는가? 나라 제도에 귀후서(歸厚署)가 있어 예장(禮葬)하는 일을 관장했으나 지금에는 이 관서마저 혁파했으니 어찌 한탄할 일이 아니겠는가? 내가 말한 애영사라는 것도 감히 한 관아를 창설하는 것이 아니고 다만 귀후서를 복구하는 것이다. 이제부터 모든 종실 · 척리(戚里)[35] · 대신의 상에는 그 예상하는 의식 절차를 모두 애영사에서 주관하며, 경대부와 시종신(侍從臣)의 상에도 조문(吊問)하고 부물하는 것을 또한 애영사에서 주장해야 할 것이다. 비록 하사(下士)의 상이라도 또한 애영사 낭관이 가서 조문하도록 하며, 대렴(大斂)[36]에 베 한 필을 부의하는 것은 그만둘 수 없다.

---

35) 척리(戚里) : 옛날 중국 장안에 있던 동리 이름으로, 한대(漢代) 임금의 내척(內戚) · 외척(外戚)이 많이 살고 있었다. 그리하여 차츰 임금 외척의 대명사가 되었다.

36) 대렴(大斂) : 소렴(小斂)한 송장에게 옷을 거듭 입히고 이불로 싸서 관(棺)에 넣기까지의 절차를 말함.

경세유표 제2권

하관 병조(夏官兵曹) 제4 ● 정관지속(政官之屬)

추관 형조(秋官刑曹) 제5 ● 형관지속(刑官之屬)

동관 공조(冬官工曹) 제6 ● 사관지속(事官之屬)

하관 병조(夏官兵曹) 제4

정관지속(政官之屬)

병조(兵曹) : 판서 경 1인, 참판 중대부 1인, 참의 하대부 1인, 정랑(正郞) 상사 2인, 좌랑(佐郞) 중사 4인.

서리 20인, 조례(皁隸) 40인.

살피건대, 원전(原典)에 따르면 병조에는 대부로 참의 외에 또 참지(參知)가 있고, 낭관도 여덟 자리여서 다른 기관보다 두 자리가 더 있는데, 대개 내병조(內兵曹)[1]에 직숙(直宿)하기 때문이었다. 이제 내병조를 별도로 한 기관으로 만들었으니 그 정원도 다른 조와 같이 함이 마땅하고 반드시 더할 것도 아니다.

중추부(中樞府) : 영사(領事) 공(公) 1인, 판사(判事) 고경(孤卿) 2인, 지사(知事) 경 6인, 동지사(同知事) 중대부 8인, 첨지사(僉知事) 하대부 8인, 경력(經歷) 상사 4인, 도사(都事) 중사 8인.

서리 16인, 조례 30인.

---

1) 내병조(內兵曹) : 궁중에서 시위(侍衛)・의장(儀仗)에 관한 일을 관장하던 관청.

생각건대, 중추부는 옛적 추밀원(樞密院)이다. 당(唐)·송(宋) 무렵에 비로소 이 관청이 기밀을 맡았고, 변무(邊務)를 총찰(摠察)하도록 되었다. 송나라 초기에 조보(趙普)가 추밀사가 되었을 때 중서성(中書省)과 함께 정권을 분담해서 서로 2부(府)라 일컬었으니, 그 직책의 중요함이 이와 같았다. 그 명칭은 지금의 중추부(中樞府)이고, 그 실권은 지금의 비변사(備邊司)가 이것이다. 지금 중추부는 이 명칭이 있으면서 그 실권은 없고, 비변사는 그 실권은 있으면서 이 명칭이 없으니, 양쪽이 그 마땅함을 잃은 것이다. 중추부는 하는 일이 전연 없어, 한가롭게 노는 사람이 녹(祿)을 타먹는 곳이 되었고, 비변사는 온갖 사무를 총괄함으로써 의정부(議政府)를 늘 닫혀 있는 아문으로 만들어버렸으니, 제도가 허물어지고 어수선해짐이 하나같이 이 지경에 이르렀다. 또 비변사에서 총찰하는 것이 다만 변무만이 아니니 비변사라 부르는 것도 또한 마땅치 않다. 지금부터 비변사를 중추부로 만들고 편액(懸板)도 고쳐 달아서, 중추부를 명칭과 실권이 서로 합치하도록 하는 것이 일에 편당하다고 생각한다.

살피건대, 비변사 도제조(都提調)는 시임(時任)과 원임대신이 예겸하고 제조는 육조의 판서와 대제학, 오영(五營)의 대장(大將), 사도(四都)의 유수(留守)가 예겸한다. 또 유사당상(有司堂上) 4명을 두어서 8도를 관할하도록 했는데, 1명이 2도씩 영솔(領率)하고 있다. 시임대신은 제대로 의정부가 있는데 어찌 반드시 겸무를 하고, 육조 판서도 제대로 육조가 있는데 어찌 반드시 겸하는 것인가? 나는 영사 한 자리, 판사 두 자리는 원임대신에게 맡기고, 지사 여섯 자리와 동지사 여덟 자리는 혹 다른 관직에게 겸하도록 하거나 산관(散官)[2]인 자에게 맡긴다. 지사 6명을 12성(省)의 구관대부(句管大夫)로 삼아서 1명이 2성씩 영솔하며, 첨지사 여덟 자리 중에 네 자리는 좌우승지(左右承旨)가 예겸하고, 네 자리는 사람을 택해, 별도로 차임해서 부제조(副提調)의 옛 직책을 맡긴다. 그리고 3공과 9경(3고 및 6경)이 비록 추부(樞府)의 관직을 겸하지 않았으나, 제대로 도당(都堂)

2) 산관(散官) : 일정한 직무가 없는 관직.

의 회의를 주장해서 모든 문서를 회공(回公)[3]하는 것이 추부의 대부(大夫)와 다름이 없으니, 법제가 정비되어서 명칭과 실제가 어긋남이 없다고 생각한다.

생각건대, 지금 법에 모든 노직(老職)[4]이나, 또는 곡식을 바치고 관직을 받은 자는 비록 잡된 하천배(下賤輩)일지라도 모두 첨지(僉知)나 동지(同知)로 삼고, 한 가지 기예로써 벼슬한 자도 지사(知事)로 삼는 경우가 있어 작위(爵位)가 날로 범람해지고 귀천에 분별이 없다.

지금부터 노직이나, 곡식을 바치고 벼슬을 받은 사람들은 모두 우림위(羽林衛)의 호군(護軍)과 부호군으로 처우하고, 한 가지 기예로써 벼슬하여 공적이 있는 자는, 북한관성장(北漢管城將)으로 2품 실직(實職)을 삼아서 이들을 북한총어사(北漢摠禦使)라는 명칭으로 가서 있도록 하면 중추부가 빈 명칭으로 있는 것보다는 나으리라고 생각한다.

살피건대, 원전[5]에, 중추부 낭관은 본시 두 자리였으나 비변사 낭관이 열두 자리나 되기 때문에 지금 비국(備局) 인원을 그대로 중추부 명칭으로 하였다.

사훈부(司勳府) : 경력(經歷) 상사 1인, 도사(都事) 중사 1인.
녹사(錄事) 몇 명, 서리 6인, 조례 12인.
원외랑(員外朗) 10인은 충의위(忠義衛)로써 삼는다.

살피건대, 사훈부란 충훈부(忠勳府)이다. 『주례』에 사훈이 하관(夏官) 소속이었으므로 이제도 그대로 하였다.

생각건대, 훈부의 대부(大夫)는 때에 따라서 많기도 하고 적기도 하며, 때에 따라서 있기도 하고 없기도 했으므로 그 정원을 나타내지 않았다.

---

3) 회공(回公) : 의정부에 회부된 공문을 의정(議政) 이하 온 관원에게 회람시키는 일.
4) 노직(老職) : 80세가 넘는 관원이나 90세가 넘는 백성에게 해마다 정월에 은전(恩典)으로 주던 관직.
5) 『속대전』(續大典) 권1 비변사(備邊司) 조.

생각건대, 우리나라 초기에 충익부(忠翊府)라는 것이 있어 원종공신(原從功臣)[6]의 관서였는데 지금은 충훈부에 합병되었다. 또 충의위(忠義衛)라는 것은, 공신의 적가장손(嫡家長孫)이 모이는 곳이었는데, 지금은 천한 무리와 간사한 백성들이 가짜 족보를 만들어서, 충의위에 마구 들어간 경우가 매우 많다. 지금부터는 충의위를 선발할 적에 열 사람을 넘지 않게 하여, 본부(本府)의 원외랑으로 삼았다가 혹 의장랑(儀仗郎 : 지금의 부장)으로 전보하거나 수묘관(守墓官)으로 전보하여 지금 제도와 같이 함이 가하다고 생각한다.

무거원(武擧院) : 지사 경 1인, 도정 하대부 2인, 부정(副正) 상사 4인, 주사 중사 8인, 병학교관(兵學敎官) 중사 2인, 참군(參軍) 하사 8인, 권지봉사(權知奉事) 서하사 32인, 습독관(習讀官) 서하사 32인.

서리 4인, 조례 8인.

생각건대, 무거원이란 지금의 훈련원(訓鍊院)이다. 군사의 재예(才藝)를 시험하고, 기술을 연습시키는 일은 본디 훈련원이 관장했는데, 다섯 영문(營門)을 건립한 다음부터 훈련원은 그냥 한가한 관청으로서 오직 무신이 의탁하는 곳이 되었을 뿐이다. 이제 문과와 무과를 3년 만에 대비(大比)할 적마다 각 200명을 뽑아서 36명씩 급제시키고 164명씩을 진사(進士)와 진무(進武)로 삼는다. 그리고 회시(會試)에는 1소(所)·2소라는 것이 없어, 문과는 공거원(貢擧院)에서 실시하고 무과는 훈련원에서 실시하므로 무거원이라 명칭하였다.

살피건대, 권지봉사와 습독관 따위는 모두 진무로 삼았다가, 공적이 있는 자는 전보시키고 그렇지 못한 자는 3년 만에 체임(遞任)한다.

생각건대, 부정(副正) 네 자리 중에 두 자리는 첨정(僉正)인데 예는 위에 적었다(병학교관은 곧 能麽兒郎官[7]으로서 본디 하사였으나 이번에 승격

---

6) 원종공신(原從功臣) : 각 등급의 주장이 되는 공신 이외에 작은 공이 있는 사람에게 주던 칭호.

시켰다).

태어시(太馭寺) : 제조 경 2인, 도정 하대부 1인, 첨정 상사 2인, 주부 중사 2인.

서리 10인, 조례 20인.

무마(巫馬) 서하사(즉 馬醫) 10인, 이마(理馬) 서하사 4인, 배마(陪馬) 서하사(牽馬陪라는 것) 8인.

태어시란 사복시(司僕寺)이다.

생각건대, 사복이라는 관직은 말(馬)을 관장하는 것이니 『주례』의 교인(校人)이고, 말 부리는 일을 맡은 것은 『주례』의 태어(太馭)이다. 한나라 이래로 마구(馬廐)를 관장하는 관직을 잘못해서 태복(太僕)이라 일렀는데 역대부터 이어져서 지금에 이르게 되었다. 지금 주관(周官)에는 태복이 왕의 의복과 자리를 바로잡고, 왕명(王命)을 출납(出納)하며, 또 북을 달아서 백성의 원통한 사정을 아뢰도록 하였다. 그 직무가 후세의 상서성(尙書省)과 같으면서 등문고원(登聞鼓院)을 겸했으니, 말을 관리하고 말 부리는 일을 맡은 관청은 아니다. 그렇기 때문에 나는 사복시를 고쳐서 태어시라 했는데, 『주례』 태어 소속에는 또한 융복(戎僕) · 제복(齊僕) · 도복(道僕) · 전복(田僕)이 있다.

생각건대, 원제(原制)[8]에 대신이 도제조가 되었는데 대신이 말을 관장하는 것은 옛 뜻이 아닌 듯하므로 이번에는 줄였다.

생각건대, 내사복(內司僕)은 별도로 관청을 만들어서 승여(乘輿)를 관장하도록 함이 마땅하다. 또 금군(禁軍)에 겸사복(兼司僕)이라는 직명이 있는데, 당시에는 반드시 사복과 서로 연결된 관직이었으나 지금은 이미

---

7) 능마아낭관(能麽兒郎官) : 능마아청 낭관의 준말. 능마아청은 무관(武官)의 병학(兵學)을 고사(考査)하던 관청인데 그 관청의 낭관이라는 뜻.

8) 『속대전』 권1 사복시(司僕寺) 조.

그렇지 않으니 겸사복이라는 직명을 그대로 쓸 수 없다.

승여사(乘輿司) : 제조 경 2인, 내승(內乘) 하대부 1인, 부내승 상사 1인, 중사 2인.

서리 2인, 조례 8인.

승여사란 내사복(內司僕)이다.

생각건대, 원전[9]에 따르면 병조(兵曹)에 승여사가 있어, 노부(鹵簿)[10]와 연(輦)·여(輿)를 관장했으나 지금은 승여에 대한 일을 내사복이 주장하고, 병조의 승여사는 마색(馬色)이라 고쳐서 역전(驛傳)을 관장할 뿐이다. 이번에는 내사복을 승여사로 만들고 제조 두 자리는 그냥 태어시 제조에게 겸하도록 하였다.

생각건대, 원편(原編)[11]에는 위로 2품에서 아래로 9품까지 내승 관직을 못하는 품계가 없으니 또한 마땅치 않은 듯하다. 지금 그 직품을 한결같이 정해서 오르내림이 없도록 하면 체모가 더욱 무거워질 것이다.

목어사(牧圉司) : 제조 공(公) 1인과 중대부 2인, 첨정 상사 2인, 감목관(監牧官) 중사 20인.

서리 2인, 조례 4인.

생각건대, 말을 사양(飼養)하는 것은 나라의 큰 정사이다. 우리나라 제도에 감목관 20여 명이 여러 도에 갈리어 나가는데 혹 수령이나 변장(邊將)이 겸무하기도 하고, 혹은 별도로 관원을 차임하는데 모두 사복시에서 주관한다. 내가 주관(周官) 제도를 보니, 태어(太馭)와 양마(養馬)하는 관

9) 『속대전』 권4 경관직(京官職) 조.
10) 노부(鹵簿) : 의장을 갖춘 제왕의 행렬. 임금이 거둥할 때의 의장.
11) 주9) 참조.

직은 완전히 다른데, 양마하는 관직은 목사(牧師) · 유인(庾人) · 어사(圉師) · 어인(圉人)이 이것이다. 살곶이(箭串) 목장의 관아를 그대로 목어사(牧圉司)라 일컬어서, 8도 목장의 정사를 총괄하도록 한다. 또 여러 도의 부유한 백성 중에 해도(海島)나 산장(山莊)에 말을 사양할 만한 곳이 있는 자에게는 우리(圉)를 설치해서 말을 먹이도록 하며, 관에서 준마를 주어서, 교미 번식시킨다.

말을 길러서 1천 필이 된 자에게는 크고 날쌘 말 열 필을 택해서 본사(本司)에 납부하고 나머지는 사매(私賣)하는 것을 허가한다. 그리고 그 사람에게 본사 관직을 바로 제수했다가 법대로 승진 또는 전보하는 일을 그만둘 수 없다. 나라 풍습이 말 교미하는 것을 엄금하여 수말은 죽을 때까지 동정(童貞)을 간직하고, 암말은 한 번쯤 생산한다. 그러나 뜨거운 죽을 먹이고 따뜻한 유삼(襦衫)을 입히므로 온갖 병이 생기게 되는데, 말 병을 치료하는 방법은 발굽을 파서 피를 쏟게 하는 단 한 가지뿐이어서, 말들은 피를 냇물처럼 흘리고 벌벌 떨며 서 있다.

이렇기 때문에 지금 큰 군과 큰 현이라도 그 경계 안에서 말 열 필을 볼 수가 없고 혹 있더라도 모두 키가 자그마한 종류여서 전마(戰馬)로 쓰일 만한 것이 없으니, 나라의 급한 정사에 말보다 더 급한 것이 없다. 우리나라 사람들은 "북방(北方)은 일찍 추워져서 말을 칠 수 없다"고 하지만 달단(韃靼)[12]의 말을 북새(北塞)[13]에 매매하는 것을 이상하게 여기지 않고, "남방은 비습(卑濕)하고 뜨거워서 말을 칠 수 없다" 하면서 비룡마(飛龍馬)가 탐라에서 생산되는 것을 이상하게 여길 줄 모른다. 서로 통하지 못함이 이와 같으니, 목어하는 일을 관장할 기관을 설치하지 않을 수 없다.

익위사(翊衛司) : 익위(翊衛) 하대부 1인, 사어(司禦) 상사 2인, 위솔(衛率) 중사 4인, 세마(洗馬) 하사 6인.

---

12) 달단(韃靼) : 옛날 만주 북부에 살던 몽고의 한 부족.

13) 북새(北塞) : 함경도를 말함.

서리 2인, 조례 16인.

생각건대, 위솔이 네 자리이면 그 중 두 자리는 부솔(副率)이며, 세마가 여섯 자리이면 그 중 두 자리는 시직(侍直)인데, 예는 위에 기록되었다.

세손(世孫)의 위종사(衛從司)는 장사(長史)로 중사 2명, 종사(從史)로 하사 2명.

생각건대, 위종사는 반드시 별도 아문을 세울 것이 아니므로 계방(桂坊)[14]에다 붙였다.

좌액사(左掖司) : 숙위대사(宿衛大使) 경 2인, 부사(副使) 중대부 6인, 집극랑(執戟郎) 상사 4인, 집순랑(執楯郎) 중사 4인, 폐순랑(陛楯郎) 하사 4인.

서리 8인, 조례 20인.

좌액사란 도총부(都摠府)이다. 숙위대사란 도총관(都摠管)이며, 부사는 부총관이다. 집극랑은 경력(經歷)이고 폐순랑은 도사(都事)이다.

생각건대, 도총관이란 오위(五衛)의 사졸(士卒)을 전부 총괄하는 것이었다. 지금은 오위를 혁파한 지가 수백 년이 되었고, 한 졸개도 거느리지 않으면서 명칭을 오위 도총관이라 하니, 명칭과 실상이 서로 부합하지 않음이 이보다 심할 수 없다. 관직제도에 명칭과 실상이 부합하지 않으면, 관직에 있는 사람이 봉직할 바를 모르게 됨은 필연의 이치이다. 그렇기 때문에 도총관을 숙위대사라 부르는 것이 마땅하다고 생각한다.

생각건대, 총부(摠府)의 대부(大夫)는 운검(雲劍)과 보검(寶劍)[15]을 메고, 종일토록 시립(侍立)해야 한다. 그러므로 늙은 사람들에게는 괴롭고 힘든 일이니 나는 이후부터 50세 이상은 이 직에 차임하지 말고, 그 낭관

14) 계방(桂坊) : 동궁(東宮)이 있는 곳. 또는 세자 익위사의 별칭.
15) 운검(雲劍)과 보검(寶劍) : 의장에 쓰는 큰 칼.

여섯 사람에게(중 · 하사 두 사람) 창을 잡고 시립하여 시위(侍衛)를 엄중하게 하도록 함이 또한 적당하다고 생각한다.

우액사(右掖司) : 도궁정(都宮正) 하대부 2인, 금오랑(金吾郎) 상사 2인.

서리 4인, 조례 8인, 근장군(近仗軍) 60인.

우액사란 내병조(內兵曹)이다. 도궁정은 내병조에 입직(入直)하는 대부이고, 금오랑은 내병조 낭관이다.

살피건대, 『주례』 천관(天官 : 宮正조에 보임)에, 궁정이라는 관직은 왕궁의 계령(戒令)과 규금(糾禁)을 맡아서 사시(四時)로 관부(官府)[16]와 차사(次舍)[17]를 비교한 다음, 판(版)을 만들어서 대비하고(지금의 省記[18]와 같음) 저녁에는 딱다기(지금의 更鼓(직숙자의 점검)와 같다)를 쳐서 비교해서 출입하는 것을 기찰(譏察)하며 내인 · 외인을 분별했으니, 이것이 지금 내병조의 직장(職掌)이 아니겠는가. 생각건대, 당나라 제도를 보니 좌우금오위(左右金吾衛)가 궁중 순찰을 맡았으니 금오란 숙위(宿衛)하는 관직이었다. 우리나라 사람은 의금부(義禁府)를 금오라고 잘못 말하는데, 의금부란 옛적 대리(大理)이고 진(秦) · 한(漢) 때에는 정위(廷尉)라 일컬었는데, 옥관(獄官)을 금오라 하는 것을 어디에서 보았는지 모르겠다. 그렇기 때문에 내병조 대부는 도궁정이라 해야 마땅하고 그 낭관은 금오랑이라 하는 것이 마땅하며 구차스럽게 할 것이 아니라고 생각한다.

생각건대, 이 편에서 병조의 참지(參知) 한 자리를 줄였고 도총부에 총관 두 자리를 줄였으니 궁정(宮正) 두 자리가 많은 것이 아니며 병조에 낭

16) 관부(官府) : 관청. 백관(百官)이 있는 곳.
17) 차사(次舍) : 차(次)는 여러 하리(下吏)가 직숙(直宿)하는 곳. 사(舍)는 그들이 있는 관청.
18) 성기(省記) : 병조에 입직(入直)하는 낭관(郎官)이, 매일 궁궐을 경비하는 장수에게 교부하는 군호(軍號)와 각 문에 입직하는 장사(將士)의 이름을 열기하여 승정원을 거쳐서 임금에게 올리는 기록.

관 두 자리를 줄여서 다른 조(曹)와 같게 했으니 금오랑 두 자리도 많은 것이 아니다. 나라의 재력이 본디 가난하므로 감히 관직을 증가하지 못했다.

중위사(中衛司) : 호위대사(扈衛大使) 공 1인, 별장(別將) 중대부 2인, 효기상시(驍騎常侍) 하대부 4인, 효기랑(驍騎郎) 상사 4인 · 중사 6인, 호위군관(扈衛軍官) 300인, 그들을 교련(敎鍊)하는 군관 4인.

서리 2인, 조례 20인.

중위사란 호위청과 별군직(別軍職)을 합쳐서 만든 것이다. 대사가 한 자리인 것은 호위대장이고(原任大臣이나 國舅 중에서 겸무한다), 별장이 두 자리인 것은 호위 별장(본디는 세자리였다)이다. 효기상시는 당상별군직(堂上別軍職)이고, 효기랑이 10명인 것은 당하별군직이며, 교련군관 네 자리는 호위청 소임군관(所任軍官) 세 자리와 별부료군관(別付料軍官)[19] 한 자리이다. 호위군관은 본디 1천 50명이었는데 선조(先朝)에서 700명을 줄였고 이번에 또 50명을 줄인 까닭으로 300명이다.

생각건대, 호위청이란 인조(仁祖) 계해년(1623)에 창설된 것이고, 별군직이란 효종이 심양에서 돌아온 후에 8장사를 처우한 것인데 별군직도 또한 임금을 호위하는 것이니 합쳐서 하나로 하는 것이 의리에 마땅하다.

생각건대, 관직제도는 통솔되는 데가 있음이 마땅하다. 큰 벼리로써 잔 그물눈을 거느리고, 큰 줄기로써 작은 가지를 거느린 다음이라야 혈맥이 유통되고 호령에 막힘이 없게 된다. 만약 자잘한 것들이 각자 제멋대로 하여 자기 몸뚱이가 어느 관직에 매였는지도 모르고, 그 관직이 어느 관청에 예속되었는지도 모르며, 그 관청이 어느 조에 예속되었는지도 몰라서, 꼭 장수 없는 졸개처럼 각자 놀아나는 것은 한 임금이 표준을 세운 법제가 아

---

19) 별부료군관(別付料軍官) : 조선시대 총융청(摠戎廳) · 용호영(龍虎營)에 딸린 무관직의 하나. 원래 함경도와 평안도에서 뽑아온 군관으로서, 경상비가 아닌 별도 비목에서 요(料)를 주었으므로 이런 명칭이 생겼음.

니다. 병조 관속이 산란하여 통솔된 데가 없으니 지금 네 종류로 나누고, 종류마다 셋을 합쳐야 한다고 생각한다.

첫째는 삼사(三司)인데, 좌액사는 지금의 도총부이고 우액사는 지금의 내병조이며, 중위사는 지금의 호위청과 별군직을 합친 것이다. 둘째는 삼국(三局)인데, 선교국(宣教局)은 지금의 선전청(宣傳廳)에다 무겸(武兼)을 합친 것이고 의장국(儀仗局)은 지금의 부장청(部將廳)에다 충의위(忠義衛)를 합친 것이며, 수어국(守禦局)은 지금의 수문청(守門廳)에다 성문을 지키는 장수와 비어 있는 대궐을 수호하는 장수를 합친 것이다. 셋째는 삼위(三衛)인데, 용양위(龍驤衛) · 호분위(虎賁衛)는 옛 오위의 명칭이고, 우림위(羽林衛)는 우림장(羽林將)과 충장(忠壯) · 충익(忠翊)을 합친 것이며, 금군(禁軍)과 내금위(內禁衛) · 오위 등속이 다 여기 삼위에 합병된다. 넷째는 삼영(三營)인데, 도통영은 훈련도감이고 좌어영(左禦營)은 어영이며, 우위영(右衛營)은 금위영이다.

오직 이 삼사 · 삼국 · 삼위 · 삼영이 차례대로 반열을 이루어서 정연하고 어지럽지 않으면 무릇 호령이 있을 때는 몸이 팔을 시키고 팔이 손가락을 시키는 것과 같을 것이다. 평시에는 조정의 체모가 있고, 급한 때를 만나더라도 군오(軍伍)에 기율이 있어, 지금처럼 산란하지 않을 것이다. 세상에 어찌 별군직[20]으로써 관명을 삼으며, 소임군관이라는 것으로 직명을 삼을 수 있겠는가? 창설할 때에 초초(草草)하게 한 것을 수정하지 않은 것은 조종(祖宗)의 공덕을 빛나게 하는 처사가 아니다.

선교국(宣教局) : 대사(大使) 경 1인, 선교관(宣教官) 하대부 4인, 선휘관(宣徽官) 상사 4인, 문겸(文兼)[21] 상사 2인, 선지관(宣旨官) 중사 8인, 선전관(宣傳官) 하사 8인.

선령관(宣令官) 하사 36인.

---

20) 별군직(別軍職) : 임금을 시위(侍衛)하고 적간(摘奸)하는 일을 맡아보던 무관직.

21) 문겸(文兼) : 문신 겸 선전관의 준말.

서리 4인, 조례 24인, 내취타(內吹打)[22] 400인.

선교국이란 선전청(宣傳廳)이며 그 대사는 병조판서가 예겸한다. 선전관은 본디 스물 네 자리인데, 이번에도 그대로 했으나, 다만 네 등급으로 나누어서 변경하지 못하도록 했으며, 문겸은 본디 두 자리이므로 이번에도 그대로 하였다.

선령관(宣令官)이란 무겸선전관(武兼宣傳官)이며 무겸이 본디 쉰 자리인데 이번에는 서른여섯 자리로 줄여서 선교국에 합쳤다.

살피건대, 지금 과거제도는 문과에 서른여섯 사람, 무과에 서른여섯 사람으로 정해져 있다. 나라 제도에는 문과에 합격해서 처음 벼슬길에 들게 되면 삼원(三院)에 나누어 들어가는데 청족(清族)은 승문원(承文院)으로, 서북 사람은 국자원(國子院)으로, 중인과 서족은 교서원(校書院)으로 각각 들어가게 된다. 과거에 합격한 사람 중에 세 가지 족속이 섞여 있는 까닭으로 삼원에 나누어드는 것도 또한 많고 적음이 같지 않다. 무과에 합격해서 벼슬길에 처음 들어가면, 3천(薦)으로 분간하는데 청족은 선전천(宣傳薦)에, 그 다음은 부장천(部將薦)에, 최하가 수문장천(守門將薦)에 들어가게 된다. 그런데 무과는 뽑는 사람이 많아져서 혹 1천 명이나 되기도 하니 조정에서 대우할 관직이 없다. 이리하여 천에는 들었으나 벼슬하지 못하고 머리가 희어지도록 그냥 넘기는 자가 열에 여덟 아홉이고, 처음부터 천에도 들지 못한 자는 또 백에 아흔 일곱, 아흔 여덟이나 되니, 천하에 법제가 없음이 이와 같을 수 없다.

대저 과거를 실시하여 사람을 뽑는 것은 장차 관직을 제수하려는 것인데, 실제로 관직을 제수하지 않으려면 과거는 보여서 무엇하겠는가? 하물며 씨족을 청탁(清濁)으로 차별하는 것은 어진이를 권면하고 인재를 육성하는 것이 아니다. 출신(出身)[23]하는 당초에는 그 사람의 어짊과 우둔한 것

22) 내취타(內吹打) : 어전에서 피리·소라 따위를 불고, 징·바라 따위를 치는 사람들을 말함.
23) 출신(出身) : 과거에 급제는 했으나 아직 벼슬하지 않은 사람.

을 묻지 않다가, 드디어 세 갈래로 분간하여 어깨를 겨루어서 나란히 서지 못하게 하는 것은 또한 무슨 의미인가? 문과와 무과를 3년 만에 대비할 적마다 36명씩만 뽑아서 교서감 정자(校書監正字) 열두 자리, 국자감 정자 열두 자리, 승문원 정자 열두 자리로써 문과 36명을 대처하고(위에 기록한 예조에 이미 적었다), 무겸(武兼) 서른여섯 자리는 선령관이라는 명칭으로써 무과(武科) 서른여섯 사람을 대처해야 한다고 생각한다.

그리고 임기가 만료되기를 기다려서 그 재질(才質)과 학문이 탁월한 자는 홍문관(弘文館)으로 들어가게 하여 정자(正字)와 설서(說書 : 모두 8명)로 삼고, 무략(武略)이 탁월한 자는 선전관으로 승진시킨다(모두 8명). 능히 이 선발에 참여하지 못한 자 중에 문관은 체직(遞職)시켜서, 여러 관청의 별검(別檢)으로 삼기도 하며 또는 지방으로 내보내서 여러 도의 찰방(察訪)으로 삼는다. 무과는 전직해서 의장국이나 수어국에 들어가기도 하며 혹은 뽑아서 삼영문(三營門) 장관(將官)으로 삼기도 한다. 승진하여 중사(中士)가 된 후에는 특별히 옥당(玉堂)에 들어가기도 하며 특별히 선지관으로 배임(拜任)하기도 해서, 출신하는 처음부터 그 평생의 운명을 미리 단정짓지 못하도록 해야 할 것이다. 남행(南行)[24]으로 벼슬길에 처음 드는 것도 또한 서른여섯 자리인데 무신으로서 남행되는 것은 그 길이 더 넓기 때문에 아울러 천전(遷轉)하는 법에 자세히 기록하였다.

생각건대, 선전관은 본디 왕명을 전달하는 직으로서 계라(啓螺)[25]하는 것도 겸해서 맡았다. 그런데 상(上) · 중(中) · 하(下) 삼사(三士) 각 두 사람이 계라하는 것을 전적으로 관장하고, 무겸은 관장하는 일이 전연 없으면서 한갓 무신의 녹을 먹는 자리가 되었으니, 이는 매우 의의가 없는 것이다. 관직을 위해서 사람을 택한다는 말은 들었으나 사람을 위해서 관직을 설치했다는 말은 듣지 못했다. 지금은 내취타를 무겸에다 붙이고 선령관도 겸하도록 해서 고취랑(鼓吹郞)이라 이르는 것이 마땅하다. 그리하여 서른

24) 남행(南行) : 과거하지 않고 조상의 공덕으로 얻는 벼슬. 음직(蔭職)과 같음.
25) 계라(啓螺) : 거둥할 때에 취타하기를 임금에게 아룀. 또는 아뢰는 사람.

여섯 사람 중에 몇 사람은 고인(鼓人)을 맡고 몇 사람은 정인(鉦人)을 맡으며 몇 사람은 취인(吹人)을 맡는데 정돈(修擧)하고 결속되도록 하여, 모두 계라에 예속시켜서 공연히 녹만 먹지 않도록 하는 것이 가하다.

의장국(儀仗局) : 제조 중대부 1인, 노부랑(鹵簿郎) 상사 4인, 집선랑(執扇郎) 중사 8인, 집수랑(執殳郎) 하사 8인, 산개랑(繖蓋郎) 하사 4인.

서리 2인, 조례 4인, 호장군(扈仗軍) 80인.

의장국은 부장청(部將廳)이다. 그 제조는 병조참판이 예겸하며, 노부랑 이하는 부장인데 본디 스물다섯 자리였으나 이번에는 한 자리를 줄였다. 산개랑은 충의위에서 들어온 것이고 호장군은 의장소(儀仗所) 군사이다.

살피건대, 부장이란 오위의 오부장령(五部將領)인데 5×5=25인 까닭으로 그 수효가 스물다섯이었다. 오위는 이미 혁파되었는데, 졸개 없는 장령 자리를 무신이 녹 먹는 자리로 만들고, 옛 명칭을 그대로 쓰고 있으며 유사(有司)가 인습함으로써 법도가 무너져서 온갖 일이 진작(振作)하지 않음이 이와 같다. 부장은 맡은 일이 전연 없으니 이에 그 두 자리를 의장고(儀仗庫) 낭관으로 삼는다. 나는 부장청을 고쳐서 의장국이라 하고, 노부에 관한 일은 전적으로 부장에게 붙여서 명칭을 노부랑이라 하고, 의장에는 용봉선(龍鳳扇)과 금은조(金銀爪)가 있으니 명칭을 집선랑·집수랑이라 함이 마땅하며, 의장군을 노부랑이 거느리도록 함이 사리에 합당할 것이 아닌가 생각한다.

생각건대, 근래의 예에 충의위에서 입사(入仕)한 자도 의장을 잡고 호가(扈駕)한 적이 있으므로 이번에는 그 네 자리를 이 국(局)에 소속시켜 명칭을 산개랑이라 하였다.

수어국(守禦局) : 제조 중대부 2인과 하대부 2인, 사문교위(司門校尉) 중사 6인, 부위(副尉) 하사 18인.

서리 2인, 조례 4인.
성문교위(城門校尉) 서중사 6인, 부위 서하사 18인.
공궐호군(空闕護軍) 3품관 4인.

수어국이란 수문청(守門廳)인데 성문장(城門將)과 공궐장(空闕將)을 합친 것이며, 제조는 좌액사의 중대부(도총부)와 우액사의 하대부(내병조)가 예겸한다. 사문교위는 궐문 수장으로 본래 스물세 자리였으나 이제 한 자리를 증원한 것은 부장 한 자리를 줄였으므로 이것으로 충당한 것이다. 공궐호군이란 경복궁과 경희궁을 수호하는 장수이다.

살피건대, 정동문(正東門)과 정남문(正南門)은 각 4명, 동소문 · 서소문 · 돈의문 · 광희문 · 창의문은 각 2명이 파수(把守)하므로 성문 부위가 18명이다. 그리고 교위는 문마다 한 사람(北淸門은 지금 폐지되었다)씩이나 창의문에만은 없다.

공궐 수장은 그 직함을 절충장군 수어국부호군 분차 경복궁 수위관(折衝將軍守禦局副護軍分差景福宮守衛官)이라 한다.

용양위(龍驤衛) : 도총관(都摠管) 경 1인, 중호군 중대부 2인, 부호군 하대부 4인, 부사과(副司果) 중사 8인(즉 禁軍正), 부사정(副司正) 하사 24인(즉 禁軍領), 금군(禁軍) 240인.
서리 2인, 조례 6인.
또, 중호군(中護軍) 2품관 2인, 부호군 3품관 6인, 교련관(敎鍊官) 4인, 차비랑(依飛郎) 20인, 표하군(標下軍) 90인.

도총관이란 용양위 · 호분위(虎賁衛) · 우림위(羽林衛)의 도총관이다. 병조 판서가 예겸하며 그 직함은 정헌대부 병조 판서 겸용양위 호분위 우림위 도총관(正憲大夫兵曹判書兼龍驤衛虎賁衛羽林衛都摠管)이라 한다.

생각건대, 오위가 이미 혁파되어 영솔하는 장관이 없어지니, 졸개들이 의지할 곳이 없어서 산란하여 통솔됨이 없는데, 금군 700명도 장수 없는

졸개가 되었다. 이런 판에 우림장·충장장(忠壯將)·충익장(忠翊將)·겸사복(兼司僕) 등 여러 장령(將領)은 각자 흩어져서 자립하였고, 용호영(龍虎營) 당상군관(堂上軍官)과 별부료 군관 등은 또 졸개 없는 장수로서 별도 관청을 만들었다. 관제와 군제 양쪽이 모두 난잡한데 구차스럽게 이럭저럭 인습하는 것은 그 단서를 모르겠다. 각색 장령과 금군청·용호영을 섞어 합치면 장령관(將領官) 총 42명, 정령관(正領官) 96명, 금군 720명, 별부료 60명, 표하군 270명을 얻게 되는데 이것을 갈라 삼위(三衛)로 만들어서, 첫째는 용양위, 둘째는 호분위, 셋째는 우림위라 하고, 위마다 중호군 4명과 부호군 10명을 장관으로, 부사과(副司果) 8명과 부사정(副司正) 24명을 열교(列校：곧 禁軍 正領)로, 교련관(敎鍊館) 4명과 차비랑(佽飛郞) 20명(別付料)을 군관으로, 금군 240명을 숙위(宿衛)하는 군사로 삼는다.

이리하여 용양위는 좌액사에 숙직하면서 명정전 월랑(明政殿月廊)을 직려(直廬)로 하고, 호분위는 우액사에 숙직하면서 인정전 월랑(仁政殿月廊)을 직려로 하며, 우림위는 중금(中禁)에 숙직하는데 건양령(建陽嶺) 위쪽 이극문(貳極門) 안에 있는, 빈 행랑 하나를 주어서 직려로 만들도록 한다. 그런 다음에 병조판서를 용양위·호분위·우림위의 도총관으로 삼아 삼위를 통솔하면서 장수 하나, 군졸 하나도 보태거나 줄이지 못하도록 한다. 그리하여 숙위를 단속하며 순찰하기를 법대로 하면 천작(天作)으로 된 쇳덩이처럼 빈 틈을 볼 수가 없을 것이니, 이렇게 한다면 왕자(王者)의 법제가 설 것이다.

생각건대, 원제에는 여러 위(衛) 장령(將領)을 무대부(武大夫)로써 삼기도 하고, 잡기(雜岐)의 2품이나 3품으로써 삼기도 하였다. 이번에는 자잘하게 분간할 수가 없으니, 잘라서 법대로 하는 것이 마땅하다. 위마다 중호군이 네 자리이니 그 중 두 자리는 대부로써 삼고, 두 자리는 잡기로써 삼으며, 부호군이 열 자리이니 그 중 네 자리는 대부로써 삼고, 여섯 자리는 잡기로써 삼으며, 정령(正領) 이하는 아울러 예전 예대로 하고 반드시 고치지는 않았다.

생각건대, 원제에는 조사위장(曹司衛將) 두 자리는 문대부(文大夫)로써 삼았으니 이번에는 용양위 부호군 중의 두 자리는 문대부로써 삼았다.

생각건대, 원편에는 오위장이 열두 자리(그 중 두 자리를 曹司라 일컫는다), 내금장(內禁將)이 세 자리, 우림장이 두 자리, 겸사복장이 세 자리, 충장장이 세 자리, 충익장이 세 자리, 용호영 당상군관이 열여섯 자리인데, 합계하면 42명인 까닭에 삼위 호군의 수효를 42명으로 하였다.

살피건대, 원편에는 금군정(禁軍正)이 21명이고 금군영(禁軍領)이 63명으로 모두 합하면 84명이다. 이번에는 금군에다 20명을 증원한 까닭에 정(正)과 영(領)의 수효도 또한 증가되어서 삼위의 정 · 영을 합치면 96명이 되었다. 한 정(正)이 삼영을 영솔하고, 한 영(營)이 10명을 통솔하니 그 수효가 그렇지 않을 수 없다.

생각건대, 원편에는 금군이 700명이고 용호영 별부료 군관이 80명이었다. 그렇기 때문에 금군 20명을 증원하여 720명으로써 삼위에 분배하며, 별부료에 20명을 줄여서 60명으로 하고 명칭을 차비랑(佽飛郞)이라 하여, 삼위에 분배하였다. 그렇게 되면 금군 중의 20명은 서북 사람으로 하는 것이 마땅하다.

살피건대, 원편에는, 용호영에 표하군 285명이 있었는데 이번에는 15명을 줄여 270명으로 만들어서 삼위에 분배하였다.

생각건대, 금군 정과 영은 본디 금군의 정원 중에서 나온 것이니, 96명이라는 것도 또한 정원 중에서 하는 것이 마땅할 것이라고 생각한다.

호분위(虎賁衛) : 도총관 경 1인, 중호군 중대부 2인, 부호군 하대부 4인, 부사과 중사 8인, 부사정 하사 24인(곧 금군 정과 영), 금군 240인.

서리 2인, 조례 6인.

또 중호군 2품관 2인, 부호군 3품관 6인, 교련관 4인, 차비랑 20인, 표하군 90인.

생각건대, 원편에는, 문무 여러 신하 및 음사(蔭仕) · 잡기(雜岐)의 신하

로서 실직(實職)이 없는 자는, 으레 군직(軍職)에 붙여서 용양위·충무위라 일컫는다. 지금부터 문신 군직은 용양위에 붙이고, 무신 군직은 호분위에 붙이며, 음사 및 잡기 군직은, 우림위에 붙이면서, 그 관함(官銜) 위에 검교(檢校)라는 두 글자를 더해야 한다고 생각한다.

문신 상대부의 군함(軍銜)은 선덕장군 검교 용양위 상호군(宣德將軍檢校龍驤尉上護軍)이라 한다.

무신 중대부의 군함은 분무장군 검교 호분위 중호군(奮武將軍檢校虎賁衛中護軍)이라 한다.

문도 무도 아닌 하대부의 군함은 절충장군 검교 우림위 부호군(折衝將軍檢校羽林衛副護軍)이라 한다.

그 선덕·분무·절충이라는 칭호는 문무가 모두 같으나 검교라고 일컫는 것은 삼위의 본 정원과 구별하기 위한 것이다.

우림위(羽林衛) : 도총관 경 1인, 중호군 중대부 2인, 부호군 하대부 4인, 부사과 중사 8인, 부사정 하사 24인, 금군 240인.

서리 2인, 조례 6인.

또 중호군 2품관 2인, 부호군 3품관 6인, 교련관 4인, 차비랑 20인, 표하군 90인.

살피건대, 용양위에는 호군의 수기(手旗)로 모두 정람색기(正藍色旗)를 쓰고, 금군의 머리쓰개는 모두 남색 명주 휘양(護項)이며, 호분위에 호군의 수기로 모두 정홍색기(正紅色旗)를 쓰고, 금군의 머리쓰개는 모두 홍색 명주 휘양이며, 우림위에는 호군의 수기로 모두 정황색기(正黃色旗)를 쓰고, 금군의 머리쓰개는 모두 황색 명주 휘양이었다. 병조판서 수기의 왼편 갈고리에는 남색을, 오른편 갈고리에는 홍색을 달며, 중앙에는 황색인데 황색 기에다 삼군 삼위 사명(三軍三衛司命)이라고 적는다.

생각건대, 원전에는, 금군 700명을 칠번(七番)으로 나누고, 번마다 세 정과 아홉 영이 입직(入直)하였다. 이번에도 그대로 하여 삼위에 번마다

한 정과 세 영이 삼소(三所)에 입직하는 것은 죄다 예전 법대로 하고 고친 것이 없다.

생각건대, 오위장(五衛將)이 입직하는 것은 원래 사소(四所)가 있어, 동소 · 서소 · 남소 · 북소라 했는데 이번에는 삼위를 이미 세웠으니 사소로 나누어서 입직하던 법은 정지함이 마땅하다.

도통영(都統營) : 제조 공 1인과 경 1인, 대장군(大將軍) 경 1인, 부장군 중대부 1인, 별장(別將) 하대부 2인, 종사관(從事官) 중사 4인, 천총(千摠) 하대부 4인, 파총(把摠) 상사 6인, 초관(哨官) 하사 36인, 기패관(旗牌官) 16인, 지각관(知殼官) 8인.

기사(旗士) 2초(哨), 기병(騎兵) 9초, 보졸(步卒) 25초.

서리 20인, 조례 40인.

도통영이란 훈련도감(訓鍊都監)이다.

살피건대, 기대(旗隊)를 분서(分署)하는 법에, 무릇 10명이 1대(隊)로, 3대가 1기(旗)로, 3기가 1초(哨)로, 5초가 1사(司)로, 5사가 1영(營)으로, 5영이 1군(軍)으로 되어 있다. 비록 초와 사 이상은 때에 따라 변경되기도 했으나, 그 큰 숫자는 본래 그대로이다. 무릇 한 대를 대장(隊長)과 화병(火兵)까지 합해서 계산하면 12명이 되는 것이니 1기는 36명, 1초는 108명인데 여기에 기총(旗摠) 3명을 보태면 111명이 된다. 이리하여 5초 1사는 555명이고, 5사 1영은 2천 775명이 된다.

지금 도통영이 서울 안에서 양성하는 보졸은 다만 한 영에 해당하는 수효만 남긴다(즉 25초). 또 기사 2초는 225명(보졸의 예와 같다)이며, 기병 9초는 999명으로 되는데, 만약 네 사람을 더하면 보졸과 기병을 합쳐서 4천 명이나 된다. 그들을 양병(養兵)하는 비용은 이것으로써 표준하는 것이 마땅하다. 좌어영(左禦營)과 우위영(右衛營)에 보졸이 각 25초이고 기사가 2초인데 그 수효가 3천 명씩이다(3명씩이 부족하다). 그렇다면 세 영문이 서울에서 양성하는 병졸을 통틀어 계산해도 1만 명뿐이니, 비록 극히

빈약하나 지금 국력으로는 이보다 넘을 수가 없다. 위 문공(衛文公) 초년에는 혁거(革車)가 30승(乘)이었는데 만년에는 혁거가 300승이었다. 지금 우리 국력이 위 문공의 초년과 같으나, 진실로 나라를 다스리는 데에 법도 있게 하면 수십 년을 지나지 않아서 부국강병이 될 것이니, 그때를 당하거든 힘을 헤아려서 증가시켜도 불가하지 않을 것이다.

옛적에는 1만 2천 500명을 1군으로 하였고, 큰 나라의 3군은 3만 7천 500명이나 되었다. 그러나 이 3군을 다 도성 안에서 양성하는 것이 아니고 온 나라 전부(田賦)를 통계해서, 여러 고을에 흩어져 있었다. 따라서 도성 안에서 병졸 1만 명을 양성하는 것은 오히려 많다 하겠다. 지금 12성(省) 감사(監司)에게 병졸 1천 명씩을 양성하도록 하고, 10로(路) 병마사(兵馬使)에게도 병졸 1천 명씩을 양성하도록 한다면 벌써 2만 2천 명이 된다. 큰 주(州)에는 3초씩을 양성하고 여러 군에는 1초씩을 양성한다면 또 수만 명이 될 터이니 어찌 큰 나라의 3군 제도뿐이겠는가? 지금 작은 현(縣)의 속오군(束伍軍)[26]도 모두 5~6초는 되지만 양성은 하지 않고 군적에만 편입시켜서 모두 헛 명부뿐이다. 헛 명부에 1만 명이 올라와 있는 것은 실제 양성한 군사 10명을 두는 것만 같지 못하니, 빈약한 것을 병통으로 여길 것이 아니다. 나머지는 군제(軍制)에 자세히 기록하였다.

생각건대, 옛 제도에 큰 나라는 3군이 있었다. 그런 까닭으로 『춘추전』(春秋傳)에 기록된 진(晋)나라와 초(楚)나라의 싸움은 모두 3군의 병력을 가지고 싸운 것인데, 중군(中軍)이 주가 되었고, 나머지 2군은 혹 상군(上軍)·하군(下軍)이라 일컫기도 하고, 또는 좌광(左廣)·우광(右廣)이라 일컬어서, 비록 그 명칭은 같지 않으나 그 군사만은 3군이었다. 우리나라 군제는 처음에는 5위를 세웠는데 만력(萬歷) 임진년(1592) 왜란(倭亂) 이후부터 5위는 없어지고, 5영이 설치되었다.

첫째 훈련도감(宣祖 임진년 후에 설치되었다), 둘째 어영(御營 : 仁祖 갑

---

26) 속오군(束伍軍) : 지방의 15세 이상의 양민과 벼슬 없는 양반을 골라서 조직한 군대. 평시에는 군포를 바치고 유사시에는 군역을 치르도록 했음.

자년(1624)에 御營使가 처음 설치되었고, 孝宗 임진년(1652)에 비로소 영문을 설치하였다), 셋째 금위영(禁衛營 : 肅宗 임술년(1682)에 훈련 軍摠을 줄여서 설치했다), 넷째 수어청(守御廳 : 인조 병인년(1626)에 설치되었다), 다섯째 총융청(摠戎廳 : 인조 갑자년에 설치되었다)인데, 이것이 이른바 5영문(營門)이다. 그때에 남쪽도 적을 겨우 평정하자, 북쪽에 사단(事端)이 또 벌어져서 국운이 여러번이나 위태했는데 큰 명(命)은 겨우 이어왔다.

조정에서는 징계하는 뜻으로 계속 군영을 설치해서 4~5개나 되었는데, 한때 갑자기 만든 제도가 오랜 세대의 법이 되었다. 그러나 국력이 지탱해내지 못해서 경비가 나올 데가 없으니 백관이 녹을 먹지 못하고, 많은 서리(胥吏)도 녹을 의뢰할 데가 없으며, 나라 꼴이 말이 아니니 작은 걱정이 아니다. 일찍이 금위영 사후군(伺候軍)이 군화(軍靴)와 전통(箭筒)을 가지고 군관(軍官)을 수행하는 자를 보고, 그 요포(料布)를 물으니, 이조의 참의(參議)나 대사간(大司諫)의 녹보다 훨씬 후하였다. 나라를 다스림이 이와 같으니 폐단이 장차 어떠하겠는가? 상하에 등급이 없고 귀천도 구별이 없어, 염치가 없어지고 탐묵(貪墨)이 풍습으로 굳어졌으니 이것은 제도의 과실이다.

생각건대, 양병(養兵)하는 법으로는 정전(井田)이 첫째이고, 둔전(屯田)이 다음이며, 구부(口賦)[27]가 또 그 다음이다. 지금은 세 가지 모두 믿을 것이 못되어 관에서 미곡과 전포(錢布)를 내어서, 수만 명의 놀고먹는 백성을 기르며, 그들의 부모와 처자들도 다 추위와 굶주림을 면하도록 하니, 그 형세가 꺾이고 굽히지 않을 수가 없다. 그러나 해를 당하는 자는 품팔이와 비렁뱅이 같은, 호소할 데도 없는 백성과 국가의 큰 곳집뿐이니 어찌 서글프지 않은가?

지금 수어청은 이미 혁파했으나, 총융청도 없애는 것이 마땅한데, 그 두어 초(哨)는 북한(北漢)에다 붙이고, 나머지 장관은 삼군문(三軍門)에 자

27) 구부(口賦) : 인구에 따라서 부과하던 세금.

리가 나기를 기다려서 차례대로 전보시키며 오직 훈련도감·어영청·금위영 세 영문만 남겨서 큰 나라의 삼군 제도를 따라야 할 것이다. 그리고 양병에 쓰이는 비용은 동서남 3교(郊)의 전지를 죄다 관전(官錢)으로 매입하여 둔전하는 것이 마땅하다. 동교(東郊)는 어영에, 남교(南郊)는 도감에, 서교(西郊)는 금영에 각각 붙이고 기내(畿內) 군민(軍民)으로서 날쌔고 건강하면서 전지 없는 자를 모집하여, 한 남정마다 전지 50부(負)를 주어 경종(耕種)하면서 군역에 응하도록 한다.

번(番)을 마치면 농사를 지어서 먹을 것을 자급하고, 농한기에는 조련(操鍊)하기를 법대로 한다면, 삼대(三代) 때에 병농(兵農)을 합일하던 제도를 거의 오늘날에 다시 보게 될 것이다. 혹 전지는 적은데 남정이 많으면 땅을 더욱 개척해서 족하게 된 다음에 그치는 것은 그만둘 수가 없다. 지금 경군(京軍)으로서 항오(行伍)에 충수된 자는 열 손가락이 부드럽고 고우며 피부가 눈빛 같이 흰데, 백보만 달려도 헐떡거리면서 정지하고, 모진 추위와 심한 더위를 견디지 못하니 이것은 쓸데없는 병졸이다. 향군(鄕軍)으로서 항오에 충수된 자는 천리나 멀리 집을 떠나서, 반년 동안 병역을 치르는데, 비록 앉고 서며 전진하고 후퇴하는 것을 교습했으나 번을 마치는 날에는 아득히 잊어버린다. 하루 동안 빛을 쬐다가 열흘 동안 추운 것과 같아서, 복무할 만큼 연습할 수 없는데, 하물며 뒤의 상번자(上番者)는 전번의 상번자가 아님에서랴? 이러한 것은 쓸데없는 군졸이다. 반드시 경성 수십리 안쪽에 둔전을 널리 개척해서 농사하는 자가 병정이 되고, 병정이었던 자가 농사를 짓도록 한 다음이라야 굳센 군졸이 항오에 있으므로 교습에 익숙하지 않은 자가 없게 될 것이다.

우리 선대왕이 금(禁)·어(御) 양 군영에 대해 그 폐단을 깊이 진념(軫念)하고 반드시 변통하고자 하여 사륜(絲綸)[28]을 여러번 내렸고 자문(咨問)이 두루 미쳤었다. 그런데 당시의 좌우 신하가 아름다운 명령을 능히 거

28) 사륜(絲綸) : 임금의 조칙(詔勅). '임금의 말이 실같이 나온다'는 뜻. 『예기』(禮記) 치의(緇衣)에, "王言如絲 其出如綸"라고 보임.

양(擧揚)하지 못해서 큰 일을 하려는 뜻을 마침내 성과없는 논의로 돌아가게 했음은, 어찌 한스럽지 않겠는가? 지금에 만약 3교(郊)의 전지를 죄다 거두어서 3영(營)에 붙인다면 나라 안이 시끄러울 것이다. 그러나 시끄럽지 않고서 능히 큰 사업을 성취시킨 사람은 천하에 없다. 능히 분발해서 임금의 일을 빛나게 할 수 있다면 그 시끄러움이야 어찌 근심할 것이겠는가? 이것은 도 있는 자와는 더불어 말할 수 있겠으나, 기름진 음식에 연약해진 사람과는 함께 수다스레 쟁론할 수 없다.

생각건대, 원편에는 도감 제조 두 자리는 호조판서와 병조판서가 예겸하도록 되었으나 호조판서가 반드시 겸임할 것이 아니므로 줄인다.

생각건대, 대장은 나라의 막중한 소임이니, 정경(正卿 : 원편에는 종2품으로 되었다)으로 하는 것이 마땅하다.

살피건대, 국별장(局別將)이 세 자리이고 국출신(局出身)이 150명인 것은 다른 영문에는 없는 것이다. 이 글을 엮으면서 문과 무의 수효가 서로 같도록 하였는데 3년 대비마다 200명만 뽑아 그 중에서 36명을 급제 출신으로 하고, 나머지는 모두 진사(무과는 進武이다)로 삼아서 입사(入仕)하도록 허가하면, 국별장과 국출신은 저절로 감성(減省)되는 중에 들게 된다.

좌어영(左禦營) : 제조 공 1인과 경 1인, 대장군 경 1인, 부장군(副將軍) 중대부 1인, 별장(別將) 하대부 1인, 종사관 중사 3인, 천총 하대부 3인, 파총 상사 6인, 초관 하사 27인, 기패관(旗牌官) 12인, 지각관(知穀官) 6인.

기사(騎士) 2초, 보졸(步卒) 25초.

서리 15인, 조례 30인.

좌어영이란 어영청이다.

생각건대, 어영에 별부천총(別部千摠)한 자리(永宗僉使가 겸무), 외방겸파총(外方兼把摠) 열 자리(軍威·藍浦·古阜·衿川·長連·利川 등)가

있으니, 더욱 의미가 없고, 금위영 제도 역시 이와 같은데, 모두 개정하지 않을 수 없다.

3영 제조는 모두 병조판서가 예겸해야 된다.

우위영(右衛營) : 제조 공 1인과 경 1인, 대장군 경 1인, 부장군 중대부 1인, 별장 하대부 1인, 종사관 중사 3인, 천총 하대부 3인, 파총 상사 6인, 초관 하사 27인, 기패관 12인, 지각관 6인.

기사 2초, 보졸 25초.

서리 15인, 조례 30인.

우위영이란 금위영이다.

생각건대, 『대청회전』(大淸會典)[29]에 그 군제를 8기(旗)로 구분했는데, 이 또한 좋은 법이다. 이제 여기에 의해 우림위는 정황색기를, 용양위는 정람색기를, 호분위는 정홍색기를 사용하여, 3위의 빛깔을 분간하고, 도통영은 갈고리에 황색기를, 좌어영은 갈고리에 남색기를, 우위영은 갈고리에 홍색기를 사용하여 3영의 빛깔을 분간하도록 할 것이며, 관성위(管城衛)는 흑색기를 사용하여 북한강(北漢江)을 지키게 하고 강화부(江華府)는 백기(白旗)를 사용하여 강도(江都)를 지키게 하는 것이 사리에 합당하겠다.

관성위(管城衛) : 총어사(摠禦使) 2품관 1인, 부사(副使) 3품관 1인, 파총 서상사 3인, 초관 하사 5인, 기패관 3인, 교련관 3인, 수첩군관(守堞軍官) 28인, 아병(牙兵) 555인.

서리 6인, 조례 6인.

관성위는 경리청(經理廳)인데 숙종(肅宗) 신묘년(숙종 37년, 1711)에

29) 『대청회전』(大淸會典) : 청 광서제(光緖帝) 때 편찬한 청나라 전제(典制)로서, 사례가 1천 220권이나 됨.

창설되었고, 정종조(正宗朝)에 혁파하여 총융청에 귀속시켰다.

생각건대, 수어청을 이미 폐지해서 남한(南漢)에다 귀속시켰으니, 총융청도 폐지해서 북한에다 귀속시키는 것이 마땅하겠다. 그렇다면 관성위는 별도로 한 관아를 만드는 것이 마땅하다.

지금 원편을 보니 총융청에 장관이 24명, 군관이 332명, 장초(壯哨)가 10초, 아병이 10초, 둔장병(屯將兵)이 3초, 둔아병(屯牙兵)이 3초 표하군(標下軍)이 386명이었고, 또 남양을 전영(前營)으로, 파주를 중영(中營)으로, 장단을 후영(後營)으로 하며, 또 임진과 장산은 본청에 예속시켜서, 각각 마병(馬兵) · 속오(束伍) · 치중(輜重) · 표하군(標下軍) 따위 여러 명목이 있는데, 내 생각에는 총융청을 속히 폐지하고 그 사졸은 좌우 양영에 분속시켜 수리(修潤)를 돕도록 하고 혹 나머지가 있으면 관성위에다 붙이는 것이 일하기에 편리할 것이다. 그리고 남양 군마(軍馬)는 화성에 붙이고, 파주와 임진 군마 중 파주는 방어하는 책무가 있으니, 한 진(鎭)으로 만드는 것이 마땅하며, 장단 군마는 송경에다 붙이는 것이 마땅할 것으로 생각된다.

생각건대, 한 가지 기예와 잡기로 벼슬한 자라도 그 품계가 혹 정 2 품이나 종 1 품에 이르면 의정대신(議政大臣)과 더불어 숭록대부(崇祿大夫)라 일컬으나, 예모(禮貌)를 차려서 상대하게 되면, 한림(翰林) 같은 신진(新進)이 앉아서 읍(揖)할 뿐이니, 명실상부하지 않는 것이 이보다 더 심할 수 없다. 나의 생각에는 한 가지 기예 잡기로 벼슬한 자의 자손 중에 덕행과 문예가 있어 정사(正士)가 되었으면, 대부(大夫)로 승진시켜서 숭품(崇品)에도 구애됨이 없도록 하여야 한다고 여긴다.

그리고 한 가지 기예와 잡기로써 벼슬한 자는 그 품계가 비록 높더라도 장군되는 것은 허락하되 대부되는 것은 허락하지 않을 것이며, 그 종 2 품인 자는 분무장군(奮武將軍)이라 하고, 정 2 품인 자는 선덕장군(宣德將軍)이라 하여, 3위의 군직을 제수할 것이며, 혹 공로가 현저한 자는 특별히 관성위 총어부사(管城衛摠禦副使)를 제수하여 대사에 이르게 하며, 또 남한산성에는 중군(中軍) 자리를 수어 부사(守禦副使)로 만들어서 이런 사람을

대우할 것이며, 혹 특지(特旨)로 목사나 태수가 된 자도 모두 장군이라 일컫고 대부라고는 일컫지 말아서 명실이 서로 어긋나지 않도록 하면 높은 이를 높이고, 어진이를 어질게 대우함에 거의 양득이 될 수 있을 것이다(강화중군도 또한 鎭撫副使로 고쳐서 이런 사람이 있도록 함이 마땅하겠다).

추관 형조(秋官刑曹) 제5

형관지속(刑官之屬)

형조(刑曹) : 판서 경 1인, 참판 중대부 1인, 참의 하대부 1인, 정랑 상사 2인, 좌랑 중사 4인.

서리 20인, 조례 40인.

생각건대, 형조에는 서리와 조례의 정원이 본디 많았는데, 이번에 여러 관청에 분립(分立)되어 각각 체모를 갖추어야 하는 까닭으로 그 정원에서 줄인 것이 있다.

의금부(義禁府) : 판사(判事) 고경(孤卿) 1인, 지사(知事) 경 2인, 동지사(同知事) 중대부 2인, 경력(經歷) 상사 2인, 도사 중사 4인, 부도사 하사 4인.

서리 18인, 조례 60인.

생각건대, 의금부란 주관(周官)의 사사(士師)이다. 의금부는 옥사(獄事)를 다스리는 관아이고 순찰하는 책임은 본디 없었는데, 지금 풍속에 금오(金吾)라 하는 것은 그릇된 것이다(앞에 보임).

사헌부(司憲府) : 대사헌(大司憲) 중대부 1인, 장헌(掌憲) 상사 2인, 지평(持平) 중사 2인.

서리 10인, 조례 20인.

암행어사(暗行御史) 12인.

생각건대, 『주례』 추관에, "포헌직(布憲職)이 나라의 형금(刑禁)을 맡아서 사방 방국(邦國) 및 도비(都鄙)를 다스려서 사해(四海)에 통했다" 하였으니 우리나라 사헌(司憲)의 관부(官府)와 같다. 그러므로 사헌부를 추관에다 붙였다.

생각건대, 지금 사헌부는 실상 간쟁하는 책임도 겸했는바, 직장조(職掌條)에 나열함이 마땅하다.

생각건대, 암행어사란 한나라의 수의직지(繡衣直指)로서, 이른바 외방(外方)으로 나가서 간활한 자를 치고 큰 옥사를 다스리던 자이며(옥사를 다스리는 것을 지금은 按覈御史라 이른다), 한 나라의 시어사(侍御史)는 곧 지금의 사헌부인데, 암행어사란 비록 항상 있는 관직은 아니나 헌부 관직에 두는 것이 마땅하다고 생각된다. 그 직함은 통덕랑 사헌부장헌 흠차패서성 암행어사(通德郎司憲府掌憲欽差浿西省暗行御史)라 하여, 반드시 열두 자리로 한 것은 열두 성에 갈라서 나가기 때문이다.

감찰원(監察院) : 도어사(都御史) 중대부 1인, 감찰어사(監察御史) 상사 4인, 중사 8인.

서리 12인, 조례 36인.

생각건대, 원제에 감찰 13명이 비록 사헌부에 예속되어 있으나, 사헌부는 대간(臺諫)이 있는 관청이요, 감찰은 미관(微官)이므로 서로 통섭(統攝)되지 않으니, 벌써부터 구별했어야 할 것이다. 나는 별도로 한 원(院)을 만들고(옛 제도에는 시어사와 감찰어사가 본래부터 구별되어 있다), 한 자리 줄여서 열두 자리를 만들어, 매양 두 사람이 6조의 일과 그 조에 소속된

기관을 감찰하며, 매양 두 사람이 6부의 일을 감찰하며, 매양 한 사람이 12성의 일을 맡아서 감찰해야 한다고 생각한다. 무릇 법을 굽히거나 뇌물을 받거나 옥송(獄訟)을 부당히 처리한 것과, 재물을 탐내어 법 아닌 짓을 한 것과, 유약하여 일을 감당하지 못하는 자에 대해 감찰이 조사해서 탄핵한다면 서울과 지방이 반드시 숙연해질 것이다.

이미 한 기관을 창설해서 전적으로 이런 일을 관장하도록 했은즉 무릇 억울한 일이 있는 자는 반드시 본원에 달려와서 호소할 것이니, 그것을 능히 살피지 못할까는 걱정할 것이 없다. 도어사(都御史) 한 자리는 대사헌이 예겸하고 상사 네 사람이 이조 · 병조 · 동중부(東中部) · 서중부(西中部)와 경기 · 사천성 · 열동성 · 송해성을 관장하며, 중사 여덟 사람이 호조 · 예조 · 공조와 동쪽 양부, 서쪽 양부와 남쪽 네 성, 북쪽 네 성을 관장하도록 함이 또한 타당하겠다.

금제사(禁制司) : 제조 중대부 1인, 도정(都正) 하대부 1인, 안찰(按察) 상사 1인, 중사 2인.

서리 6인, 조례 10인.

살피건대, 원전에, "형조(刑曹)에 장금사(掌禁司)가 있어, 금령(禁令)을 관장한다" 하였고, 『주례』 추관에, "금포씨(禁暴氏)는 서민 중에 난폭하여 힘을 믿고 억지를 쓰는 자와, 거짓을 꾸며서 금령을 범한 자, 말을 만들어 미덥지 못한 짓을 하는 자는 고발해 죄를 준다" 하였고, 또 "무릇 나라에는 많은 백성이 모였으니 그 금령을 범한 자를 죽여서 조리돌리고, 모든 해례(奚隷)가 모여서 출입하는 것이니, 사목(司牧)이 그 범법한 자를 죽였다" 하였으니, 이 또한 지극히 중요한 관직이다.

내 생각에는 옛적에 선왕이 제도를 세울 때에는 궁실 · 의복 · 음식 · 기구에도 모두 법도와 등급이 있었고 품급(品級)이 엄숙하여 감히 그 경계를 넘지 못하였는데, 지금에는 하례(下隷) 같은 천한 자도 재물이 있으면 경대부가 쓰는 물품을 구해다 쓰되 금하지 않는다. 상하에 분별이 없고 귀천

에 등급이 없어 질서가 문란해서 법도가 전연 없다. 이른바 형조와 헌부에서 금란(禁亂)한다는 것도 천만 사람 중에 운수 나쁜 사람을 잡아다가 가끔 따질 뿐이다. 먼저 법의 조문을 밝혀서 백성이 피할 바를 알게 하지 않고, 뒤에는 잇따라 규찰만 하고 끝내 고치도록 하지 않으니, 백성을 어찌 징계할 수 있으며, 어찌 법이 설 수가 있겠는가? 내 생각에는 하나의 기관을 별도로 세워서 사치하고 참람한 것을 금지하되, 조관(朝官)이 범한 것은 헌부에 보고하고, 서민이 범한 것은 형조에 보고하여 율에 의해 엄하게 징계함을 그만둘 수 없다고 본다.

중대부 한 자리는 대사헌이 예겸하고, 하대부 한 자리는 형조 참의가 예겸하며, 안찰 네 자리는 옥당이 하는데, 이는 새로 증원하는 것이다. 그러나 사헌부에 집의(執議) 한 자리와 감찰원에 감찰 한 자리를 줄였으니, 이것으로 그 직을 충수하면 증가된 것은 두 자리이다.

생각건대, 한성부(漢城府)에도 또한 금란의 명목이 있는데 지금부터는 정지시켜서, 영(令)이 여러 길로 나오지 않도록 하는 것이 마땅하겠다.

장리서(掌理署) : 제조 하대부 2인, 주부 중사 2인, 참봉 하사 2인. 서리 4인, 조례 6인.

장리서란 전옥서(典獄署)이다. 전옥과 포도(捕盜)는 명칭이 전아(典雅)하지 못하여 사람들이 모두 더럽게 여기므로 고쳤다.

생각건대, 원편에 "전옥 제조는 형방승지(刑房承旨)가 한다"고 되어 있는데, 내 생각에는 형조참의도 마땅히 겸무해야 한다고 본다.

토포영(討捕營) : 제조 경 1인, 대사(大使) 중대부 2인, 종사관 중사 2인, 하사 4인, 군관(軍官) 서하사 8인, 조포 군관(助捕軍官) 60인. 서리 8인, 조례 8인.

토포영이란 포도청(捕盜廳)이다.

생각건대, 『주례』 추관에, "사려(司厲)는 도적이 사용한 기물과 재물을 몰수하는 것을 관장하는데, 그 물건의 종류 · 수량 · 가격을 표시해서 사병(司兵)에 넘기며 도적은 종을 삼아서 남자는 죄례(罪隷)로 보내고 여자는 용고(舂稿)[1]로 보낸다" 했고, 또 추관에, "장수(掌囚)의 직은 도적을 간수(看守)하는 것인데, 무릇 죄수로서 상죄(上罪)는 양손을 겹쳐서 수갑하고 착고(著錮)하며, 중죄도 수갑하고 착고하며, 하죄는 착고만 했다. 왕의 동족으로서 범법한 자는 양 손을 겹쳐서 수갑하고, 작위가 있는 자는 착고하여 단죄하기를 기다렸다" 했는데, 포도는 추관 소속이다. 제조로서 경 1 명은 형조 판서가 예겸하며, 대사 두 자리는 좌우 청(廳) 대장이고 종사 여섯 자리는 좌우에 각 세 자리인바, 나머지도 모두 이와 같이 하여 좌우로 가르는 것이다.

순경사(巡警司) : 제조 경 1인, 부호군 60인, 사오랑(司寤郎) 중사 6인, 순작랑(巡綽郎) 하사 60인.

서리 4인, 조례 8인.

순경사란 순장청(巡將廳)이다.

생각건대, 『주례』 추관에, "사오씨(司寤氏)가 밤 시간을 맡아서, 별(星)로써 시간을 분간하고, 야사(夜士)에게 알려서 야금(夜禁)을 하여 새벽길 가는 자를 막고, 밤길 가는 자와 밤에 놀이하는 자를 금단했다" 하였으니, 이로 말미암아 본다면 순청은 본시 추관 소속이었으므로 지금 그대로 했다.

제조 경 한 자리는 형조 판서가 예겸하며, 부호군의 예순 자리는 문대부(文大夫)가 20명이고 무대부(武大夫)가 20명이며, 잡기(雜歧) 3품관이

---

1) 용고(舂槀) : 용인(舂人)과 고인(槀人)의 준말. 『주례』 지관에, 용인은 제향(祭享) · 빈객(賓客) · 연향(燕饗) 따위에 소용되는 쌀을 관장하고, 고인은 외조(外朝)에 직숙(直宿)하는 자의 음식과, 기로(耆老) · 고아(孤兒)와 왕궁을 숙위하는 경 · 대부의 자제의 식물(食物)과 제사에 쓸 개(犬)의 먹이를 관장한다 하였음.

20명으로 그 셋을 합친 것이다. 모두 3위(衛)·호군(護軍) 중에서 나이 젊은 자를 선발하는데, 병조에서 초계(抄啓)해서 형조에 회부하는 것이다. 그리하여 문대부는 상순(上旬)에, 무대부는 중순에, 잡기호군은 하순에 각각 순행한다. 좌우 순청(巡廳)에 각 한 사람이 근무하는 것인즉, 무릇 순경사 호군이 된 자는 한 달에 오직 하룻밤만 순행할 뿐이다.

사오랑이 여섯 자리인 것은 병조 좌랑 세 사람과 형조 좌랑 세 사람을 합한 것으로, 좌우 청에 가르면 세 사람씩에 불과하다(上佐郞은 순행하지 않는다). 그 세 사람이 상순·중순·하순을 갈라 맡아, 매양 밤이 깊은 다음에 미복(微服)으로 순행하면서 순경사의 부지런함과 게으름을 살피고, 또 불시의 사고를 살피는데, 지금의 병조 낭관이 감군(監軍)하는 법과 같게 한다.

순작랑 60명은 무겸 선령관(武兼宣令官)이 20명이고, 의장국 낭관이 20명이며, 삼위의 정령관(正領官)이 20명이다. 또한 병조에서 달마다 초계하고, 형조에 회부해서 좌우 순청에 배정하는 것은 부호군을 선정하는 법과 같다.

노고원(路鼓院) : 제조 중대부 1인, 판관(判官) 중사 2인, 봉사 하사 2인.

서리 2인, 조례 4인.

노고원이란 당·송 때의 등문고원(登聞鼓院)이다.

살피건대, 『주례』에 "태복(太僕)이 노고(路鼓)를 정전(正殿) 문 밖에 세우고 그 일을 관장하는데, 원통한 사정을 알리는 자를 기다리다가, 북소리를 들으면 속히 어복(御僕)에게 아뢴다" 했다. 그리고 송 문제(宋文帝) 원가(元嘉) 원년(424)에 위주(魏主) 태무제(太武帝)가 조서하여 대궐 왼쪽에 등문고(登聞鼓)를 달아서, 원통한 일이 있는 사람이 임금에게 알리도록 하였고, 당나라 대력(大曆) 14년(779)에는 천하에 조서하여 원통한 일이 있는 자는 등문고를 치도록 했다. 송나라 경덕(景德) 4년(1007)에는 조서

하여, 고사(鼓司)를 고쳐 등문고원으로 만들고, 만백성의 사정을 아뢰도록 했는데, 소식(蘇軾)의 판등문고원(判登聞鼓院)과 정이천(程伊川)의 겸판등문고원(兼判登聞鼓院)이라는 것이 모두 이 관직이었다.

명나라 때도 역시 송나라 예에 따랐는데, 우리나라도 태종(太宗) 4년(1404)에 신문고(申聞鼓)를 설치해서 아랫사람의 원통한 사정이 통하도록 했다. 그러나 고원(鼓院)이 없고 또 북이 대궐 안에 있어서 혼금(閽禁)이 지극히 엄했다. 그러므로 오직 서울 진신(搢紳)[2] 집 사람이 임시로 조복을 입고 들어가서 치게 된다. 먼 지방 천한 백성들이야 그 북을 한 번 만져볼 길도 없는데, 하물며 감히 치는 것이겠는가?

내 생각에는 단봉문(丹鳳門)이 편전(便殿)[3]에서 가장 가까우니, 단봉문 밖에다 집 하나를 사고 높은 다락을 세워서 노고원(路鼓院)을 만들고, 무릇 원통한 일이 있는 자는 서장(書狀)을 품고 원에 와서 다락에 올라 북을 치면서 서장을 원랑(院郎)에게 주면 원랑은 비록 죄인과 악인의 패려하고 망령된 말이라도 각하시키는 일이 없이 그 서장을 바삐 정원(政院)에 보내서 조정의 조치를 듣도록 하는 것이 참으로 변경하지 못할 좋은 법이 될 것으로 여겨진다.

『육자』(鬻子)[4]에 이르기를, "우(禹) 임금은 쇠북 · 북 · 경쇠 · 목탁 · 소고(鞀鼓)를 설치해서 사방 선비를 기다렸다"고 하였고, 『서경』에는, "요(堯) 임금이 감간고(敢諫鼓)를 설치했다"고 했는데, 이것도 마땅히 고원에서 관장할 성격이다. 그러므로 당나라와 송나라 제도의 고원은 오직 원통한 일을 아뢸 뿐만 아니라, 또한 진간(進諫)할 사람을 오도록 하고, 간의대부(諫議大夫)에게 이 고원을 관장해서 장주(章奏)를 접수하며, 아래로 기방이술(奇方異術)에 이르기까지 직접 진술할 수 있도록 했으니, 모두 사방 총명(聰明)이 널리 통하도록 한 것이다. 다만 원통할 만한 사정이 없고 말

---

2) 진신(搢紳) : 벼슬한 사람을 일컫는 말.
3) 편전(便殿) : 임금이 평상시에 거처하는 집.
4) 『육자』(鬻子) : 주(周)나라 때 육웅(鬻熊)이라는 사람이 지은 책 이름.

도 채택할 만한 것이 없는 자는 조정에서 처벌하여, 만민에게 감히 실없는 말로써 임금을 속이고, 법관을 무함하지 못하도록 함이 좋겠다.

제조 두 자리는 도승지가 예겸하고 판관 두 자리는 증원한다.

예빈시(禮賓寺) : 제조 경 1인, 도정 하대부 1인, 주사(主事) 중사 2인, 참봉 하사 2인.

서리 6인, 조례 10인.

전대묘 영(前代廟令) 중사 10인.

생각건대, 예빈시란 주관의 사의(司儀)·장객(掌客)인데, 사의·장객이 추관에 속한 까닭에 지금도 그대로 했다(원전에는 예조 소속이었다). 또 원편에, "제조는 호조 판서가 예겸한다"고 했으나, 이제는 형조 판서가 예겸하도록 하였다. 원편에 본래 도정이 있는데, 근래에 줄였으나 매양 빈객을 접대할 때를 당하면 반드시 분호조(分戶曹)[5]를 차임해서 그 일을 맡기니, 도정을 줄이지 않은 것만 같지 못한바 그냥두는 것이 좋을 듯하다.

살피건대, 2왕(王)[6]의 후손을 주나라에서 빈례(賓禮)로 대우하였으니 지금 신라·고려 등 전대의 제사도 또한 예빈시에서 주관하여 통솔하도록 했다.

평양 기자묘 영(箕子廟令)의 직함은, 통덕랑 예빈시 원외랑 분차기자묘 영(通德郎禮賓寺員外郎分差箕子廟令)이라 하며, 다른 곳도 모두 이와 같이 한다.

기자묘 영 두 자리는 평양 사람으로 삼고, 신라 박(朴)·석(昔)·김(金) 세 조상을 합쳐서 한 묘로 만들고 그 묘의 영 두 자리는 영남하도(嶺南下道) 사람으로 삼는다. 변진가라국(弁辰迦羅國) 태조 묘(太祖廟)의 영 두 자리는 황강(潢江) 서남쪽 사람으로 삼고, 고구려 태조 주몽(朱蒙) 묘의

---

5) 분호조(分戶曹) : 나라에 중대한 일이 있을 때에 임시로 설치해서 호조의 일을 분담하던 관청.
6) 2왕(二王) : 우(禹) 임금과 탕(湯) 임금을 말함.

영 두 자리는 패수(浿水) 서쪽이나 청천강(淸川江) 서쪽 사람으로 삼았다. 백제 태조 온조왕(溫祚王) 묘의 영 두 자리는 경기와 열수(洌水) 남쪽 및 사천(泗川) 서쪽 사람으로 삼고, 고려 태조 묘의 영 두 자리는 송도(松都) 사람으로 삼았다. 아울러 벼슬에서 물러나 한가하게 있는 자로 임시 차임하며 전보하는 법은 없다.

생각건대, 변진은 김해 수로왕(金海首露王)의 나라인바(疆域考에 자세히 기록했다), 그의 묘는 김해에다 두는 것이 마땅하다. 백제 온조왕의 도읍은 지금의 광주(廣州) 고읍(古邑)인데, 지금 사람들이 직산(稷山)을 온조왕이 도읍했던 곳이라 하는 것은 큰 잘못이다. 또 남한산성은 일장성(日長城)으로 온조왕과는 관계가 없으니, 온조왕의 묘는 광주 고읍에다 설치함이 마땅하다.

행인사(行人司) : 정사(正使) 공 1인, 부사(副使) 경 1인, 서장관(書狀官) 상사 1인.

제조 경 1인, 주부 예(藝) 중사 2인, 통관(通官) 3품 이하 30인, 황력재자관(皇曆賫咨官) 중사 1인.

서리 2인, 조례 6인.

일본 통신사(日本通信使) 정사 하대부 1인, 부사 상사 1인, 서장관 중사 1인.

생각건대, 동지(冬至)에 중국 가는 사신이 비록 항상 있는 관직은 아니나, 앞서 간 사신은 4월에 돌아오는데 새로 가는 사신은 6월이면 또 출발하니 그 사이는 겨우 한 달이다. 또 별사(別使)가 가끔 출발하는 일이 있으니 또한 항상 있는 관직이라 할 수 있다. 매양 행장(行裝) 차릴 때를 당하면 별도로 마을의 집을 빌려서 그 일을 다스리니, 이를 건량청(乾粮廳)이라 한다. 그 문부(文簿)를 주장하는 자를 건량판사(乾糧判事)라 하는데 사행(使行)이 출발하고 나면 없애는 것이나, 해마다 다시 설치하니 체모의 구차스러움이 이와 같을 수 없다.

또 사명(使命)을 받들게 된 신하는 외읍(外邑)에다 편지를 보내 개가죽(狗皮)·해삼(海蔘)·다리미(熨刀)·가위(交刀) 따위의 자질구레한 물품을 요구하지 않은 적이 없고, 이것을 팔아서 행탁(行橐)에 보탠다. 당당한 천승(千乘) 나라[7]의 사명을 받들고 국경을 나서는 사신이라 하면서 이에 걸인 행세를 하며 부끄러워할 줄을 모른다. 내 생각에는 경성 안 종루 근처나 광통교 가에다 별도로 관서를 설립하여 명칭을 행인사라 하고, 그 제조는 형조 판서가 예겸하고 주부 두 자리는 사역원(司譯院) 중사가 하는 것이 마땅하며, 매년 정월(孟春)에 외읍에다 관문(關文)을 띄워서 연례(年例)로 납부하던 것을 징수하는데, 대전(代錢) 또는 토산물을 받아서 창고에 저장했다가, 새 사신이 출발하기를 기다려서, 그 잡비에 제공하도록 하면 여러 모로 조금은 발라질 것이라고 생각된다.

생각건대, 『주례』 추관에, "대행인(大行人)의 직책은 천자의 나라에서 제후의 빈객을 접대하는 것이고 제후가 천자에게 행인을 보내는 것은 아니다" 했으나, 행인이 기관으로 되는 것과 마찬가지이므로 나는 행인사를 일부러 형조에다 붙였다. 또 일본과 통신할 때에도, 그 사행(使行)을 본사(本司)에서 마련하는 것이 마땅하리라고 본다.

유원사(綏遠司) : 제조 중대부 1인, 도정 하대부 1인, 안찰(按察) 중사 6인, 주사 중사 2인.

서리 4인, 조례 8인.

생각건대, 먼 지역 사람을 편하게 하는 것은 왕자의 큰 정사이다. 우리나라는 지역이 편소하여 북쪽은 2천여 리에 불과하고 남쪽은 1천 리에 불과하다. 그런데 북쪽은 모두 대륙과 연속된 지역이어서, 폐사군[8] 너머에는

---

7) 천승(千乘) 나라 : 승(乘)은 병거(兵車)를 말하는 것. 제후의 나라는 병거 천 양(輛)을 제작하고 유지할 수 있다는 것.

8) 폐사군(廢四郡) : 두만강·압록강 건너편의 여진족이 침입하는 것을 방비하기 위해서, 조선 세종 때에 최윤덕(崔潤德)을 시켜서 설치했던 여연(閭延)·자성(慈城)·무창(茂昌)·우예(虞芮)

왕의 덕화(德化)가 일찍이 이르지 못했다. 오직 서남쪽 바다 여러 섬이, 그 중 큰 것은 둘레가 100리나 되고 작은 것도 40~50리가 된다. 별이나 바둑알처럼 많은데다 작고 큰 것이 서로 끼여 있어 수효가 대략 1천여 개인데 이것이 나라의 바깥 울타리이다. 그런데 개벽 이래로 조정에서 일찍이 사신을 보내 이 강토를 다스리지 않았다. 그러므로 연해 고을끼리 각자 자력으로 서로 부리고 붙여서 강한 자는 많이 차지하고 약한 자는 적게 얻었다.

한 무더기 푸른 산이 분명히 이 고을 앞에 있는데 그 소속된 고을을 물으면 수백 리 밖의 아주 먼 고을에서 이를 관할하고 있다고 한다. 또 명목은 고을에 예속되었으나 실상은 다른 곳에 매여서, 혹 궁방(宮房)이 절수(折受)[9]해갔고, 혹은 군문(軍門)에 획급(劃給)[10]되었으며, 혹은 고을 토호(土豪)에게 공(貢)을 실어가고, 혹은 관리와 계(契)를 만들기도 한다. 진·보(鎭堡)가 있는 곳은 수영(水營)에 매였고, 별장(別將)이 있는 곳은 경영(京營)에 매였는데, 간사한 짓이 사방에서 나와 제멋대로 백성에게 토색질을 한다. 이리하여 비록 고을에 가서 호소하고자 해도 풍파가 험해서 가자면 열흘이나 걸리고, 또는 아전들이 막아서 삼문(三門)[11]이 지척이건만 통하기 어렵다.

그런 까닭으로 모든 해도(海島) 백성들은 비록 원통하고 억울한 일이 있어도 부굴(負屈)을 달게 여기며 관청 출입은 맹세코 하지 않는다. 모든 어장이나 염전이 한 번 세안(稅案)에 들었으면 비록 창상(滄桑)[12]이 여러 차례 변하여도 면할 수 없고, 책맹(舴艋 : 작은 배)의 배라도 한 번 세안에 들었다 하면, 비록 주인이 여러번 바뀌어도 빠지지 못한다. 무릇 싸우다가 사

네 고을을 단종 때에 폐지했으므로 폐사군이라 함.

9) 절수(折受) : 임금으로부터 땅이나 결세(結稅)를 자기 몫으로 잘라 받는 것.

10) 획급(劃給) : 몫으로 떼어서 주는 것.

11) 삼문(三門) : 대궐이나 관아 앞에 있는 문으로서 정문(正門)·동협문(東夾門)·서협문(西夾門) 세 문으로 된 것.

12) 창상(滄桑) : 상전벽해(桑田碧海)라는 말과 같음.

람을 죽였더라도 예사로 사화(私和)하며, 타국의 배도 태반이나 숨기고 있다가 흉년이 들면 처자를 이끌고 일본에 들어가, 거짓 표류한 사람이라고 일컬어서 목숨을 부지하고, 도둑이 이르면 병기와 양식을 가지고 먼저 험한 곳을 차지해서 제멋대로 병진(兵陳)을 만들어 조정 명령을 거부하기도 한다. 이는 대개 신라·고려 때부터 있었으니 그 유래가 오래다. 내가 오랫동안 바닷가에 있었으므로 그 실정을 익히 알게 되었다.

내 생각에는 별도로 한 관청을 세워서 온 나라 섬을 관장하고 그 명칭을 유원사(綏遠司)라 하여 그 판적(版籍)을 맡고 부세를 고르게 하며, 침어(侵漁)를 금단하고 질고(疾苦)를 제거하도록 하는 것이 마땅하다는 것이다. 법을 세우는 초기에는 감찰어사를 분견(分遣)하되 규정을 만들어주고 여러 섬을 순행하면서 강계(彊界)를 바루고 호구를 기록하며 폐막(弊瘼)을 물은 다음, 돌아와 모여서 법제를 편저(編著)하여 여러 섬에 반포하고 그 법에 따르도록 한다. 또 3~4년마다 본사 낭관(本司郎官)을 보내 여러 섬을 암행하면서 간활한 짓을 살피며, 또 섬 백성에게 원통하고 억울한 일이 있는 것은 바로 본사에 호소하도록 하여, 여러 섬 백성에게 의지할 곳이 있도록 함은 참으로 먼 곳 백성을 편하게 하는 큰 정사이다.

어떤 사람은 나라의 재력이 빈약한데 무엇으로 관직을 증설하겠느냐고 하지만, 내 생각에는 섬은 우리나라의 그윽한 수풀이니 진실로 경영만 잘하면 장차 이름도 없는 물건이 물이 솟아나듯, 산이 일어나듯 하여 유원사는 장차 호조와 같게 될 참인데, 낭관 두어 사람이 어찌 능히 다 먹을 수 있겠는가? 내가 일찍이 나주 섬에 사는 백성을 만나서 그 고통스러운 일을 물은즉, 열두 섬에서 해마다 읍 주인에게 증여하는 곡식이 6천여 섬이고, 돈·솜·생선·건어물 따위 여러 가지 물건이 또 이와 같은 액수인데, 곧 나주 한 곳 소교(小校)가 먹는 것이라 한다. 지금 여러 도(道) 수령의 1년 동안 월름(月廩)이 비록 큰 읍이라도 1천 석이 못되는데 여러 고을 소교들이 먹는 것은 이와 같으니, 나라에 어찌 법이 있다 하겠는가? 다만 이 6천 석을 유원사에다 붙이더라도 풍족한 관청이 되기에 족할 것이다.

생각건대, 유원사를 이미 세웠다면, 제주와 폐사군 및 만하 6진(滿河六

鎭)[13]의 일도 또한 관장함이 마땅한바 이것은 직장편(職掌篇)에 자세히 적었다.

생각건대, 제조(提調) 한 자리는 형조 참판이 예겸하고 도정(都正) 한 자리는 부제학이 예겸해서 그 권세를 중하게 하는 것이다. 안찰랑(按察郎) 여섯 자리는 경기 · 사천 · 완남 · 무남 · 황서 · 영남 여러 감찰에게 예겸하도록 하며, 오직 주부(主簿) 두 자리만 신규로 증설하는 것이다.

사역원(司譯院) : 제조 공 1인 · 상대부 1인 · 중대부 1인, 부정예(副正藝) 상사 1인, 판관(判官) 중사 2인, 봉사(奉事) 하사 4인.

한학교수(漢學敎授) 중사 4인, 훈도(訓導) 하사 4인, 몽학훈도(蒙學訓導) 하사 2인, 만학훈도(滿學訓導) 하사 2인, 왜학훈도(倭學訓導) 하사 2인.

서리 4인, 조례 4인.

생각건대, 『주례』 추관에, "상서(象胥)의 직은 만이(蠻夷) · 민맥(閩貉) · 융적(戎狄)의 나라들을 맡아서 왕의 말을 전하고 타일러서 화친하며, 때에 따라 빈객이 들어오면 예에 맞추어서 말을 전한다. 무릇 나고 들며 보내고 맞이하는 예절을 갖추고 폐백(幣帛)과 언사(言辭)로써 접대한다" 했다. 역관(譯官)은 곧 상서인 까닭으로 형조에 붙였다(원전에는 예조 소속으로 되어 있다).

장서원(掌胥院) : 제조 경 1인, 도정 하대부 1인, 첨정(僉正) 상사 1인, 안찰(按察) 중사 2인.

서리 2인, 조례 10인.

---

13) 만하 6진(滿河六鎭) : 조선시대 세종 때에 김종서(金宗瑞)에게 두만강 가에 여섯 진을 설치하도록 시켰는데, 그 6진은 경원 · 경흥 · 부령 · 온성 · 종성 · 회령이다.

살피건대, 원전의 형조에 원악향리조(元惡鄕吏條)라는 것이 있는데, 그 조목에서 말한, 수령을 농락하여 권세를 제멋대로 하고 민폐를 꾸미는 자, 은밀하게 뇌물을 받고 부역을 고르게 하지 않는 자, 부세를 징수할 즈음에 부당한 재물을 거두어서 함부로 사용한 자, 양민을 마구 차지해서 숨겨놓고 부리는 자, 전장(田庄)을 많이 차지하여 백성을 부려서 경종(耕種)하는 자, 마을에 횡행하면서 백성을 침해하고 사리를 영위하는 자, 존귀한 세도집에 아부하여 본역(本役)을 모피(謀避)한 자, 부역을 피해서 도망친 자를 촌락에 숨겨준 자, 관가의 위세에 기대어 백성을 침해한 자, 양가 여자 및 관비를 첩으로 만든 자 등은 누구든지 신고하는 것을 허가하며, 사헌부에서 죄를 따져서 벌을 주도록 하였다. 그리하여 도형(徒刑)[14]에 해당하는 자는 영구히 본도(本道) 작은 역(驛)에 역리(驛吏)로 붙이고, 유형(流刑)[15]에 해당하는 자는 영구히 타도(他道) 작은 역에 역리로 붙인다. 그리고 고을 수령이 그들의 범죄를 알면서도 검거해서 조사하지 않은 자는 제서(制書)를 어긴 율로써 논죄(論罪)한다고 했다. 법이 잘 만들어지지 않은 것은 아니지만, 법이 있어도 시행하지 않으면 법이 없는 것과 같다.

조종조(祖宗朝)에서 민생을 위해 깊이 염려한 것이 이와 같건만 지금은 이를 제쳐두고 시행하지 않으니 또한 어찌하겠는가? 내가 오래도록 민간에 있으면서 향리들의 하는 일을 익히 보았다. 그 나라를 병들게 하고 백성을 해롭게 하는 짓이 이루 형언할 수 없다. 그리하여 『향리론』(鄕吏論) 열 편을 지어서 그 폐단을 갖추어 말했거니와 진실로 이때라도 교정하지 않으면 앞으로 닥쳐올 화난(禍難)은 반드시 말하기도 어렵게 될 것이다. 나라가 다 망하고 백성이 다 죽은 다음이라야 그만둘 것이니, 내가 감히 실정에 지나친 말을 하는 것이 아니다. 그러므로 별도로 한 관청을 세워서 전적으로 열두 성(省) 향리를 관장하도록 함이 마땅하다는 것이다. 그 정원을 정하고, 그 조례를 반포하며, 그 한계를 엄하게 해서, 한 가지라도 위반하는 것

---

14) 도형(徒刑) : 1~3년 복역하는 형벌.
15) 유형(流刑) : 절도(絶島)나 원지(遠地)에 귀양보내는 형벌.

이 있으면 곧 본원(本院)에서 거론하여 따지게 한다. 이렇게 한다면 거의 그 처음 발하는 불꽃을 없애고, 그 흘러가는 물살을 돌이킬 방법이 있을 것이다.

그 방법 가운데 한 가지는, 전지(田地)와 백성의 수효를 요량해서 그 정원을 차등 있게 하는데, 비록 큰 읍이라도 30명을 넘지 않도록 하는 것이요, 한 가지는 향리는 세습하지 못하며 현손(玄孫) 대에 이른 다음이라야 이에 구애됨이 없게 하는 것이요, 한 가지는 향리는 한 가족이 전적으로 하지 못하도록 해서 친형제끼리 함께 될 수 없으며 8촌 안에는 세 사람을 넘지 않도록 하는 것이요, 한 가지는 이방(吏房) · 창리(倉吏) · 도서원(都書員) · 균역리(均役吏) · 대동리(大同吏) 등 무릇 돈과 곡식을 출납하는 권한이 있는 임무는 이웃 고을 아전이 와서 하도록 하여 지금 영리(營吏)와 같게 하는 것이요, 한 가지는 이방의 임무도 또한 매년 바꾸어서 모름지기 열두 해를 지난 다음이라야 이에 재임(再任)할 수 있도록 하는 것이다.

해마다 첫봄에 아무 아무가 소임으로 된 것을 모두 판에다 적어서 본원에 보고하며, 갈거나 바꾸는 일이 있을 때에도 사유를 갖추어서 급보하도록 하는데, 본원에서 차첩(差帖)을 작성 · 발급하며, 본원 차첩이 없는 자는 행공(行公)하지 못하게 하는 것이다. 또 어사가 각도에 갈라 나갈 때에는 반드시 본원에서 그 성, 여러 고을의 이안(吏案)을 받아서 간다. 그리하여 혹 법제에 어김이 있는 자는 어사가 밝혀서 다스린다. 수십 년을 이와 같이 하면, 그 기세가 조금 쇠해지고 간활한 짓도 조금은 그칠 것이다. 만약 한결같이 맡겨두어, 쥐나 개 같은 좀도둑으로만 여기고 금제함이 없으면 나라가 망하는 근본도 반드시 여기에 있지 않는 것이 없다. 아울러 『향리론』에 자세히 말했기에 지금 다시 기술하지 않는다.

도정은 일찍이 대사간(大司諫)을 지낸 자로, 낭관은 아울러 옥당으로 삼는데, 반드시 청백하고 강직한 자라야 이 관직에 있을 수 있다. 만약 그런 사람이 아니면 나태가 여전하여 긴하지 않은 관아를 하나 더 보탤 뿐이다.

생각건대, 저리(邸吏)의 폐단이 향리보다 심한바, 내가 어릴 때에 보니, 이른바 경주인(京主人) · 영주인(營主人)이라는 것은 모두 천한 종 하급 졸

개들로서 허리를 굽히고 달리면서 사역(使役)을 받드는데, 대개 그 때는 늠료(廩料)가 빈약하고 권력이 성하지 못했으므로 비천한 자가 맡았던 것이다. 수십 년 이래로 세상 물정이 크게 변하고 조정 기강이 날로 무너져서 경주인 자리를 매매하는 값이 혹 8천 냥이나 되며, 영주인 자리를 매매하는 값은 혹 1만 냥에 이르기도 한다. 대개 그 역가(役價)가 날로 증가되어 남는 이익이 매우 많으므로 값이 전보다 100배나 되었다. 값이 100배인즉 이익이 100배라는 것을 알 수 있고, 그 이익이 100배인즉 백성을 벗겨낸 물건이 100배라는 것도 알 수 있다.

이리하여 경저(京邸)와 영저(營邸)에는 모두 포악하고 간사한 자가 차지하고 있다. 재물이 매우 풍부하고 권력이 더욱 강해지니 백성을 벗겨내는 것도 더욱 심한바, 백성의 큰 병통으로는 이보다 더한 것이 없다. 그렇게 되는 까닭이 넷인데, 첫째, 조정 귀신(貴臣)이 저리 자리를 사기 때문이고, 둘째, 수령이 뇌물을 받기 때문이며, 셋째, 감사가 법을 어기는 일이 많기 때문이고, 넷째, 수령이 염문(廉問)[16]하는 것을 두려워하기 때문이다. 수십 년 이래로 문무 귀신이 남몰래 저리 자리를 사들여 청지기에게 맡기고 앉아서 그 이익을 거두어들인다.

이리하여 진짜 저리는 당(堂) 위에 앉았는데 가짜 저리가 뜰 아래 엎드려서 무릇 고소하는 일이 있으면 극진하게 따르지 않는 것이 없다. 이것이 경주인의 권세가 날로 더하고 달로 성해지는 까닭이다. 또 모든 저리는 수령의 집에 뇌물을 보내고 역가를 증액하도록 요청하는데, 뇌물이 다섯이면 역가도 다섯이 보태어지고, 뇌물이 열이면 역가도 열이 보태어진다. 수령은 한때 뇌물을 먹는 것뿐이지만 저리는 무궁한 이를 누리니, 이것이 경주인의 이가 날로 보태어지고 달로 성해지는 까닭이다.

수십 년 이래로 한 도를 안무(按撫)하는 신하가 망령되게 스스로 존대하게 여겨서 감영(監營)에 소용되는 여러 가지 물품을 모두 공물로 만들었다. 여러 읍 주인을 공인(貢人)[17]으로 만들어서 책임지고 제공하게 하면서

16) 염문(廉問) : 어떤 사실을 남몰래 조사하는 것.

이른바 본값은 열에 하나도 갚지 않는다. 이리하여 저리의 소원이면 극진하게 따르지 않는 것이 없어, 그들의 한없는 욕심을 채워주고 제 허물을 속죄한다. 이른바 역가미(役價米)[18]·진상가미(進上價米)[19]에 보태어지는 것은 있어도 줄어드는 것은 없고 아무런 제한이 없다. 심한 것은 곤전(坤殿)이 새로 임어(臨御)하고 자전(慈殿)이 위로 올라가면 새 곤전(新殿) 진상이 증가하는 것은 있어도 옛전(舊殿) 진상이 줄지는 않는다.

어사가 적발해도 가고 나면 감사가 다시 그대로 하여 백성의 말이 물끓듯 하여도 바로잡아지지 않으니, 이것이 영주인의 이익이 날로 보태어지고 달로 성해지는 까닭이다. 또 무릇 감사가 수령들의 선함과 악함을 염탐할 때는 모두 영속(營屬)을 이용하는데, 이들은 모두 영주인의 인아족당(姻婭族黨)이다. 그러므로 두루 같이 화응(和應)하여 한덩어리로 뭉친다. 그 수령이 저리에게 이로우면 아 대부(阿大夫)의 칭찬이 날로 치솟고, 저리에게 방해되면 즉묵 대부(卽墨大夫)의 나무람이 날로 성해지는데,[20] 저리가 흘겨보면 백에 하나도 온전한 사람이 없다. 수령은 그렇게 되는 줄 알기 때문에 두려워서 벌벌 떨며, 그들이 원하는 대로 따를 뿐이니 이것이 영주인의 권세가 날로 더하고 달로 성해지는 까닭이다. 양호(養戶)[21]하고 방결(防結)해서 나라 곡식을 번롱(翻弄)하는 자가 향리보다 더 심한 사람은 없으니, 지금 고치지 않으면 끝내 후회가 있을 것이다. 내 생각에는 서울과 지방 저리도 또한 장서원에서 주관하여 그 법제를 바로잡고, 그 횡포를 금단

---

17) 공인(貢人) : 관청에 물품을 공급하고 값을 받아가는 사람.

18) 역가미(役價米) : 경저리(京邸吏)와 영저리(營邸吏)가 역가조(役價條)로 백성에게서 받아내는 쌀.

19) 진상가미(進上價米) : 진상하는 물품 값으로 백성에게서 받아내는 쌀.

20) 이 말은 전국시대(戰國時代) 제 위왕(齊威王)이 즉묵 대부(卽墨大夫)를 불러서 "그대를 헐뜯는 말이 매일 나에게 들려오므로 사람을 시켜 알아보니 실상은 치민을 잘했다. 아 대부(阿大夫)에 대해서는 기리는 말이 자주 들리므로 알아보니, 나의 좌우 사람에게 뇌물을 먹였던 것이고, 치민은 실상 좋지 못했다" 하고 아 대부와 뇌물 먹은 자를 삶아 죽였다는 고사.

21) 양호(養戶) : 부유한 자가 가난한 자의 조세를 대납하여 공역(公役)을 면하고 그 대신 제 집에서 종처럼 부리는 일.

하는 일은 그만둘 수 없다는 것이다.

장례원(掌隷院) : 제조 하대부 1인, 사의(司議) 상사 1인, 사평(司評) 중사 2인.

서리 2인, 조례 8인.

생각건대, 장례원은 본시 요직인데, 근래에 혁파하여 형조에 합병시켰다. 그러나 노예는 나라의 큰 정사이니, 별도로 한 관청을 만들어서 그 일을 전적으로 관장하도록 하지 않을 수 없다. 그리하여 시노비(寺奴婢)·역노비(驛奴婢)·관노비(官奴婢)·사노비(私奴婢)에 대해서, 모든 법금(法禁)을 정리하고 쟁송을 판결함이 마땅하다. 제조는 형조 참의가 예겸한다.

살피건대, 『주례』에, 사례(司隷)는 원래 추관(秋官) 소속으로서 죄례(罪隷)·만례(蠻隷)·민례(閩隷)·이례(夷隷)·낙례(貉隷)가 예속되었는데, 원전에 장례원을 추조(秋曹)에 붙였던 것은 근거한 데가 있었다.

생각건대, 나라 제도에 중들은 예조에 예속되었는바, 이것은 신라·고려시대부터 내려온 법이나, 중들은 이상한 풍속에 익숙하니 장례원에서 관장함이 마땅하겠다.

양형사(量衡司) : 제조 공(公) 1인과 경 2인, 도정 하대부 1인, 첨정 상사 2인, 안찰랑(按察郎) 12인, 주사(主事) 중사 2인.

서리 2인, 조례 12인.

생각건대, 율(律)·도(度)·양(量)·형(衡)을 한결같게 하는 것은 왕자의 대법(大法)이다. 순 임금은 선기옥형(璿璣玉衡)[22]을 살펴서 정사를 가지런하게 하고 사방에 나가서 순행(巡行)할 때에 율·도·양·형을 한결같게 하는 것을 첫째 용무로 삼았다. 주 무왕(周武王)은 건국 초기에 제일 큰

22) 선기옥형(璿璣玉衡) : 옛날에 천문을 관측하던 기계. 혼천의(渾天儀)라 하기도 함.

정사가 "저울질을 조심하여, 법도를 살피는 것이다"라고 했고, 명당위(明堂位)[23]에서 주공(周公)이 섭정하던 초기의 제일 큰 정사를 기록하되, "예악(禮樂)을 마련하고 도량(度量)을 반포하였다"고 했으며, 월령(月令)에는, "춘분(春分)과 추분(秋分)에 도와 양을 동일하게, 형(衡)과 석(石)을 고르게, 두(斗)와 통(筒)을 모나게, 권(權)과 개(槪)를 바르게 한다"고 했다.

『관자』(管子) 칠법(七法)에는, "척 · 촌 · 형 · 석 · 두 · 곡(斛) · 각(角) · 양을 법이라" 했고, 『오월춘추』(吳越春秋)에는, "우 임금이 권 · 형을 조절하고 두 · 곡을 평균하게 하는 것으로써 법도를 했다" 하였다. 황 · 왕 · 제 · 패(皇王帝覇)가 비록 정당하고 간휼(奸譎)함은 같지 아니하나 다 여기에 힘을 쏟았는바, 나라의 큰 정사가 이것을 넘을 수 있겠는가? 그런데 도 · 양 · 형의 무법(無法)이 우리나라보다 심한 데가 없다. 한 성(城) 안이라도 저자마다 같지 않고, 한 고을 안에도 마을마다 같지 않으며, 한 마을 안에도 집마다 같지 않고, 한 집안에서도 거두고 내는 것이 같지 않아서, 그 전래되는 폐단은 이루 말할 수 없다. 아전들은 이것을 인연해서 간사한 짓을 부리고, 장사치는 의심하고 현혹되어 물자를 유통시키지 못하니, 묘당(廟堂)에 있는 신하는 시가(時價)를 들었으나 사방 실정을 알 수가 없고, 일을 맡은 신하는 수입을 요량해서 지출할 수가 없으며, 감수(監守)하는 신하는 문부(文簿)를 상고해서 실수(實數)를 책임지울 수 없다.

내가 일찍이 보니, 솜(棉絮) 1부대가 동쪽 집 저울로는 4근이었고 서쪽 집의 저울로는 12근이 되더니, 저자에 팔려고 한즉 32근이나 되었으며, 관청에 들어가니 무려 48근이나 되었다. 그런데 직조하는 집에 주니 도로 10근이라 하는 바, 천하에 알 수 없는 것이 바로 이 일이었다. 내 생각에는 전적으로 한 관청을 세워서 이 일을 관장하도록 한다는 것이다. 무릇 6부와 12성의 도 · 양 · 형이 털끝만큼이라도 어긋남이 있거나 저울눈에 어김이 있는 것은 극률(極律)을 써서, 그 사람은 죽이고 그 재물은 몰수하며, 그 관원을 처벌하고 그 법령을 선포하여 온 나라 백성에게 모두 이보다 더

---

23) 명당위(明堂位) : 『예기』의 한 편명.

엄중한 것이 없다는 것을 알도록 하여야 한다. 그런 다음이라야 병제를 논할 수가 있으며 경용(經用)을 정할 수가 있을 것이다.

본사에서 해마다 저울과 자 1천 200개씩을 만들어서 12성에다 반포하면 12성에서는 해마다 저울과 자 1만 개를 만들어서 본사에 실어오고, 또 해마다 저울과 자 수만 개를 만들어서 민간에 주는데 모두 그 값을 받는다. 본사에서 또 12만 개를 6부 갈라주어서 민간 소용으로 제공, 서울과 외방 제도를 서로 비교하여 말·섬 및 평두목(槪)을 서로 같게 한다. 6부에 소용되는 것은 본사에서 만들고, 여러 성에 소용되는 것은 여러 성에서 만들되 모두 백성에게서 값을 받는다. 오직 그 사기하는 것만 때에 따라 살피는데, 모든 저울과 자·말에는 모두 도장(印章)과 표지(標識)가 있으며, 혹 개인이 만든 것은 사전(私錢)을 만든 것과 율을 똑같이 적용한다. 이렇게 하면 도·양·형 법을 세울 수 있을 것이다.

생각건대, 도·양·형은 형금(刑禁)의 첫째이므로 형조에 붙였다.

안찰랑(按察郎) 12자리는 감찰이 예겸한다.

권계사(券契司) : 제조 중대부 1인, 주부 중사 2인.
서리 2인, 조례 8인.

생각건대, 『주례』에, 질제(質劑)[24]와 권계(券契)를 모두 유사(有司)가 관장했는바, 그 속임수를 금하고 쟁송을 그치게 하기 위함이다. 지금 중국 법은 무릇 매매하는 일이 있으면 홍계(紅契)를 요구하는데, 홍계란 인권(印券)이다. 우리나라는 모든 궁실·전원(田園)·노비에 대해서는 모두 개인 스스로 문서와 말을 만들 뿐, 일찍이 법사(法司)의 관유(關由)를 받는 일이 없다. 그러다가 사기가 탄로나고 쟁송이 일어난 다음이라야 비로소 법사에 통하는데, 법사인들 무엇으로써 그 사실을 알 수 있겠는가? 지금 마땅히 철(鐵)로 작은 판을 만들어 오직 연월일(年月日) 두어 글자 및 권

---

24) 질제(質劑) : 계약문서. 문서 중에 긴 것은 질, 짧은 것은 제라고 함(『주례』 天官 小宰註).

계사 제준(劵契司題準) 등의 글자를 쓰고, 매매하는 사람의 성명 및 물건의 명목 등을 써넣을 공간을 남겨놓는다.

그리고 그 위아래에는 용(龍)의 머리 구름(雲) 따위를 머리털같이 가늘게 새겨서 위조하지 못하도록 한 다음 단단한 종이에다 박아내어, 매양 매매하는 일이 있거나 혹 자녀에게 분급(分給)할 일이 있으면 모두 본사에 와서 문권(文券)을 청구하며, 관에서는 글자를 써넣고 도장을 찍어서 발급하는 한편, 별도 문권에다 기록해서 본사에 비치할 것이며 그 물건 값의 100분의 1을 관에다 바치도록 할 것이고, 해마다 문권 수만 장을 여러 성에 갈라주어서 서울과 지방이 모두 같게 하였다가 무릇 송사하는 자가 있으면 먼저 그 권계를 상고하여 만약 관에서 발급한 문권이 아니면 곧 접수(聽理)하지 않고 그 재물은 관에서 몰수한다.

이것 또한 왕자가 만민을 제어하는 대권(大權)이다. 방채(放債)·세대(稅貸)·전당(典當) 같은 것도 또한 문권을 받도록 하나 별도 문적에는 기록하지 않으며, 기구 같은 작은 물건으로서 값이 50냥 미만인 것은 사적인 문권으로 하는 것을 허가하나 궁실·전원·노비 따위는 비록 적더라도 허가하지 말 것이다.

제조 1자리는 형조판서가 예겸한다.

생각건대, 질제와 권계는 본시 지관(地官) 소속이었으나 법금(法禁)과 관계되는 것이므로 지금은 형조에 붙였다.

진관사(津關司) : 제조 하대부 1인, 사관승(司關丞) 하사 3인, 사도승(司渡丞) 하사 4인.

서리 2인, 조례 2인.

생각건대, 『주례』에, 사관이라는 관직이 있는데 물화의 출입을 맡아서 벌금을 관장하며 부세 징수에 간여했다. 무릇 관문을 통하여 나오지 않은 물화는 몰수하고 화주는 처벌했다. 이것은 『맹자』에 말한 "기찰(譏察)만 하고 부세는 징수하지 않았다"라는 것과는 같지 않다. 예전에는 이런 법이 있

었는데 다만 문왕(文王)이 시행하지 않았을 뿐이다. 당나라와 송나라의 제도는 관문과 나루터의 기금(譏禁)을 형부(刑部)에서 관장했다. 우리나라 제도에도 삼전도(三田渡)·한강도(漢江渡)·노량도(露梁渡)·양화도(楊花渡)에 도승(渡丞)이 있었는데, 지금은 별장(別將)이라 부르며 오직 관문이 설치된 곳은 없다. 내 생각에는 모화령(慕華嶺)은 서도(西道) 길목의 큰 관(關)이고, 망우령(忘憂嶺)은 영동(嶺東) 길 방면의 큰 관이며, 수유령(水踰嶺)은 영북(嶺北) 길목의 큰 관이니, 이 곳에는 아울러 관방(關防)을 관장하는 관원을 두어서 기금(譏禁)하도록 함이 마땅하다는 것이다. 그리고 모든 큰 물화(物貨)가 출입할 때에는 1천분의 1세를 거두어서 공서 수용(公署需用)에 보충하며, 이들 관원이 모이는 관서를 형조 곁에 설치하여 3관(關)과 4도(渡) 관원이 때에 따라 회의, 평상시에는 수직(守直)하는 관원이 없고, 오직 서리와 조례만 머물러 있어서 전령(傳令)에 대비하도록 한다는 것이다.

금물(禁物)이 은밀하게 나가는 것도 또한 살핀다.

제조는 형조 참의가 예겸한다.

직금서(職金署) : 제조 하대부 1인, 주부 중사 2인.

서리 2인, 조례 4인.

살피건대, 『주례』 추관에, "직금관(職金官)이 있어, 사(士)의 금벌(金罰)과 화벌(貨罰) 받는 일을 관장해서 사병(司兵)에 바쳤다" 하였으니, 금벌과 화벌은 지금의 속전(贖錢)[25]과 같다.

지금 제도는 속전을 모두 형조에서 징수하는데 체모를 존엄하게 하는 것이 아니다. 이제부터 속전은 모두 직금서가 주관해서 형조에 바치며 오직 징수한 속전의 10분의 1을 떼어서 공서의 수용을 돕도록 하여야 되겠다.

생각건대, 적몰(籍沒)한 죄인의 가산을 호조에 바치는 것은 사리에 타당

25) 속전(贖錢) : 죄를 지은 자에게 처벌받는 대신 바치게 하던 돈.

하지 못하다. 내 생각에 지금부터는 적몰한 재물을 직금서가 받아서 그 전토(田土)는 통례원(通禮院) · 육보서(六保署) · 예빈시(禮賓寺) 같은 가난한 아문에 갈라주어서 공용에 보충하도록 한다는 것이다. 그리고 노비는 장례원에 붙이고, 금 · 은 · 동철(金銀銅鐵)로 된 기구는 직금서에 붙이며 잡화(雜貨)는 모두 본사(本司)에서 발매해서 또한 가난한 기관에 갈라주는 것도 마땅하다는 것이다. 다만 옥사(獄事)에 억울함이 있어 혹 후일에라도 신설(伸雪)하게 되면, 적몰한 것을 본집에 돌려줌이 마땅하다. 그러므로 그 몰수한 재물을 기록한 문부는 본사에 두어서 후일에 대조하게 되는 경우에 대비하여야 된다.

살피건대, 탐장(貪贓)을 징계하는 법으로는 몰수하는 것보다 나은 것이 없다. 금부에서 그 장물(贓物)을 계산하고 직금서에 내어 맡겨서 독려 징수하도록 하여, 가난한 기관에 주거나 혹 사병시(司兵寺)에 붙여서 군기를 제조하는 것도 또한 옛 법이다.

장역서(掌域署) : 제조 경 1인, 판관 상사 1인, 주부 중사 2인.
서리 2인, 조례 6인.

생각건대, 장역서란 주관(周官)의 묘대부(墓大夫)이다. 묘대부가 나라안 무덤 지역을 관장하여 도본(圖本)을 만들고 백성으로 하여금 씨족장(氏族葬)을 하도록 하며, 금령을 맡아서 그 위(位)를 바루고 그 도수(度數)를 관장하여 모두 사지역(私地域)이 있도록 했고, 묘지를 다루는 모든 옥송(獄訟)을 판결한다고 하였는데, 본디 춘관(春官) 소속이었으나 지금은 묘지에 관한 옥송이 자주 일어나기 때문에 형조에 붙였다. 제조는 형조 판서가 예겸한다.

생각건대, 주공(周公)이 마련한 족장의 제도는 『예경』(禮經)에 기재되어서 이와 같이 분명한데, 곽박(郭璞)[26] 이래로 풍수설(風水說)[27]이 날로

26) 곽박(郭璞) : 진(晋)나라 사람. 곽공(郭公)에게서 청낭서(青囊書)라는 비서(秘書)를 받은 다

새롭고 달로 성해져 묘역(墓域)을 널리 차지하고 길운(吉運)을 오로지 하고자 한다. 무릇 묘역 수백 보 안은 다른 사람이 와서 장사하는 것을 금하는데 혹 압맥(壓脈)[28]이라 하며 또는 대충(對衝)[29]이라 일컬어서, 두들겨 싸우며 파헤치기도 하여 옥송이 자주 일어난다. 내 생각에는 지금부터 족장(族葬)의 제도를 거듭 밝히고 풍수를 혹신(惑信)하는 자는 본서에서 잡아다가 징계한다는 것이다. 그리고 12성에 묘지 관계의 송사에 억울하게 진 것은 바로 본서에 호소하도록 함도 또한 풍속을 바로잡고 옥송을 그치게 함에 한 도움이 된다는 것이다.

생각건대, 호전(戶典)에, "판목(板木) 장사는 반드시 귀후서(歸厚署) 공문(帖文)을 받는데, 공사간 관재(棺材)로 경강에 닿은 것은 귀후서에서 10분의 1을 수세(收稅)하고, 수장(修粧)하여도 관재(棺材)에 합당하지 못한 송판(松板)은 본조(本曹)에서 10분의 1을 수세한다" 했는데, 이제부터는 귀후서에 관한 법을 장역서에 옮겨서 국내의 관곽(棺槨) 재목은 모두 본서에서 급부(給付)하도록 하는 것이 마땅하겠다. 다만 옛 법이 소략(疎略)하여 간사한 속임수가 날로 불어나니 조례를 정리해서 백성에게 금령을 범할 수 없게 한 다음이라야 이에 실효가 있을 것이다. 본디 귀후서에서 예장(禮葬)하는 것을 주관했으나 이것은 애영서(哀榮署)에서 주관할 것이다.

율학서(律學署) : 제조 경 1인, 교수 중사 2인, 훈도(訓導) 하사 2인, 검율(檢律) 하사 2인.

생도(生徒) 40인, 증액생도(增額生徒) 40인.

음부터 오행(五行)·천문(天文)·복서(卜筮)를 환하게 알게 되었다고 함.

27) 풍수설(風水說) : 음양오행설(陰陽五行說)에 기초해서 집터·무덤 같은 것의 방위와 지형의 좋고 나쁨을 분간하는 학설.

28) 압맥(壓脈) : 길(吉)한 기세가 뻗쳐오는 산맥을 다른 것이 가로질러서, 그 기세를 눌러버리는 것.

29) 대충(對衝) : 묘 터의 지형과 바위에 따라서 어떤 방위에는 다른 묘가 있어서는 안 된다는 곳.

생각건대, 근세 사대부는 율서(律書)를 전혀 읽지 않는데 관직에 있으면서 법을 범하는 것이 여기에 많이 연유된다. 내 생각에는 매양 대정(大政)[30]을 할 때에는 먼저 형조부터 율서를 시강(試講)하고, 능히 강한 자가 수령이 되도록 허가하면 거의 도움이 있다는 것이다.

---

30) 대정(大政) : 해마다 12월에 시행하던 인사 행정. 전국적으로 실시하여 그 규모가 컸으므로 대정이라 함.

동관 공조(冬官工曹) 제6

사관지속(事官之屬)

공조(工曹) : 판서 경 1인, 참판 중대부 1인, 참의 하대부 1인, 정랑 상사 2인, 좌랑 중사 4인.

서리 10인, 조례 20인.

생각건대, 공조는 옛적 사공(司空)이니, 사공이란 공토(空土)를 맡는 것이다(馬融의 말). 가옥과 전지(田地)는 사도(司徒)에 예속되고, 산림·천택(川澤) 따위 빈 땅은 사공에 예속되었는데, 또 우관(虞官)이 있어 산택(山澤)을 관장했다(『堯典』에 "益이 점의 우관이 되었다" 했다). 『주례』에 산우(山虞)·택우(澤虞)를 모두 사도에 붙였는바, 예(禮)에 손익(損益)이 있었던 것인데 우리나라 제도가 산택을 공조에서 관장하도록 한 것도 또한 옛 제도이다.

생각건대, 공조란 옛날 공공(共工)이었는데(요전에 "垂를 공공으로 삼았다" 했다), 『주례』에 동관(冬官) 1편이 없어진 것을 한(漢)나라 유사(儒士)들이 고공기(考工記)를 구해 보충했다. 그리하여 육공(六工)의 명칭은 대략 갖추어졌으나 관직 명칭은 결락(缺落)되었다. 그러므로 역대 관제(官制)에 공부(工部)가 대단히 간략한바, 이제는 산림·천택을 먼저 말하고 백공(百工)을 잇따라서 동관의 소속으로 했다.

산우시(山虞寺) : 제조 경 1인, 첨정 상사 1인, 주부 중사 2인, 참군(參軍) 하사 4인.

서리 2인, 조례 6인.

생각건대, 『주례』에 "산우(山虞)는 산림 행정을 관장하여 11월에는 양달 나무를 베고, 5월에는 응달 나무를 베었으며, 무릇 나무를 훔친 자는 형벌이 있다" 하였다. 그런데 우리나라 제도에는 사산참군(四山參軍)이라는 것이 있어 오직 서울 사방의 산을 관장하나, 그 제도가 미비하다. 지금 12성의 명산(名山) 대악(大岳)을 모두 문적(文籍)에 기록하여, 방위(方位)를 분변하고 토질(土質)을 구별하여 식목(植木)하는 일을 관장하고, 금벌(禁伐)하는 것을 살피며, 부세를 거두어서 나라의 쓰임새를 돕는 것은 그만둘 수 없다.

생각건대, 『주례』에 명씨(冥氏)·옹씨(薙氏)가 추관(秋官)에 속해 있는데, 명씨는 함정을 만들어서 맹수를 잡아 피혁과 치모(齒毛)를 바치고 옹씨도 또한 함정을 관장했다. 그런데 우리나라에서는 범을 잡는 일은 물론 곰·사슴·멧돼지·여우·살쾡이 따위를 잡는 것과 그 가죽·털·이빨·뿔을 주관하는 데가 없어 너무 소략하니 이를 산우시에서 주관함이 마땅하다.

임형시(林衡寺) : 제조 중대부 1인, 주부 중사 2인, 참군 하사 8인.

서리 2인, 조례 4인.

생각건대, 임형이란 산우시의 속관(屬官)으로, 산우는 산림을 아울러 관장하나 임형은 그 임목(林木)만을 관리하는 것이다. 우리나라 법에는 오직 송금(松禁)이 있을 뿐인데, 특히 재목으로서 아름답고 좋은 열매를 맺는 오엽송(五鬣松)과, 노송나무(檜)·잣나무(柏)·흰 느릅나무(枌)·느릅나무(楡)·단풍나무(楓)·비자나무(榧) 등도 아름다운 재목이니, 모두 벌채에 대한 금령을 실시하고 부세를 거두어야 한다.

내가 감히 불법으로 세를 거두자는 것이 아니라, 국법이 완비되지 못한

연고로 산림과 천택은 백성이 스스로 주인이 되어 1전도 내지 않는다. 이리하여 나라의 용도가 부족하니 이에 환곡(還穀)[1] · 군포(軍布) · 민고(民庫)[2] · 결미(結米)[3] 따위 제도를 만들어서 온갖 방법으로 백성의 재물을 착취하게 되어 환과(鰥寡)들이 곤란을 당하는 그 비참한 정상을 차마 볼 수가 없다. 균역법을 창설했으나 겨우 어염(魚鹽)과 선박에 그쳤을 뿐, 산림과 천택은 거론하지 않았고 토호(土豪)[4]와 관리에게 그 이익을 독차지하도록 하니, 나라의 무법(無法)이 이와 같을 수 없다.

하물며 가죽 · 털 · 이빨 · 뿔 따위는 외국에 보내는 폐백(幣帛)과 병기 만드는 데에 긴요하게 쓰이는 것인데, 관에서 이미 수납하지 않으니 백성들이 용도를 몰라서 다만 고기만 먹을 뿐이고 나머지는 버려서 썩히니 나라가 어찌 가난해지지 않겠는가? 내가 일찍이 『삼국지』 · 『남사』(南史) · 『북사』(北史)를 보니, 우리나라의 초피(貂皮)와 인삼(人蔘)은 나라의 귀중한 보배라 했는데, 지금 토호와 관리가 그 이익을 독차지하여 강하면 토하고 부드러우면 삼켜서 그 해가 끝내는 백성에게 돌아오게 되는바, 임형시라는 관청을 어찌 설치하지 않겠는가? 아울러 직장편(職掌篇)에 자세히 적었다.

살피건대, 남방 여러 고을에서 산출되는 차(茶)는 매우 좋다. 내가 본 바로는 해남 · 강진 · 영암 · 장흥 등 모든 바닷가 고을은 차가 나지 않는 곳이 없다. 내 생각에는 차가 나는 모든 산은 지방관으로 하여금 재배하도록 하고 백성들의 초목(樵牧)을 금지하여 그것이 무성해진 뒤 해마다 몇 근씩을 임형시에 바치면 그 차를 다시 만하성(滿河省)에 보내 좋은 말을 사다가 목장(牧場)에 반급(頒給)하는 것도 또한 나라의 쓰임을 넉넉하게 하기에

---

1) 환곡(還穀) : 각 고을 사창(社倉)에 저장한 곡식을 봄에 백성에게 꾸어주었다가 가을에 모곡(耗穀)이라는 명목으로 일정한 이식(利息)을 붙여서 거두어들이던 곡식. 환자(還子).

2) 민고(民庫) : 관청의 임시 비용으로 쓰기 위해서 백성으로부터 해마다 곡식과 돈을 거두어서 보관하던 창고.

3) 결미(結米) : 논밭의 조세조로 바치는 쌀.

4) 토호(土豪) : 지방에서 세력을 떨치는 호족(豪族).

족할 것이다.

생각건대, 남서 지방의 섬 중에 장산·안면도·완도 같은 곳은 솔밭과 잡목을 모두 진장(鎭將)이 주관한다. 내 생각에는 진장의 직함 끝에다 모두 임형시의 참군을 겸해서, 모두 본시에 예속되었음을 알게 한다는 것이다. 그리고 그 임목(林木)의 성쇠를 보고하고 부세를 거두는 일은 그만둘 수 없다는 것이다. 참군(參軍)을 8명으로 한 것은 대략을 말한 것이다.

생각건대, 여러 도 사찰(寺刹)에 수목이 무성한 곳도 또한 판적(版籍)에 기록하여 본시에 간직하고 부세를 거두도록 함이 마땅한데, 다만 이런 부세를 거두는 데는 박하게 하는 것이 마땅하고 후하게 하는 것은 부당하다.

택우시(澤虞寺) : 제조 경 1인, 첨정 상사 2인, 주부 중사 2인. 서리 2인, 조례 6인.

생각건대, 원편에 제언사(堤堰司)의 도제조는 삼공(三公)이 예겸하고 제조는 경과 대부 2자리였으나 지금은 택우시로 만들어서 관제(官制)를 산우시와 같게 했다.

살피건대, 『주례』에 "택우는 나라 안 천택(川澤)에 관한 정령(政令)을 관장하여 범법하는 것을 금하여, 생산되는 재물을 그 지역 사람에게 지키게 하였다가 수시로 왕부(王府)에 납입(納入)하도록 하고, 천형(川衡)도 천택에 대한 금령(禁令)을 맡아서, 범금(犯禁)한 자는 잡아서 처벌하였다" 하였는데, 산우와 택우는 모두 중사로 장(長)을 삼았고, 임형과 천형에는 모두 하사로 장을 삼았으니, 이것은 택은 크고 천은 작기 때문이다. 그러나 산우는 큰 산마다 관원이 12명이며, 임형(林衡)도 큰 숲에는 관원이 12명이다. 택우도 큰 소택(沼澤)마다 관원이 12명이며, 천형도 큰 하천에는 관원이 12명이다. 그런즉 천하에 모든 큰 산과 큰 숲, 큰 소택과 큰 하천은 왕공(王公)이 주인이 되어서 거기에서 생산되는 산물을 거두었던 까닭에 국가가 풍족했었다.

백성은 모두 밭 100묘(畝)를 받아서 가을에 곡식이 익었어도 세가 없고

오직 공전(公田)을 가꾸어서 10분의 1만을 세로 바쳤던 까닭에 백성들의 생활도 풍족했다. 지금은 산림과 천택을 버려두고 수입하지 않으면서 오직 농사하는 백성만 벗기고 족친다. 이리하여 공사간에 쓰임이 모자라고 상하가 아울러 곤란을 받는데, 오직 탐관오리와 토호간민(土豪奸民)이 그 이를 독차지하니, 나라의 무법이 이 지경에까지 이르렀는가?

우리나라에 특별히 큰 못은 없다. 그러나 의림지(義林池) · 합덕지(合德池) · 공골지(空骨池) · 벽골지(碧骨池)에 만약 물고기를 기르고 연(蓮)을 심어서 엄하게 지키도록 하면 거기에서 나오는 수입을 관에 바치는 것도 또한 적지 않을 것이다. 또 모든 제언(堤堰)은 그물을 관개(灌漑)하는 백성에게 세를 부과해서 징수함이 마땅하며, 그 이를 그냥 누리도록 할 수는 없다. 다만 이런 세액은 마땅히 극히 박하게 책정하여 명목만 있게 할 것이다.

천형시(川衡寺) : 제조 경 2인, 주부 중사 2인, 준천랑(濬川郎) 하사 4인.

서리 2인, 조례 4인.

생각건대, 원편에 "준천사(濬川司)의 도제조는 공이 예겸하고, 제조는 3영(營) 대장(大將)이 예겸했는데, 지금은 제조 2자리를 만들어서 병조 판서와 공조 판서가 예겸하도록 했다. 만약 서울 하천을 준설(濬渫)하게 되면 병조에서 3영에 통지하여 그 군사를 징발할 것이고 반드시 3영 대장을 제조로 삼을 것은 아니다. 준천랑 4자리는 3영문(營門) 종사관(從事官) 1명과 공조 좌랑 1명이 겸무하도록 함이 마땅하겠다.

살피건대, 우리나라 큰 하천으로서 북서쪽은 녹수(淥水 : 압록강)이고, 다음 북쪽은 살수(薩水 : 청천강), 다음 북쪽으로 패수(浿水 : 대동강), 다음 북쪽으로 저수(瀦水 : 예성강), 다음 북쪽으로 대수(帶水 : 임진강)이고, 경강은 열수(洌水 : 남북강)이며, 다음 남쪽으로 사수(泗水 : 백마강), 다음 남쪽으로 안수(鴈水 : 高山에서 발원하여서 萬頃 바다에 들어간다), 다음

남쪽은 영수(滎水 : 영산강)이다.

동쪽으로 돌아서는 잔수(潺水 : 두치강)이고, 또 동쪽에 있는 남수(濫水 : 진주의 淸川)는 동쪽으로 황수(潢水 : 낙동강)에 모이며, 가장 북쪽에 있는 것은 만수(滿水 : 豆滿江)라 한다. 무릇 이 큰 하천에는 어량(魚梁)[5]을 만들어서 물고기를 잡고, 선박이 모여드는 곳이니, 그 지역에 이익이 어찌 다함이 있겠는가? 지금 세력 있는 강변 백성이 모두 남몰래 문안(文案)을 만들어 제 물건으로 만들고, 그 세를 거두어서 스스로 넉넉하게 지낸다. 무릇 맑은 물과 흰 모래는 원래 텅 비어 있는 곳인데, 이것을 어찌 한 사람의 사유로 할 것이겠는가?

내 생각에는 12성 모든 대천(大川)에 어량 등록한 문안은 하나같이 엄금하고 사적(私籍)도 불태워서, 아울러 천형시에다 붙인다는 것이다. 그리고 어장으로서 유명한 곳(洌水의 豆尾浦 같은 곳)과 선박이 모여드는 곳(潢水의 洛東 같은 곳)은 세액을 대략 정하고 천형시에 바치도록 해서 나라의 재정에 보충하는 것도 또한 적당한 방법이라는 것이다(선박은 이미 均役廳에 세를 바치고 있으나, 그 점포에도 세액이 있어야 한다).

선공감(繕工監) : 제조 경 1인과 중대부 1인, 부정(副正) 상사 1인, 주부 중사 2인, 감역(監役) 하사 2인.

서리 6인, 조례 16인.

생각건대, 원편에 "제조 1자리를 호조 판서가 예겸한다" 하였는데, 마땅치 않은 듯하므로 이번에는 공조 판서가 예겸하도록 했다.

살피건대, 원전에 주부와 봉사(奉事)가 모두 4자리이고 감역(監役)과 가감역(假監役)이 모두 6자리인데, 이것은 백도(白徒)[6]가 벼슬길에 들어

5) 어량(魚梁) : 물이 한 곳으로만 흐르도록 만든 다음 그 곳에다 통발 따위를 놓아서 고기를 잡는 장소.

6) 백도(白徒) : 원래는 훈련받지 못한 병정을 말하는 것. 여기서는 과거에 합격하지 못한 사람이라는 뜻으로 해석됨.

서는 것을 위해 증설한 것이다. 그러나 진실로 학행과 재예가 있으면 다른 관직에도 구애됨이 없는데, 어찌 반드시 가감역으로 제수하는 것인가? 관직을 위해서 사람을 택한다는 말은 내가 들었거니와 사람을 위해서 관직을 설치했다는 말은 듣지 못했다. 하물며 내빙고(內氷庫)에 얼음을 저장하고 얼음을 바치는 일을, 또한 감역을 시켜서 하는 것은 매우 부당한 일이다. 이 편에 얼음을 저장하는 법은 성안에 움을 파서 하고(이에 대한 설명은 앞에 있음), 내빙고는 금원(禁苑)에 움을 파서 하고자 했으니 빙고 관원으로서 궐내에 얼음 진공(進供)하는 일을 겸할 수 있는데 또 어찌 반드시 감역을 빌려오는 것일까? 직무가 이와 같으므로 선공감 낭관 6자리를 바로 줄였는데, 나는 아직도 관직이 많다고 생각한다.

이용감(利用監) : 제조 중대부 1인, 첨정 상사 2인, 별제(別提) 중사 2인, 학관(學官) 하사 4인.

서리 2인, 조례 8인.

생각건대, 『춘추전』(春秋傳)에, "정덕(正德) · 이용(利用) · 후생(厚生)이 왕자(王者)가 정치를 하는데 큰 목적이 된다" 하였고, 『중용』(中庸)에는, "늠록(廩祿)을 일에 알맞게 하여 온 관원을 권장한다" 했고, 『주례』 고인직(稿人職)조에는, "그 활과 쇠뇌(弩)를 고찰해서 식록(食祿)을 올리기도 하고 내리기도 한다"고 했으며, 월령(月令)에는 "첫겨울(孟冬)에 공사(工師)에게 명해서 사공(事功)을 조사하는데, 물건마다 그것을 만든 공장(工匠)의 이름을 새겨서(그 기구에다 이름을 새김) 그 정성들였음을 고찰하며, 만든 것이 적당치 못하면 반드시 그 죄를 시행한다" 했는바, 선왕이 모든 공장을 권장하던 것이 이와 같았다.

진실로 기예가 정교한 자에게 그 늠록을 증가하면, 사방에서 기교(機巧)한 사람들이 장차 풍문을 듣고 모여올 것이다. 농기가 편리하면 힘을 적게 들여도 곡식은 많고, 직기(織機)가 편리하면 힘을 적게 들여도 포백(布帛)은 풍족하다. 배와 수레의 제도가 편리하면 힘을 적게 들여도, 먼 지방 물

화가 정체되지 않으며, 인중(引重)·기중(起重)하는 법이 편리하면 힘을 적게 들여도 대사(臺榭)·제방(堤防)이 견고해질 것이다. 이러한 방법은 말하자면 온갖 공장을 오도록 하여 재용(財用)이 넉넉하게 됨을 의미한다. 그러나 온갖 공장의 교묘한 기예는 모두 수리(數理)에 근본한 것으로서, 반드시 구(句)·고(股)·현(弦)[7]의 예각·둔각이 서로 들어맞고 서로 어긋나는 본리(本理)에 밝은 다음이라야 이에 그 법을 깨칠 수 있을 것이니, 진실로 사부(師傅)에게 배워서 많은 세월을 쌓지 않으면 끝내 습취(襲取)할 수 없을 것이다.

내가 선조 때에 규장각에서 서적을 교열하였는데, 선조께서 『도서집성』(圖書集成)·『고공전』(考工典) 제 240권을 내사(內賜 : 임금이 친히 내려주는 것)하였으니, 곧 기이한 기구(機具)를 도해(圖解)해서 설명한 것을 편집한 것이다. 그후에 또 규장각 검서관(檢書官) 박제가(朴齊家)가 지은 『북학의』(北學議) 6권을 보았으며, 그후에는 유신(儒臣) 박지원(朴趾源)이 저술한 『열하일기』(熱河日記) 20권을 보았는데 거기에 기록된 중국 기구(器具)의 제도는 보통 사람의 의견으로서 능히 추측하지 못할 만한 것이 많았다.

전 장신(將臣) 이경무(李敬懋)가 일찍이 나에게 "지금 병기로서의 화기(火器)는 모두 새로운 제도인데, 일본 조총(鳥銃)도 지금은 구식이다. 이후 남북에 사변이라도 있으면 다시 조총과 쇠도리깨·방망이 따위를 가지고 오지는 않을 것이니, 지금의 급무는 북쪽으로 중국에 가서 배우는 데에 있다" 하였으니, 참으로 시무(時務)를 아는 말이었다. 나의 생각에는 별도로 한 관청을 설치하여 명칭을 이용감이라 하고 오로지 북쪽에 가서 배워 오는 것을 직(職)으로 한다는 것이다.

제조 및 첨정 2자리는 수리에 밝고 익숙한 자를 택해서 차임(差任)하고, 별제 2자리는 눈썰미와 손재주가 있는 자를 시키며, 학관(學官) 4자리는

---

7) 구(句)·고(股)·현(弦) : 직각 삼각형에서, 구는 직각을 낀 짧은 변, 고는 직각을 낀 긴 변, 현은 직각 삼각형의 사변(斜邊).

사역원(司譯院)과 관상감(觀象監)에서 수리에 정통하고 관화(官話)[8]에 익숙한 사람 각각 2명을 엄선하여 해마다 북경에 들여보내어, 돈을 사용하여 그 방법을 구하거나 또는 넉넉한 값으로 그 기구를 매입할 것이다. 무릇 구들 놓기, 벽돌 굽기, 수레 만들기, 그릇 만들기, 쇠 불리기, 구리 불리기, 기와 · 벽돌 · 자기(磁器) 굽기에서 무거운 것을 끌어당기기, 무거운 물건 들어올리기, 나무 켜기, 돌 켜기, 맷돌 · 방아 · 물방아 찧기, 바람으로 맷돌 돌리는 법과 홍흡(虹吸) · 학음(鶴飮)[9] 따위 제도와 모든 농기구 · 직기 · 병기 · 화기 · 풍선 · 물총[10]에서 천문역법에 소용되는 의기(儀器) · 측기(測器) 등 실용에 관계되는 모든 기구는 전습(傳習)하지 않는 것이 없도록 하여 돌아와서 본감(本監)에 바치면 본감에서는 솜씨 있는 공장을 모으고 그 법을 상고하여 시험삼아 제조한다. 그리하여 성과가 있는 자는, 제조와 공조 판서가 만든 것을 고찰하고 으뜸으로 된 자는 감목관(監牧官)이나 찰방(察訪)을 제수하거나 또는 현령이나 군수를 제수한다. 그리고 큰 공이 있는 자는 승격(陞格)해서 남 · 북한 부사(南北漢副使)로 삼으며, 그 자손을 녹용(錄用)[11]한다.

이와 같이 하면 10년을 넘지 않아서 반드시 성과가 있을 것이며, 나라가 부유해지고 군사도 강해져서 다시는 천하의 비웃음을 당하지 않을 것이다. 대부(大夫) 이기양(李基讓)이 사명을 받들고서 북경에 갔다가 목화 씨를 바르는 씨아를 구해와서 바쳤는데, 선왕이 오군문(五軍門)에 명하여 그 견본을 만들어 팔도에 갈라주도록 했으나, 명을 내리고는 곧 빈천(賓天)[12]하여 그 일이 마침내 시행되지 못했다. 그 제도가 소박하고 성글어서 시행되지 못했으나, 한 사람이 한가하게 앉아서 바퀴만 밟아도 하루에 목화 200

8) 관화(官話) : 중국의 표준말. 청대에는 북방 말에 편중하여 북경 말을 표준으로 삼았음.
9) 홍흡(虹吸) · 학음(鶴飮) : 홍흡은 일종의 흡수기(吸水器)로서 사이펀(Siphon), 학음은 홍흡과 유사한 승강 기구인 듯함.
10) 물총(水銃) : 소화기(消火器)의 일종.
11) 녹용(錄用) : 공신 또는 충신의 자손을 기록해두었다가 채용하는 것.
12) 빈천(賓天) : 존귀(尊貴)한 사람의 죽음을 이르는 말.

근은 너끈히 씨를 바를 수 있다니 또한 길쌈하는 데에 편리하고, 재화를 유통시키는 데 도움이 되었을 것인데 애석하게도 시행되지 않았다.

어떤 사람은, "국력이 한창 빈약한데 무엇으로써 관직을 증설할 것인가?" 하지만 나의 생각에는 국력이 빈약한 까닭으로 이 관직을 급히 설치해야 한다는 것이다. 하물며 선공감에 낭관 4자리를 줄이고 서리 10자리를 줄여서 이 관청을 설치하는 것인즉, 내가 관직을 증설하는 것은 아니다.

사병시(司兵寺) : 제조 공 1인과 경 2인, 첨정 상사 2인, 주부 중사 2인. 서리 6인, 조례 12인.

사병시란 군기시(軍器寺)이다. 원편에는, "제조 1자리를 병조 판서가 겸무했다" 하였으나 이번에는 공조 판서가 하고, 또 1자리는 무장(武將)이 하도록 했다.

생각건대, 군기시 낭관이 10명이나 되도록 많은 것은 녹 없는 무신을 대우하기 위해서이다. 그러나 이번에는 6자리를 줄여서 다른 기관을 설치했다.

수성사(修城司) : 제조 경 3인, 주부 중사 6인, 봉사 하사 6인. 서리 2인, 조례 4인.

살피건대, 원편에 "수성금화사(修城禁火司)가 있는데, 도제조는 대신이 하고, 낭관 13자리는 다른 관원이 와서 겸무했다" 했으나 근래에 다시 혁파되었다. 서울 주위 30리를 3단(段)으로 가르고, 3영문(營門)이 1단씩 맡아서 허물어지는 대로 보수하도록 했다. 이번에는 북영(北營 : 지금 曜金門 밖에 있다) 안에 있는 한 청사를 수성사로 만들어서, 그 제조는 3장신(將臣)이 예겸한다. 그리고 낭관은 3영 장관 중에서 택차(擇差)해서 겸무하도록 한다. 12성에 있는 여러 곳의 성(城)도 아울러 관할(句管)하고, 3영(營)에서 4성(省)씩 맡아서 그 완훼(完毁)를 살피고 보수하도록 단속한다.

그리하여 그 공장(功狀)과 죄장(罪狀)을 1벌은 병조에 올리고 1벌은 공조에 올려서 등급을 정하는 일은 그만둘 수가 없다.

생각건대, 『주례』에, "장고(掌固)의 관직은 성곽 구지(溝池) · 수구(樹溝)를 견고하게 보수하는 일을 맡았다" 했는데, 하관(夏官) 소속이었으나 이번에는 그 일들이 영작(營作)하는 것과 관련되었고, 이용감(利用監)과 서로 필요로 하는 것이므로 공조에다 붙였다.

생각건대, 중국에서는 성을 모두 벽돌로 쌓은 까닭에 견고해서 깨뜨리기 어렵고, 또 평지에 있는 성은 모두 안팎을 겹쳐 쌓았는데, 우리나라 성은 모두 암벽을 깎고 벼랑에 기대어 쌓았으므로 한 꺼풀 안쪽은 푸슬푸슬한 흙이다. 한 사람이 긁어당겨도 손을 따라서 무너질 지경이니 이런 성을 어디에 쓰겠는가? 이용감에서 벽돌 굽는 법을 빨리 알아오는 것이 마땅하겠다. 여러 도의 변경 성은 100년을 한정하여 차례차례 고쳐쌓을 것인데, 그전 돌은 땅에다 펴서 기초를 만들고 이에 벽돌로 쌓으면서 치첩(雉堞)[13]도 그 법대로 설치하는 것은 그만둘 수 없다.

생각건대, 연변(沿邊) 여러 성은 모두 조석(朝夕)에라도 생길지 모르는 변고에 대비하는 곳이다. 터를 잡을 때는 오직 군사를 쓰는 데에 알맞은 지세인가를 헤아리고 살필 것이다. 그런데 풍수설에 의혹된 지가 벌써 오래여서, 무릇 읍(邑) 터를 보는 자는 오직 용세(龍勢)[14]와 수법(水法)[15]에 얽매이고 이것에 따른다. 내가 본 바로는 서쪽과 남쪽 여러 성은 하나도 수어(守禦)할 만한 곳이 없는바, 이것도 수성사에서 알아두는 것이 마땅하겠다.

생각건대, 원전에 수성(修城)과 금화(禁火) 두 기관을 합쳐서 하나로 했으므로, 지금 역시 그대로 했다. 『주례』 추관에, "사훤씨(司烜氏)가 중춘(仲春)에 목탁(木鐸)으로 나라 안에 화금(火禁)을 경계한다"고 했다. 그런

---

13) 치첩(雉堞) : 성 위에 낮게 쌓은 담. 제 몸을 숨겨서 적을 공격하는 곳. 성첩(城堞) · 여장(女墻).

14) 용세(龍勢) : 용은 산맥. 산맥이 내려온 형세를 말하는 것.

15) 수법(水法) : 그 터의 좌향(坐向)에 알맞도록 물이 흘러가는 것.

데 소화(消火)하는 여러 기구는 이용감에서 필요로 하는 것이므로 지금 공조에다 붙였다.

살피건대, 근래의 예에 무릇 성안에 화재가 나면 3영문에서 달려와서 구원했다. 낭관 12자리를 이미 영문 장관으로 삼았으니 그 관서도 3곳에 설치함이 마땅하다. 하나는 북영(요금문 밖에 있다)에, 하나는 양향청(糧餉廳 : 저동에 있다)에, 하나는 수어구청(守禦舊廳 : 소정동 북쪽에 있다)에 설치한다. 또 여러 방(坊) 36곳에다 물총을 설비하고 3영에서 12곳씩 맡아서, 무릇 화재가 있으면 물총으로 소화하는 것을 그만둘 수 없다.

생각건대, 사훤(司烜)이란 금화(禁火)하는 관직이다. 지금은 금령(禁令)이 씻은 듯 없어져서 동서북 여러 도에 산이 깊고 나무가 빽빽한 지역은 모두 불을 질러 태워서 화전을 만든다. 나라 법제에 산허리 이상을 경작하는 자는 법에 저촉하도록 되어 있는데, 법이 있어도 시행하지 않으면 없는 것만 못하다. 재목이 자라지 못하고, 금은이 나지 않으며, 무늬 있는 가죽과 이상한 뿔을 가진 짐승들이 죄다 국경 너머로 달아나니 나라가 여위고 백성이 가난해지는 그 구멍이 많다. 또 산허리 이상이라는 것도 본래 분명치 못하니 높은 산과 낮은 산이 있어 혹은 10리가 허리가 되기도 하고 100보가 허리가 되기도 하며, 10보가 허리가 되기도 하는데, 그 허리라는 한계를 누가 알겠는가? 지금 법제를 거듭 밝히는 것이 마땅하겠다. 평지에서 계산하는데 간짓대를 걸친 다음 줄을 드리워보아서 300보 이상은 개간을 허가하지 말 것이다. 깊은 산, 무성한 숲을 제 마음대로 불지른 자는, 본사에서 수탐(搜探)하거나 또는 서리를 보내 순시한 다음 벌전(罰錢)을 징수하고, 수령을 벌책함도 또한 마땅하겠다.

전환서(典圜署) : 제조 경 1인, 주부 중사 2인, 봉사 하사 2인. 서리 2인, 조례 8인.

전환서란 주전소(鑄錢所)이다. 옛적에 구부환법(九府圜法)이라 한 것은 모두 돈 만드는 것을 이른 것이다. 지금 돈 만드는 일은 모두 영문(營門)에

서 하는데, 그 제도가 만에 하나도 같지 않아서, 혹은 크고 혹은 작으며, 혹은 두껍고 혹은 얇다. 글자가 흐릿하고 분명치 못하여, 우둔(愚鈍)한 백성은 사사로 주조한 것과 분별해낼 수가 없다. 하물며 돈 형(型)에 재료를 조합하면서 거칠고 약한 물건을 섞으므로, 손에 닿는 대로 부서져서 능히 10년을 견디어내지 못한다. 이것도 또한 이용감에서 중국의 주전법(鑄錢法)을 배워 모두 전환서에서 주조할 것이다.

환법은 본디 경중이 있는데, 경중은 가벼운 돈과 무거운 돈을 말한다. 만약 한 닢 돈을 약 1만 꿰미 주조할 때에 열 닢 무게를 한 닢으로 할 것 같으면 1천 꿰미만 주조해도 작은 돈 1만 꿰미에 해당하며, 또 백 닢 무게를 한 닢으로 하면 100꿰미만 지어도 중간 돈 1천 꿰미에 해당된다. 그렇게 하면, 주조하는 데에 공비가 줄고 유통하는 데에 계산하기가 편리할 뿐 아니라, 돈 닢이 두꺼워서 오래도록 견딜 것이니 이것이 경중의 본법(本法)이다. 지금 천하 만국에 은전(銀錢) · 금전(金錢)이 있고, 은전 · 금전 중에 또 대 · 중 · 소 3층이 있다.

나주 흑산도 사람 문순득(文淳得)이 가경(嘉慶 : 清 仁宗의 연호, 1796~1820) 신유년 겨울에 서남(西南) 바다에 표류하여, 유구(琉球) · 중산국(中山國) · 영파부(寧波府) · 여송국(呂宋國) · 안남국(安南國)을 두루 구경하고 광동(廣東) 향산(香山) 모퉁이에 이르러 해외 여러 나라 큰 장사치들을 많이 보았는데, 그들이 사용하는 돈이 대개는 이와 같았다고 하였다. 지금의 동전 한 닢 무게로써 은전 한 닢을 주조하여 동전 50을 당하고, 또 은전 한 닢 무게로써 금전 한 닢을 지어서 은전 50을 당하게 하되, 대 · 중 · 소 3층이 있도록 하면, 3종류의 금속이 총 9종류의 돈으로 되는바 참으로 9부환법이라 할 수 있겠다.

생각건대, 오금(五金) · 팔석(八石)[16]은 모두 해 · 달 · 별의 정기가 오랜

---

16) 오금(五金) · 팔석(八石) : 오금은 황금(黃金) · 백은(白銀) · 적동(赤銅) · 청연(靑鉛) · 흑철(黑鐵), 팔석은 주사(朱砂) · 웅황(雄黃) · 운모(雲母) · 공청(空靑) · 유황(硫黃) · 융염(戎鹽) · 초석(硝石) · 자황(雌黃).

연조를 쌓아 이에 그 모양으로 엉긴 것이다. 그러므로 한 광(礦)을 파고 나면 1천년이 지나도 회복되지 못할 터이니 이것은 한정적이기 때문에 얻기 어려운 보배인 반면, 금수(錦繡)·견포(絹布) 따위는 고치실과 양털에서 해마다 생산되니 이것은 얻기 쉬운 물건이다.

우리나라는 해마다 금·은 수천만 냥을 중국에 들여보내 금수와 견포로 바꿔오고 있다. 이것은 한정 있는 것으로써 한정 없는 것과 무역하는 것이니, 어찌 국력이 소진하여 피폐하지 않겠는가? 우리의 금·은이 이미 다 없어지면 저들의 비단도 우리나라에 들여오지 못할 것이니 선명(鮮明)한 의복인들 어찌 능히 항상 입을 수 있겠는가? 내 생각에는 금전과 은전을 국내에 유통시키면 중국에 들어가는 것이 줄어든다는 것이다. 또 금수와 견포를 절대로 무역하지 말고 이용감에서 비단 짜는 법을 배워다가 국내에 널리 퍼지도록 하면 또한 양편으로 이롭지 않겠는가? 그것을 배워와도 능히 하지 못한다면 해어진 베옷을 입을지언정 금·은을 중국에 들여보낼 수는 없다.

전환서의 대부(大夫)와 낭관(郎官)도 또한 3영문 장신(將臣)과 장관으로 삼고 식년(式年)이 되면 돌려가면서 체임(遞任)되는 것을 허락하는 것이니, 가령 자년(子年)에 도통영(都統營) 장사(將士)가 이 관서를 맡았으면 묘년(卯年)에 좌어영(左禦營)과 교대하며, 오년(午年)에는 우위영(右衛營)과 교대하는데 유년(酉年)이 되면 도통영이 다시 맡게 되는 것이다.

살피건대, 『예기』에, "변면(弁冕)[17]과 병기(兵器)는 사가(私家)에 간직하지 않는다" 했는바, 곧 병기는 사사로 제조할 수 없다는 것이다. 옛 제도에 오직 천자만이 악(樂)을 짓고, 율(律)을 고찰할 수 있었으며, 악기(樂器)도 사사로이 제조할 수 없었다. 그러나 병기와 악기를 다 그렇게 할 수 없고, 오직 구리(銅)로 만드는 물건만 사사로 만드는 것을 금단할 것이다. 병기인즉, 요령(鉦)·소라(鑼)·꽹과리(鐃)·징(鐲)·나팔(喇叭) 등은 모

---

17) 변면(弁冕) : 관(冠)의 하나. 우두머리가 쓰는 관. 『좌전』(左傳) 소공(昭公) 원년에, "吾與子弁冕端委以治民臨諸侯"라 하였음.

두 전환서에서 만들도록 한다. 비록 3영문의 것이라도 모두 본서(本署)에서 만들어가며 외방 12성도 모두 본서에서 가져다가 쓴다.

악기인즉 크게는 종(鍾)과 큰 쇠북(鑮), 작게는 중(僧)들이 쓰는 경쇠(磬)와 무당(巫)이 치는 요령(鉦 : 古詩에도 중들이 쓰는 작은 종을 銅磬이라 하였다)을 모두 전환서에서 만든다. 비록 장악원(掌樂院)에서 쓰는 것이라도 모두 본서에서 만들어가며, 외방 12성과 여러 사찰에서까지 모두 본서에서 가져다 쓴다. 그리고 사사로 만든 것이 있으면 사전(私錢)을 주조한 것과 똑같이 율을 적용한다. 또 병기와 악기에는 모두 구름 모양과 표지를 새기며, 또 크고 작음과 길고 짧음에서 반드시 털끝만큼의 어긋남도 없도록 할 것인데, 이것도 또한 한 제도에 대한 작은 권도이다.

관자(管子)는 세모난 띠풀로써 제후의 권세를 다 잡아당겼는데, 하물며 병기와 악기이겠는가? 그 삶이 후하면 그 업(業)에 부지런해지고, 그 업에 부지런하면 그 기술이 정묘해지는데, 이것도 또한 온갖 공장(工匠)을 오도록 하는 데에 한 도움이 될 것이다. 돈 만드는 일은 항상 있는 것이 아니고, 혹 5년에 한 번 만들거나 10년 만에 한 번 만드는데, 이것을 믿고서 살라고 하면 주조하는 공장은 흩어질 것이다.

전도사(典堵司) : 제조 경 1인, 첨정 상사 1인, 주부 중사 2인.
서리 4인, 조례 8인.

생각건대, 동관(冬官) 고공기(考工記)에, 장인(匠人)이 국도(國都)를 영건(營建)하면서 9구역으로 갈랐는데, 한복판을 왕궁으로 만들고, 앞면은 조정, 뒤쪽은 저자(市)로 했으며, 좌우 6향(鄕)이 둘씩 둘씩 서로 마주 향하도록 하였으니 이것이 옛 제도였다. 그런데 장인이 국도를 영건하면서 지역을 사방 9리로 했으니 1구역은 사방 3리에 불과하며, 사방 3리는 9정(井)을 만들 만한 지역이다(맹자는 사방 1리를 정으로 한다 하였다).

옛 제도는 5주(州)가 향이었는데, 향은 1만 2천 500가(家)였다. 1만 2천 500가를 9정(井)에 분배하면 매정에 1천 389호(戶)가 되고(나머지가

1호이다). 1정이 900묘(畝)인즉 1농부(農夫)의 몫이 100묘이니, 1천 389호를 9농부의 몫으로 분배하면 1농부의 몫마다 154호가 된다(남는 것이 3호이다). 154호를 100묘로 분배하면 땅 1묘마다 1호 반이 되는바, 이는 1묘궁(畝宮)이라는 것이 아니다. 또 그 사이에 도랑과 둘레 길이 있다. 또 경·대부의 집은 반드시 서민의 집 제도와 같지는 않다. 그런데 국도가 사방 9리이면, 한 향이 용납(函)하는 것이 반드시 1만 2천 500가가 되지 못할 터이니 이것은 두 경서가 합치되지 않는다. 국도를 사방 9리로 한다는 것은 반드시 천자의 국도가 아닐 것이다. 또는 9리라는 것이 정전(井田)의 사방 1리와는 같지 않은 것이 있다.

이번에도 국도를 영건하는 제도는 또한 국도를 9구역으로 갈라서 왕궁이 복판에 있고 앞에는 조정이, 뒤에는 저자가 있으며, 좌우 6부(部)가 둘씩 서로 향하도록 했다. 1부를 9로 구분한 것을 9취(聚)라 하며, 1취를 9로 구분한 것을 9구(區)라 한다. 이리하여 모든 가옥을 9등으로 구분하는데 1구를 1도(堵)로 한 것은 오직 왕궁이 그러하고 관서도 또한 그런 것이 있으며, 그 나머지 사실(私室)들은 모두 1구를 개방하여 담을 쌓는다.

1구에 4도(堵) 되는 것이 갑제(甲第 2×2=4)로 되고, 1구에 9도(堵) 되는 것이 을제(乙第 3×3=9)가 되며, 1구에 16도가 되는 것이 병제(丙第 4×4=16)가 되고, 1구에 25도가 되는 것이 정제(丁第 5×5=25)가 되며, 1구에 36도가 되는 것이 무제(戊第 6×6=36)가 되고, 1구에 49도가 되는 것이 기제(己第 7×7=49)가 되며, 1구에 64도가 되는 것이 경제(庚第 8×8=64)가 되고, 1구에 81도가 되는 것이 신제(辛第 9×9=81)가 되며, 1구에 100도가 되는 것이 임제(壬第 10×10=100)가 되는데, 모두 9등이다. 1구에 도가 100인 것은 매도마다 사방 10보(步)이며 사방 10보는 1묘(畝)이니, 1묘 되는 집이 최하등인바, 이것들은 거의 옛사람이 남긴 법이다. 이리하여 왕궁 좌우에 가장 가까운 9구를 갑제로 하며, 을·병·정·무·기·경·신·임을 차례대로 벌여둔다.

모퉁이 4부(部)에는 갑제를 짓지 않으며 임제가 두 줄로 있도록 한다. 또 앞에 있는 조정과 뒤에 있는 저자는 복판 열(列)에 있으며, 30보로써

경계 길을 만든다(옛 제도는 수레 7개의 폭이나 너무 좁으므로 지금은 넓혔다). 그리고 좌우 각 35보(步)를 백관(百官)이 근무하는 공서(公署)로 하며, 온갖 물화(物貨)를 매매하는 시사(市肆)로 만든다. 또 그 바깥 왼쪽 줄과 오른쪽 줄을 각각 신제(辛第)와 임제(壬第)로 한다. 이렇게 되면 9등급의 집이 총 3만 5천 272호가 되며, 또 성 바깥 6수(遂)에도 신제(辛第)가 1만 3천 122호이고, 임제(壬第)가 3만 2천 400호에서 성 안팎이 모두 8만 700호이다.

이에 갑·을·병(甲乙丙) 3등급의 집에는 대부(大夫)가 있고, 정·무·기(丁戊己) 3등급의 집에는 적사(適士)[18]가 살며, 경·신·임(庚辛壬) 3등급의 집에는 서민(庶民)이 있도록 한다. 그리고 차라리 낮은 등급에 있을지언정 위로 참람함이 없도록 하면 왕국의 법이 이에 크게 이루어질 것이다. 아울러 조목을 표로 만들어서 다른 편에다 기록했으므로 여기서는 대략만 거론한다.

살피건대, 건국 초기에 국도를 영건할 때에 능히 구획하지 못한 것이 이와 같다. 지금에 전도사(典堵司)가 관장하도록 하는 것은 오직 현재의 6부뿐으로서 그 가옥의 크고 작은 제도를 그 담을 보고서 분별할 뿐이다. 오직 담에 9등의 구별이 있을 뿐 아니라, 가옥의 높고 낮음, 넓고 좁음과 재목의 크고 작음, 길고 짧음으로써 각각 9등을 구분한다. 그리고 6부 안에 혹 집을 헐고 다시 세웠거나, 또는 빈 터를 차지해서 새로 건축한 것이 있으면 전도사가 살펴서 분변한다. 만약 그 담이 제9등 지역에 있는 것이면 그 가옥 제도도 또한 9등 제도로 해서 1자 1치의 털끝만큼이라도 어김없이 하며, 만약 그 담이 제6등 지역에 있는 것이면 그 가옥 제도도 또한 6등 제도로 해서 1자 1치의 털끝만큼이라도 어김이 없게 한다. 진실로 오래도록 유지하여 게으름 부리지 않고 수백 년 동안 시행한다면, 6부 민가가 비록 제도에 다 합당하지는 못하더라도 9등으로 정한 제도 안에서 벗어나지는 않을 것이니, 이것이 역시 제도를 고르게 하는 것이라 할 수 있는 것이다.

---

18) 적사(適士) : 상사(上士)와 같음.

반드시 9등으로 구분하는 것은 무엇인가? 무릇 왕자가 입법하는 데에는 상하의 등이 있으며 귀천의 급이 있어, 거마(車馬)·의복(衣服)·기용(器用)에 그렇지 않은 것이 없는데 하물며 가옥이겠는가? 9등이라는 제도를 백성이 다 알고 있으니 우인(虞人)[19]이 나무를 벨 때에 그 제도를 익히 알고 있어서 베고 자르는 것을 모두 9등 소용에 알맞게 하므로 허비가 없으며, 제인(梯人)[20]이 집을 지을 때에도 그 제도를 알고 지으며, 9등 가옥은 원래부터 각각의 일정한 값이 있으므로 쟁송하는 일이 없게 된다. 또 『주례』에 말한 아홉 가지 부세 명목에 방중(邦中) 부세가 한몫을 차지했다. 지금 방중 부세를 거두고자 하면서 9등 제도가 없으면 많이 거두기도 적게 거두기도 해서, 장차 만에 하나도 같지 않을 것이다. 만에 하나도 같지 않으면 그 법이 헷갈리고, 억지로 몇 등으로 가르면 그 법이 고르지 못할 것이다. 가옥 제도는 원래부터 9등으로 분간해서 1자 1치의 털끝만큼이라도 감히 어김이 없은 다음이라야 바야흐로 법도를 고르게 낼 수가 있어 왕자의 큰 법이 될 것이다.

북경에서 집을 짓는 자는, 무릇 창호를 낼 때에 먼저 문틀을 설치하고 저자에 가서 창을 사오는데 꼭 들어맞지 않는 것이 없으니, 이것은 왜 그런가? 그 가옥의 제도에 각자 치수가 있어, 감히 어김이 없기 때문이다. 그런 까닭에 재인이 문틀을 동쪽 마을에 설치했고, 장수(賈人)가 창을 서쪽 저자에 진열했으나 서로 구해오면 부절(符節)[21]을 합치는 것과 같다. 이것이 이른바 도(道) 있는 나라라는 것으로, 전도(典堵)하는 관청을 설치하지 않을 수 없다.

---

19) 우인(虞人) : 옛적에 산림과 천택(川澤)을 관리하던 벼슬아치.

20) 재인(梓人) : 『주례』 고공기(考工記)에 재인은 순(筍)과 거(虡)를 만드는데, 악기(樂器)를 옆으로 달도록 된 것이 순이고, 바로 세우도록 된 것이 거라 하였다. 후세에는 주로 건축 일을 하는 목공을 이름.

21) 부절(符節) : 옛날에 사신이나 외관(外官)이 가지고 나가던 징표. 돌 또는 대나무를 두 쪽으로 갈라서 하나는 조정에 보관하고 하나는 본인이 가졌다가 진가(眞假)를 구별할 일이 있을 때에 두 쪽을 맞추어보았음.

전궤사(典軌司) : 제조 중대부 1인, 첨정 상사 1인, 주부 중사 2인. 서리 2인, 조례 8인.

생각건대, 『주례』에 수레의 쓰임을 건거(巾車)조에 기록했으나 제조하는 방법은 고공기보다 상세한 것이 없다. 윤인(輪人) · 여인(輿人) · 주인(輈人)조에 상세하게 설명했고 또 거인(車人)을 말한 글에 덧붙여 말했다. 수레를 만드는 것은 동관(冬官)의 직무인데, 우리나라는 3면이 바다로 둘러싸여서 수운(水運)하기에 편리한 까닭에 예부터 수레는 없었다. 그러나 풍파에 침몰하기도 하며, 편하게 건너기가 극히 어렵고 체류하는 비용이 많아서 이익이 적다. 그리하여 상업이 흥기되지 못하고 물화도 유통하지 못한다.

나라가 여위어지고 백성이 가난해지는 것이 모두 수레가 없는 연고이다. 고을 관원이 모두 마교(馬轎)를 사용하니 사람이 고달파지고 말도 지쳐서 비용이 많이 들고, 이것을 빙자해서 부세를 더 거두니 해가 가난한 백성에게 돌아간다. 또 혼인하는 집에서 수레를 쓰지 않은즉 살림살이가 기울고, 반장(返葬)하는 길에 수레를 쓰지 않은즉 비용이 한절(限節)이 없게 된다. 혹 관(棺)을 버리고 시체를 들어내어서 두 사람이 메고 가기도 하는데, 마음이 애처롭고 슬퍼서 차마 볼 수 없는바, 수레를 쓰지 않을 수 없다. 또한 군사를 일으키면 군량이 모자라기도 하는데, 만력(萬曆 : 明 神宗의 연호) 임진란(1592) 같은 때에는 굶주린 백성에게 채찍질해서 군량을 나르게 했는데, 치중(輜重)을 져다나르면서 울부짖기도 하고 넘어지기도 해서 차마 볼 수가 없었으니, 수레를 쓰지 않을 수 없다. 이용감(利用監)으로부터 북쪽 중국의 수레 제도를 배워오는 것이 마땅하겠다.

새 제도를 창안하지 말고, 오직 중국 제도를 모방해서 털끝만큼의 어긋남도 없게 하여야 운행하는 데에 결점이 없을 것이다. 왜냐하면 저들은 헌원씨(軒轅氏)[22] 때부터 운행했으므로 지금까지 그 병통의 연유를 연구한

---

22) 헌원씨(軒轅氏) : 중국 고대 황제의 이름. 헌원이라는 언덕에 살았는데, 그것을 이름으로 하

것이 이미 익숙했고, 그 운용하는 데에 편리하게 되는 연유를 알아낸 것이 이미 진지하다. 그런데 우리나라 사람은 매양 새 제도를 창작하여 중국보다 낫고자 하면서도 혹 외바퀴를 제작하고, 혹은 세 바퀴를 만드는가 하면, 항상 먹는 밥은 짓지 못하면서도 별미(別味)부터 먼저 생각하고, 천자문도 배우지 못한 것이 가짜 인장(印章)부터 먼저 만들려 하는 꼴이니 어찌 성공하겠는가? 태평거(太平車) 한 대를 만드는 것도 일찍이 배우려 하지 않는데 다른 것이야 무엇을 더 말하겠는가?

지금 중국에 가서 배워온 것이 익숙하거든 별도로 한 관청을 설치하여 명칭을 전궤사라 하여 모든 공사간에 소용되는 수레는 죄다 전궤사에서 제작할 것이다. 공비(工費)를 계상(計上)하고 일정한 값을 정해서 백성들에게 값을 바치고 수레를 받아가도록 할 것이며 혹 사사로 만드는 것은 엄금하는 것이 가하다. 수레에는 바퀴가 있고 바탕이 있는데 전궤사란 무엇인가? 수레의 바퀴 사이를 같게 하는 것(車同軌)은 왕자의 큰 법제이다. 두 바퀴 사이가 넓기도 하고 좁기도 해서, 수레가 어떤 것은 크고 어떤 것은 작아서 싣는 짐의 무게도 다를 것이며, 따라서 그 값이 어떤 것은 많고 어떤 것은 적으며, 그 삯도 혹 높기도 혹은 낮기도 한데, 이런 천백 가지 병통이 모두 바퀴 사이가 같지 않은 데에서 일어나게 된다. 바퀴가 이미 같으면 수레의 크기가 같아지고, 싣는 짐의 무게도 같으며, 그 값과 그 삯도 서로 같지 않음이 없게 된다. 이와 같은즉 일정(日程)을 계산해서 이익을 따지게 되며 공장은 값을 요량하고 이익을 셈할 때, 눈에 환하게 되어 다시 의심하거나 머뭇거릴 필요가 없게 된다. 그리고 혹 부서진 수레를 수선하는 것은 사사로이 제조했다는 죄목으로 논할 것이 아니다.

가장 긴급한 것이 태평거(太平車)이다. 병거(兵車)·전거(田車)·치거(輜車)·상거(喪車) 따위 제도가 중국 수레의 제도와 다른 것은 모두 이용감에서 그 제도대로 전수(傳授)할 것이다.

생각건대, 『주례』 추관(秋官)에 "야려씨(野廬氏)가 온 나라 도로를 관장

였음.

하여 4기(畿)에 이르며, 모든 도로에 수레 굴대가 서로 부딪치는 것을 차례대로 통행하도록 하며, 무릇 나라의 큰일에 도로를 자주 수리한다" 하였으니, 이것도 또한 지극히 요긴한 관직이다. 고공기에는, "장인이 국도를 영건하면서 경도(經涂)는 수레바퀴 아홉 너비로 하고, 환도(環涂)는 바퀴 일곱 너비로 하며, 야도(野涂)는 바퀴 다섯 너비로 한다. 그리고 제후의 경도는 바퀴 일곱 너비로 하고, 작은 도시의 경도는 바퀴 다섯 너비로 한다" 하였다.

내 생각에는 제도를 정해서 국도 안 경도는 바퀴 일곱 너비로 하고, 성문 밖의 길은 바퀴 다섯 너비로 하며, 교관(郊關) 밖 길은 바퀴 세 너비로 하여 12성에 통하도록 함이 마땅하다는 것이다. 혹 길을 침범해서 경작한 자는 전궤사에서 살펴서 죄를 주며, 경성(京城) 안에도 술(酒)과 장(漿)을 파는 작은 저자에 의려(倚廬 : 임시 거처하기 위해 지은 집이나 천막 따위)를 지어서 길을 침범한 것을 전궤사가 살펴서 죄주는 것도 그만둘 수 없는 것이다. 장차 수레를 통행시키고자 한다면 반드시 길부터 먼저 닦을 것인데, 무릇 12성 큰길은 반드시 숫돌같이 판판하여 기울지 않아야, 이에 수레가 통행할 수 있다. 모름지기 나루터(津)와 관문(關門)을 관할하는 관청은 사방 행상을 만날 때마다 그들에게 도로의 평측(平仄)을 물어서, 고르지 못하고 기울어져서 수레가 다니기에 불편한 곳이 있으면, 본사(本司)에 통지하고 형조에 전보하여 형조에서는 단속하는 공문을 급히 보내서 그 지방관을 죄주는 한편, 곧 수보하도록 한다. 이와 같이 한 다음이라야 비로소 넉넉하게 수레가 다닐 수 있을 것이다. 나머지는 직장편에 자세히 기록했다.

생각건대, 거마와 의복을 주는 것(車服以庸)은 왕자가 착한 이를 포상하는 큰 권병(權柄)이다. 나라 제도에, 하대부는 소여(小輿)를 타고, 대부는 초헌(軺軒)[23]을 타며, 공(公)과 고(孤)는 평교자(平轎子)[24]를 타는데, 평

23) 초헌(軺軒) : 종2품 이상 관원이 타던 수레. 외바퀴가 달렸고 앉는 자리는 의자처럼 꾸며져 있음. 명거(命車) 또는 목마(木馬)라 하기도 함.

교자란 안거(安車) 따위이다. 그런데, 이 4가지의 제도가 혹은 크고 혹은 작으며, 혹은 높기도 혹은 낮기도 하여 만에 하나도 서로 같은 것이 없다. 이 한 가지 일만 보아도 그 표준이 없는 나라임을 알 수 있다. 이번에는 수레를 3등급으로 정해서 모두 초헌같이 하는데, 하대부가 타는 수레는 외바퀴에 높이가 어깨에 미치고(3품관이 타는 수레), 경·대부가 타는 수레는 쌍바퀴이면서 높이는 어깨에 미치며(2품관이 타는 수레), 삼공(三公)과 삼고(三孤)가 타는 수레는 3바퀴이고 높이는 땅에 닿을 듯하게 한다(1품관이 타는 수레). 여기에다 하대부는 노루 가죽을 깔고, 중대부는 사슴 가죽을 깔며, 상대부는 바다표범 가죽을 깔고, 고와 경이 타는 수레에는 범 가죽을 깔며, 대신이 타는 수레에는 표범 가죽을 까는데, 무신(武臣)은 오직 상대부만이 수레를 타며 곰의 가죽을 깔도록 하였다. 그리고 고·경·대신은 문신·무신이 다 같이 범 가죽과 표범 가죽을 사용하여 공덕 있는 이를 포장(褒獎)하면서 서로 한계를 넘지 못하게 하였다. 무릇 3등급 수레도 모두 전궤사에서 수여(授與)하였다가 그가 죽은 뒤 3년이 지나면 도로 본사에 바치는데, 이것을 다시 수리하고 칠해서 다음 소용에 대비하면 국비(國費) 계승에 어렵지 않을 것이다.

어떤 사람은, "국력이 한창 빈약한데 무엇으로써 관직을 증설하겠느냐?"고 하지만 군기시(軍器寺)에서 6자리를 줄여 그 3으로 전궤사를 만들고 3으로 전함사(典艦司)를 만드는데, 어찌해서 관직을 증설한다고 할 수 있겠는가? 그리고 제조는 공조 참판이 예겸한다.

전함사(典艦司) : 제조 경 1인, 첨정 상사 1인, 주부 중사 2인.
서리 2인, 조례 8인.

생각건대, 원편에 "전함사가 서울과 외방 함선(艦船)을 관장하는데, 제조가 2자리이고 낭관이 5자리이며, 수운판관(水運判官) 3자리가 소속되어

24) 평교자(平轎子) : 종1품 이상 및 기로소(耆老所) 당상관이 타던 남여(藍輿)의 별칭.

있다" 하였는데, 근래에 혁파되었다. 그후 건륭(乾隆 : 淸 高宗의 연호) 기유년(정조 13년, 1789) 겨울에 현륭원(顯隆園)[25]을 화성에 개장(改葬)하면서 다시 주교사(舟橋司)를 설치하고 제조와 낭청(郎廳)은 다른 관직이 겸하도록 하였다. 지금은 주교사라는 명칭을 전함사라 하고 제조는 공조판서가 예겸하도록 하였다.

살피건대, 3대 적에 나라를 세운 것은 오로지 천하 한복판에 웅거하였다. 함선을 이용한 곳은 모두 동남쪽 바닷가 나라이고 왕국에 긴절하게 소용되는 것이 아니었으므로 함선 제도는 고공기에 보이지 않는다. 그러나 배 제도의 넓고 좁게 함과 길고 짧게 함과 뾰족하고 무디게 함과 높고 낮게 하는 데에 따라서 그 속력이 강하기도 약하기도 하여, 운행에 편리하기도 하고 지체되기도 한다. 그런데 제 마음대로 보태기도 하고 줄이기도 하여 만에 하나도 같지 않게 하는 것은 반드시 배 만드는 옳은 방법이 아니다. 나의 형 약전(若銓)이, "내가 섬 사람을 보았는데 그들이 항상 말하기를, '아무개네 배는 능히 빨리 달리는데 아무개네 배는 달리지 못하며, 아무개네 배는 작아도 짐을 많이 실을 수 있는데 아무개네 배는 크지만 짐을 많이 싣지 못한다'고 한다" 하니, 이것은 천하에 기이한 말이다.

내가 배 만드는 것을 보니, 자(尺)를 쓰지 않고 다만 눈어림으로 하며 재목이 또 고르지 않으므로 재목에 따라서 배 모양이 달라졌다. 혹 바닥은 짧으면서 뱃전은 길고, 혹 바닥은 좁은데 보(梁)는 넓으며, 혹 몸통은 적으면서 키는 길고, 혹 몸통은 큰데 돛대는 짧다. 그리하여 머리와 꼬리가 서로 맞지 않아 배(腹)와 등(背)이 움직임에 따라 서로 당겨져서, 혹 키를 틀어도 뱃머리가 돌려지지 않고 혹 돛을 펼쳐도 뱃머리가 앞서지 않는다. 혹 1척이 우연히 법도에 근사하게 되어서 능히 달리고 능히 무거운 짐을 이겨내면 이에 괴이쩍게 여겨서, "저 배는 저와 같은데 이 배는 어찌해서 이와 같은가?" 하여 탓하기도 하지만, 배는 말(馬)이 아닌데, 어찌 능히 날램과

---

25) 현륭원(顯隆園) : 조선 21대 영조의 아들 사도세자의 묘원. 그의 아들인 정조가 양주에 있던 묘원을 수원으로 옮겼음.

노둔(魯鈍)함의 구별이 있을 것이며, 건장함과 서투름의 차이가 있으리요. 어찌해서 고공기 한두 편이라도 잠깐이나마 보지 않는가?

지금 고공기를 보니, "바퀴가 높으면 사람이 능히 수레에 오르지 못하고, 바퀴가 낮으면 말이 항상 언덕을 오르는 것 같다" 했고, 또 "바퀴는 멀리 보아서 고르게 내려앉아 있어야 하고, 가까이 보아서 땅에 조금만 닿아 있어야 한다" 했고, 또 "곡(轂)을 멀리 보아서는 튀어나온 듯하게 함은, 다른 목적이 있어서가 아니라 빨리 달리도록 하려는 것이다" 했고, 또 "곡이 작으면서 길면 좁아지고, 크면서 짧으면 견고하지 못하다"고 했고, 또 "바퀴 높이의 6분의 1을 바퀴 테의 둘레로 하고, 속 바퀴 테를 3등분해서 그 둘을 칠(漆)한다" 하고, 또 "곡의 길이를 5등분하여 하나만큼 안쪽으로 구멍을 판 것을 현(賢)이라 하고, 셋만큼 판 것을 지(軹)라 한다" 했고, 또 "곡의 길이를 3등분해서 둘은 안쪽에, 하나는 바깥쪽에 있게 하여 바퀴살을 장치한다" 했는데, 이와 같이 하는 까닭은 그 수레의 크고 작음에 따른 것이다. 모든 부속품(附屬品)도 이에 비례하고 그 차이에 맞춰 보태기도 줄이기도 하여, 싣는 힘이 세고, 가는 것이 빠르도록 한 것이다. 배 만드는 것인들 어찌 홀로 그렇지 않겠는가?

배 만드는 법은 이용감에서 중국으로부터 배워올 수 없는 것이며, 또 중국에서 배워오도록 의뢰할 수도 없다. 우리나라 연안에 표착하는 중국 배와 왜국(倭國) 배가 해마다 10여 척이나 되고, 유구(琉球)와 여송(呂宋 : 루손섬) 배도 또한 가끔 표착하는데, 그 제도와 모양이 기묘하고 견고하여 능히 풍파에 출몰하면서도 파손되거나 침몰되지 않는다. 이 배들이 표착하는 즉시, 이용감 낭관을 보내 분수(分數)에 정숙(精熟)하고 솜씨 있는 공장과 같이 검사하면서 여러 가지 물품과 여러 가지 물체의 길고 짧음과 넓고 좁음과 뾰족하고 뭉툭한 것과 높고 낮음을 모두 상세하게 살펴서 그 치수를 기록한다. 그리고 소용되는 재료 및 유회(油灰)와 걸레로 배의 틈을 메우는 법과 양쪽 날개에 판자를 붙이는 제도는 모두 그 방식과 효과를 물은 다음, 우리 스스로가 모방해 만들어서 털끝만큼도 어긋남이 없게 하면 이것이 중국에 가서 배워온 것과 같다.

이리하여 그 비례로써 크고 작은 여러 배에다 적용하며, 9등으로 분류하여 큰 배에 3등급이 있고, 중간 배에도 3등급이 있으며, 작은 배에도 3등급이 있어 그 길고 짧음과 넓고 좁음과 뾰족하고 무딘 것과 높고 낮은 차등을 모두 비례해서 차례로 줄인다. 중지상(中之上)인 배는 상지상(上之上) 배 치수의 3분의 2 비례로, 하지상(下之上)인 배는 상지상 배 치수의 3분의 1 비례로 하는데, 그밖의 것도 모두 이 비례대로 한다. 모든 공사간에 쓰는 조선(漕船)과 병선(兵船), 상인들의 배는 모두 9등 안에서 한 비례를 쓰도록 한다.

그리고 그 체재가 9등으로 정한 제도에 맞지 않는 것은 본사에서 살펴 잡아다가, 그 배는 파괴해버리고, 그 사람은 죄를 줄 것인바, 이것은 참으로 변할 수 없는 법이다. 이와 같이 하는 것은 무슨 이유인가? 배를 9등으로 한정해놓으면 나무를 베는 자가 그 등급을 요량하고 찍어서 등급에 맞지 않는 재목은 산에서 나가지 않으므로 인력을 덜게 될 것이니 그 이로움이 첫째요, 배를 고치는 자가 다른 배의 재목을 가져다가 바꿔도 부절을 합치는 것과 같을 것이니 그 이로움이 둘째요, 장사들은 실을 화물(貨物)을 요량하고 그것에 알맞은 배에 맡길 것이므로 계산이 본래 정해져 있어 배를 직접 보지 않고도 결정할 수 있으니, 그 이로움이 셋째이다. 평부사(平賦司)에서 선세(船稅)를 징수할 때에 배가 9등으로 구분되어 있은즉, 그 거두는 것이 매우 균등하여 추잡하게 억지로 정하는 허물이 없을 것이니 그 이로움이 넷째이다. 그러므로 가옥과 함선은 9등으로 제한하지 않을 수 없으며 모든 등에 맞지 않는 것은 금단할 것이니 그렇게 한 다음이라야 법제가 이룩된다.

생각건대, 위에서 논한 것은 바다에 다니는 배의 제도요, 강에 쓰는 배와는 그 제도가 같지 않으나 또한 9등으로 구분함이 마땅하다. 큰 강에는 9등의 배를 전부 전용(全用)하고 작은 강에는 중지하인 6등 배를 쓰거나, 또는 하등 배만 이용할 것이다.

살피건대, 우리나라 전선(戰船)은 만력 임진란 이래 수영(水營) 한 곳에 거느린 배가 적어도 200여 척 이하는 되지 않으며 양서(兩西)에는 이보다

조금 적었는데 이것은 곧 비상시(陰雨)에 대비한 것이었다. 그러나 차항(汊港)에 대어놓고, 모래 위에 끌어올려서 전혀 운용하지 않으면서 변고(變故)를 대비하는 것은 좋은 계책이 아니다. 내가 듣기로 모든 물건은 사용하지 않으면 모두 빨리 썩는다고 하는데, 문지도리(戶樞)가 좀먹지 않고, 흐르는 물이 썩지 않는 것은 이런 이치이다. 갑작스런 경보가 있으면 끌어내어서 좌충우돌하며 나는 듯이 출입하고자 하여도 지금 같은 상태로는 그렇게 하기 어려울 것이다.

내 생각에는 여러 수영의 병선제도도 또한 9등으로 구분하고 사선(私船)과 그 제도를 같게 하여 세곡(稅穀)을 조운할 수 있고, 조미(糶米)를 상판(商販)할 수 있도록 한다는 것이다. 이리하여 연해 여러 백성에게 갈라 맡겨서 행상하도록 하되 오직 9등 선 2척씩을 번갈아가며 수영포구(水營浦口)에 계류해두고 1년 동안에 4차례 교대하여 쉬도록 하면 창졸간에 급한 경보가 있더라도 사방 가까운 곳의 배를 소집해서 대오를 편성할 수가 있을 것이다. 혹 변경 경보가 그리 급한 것이 아니면 비록 천리 밖에 있는 배라도 소집할 수 있으니, 때에 맞춰오지 못할 염려는 없다. 무릇 배 임자가 배를 부리는 법은, 남는 이익을 계산하여 배 임자가 10분의 2를 차지하며, 관청 배는 이와 같이 할 수 없고 모름지기 사선보다 싸게 해야 백성이 이에 원할 것이다.

그렇게 하더라도 돌아오는 몫이 또한 적지 않아서 1년 수입으로 배를 보수하는 비용이 족할 것이며, 3년 수입으로는 배를 새로 만드는 비용에도 족할 것이니, 이 또한 좋지 않겠는가? 지금 배를 보수하거나 배를 새로 만드는 비용으로 회계에서 제감(除減)하는 것이 매우 많은데, 아전이 이로 말미암아 간사한 짓을 하고 백성이 공연한 피해를 많이 당하고 있다. 지금 백성에게 배를 이용해서 행상하도록 허가한다면 이미 이런 비용이 생기지 않고 또 빨리 썩지 않으니, 양자 모두에 편리함이 이와 같을 수 없다.

오직 전선(戰船)이라는 것은 제도가 투박하고 커서 운용하기에 불편한데, 혹 이순신(李舜臣)의 남긴 법이 본디 이와 같이 투박한 까닭으로 가벼운 왜선이 부딪치면 부서졌던 것인가? 만약 그렇다면 지금에 깎아서 약하

게 할 수 없다. 진실로 이와 같으면 수영 포구에다 선창(船艙) 하나를 만들고 전선에 소용되는 모든 재목을 깎고 갈아서, 몇째 판자 몇째 조각이라는 것을 낱낱이 표시한 다음, 그 재목과 도구를 선창 안에다 저장해둔다. 또 배 만드는 공장 가운데 수십 명을 항상 수군(水軍)에 예속시켜서 늠료(廩料)[26]를 주고 수용하다가 급한 경보가 있을 경우 즉시 장조(裝造)하도록 한다면 또한 미치지 못할 염려가 없을 것이다. 또 이른바 귀선(龜船)·학선(鶴船) 따위는 본디 특별한 것이니, 9등 안에 넣을 수 없다. 보통 사용하기에는 또한 불편한 것인즉 항상 수영 앞에 정박하고 수신(帥臣)으로 하여금 친병(親兵)을 거느리고 달마다 조습(操習)하여 간단이 없도록 한다. 그리고 조습하는 비용은 9등 배의 세수 중에서 가져다 써도 또한 적당할 것이다.

생각건대, 병선 제도는 모두 판자 지붕이 있어서 상선으로 쓰기에는 불편하다. 내 생각에는 배 위에 장치된 여러 판자는 모두 자호(字號)를 새기고 그 차례를 적은 다음 모두 못을 박아 선창에 보관해두었다가 외적의 경보가 있으면 내어서 못질하며, 평시에는 오직 조심해서 보관하되, 때에 따라 점고하면 급한 때를 당해 가져다 쓰기에 염려 없을 것이다. 지금 주교사(舟橋司)에 다리 판자도 또한 때에 따라 보관했다가 때에 따라 설치하는데, 병선판자인들 어찌 유독 그렇게 못하겠는가?

생각건대, 주교사 여러 배를 삼남(三南)에 갈라 보내서 조선(漕船)으로 쓰도록 하는데, 이것은 천하의 몹쓸 법이다. 그 선인(船人)들이 세도를 믿고 중요함을 빙자해서 간사함을 꾸미고 나쁜 짓을 자행하여 드디어 백성의 재물을 불법으로 거두어서 한없는 욕심을 채운다. 내가 오랜 세월을 연해에서 살았으므로 이런 폐단을 익히 알았다. 내 생각에는 이제부터 조선(漕船)은 고을 아전에게 제가 직접 새로 만든 좋은 배를 구해 쓰도록 하되, 동지(冬至) 전에 배의 주인과 서로 약정한 다음, 그 형편을 전함사(典艦司)에 보고하기를, "아무 지방 아무개네 배 몇 척을 본 고을 조운선으로 정했

---

26) 늠료(廩料) : 녹봉(祿俸)과 같음.

기에 본사(本司)의 인준(認準)을 청한다" 하면, 본사에서는 그대로 허가하고 조운사(漕運司)에 통보하여 각자 판적(版籍)에 기록하는 것이 또한 마땅하다. 무릇 12성에 있는 공사간 여러 배를 전함사에서 모두 판적에 기록하고 장표(掌標)[27]를 갈라준 다음, 1년 동안 등록된 배를 죄다 평부사(平賦司)에 보고하면, 평부사에서는 이것으로써 세를 징수하는데, 숨겼거나 누락되었다가 평부사에 발각된 것이 있으면 그 지방관과 전함사는 모두 죄를 당하는 것이다.

견와서(甄瓦署) : 제조 하대부 1인, 별제 중사 2인.
서리 2인, 조례 6인, 조와장(造瓦匠) 80인.

견와서는 지금의 와서(瓦署)이다.

생각건대, 기와와 벽돌을 굽는 방법은 이용감(利用監)에서 북쪽으로 중국에 가서 배우고, 그 방법을 견와서에 반포하여 구워 바치도록 하는 것이 마땅하다. 또 본디 그 방법을 12성에 반포하여 각각 공창(工廠)을 건설하고 구워서 민용(民用)으로 보급하여, 그 세를 본서에 바쳐서 공용(公用)에 보충하도록 한다.

번자감(燔瓷監) : 제조 하대부 1인, 봉사 하사 2인.
서리 2인, 조례 4인.

번자감은 사옹원(司饔院)의 분원(分院)이다. 분원 봉사(奉事)는 항상 우천강(牛川江)에 있어, 별도 관청이 되었으므로 이번에 분리하였다.

어떤 사람은 국력이 한창 가난한데 무엇으로 관직을 증설하겠느냐고 한다. 그러나 사옹원의 직장(直長) 2자리와 봉사 2자리를 줄여서 이 관서를 만든 것이니 준 것은 있으나 보탠 것은 없다고 생각한다.

---

27) 장표(掌標) : 일종의 등록증인 듯함.

생각건대, 이후 이용감에게 유리 만드는 법을 배워올 것 같으면 또한 본감(本監)에서 주관하는 것이 마땅하며 별도 기관을 설치함은 불가하다.

직염국(織染局) : 제조 중대부 1인, 주부 중사 2인, 봉사 하사 2인. 서리 8인, 조례 12인.

직염국이란 제용감(濟用監)이다. 본디 직염을 주관했는데 근래에는 물들이는 일은 있어도 짜는 일은 하지 않는다. 그러나 『주례』에 전사(典絲)・전시(典枲)・염인(染人)이라는 관직이 있고, 모두 하사가 두 사람씩인데 관직을 설치해서 짜는 일도 관장하던 것이 선왕의 제도였다. 하물며 우리나라에서 짠다는 것은 명주와 베에 불과하며 비단, 무늬 비단, 양털로 된 베는 아직 짤 줄을 모르고, 해마다 금은으로 연경(燕京)[28]에서 무역해온다. 이미 공력(工力)을 갖추지 못하면서 또 능히 검소함을 숭상하지 않고 한갓 귀중한 보물만 허비함은 좋은 계책이 아니다.

신이 듣건대 중국에서 비단을 만드는 데는 고치를 가리는 데 표준이 있고, 고치를 삶는 데에 수효가 있으며, 고치를 켜는 데에 방법이 있다. 켜낸 실이 거듭된 고리 여러 곳을 거치면서 바람에 마르는 까닭에 그 실이 고르면서 도타웁고 깨끗하면서 질기다고 한다. 우리나라의 실 켜는 법은 많은 고치를 서로 섞어서 크기가 서로 같지 않고, 고치를 삶는 데에 수효가 없으니 굵기와 고운 것이 고르지 않다. 실 켜는 데는 방법이 없으니 엉클어진 것을 가리기도 어렵고, 부뚜막에 말리니 처음부터 썩게 되어 있으며, 모래나 돌로 눌러두고, 감고 풀기를 여러번 하므로 인력이 허비되고 물건도 추해지는바, 이것이 모두 가르치지 않은 허물이다.

이용감에서 북쪽의 중국법을 배워서 좋은 방법을 본국(本局)에 알리는 것이 마땅하다. 본국에서는 공인(工人)을 모집하여 직조(織造)해서 내용(內用)[29]에 공상(供上)하며, 그 방법을 여러 도에 반포해서 만백성에게 가

---

28) 연경(燕京) : 중국 북경의 옛 명칭. 춘추 시대 연(燕)나라의 수도였던 데서 나온 말.

르친다. 이렇게 하면 비단과, 무늬 비단을 모두 국내에서 가져다 쓰게 되어, 금은이 산출되는 여러 산에도 구슬픈 빛이 없어질 것이니 이것은 국책(國策) 중에 지극히 중대한 것이다. 다만 염색하는 것뿐이면 공인 한 사람만으로 족할 터인데 어찌 반드시 별도 아문을 세울 것인가?

생각건대, 『주례』에 "실 켜고 물감 들이는 관직은 본디 천관(天官)에 속해 있었다"라고 했는데, 이번에는 그 직이 제조하는 것이므로 공조에 붙였다.

전설사(典設司) : 제조 중대부 1인, 별제 중사 2인.
서리 2인, 조례 4인.

생각건대, 『주례』에 "막인(幕人)은 처소를 맡은 관직인데, 모두 천관(天官)에 속했다" 하고 원편에는 병조 소속으로 되어 있으나 이번에는 공조에 붙였다.

장원서(掌苑署) : 제조 하대부 1인, 별제 중사 2인, 봉사 하사 2인.
서리 4인, 조례 6인.

생각건대, 『주례』에 "유인(囿人)은 유유(囿游)의 수금(獸禁)을, 장인(場人)은 나라의 포장(圃場)을 관장해서 과실과 외를 심는다" 하였는데 모두 지관(地官)에 속했다. 그러나 원전에는 장원서가 본디 공조 소속이므로 이번에도 그대로 했다.

살피건대, 예부터 원유가 반드시 대내(大內)에 있었던 것이 아니고, 국가에는 오직 내원(內苑)뿐이었다. 근교(近郊)에 시초장(柴草場)이 매우 많으니, 그 중에 땅이 기름진 곳을 택해서 진기한 과목과 기이한 나무를 많이 심고, 낭관(郎官)을 파견해서 감수(監守)하도록 함이 또한 마땅하다.

---

29) 내용(內用) : 대궐에서 소용되는 것.

사연서(司筵署) : 제조 중대부 1인, 주부 상사 1인, 봉사 하사 2인. 서리 4인, 조례 6인.

사연서란 장흥고(長興庫)이다. 무릇 관직에 명칭을 붙이는 법은 그 명칭을 보고 그 직장(職掌)을 알 수 있도록 한 다음이라야 백성의 들음에 의혹이 없게 된다. 장흥고에서 이미 연석(筵席)을 관장했으니 명칭을 사연이라 함이 마땅하다.

생각건대, 또 『주례』에 사연은 본디 춘관에 속해 있었고 원편에는 호조 소속이었다. 이번에는 그 직장이 전설사와 조지서(造紙署)와 근사하므로 아울러 공조에 붙였다.

생각건대, 『주례』에 연석에 등급이 삼엄한데, 우리나라에 상하가 같은 제도인 것은 바로잡지 않을 수 없다.

조지서(造紙署) : 제조 중대부 1인, 별제 중사 2인. 서리 2인, 조례 4인.

생각건대, 우리나라 종이를 스스로 천하 제일이라 하고 있으나, 실상은 쉽게 찢어지지 않을 뿐이다. 서적을 인출(印出)하거나 글씨를 쓰기에 좋지 못하며 그림을 그리기에도 좋지 못하다. 이용감에서 북쪽으로 중국에 가서 배워오는 것이 마땅하다. 그리하여 본서에 알리고, 본서에서는 여러 도에 반포함이 또한 마땅하다. 조지서는 본디부터 공조 소속이다.

도화서(圖畫署) : 제조 중대부 1인, 화사(畫史) 중사 2인, 회사(繪史) 하사 4인, 화원(畫員) 30인.

살피건대, 원편에 도화서에 전자관(篆子官) 2자리가 있었다. 나의 생각에 전자(篆子)는 화사(畫師)의 기예(技藝)가 아니다. 아울러 사자관(寫字官) 직책으로 함이 마땅하다고 생각한다.

제조는 공조 참판이 예겸한다.

생각건대, 『주례』에 회화(繪畫)하는 일이 고공기에 갖추어 보인다. 본디 동관(冬官) 소속임을 알 수 있으므로 이번에 공조에 붙였다(원전에는 예조 소속이다).

경세유표 제3권

천관 수제(天官修制)

- 동반관계(東班官階)
- 서반관계(西班官階)
- 종친 · 훈 · 척(宗親勳戚)
- 외명부(外命婦)
- 외관지품(外官之品)
- 삼반관제(三班官制)
- 군현분예(郡縣分隷)

천관 수제(天官修制)

동반관계(東班官階)

정1품(正一品), 상신(相臣)은 대광 보국 숭록대부(大匡輔國崇祿大夫).

종친(宗親)은 돈종 보국 숭록대부(敦宗輔國崇祿大夫).

훈신(勳臣)과 척신(戚臣)은 동휴 보국 숭록대부(同休輔國崇祿大夫)라 한다(元勳·儀賓[1]·國舅[2]도 같다).

살피건대, 원제(原制)에 품(品)마다 2자급(資級)씩인 까닭에 보국은 정1품의 제2자급이 되었다. 이번에는 다만 1자급씩을 남기려고 하므로, 보국을 종1품(從一品)으로 만들었다.

생각건대, 대광(大匡)이라는 명호(名號)는 오직 정승이라야 잘못을 고치고 모자람을 보필하는 책임이 있는 것이니, 종친·훈·척과는 약간 분별이 있어야 마땅하다. 보국 숭록 같은 명호의 모든 높은 직위에 있는 자에게 무엇이 마땅치 않아서 꼭 현록(顯祿)·유록(綏祿)이라는 것으로 시끄럽게 다른 명호를 세우는 것인가? 종친과 척리(戚里)에게는 국정을 보좌하는 정

---

1) 의빈(儀賓) : 부마도위(駙馬都尉)를 비롯하여 왕실과 통혼(通婚)한 사람의 통칭.

2) 국구(國舅) : 임금의 장인이 되는 사람. 즉 왕비의 친정 아버지.

승과 높은 녹을 받는 은택(恩澤)이 어찌 없겠는가? 종친에게는 종족간에 도타이 하는 의(誼)가 있고, 훈·척(勳戚)간에는 기쁨을 함께 하는 의리가 있다. 정1품에 있는 자는 두 글자씩을 더해서 문·무(文武) 여러 신하와 차별할 것이나 종1품 이하는 그 호칭을 같게 할 것이며, 반드시 다르게 할 것이 아니다.

생각건대, 종1품이라는 것은 옛적 고(孤)·경(卿)·3소(少)의 계자(階資)이다. 정1품의 호칭은 이미 여섯 글자로 아름답게 했으니, 종1품의 호칭도 네 글자로 차별 있게 함이 마땅하나, 반드시 정1품이 된 다음이라야 이에 보국이라 일컬을 수 있는 것은 아니다.

정2품, 정헌대부(正憲大夫).
문(文)·무관(武官)과 종친(宗親)·훈(勳)·척(戚)도 같다.

생각건대, 종친은 숭헌(崇憲)·승헌(承憲)이라 하고, 의빈(儀賓)은 봉헌(奉憲)·통헌(通憲)이라 하는데, 또한 무슨 뜻인가? 어찌 글자의 뜻에 각각 깊은 의미가 있어서 반드시 서로 통할 수가 없는 것인가? 또한 자급마다 반드시 두 계층을 갖춘 것은 자질구레하기만 하고 요긴한 뜻은 적은 듯하다. 그리고 한 자급에는 한 칭호만이 있을 뿐이며, 혹 공이 있으면 거복(車服)[3]을 주거나 기악(旗樂 : 종·경쇠 따위)을 주는 것이 예전 법이었다고 생각한다.

옛적에 왕명을 받는 것은 9명(九命)[4]에 불과했던 것인데(『예경』(禮經)에 있다), 지금 만약 18품계가 있고 품계마다 2자급씩으로 나누면 그 자급은 36계층이 된다. 예부터 관직의 계자를 36계층으로 한 일은 없었다. 옛적에 사(士)에는 3등(上士·中士·下士)이 있고, 대부(大夫)에도 3등이

3) 거복(車服) : 수레와 의복.
4) 9명(九命) : 주대 관질(周代官秩)의 등급. 『주례』 춘관종백(春官宗伯)에, "……以九儀之命 正邦國之位……"라고 보임.

있으나 상대부(上大夫)는 명칭을 경이라 했다. 그런 까닭으로 『주례』에, "6관(六官)의 장(長)은 모두 경(卿)이 하였고, 그 아래 중대부와 하대부가 있을 뿐 상대부는 없었다"라고 하였다.

경이란 상대부(天官에 경은 太宰가 되고, 중대부는 小宰가, 하대부는 宰夫가 됨과 같다)이며, 그 위에 삼공(三公)과 삼고(三孤)가 있는데, 삼고가 6경(六卿)보다 높다는 글은 경전(經傳)에는 없다. 이로 인해서 본다면 옛적에는 7품뿐이었다(삼공이 한 등이고, 대부가 세 등, 사가 세 등이다). 옛적에는 오직 3품이었어도 천하가 다스려지고 백성이 편했는데 지금은 반드시 나누어서 36등급으로 만드니 장차 무엇이 유익하겠는가?

이번에는 관계를 다만 9품계만 두려고 한다. 오직 1품과 2품에만 정(正)과 종(從)이라는 등급이 있어, 정승이 정1품, 2상(二相)[5] 및 2부(府)의 판사(判事)가 종1품, 6조(曹)의 판서가 정2품, 참판(參判)과 아윤(亞尹)은 종2품, 참의와 승지는 3품이 된다. 이리하여 정1품은 3공, 종1품은 3소(少), 정2품은 상대부, 종2품은 중대부, 3품은 하대부가 된다. 3품 이하는 드디어 정·종이라는 차별이 없어, 4~5품은 상사, 6~7품은 중사, 8~9품은 하사가 된다. 이같이 한 다음이라야 위로 3고(三古)의 전장(典章)을 상고할 수 있으며, 아래로는 백관의 기강을 바르게 할 수가 있다. 의장(衣章)·거제(車制)·거유(車緌)·식옹(食饔) 등을 각각 의정하여 일정하게 하는 것이다. 옛 것을 거슬러서 지금에 통할 수 있는 것이 또한 좋지 않은가?

살피건대, 또 『주례』 춘관 전명조(典命條)에, "상공(上公)은 9명(九命), 후·백(侯伯)은 7명, 자·남(子男)은 5명이다(이것은 제후이다). 왕(王)의 3공은 8명, 경은 6명, 대부는 3명이다" 했고, 정현(鄭玄)의 주(注)에, "상사는 3명, 중사는 재명(再命), 하사는 1명이다"라고 했다. 우리나라에서는, 제후의 도리를 공경하게 닦아서 혹시라도 분수를 넘지 않았다. 그러나 번국(藩國)[6]의 의절(儀節)은 내복(內服)[7]과 같지 않음이 마땅하며 또 일

5) 2상(二相) : 정승의 다음. 곧 조선시대 의정부의 좌·우찬성(左右贊成)을 말함.

찍이 중국에서 명(命)을 받지 않았다. 만약 본국 안에서 그 명의 수(數)를 논한다면, 9명은 비록 감히 못할 바가 있으나 8명 이하는 반드시 참람하지 않을 듯하다. 하사는 1명, 중사는 2명, 상사는 3명이고, 하대부는 4명, 중대부는 5명, 상대부는 6명이며, 3소(三少)는 7명, 3공(三公)은 8명으로 하면, 전명(典命)하는 법과 대략 근사하니, 대저 그런 다음이라야 온갖 의절을 이에 의정(議定)할 수가 있을 것이다.

종2품, 가선대부(嘉善大夫 : 종친과 의빈도 같다).
3품, 통정대부(通政大夫 : 종친과 의빈도 같다).
4품, 통덕랑(通德郎).
5품, 승의랑(承議郎).
6품, 선무랑(宣務郎).
7품, 계공랑(啓功郎).
8품, 승사랑(承仕郎).
9품, 종사랑(從仕郎).

생각건대, 주공(周公)이 예를 제정하면서 대부와 사(士)의 등급에 가장 엄중하였다. 이 등급이 분명하지 못하면, 비록 주공 같은 재주가 있더라도 반드시 천하 국가를 다스려내지 못했을 것이다. 우리나라 제도에 종3품·정4품·종4품을 예전에는 대부(大夫)라 일컬었는데, 예문(禮文)을 논의하게 되어서는 통정(通政) 이상을 이에 대부라 한다. 명칭이 이미 문란해졌는데 관직이 어떻게 바를 수 있겠는가? 4품 이하는 대부라는 호칭을 없애고 옛적에 일컫던 세 등급의 사(士)라는 것을 밝힌 뒤라야 법제가 확립되어서 예절을 의논할 수가 있다고 생각한다.

---

6) 번국(藩國) : 천자 나라의 변두리에 있는 제후 나라를 말함. 제후국은 천자국에 대해 울타리처럼 둘러 있다는 뜻.
7) 내복(內服) : 천자 직할의 지역으로서 기복(畿服)과 같음.

서반관계(西班官階)

1품 관직에게는 무사(武事)를 맡기지 않으므로 오직 동반관계에만 있다.

정2품, 선덕장군 모위 상호군(宣德將軍某衛上護軍)이라 하고, 종2품, 분무장군 모위 중호군(奮武將軍某衛中護軍)이라 한다.

살피건대, 원제에 3품 이하는 이에 장군이라 일컬었다. 그러나 장신(將臣)과 수신(帥臣)이 2품 관직에도 많이 있는데, 어찌 무신(武臣) 관직에다 문신(文臣) 계자로 거짓 꾸밀 필요가 있겠는가? 지금 군직(軍職)으로서 부록(付祿)[8]된 자를 정2품은 상호군(上護軍), 종2품은 대호군(大護軍)이라 하는 것도 구차스럽게 호칭을 빌린 것일 뿐, 아무 일정한 제도가 없는 바, 장군 칭호는 위로 2품까지만 함이 마땅하다고 생각한다.

생각건대, 5위(五衛)를 혁파한 지가 벌써 오래 되었다. 그러나 군직으로서 부록된 자도 마땅히 직명이 있어야 하겠다. 5위 중에 남아 있는 용양위(龍驤衛)·호분위(虎賁衛)에 우림위(羽林衛)를 합쳐 3위(義興衛·忠武衛는 폐지함이 마땅함)로 만들어서, 문신은 용양위에, 무신은 호분위에, 문신도 무신도 아닌 자는 우림위에다 붙인다. 가령 문신 판서(判書)로서 해직되어 군함(軍銜)에 붙였으면 선덕장군 용양위 상호군(宣德將軍龍驤衛上護軍)이라 함이 마땅하며, 무신 참판이면 분무장군 호분위 중호군(奮武將軍虎賁衛中護軍)이라 함이 마땅하다. 나머지도 모두 이와 같다('大'라는 글자가 타당하지 못하므로 '中'자로 고쳤음).

3품, 절충장군 모위 부호군(折衝將軍某衛副護軍)이라 한다.

생각건대, 장군이라는 칭호는 3품에서 그치는 것이 마땅하며, 4품 이하

8) 부록(付祿) : 녹봉을 주는 것.

는 칭호를 같이할 수 없게 함도 또한 대부와 사의 등급을 분명하게 하는 것이다.

4품, 선략교위 모위 사직(宣略校尉某衛司直).
5품, 창신교위 모위 부사직(彰信校尉某衛副司直).
6품, 병절부위 모위 사과(秉節副尉某衛司果).
7품, 적순부위 모위 부사과(迪順副尉某衛副司果).
8품, 승의첨위 모위 사정(承義僉尉某衛司正).
9품, 효력첨위 모위 부사정(効力僉尉某衛副司正)이라 한다.

문신은 용양위에 붙이고 무신은 호분위에 붙이며 남행(南行)은 우림위에 붙여서 아울러 위에 기록된 예대로 한다.

생각건대, 4품과 5품을 함께 교위 사직이라 일컬음은 상사인 것을 밝힌 것이고, 6품과 7품을 같이 부위 사과라 일컬음은 중사인 것을 밝힌 것이며, 8품과 9품을 함께 첨위 사정이라 일컬음은 그 하사임을 밝힌 것이다.

종친·훈·척(宗親勳戚)

왕자(王子)로서 적출(嫡出)은 대군(大君), 서출(庶出)은 군(君)이라 하며, 왕손(王孫) 이하는 모두 군이라 한다.

1품·2품은 군(君), 3품은 도정(都正), 4품은 부정(副正), 5품은 부수(副守), 6품은 영(令)이라 한다.

원전에는, 대군의 적장자(嫡長子)에게는 종1품 계자를 처음 준다고 했다.

세자(世子)의 여러 아들, 대군의 적장손(嫡長孫), 왕자의 적장자에게는 정2품 계자를 처음 제수하는데 군이라는 칭호는 모두 같다.

세자의 여러 증손(曾孫), 대군의 여러 손자, 왕자의 여러 아들 및 적증손에게는 정 3 품 계자를 제수하고 도정이라 한다.

이번에는 대군의 여러 증손, 왕자의 여러 손자와 여러 증손에게 4품 계자를 처음 제수하고 부정이라 한다.

왕자 이하 4대가 모두 서출(庶出)이면 4대째에 이르러서 6품 계자에 처음 붙이고 영이라 한다.

살피건대, 원전에는, 종 3 품은 부정(副正), 정 4 품은 수(守), 종 4 품은 부수(副守), 정 5 품은 영(令), 종 5 품은 부령(副令), 정 6 품은 감(監)이라고 했다. 이번에는 3품 이하는 정과 종이라는 구분이 없으므로 이와 같이 정했다.

생각건대, 처음 제수한 품계는 비록 수와 영이었을지라도 그 후 2품이 되었으면, 군(君)이라 일컫는 것은 모두 같다.

훈신(勳臣)[9]으로서 1품·2품은 군이라 하며, 친공신(親功臣)[10] 및 왕비의 부친은 부원군(府院君)이라 일컫고, 정 1 품으로 삼는다.

승습(承襲)[11]으로 봉해진 군(君)은 비록 정 1 품이 되어도 부원군이라 일컫지 못했다.

부마(駙馬)로서 1품·2품은 위(尉), 종 2 품은 부위(副尉), 3품은 첨위(僉尉)라 한다.

공주(公主)에게 장가 든 자는 처음부터 종 1 품 계자를, 옹주(翁主)에게 장가 든 자는 처음부터 정 2 품 계자를, 군주에게 장가 든 자는 처음부터

9) 훈신(勳臣) : 훈공(勳功)을 세운 신하.
10) 친공신(親功臣) : 자신이 직접 공신인 사람.
11) 승습(承襲) : 선대의 작위를 이어받음.

종2품으로, 현주(縣主)에게 장가 든 자는 처음부터 정3품으로 각각 제수한다.

생각건대, 원전에 부위는 정3품, 첨위는 종3품인데 명부(命婦)[12]의 품계에 대해서는 군주는 정2품, 현주는 정3품이었다. 부인의 도리는 남편의 작위를 따라야 하는데, 부인의 품계는 높고 남편의 품계가 낮음은 예가 아니므로 이번에 바로잡았다.

외명부(外命婦)

왕녀(王女)로서 적출(嫡出)은 공주, 서출(庶出)은 옹주라 하며, 왕비의 모친은 부부인(府夫人)이라 하는데 모두 정1품이다.

세자의 딸로 적출은 군주인데 종2품이 되고, 서출은 현주인데 정3품이 된다.

왕의 유모(乳母)는 봉보부인(奉保夫人)이라 하여 종1품으로 삼는다.

생각건대, 원전에는 군주가 정2품으로 되어 있다. 부위는 겨우 종2품으로 올랐을 뿐이고 더이상 오를 수가 없다고 생각한다. 부인의 작위는 남편보다 높을 수 없다. 그러므로 군주도 낮추어서 종2품으로 했다. 그러나 이것은 모두 처음 제수하는 작품이고 오래 되면 모두 1품이 될 수도 있다.

종친 중에 대군의 아내는 부부인(府夫人)이라 하여 정1품이 되고, 서자군(庶子君)의 아내는 군부인(郡夫人)이라 하여 종1품이 된다.

2품은 현부인(縣夫人), 3품은 숙부인(淑夫人), 4~5품은 숙인(淑

12) 명부(命婦) : 봉호(封號)를 받은 부인을 일컫는 말. 내명부(內命婦)와 외명부(外命婦)로 구분되는데, 내명부는 궁중에 있는 비빈(妃嬪) 등을, 외명부는 왕가나 종친의 딸 또는 관리의 부인으로서 남편의 작위에 따라 부부인(府夫人)·군부인(郡夫人)·현부인(縣夫人)·숙부인(淑夫人) 등의 봉호를 받은 부인을 말함.

人), 6품은 공인(恭人)이라 한다.

서자군이 비록 정1품으로 되었더라도 그 아내는 그냥 군부인이라 일컫는다.

살피건대, 원전에는 3품은 신인(愼人), 4품은 혜인(惠人), 5품은 온인(溫人), 6품은 순인(順人)으로 되어 있다. 이번에는 대부라는 호칭을 종친과 문무에 반드시 다르게 하지 않으려고(위 조문에 기록했다), 3품 이하를 고쳤다. 2품 이상은 이미 군에 봉작(封爵)된 사람의 아내이므로 부부인 · 군부인 · 현부인이라 호칭해서 조관(朝官)의 아내와 같지 않게 한다.

문무관(文武官)의 아내로서 1품은 정경부인(貞敬夫人), 2품은 정부인(貞夫人), 3품은 숙부인(淑夫人), 4~5품은 숙인(淑人), 6~7품은 공인(恭人), 8~9품은 혜인(惠人)이라 한다.

생각건대, 원전에는 종3품은 숙인, 4품은 영인(令人), 5품은 공인(恭人), 6품은 의인(宜人), 7품은 안인(安人), 8품은 단인(端人), 9품은 유인(孺人)이라 했다. 이번에는 사(士)를 상 · 중 · 하 세 등급만 하려 하므로 그들 아내의 호칭도 또한 세 등급만 남겼다.

생각건대, 옛적에는 나라 임금의 아내이어야만 부인이라 일컬었는데, 후세로 오면서 부인이라는 호칭이 점차 외람해졌다. 우리나라에 와서는 잡기(雜岐)로 가자(加資)된 무리의 아내도 모두 정부인 · 숙부인이라는 직첩(職牒)을 주어서 작품(名器)의 문란함이 극심하다. 심지어는 머슴살이하던 종과 부엌 여자 종이라도 그 남편이 대부가 되면 그 아내도 부인이라 하게 되니 천하에 어찌 이런 일이 있겠는가? 이번에는 한 가지 기예(技藝)로써 승품(陞品)된 자는 비록 2품 계자에 이르렀더라도, 장군(將軍)이라는 칭호를 얻을 뿐이고 대부라는 칭호는 하지 못하며(위편에 기록했다), 그 아내는 다만 정인 · 숙인(3~4품의 아내는 숙인이라 통칭)이라 하여 부인의 직첩을 받지 못하도록 했는데, 또한 마땅한 것이다.

한 가지 기예 잡기로 승품된 자의 아들이 만약 문무과(文武科)에 합격해서 출신(出身)하거나, 또는 학행(學行)으로 유일천(遺逸薦)에 들어서 3품 정직(正職)이 된 자가 공적이 현저하여 대부로 승진했으면, 그 남편이 이미 대부가 되었으니 그 아내를 부인으로 불러도 누가 옳지 않다고 하겠는가? 내가 말한 바는 직관(職官) 제도에 정(正)과 잡(雜)을 분간함이 마땅하다는 것이며, 한 가지 기예·잡기로 벼슬한 자는 그 신분이 미천해서 대부도 될 수 없고 부인도 될 수 없다는 것을 이름이다.

외관지품(外官之品)

유수(留守)는 정2품, 순찰사(巡察使)·절도사(節度使)·통제사(統制使)·수어사(守禦使)·부(府)의 대윤(大尹)은 종2품으로 한다.

생각건대, 양경(兩京)[13] 유수는 정경(正卿)으로 차견(差遣)함이 마땅하기 때문에 정2품으로 올렸다.

살피건대, 원전에 따르면 외관의 직품은 명호(名號)와 실직(實職)이 같지 않다. 순찰사와 절도사의 경우 명호는 비록 2품이나 관직은 모두 3품이다. 이리하여 법을 만들어서, 품계는 높은데 관직이 낮은 것은 행(行), 품계는 낮은데 관직이 높은 것은 수(守)라 했다. 내 생각에는 명호와 실직이 같은 것만 못하므로 이번에는 순찰사·절도사는 모두 종2품관을 차견한다는 것이다. 그리고 혹 3품관을 차견하게 되면 제배(除拜)하는 날에 그 자급(資級)을 새로 승진시키는 것이 또한 마땅할 것이다. 부윤(府尹)도 또한 그러하다.

생각건대, 원전에 따르면 수군절도사는 3품으로 되어 있으나 반드시 그렇게 할 것이 아닌 듯하다. 명호는 절도사라 하면서 여러 목사(牧使)나 군

---

13) 양경(兩京) : 개성과 평양.

수(郡守)와 품질(品秩)을 같게 함은 체모(體貌)를 높이기에는 부족하다. 나는 모든 절도사는 모두 2품 관직으로 만드는 것이 마땅하다고 생각한다. 또 무릇 정2품이 종2품의 지방 관직으로 나갈 수 있고, 종2품이 3품의 지방 관직으로 나갈 수 있으며, 3품이 4품의 지방 관직으로 나갈 수는 있으나, 두 계자(階資)나 낮은 관직을 하는 것은 죄가 있어 좌천되는 것이 아니면 타당치 않은 듯하다. 오직 잡기(雜歧)로 된 3품은 진장(鎭將)으로 삼아도 혐의되지 않는다.

무릇 계자보다 낮은 관직을 한 자에게는 직함(職銜)에 행자를 쓰는 것이 마땅하다.

부대사(府大使) · 목사(牧使) · 군태수(郡太守) · 방어사(防禦使) · 절제사(節制使) · 토포사(討捕使) · 운향사(運餉使) · 안찰사(按察使) · 안무사(按撫使) · 절제부사(節制副使 : 즉 監營中軍)는 모두 3품으로 한다.

살피건대, 원전에는 목사 · 부사(府使) 중에 어떤 것은 당상관(堂上官) 자리로 되어 있고 어떤 것은 당하관 자리로 되어 있다. 군수도 그러한바 마땅치 않은 듯하다. 웅걸(雄傑)찬 재주와 큰 기도(器度)는 남행(南行)으로 된 신하 중에 많이 있는데 벼슬이 목사에 이르렀으나 대부로는 승진되지 못하니 장차 무엇으로써 충성하도록 권장하겠는가? 이번에는 목사와 대사를 모두 당상관 자리로 만들고자 하는데 이것은 그만둘 수 없는 것이다.

생각건대, 군(郡)에 대소가 있는데 대부로서 군수가 된 자는 그 직함을 통정대부 영광군태수 겸나주진 병마첨절제사(通政大夫靈光郡太守兼羅州鎭兵馬僉節制使)라 하며, 상사(上士)로서 군수가 된 자는 그 직함을 통덕랑 영암군수 겸나주진 병마절제도위(通德郎靈岩郡守兼羅州鎭兵馬節制都尉)라 한다.

군수(郡守)와 서윤(庶尹)은 4품, 판관(判官)은 5품, 현령(縣令)과 찰방(察訪)은 6품, 감목관(監牧官)은 7품이다.

4~5품은 상사, 6~7품은 중사이다. 상사는 병마절제도위라 일컫고, 중사는 병마절제부위(兵馬節制副尉)라 일컫는다.

강변(江邊)을 방수(防守)하는 60위(衛)에 대·중·소 세 등급이 있고, 해변(海邊)을 방수하는 80채(寨)에 대·중·소 세 등급이 있기 때문에 그 직급에 5·6·7품이 있다.

내륙 지역에 있는 40보(堡)는 그 직급이 모두 6품이고, 산성(山城)을 진수(鎭守)하는 장수는 20인데 그 직급을 7품으로 한다.

폐4군(廢四郡)[14] 협위장(夾衛將) 열 둘은 그 직급을 8품으로 한다.

5품은 이전 첨사(僉使)와 비교해서 낮춘 것이고, 6품은 이전 만호(萬戶)와 비교해서 낮춘 것이며, 7품은 이전 권관(權管)이나 별장(別將)과 비교해서 올린 것이다.

생각건대, 절제사와 절도사는 명칭이 그렇게 동떨어지지 않아서 지금의 첨사라는 것을 모두 절제사라 일컬으니 또한 참람하지 않은가? 이번에는 외방 관직으로서 3품 이상은 절제사라 일컫고 4~5품은 절제도위라 하며, 6~7품은 절제부위라 일컬으려고 하니 그전대로 할 수는 없다.

만호라는 관직은 또 첨사 밑에 있으며 거느리는 것이 수십 호(戶)에 불과하다. 그런데 외람되게 만호라 일컬어서 명호와 실제가 합치하지 않으니 이것은 옳은 제도가 아니다. 이번에 그 명호를 위장(衛將)·채장(寨將)·보장(堡將)이라 개정하고자 하는데, 명호를 바르게 하지 않을 수 없기 때문이다.

살피건대, 원전에는 첨사에 두 등급이 있어, 종3품인 자는 첨절제사, 종4품인자는 동첨절제사(同僉節制使)라 칭하였다. 또 그 중에도 만포진(滿

14) 폐4군(廢四郡) : 조선 세종 때 최윤덕(崔潤德) 등을 보내 여진족(女眞族)을 토벌하고 압록강 상류의 여연(閭延)·자성(慈城)·무창(茂昌)·우예(虞芮)의 4군을 설치했는데, 뒤에 그 유지·확보가 용이하지 못하다는 이유에서 철폐론이 제기되어오다가 단종·세조 때에 걸쳐 드디어 철폐되자, 그후 이 지방은 오랫동안 폐사군이라 불리게 되었다.

浦鎭) · 다대포진(多大浦鎭) 같은 데는 변지 이력(邊地履歷)을 써서 당상 자리로 하였다. 만호도 모두 종4품이어서 그 위계가 현령보다 높으니 공문(公文)을 왕복할 때에, 예모(禮貌)가 걸핏하면 걸리적거리게 되니 옳은 제도가 아니다. 이번에는 변장으로서는 위계(位階)가 높아도 5품관이 되는 데에 불과하며, 문무정관(文武正官)으로서 이미 3품으로 올랐으면 진장(鎭將)이 될 수 없도록 하려고 한다. 오직 잡기(雜歧) 한 가지 기예로써 벼슬한 자는 3품이라도 진장이 되는 것을 허가한다. 그리고 변지 이력으로써 진장에 임용된 자도 3품이 된 후에는 이력을 보지 않는다. 그리하여 혹 이력이 당하관 자리에 해당하고, 혹은 당상관 자리에 해당하더라도 변지가 되는 것은 한가지인데, 반드시 낮은 관계를 끌어올려 높이는 것은 무엇인가?

만약 본디 계자가 높은 자는 본 계자를 일컬음이 당연한데 3품이 진장이 되었으면 절충장군이라 일컫는 것이 마땅하고, 4품이 진장이 되었으면 선략교위(宣畧校尉)라 일컫는 것이 마땅하다.

살피건대, 원전에 따르면 권관(權管)과 별장(別將)은 모두 9품직이었다. 그러나 외방 관직은 모두 군사와 백성을 거느리는 것이어서, 초사(初仕) 자리로 만들 수 없다. 그러므로 모두 올려서 7품으로 만든 것이다.

• 3품 이하 관직 정원

직품	3품	4품	5품	6품	7품	8품	9품
의정부		사인 1 (舍人)		검상 2 (檢詳)		사록 2 (司錄)	
이 조	참의 1 (參議)	정랑 2 (正郎)		좌랑 4 (佐郎)			
승정원	승지 4 (承旨)					주서 4 (注書)	
종친부		전첨 1 (典籤)		전부 2 (典簿)			
의빈부		경력 1 (經歷)		도사 2 (都事)			
돈령부	도정 1 (都正)		판관 1 (判官)	주부 1 (主簿)			참봉 2 (參奉)

직품	3품	4품	5품	6품	7품	8품	9품
사옹원		첨정 1 (僉正)		주부 1	직장1 (直長)	봉사 2 (봉사)	
사도시		첨정 1		주부 1	직장 1		
내자시				주부 1		봉사 2	
내섬시				주부 1		봉사 2	
사선감		첨정 1		주부 1		봉사 2	
의영고				주부 1		봉사 2	
능인서					별제 2 (別提)	별검 2 (別檢)	
종부시	도정 1	첨정 1		주부 1	직장 1		
관상감	도정 1	부정 2 (副正)		주부 4 교부 4		봉사 6 훈도 8	
내의원		부정 2		주부 2		봉사 4	
전의감		첨정 2		주부 4		봉사 4	
혜민서				주부 2		봉사 6	
명부사		상궁 2 (尙宮)	상침 2 (尙寢)	전의 4 (典衣)	전선 4 (典膳)	전약 8 (典藥)	전등 8 (典燈)
내수사		전수 1 (典需)		전회 1 (典會)		전화 4 (典貨)	
내시부	상선 4 (尙膳)	상탕 4 (尙帑)	전탕 4 (典帑)	상촉 8 (尙燭)	전촉 8 (典燭)	상혼 16 (尙閽)	전혼 16 (典閽)
액정서				사알 8 (司謁)		사안 20 (司案)	
호 조	참의 1 (參議)	정랑 2		좌랑 4			
한성부	우윤 1 (右尹)	서윤 1 (庶尹)	판관 1 (判官)	주부 2			
6부				영 6 (令)			교관 12 (教官)
6학				교수 6 (教授)		훈도 6	교관 6
전자서				주부 1		봉사 2	
전생서				주부 1		봉사 2	
사축서				주부 1		봉사 2	
평시서			판관 1	주부 2			
사록창		부정 1		주부 1		봉사 2	

직품	3품	4품	5품	6품	7품	8품	9품
사회창		부정 1		주부 1		봉사 2	
사향창				주부 2			
직공사		부정 1		주부 2			
상평사				주부 2			
평부사		첨정 1	판관 1	주부 2			
판적사			판관 1	주부 2			
경전사		부정 1	판관 1	주사 4 (主事)			
조운사		첨정 1	판관 1	감찰 2 (監察)			
사포서					별제 2		
사광서			판관 1	주부 2			
6보서					별제 2	봉사 2	
산학서				교수 2		훈도 4	
예 조	참의 1	정랑 2		좌랑 4			
태상시	도정 1	첨정 2		주부 1	직장 1	공봉 4 (供奉)	
통례원	도정 2	상례 2 (相禮)		찬의 2 (贊儀)	인의 4 (引儀)	인의 4	인의 6
전유사				영 2 (令)			참봉 2 (參奉)
전묘사				영 2	원외 12 (員外)		참봉 2
수릉사		첨정 1	영 2 능마다				참봉 2
제례감		첨정 1	판관 1	주사 2			
사간원	대사간 1	헌납 2 (獻納)		정언 2 (正言)			
홍문관	부제학 2	교리 2 (校理)	부교리 2	수찬 2 (修撰)	부수찬 2 검서관 4 (檢書官)	정자 2 (正字)	부정자 4
시강원	보덕 2 (輔德)	필선 2 (弼善)		사서 2 (司書)		설서 2 (說書)	
태사원	수찬관 2	편수관 2		기주관 2 (記注官)		기사관 2 (記事官)	

직품	3품	4품	5품	6품	7품	8품	9품
교서감		교리 2				정자 4	부정자 8
국자감	대사성 1 좨주 1 (祭酒)	사예 2 (司藝) 사업 1 (司業)		전적 4 (典籍) 도선 2 (導善)		정자 4	부정자 8 사회 2 (司誨)
장악원	도정 1	첨정 1	판관 1	협률 2 (協律)		교관 2 (教官)	
승문감		교리 1	부교리 1 제술관 2 (製述官)	교검 2 (校檢)		정자 4	부정자 8 학관 2 (學官)
공거원		부정 1		주사 2			
상의원	도정 1	첨정 1		주부 1	직장 1		참봉 2
상서원	도정 1			주부 1	직장 1	봉사 2	
양로사				주부 2			
양현고				주부 1		별검 2 (別檢)	
애영서				주부 2			
병 조	참의 1	정랑 2		좌랑 4			
중추부		경력 4 (經歷)		도사 8 (都事)			
사훈부		경력 1		도사 1			
무거원	도정 2	부정 4		주사 8	병학교관 2 (兵學校官)	참군 8 (參軍)	권봉 33 (權奉)
태어시	도정 1	첨정 1	판관 1	주부 2			
승여사	내승 1 (內乘)	부내승 1 (副內乘)		부내승 2			
목어사		첨정 1	판관 1		감목관20		
익위사	익위 1	사어 2 (司禦)		위솔 2 (衛率)	부솔 2 (副率)	시직 2 (侍直)	세마 4 (洗馬)
좌액사		집극랑 4 (執戟郎)		집순랑 4 (執楯郎)		폐순랑 4 (陛楯郎)	
우액사	궁정 2 (宮正)		금오랑 2				
중위사	상시 4 (常侍)	효기랑 4		효기랑 6			

직품	3품	4품	5품	6품	7품	8품	9품
선교국	선교 4 (宣敎)	선휘 4 (宣徽)	문겸 2 (文兼)	선지 8 (宣旨)		선전 8 (宣傳)	선령관36 (宣令官)
의장국			노부랑 4 (鹵簿郞)		집선랑 8 (執扇郞)	집수랑 3 (執殳郞)	산개랑 4 (散蓋郞)
수어국	호군 4 (護軍)			사문 6 (司門) 사성 6 (司城)		사문 18 사성 18	
용양위	부호군10	사직 (司直)	부사직	사과 (司果)	부사과 8	사정 (司正)	부사정24
호분위	부호군10	사직	부사직	사과	부사과 8	사정	부사정24
우림위	부호군10	사직	부사직	사과	부사과 8	사정	부사정24
도통영	별장 2 (別將) 천총 4 (千摠)	파총 6 (把摠)		종사관4		초관 36 (哨官)	기패관16 (旗牌官)
좌어영	별장 1 천총 3	파총 6		종사관 3		초관 27	기패관12
우어영	별장 1 천총 3	파총 6		종사관 3		초관 27	기패관12
관성위	부사 1 (副使)	파총 3				초관 5	기패관 3
형 조	참의 1	정랑 2		좌랑 4			
의금부		경력 2		도사 4		부도사 4	
사헌부		장헌 2 (掌憲)		지평 2 (持平)			
감찰원		어사 4 (御史)		어사 8			
금제사	도정 1	안찰 1 (按察)		부안찰 2 (副按察)			
장리서				주부 2			참봉 2
토포영					종사관 2		종사관 4
순경사		경력 1		사오랑 6 (司寤郞)		순작랑60 (巡綽郞)	
노고원				판관 2		봉사 2	
예빈시	도정 1			주사 2			참봉 2

직품	3품	4품	5품	6품	7품	8품	9품
행인사		서장 1 (書狀)		주부 2			
유원사	도정 1			주사 2			
사역원		부정 1	판관 2	교수 4		봉사 4 훈도 10	
장서원	도정 1	첨정 1		안찰 2 (按察)			
장례원		사의 1		사평 2			
양형사	도정 1	첨정 1	판관 1	주사 2			
권계사				주부 2			
진관사					사관 3 (司關)	사도 4 (司渡)	
직금서				주부 2			
장역서			판관 1	주부 2			
율학서				교수 2		훈도 2	검율 2 (檢律)
공 조	참의 1	정랑 2		좌랑 4			
산우시		첨정 1		주부 2		참군 4 (參軍)	
임형시				주부 2		참군 8	
택우시		첨정 1	판관 1	주부 2			
천형시				주부 2		준천랑 4 (濬川郎)	
선공감		부정 1		주부 1	직장 1		감역 2 (監役)
이용감		첨정 2			별제 2		학관 4 (學官)
사병시		첨정 2		주부 2			
수성사				주부 6		봉사 6	
전환서				주부 2		봉사 2	
전도사		첨정 1		주부 2			
전궤사		첨정 1		주부 2			
전함사		첨정 1		주부 2			

직품	3품	4품	5품	6품	7품	8품	9품
견와서					별제 2		
번자감						봉사 2	
직염국				주부 2		봉사 2	
전설사					별제 2		
장원서					별제 2	봉사 2	
사연서				주부 1		봉사 2	
조지서					별제 2		
도화서				화사 2 (畫史)		회사 4 (繪史)	

※ 이상 정관(正官) 중에 3사(士)의 수효는 상사(上士)가 128자리, 중사(中士)가 264자리, 하사(下士)가 300자리이고, 여러 능(陵)과 여러 묘(廟)의 관직이 122자리로서 모두 합치면 814자리이다. 그런데 수령(守令)·변장(邊將)·찰방(察訪)·감목관(監牧官) 등은 그 중에 들지 않았다.

대부원 총수(大夫員摠數 : 무릇 승문감·공거권 提調 및 예겸하는 제조와 鄕大夫·3위의 군직은 계산에 넣지 않았다).

상대부 : 정관(正官) 26, 무직(武職) 4, 제조(提調) 34.

중대부 : 정관 26, 무직 8, 제조 38.

하대부 : 정관 44, 무직 26, 제조 12.

삼반관제(三班官制)

문신(文臣)으로서 입사(入仕)하는 자리가 서른여섯인데, 엄선해서 뽑아 올리는 것이 열둘이고, 여러 곳에 흩어서 올리는 것이 스물네 자리이다.

교서감(校書監)에 정자(正字)가 네 자리, 부정자(副正字)가 여덟 자리

이고, 국자감과 승문감에도 이와 같아서 전부 합쳐서 서른여섯 자리인데 문과에 합격한 서른여섯 사람을 처음 부록(付祿)하는 자리로 한다(序官條에 기록하였다). 분관(分館)[15]한 다음에 3관(三館)에서 각각 상등 네 사람을 뽑아서 먼저 부정자에 붙였다가 사흘을 지나서 정자로 올리며 중·하등 여덟 사람을 이에 부정자로 붙인다.

홍문관에는 정자 두 자리, 부정자 네 자리, 주서(注書) 네 자리, 사록(司錄) 두 자리를 합치면 열두 자리이다. 항상 식년(式年)이 되어 과방(科榜)이 나올 무렵이면 본관(本館)에 도당(都堂)[16]이 합좌(合坐)하여 홍문록(弘文錄)[17]을 만들고, 열두 사람을 뽑는다. 그 중 네 사람을 홍문관 부정자에 붙였다가 사흘이 지나면 올려서 정자와 사록으로 삼고 또 네 사람을 홍문관 부정자로 붙였다가 사흘이 지난 다음 올려서 주서(注書)로 삼으며 또 네 사람을 홍문관 부정자로 붙이면 열두 사람이 모두 벼슬에 오르게 된다. 이로부터 이후에는 열두 사람을 열두 자리에 서로 통해 바꾸기도 하는데, 만약 춘방(春坊)이 있으면 설서(說書)가 또 두 자리이다.

사록은 본디 정부(政府)의 낭관(郎官)인데 근례(近例)에 청망(淸望) 있는 사람에게 맡기지 않음은 거의 의의가 없는 것이다. 이번에는 청망 있는 사람을 뽑아서 삼고, 사인(舍人)·검상(檢詳)과 더불어 동등하게 한 무리로 하며 시호(謚號)를 의논하는 자리에도 참여할 수 있도록 고쳤다.

흩어서 올린다는 것은 6학(六學)에 사훈(司訓) 여섯 자리, 태상시(太常寺)에 공봉(供奉) 네 자리, 양현고(養賢庫)에 별검(別檢) 두 자리를 각각 합치면 열두 자리이고, 경안(慶安)·율봉(栗峰)·금정(金井)·황산(黃山)·김

15) 분관(分館) : 문과(文科)에 새로 급제한 서른여섯 사람을 홍문관(弘文館)·교서관(校書館)·승문원(承文院) 세 관아로 갈라 붙이는 일.

16) 도당(都堂) : 의정부의 별칭. 여기서는 의정(議政) 등을 말하는 것이다.

17) 홍문록(弘文錄) : 홍문관의 교리(校理)와 수찬(修撰)을 선거 임명하던 기록. 천거하는 절차는, 홍문관의 7품 이하 관원이 후보자의 명단을 작성하면 홍문관 부제학 이하 여러 사람이 각자 추천하는 사람의 성명 위에 동그라미를 찍는다. 이것을 의정(議政)·참찬(參贊)·대제학(大提學)과 이조의 판서·참판·참의 등이 도당록(都堂錄)으로 만들어서 임금에게 올리면 임금은 차점 이상인 자를 교리 또는 수찬으로 임명하였다.

천(金泉)·성현(省峴)·자여(自如)·제원(濟原)·오수(獒樹)·경양(景陽)·기린(麒麟)·보안(保安), 열두 도(道)의 찰방(察訪)이 또 열두 자리이다. 홍문록에 들지 못한 사람은 흩어 올려서 이 스물네 자리에다 보임(補任)한다.

홍문록의 자리를 열두 사람으로 한정한 것은, 예전 예에 홍문록은 다해도 6~8명에 불과했는데, 근일에는 선발하는 법이 너무 넓어서 홍문록에 뽑힌 사람이 혹 30여 명이나 되기도 하기 때문이다. 따라서 관직 질서가 날로 어지러워지고 조정 꼴이 날로 혼란해지니 인원에 한절(限節)을 두지 않을 수 없다.

홍문록을 열두 사람으로 한정하면 구슬 같은 인재를 빠뜨릴 염려가 없지 않다. 하지만 식년마다 홍문록을 뽑는 날이면 수십 년 동안 과거에 출신해서, 이미 중사(中士)·상사(上士)가 된 자를 통계(通計)하여 여섯 사람을 엄선하고 명칭을 유현록(遺賢錄 : 이것이 이른바 晩紅이라는 것임)이라 하여, 수찬(修撰)이나 교리(校理)로 품계에 따라 주의(注擬)한다. 그리하여 새로 홍문록에 참여한 열두 사람과 합쳐서 명호를 열여덟 학사(學士)라 하면, 정체되는 인재는 거의 없을 것이다.

서류(庶流)와 한족(寒族)으로서 출신한 자도, 입사(入仕)한 이래로 행검(行檢)을 힘껏 닦아서 온 세상의 추중(推重)을 받은 자는 또한 이 기록에 참여하도록 한다. 3관(館)에 새로 진출한 자는 반드시 세 번을 기다린 다음에 그 승진이나 전직하는 것을 허가함은 왜 그런가? 과거 공부를 업(業)으로 하여 문필에만 애쓰던 자를 일조(一朝)에 여러 관직에 두루 시험하면 능히 낭패하지 않을 자가 거의 없을 것이다. 그러므로 3년 동안 홍문관에서 한가하게 지내면서 관방(官方)[18]을 배우고 직위를 맡아 관청에 처신할 것을 알고 난 다음에, 여러 관직에 두루 시험하는 것이다. 거기에서 또 3년 동안 머문 다음에 중사(中士)로 승진하는데 이 후부터는 그 승진의 더디고 빠름은 그 사람의 공적을 볼 뿐이고, 반드시 연한이 있는 것이

18) 관방(官方) : 벼슬아치가 지켜야 할 도리.

아니다.

생각건대, 만록(晩錄)에 반드시 여섯 사람을 말한 것은 왜 그런가? 새로 진출하는 사람을 3관에 올릴 때에, 홍문록에 누락된 자는 드디어 그 평생 소망이 끊어진 것같이 여긴다. 그런데 청직(淸職)에 뽑힐 희망이 영영 없으면 그 기(氣)가 꺾이고 마음에 억울함이 어떠하겠는가? 반드시 이 한 길을 열어서 홍문록에 누락된 자에게도 여망(餘望)이 있게 한 다음이라야 비로소 인심을 평정할 수 있기 때문이다.

무신(武臣)으로서 처음 입사(入仕)하는 자리는 서른여섯인데, 뽑아서 올리는 것이 열두 자리이고, 훑어서 올리는 것이 스물네 자리이다.

원전에는, 무겸 선전관(武兼宣傳官)[19]이라는 것이 쉰 자리(參上[20] 서른여덟 자리, 참하[21] 열두 자리)가 있다. 이번에는 선령관(宣令官)이라 고치고, 서른여섯으로 줄여서 무과 서른여섯 사람에게 처음 부록(付祿)하는 자리로 한다(서관조에 기록했다). 문신은 3감(監)에 나누는데, 무신을 한 청(廳)에다 합한 이유는 무과 과목은 피차 서로 같아서 셋으로 분간할 수 없기 때문이다.

근래 예에 무과의 새 급제자 중에 문벌이 좋은 집 자식은 반드시 서북도 권관(西北道權管)으로 차임한다. 이것을 부방(赴防)이라 하며 한 차례 이 직을 겪은 다음이라야 비로소 사적(仕籍)에 통하는 것을 허가하는데 이것은 좋은 법이다. 이번에는 폐4군 좌우 열두 위(衛)를 모두 8품 자리로 만들고, 항시 식년(式年) 봄 도정(都政) 때에 새로 차임한 선령관 열두 사람을 차견(差遣)하도록 했다(榜目 차례에 따라서).

다음해 6월에 또 열두 사람을 차견하고 그 다음해 6월에 또 열두 사람을

19) 무겸 선전관(武兼宣傳官) : 무신으로서 선전관을 겸임하는 것.
20) 참상(參上) : 6품 이상 정3품 당하관(堂下官) 이하까지의 계자(階資)를 총칭하는 말.
21) 참하(參下) : 7품 이하 종9품까지를 일컫는 말.

차견(이것이 이른바 오이 먹을 때가 되면 교대한다는 것이다)하면 서른여섯 사람이 각각 1주년씩 방수(防戍)하는 동안 새 과방(科榜)이 또 나오게 된다. 열두 위란 별해(別害 : 본디 첨사 자리)·묘파(廟坡)·신방(神方 : 본디 만호 자리)·강구(江口)·어면(魚面 : 본디 만호 자리)·자작(自作 : 곧 自作仇非임)은 모두 현도성(玄菟省) 장수(漲水) 연변(沿邊)이고(이 여섯 堡는 모두 葛坡鎭에 딸린 것이다), 평남(平南 : 본디 만호 자리)·신광(神光 : 본디 첨사 자리)·입석(立石 : 이번에 다시 설치한 것이다)·마해(馬海 : 본디 명칭은 麽麽海임)·종포(從浦 : 본디 만호 자리)·추파(楸坡 : 본디 만호 자리)는 모두 패서성(浿西省) 독수(禿水)의 연변이다(이 여섯 보는 모두 滿浦鎭에 딸렸다). 그렇다면 선령관으로 서울에서 벼슬하는 자는 항상 스물네 사람을 넘지 않는다.

생각건대, 무과에 새로 진출한 자에게 반드시 이 열두 위를 출수(出戍)하는 자리로 한 것은 강변(江邊) 60위를 3영(三營) 장관이 출수하는 자리로 하는데(鎭堡 제도에 있다), 이것이 그 사이에 끼여 있는 자리이기 때문이다. 또 지금 폐 4군을 황폐한 채로 버려둠은 우리나라의 남모르는 걱정이며 깊은 염려이다. 새로 진출한 사람에게 먼저 이 지역을 보여서 그 슬기로운 생각이 불어나도록 함도 또한 마땅하다. 만약 폐 4군을 복구하게 되면, 이 열두 위는 곧 녹수(淥水) 연변으로 옮겨서 설치하여, 그 열두 자리가 됨은 가감이 없도록 함이 마땅하다.

녹수 연변은 동쪽 갈파(葛坡)에서 서쪽 만포(滿浦)까지 그 사이가 700여 리나 되는데 지금은 고스란히 비워두고 보루 하나도 없다. 비록 폐 4군을 복구하더라도 요충되는 곳을 택해서 수보(戍堡)를 설치할 곳은 그 수효가 적어도 열둘보다 적지는 않을 것이다(강 흐름이 북쪽으로 빙 둘러서, 활을 당긴 모양과 같다).

선전관 여덟 자리와 폐순랑(陛楯郞) 네 자리(지금 도총 도사)를 합하여 열두 자리이다. 항상 식년이 되어, 새 과방이 나오면 세 군문(軍門) 대장이 정부(政府)·추부(樞府)·6조의 대부와 더불어 합좌(合坐)하고 선전록(宣

傳錄)을 선정하여 열두 사람을 뽑는다. 먼저 여덟 사람을 선전관(宣傳官)으로 붙였다가 사흘이 지나면 그 중 네 사람은 옮겨서 폐순랑으로 삼으며, 또 네 사람을 선전관으로 올려 보임(補任)시키면 열 두 사람을 모두 전보하게 된다. 이로부터 이후는 열두 사람을 열두 자리에 서로 통해서 차임한다.

흩어서 승진시키는 것은 집수랑(執殳郎)이 여덟 자리(곧 지금의 부장), 사도승(司渡丞)이 네 자리로 합하면 열두 자리이다. 심주(沁洲)의 여섯 보(堡)와 여섯 채(寨)를 변장(邊將)이라 함은 불가하다. 아울러 하사(下士) 자리로 낮추어서 새로 진출하는 자의 승진하는 계제(階梯)로 만들면 또한 열두 자리이다. 그리하여 선전록에 들지 못한 자를 흩어 올려서 이 스물네 자리에다 보임하는 것이다.

사도승(司渡丞) 네 자리는, 삼전도(三田渡)·한강도(漢江渡)·노량도(露梁渡 : 鏞이 일찍이 노량도 별장을 지냈다)·양화도(楊花渡)이다. 여섯 보란 월곶보(月串堡)·초지보(草芝堡 : 본디 병마첨사의 자리이다)·제물보(濟物堡)·인화보(寅火堡)·용진보(龍津堡)·덕진보(德津堡 : 본디 병마만호의 자리이다)이고, 여섯 채란 장봉채(長峰寨 : 본디 수군첨사의 자리이다)·주문채(注文寨)·덕포채(德浦寨)·정포채(井浦寨 : 이번에 다시 설치했다)·덕적채(德積寨)·화량채(花粱寨 : 본디 수군첨사 자리이다)이다. 여섯 보와 여섯 채의 장수로 문신의 십이도(十二道) 찰방 자리와 같게 한다.

선전록에 기록할 때에도 구슬 같은 인재를 빠뜨리지 않는다고 기필할 수 없기 때문에 식년마다 선전록에 올릴 사람을 뽑을 때에 수십 년 동안에 과거 출신으로서 이미 중사·상사로 승진한 자를 통계하여 그 중에서 여섯 사람을 엄선한다. 명칭을 유재록(遺才錄 : 또한 晩靑이라 일컬을 수 있다)이라 하고, 선휘(宣徽)나 선지(宣旨)를 품계에 따라 주의(注擬)한다. 새로 선전록에 참여한 열두 사람과 합쳐, 명칭을 18무사(武士)라 하면 정체된 인재는 거의 없게 될 것이다. 서류(庶流)와 한족(寒族)으로서 출신한 자도 입사(入仕)한 이래로 행검을 힘껏 닦아서 온 세상의 추중(推重)을 받게 된 자는 이 기록에 참여하도록 한다.

남행(南行)으로 처음 입사하는 자리는 서른여섯인데, 올려서 뽑는 것이 또한 서른여섯 자리이다.

남행으로서 처음 입사하면 세 등급으로 나누는데 세마(洗馬)의 네 자리, 사회(司誨)의 두 자리, 동몽교관(童蒙教官)의 여섯 자리로 도합 열두 자리가 1등이고, 6부(六部)의 교관(教官) 열두 자리가 2등이 되며, 돈령부 참봉(敦寧府參奉) 두 자리, 선공감역(繕工監役) 두 자리, 전묘참봉(典廟參奉) 두 자리, 전유참봉(典壝參奉) 두 자리, 수릉참봉(守陵參奉) 두 자리, 상의원 참봉(尙衣院參奉) 두 자리, 도합 열두 자리를 3등으로 한다.

1등으로 선발하는 것은 산림(山林)에 유일(遺逸)된 선비로서 경서에 밝고 행실을 닦은 사람을 대우함이고, 2등으로 선발하는 것은 과시(科試) 공부(游藝)를 한 사람으로서 다스림에 슬기 있는 자를 대우함이며, 3등으로 선발하는 것은 종척(宗戚) 또는 훈신(勳臣)·현신(賢臣) 집 사람으로서, 총애를 받고 음직(蔭職)을 받은 사람을 대우함이다.

식년마다 문·무과를 방방(放榜)한 다음에 정부·추부·6조·3사(三司)의 신하가 도당(都堂)에 모인다. 좌석에 참여한 여러 사람에게 각자 아홉 사람을 추천하도록 하는데(세 등급 선발에 각 세 사람씩), 이것은 곧 치선(治選)이라는 명목이다(제도를 春官 治選條에 밝혔으나 이 조목과는 같지 않다). 이에 정부·추부·6조의 대부가 여러 사람이 추천한 것을 합쳐서 서른 여섯 사람을 뽑고(세 등급으로 선발하는 것이 각 열두 사람이다), 상주한 다음 이조에 회부해서 서른여섯 자리에 보임한다.

만약 계방(桂坊)[22]이 없는 때이면 사회(司誨) 네 자리를 더 차임해서 세마(洗馬) 네 자리를 대신 충당한다.

살피건대, 과거를 통해 사람을 뽑은 것은 성왕의 법이 아니었다. 이미 과거를 실시해서 사람을 뽑는 것은 장차 등용하려는 것이었는데 도리어 버리고 있다. 그런데 남행으로 입사하는 자는 1년에 두 번 도정(都政)하는 데

---

22) 계방(桂坊) : 조선시대 세자 익위사(世子翊衛司)의 별칭.

적어도 20~30명 이하로는 내려가지 않으며, 3년을 통계하면 반드시 70~80명 정도에 이른다. 문과에는 30여 명을 뽑는데 남행은 70여 명을 뽑으니 매우 고르지 못하다. 여러 능참봉(陵參奉) 자리도 증원(增員)은 있으나 감원(減員)은 없다. 국운이 장구(長久)하면 장차 수백, 수천 명에 이를 것이니 좋은 제도가 아니다. 지금 문무과는 식년마다 각 서른여섯 사람씩 뽑으니(무릇 增廣·別試·庭試·謁聖·節製 따위는 아울러 폐지함이 마땅하다), 남행도 또한 식년마다 서른여섯 명만 뽑아서 3반(三班)이 되도록 한다. 그리하여 선(選)과 거(擧) ―문무과는 선이고 남행은 거이다―가 아울러 시행되고, 예와 덕을 쌍으로 뽑게 되면 사람을 쓰는 데에 거의 법도가 있을 것이다.

생각건대, 산림에 유일(遺逸)된 선비와 경서에 밝고 행실을 닦은 사람은 다만 뽑기를 이와 같이 하고 진출시키기를 이와 같이 하여 그 사람에게 힘을 펴고 반열에 나아가서 공적을 나타내도록 할 뿐이다. 그리하여 그 공적이 훌륭한 자는 승진시켜서 대간(臺諫)으로 삼기도 하고, 정관(政官)[23]으로 삼기도 하여 경상(卿相)에 이르러도 가하다. 지금은 그렇지 않고 온 나라를 통계하여 한두 사람만 선발한다. 그 선발에 들게 되면 유현(儒賢)이라 이름하고 산림이라 지목하여 빈사(賓師)의 예로써 대우하고 성현의 업을 요구하는 것이니, 그 사람이 비록 나서려는 마음이 있더라도 어찌 출사할 수가 있겠는가? 처음에는 죄 지은 사람처럼 몸을 움크리고 뒤로 물러나 있다가 끝내는 우물우물하며 교만해져서 빈사로 자처하게 된다. 그리하여 사방에서 나무라고 비웃는 소리가 들리며 헌데와 혹이 100군데나 생겨서 필경에는 그 명망을 보전하는 자도 적다. 이렇게 되면 명칭은 비록 어진 이를 진출시키는 것이라 하나, 실상은 어진 이가 진출하는 길을 막는 것이다. 이제 마땅히 세 등급으로 선발하는 것을 연례로 만들고, 유현이라는 갑작스러운 명칭을 없애면, 유일되었던 선비도 또한 나설 길이 있을 것이다.

승진하는 자리는 전자서 봉사(典粢署奉事)·전생서 봉사(典牲署奉事)·

23) 정관(政官) : 인사행정을 맡은 관직.

사축서 봉사(司畜署奉事) · 장원서 봉사(掌苑署奉事)가 두 자리씩이고 능인서 별검(凌人署別檢) 두 자리, 장악원 교관(掌樂院教官) 두 자리, 도합 열두 자리로서, 1등으로 선발된 자를 대우하며, 계방이 있으면 시직(侍直)이 또 두 자리가 있다.

사옹원 봉사(司饔院奉事) · 내자시 봉사(內資寺奉事) · 내섬시 봉사(內贍寺奉事) · 사선감 봉사(司膳監奉事 : 즉 司宰監奉事) · 사록창 봉사(司祿倉奉事 : 즉 廣興倉奉事) · 사희창 봉사(司餼倉奉事 : 즉 軍資監奉事)가 각 두 자리로서 도합 열두 자리이고, 상서원 봉사(尙瑞院奉事) · 번자감 봉사(燔瓷監奉事 : 본디 司饔院 소속이었다) · 전환서 봉사(典圜署奉事) · 사연서 봉사(司筵署奉事 : 즉 長興庫奉事) 각 두 자리, 금부 도사(禁府都事) 네 자리이면 또 열두 자리이다(이상은 모두 8품). 이 스물네 자리로서, 2등과 3등으로 선발된 자를 대우하면서 서로서로 융통하여 반드시 구애되지 않는다.

식년마다 새로 천거된 사람이 나오게 되니, 지난 식년에 새로 진출했던 서른여섯 사람을 아울러 8품 계자에 올린 다음 이 서른여섯 자리에 보임하는 것이다.

생각건대, 3년 만에 체임하는 것이 더딘 듯하나 3년 만에 고적(考績)하는 것은 요 · 순(堯舜)이 정한 법이다. 3년이 못 되어서, 공적도 없는데 어찌해서 별안간에 전임하고 승진시키는 것인가? 그러나 특이한 공능(功能)이 있는 자는 대신이 특히 주청해서 승진시키기도 하고, 임금이 특히 발탁해서 임용하기도 하여 이 제한을 받지 않는다.

서류(庶流)[24]가 남행으로 처음 입사하는 자리가 열둘이고, 승진해서 옮기는 자리도 또한 열둘이다.

인의(引儀) 여섯 자리, 이문학관(吏文學官)[25] 두 자리, 예빈시 참봉(禮

24) 서류(庶流) : 서얼(庶孽)과 같음.

賓寺參奉)・장리서 참봉(掌理署參奉 : 즉 典獄署參奉) 각 두 자리, 도합 열두 자리이다.

승진하는 자리는 인의(引儀) 네 자리, 의영고 봉사(義盈庫奉事)・직염국 봉사(織染局奉事 : 즉 濟用監奉事)・6보서 봉사(六保署奉事)・노고원 봉사(路鼓院奉事) 도합 열두 자리이다.

천용(薦用)하는 방법은 또한 식년마다 남행 서른여섯 사람을 천거하는 날에 서류(庶流) 열두 사람을 천거해서 초사(初仕)에 붙이고 3년이 지난 다음 승진시키는 것은 아울러 위에 말한 법대로 한다.

생각건대, 문무과는 서른여섯 사람씩인데, 남행은 서른여섯 사람 외에 별도로 서류 열두 자리를 두는 것은, 문무과에 선발하는 것이 공평하면 서류가 참여함도 당연히 귀족들과 차별이 없지만, 남행을 선발하는 데에 그들의 자리를 별도로 두지 않으면 반드시 참여하기가 어려울 것이므로 이에 증원(增員)한 것이다. 중인(中人)[26]으로서 입사(入仕)하는 것은 이미 3의사(三醫司)・역관(譯官)・관상감(觀象監)・율학(律學)・산학(算學)・사자관(寫字官)・화원(畵員) 따위가 있어, 입사하는 길이 좁다고 할 수 없다. 9품과 8품은 반드시 별도의 자리를 둘 것이 아니며 중사로 승진시킬 때는 식년마다 공능이 있는 열두 사람만 뽑아서 동반 정직(東班正職)에 통하도록 한다(그 법은 다음에 기록한다). 그렇게 하면 그 뽑는 것이 서류와 고르게 된다.

무신(武臣)도 또한 남행이 있어, 초사하는 자리가 서른여섯이고, 승진하는 자리도 서른여섯이다.

식년마다 무과에 200명을 뽑는데 그 중 36명은 급제 출신(及第出身)이

---

25) 이문학관(吏文學官) : 조선시대 승문원(承文院)의 한 벼슬. 이문은 중국에 보내는 자문(咨文)과 서계(書契)・관자(關子)・제사(題辭) 따위의 공문서에 쓰던 특수한 문체.

26) 중인(中人) : 양반과 상인의 중간 계층. 과거하여 벼슬할 자격은 없으나, 한 가지 기예로, 내의원(內醫院)・사역원(司譯院) 등의 잡직(雜職) 벼슬을 할 수 있었음.

되고, 그 나머지 164명은 진무(進武)가 되어서 문과의 진사(進士)와 더불어 대(對)가 된다(科制에 기록했다). 이 진무 중에 지체가 좋고 재략(才略)이 칭찬할 만한 자는 금군 두령(禁軍頭領 : 그 방법은 다음에 기록했다)으로 천거해서 벼슬길에 통하도록 한다. 그리고 지체는 한미해도 재략이 쓸 만한 자는 남행으로 선발해서 벼슬길에 통하도록 한다. 이렇게 하면 인재가 정체되는 일을 없앨 수 있을 것이다.

무거원 권지봉사(武擧院權知奉事 : 본디 訓練院 봉사이다) 서른두 자리, 산개랑(繖蓋郎) 네 자리(지금 忠義로써 部將에게 소속된 자), 도합 서른여섯 자리이다. 지금에 이른바 충의위(忠義衛)라는 것은 외루(猥陋)하기가 더 심할 수 없으니, 그 천용(薦用)하는 법을 바삐 혁파하는 것이 마땅하다. 항상 무과 방(榜)이 나온 다음, 진무 164명 중에 공신의 자손인 자를 조사하여 그들의 무예를 다시 시험하고 네 사람을 뽑아서 산개랑으로 보임하면 이것으로 족하다.

승진시키는 자리는 사문부위(司門副尉 : 지금의 守門將) 열여덟 자리와, 성문부위(城門副尉 : 아울러 守禦局 소속이다) 열여덟 자리로서 또한 서른여섯 자리이다. 항상 식년에 새 과방(科榜)이 나오면 지난 식년에 진출한 서른여섯 사람을 8품으로 승진시킨 다음, 이 서른여섯 자리에 보임한다.

생각건대, 사람을 뽑는 길은 넓지 않을 수 없으며 사람을 벼슬시키는 법은 엄하지 않을 수 없다(爵이란 높은 벼슬이다). 지금 진무로써 남행된 자 중에 벼슬한 지가 이미 오래 되었고 공능이 현저한 자는, 나가서 변장(邊將)이 될 수 있으나 그렇지 못한 자는 사만(仕滿)[27]이 되면, 파면되어서 다시 중사·상사가 되지 못한다. 혹 내직(內職)·외직(外職)에 나들면서 성망(聲望)과 공적이 출중한 자는 상신(相臣)이나 장신(將臣)이 천거해서, 서반정직(西班正職)에 제수하여, 무과 출신인 자와 다르지 않게 하면 사람에게 작위를 주는 데에 엄했다 할 수가 있다.

습독관(習讀官) 서른두 자리도 또한 진무 중에 뽑아서 삼으며, 3년 만에

---

27) 사만(仕滿) : 임기가 만료된 것을 말함.

체직(遞職)하여 다시 전념하지 않는 것이나 혹 공능이 현저한 자는 이 제한을 받지 않는다.

그 재략(才略)을 일컬을 만한 자 열두 사람을 뽑아, 금군(禁軍)의 영(領)으로 삼아서 벼슬길에 통하도록 한다. 그들을 옮겨서 승진시키는 데에 또한 열두 자리가 있다.

진무 중에 문지(門地)가 훌륭하고, 혹은 재략이 조금 넉넉한데, 무거원 봉사(武擧院奉事)가 되는 것을 좋아하지 않는 자는 이 선발에 넣는 것이 마땅하다. 또 병법에는 익숙하나 원래부터 뜻을 굽혀가며, 과거로 출신하는 것을 좋아하지 않는 자는 비록 백도(白徒)라도 이 선발에 넣는 것이 마땅하다.

용양위(龍驤衛)·호분위(虎賁衛)·우림위(羽林衛)에 부사정(副司正)이 각 스물네 자리인데 지금 3위에 네 자리씩, 도합 열두 자리를 떼어서 이 선발에 참여된 사람을 대우하려 한다.

무거원 참군(參軍) 여덟 자리(즉 訓練院 참군), 산우시 참군(山虞寺參軍) 네 자리(즉 4山 참군), 도합 열두 자리로서 그들의 승진에 대비한다.

항상 식년에 새 과명이 나오면 지난 식년 때에 진출한 열두 사람을 8품으로 승진시킨 다음 이 열두 자리에 보임한다.

또 입사하여 3년이 되면 중사로 승진시키고 또 1년 만에는 변장으로 나가는데 그 성망과 공적이 훌륭한 자는 장신과 상신이 천거하여 상사로 승진시키고 그렇지 못한 자는 변장에서 그치도록 한다.

살피건대, 원전에는 훈련원에 판관(判官)이 여덟 자리, 주부가 열여덟 자리, 참군이 두 자리인데 이번에는 모두 줄이고 오직 주사(主事) 여덟 자리와 참군 여덟 자리만 남겼으니 이것은 무거원에 참군이 여덟 자리이기 때문이다.

생각건대, 문신 남행에는 별도로 서류 자리 열둘이 더 있고, 무신 남행에는 별도로 현족(顯族) 자리 열둘이 있으니 비록 그 뽑는 것은 같지 않아도

또한 서로 비교되어서 찬연하게 빛이 난다.

혹 사망하거나, 상(喪)을 당했거나, 혹은 죄를 짓고 파직되어 궐원(闕員)된 자리는 전일(前日)에 죄과(罪科)로써 낙사(落仕)된 사람을 차임하며, 식년이 되면 비록 사만(仕滿)이 못되었더라도 오히려 전보한다.

입법하던 당초에는 전일 죄과로써 낙사된 사람이 다시 벼슬을 얻지 못할까 하는 걱정은 하지 않았는데, 법을 시행한 지 오래 되자 다시 벼슬을 얻기 어려울까 두려워하게 되었다. 문무과에 9품·8품직은 정원이 본디 많으니 궐원이 있더라도 보임하지 말고 식년을 기다림이 마땅하다. 그러나 남행은 8품·9품이 모두 여러 기관에 긴요한 자리여서 이와 같이 할 수가 없다. 만약 9품에 궐원이 있으면 도당(都堂)의 천거를 기다리지 않고 이조에서 자의(自意)로 사(士)를 뽑아서 보임한다(세 등급으로 분간하는 본래 뜻은 어지럽게 할 수 없다). 그리고 8품에 궐원이 있을 것 같으면 9품 중에 제일 먼저 입사(入仕)한 자를 승진시켜서 보충한다. 또 사(士)를 뽑아서 9품 궐원을 보충할 때에는, 만약 전일 죄과로써 낙사된 자가 있으면 새로 선발하지 말고 낙사된 자를 복직하도록 한다(喪을 만났던 자와 가벼운 죄로써 파면되었던 자는 복직시키고 죄가 중해서 敍用할 수 없는 자는 복직시키지 않는다).

무릇 식년 중간에 특별히 선발된 자는 그 제배(除拜)된 월일(月日)을 계산해서, 그 전 선발에 붙이거나 새 선발에 붙인다. 무릇 식년 문·무과 방방(放榜)은 춘분(春分) 날에 있어야 한다. 자년(子年) 춘분에서 묘년(卯年) 춘분까지는 그 기간이 3주년이다. 3주년을 절반으로 나누면 축년(丑年) 추분(秋分) 날이 이에 3주년의 반이 되는바, 무릇 별선(別選)으로 제배된 날짜가, 축년 추분 전에 있으면 자년 선발에 붙여서 묘년이 되거든 승진시키고, 제배된 날짜가 축년 추분 후에 있으면 묘년 선발에 붙여서 오년(午年)이 되어야 이에 전임시키는데 이것을 변동할 수 없게 한다. 이와 같은 때는 묘년에 새로 선발하면 서른다섯 사람만 뽑고 별선한 사람을 합쳐

서른여섯이 되도록 하는데, 서류 남행 열두 자리를 뽑는 것도 이와 같다.

생각건대, 남행이 옆길로 빠져나가서 궐원된 것은, 반드시 사정이 기구(岐嶇)할 것이므로 별선하는 법을 이와 같이 했다. 3년 만에 대비(大比)[28] 하는 것은 2제(二帝)와 3왕(三王)이 다스림을 마련한 큰 법인데, 구차하게 궐원이 나는 대로 따라서 보임했다가 그 사만(仕滿)된 것을 각각 계산하여 어긋나게 승진시키니, 3년 만에 대비하는 법이 이래서 어지러워졌다. 문무과 서른여섯 사람과 남행 서른여섯 사람을 반드시 대비하는 해에 함께 선발한 다음이라야 법 제도가 이에 이루어질 것이다. 이번 이 조례는 만에 하나라도 변통(變通)할 수 없는 것이다.

한 가지 기예(技藝)로써 벼슬하는 자도 항상 식년이 되면 열두 사람을 뽑고 정조(政曹)[29]에 회부(回付)해서 동반 정직으로 삼도록 한다.

내의원(內醫院)에서 열두 사람을 추천하고 관상감과 사역원(司譯院)에서 각 여섯 사람, 전의감(典醫監)과 혜민서(惠民署)에서 각 세 사람, 사자관(寫字官)과 도화서(圖畫署)에서 각 세 사람을 천거하면 도합 서른여섯 사람이 된다. 각자 본사(本司)에서, 임무에 부지런하며 성적이 현저하고 재식(才識)이 있는 사람을 택해서 가부를 회의한 다음, 정부에 추천한다. 정부에서는 2조(曹)[30]와 합좌(合坐)하고 그들의 재예(才藝)를 시험하여 각 3분의 1을 뽑아서 열두 사람을 정조에 회부한다.

이 열두 사람은 본사에서 이미 9품·8품을 지냈으므로 이 선발에 들면 이에 중사로 승진하여 동반 정직이 된다. 그리고 사만이 되면 혹은 찰방(察訪)으로, 혹은 현령(縣令)으로 삼는다.

관상감(觀象監) 두 사람, 사역원(司譯院) 두 사람을 만약 이용감(利用

---

28) 대비(大比) : 3년마다 관리의 성적을 고사(考査)하는 것. 『주례』 지관(地官)편에, "……三年則大比 攷其德行道藝 而興賢者……"라고 보임.

29) 정조(政曹) : 인사행정을 취급하는 조로서 즉 이조와 병조를 말함.

30) 2조(二曹) : 이조와 병조.

監) 학관(學官)으로 삼아서(학관은 본디 네 사람) 북쪽으로 연경에 유학시켰다가 그들이 실적이 있으면 바로 정조에 보고한 다음, 재예 시험을 기다리지 않고 바로 열두 사람 정원 중에 넣는다.

율학(律學)과 산학(算學)이 유독 이 선발에 참여하지 못함은 왜 그런가? 율학은 본디 옛 예로서 열두 성(省)에 나가 검률(檢律)이 되고, 산학도 또한 예전 예로서 앉아서 군현(郡縣)의 해유(解由)[31]를 취급한다. 또 그들의 업(業)하는 것은 모두 작은 기술에 국한되어서, 짧다 길다 할 것이 없으므로, 더 나은 자를 선발할 수가 없기 때문이다.

액정서 사안(掖庭署司案)이 사만이 되면 사알(司謁)로 승진시키며 공로가 있는 자는 변장(邊將)으로 삼아, 외지에 보낸다.

이상은 하사를 승진시키는 제도를 논한 것이다.

문신 중사는 여든네 자리인데 그 중에 준망(峻望)이 되는 것은 마흔두 자리이고, 일반 품질(品秩)이 마흔둘이다.

검상(檢詳) 두 자리, 이조 좌랑(吏曹佐郎) 네 자리, 지평(持平)·정언(正言)이 각 두 자리, 수찬(修撰) 네 자리, 기주관(記注官) 두 자리, 사서(司書) 두 자리, 6학 교수(六學敎授) 여섯 자리, 감찰원 부어사(監察院副御史) 여덟 자리, 금제사 안찰(禁制司按察)·장서원 안찰(掌胥院按察)이 각 두 자리, 공거원 주사(貢擧院主事)·제례감 주사(齊禮監主事)·경전사 주사(經田司主事) 각 두 자리, 도합 마흔두 자리는 일찍이 홍문록(弘文錄)을 거친 자로써 삼는다.

5조(曹)의 좌랑 스무 자리, 전적(典籍) 네 자리, 종묘 영(宗廟令) 두 자

31) 해유(解由) : 물품을 취급하던 관리가 후임자에게 사무를 인계하고 호조에 보고하여 책임을 면제받던 일.

리, 태상시 주부(太常寺主簿) 두 자리, 승문감 교검(承文監校檢) 두 자리, 협률랑(協律郞) 두 자리, 장례원 사평(掌隷院司評) 두 자리, 조운사 감찰(漕運司監察) 두 자리, 예빈시 주사(禮賓寺主事)·유원사 주사(綏遠司主事)·양형사 주사(量衡司主事) 각 두 자리, 도합 마흔두 자리는 비록 홍문록을 거치지 않은 사람이라도 융통해서 차제(差除)한다.

살피건대, 조례는 비록 이와 같으나 정부·이조·3사·춘방(春坊)·사국(史局) 이외의 관직은 비록 홍문록을 거치지 않았더라도 그 재기(材器)가 우뚝한 자는 특차(特差)할 수 있다. 또 일반 품질 마흔두 자리도 또한 홍문록에 참여한 자를 융통해서 차임할 수도 있다.

무신 중사 여든네 자리 중에, 준망이 되는 것은 마흔두 자리이고, 일반 품질도 마흔두 자리이다.

선지관(宣旨官) 여덟 자리(參上宣傳官), 집순랑(執楯郞) 네 자리(都摠府都事), 효기랑(驍騎郞) 여섯 자리(參上別軍職), 부내승(副內乘) 두 자리(즉 參上內乘), 중추부 도사(中樞府都事) 여덟 자리(지금의 備邊司郞廳), 의금부 도사(義禁府都事) 네 자리(舊例에 무신 도사는 한두 사람에 불과했다), 태어시 주부(太馭寺主簿) 두 자리, 무거원 주사(武擧院主事) 네 자리, 경전사 주사(經田司主事) 두 자리, 사직 영(社稷令) 두 자리, 도합 마흔두 자리는 일찍이 선전록(宣傳錄)을 지낸 자로써 삼는다.

무거원 주사 네 자리(즉 訓練院主簿), 집선랑(執扇郞) 여덟 자리(즉 參上部將), 사문 교위(司門校尉) 여섯 자리(參上守門將), 사성 교위(司城校尉) 여섯 자리(즉 城門護軍), 사병시 주부(司兵寺主簿) 두 자리(즉 軍器寺主簿), 사향창 주부(司餉倉主簿) 두 자리(즉 別營郞廳), 전환서 주부(典圜署主簿)·전궤사 주부(典軌司主簿)·전함사 주부(典艦司主簿)·임형시 주부(林衡寺主簿)·천형시 주부(川衡寺主簿)·전설서 별제(典設署別提)·견와서 별제(甄瓦署別提) 각 두 자리(司關丞 세 자리는 계산에 넣지 않았다), 도합 마흔두 자리는 비록 선전록을 지내지 못했어도 또한 융통해서 차제

(差除)한다.

생각건대, 조례는 비록 이와 같으나 효기랑은 본디 팔장사(八壯士)라는 옛 관직이다. 진실로 용맹과 재략이 있으면 비록 선전록을 지내지 못했더라도 할 수 있으며, 일반 관직 마흔두 자리도 또한 선전록에 기록된 자를 많이 차제하고 있으나 구애될 수는 없다.

살피건대, 예전 예에, 호·형·공(戶刑工) 3조의 좌랑(佐郎) 자리는 남행(南行) 자리였으나, 문신과 무신이 각각 한 자리씩을 차지했다. 그런데 지금은 6조의 낭관을 모두 그 조에 소속된 기관에 공적이 있는 자를 고찰해서 전보하는 관직으로 함으로써, 아울러 문신 자리가 되어버렸다. 그러나 무신의 남행 중에는 혹 지벌(地閥)이 높고 풍채(風采)가 엄숙한 자는 특차할 수가 있어, 지금 6조의 대부를 때에 따라 차제하는 것과 같이 하여, 반드시 구애될 것이 아니다.

남행 중사(南行中士)가 여든네 자리인데 그 중에 준망(峻望)이 되는 것은 마흔 둘이고 일반 품질도 마흔 둘이다.

종친부 전부(宗親府典簿) 두 자리, 익위사 위솔(翊衛司衛率)·부위솔(副衛率) 각 두 자리, 국자감 도선(國子鑑導善) 두 자리, 의빈부 도사(儀賓府都事) 두 자리, 충훈부 도사(忠勳府都事) 한 자리, 6부영(六部令) 여섯 자리, 돈령부(敦寧府)·전자서(典粢署)·전생서(典牲署)·사축서(司畜署)·사록창(司祿倉)의 주부 각 한 자리, 한성부(漢城府)·종부시(宗簿寺)·사옹원(司饔院)·상서원(尙瑞院)·직공사(職貢司 : 宣惠廳)·상평사(常平司 : 常賑廳)·평부사(平賦司 : 均役廳)·판적사(版籍司 : 호조에서 갈라져 나왔다)·전도사(典堵司)·선공감(繕工監)의 주부 각 두 자리, 도합 마흔두 자리는 지벌이 좋고 명망이 높은 자로써 삼는다.

찬의(贊儀) 두 자리, 내자시(內資寺)·내섬시(內贍寺)·사선감(司膳監)·사희창(司餼倉)·사연서(司筵署)·의영고(義盈庫)의 주부 각 한 자리, 상의원(尙衣院)·사도시(司䆃寺)·평시서(平市署)·권계사(券契司)·사광서(司

礦署)·직금서(職金署)·산우시(山虞寺)·택우시(澤虞寺)·직염국(織染局 : 濟用監)·장역서(掌域署)·애영서(哀榮署)의 주부 각 두 자리, 이용감(利用監)·사포서(司圃署)·장원서(掌苑署)·능인서(凌人署 : 즉 氷庫)·조지서(造紙署)·6보서(六保署 : 活人署)의 별제(別提) 각 두 자리, 도합 마흔두 자리는 3등으로 선발된 자를 융통해서 차제한다.

생각건대, 조례는 비록 이와 같으나 남행은 문무과와 같지 않아서 망족(望族)이 많고 한족(寒族)은 적다. 여든네 자리를 모두 망족들로 할 수 있으나 반드시 구애될 것은 아니다.

생각건대, 직공사·상평사·평부사·경전사 등 여러 관직은 반드시 수령(守令)을 지낸 자에게 맡기도록 하여야 한다.

생각건대, 종부시(宗簿寺)·상서원(尙瑞院)·상의원·사옹원·사도시·선공감에 주부라는 것이 두 자리이나 한 자리는 모두 직장(直長)이다. 그렇게 되면 직장이 도합 여섯 자리이고, 여섯 관청의 별제가 도합 열두 자리이니 합쳐서 계산하면 7품 관직이 열여덟 자리이다. 항상 식년이 되면 8품관 서른여섯 사람을 바로 6품관에 승진시키는데 혹 그 중에 뒤따라 들어온 별선(別選)으로서, 출사(出仕)한 지 6년이 못되는 자는 올려서 바로 직장(直長)에 붙인다(종부시·사옹원·상서원·선공감 등). 그리고 출사한 지 만 6년이 되기를 기다려서 드디어 본직을 주부로 고쳐 부르며, 이조에서 하비(下批)[32]하고 또 출사하여 1주년이 되면 이에 현령(縣令)이 되어 나간다.

또 군직(軍職)에 있으면서 문공(文功)이나 무공(武功)으로써 품계가 승진되는 자가 해마다 두어 사람씩 있는데(다음에 자세히 기록했다), 직장으로 붙임이 마땅하다(상의원과 사도시는 본디부터 지벌과 명망에 관계하지 않는다). 또 한 가지 기예로써 벼슬한 열두 사람을 옮겨서 이비(吏批)[33]해서 마지막으로 출사(末仕)했던 자는 별제나 직장으로 붙이는 것이 마땅하

32) 하비(下批) : 삼망(三望)을 갖추지 않고 한 사람만 상주하여 임명하는 일.
33) 이비(吏批) : 이조에서 주청하여 왕의 윤허를 얻은 벼슬.

다(상의원 · 사도시 및 열두 별제는 지벌과 성망에 구애되지 않는다).

이 열여덟 자리는 정조(政曹)에서 넓게 또는 좁게 때에 따라 변통해서, 세 갈래로 사람을 처우하는 것이다.

서류(庶流)의 품계를 승진시키는 열두 자리로써 열두 사람을 처우한다.

검서관(檢書官) 네 자리, 인의(引儀) 네 자리, 장리서 주부(掌理署主簿 : 典獄署主簿) 두 자리, 병학 교관(兵學敎官) 두 자리(能麽兒郎廳) 도합 열두 자리이다.

항상 식년이 되면 홍문관과 태사원(太史院)이 합좌하여 서류 하사 열두 사람을 뽑는다. 그 중에서 문학(文學) 있는 네 사람을 뽑아서, 아뢰고 검서관으로 삼는데, 두 사람은 옥당에 붙이고 두 사람은 사원(史院)에 붙인다.

검서관 네 사람은 출사해서 3년이 되면 현령으로 나가며 그 나머지 여덟 사람은 찰방(察訪)이나 감목관이 되는 데에 불과하다.

문공(文功)과 무공(武功)은 정액(定額)이 없다. 하사로 있을 때에 다만 군직에 붙였다가, 맡은 사역을 준공하면, 비록 6주년이 못되었더라도 바로 올려서 이비해서 마지막에 출사하게 한다.

문공이란 재물을 내어서 십삼경 주소(十三經注疏)나, 이십삼대사(二十三代史)를 개간하고, 혹은 재물을 내어서 온갖 서적을 구입하여 세상에 도움이 되도록 한 자이다. 무공이라는 것은 재물을 내어 고을 관아(官衙)에서 3리(里) 안에 있는 좋은 전지(田地) 50결(結)을 매입하여 군전(軍田)으로 만들었거나, 혹은 재물을 내어 읍성(邑城) 및 여러 영(嶺) 요충 지대(要衝地帶)에 성을 쌓아서 관방(關防)을 만든 자이다.

무릇 공을 계산하는 법은 돈 9천 냥 이상을 낸 자를 상등으로 하여 마침내 현령까지 되며, 6천 냥 이상을 중등으로 하여 마침내 찰방까지 되며, 3천 냥 이상을 하등으로 하여 마침내 변장까지 되도록 한다.

생각건대, 문공·무공이라는 법이 사체(事體)에 비록 타당치 못한 듯하나 옛적에는 농사를 힘쓴 자도 또한 천거되어서 관직에 제수되었는데 하물며 문공·무공이겠는가? 지금 과거제도는 중국제도를 의방(依倣)하는데, 온전한 경서와 온전한 사서를 민간에 펼쳐서 콩이나 좁쌀같이 흔하도록 한 다음이라야 선비들이 과거에 응시할 수가 있다. 그러나 국력이 빈약해서 이렇게 할 수가 없으니 반드시 열두 성에 재물로써 출신(出身)하려 하는 부유한 사람에게 공을 세우도록 하여야 이에 서적을 간행해서 민간에 유포할 수 있다.

또 지금 군제(軍制)는 여러 고을에서 각각 군사 한두 초(哨)를 양성하도록 하는데, 반드시 성(郭)에 가까운 전지 50여 결이 있은 다음이라야 한 초 군졸의 수용을 공급할 수 있다. 이것도 또한 국력으로는 능히 마련할 수 없으니, 반드시 부유한 사람에게 공을 세우도록 하여야 군을 양성할 수 있다. 성을 쌓은 자에게 벼슬을 제수하는 것은 근래에도 예가 있었는데, 이것은 다 나라를 경영하는 요무(要務)이다. 어찌 구애될 것인가? 또 부유한 사람 중에 공으로써 관직을 얻은 자가 관직에 있으면서 청렴하고 백성을 편하게 한 것이 문·무 정사보다 훌륭한 것을 많이 보았다.

무릇 중사로 승진된 자가 출사한 지 1주년이 되면 외직으로 나간다. 오직 서류와 한 가지 기예로써 벼슬한 자는 출사한 지 만 3년이 되어야 외직으로 나가게 된다. 사송(詞訟)에 경험이 없어도 또한 구애되지 않는다.

중사는 하사와 같지 않으므로 어떤 벼슬이나 관계 없이, 직을 맡은 지 1주년이면 다른 관직으로 옮길 수 있는데 현령·찰방·감목관·변장으로 나갈 수 있다. 오직 서류와 한 가지 기예로써 벼슬한 자의 자리는 일정한 수효가 있으므로, 모름지기 교대할 만한 사람이 있어야 이에 전보한다. 그렇지 않으면 식년이 되어야 옮길 수 있다. 만약 옮기려 하는 자는 정조(政曹)에서 교대시킬 만한 사람을 먼저 정한 다음이라야 교대할 수 있는데, 그 교

대한다는 것은 곧 복직하는 것이다.

원전에는 남행은 반드시 6개월 간 사송을 경험한 다음이라야 현령이 되고, 문 · 무는 사송을 경험하지 않아도 상관 없이 되었는데, 또한 고르지 못한 법이다. 문신 · 무신은 어찌하여 나면서부터 알고, 남행은 누구 할 것 없이 애를 써야 겨우 알게 된다는 것일까? 이번에는 3반(班) 사람을 전보하는 데에는 사송에 구애되지 않으려 한다.

> 여러 능(陵), 여러 원(園), 여러 전(殿), 여러 묘(廟)의 관직이 모두 1백 스물두 자리이다. 상사 · 중사 · 하사를 구분하지 않고 문 · 무 · 남행도 상관하지 않으며, 아울러 낙사(落仕)되어 한가하게 있는 자로 삼는다.

서른다섯 능에 관직이 능마다 두 자리이면 일흔 자리이며, 네 원과 네 묘에 각 두 자리이면 열여섯 자리이고, 북도(北道) 여섯 능에 각 두 자리이면 열두 자리이다. 선원전(璿源殿) · 경기전(慶基殿) · 조경묘(肇慶廟) · 장녕전(長寧殿) · 영희전(永禧殿) · 경모궁(景慕宮)에 전마다 두 자리이면 열두 자리이고, 기자묘(箕子廟) · 신라묘(新羅廟) · 변진묘(弁辰廟 : 首露王) · 구려묘(句麗廟) · 백제묘(百濟廟) · 고려묘(高麗廟)에 묘마다 두 자리이면 열두 자리가 된다. 이것이 122자리인데 이것을 절반 이상 초사(初仕)하는 자리로 만들어놓으니 요행을 바라는 문이 날로 열렸고, 관원으로서 지켜야 할 법이 날로 어지러워진다. 지금에라도 교정하지 않을 수 없으니 이렇게 하여야 이에 법제가 될 수 있다.

북도 및 전주 능묘(陵廟)의 관원은 아울러 본도(本道) 사람으로 삼고 네 곳에 있는 묘의 관원은 진무(進武) 중에 남행으로 된 자를 승진시켜서 삼는데 3년이 되면 체직하고 다시 전보하지는 않는다.

여러 능의 영(令) 일흔 자리와 여러 원의 관원 여덟 자리, 영희전 · 장령전 · 경모궁의 영이 도합 여섯 자리인데 총합하면 여든네 자리가 된다. 그 중 스물여덟 자리는 문신으로 삼고, 스물여덟 자리는 남행으로 삼으며, 스물여덟 자리는 무신으로 삼는다. 아울러 벼슬에서 물러나서 한가하게 있는

자를 차임했다가 3년이 되면 체직하고 다시 전보하지는 않는다.

이상은 중사를 승진·전보하는 법을 논한 것이다.

문신 상사 자리가 예순넷인데 그 중에 준망(峻望)이 되는 관직은 서른두 자리이고, 일반 품질도 서른두 자리이다.

사인(舍人) 한 자리, 이조 정랑(吏曹正郎)·병조 정랑(兵曹正郎) 각 두 자리, 장헌(掌憲) 두 자리(즉 執義와 掌令), 헌납(獻納) 두 자리, 교리(校理) 두 자리, 필선(弼善) 두 자리, 편수관(編修官) 두 자리, 감찰원 어사(監察院御史) 네 자리, 금제사 안찰(禁制司按察) 한 자리, 서장관(書狀官) 한 자리, 경전사·공거원에 부정(副正) 각 한 자리, 태상시 첨정(太常寺僉正) 두 자리, 제례감(齊禮監)·장악원(掌樂院)·장서원(掌胥院)에 첨정 각 한 자리, 문겸 선휘관(文兼宣徽官) 두 자리, 도합 서른두 자리는 일찍이 홍문록(弘文錄)을 지낸 자로 삼는다.

호(戶)·예(禮)·공(工)·형(刑) 네 조의 정랑, 도합 여덟 자리, 교서관 교리(校書館校理)·국자감 사예(國子監司藝)·승문감 교리(承文監校理) 각 두 자리, 상례(相禮) 두 자리, 사록창(司祿倉)·사희창(司餼倉)에 부정한 각 한 자리, 종부시·수릉사(守陵司)·평부사(平賦司)·조운사(漕運司)·양형시(量衡寺)·전도사(典堵司)·전궤사(典軌司)·전함사(典艦司)의 첨정 각 한 자리, 장례원 사의(掌隷院司議) 한 자리, 조운사 판관(判官) 한 자리, 금오랑(金吾郎) 두 자리, 제술관(製述官) 두 자리, 도합 서른두 자리는 모두 재기(材器)가 준수한 자로 삼는다.

생각건대, 조례는 비록 이와 같으나 정부(政府)·이조·3사(三司)·춘방(春坊)·사국(史局) 외에는 비록 홍문록을 겪지 못한 자라도 진실로 재기만 초월하면 그 벼슬을 할 수 있다. 하물며 평부사·조운사·양형시 등 관직은 모두 재상이 될 만한 재기가 있어야 마땅한 곳인데, 홍문관 학사야 어찌 있지 못할 곳이겠는가? 이런 것은 반드시 구애될 것이 아니다.

무신 상사 서른두 자리는 오직 준망이라야 그 관직을 한다.

선휘관(宣徽官) 네 자리(堂下宣傳官), 집극랑(執戟郎) 네 자리(즉 都摠府經歷), 효기랑(驍騎郎) 네 자리(堂下別軍職), 중추부 경력(中樞府經歷) 네 자리(지금의 備邊司郎廳), 사훈부 경력(司勳府經歷) 한 자리, 무거원 부정(武擧院副正) 네 자리(즉 訓練院判事副正), 태어시 첨정(太馭寺僉正) 한 자리, 판관(判官) 한 자리(즉 司僕寺의 관리), 내승(內乘) 한 자리, 목어사 첨정(牧圉司僉正) 한 자리, 판관(判官) 한 자리, 사병시 첨정(司兵寺僉正) 두 자리(즉 軍器寺僉正), 노부랑(鹵簿郎) 네 자리(즉 지금의 備邊郎), 도합 서른두 자리이다.

생각건대, 목어사·사병시·노부랑 등 여러 관직은 반드시 준망으로 할 것이 아니며 융통해서 차임할 수 있다.

남행 상사 서른두 자리는 오직 준망이 있는 사람이라야 그 관직을 한다.

전첨(典籤) 한 자리, 사업(司業) 한 자리, 사어(司禦) 두 자리, 의빈부 경력(儀賓府經歷) 두 자리, 의금부 경력(義禁府經歷) 두 자리, 한성부 서윤(漢城府庶尹) 한 자리, 선공감 부정(繕工監副正) 한 자리, 직공사 부정(職貢司副正 : 宣惠廳郎廳) 한 자리, 상의원·사옹원·사도시·사선감·산우시·택우시의 첨정 각 한 자리, 이용감 첨정 두 자리, 돈령부(敦寧府)·한성부(漢城府)·장악원(掌樂院)·평부사(平賦司 : 均役廳)·경전사·판적사·양형사·평시서·제례감·사광서·택우시·장역서의 판관 각 한 자리, 노고원 판관(路鼓院判官) 두 자리, 도합 서른 두 자리이다.

생각건대, 하사와 중사의 수효는 3반(三班)이 모두 균등한데 상사의 수효에서 문신이 갑절인 것은, 우리나라 제도가 문신을 높였기 때문이다. 그런 까닭에 무릇 높은 작위에 있는 자는 문신이 많다. 그러나 사람은 재기(材器)가 각각 다르고 벼슬에 따라 직무도 각각 다른데, 진실로 그 재기와

직무가 서로 맞는다면 문신이 무직(武職)을 할 수 있고, 무신이 문직(文職)을 할 수 있으며, 남행이 문·무의 직을 할 수 있고, 서류와 잡기(雜技)도 정사(正士)의 직을 할 수 있으니 구애될 수는 없다. 아래로는 태재(太宰)의 신하가 격식을 깨뜨리면서 뽑아 쓸 수 있고, 위로는 성명(聖明)한 임금이 법의 한계를 넘어서 높게 발탁할 수 있다. 오직 법을 마련하는 당초에 산만하게 한계가 없고 정돈되지 않으면, 먼 훗날을 경영하는 큰 법이 될 수가 없다. 이러므로 피차를 서로 비교하고 서로 결속해서 이리저리 옮기거나, 보태고 줄이지 못하도록 한 것이다. 만약 시행하는 데에 불편한 것이 있을 것 같으면 조금씩 조금씩 수정하고 보충하는 것은 면할 수 없겠으나, 오직 그 큰 강령(綱領)은 거의 동떨어지지 않을 것이다.

• 장인 영국도(匠人營國圖) 1

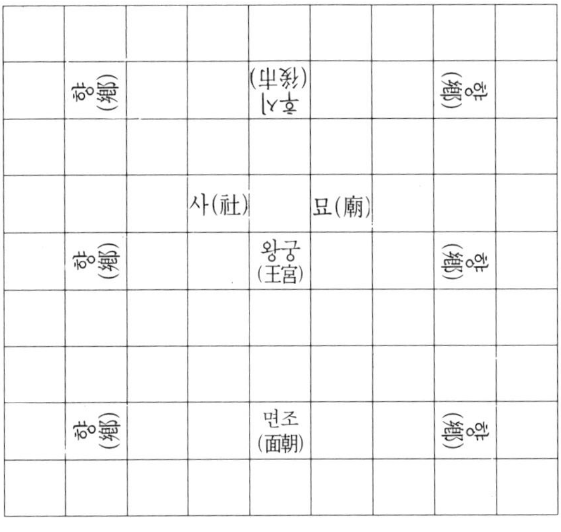

왕성(王城)이 사방 9리(里)인데 아홉으로 구분하면 사방이 각 3리이다. 한 구역 안을 다시 아홉으로 작게 구분하면 사방이 각 1리가 되는데 1리는 300보이다. 면조(面朝)라는 것은 백관(百官)이 근무하는 공서(公署)이고

후시(後市)라는 것은 온갖 물화(物貨)를 취급하는 가게이다. 좌우 여섯 향(鄕)이 둘씩 둘씩 서로 마주했는데 향이란 향(嚮)했다는 뜻이다.

• 장인 영국도(匠人營國圖) 2

	내전(內殿)		진전(眞殿)	후문(後門)	동궁(東宮)		내전(內殿)	
	사직(社稷)		편전(便殿)		편전(便殿)		종묘(宗廟)	
	우문(右門)			법전(法殿)			좌문(左門)	
				정문(正門)				

왕궁이 사방 3리인데, 아홉으로 구분하면 사방이 각 1리(300보)이고, 한 구역 안을 아홉으로 작게 구분하면 사방이 각 100보가 된다. 법전(法殿)이 복판에 있는데 옛날 명당 구궁(明堂九宮)이라는 것이 곧 이 제도인 것이다. 사방 문이 서로 직통(直通)이어서 사방이 서로 통한다. 만약 겹으로 된 문을 죄다 열어놓으면 성(城)에 들어오는 자가 옥좌(玉座)를 죄다 볼 수가 있으니 이것이 옛법이다.

• 왕궁상도(王宮詳圖)

사포서(司圃署) 원	원	원	우림위	우림위 문 우림위	우림위(羽林衛)	원	원	장원서(掌苑署) 원
공상	내전	곤문	진전(眞殿)	후문	동궁	곤문(壼門)	내전(內殿)	공상(公桑)
공상	내상	명부사	내시부 액정서	문	익위사 시강원	명부사(命婦司)	내상(內廂)	공상(公桑)
사주(社主)	사직(社稷)	충순위 호분위 충장위	편전(便殿)	문	편전	전사청 용양위 전묘사	종묘(宗廟)	조묘(祧廟)
문	우문(右門)	호분위 문 호분위	중위사 문 선전국	정전(正殿)	내의원 문 사알방	용양위 문 용양위	좌문(左門)	문
원	별전	호분위	사간원 홍문관 빈청	문	승정원 태사원 정청	용양위	별전(別殿)	원
원	무시정(武試庭)	태액지	상서원 상의원 조보청	문	통례원 사옹원 조보청	태액지(太液池)	문시정(文試庭)	원
원	시정(試庭)	내수사	우액사	오문(午門)	좌액사	관상감(觀象監)	시정(試庭)	원
승문감 종부시	의영고 소문 사선감	내섬시 내자시	취타국	수어국 문 의장국	승여사	전설사 사연서	전자서 소문 사도시	태상시 교서감

• **면조상도(面朝詳圖)**

병(丙)	을(乙)	병(丙) 임(壬)	종친부 노고원	종각 고루	대루원 의정부	임 병	을	병
기(己)	무(戊)	정(丁) 임	사훈부 의빈부	○○ ○○	중추부 돈녕부	임 정	무	기
임(壬)	신(辛)	경(庚) 임	형조율서 병조	○○ ○○	이조 호조산서	임 경	신	임
병	을	병 임	장리서 사헌부 공조화서	○○○ ○○○	예조여원 한성부 의금부	임 병	을	병
기	무	정 임	금제사 평시서 감찰원	○○○ ○○○	태어시 수릉사 제례감	임 정	무	기
임	신	경 임	장서원 권계사 양형사	○○○ ○○○	판적사 경전사 조운사	임 경	신	임
병	을	병 임	순경사 유원사 장례원	○○○ ○○○	행인사 애영서 순경사	임 병	을	병
기	무	정 임	안빈관 사빈시	○ ○	성화사 도통영	임 정	무	기
임 토포영	신	경 임	평부사	남문 (南門)	직공사	임(壬) 경	신	임 토포영

※ 면조의 ○ 표시는 공서가 있는 자리이다. 공서의 명칭은 그 옆에 적었다.

을(乙) 6구(區) 54호(戶)

병(丙) 12구 192호

정(丁) 6구 15호 — 왼편 각 관청의 너비 35보.

무(戊) 6구 216호 — 복판 세로 도랑 너비 30보.

기(己) 6구 294호 — 오른편 각 관청 너비 35보.

경(庚) 6구 384호

신(辛) 6구 486호

임(壬) 6구 560호 — 한 서(署)에 40호를 감함.

또 18구 1800호 좌우 공서 뒤편에 있음.

• 후시상도(後市詳圖)

병	을	병 임(壬)	선공감 산우시 임형시	○○○	○○○	이용감 전도사 전궤사	병 임	을	병
기	무	정 임	택우시 천형시 장역서	○○○	○○○	전함사 전환서 직염국	정 임	무	기
임	신	경 임	사광서 능단전(綾緞廛)	○○	○○	직금서 금수전(錦繡廛)	경 임	신	임
병	을	병 임	면포전 저포전	○○	○○	주백전(紬帛廛) 마포전	병 임	을	병
기	무	정 임	화폐전 책포 약포	○○○	○○○	지화전 책포 약포	정 임	무	기
임	신	경 임	속미전 건어전 생어전	○○○	○○○	속미전 건어전 생어전	경 임	신	임
병	을	병 임	채과전 동상전 마상전	○○○	○○○	채과전 동상전 마상전	병 임	을	병
기	무	정 임	재목전 유기전 철기전	○○○	○○○	재목전 유기전 칠기전	정 임	무	기
임	신	경 임	목기전 죽기전 도기전	북문		목기전 죽기전 도기전	경 임 王	신	임

※ 후시(後市)에 ○표시는 공서(公署)가 있는 자리이다. 공서의 명칭은 다음에 적었다.

을(乙) 6구 54호　　병(丙) 12구 192호

정(丁) 6구 150호　　무(戊) 6구 216호

오른편 각 관청 넓이 35보.

복판 세로 도랑 넓이 30보.

왼편 각 관청 넓이 35보.

기(己) 6구 294호　　경(庚) 6구 384호

신(辛) 6구 484호　　임(壬) 6구 600호

또 18구 1천 800호. 좌우 공서의 뒤편에 있음.

• 동상부도(東上部圖)

병	을	병	병	을	병	병	을	태학
정	무	기	정	무	기	정	무	4서
경	신	임	경	신	임	경	신	임
병	을	병	병	을	병	병	을	병
정	무	기	정	향학 부서	기	정	무	기
경	신	임	경	신	임	경	신	임
병	을	병	병	을	병	병	을	병
정	무	기	정	무	기	정	무	기
경	신	임	경	신	임	경	신	임

※4서(署)란 국자감 · 장악원 · 양로사 · 양현고를 말함.

임 9구 900호　　신 9구 729호　　경 9구 576호
기 8구 392호　　무 8구 288호　　정 9구 225호
또 8구 128호　　병 9구 144호　　을 9구 81호

• 서상부도(西上部圖)

무장(武場)	을	병	병	을	병	병	을	병
4서	무	정	기	무	정	기	무	정
임	신	경	임	신	경	임	신	경
병	을	병	병	을	병	병	을	병
기	무	정	기	부서 향학	정	기	무	정
임	신	경	임	신	경	임	신	경
병	을	병	병	을	병	병	을	병
기	무	정	기	무	정	기	무	정
임	신	경	임	신	경	임	신	경

※4서란 육보서 · 혜민서 · 전의서 · 사병시를 말함.

을 9구 81호　　병 9구 144호　　또 8구 128호
정 9구 225호　　무 8구 288호　　기 8구 392호

경 9구 576호　　신 9구 729호　　임 9구 900호

• 동중부도(東中部圖)

갑	을	병	갑	을	병	갑	을	병
정	무	기	정	무	기	정	무	기
경	신	임	경	신	임	경	신	임
갑	을	병	갑	을	병	갑	을	병
정	무	기	정	향학 부서	기	정	무	좌어영 성화시
경	신	임	경	신	임	경	신	임
갑	을	병	갑	을	병	갑	을	병
정	무	기	정	무	기	정	무	기
경	신	임	경	신	임	경	신	임

임 9구 900호　　신 9구 729호　　경 9구 576호
기 8구 392호　　무 8구 288호　　정 9구 225호
병 9구 144호　　을 9구 81호　　갑 9구 36호

• 서중부도(西中部圖)

병	을	갑	병	을	갑	병	을	갑
기	무	정	기	무	정	기	무	정
임	신	경	임	신	경	임	신	경
병	을	갑	병	을	갑	병	을	갑
성화사 우위영	무	정	기	부서 향학	정	기	무	정
임	신	경	임	신	경	임	신	경
병	을	갑	병	을	갑	병	을	갑
기	무	정	기	무	정	기	무	정
임	신	경	임	신	경	임	신	경

갑 9구 36호　　을 9구 81호　　병 9구 144호
정 9구 225호　　무 8구 288호　　기 8구 392호
경 9구 576호　　신 9구 729호　　임 9구 900호

• 동하부도(東下部圖)

병	을	병	병	을	병	병	을	병
정	무	기	정	무	기	정	무	기
경	신	임	경	신	임	경	신	임
병	을	병	병	을	병	병	을	병
정	무	기	정	향학 부서	기	정	무	기
경	신	임	경	신	임	경	신	임
병	을	병	병	을	병	병	을	병
정	무	기	정	무	기	정	무	공거원
경	신	임	경	신	임	경	신	장(場)

임 8구 800호　　신 9구 729호　　경 9구 576호
기 8구 392호　　무 8구 288호　　정 9구 225호
또 9구 144호　　병 9구 144호　　을 9구 81호

• 서하부도(西下部圖)

병	을	병	병	을	병	병	을	병
기	무	정	기	무	정	기	무	정
임	신	경	임	신	경	임	신	경
병	을	병	병	을	병	병	을	병
기	무	정	기	부서 향학	정	기	무	정
임	신	경	임	신	경	임	신	경
병	을	병	병	을	병	병	을	병
무거원	무	정	기	무	정	기	무	정
장(場)	신	경	임	신	경	임	신	경

을 9구 81호	병 9구 144호	또 9구 144호
정 9구 225호	무 8구 288호	기 8구 392호
정 9구 576호	신 9구 729호	임 8구 800호

육부 총수(六部摠數)

면조(面朝)	4천 136호	후시(後市)	4천 176호
동상부	3천 463호	서상부	3천 463호
동중부	3천 371호	서중부	3천 371호
동하부	3천 379호	서하부	3천 379호

구등 총수(九等摠數) 또한 2만 8천 738호

갑제(甲第)	18구	72호	을제(乙第)	66구	594호
병제(丙第)	112구	1천 792호	정제(丁第)	66구	1천 650호
무제(戊第)	60구	2천 160호	기제(己第)	60구	2천 940호
경제(庚第)	66구	4천 224호	신제(辛第)	66구	5천 346호
임제(壬第)	100구	9천 960호(관서 때문에 40호가 줄었음)			

위에 열기(列記)한 아홉 등급의 호수(戶數)는 대략 제도만 세운 것이다. 좌우·세로의 길이, 동서 2문과 6부(六部) 안에 닿으며, 방방곡곡을 두르는 길과 작은 골목은 모두 도표에는 없다. 그리고 도랑의 크고 작음도 각각 조리(條理)가 있는데 또한 도본(圖本)에는 없다. 이런 것을 총계하면 줄어드는 땅도 적지 않은데 6부의 민호(民戶)가 그 얼마나 되겠는가? 사방 9리만으로는 마침내 용납하기 어려울 것이니 반드시 사방 10리를, 다만 세로와 가로만이라도 그어서 아홉으로 한 다음이라야 이에 넓힐 수 있다.

또 면조(面朝)의 좌우 두 줄은 동서하부(東西下部)에 붙이고 후시(後市)의 좌우 두 줄은 동서상부에 붙이는 것이 마땅하다.

또 면조가 차지한 땅이 너무 넓은 듯한데 만약 여지(餘地)가 있으면 남문(南門) 가까운 곳에 시장 가게를 벌이도록 허가함도 마땅하다. 이런 것

은 다 윤색하는 데에 달렸으므로 자세히 정하지는 못한다.

사록창(西江에 있다) · 사희창(南江에 있다) · 사향창(龍山에 있다) · 상평창(麻浦에다 설치함이 마땅하다) · 능인서 · 진관사(津關司 : 漢江에 있다) · 견와서(甄瓦署 : 南郊에 있다) · 번자감(燔瓷監 : 牛川에 있다) · 조지서(造紙署 : 北谷에 있다) · 목어사(牧圉司 : 東郊에 있다) · 전생서(典牲署 : 南郊에 있다) · 사축서(司畜署 : 남교에 있다) · 관성위(管城衛 : 北漢에 있다)와 같은 것은 도성 밖에 흩어져 있으므로 도본에 열기하지 못했다.

생각건대, 주(周)나라 제도에 5호는 비(比)가, 5비는 여(閭 : 25家)가, 4여는 족(族 : 100家)이, 5족은 당(黨 : 500가)이, 5당은 주(州 : 2천 500가)가, 5주는 향(鄕 : 1만 2천 500가)이, 6향은 나라(7만 5천가)가 되었다. 선유(先儒)는, "한 집이 2묘(二畝) 반 되는 땅을 차지한다" 했다. 그런데 고공기(考工記)에는, "왕성은 사방 9리"라 했으니, 9리 안에는 이 수효를 다 용납해낼 수가 없다. 하물며 선왕의 제도는 가옥과 거마(車馬)에도 각각 등급이 있는데, 공경 대부(公卿大夫)에서 아래로 소민(小民)에 이르기까지 같은 규모로 했을 리가 있겠는가? 진실로 그 크고 작음이 같지 않았은즉 5호는 비(比)가 되고 5비는 여(閭)가 된다는 것은 소민에 대한 제도이다. 이와 같이 올라가서, 드디어 5당이 주가 되고, 5주는 향이 된다는 것을 믿지 못하겠다. 가옥도 9등급으로 분간하고, 각각 같은 등급으로 1취(聚)를 이룩하는 것이 마땅하다고 생각한다.

오직 그 수용하는 지역은 여러 구역이 모두 같으나, 그 둘러친 담의 등급이 각각 같지 않으면 상하(上下)에 전장(典章)이 있고 부세(賦稅)에도 차등이 있어, 선왕의 법도 여기에서 그리 동떨어지지는 않을 것이다.

갑제(甲第)는 구(區)마다 네 담(四堵, 2×2=4), 을제는 구마다 아홉 담(3×3=9), 병제는 구마다 열여섯 담(4×4=16), 정제는 구마다 스물다섯 담(5×5=25), 무제는 구마다 서른여섯 담(6×6=36), 기제는 구마다 마흔아홉 담(7×7=49), 경제(庚第)는 구마다 예순네 담(8×8=64), 신제는 구마다 여든 한담(9×9=81), 임제(壬第)는 구마다 100담(10×10 開方으로 한다)이다.

무릇 한 구(區)는 사방 100보(步)이다. 사방 10보가 1묘(畝)가 되고, 사방 100보는 1부(夫)가 되며, 사방 300보는 1정(井)이 된다(즉 1里).

갑제는 오직 왕자(王子)·왕손(王孫)·국구(國舅)·부마(駙馬)와 원훈(元勳)되는 신하만이 살 수 있고, 을제(乙第)는 오직 대신(大臣)·고(孤)·경(卿)·정경(正卿)이 살며, 병제는 오직 중대부와 하대부가 살도록 한다. 정·무·기 세 등급의 집은 3사(三士)와 귀족이 섞여 사는 것을 허가하며, 경·신·임 세 등급의 집은 한사(寒士)와 중인(中人)·소민(小民) 등이 섞여서 살도록 허가한다. 그런데 아랫등급의 신분이 윗등급의 집으로 참람하지는 못하나 윗등급의 사람이 아랫등급의 집에 살 수 있음이 예의 뜻이었다. 대신이라도 집이 가난하면 정·무등(丁戊等)집에 살 수 있으며, 대부가 집이 가난하면 기·경등(己庚等) 집에 살 수 있는 것이니 이것은 꼭 하나같이 할 것이 아니다.

생각건대, 갑·을·병 집에 살던 귀신(貴臣)이 이미 죽었고, 그 자손은 아직 높은 벼슬에 오르지 못했는데 그냥 그 집에 사는 것은 의심스럽다. 하지만 세록(世祿)·세경(世卿)하는 법을 우리나라에서는 비록 시행하지 않으나 이미 그의 제사를 받들고 있으니 그 집에 그냥 사는 것이 마땅하다고 생각한다. 3대(子·孫·曾孫) 안에는 집을 옮기지 않음이 마땅하며 만약 세대가 멀어졌고 자손의 벼슬도 낮으면 그 집에 그대로 있을 수는 없다.

동상부(東上部) 9방(坊)은 모두 원(元)자로 부른다.

동쪽 3방은 체원방(體元坊)·건원방(建元坊)·흥원방(興元坊)이라 하고, 복판 3방은 개원방(開元坊)·함원방(含元坊)·조원방(調元坊)이라 하며, 서쪽 3방은 혼원방(混元坊)·보원방(保元坊)·수원방(壽元坊)이라 한다.

동중부(東中部) 9방은 모두 인(仁)자로 부른다.

동쪽 3방은 선인방(宣仁坊)·돈인방(敦仁坊)·동인방(同仁坊)이라 하고,

복판 3방은 귀인방(歸仁坊) · 회인방(懷仁坊) · 보인방(輔仁坊)이라 하며, 서쪽 3방은 안인방(安仁坊) · 이인방(利仁坊) · 거인방(居仁坊)이라 한다.

동하부(東下部) 9방은 모두 춘(春)자로 부른다.

동쪽 3방은 시춘방(始春坊) · 영춘방(迎春坊) · 임춘방(臨春坊)이라 하고, 복판 3방은 의춘방(宜春坊) · 함춘방(含春坊) · 희춘방(熙春坊)이라 하며, 서쪽 3방은 유춘방(流春坊) · 부춘방(富春坊) · 장춘방(長春坊)이라 한다.

서상부(西上部) 9방은 모두 화(和)자로 부른다.

서쪽 3방은 태화방(太和坊) · 선화방(善和坊) · 혜화방(惠和坊)이라 하고, 복판 3방은 순화방(淳和坊) · 중화방(中和坊) · 유화방(綏和坊)이라 하며, 동쪽 3방은 장화방(章和坊) · 관화방(寬和坊) · 만화방(萬和坊)이라 한다.

서중부(西中部) 9방은 모두 의(義)자로 부른다.

서쪽 3방은 상의방(尙義坊) · 소의방(昭義坊) · 순의방(順義坊)이라 하고, 복판 3방은 병의방(秉義坊) · 통의방(通義坊) · 집의방(集義坊)이라 하며, 동쪽 3방은 가의방(嘉義坊) · 창의방(彰義坊) · 유의방(由義坊)이라 한다.

서하부(西下部) 9방은 모두 추(秋)자로 부른다.

서쪽 3방은 태추방(泰秋坊) · 연추방(延秋坊) · 승추방(承秋坊)이라 하고, 복판 3방은 등추방(登秋坊) · 응추방(凝秋坊) · 상추방(祥秋坊)이라 하며, 동쪽 3방은 경추방(景秋坊) · 화추방(華秋坊) · 소추방(昭秋坊)이라 한다.

면조부(面朝部) 8방은 모두 예(禮)자로 부른다.

동쪽 3방은 숭례방(崇禮坊)·장례방(章禮坊)·순례방(循禮坊)이라 하고, 서쪽 3방은 조례방(肇禮坊)·수례방(守禮坊)·정례방(正禮坊)이라 하며, 왼쪽 1방은 회례방(會禮坊), 오른쪽 1방은 수례방(修禮坊)이라 한다.

후시부(後市部) 8방은 모두 지(智)자로 부른다.

서쪽 3방은 광지방(廣智坊)·계지방(啓智坊)·양지방(養智坊)이라 하고, 동쪽 3방은 대지방(大智坊)·현지방(顯智坊)·홍지방(弘智坊)이라 하며, 오른쪽 1방은 익지방(益智坊), 왼쪽 1방은 영지방(永智坊)이라 한다(왼쪽 1방과 오른쪽 1방은 모두 개방하지 않으며 3간을 연달아, 그 길이를 합쳐서 한 방으로 한다).

원제에는 중부(中部) 8방은 징청(澄清)·서린(瑞麟)·수진(壽進)·견평(堅平)·관인(寬仁)·경행(慶幸)·정선(貞善)·장통(長通)이라 했고, 동부(東部) 12방은 숭신(崇信)·연화(蓮花)·서운(瑞雲)·덕성(德成)·숭교(崇教)·연희(燕喜)·관덕(觀德)·천달(泉達)·흥성(興盛)·창선(彰善)·달덕(達德)·인창(仁昌), 남부(南部) 11방은 광통(廣通)·호현(好賢)·명례(明禮)·태평(太平)·훈도(薰陶)·성명(誠明)·낙선(樂善)·정심(貞心)·명철(明哲)·성신(誠身)·예성(禮成), 서부 8방은 인달(仁達)·적선(積善)·여경(餘慶)·황화(皇華)·양생(養生)·신화(神化)·반송(盤松)·반석(盤石), 북부(北部) 10방은 광화(廣化)·양덕(陽德)·가회(嘉會)·안국(安國)·관광(觀光)·진장(鎭長)·명통(明通)·준수(俊秀)·순화(順化)·의통(義通)이라 하여 도합 49방이었다.

6수(遂)란 성 밖 협보(夾輔)[34]인데, 각각 그 차례에 따라 6부(部)에 예속한다.

---

34) 협보(夾輔) : 좌우(左右)에서 돕는 것.

살피건대, 『주례』에는 무릇 교야지역(郊野地域)을 통틀어 수라 일컬었다. 왕성에 붙은 것을 6수라 이른 것은 그 본디 수효가 다만 6개가 있기 때문이 아니다. 그럼 무엇으로써 그렇게 되는 것을 알 수 있는가? 수인(遂人)[35]조에 이르기를, "수인이 나라의 교야(郊野)를 관장하는데, 토지 도본(土地圖本)으로써 전야(田野)의 경계(經界)를 정리(整理)하며, 현비(縣鄙)의 형체(形體)를 조성하는 법은 5호가 인(鄰)이, 5인은 이(里)가, 4이는 찬(酇)이, 5찬은 비(鄙)가, 5비는 현(縣)이, 5현은 수(遂 : 鄭玄[36]은, "인·리·찬·비·현·수는, 비·려·족·당·주·여와 같다" 하였음)가 각각 된다" 하였다.

이리하여 향·당(鄕黨) 제도와 안팎이 확연하게 구분되었다. 그런데 수(遂) 이외의 지역은 그대로 논한 것이 없으니 왕성 6향(鄕) 이외 지역을 통틀어서 수(遂)라 일컬은 것이 분명하지 않은가? 주나라 제도는 왕성 안을 방중(邦中)으로, 100리 안을 교지(郊地)로, 200리 안을 전지(甸地)로, 300리 안을 초지(梢地)로, 400리 안을 현지(縣地)로, 500리 안을 강지(畺地)로 각각 했다(天子의 畿內는 4방 천리이니 사방을 향하면 500리에서 그쳤음).

이것이 재사(載師)[37] 조에 있으나 전(甸)·초(梢)·현(縣)·강(畺)에는 관수(官守)가 도통 없었으니 찬(酇)·비(鄙)·현(縣)·수(遂)로 하는 제도로 사방에 통했던 것이 이미 분명하지 않은가? 수에는 대부(중대부 한 사람)가 있고 현에는 현정(縣正 : 하대부 한 사람)이 있으며, 비에는 비사(鄙師)가, 찬에는 찬장(酇長)이, 이에는 이재(里宰 : 상중하 三士)가 있으며, 인에는 인장(鄰長 : 士로서 삼는다는 것을 말하지 않았다)이 있었으니

---

35) 수인(遂人) : 관직 이름. 『주례』 사도(司徒)에, "遂人 掌邦之野"라고 보임.

36) 정현(鄭玄) : 후한(後漢) 사람. 임금의 부름을 받아, 대사농(大司農) 벼슬을 지냈음. 경학(經學)에 정통하여 한대(漢代) 경학을 집대성하였으며 『모시전』(毛詩傳)·『주례주』(周禮注) 등 많은 저서를 남겼다.

37) 재사(載師) : 관직 이름. 『주례』 사도에 "載師 掌任土之法 以物地事 授地職而待其政令"이라고 보임.

이것은 즉 현지(縣地)와 강지(畺地)가 같이 있는 것이었다.

오직 수인조에, "큰 상사(喪事)에 6수(六遂)를 거느려서 역사(役事)를 돕는다" 하여, 수는 다만 여섯이 있어, 향이 다만 여섯인 것과 같이 되었다. 그런 까닭으로 후세에 향·수(鄕遂) 제도를 논한 자는 드디어 6향(鄕)과 6수가 서로 짝한다고 말하여, 현·수(縣遂) 제도가 사방 경내에 통했음을 알지 못한 것이다. 다만 6향에 향로(鄕老 : 公 세 명)·향사(鄕師 : 하대부 네 명)가 있는 것처럼 왕성 부근 6수의 지역에는 별도로 수인(중대부 두 명)과 수사(遂師 : 하대부 네 명)가 있었는데, 이것이 다른 점이었다.

이제 생각건대 왕성 좌우에다 또 6수를 설치해서 주나라 제도를 본뜨고자 하니 6수 밖은 군·현에 붙이는 것이 또한 마땅하다. 우리나라는 왕성 10리 안(혹 5리 안쪽)은 모두 5부(部)에 예속시켰다. 이번에도 그대로 하여 동상수(東上遂)는 동상부(東上部)에 붙이고, 서상수(西上遂)는 서상부(西上部)에 붙이며, 그 나머지 4수도 또한 차례를 살펴서 4부에다 붙였다.

6부 관원과 6학(六學) 관원에게 그대로 6수의 일을 살피도록 하고 별도 관원은 세우지 않았다. 오직 백성을 가르치는 관원(無祿官)은 6부제도와 똑같이 한다면, 거의 옛적과 지금을 참작하여 알맞게 될 것이다. 6수 안에는 공서(公署)와 시장(試場)이 없으며 거기에 수용된 민호(民戶)는 여러 수(遂)가 모두 같아서, 6부가 각각 다른 것과 같지 않다. 시험삼아 1수만 들어서 말하면 여러 수도 미루어서 알 수가 있기에 이제 다음과 같은 도표를 만들었다. 수(遂) 제도에는 다만 병·정 이하 일곱 등급의 집만 있다. 병제가 9구, 정·무·기·경이 도합 18구, 신·임이 각 27구이니 귀한 사람은 적고, 소민(小民)이 많은 까닭이다.

9수는 모두 이와 같이 한다.

• 일수구방도(一遂九坊圖)

기	병	기	정	병	정	무	병	무
신	신	신	신	신	신	신	신	신
임	임	임	임	임	임	임	임	임
경	병	경	무	병	무	경	병	경
신	신	신	신	신	신	신	신	신
임	임	임	임	임	임	임	임	임
경	병	경	기	병	기	경	병	경
신	신	신	신	신	신	신	신	신
임	임	임	임	임	임	임	임	임

※ 병(丙)이 9구에 144호, 6수에 도합 864호. 정이 2구에 50호, 6수에 도합 300호. 무가 4구에 144호, 6수에 도합 864호. 기가 4구에 196호, 6수에 도합 1천 176호. 경이 8구에 512호, 6수에 도합 3천 72호. 신이 27구에 2천 187호, 6수에 도합 1만 3천 122호. 임이 27구에 2천 700호, 6수에 도합 1만 6천 200호. 1수에 수용된 것이 5천 933호. 6수에 수용된 것은 도합 3만 5천 598호. 6부에 수용된 것은 도합 2만 690호, 통틀어서 6만 2천 288호이다.

군현분예(郡縣分隷)

경기(京畿)를 봉천성(奉天省)이라 하고, 다음 남쪽은 사천성(泗川省), 그 다음 남쪽은 완남성(完南省), 또 남쪽은 무남성(武南省)이라 한다. 동남쪽은 영남성(嶺南省)이라 하고, 그 서쪽은 황서성(潢西省)이라 한다. 서울에서 동쪽은 열동성(洌東省), 서울에서 서쪽은 송해성(松海省)이라 하고, 또 서쪽은 패서성(浿西省), 또 서쪽은 청서성(淸西省)이라 한다. 서울에서 북쪽은 현도성(玄菟省), 또 북쪽은 만하성(滿河省)이라 하여 총 12성으로 한다.

경기는 경계를 예전대로 분할하는데, 오직 낭천(狼川) · 금성(金城) · 금

화(金化)·철원(鐵原)·평강(平康)·이천(伊川)·안협(安峽) 등 열수(洌水 : 한강) 서쪽 대수(帶水) 동쪽에 있는 일곱 고을은 경기에 붙이고, 양근(楊根)·지평(砥平)·제천(堤川) 등, 열수 동쪽에 있는 세 고을은 열동성에 붙인다. 또 송경(松京)으로 황해 포정사(黃海布政司)를 삼고, 장단(長湍)·마전(麻田)·풍덕(豊德) 등 세 고을을 송경에 붙여서 대수를 경계로 한다.

생각건대, 들(野)에 획을 그어서 주(州)로 나누는 데는 유명한 산과 큰 냇물을 한계로 해야 한다. 내가 보니, 열수의 근원 중 하나는 오대산(五臺山)에서 나오고, 하나는 금강산(金剛山)에서 나와 용진(龍津) 하류에서 합류한다. 무릇 두 가닥 물의 동쪽에 있는 것을 열동성에 붙이는 것이 이치에 합당하며, 열수 서쪽에 있는 것을 경기에 붙여서 근본되는 곳[38]을 두텁게 함도 또한 마땅하다. 송경 유수(松京留守)는 한가롭게 하는 일이 없고, 황해 포정사는 궁벽지게 바다 한모퉁이에 있어, 무릇 징발하는 명령이 있어도 멀리 돌아서 가므로 매우 불편하다. 송경 유수에게 황해감사를 겸하게 하고, 도계(道界) 첫머리에 앉아서 평양이나 전주같이 한다면 또한 좋지 않겠는가? 그렇게 하면 장단 등 세 고을을 황해에 예속시켜서 임진을 경계로 함이 또한 마땅하다.

살피건대, 경기와 사천성 사이에는 비록 유명한 산이나 큰 냇물이 한계가 된 곳은 없으나, 죽산(竹山) 남쪽에 있는 미수(渼水 : 속명은 天迷川이다)는 동쪽으로 흘러서 열수(驪興 남쪽에 있다)에 들어가며, 안성 남쪽에는 사수(沙水 : 하류가 素沙河이다)가 있어 서쪽으로 흘러서 바다로 들어가며, 그대로 큰 나루가 되어 남북을 가로질러서 두 성의 경계(즉 해협)가 되었으니, 경계가 없다고 할 수 없다.

사천성이란 지금의 충청도인데, 그 강역(疆域)은 모두 예전대로이나, 오직 제천 한 고을을 열동성에다 고쳐 붙였다.

생각건대, 지금의 금강(錦江)을 옛 사기(史記)에 사비하(泗沘河)라 한

---

38) 근본(根本)되는 곳 : 국도를 말함.

까닭으로 성 명칭을 사천성이라 했다. 이 성은 도성에 아주 가까운 울타리이므로 웅대했으면 하는 생각에서 깎거나 가르지 않았다.

완남성 · 무남성은 지금의 전라도다. 이 도(道)의 동쪽에는 잔수(潺水)가 있고 복판에는 노령(蘆嶺)이 가로뻗쳐서 남북 한계와 똑같다. 이번에 잔수 이동 노령 이북은 완남성에 붙이고 잔수 이서 노령 이남을 잘라서 무남성으로 만들었다.

잔수 동쪽에 있는 것은 구례 · 남원 · 운봉 · 임실이고, 노령 북쪽에 있는 것은 순창 · 정읍 · 고창 · 무창인데, 여기부터 북쪽은 모두 완남성에 붙였다.

잔수 서쪽에 있는 것은 곡성 · 옥과이고, 노령 남쪽에 있는 것은 담양 · 장성 · 영광인데, 여기부터 이남은 모두 무남성에 붙였다.

생각건대, 중국같이 큰 나라도 13성에 불과한데, 우리나라를 8도로 가른 것은 또한 지나친 일이다. 그러나 우리나라는 예부터 내려오면서 법제가 분명하지 못하고, 기강이 확립되지 않았다. 하물며 인재를 선발하는 방법이 잘못되어서 인재가 흥기(興起)하지 않는데 한 방면의 임무를 부탁하니, 그 직에 능히 맞게 하는 자가 드물다. 서도(西道)와 북도(北道)는 지역이 넓고 아득한데, 감사(監司)가 경계 첫 고을에 앉아서 멀리 수천 리 지역을 통제한다. 그래서 명령이 빠를 수 없고, 간악함을 살필 수 없으니 갈라서 두 성으로 함이 마땅하다. 호남과 영남은 백성이 번성하고, 정무(政務)가 번거로우니 능통한 재질(材質)과 큰 기국(器局)이 아니면 다스릴 수가 없다.

나는 남쪽 지방에 15년이나 있었다. 그러나 능히 그 직무를 다하고 백성의 뜻을 크게 두려워한 자가 있다는 말은 듣지 못했으니 각각 갈라서 두 성씩으로 함이 마땅하다. 하물며 고려제도는 호남에 남북 두 도가 있었고, 영남에도 두 도가 있었다. 우리나라에도 목릉(穆陵)[39] 때에 영남을 좌우 두 도로 갈라서 왜구를 방어했다. 양남(兩南)을 갈라서 네 성으로 만든 것은 예전에도 그런 법이 있었으며, 내가 처음 말하는 것이 아니다.

39) 목릉(穆陵) : 선조(宣祖)의 능호(陵號).

무남성의 포정사(布政司)는 광주에 있음이 마땅하며 광주는 옛날 무주이다.

영남성·황서성이란 지금의 경상도이다. 이 도에 황수(潢水 : 낙동강)가 있어, 남쪽으로 흐르는데, 물의 근원 가운데 하나는 태백산에서 나오고 하나는 소백산에서 나온다. 소백산을 따라 내려오면서, 황수 동쪽에 있는 것을 영남성으로 하고 황수 서편에 있는 것을 황서성이라 했다.

순흥·풍기·영천·안동·비안·군위·인동·현풍·창녕·영산에서 아래로 동래까지는 모두 이 물의 동쪽에 있는데 여기부터 동쪽은 옛적 진한국(辰韓國)이었다. 예천·용궁·함창·상주·선산·성주·고령·초계·의령·함안·칠원·창원에서 아래로 김해까지는 모두 이 물의 서쪽에 있는데, 여기부터 서쪽이 옛날 변진국(弁辰國)이다.

생각건대, 우리나라 중세에 영남 우도(右道)의 감사가 진주에 좌정(坐定)했던 것은, 왜적을 방어하기 위한 것이었다. 진주는 남쪽 바다에 가까워서, 북쪽으로 용궁·예천과는 길이 너무 멀고, 상주는 또 북쪽에 치우쳐 있다. 나의 생각에는 황서성 포정사는 성주에 두는 것이 마땅할 듯하다. 이 고을은 북쪽에 금오산성(金烏山城)을 두고 서쪽으로는 추풍령이 목이 되어서, 관방(關防)[40]이 될 만한 요충지대이다. 그러므로 진주는 그대로 병영으로 만들고, 성주에다 감영(監營)을 건설하면 관할하기가 편리할 것이다.

살피건대, 성주에서 대구까지는 하룻길이 못 되니, 만약 남쪽 도적이 와서 침범하면 두 성 신하가 편지를 띄워서 일을 의논하여, 수레바퀴가 서로 의지하는 형세가 될 것이니 또한 애각(涯角)[41]처럼 서로 동떨어진 것보다는 나을 것이다.

열동성(洌東省)이란 지금의 강원도이다. 그 강역(疆域)은 예전대로 하되 오직 낭천(狼川)·금성(金城) 등 열수(洌水) 서쪽 고을은 경기에 옮겨 붙이고(위에 이미 기록했다), 경기의 양근·지평 두 고을과 충청도의 제천

---

40) 관방(關防) : 관문(關門)을 만들어서 외적을 방어하는 곳.

41) 애각(涯角) : 천애지각(天涯地角)의 준말. 하늘 가와 땅 모퉁이가 아주 동떨어져 있다는 말.

한 고을을 본성(本省)에 옮겨다 붙인 것(위에 이미 기록했음)이 조금 다르게 되었다.

생각건대, 이 성의 영동 쪽 아홉 고을(북쪽의 歙谷에서 남쪽의 平海까지)은 본래 현도(玄菟)의 남부이다. 그후 금와(金蛙)[42]의 아버지, 해부루(解夫婁)가 예(濊) 지역에서 동쪽의 가섭원(迦葉原)으로 옮겨왔는데, 가섭원은 하서량(河西良)이고, 하서량은 지금의 강릉이다. 이후부터 영동 아홉 고을이 예맥(濊貊)이라는 명칭으로 잘못 불렸으나 실상 예맥은 본래 요동(遼東)에 있었고, 이 지역은 아니었다. 그러나 큰 산이 서쪽을 막았고, 동해(東海)가 동쪽에 닿았는데 감사는 원주(原州)에 앉았으니, 멀리까지 통제하기란 실상 어렵다. 나의 생각에는 강릉부사(江陵府使)도 또한 안찰사(按察使)라는 직명을 겸해서, 영동 아홉 고을의 작은 일은 강릉에 영솔(領率)되고, 오직 큰 일만을 감사에게 관유(關由)하도록 함이 또한 알맞을까 한다.

송해성(松海省)이란 지금의 황해도이다. 해주(海州)는 궁벽지게 한 모퉁이에 있고, 송경은 다만 성 하나만 관할한다. 위치가 궁벽지면 명령이 제대로 전달되지 않고, 관할이 작으면 권세가 적고 약하다. 그리하여 서도(西道)의 울타리로서는 두 곳을 다 믿을 수 없으니 송경을 황해 감영으로 하는 것은 그만둘 수 없다. 그렇게 되면 장단(長湍) 등 세 고을은 저절로 따라가는 것이 마땅하며, 북도(北道)에 있는 중화(中和) · 상원(祥原) 두 고을도 본래 패수(浿水) 남쪽에 있는 것이므로 이번에 본성에다 옮겨붙였다.

살피건대, 원제에 양남(兩南)과 양북(兩北)은 면적이 아주 큰데 복판 4도(道)는 지역이 아주 작으니, 그 안쪽은 중하게, 바깥은 경(輕)하게 하며, 줄기는 억세게, 가지는 약하게 하는 뜻에 있어, 매우 합당하지 못하다. 이제 양남과 양북은 갈라서 8성으로 만들고, 중앙 4도는 그전대로 했다. 그렇게 하면 중한 데에 있으면서 경한 것을 막고, 강함으로써 약함을 제어하게 되니 진실로 형세에 도움이 있을 것이다.

---

42) 금와(金蛙) : 옛날 북부여(北夫餘)의 임금 금와왕.

패서성(浿西省)과 청서성(淸西省)은 지금의 평안도이다. 이 도는 중앙에 적유령(狄踰嶺 : 江界 남쪽 경계)이 있는데, 영 남쪽은 곧 청수(淸水)가 나오는 곳이고, 영 북쪽은 곧 독수(禿水)가 나오는 곳이다. 설한령(薛罕嶺) 산맥이 서쪽으로 나가서 적유령이 되고 또 서쪽으로 극성령(棘城嶺 : 熙川 서북쪽에 있다)이 되었는데, 가로뻗쳐서 남북의 큰 관(關)이 되었다. 지금은 적유령 남쪽 청수 동쪽에 있는 것은 패서성에 붙이고, 적유령 북쪽 청수 서쪽에 있는 것은 잘라서 청서성으로 만들려 한다.

덕천·개천에서 안주까지는 청수 동편에 있는데 이 동쪽은 패서성 소관이다. 그리고 희천·영변에서 박천까지는 청수 서쪽에 있고, 강계·위원은 적유령 북쪽에 있는데 이 서쪽은 청서성 소관이다.

생각건대, 평안 한 도가 본래 청남(淸南)·청북(淸北)으로 갈라져 있는데, 두 성으로 가른다는 것은 내가 처음 말한 것이 아니다. 만약 두 성을 설치한다면 청서성 포정사는 영변에 두는 것이 마땅하다. 영변은 옛 병영인데 이괄(李适)[43]이 이곳을 점거해서 반란을 일으켰다. 그후에 병영을 안주로 옮겼으나 국론은 늘 영변이 안주보다 낫다 한다.

생각건대, 폐4군(廢四郡)이란 무창·여연·우예·자성이다. 네 고을의 지역이 거의 천 리가 넘어서 지금 황해도와 비교하여도 곱절이 넘는다. 비록 고을 관아는 없으나 또한 인민은 섞여서 살고 있다. 네 고을을 회복하지 않을 수가 없으나 남쪽으로 평양과의 거리가 거의 몇천 리여서, 감사가 멀리까지 통제할 수가 없다. 나의 생각에는 강계부사도 또한 안무사라는 직명을 겸해서, 네 고을 수령에게 작은 일은 모두 강계에서 결재를 받고, 오직 큰 일만 감사에게 관유해서 강릉 예와 같이 함이 진실로 마땅할 것이다. 다만 강릉이 관할하는 아홉 고을은 포정사에서 고과(考課)함이 마땅하나 강계가 관할하는 폐4군은 고과하는 것마저 강주대사(江州大使)에게 하도

43) 이괄(李适) : 인조반정(仁祖反正)에 가담했던 무장(武將). 그후 일부 공신의 횡포에 반항하여 그들을 제거하려는 난을 일으켰고, 서울을 무혈점령했으나 안현(鞍峴) 싸움에 참패하여 부하에게 죽임을 당했음.

록 하여 제주목사(濟州牧使)가 정의(旌義)·대정(大靜) 두 고을을 고과함과 같이 함이 가하다. 왜냐하면 그들이 청렴한가 탐묵(貪墨)한가와 부지런한가 게으른가는 멀리 있으면서 알 수 있는 것이 아니기 때문이다.

내가 일찍이 폐 4 군의(廢四郡議)를 지었는데 거기에 이렇게 적었다. "그윽이 압록강의 형세를 보건대, 4군 이서(以西)로부터 강을 따라 내려가면서 고을이 된 것이 위원(渭原)·초산(楚山) 등 일곱 고을이고, 4군 이동(以東)으로부터 강을 거슬러올라가면서 고을이 된 것이 삼수와 갑산이다. 압록강 물은 남에서 북으로 여연에 이르고, 또 꺾여서 남쪽으로 흐른다. 지금 북쪽으로 매우 불거져나간 지역으로서, 대략 지대가 같은 곳을 논한다면 위원·갑산은 시위(弦)가 되고, 4군은 활이 된다. 강역(疆域)을 분별하는 데에는 활로 다툼이 마땅하고, 울타리를 가리는 데에는 활로 굳게 함이 마땅한데, 지금 폐지하고 돌아보지도 않음이 가하겠는가? 솔연(率然)이라는 뱀은 머리쪽을 치면 꼬리로 달려들고, 꼬리쪽을 치면 머리로 달려들며, 중간을 치면 머리와 꼬리로 함께 달려드는데, 이것이 병가(兵家)의 대세이기도 하다. 지금 솔연의 머리는 갑산에 있고, 꼬리는 위원에 닿았는데, 그 허리와 배는 모두 썩어버렸다. 그런데 오히려 머리와 꼬리로써 구원할 수가 있겠는가? 군사가 이기고 지는 것과 살아 남고 죽어 없어지는 것은 형세에 달렸을 뿐이다. 산전(山戰)하는 자는 높은 영(嶺)을 먼저 차지하면 이기고, 수전(水戰)하는 자는 먼저 상류(上流)를 차지하면 이기는 것도 형세이다.

강인(疆人) 수천 명이 4군 지역을 차지하여 북쪽으로 갈파(葛坡) 길을 끊고, 서쪽으로 건주(建州) 곡식을 통하면서, 남쪽을 향해 우리를 호령한다면 일곱 고을 정수(亭燧)[44]와 성벽은 장차 흙이 무너지듯, 기와가 부스러지듯 하여, 패수 이북 지역은 다시 조선의 소유가 아닐 것이다. 이것은 걱정하지 않고, 4군을 폐지해야 한다고 말하는가? 막는 것이 있기 전에 넘

44) 정수(亭燧) : 정(亭)은 망대(望臺), 수(燧)는 봉수(烽燧). 망대로써 적의 행동을 탐지하고 봉수로써 급변을 연락하였다.

어옴은 해됨이 없거니와, 막았는데도 넘어오는 것은 어지럽게 되는 근본이다.

『시경』(詩經)에 '버들을 꺾어서 채마밭에 울타리를 치니, 미친 지아비도 조심을 한다'라고 하는 것은, 막은 것은 넘지 못함을 이른 것이다. 압록강은 큰 방수(防守)인데 지금 까닭없이 허물어서, 북방의 간사한 백성들이 은밀히 산림 중에 살면서 그 처자를 끌고 와서 소굴을 만들고, 날마다 금·은·동·철을 캐서 두드리고, 주조하여 재물을 만들고, 아이만한 인삼과 초서피(貂鼠皮)로써 스스로 살찌우며, 활, 살, 창, 작은 창, 화기(火器) 따위를 갖추어서 스스로 호위하고 있는데도 그 지역을 지키는 신하는 숨기고 보고하지 않으며 묘당(廟堂)[45]에서는 알면서도 말하지 않는다. 난리는 이미 일어났는데 방어(防禦)는 어디에 있는가? 옛적에 우리 세종(世宗)과 세조(世祖)께서 장수에게 명하고 군사를 출동시켜서 6진(鎭)을 경영할 적에, 온 나라의 힘을 다하여 성공한 다음에 그만둔 것은 무엇 때문이었는가? 두만강을 방수(防守)로 만들기 위한 것이었다. 방수할 곳이 남에게 있어도 오히려 도모했는데, 방수할 곳이 나에게 있건만 어찌해서 스스로 허물어뜨리는 것인가? 나는 그런 이유로 폐4군은 복구함이 마땅하다는 것이다."

생각건대, 장수(漲水 : 長津江)의 일대는 곧 우리 내지(內地)이고 방수할 곳이 아니다. 그런데 남쪽으로 장진에서 북쪽으로 갈파(葛坡)까지 물을 따라 내려가면서 보(堡)[46]를 설치한 것이 7~8군데나 되어, 목(項)과 등(背)이 서로 바라보이며 딱다기(刁斗) 소리가 서로 들림은 이 무슨 까닭인가? 대개 장수 서쪽은 곧 폐4군 지역으로서, 고을 관아는 이미 철폐했으나 난민이 섞여 살고 있으니 조정에서는 4군을 이역같이 여겼으므로 장수도 변경같이 여겨서 이렇게 설비했던 것이다.

그 뜻이 이러했기 때문에 녹수(淥水)를 따라, 동쪽으로는 갈파에서, 서쪽으로는 만포(滿浦)까지 600여 리를 그냥 휑하게 비워 방수하는 곳이 없

---

45) 묘당(廟堂) : 의정부의 별칭.

46) 보(堡) : 적의 습격을 막기 위해서 설치한 요새. 보루.

고, 군사 하나도 머물러 두지 않았다. 또 만포에서 남쪽으로 독수(禿水 : 禿魯江)를 따라 내려가면서 또 7~8군데 보를 설치하여 장수와 같게 했으니 대개 독수 동쪽도 또한 폐4군 경계인 때문이다. 그렇다면 조정에서는 참으로 폐4군 지역을 버려서 이역으로 만든 것이 분명하다. 대저 녹수는 하늘이 만든 우리나라의 해자(塹)인데 하늘이 만들어준 해자를 버림은 매우 상서롭지 못하다.

가경(嘉慶) 17년(1812)에 가산(嘉山) 역적 홍경래(洪景來)가 반역을 도모하다가 죽임을 받았는데, 그 격서(檄書)에 문득 폐4군이 응원한다는 말로 허튼 공갈을 했다. 그렇다면 서쪽 토인(土人)들이 폐4군을 조만간 사단을 일으킬 곳으로 여기는 것이 명백하다. 장수 연변과 독수 연변에 설치된 수보(戍堡)가 거의 20곳이나 된다. 지금 이 여러 보를 걷어다가 녹수 연변에 벌여 세워서, 갈파 · 만포 사이의 비어 있는 지역을 방색(防塞)한다면 힘을 더 들이지 않고 재물을 더 허비하지 않아도, 녹수는 천연의 해자로서 기능이 완전해질 것이다.

보를 설치하는 방법은 한꺼번에 크게 일으키면 참으로 좋겠으나 그렇지 못하면 금년에는 갈파 서쪽 30리 지점과 만포 동쪽 30리 지점에 보 하나씩을 세우고, 다음해에 또 새 보의 서쪽 30리 지점과 동쪽 30리 지점에 보 하나씩을 세우고, 또 명년에 30리 지점에 세운다면 형세는 주머니 주둥이를 졸라매듯 하고, 공(功)은 무너진 곳을 막는 것 같아서 10년을 넘지 않아 북쪽 변경에 보장(保障)이 완성될 것이다. 보장이 완성되고 나면 고을 관아를 설치하지 못할 곳이 있겠는가? 지금 남쪽에는 백성은 많고 땅은 좁아서, 한 농부가 경작할 만한 땅은 값이 수만이나 되니 이들을 이사시켜서 그 지역에 채우면 즐거워하지 않을 자가 없을 터인데 국정(國政)을 잡은 자가 무엇을 꺼려서 하지 않는 것인가?

패수(浿水) 남쪽에 있는 중화(中和) · 상원(祥原) 두 고을을 이제 예에 따라 송해성(松海省)에 옮겨 붙이려고 한다(이미 위에 기록했다).

생각건대, 당시에 이 두 고을을 평안도에다 붙인 것은 평양이 바로 패수가에 있어, 배를 저어 잠깐 만에 갈 수 있는데 문득 다른 도(道)에 속해 있

기 때문에 평양에다 임시로 붙였던 것이다. 그러나 들에 획을 그어서 고을을 가르는 것은 자연 지형을 따르는 것이 마땅하다. 중국 금릉(金陵)이 바로 양자강에 임했으나 강 북쪽 고을을 강 남쪽에다 붙였다는 것은 듣지 못했다. 그런데 역(驛)을 설치해서 급변을 경계하면서 변경 보고가 왕래할 때에, 서로 돕지 않을 수 없다. 두고 온 토지와 인민에 대한 온갖 일은 다 중경(中京)에서 영솔(領率)하고 오직 변보(邊報)에 대한 한 가지 일만은 평양의 절제(節制)를 아울러 받게 하여도 아마 폐단이 되지는 않을 것이다. 그러나 강역(疆域)의 한계만은 이동할 수 없는 것이다.

현도성과 만하성(滿河省)이란 지금의 함경도이다. 이 도는 한복판에 마천령(摩天嶺)이 있는데, 영(嶺)의 큰 등마루가 바로 장백산(長白山) 큰 줄기에 닿아 있으므로 영 이남을 남도(南道)라 하고, 영 이북을 북도라 했다. 이제 이것을 따라 나누어 두 성으로 만들었다. 남성(南省)은 단천(端川)에서 그치고 북성(北省)은 길주(吉州)에서 시작한다. 여기부터 북쪽으로 큰 등성이의 서쪽에 있는 것은 현도성에 붙이고 동쪽에 있는 것은 만하성에 붙인다.

지금 북도 절도사(節度使)는 기후가 화창하면 경성(鏡城)에 들어가고 바람이 사나우면 종성 행영(鍾城行營 : 會寧 동쪽에 있다)에 나와서 있는데 이제는 경성을 포정사로 만들고, 종성 행영은 그대로 행영으로 만들어두는 것이 참으로 알맞겠다.

생각건대, 만하성 6진(鎭)은 본래 북옥저(北沃沮) 지역이었는데 오랜 세월 동안 말갈(靺鞨)[47]이 점거(占據)해 있었다. 발해(渤海)[48]가 번성할 때에는 그 지역을 동경 용원부(東京龍原府)로 삼았고, 또는 책성부(柵城府)라 하여 경(慶)·염(鹽)·목(穆)·하(賀) 네 고을을 영솔했다. 당(唐)

47) 말갈(靺鞨) : 만주(滿洲) 동부 지방에 있던 퉁구스계의 일파. 숙신(肅愼)·읍루(挹婁)·물길(勿吉)은 모두 그들의 옛 명칭으로 뒷날 여진족(女眞族)으로 불림.

48) 발해(渤海) : 고구려의 유장 대조영(大祚榮)이 속수 말갈(粟水靺鞨)을 이끌고 고구려 고토에 세웠던 나라. 만주 동북에서 연해주(沿海州)와 한반도(韓半島) 북부에 걸쳐 있었고, 669년에서 926년까지 존속했음.

나라 정원(貞元) 2년(신라 元聖王 2년, 786)에 발해 문왕(文王) 흠무(欽茂)가 상경(上京)에서 동남쪽으로 도읍을 옮겨 동경(東京 : 『輿地勝覽』에는 南京으로 되어 있다)에다 정했는데 동경이란 지금의 행영(行營)이 혹 그 지역인가 한다. 그 후 발해가 망하자 그 지역을 야인(野人)[49]이 몽땅 차지해서 자주 변경의 걱정거리가 되었다. 세종과 세조가 이를 정벌 · 경략하고 겨우 경리(經理)하여 만하 이남이 드디어 우리 판도에 들어오게 되었다. 그러나 기후가 아주 다르며, 지방 풍속이 우둔하여 이시애(李施愛)와 이징옥(李澄玉) 등이 한번 깃발을 휘두르며 난리를 일으키자, 백성이 쓸리듯 좇았다. 그 후에도 왜장(倭將) 청정(淸正)이 북관(北關)에 침입하니 난민 국경인(鞠景仁) 등 이 시기를 틈타 화동(和同)해서, 번신(藩臣)[50]과 수신(帥臣)을 다투어 죽이고 적에게 투항했다. 다행스럽게도 정문부(鄭文孚)[51]의 힘을 입어서 평정할 수 있었으나 바람이 불면 풀이 따라서 움직이는 것 같아서, 가장 걱정되는 곳이 이 지역이다. 게다가 지역이 아주 멀고 소식(聲聞)이 서로 전달되지 않아 그 지역을 지키는 신하가 제 뜻대로 탐학(貪虐)해도 조정에서 듣지 못하고, 감사도 살피지 못하여 한 지역 생민(生民)이 마침내 호소할 곳조차 없는 불쌍한 백성이 될 것이니, 무휼(撫恤)하고 위안(慰安)하는 방법이 어찌 이와 같을 수 있겠는가? 이제부터는 만하성 순찰사(巡察使) 자리는 반드시 경악(經幄)[52]에 가까이 모시던 신하로서, 행실을 힘써 닦은 청렴한 사람을 뽑아 보내서, 백성을 회유하고 오게 하는(來上) 방법을 다하게 함을 그만둘 수 없다.

봉천성(奉天省) : 포정사는 경기 돈의문(敦義門) 밖에 있으며, 그 직

---

49) 야인(野人) : 옛날 압록강과 두만강 너머에 살던 만주족(滿洲族).

50) 번신(藩臣) : 국경지대를 방위하는 신하.

51) 정문부(鄭文孚) : 선조 21년 식년 문과에 합격하고 북평사(北評事)가 되었다. 임진왜란 때에 회령(會寧) 사람 국경인(鞠景仁) 등이 반란을 일으켜서 적에게 투항하자, 그는 관민합작(官民合作)으로 의병을 일으켜서, 그 반적(叛賊)을 평정하였음.

52) 경악(經幄) : 임금 앞에서 경전(經傳)을 강론하는 자리. 경연(經筵).

명은 경기 순찰사(京畿巡察使)라 한다. 4주(州), 10군(郡), 22현(縣)을 거느린다.

또 심주(沁州)는 1개 군을 거느린다.

광주(廣州)는 3군, 6현을 관할한다.

3군은 여흥(驪興)·죽산(竹山)·안성(安城)이고, 6현은 과천(果川)·양성(陽城)·용인(龍仁)·이천(利川)·양지(陽智)·음죽(陰竹)이다.

광주 도호부 대윤(廣州都護府大尹)이 경기 수어사(京畿守禦使)를 겸무하며, 판관(判官) 한 자리를 두어 민사(民事)를 다스린다.

살피건대, 유수(留守)라는 직은 반드시 그 지역이 서울이 되었던 적이 있는 지역에 둘 수 있는 것으로 우리나라에서 송도(松都)를 중경(中京), 평양을 서경(西京)이라 함은 마땅하나 그 외에는 경(京)이라 일컬을 만한 곳이 없다(경주가 비록 신라의 옛 도읍이었으나 지역이 아득히 멀고, 부여가 비록 백제의 고도이나 고을이 쓸쓸하고 가난하다). 강도(江都)와 광주는 한때 병란을 피했던 곳에 불과한데 어찌 도읍이라 할 수 있으며, 도읍이 되지 않았는데 어찌 유수를 둘 수 있겠는가? 그런데 200년 이래로 광주는 혹 유수가 되기도 하고 혹은 부윤(府尹)이 되기도 하여, 해마다 달마다 고쳐서 명칭이 여러번 변했다. 나의 생각에는 유수라는 명칭은 지금부터 폐지함이 마땅할 듯하다.

그 도호부라 하는 것은 무엇인가? 호(護)라는 것은 위로 왕국을 호위하고, 아래로 군민을 보호한다는 것이다. 원제에는 주(州)와 부(府 : 평양 같은 곳)가 있고, 도호부와 대도호부가 있다. 주에도 부윤(府尹)·목사(牧使)·부사(府使 : 朔州에서는 府使라 일컬음)가 있다. 직관제도(職官制度)는 간략해야 하며, 번거로움은 마땅치 못하다. 이제는 주와 부를 합쳐서 한 등(等)으로 하고, 무릇 주를 모두 도호부라 일컫고자 한다. 그 중에도 예전부터 부윤이라 일컫던 곳은 도호부 대윤(大尹)이라 일컫고 예전부터 대도호라 일컫던 곳은 도호부 대사(大使)라 일컬으며, 예부터 목사라 일컫던 곳은 도호부 목사라 일컫는다. 그리고 새로 승격해서 주로 만든 곳도 또한

아무 주 도호부 목사라 일컬으며, 그 밑에 군수가 있고, 그 밑에 현령이 있다. 현령과 현감은 반드시 명칭을 다르게 할 것이 아니므로 이제 현령을 그냥두고 현감이라는 명칭을 없애서, 중국제도와 같이 함이 잘못이 아닐 듯하다.

여흥(驪興)을 강등하여 군으로 만든 것은 무엇인가? 여흥은 본시 작은 고을이었는데, 왕비(王妃)의 본관(本貫)이라는 이유로 주로 승격되었다.

생각건대, 주와 군을 올리고 낮추는 법은 본래 이치에 합당하지 않다. 대저 왕자(王者)가 나라를 세우면서 들에 획을 그어서 주를 가르고, 그 법제를 한 번 정했으면 변동하는 것은 마땅치 못하다. 옛날 고려 때에 주·군을 승격함이 해로 더하고 달로 불어났는데, 혹은 왕비의 관향(貫鄕)이라는 이유 때문에, 혹은 공신의 관향이라는 이유 때문에, 혹은 고승(高僧)의 관향이라는 이유 때문이었다(무릇 王師나 國師가 된 자의 관향은 모두 승격하였다). 드디어 관제가 어지럽게 되고 아첨하는 풍습이 크게 유행하게 되었는데 우리나라에 와서도 그대로 따라서 법으로 삼고 있으니, 이것은 반드시 고쳐야 마땅하다. 국운이 장구하여 천년을 지날 것 같으면 군과 현은 다 주로 승격될 것이니 어찌 이런 일이 있어서야 되겠는가? 지금부터 주·군·현 세 등은 그 명칭을 한 번 정했으면 다시 번복하지 않는 것이 또한 왕정(王政)의 큰 것이다.

지금 강상(綱常)[53]에 관계되는 죄를 지은 자가 그 고을에서 나오면 비록 웅장한 주와 큰 군이라도 낮추어, 현으로 만들어서 고을 명칭도 고치고(公州를 公山이라 고치는 것과 같다), 혹은 그 도의 명칭마저 고쳤다가(淸州를 강등시켜서 西原으로 만들고, 충청도를 公忠道라 했다) 10년이 지난 다음에야 복구하는데 이것은 매우 무의미한 일로, 그 정도가 심한 것이다. 감정이 없는 물(物)에다 벌을 시행하고, 징계하지 못할 땅에다 징계를 내리니, 장차 무슨 도움이 되겠는가? 죄인이 나온 고을이 현이고 군이 아니어

53) 강상(綱常) : 유교 도덕에서 사람이 지켜야 할 도리인 삼강(三綱)과 오상(五常)을 말함. 삼강은 군신(君臣)·부자(父子)·부부(夫婦)이고 오상은 인(仁)·의(義)·예(禮)·지(智)·신(信).

서 다시 더 낮출 수가 없으면 말현(末縣)으로 강등한다. 분명 이와 같으면, 주·군도 또한 그 본래 등급은 그냥두고 낮추어서 끝자리로 함이 마땅한데 어찌해서 반드시 현으로 낮추는 것인가? 법이 평등하지 못하면 성인의 법이 아닌데, 하물며 죄인이 나온 고을이 원래 말현이라면 장차 어찌 하겠는가? 법을 시행하다가 여기에 이르면 막혀서 통하지 못할 것이다. 무릇 막혀서 통하지 못하는 것은 성인의 법이 아니다.

죽산(竹山)을 낮추어서 군으로 한 것과 이천(利川)을 낮추어서 현으로 한 것은 무엇 때문인가? 죽산과 이천은 모두 작은 고을이니 모두 현으로 낮추어야 할 것이나, 다만 죽산은 한길목에 있어서 평소부터 방어하는 책임이 있으므로 우선 낮추어서 군으로 했다. 이 다음에 낮추어서 현으로 만든 것은 모두 이와 같다.

화주(華州)는 3군, 6현을 관할한다.

3군은 남양(南陽)·인천(仁川)·부평(富平)이고, 6현은 시흥(始興)·진위(振威)·양천(陽川)·안산(安山)·김포(金浦)·통진(通津)이다.

화주 도호부 대사(大使)는 경기남도 방어사를 겸한다.

살피건대, 화성이 유수가 된 것은 우리 선대왕(先大王)[54]께서 일찍이 여기에 특별한 뜻이 있어, 행궁(行宮)[55]을 짓고 그 전(殿) 이름을 노래당(老來堂)이라 한 것에서 연유한다. 지금은 까닭없이 명칭을 유수라 하여 한갓 관제만 깨뜨려서 완전하지 못하게 할 뿐이니 이번에는 옛 명호를 회복해서 도호부로 만들고자 한다. 오직 그 성지(城池)는 법대로 쌓았고, 또 요긴한 길목에 있으므로 방어사를 겸하도록 했다.

양주(楊州)는 2군, 5현을 관할한다.

2군은 파평(坡平)·고양(高陽)이고, 5현은 가평(加平)·포천(抱川)·영평(永平)·연천(漣川)·적성(積城)이다.

---

54) 선대왕(先大王) : 선대(先代)의 대왕이라는 뜻. 여기에서는 정조대왕(正祖大王)을 지칭한 말임.

55) 행궁(行宮) : 임금이 대궐을 떠나서 머무는 곳. 행재소(行在所)와 같음.

교하(交河)는 작은 고을이므로 고양에다 합병했다.

양주 도호부 목사는 경기 운향사(運餉使)를 겸무한다.

생각건대, 고양은 서로(西路)의 첫 참(站)에 당해서, 공궤(供饋)하는 일이 크게 번거로운데, 고을 힘이 약하니 교하를 합병해서 한 군으로 함이 마땅하다.

살피건대, 양주는 왼쪽으로 대수(帶水 : 임진강)를 끼고, 오른쪽으로는 열수(洌水)를 안고 있다. 무릇 군사를 일으켰을 때에 군량(軍粮) 운반을 책임지우는 것이 마땅하므로 운향사를 겸하게 한다.

철주(鐵州)는 고을 2, 5현을 관할한다.

2군은 이천(伊川) · 삭녕(朔寧)이고, 5현은 평강(平康) · 안협(安峽) · 김화(金化) · 금성(金城) · 낭천(狼川)이다.

철주 도호부 목사는 경기북도 방어사를 겸무한다.

생각건대, 철원(鐵原)이란 옛날 철원(鐵圓)으로서 궁예(弓裔)가 도읍했던 곳이다. 바로 북로 요충(北路要衝)에 당해서, 본래부터 방어하는 직을 겸했는데 이번에도 그대로 했다.

심주부(沁州府)는 1군을 거느린다.

1군은 교동(喬桐)이다.

심주부 행궁대사(行宮大使)는 경기 수군절도사(水軍節度使)를 겸하며, 판관(判官) 한 자리가 있어, 민사(民事)를 다스린다.

교동 군수는 경기 수군절제사(水軍節制使)를 겸무한다.

생각건대, 강화(江華)와 교동에는 관제가 여러번 변했으나, 강화가 이미 경읍(京邑)이 아니니 유수라는 명칭은 마땅치 않다. 그리고 서로 수군(西路水軍)과 특별히 상관되는 바가 없으니, 삼도 통어사(三道統禦使)라는 것도 또한 군더더기이다. 이제 심주 대사가 수군 절도사를 겸하도록 하여 급한 변고에 쓸 수 있으니 반드시 교동에게 중임(重任)을 맡도록 할 것이 아니다.

사천성(泗川省) : 포정사는 공주(公州) 금강(錦江) 남쪽에 있는데 4

주, 10군, 28현을 관할한다.

공주(公州)는 3군, 8현을 관할한다.

3군은 천안(天安 : 木川을 합병함)·노성(魯城 : 石城을 합병함)·한산(韓山)이고, 8현은 직산(稷山)·부여(扶餘)·은진(恩津)·정산(定山)·홍산(鴻山)·임천(林川)·남포(藍浦 : 庇仁을 합병함)·서천(舒川)이다.

사천성 순찰사는 공주 도호부 대사를 겸무하며, 판관 한 사람이 있어 민사(民事)를 다스린다.

생각건대, 보통 사람의 재주와 기국(器局)은 그 거리가 심히 멀지 않은데 어떤 사람에게는 영남·호남을 전적으로 맡겨도 넉넉함이 있고, 어떤 사람은 비인·남포를 갈라 다스리게 하여도 감당하지 못한다는 것인가? 그러므로 나는 큰 도는 갈라서 두 성으로 만들고, 작은 현은 합쳐서 한 군으로 만드는 것이 이치에 마땅하다고 생각한다. 작은 현을 구차스럽게 남겨두면 그 폐단이 점점 심해진다. 왜냐하면 조그마한 고을에도 사직[56]이 있고, 빈객(賓客)이 있으며, 관원에게 권속(眷屬)이 있고, 관청에 아전과 하례(下隷)가 있다. 백성의 재물을 벗겨내고, 침해해서 큰 고을이 하는 짓을 다 본받고자 하니 백성을 해쳐서 만 가지로 괴롭힌다. 착한 원이 오면 팔짱끼고 구경만 할 뿐 할 일이 없고, 탐학한 원이 오면 백성의 등골을 뽑으면서 제 이익을 구한다. 대개 이와 같은 고을은 점차 합쳐서 용관(冗官)이 점점 줄어들고, 백성의 살림이 점점 펴지도록 함이 마땅하다. 위아래 여러 성에 무릇 둘을 합쳐서 하나로 만든 것은 모두 이러한 뜻에서이니 재찰(裁察)하기 바란다.

살피건대, 감사(監司)의 직을 관찰사라 호칭하면서 순찰사를 겸임하고 있으니 대저 관찰이 곧 순찰인데 겹쳐서 일컫는 것은 무슨 뜻인가? 이제부터는 관찰을 버리고, 다만 순찰사라 일컬어서 순찰하는 일에 전념하도록

---

56) 사직(社稷) : 사(社)는 토지신(土地神)에게 제사하는 곳. 직(稷)은 곡신(穀神)에게 제사하는 곳.

함이 마땅하다. 그리고 별도로 판관을 두는 이유는, 감사는 순행하는 것을 직무로 하여 거처를 정하지 않기 때문이다. 나는 또 생각해보니 감사가 솔권(率眷)하기 시작한 이래로 온갖 폐단이 어지럽게 일어나서 한 가지 일도 거행되지 않고, 봄가을 순행(巡行)도 겉치레뿐이다. 이제부터는 감사가 솔권하는 법을 영원토록 철폐함이 마땅하다(이 뜻을 監司條에 밝혔음).

홍주(洪州)는 3군, 8현을 거느린다.

3군은 온양(溫陽 : 新昌을 합병함)·면천(沔川 : 德山을 합병함)·서산(瑞山 : 海美를 합병함)이고, 8현은 아산(牙山 : 平澤을 합병함)·대흥(大興)·예산(禮山)·보령(保寧)·당진(唐津)·태안(泰安)·결성(結城)·청양(靑陽)이다.

홍주 도호부 목사는 사천성 운향사(運餉使)를 겸무한다.

생각건대, 홍주는 조운하는 길목에 당했으므로 운향사를 겸하도록 했다. 무릇 군량을 운반하는 관직을 겸한 것은 군사가 일어나면 군량 수운을 관장하고, 평시에는 세곡(稅穀) 조운을 담당하는 것을 규식으로 한다.

청주는 2군, 6현을 거느린다.

2군은 황간(黃澗 : 永同을 합병함)·옥천(沃川)이고, 6현은 청산(靑山)·보은(報恩)·문의(文義 : 懷仁을 합병함)·연기(燕岐 : 全義를 합병함)·회덕(懷德 : 鎭岑을 합병함)·연산(連山)이다.

청주 도호부 목사는 사천성 중도 방어사를 겸무한다.

생각건대, 남쪽 도적이 추풍령을 지나서 기내(畿內)로 침범하게 되면 황간에 와서 드디어 두 길로 갈라진다. 한 길은 청산(靑山)·보은을 지나서 청주로 나오고 한 길은 옥천·문의를 지나 청주로 나와서 경성(京城)에 도달한다. 이리하여 청주는 중도의 요충이므로 방어사를 겸하도록 하는 것이다.

생각건대, 임진년(壬辰年)에 왜구의 큰 진(陣)이 조령(鳥嶺)을 지난 다음 그 가운데 1대가 추풍령을 지나서 청주로 나왔다. 그후 조령에는 세겹성(城)을 쌓아서 엄중하게 지키고 있으나, 추풍령 길은 잊어버리고 비워둔 것은 또한 무슨 연고인가? 조령은 본디 천연적인 험지(險地)로서, 한 사람

이 길목에 버티고 있으면 1만 명이라도 침범하기 어려운 곳이니, 비록 요새를 설치하지 않더라도 급한 변고에 대비할 수가 있다. 그러나 추풍령은 본시 평지이니 만약 견고한 성이 없으면 도적을 막을 수 없다. 나의 생각에는 추풍령 서쪽으로 황간에 이르기 전에 험하고 비좁은 곳을 택해, 견고한 성을 급히 쌓아서 무기와 곡식을 간직하였다가 급한 변고가 있으면 군수에게 가서 지키게 하고 방어하는 신하는 후원(後援)이 되도록 해야 함은 그만둘 수가 없다.

충주(忠州)는 2군, 6현을 거느린다.

2군은 단양(丹陽)・청풍(淸風)이고, 6현은 영춘(永春)・괴산(槐山)・연풍(延風)・청안(淸安)・음성(陰城)・진천(鎭川)이다.

충주 도호부 목사는 사천성 동도 방어사를 겸한다.

생각건대, 충주는 조령 길과 죽령(竹嶺) 길이 합하는 곳이므로 방어사를 겸하도록 한 것이다.

완남성(完南省) : 포정사는 전주부(全州府) 성안에 있으며 3주, 6군, 18현을 관할한다.

전주(全州)는 2군, 6현을 거느린다.

2군은 여산(礪山)・익산(益山)이고, 6현은 고산(高山)・용안(龍安 : 咸悅의 반을 합병함)・임피(臨陂)・김제(金堤)・만경(萬頃)・옥구(沃溝 : 함열의 반을 합병함)이다.

완남성 순찰사는 전주 도호부 대윤을 겸하며, 판관 한 사람이 있어, 민사(民事)를 다스린다.

생각건대, 전주는 번성하고 부유해서 큰 도시라고 일컫기에 충분하다. 그러나 일찍이 경읍(京邑)이 된 적이 없으므로 남경(南京)이라는 명칭은 적당하지 않다.

용주(龍州)는 2군, 6현을 거느린다(용주는 지금의 남원이다).

2군은 무주(茂朱)・금산(錦山)이고, 6현은 진산(珍山)・용담(龍潭)・

진안(鎭安) · 장수(長水) · 임실(任實) · 운봉(雲峰 : 求禮를 합병한다)이다.

용주 도호부 목사는 완남성 동도 방어사를 겸한다.

살피건대, 용성(龍城)이 동쪽으로 팔량치(八良峙)에 통해서, 신라 · 백제의 경계가 되었고, 목구멍 같은 요충지이므로 방어사를 겸하도록 한다.

나의 생각에는 팔량영은 남방(南方)의 큰 관방(關防)이라 생각한다. 백제가 망할 때에 유인궤(劉仁軌)[57]가 남원(南原)에 유진(留鎭)하면서 남원을 대방주(帶方州)로 만들어서 신라의 길을 막았다. 고려 말에는 우리 태조(太祖)가 왜구를 만나, 아지발도(阿只拔都)를 죽인 곳으로, 황산대첩비(荒山大捷碑)가 이곳에 있다. 만력 정유년(萬曆丁酉年 : 선조 30년, 1597)에는 왜구가 이 길을 지나서 남원을 공격했는데, 명(明)나라 장수 양원(楊元)이 성을 버리고 북쪽으로 달아났다. 따라서 이 길목을 방어하지 않을 수 없음이 이와 같은데, 지금까지 한 조각의 견고한 성도 없으니 엉성하다 할 수 있다. 운봉 동쪽 10여 리 지점이 그 영의 가장 험한 목에 해당하는데, 견고한 성 하나를 쌓고, 운봉 관아를 이 성으로 옮기도록 함은 그만둘 수 없다.

순주(淳州 : 곧 淳昌임)는 2군, 6현을 거느린다.

2군은 태인(泰仁 : 태인은 이번에 승격했다) · 고부(古阜)이다. 6현은 정읍(井邑) · 금구(金溝) · 부안(扶安) · 고창(高敞) · 무장(茂長) · 흥덕(興德)이다.

순주 도호부 목사는 완남성 중도 방어사를 겸한다.

생각건대, 순주에도 노령(蘆嶺)이 있고, 복판 큰 길이 되었으므로 방어사를 겸하도록 했다. 또 순주에는 부흥산(復興山)이 있어, 험하게 막힌 것은 비교할 데가 없다. 남쪽 사람들은 모두 병마사(兵馬使)의 영(營)은 순주에다 설치해야 마땅하다고 말한다.

---

57) 유인궤(劉仁軌) : 당(唐)나라 장수. 당 고종(唐高宗) 때, 멸망시켰던 백제가 다시 일어났으므로, 신라 군사와 합동해서 평정시킨 일이 있음.

무남성(武南省) : 포정사는 광주부(光州府) 성안에 있으며, 3주, 6군, 18현을 관할한다(또 濟州는 2현을 거느린다).

광주(光州)는 2군, 6현을 거느린다.

2군은 장성(長城)·능성(綾城 : 綾州)이고, 6현은 담양(潭陽)·창평(昌平)·화순(和順)·남평(南平)·옥과(玉果)·곡성(谷城)이다.

무남성 순찰사는 무주(武州) 도호부 대사를 겸하며, 판관 한 사람이 있어 민사를 다스린다.

살피건대, 광주(光州)란 무주(武州)이다. 신라 말부터 항상 큰 진(鎭)이었고, 고려 때에도 또한 그러했다. 우리나라에 와서는 창의(倡義)하는 군사가 이 곳에서 먼저 일어났으니 그 고을을 포정사로 한 것이 그것에 연유한다.

나주(羅州)는 2군, 6현을 거느린다.

2군은 영광(靈光)·영암(靈巖)이고, 6현은 함평(咸平)·무안(務安)·강진(康津)·해남(海南)·진도(珍島)·압해(押海)이다.

나주 도호부 목사는 무남성 우도 방어사를 겸한다.

생각건대, 압해는 나주 바다의 바깥 섬이다. 나주 바다에 열두 개의 큰 섬이 있고, 작은 섬으로서 큰 섬에 딸린 것은 수십 개나 된다. 여러 섬에서 1년 동안 요역(徭役)으로서 고을 관청 사람의 요구에 응(應)하는데 곡식이 1만 섬이나 들고 다른 물건도 이만큼은 든다 한다. 나주 군관이 바깥 섬 주인이 되어, 그 이(利)를 다 먹으면서, 목사가 쓰는 목물(木物)과 잡비를 충당해준다 하니 천하에 무의 무법(無義無法)함이 이와 같을 수 없다. 섬 백성이 바다를 건너 육지에 와서 고소(告訴)하려 하여도 한 번 부성(府城)에 들어오려면, 헛되이 드는 비용이 매우 많고 사건은 결국 바로잡아지지 않기 때문에 원통함과 억울함이 쌓여서, 별도로 한 현을 세우고, 열두 섬을 다 이 현에다 붙이기를 원하고 있다. 내가 그 실정을 익히 알므로, 이번에는 열두 섬 중에 하나를 택해서 관아를 세우고자 하는데 자은(慈恩)·암태(巖泰)·압해가 그 후보지이다. 그런데 압해는 본시 옛 현이니 여기에다

관아를 설치함이 또한 마땅하다.

생각건대, 신라·고려 때에 왜구가 우리 서해(西海)를 여러번 침범했고, 만력 임진년과 정유년 난리에는, 다만 충무공(忠武公) 이순신(李舜臣)의 힘을 입어서, 왜적이 울두홍(熨斗䜤)을 넘지 못했다. 만약 그때에 왜적이 이 곳을 넘었더라면 나주 열두 섬이 맨 먼저 뱀과 돼지 같은 놈들의 먹이가 되었을 것이다. 그런데도 이 여러 섬에 성 하나, 보(堡) 하나 없으니 우리나라 서남해의 방어는 허술하다 할 수 있다. 바삐 한 현을 설치해서 그 침입을 막는 것은 그만둘 수 없는 일이다.

승주(昇州)는 2군, 6현을 거느린다(승주는 곧 順天이다).

2군은 장흥(長興)·보성(寶城)이고, 6현은 광양(光陽)·흥양(興陽)·낙안(樂安)·동복(同福)·금오(金鼇)·검주(黔州)이다.

승주 도호부 목사는 무남성 좌도 방어사를 겸한다.

살피건대, 순천 수영(水營) 남쪽에 금오도(金鼇島)가 있는데 둘레가 300리이고, 그 서쪽에 수태도(愁太島)가 있는데 주위가 200리나 된다. 그리고 돌산(突山)·내발(乃發)·횡간(橫看) 따위 여러 섬은 그 수효도 모를 정도이다. 지금은 금오도를 현으로 만들고 그 옆에 있는 수십 개 섬을 다 이 현에 예속시켜서 왜구의 침입을 막는 것이 마땅할 것이다.

생각건대, 흥양 남쪽에 있는 절금도(折今島)는 둘레가 100여 리인데 백성이 많고 토지가 기름지다. 그 서쪽에 산이(山伊)·조약(助藥)·벌라(伐羅)·금당(衾堂) 따위의 섬이 있는데 그 수효도 모를 지경이다. 절금도에 금주현을 만들고, 그 옆에 있는 수십 개 섬을 다 이 현에다 예속시킴도 또한 마땅한 일이다.

제주(濟州)는 2현을 거느린다.

2현은 정의(旌義)·대정(大靜)이다.

제주 도호부 대사는 탐라부 병마 수군 도절제사(耽羅府兵馬水軍都節制使)를 겸하며, 판관 한 사람이 있어 민사를 다스린다.

생각건대, 제주는 모두 원래 제도대로 하고 고칠 것이 아니다.

영남성(嶺南省) : 포정사는 달주부(達州府) 성안에 있는데 3주, 9군, 18현을 관할한다.

달주는 3군, 6현을 거느린다(달주는 곧 大邱이다).

3군은 청도(淸道)·밀양(密陽)·칠곡(漆谷)이고, 6현은 현풍(玄風)·창녕(昌寧)·영산(靈山)·인동(仁同)·경산(慶山 : 慈仁을 합병함)·신녕(新寧 : 河陽을 합병함)이다.

영남성 순찰사는 달주 도호부 대사를 겸하며, 판관 한 사람이 있어 민사를 다스린다.

가주(嘉州 : 곧 安東임)는 3군, 6현을 거느린다.

3군은 풍기(豊基 : 順興을 합병함)·청송(靑松 : 眞寶를 합병함)·의성(義城)이고, 6현은 봉화(奉化)·영천(榮川)·예안(禮安)·영양(英陽)·의흥(義興)·군위(軍威 : 比安을 합병함)이다.

가주 도호부 대사는 영남성 상도 방어사를 겸한다.

생각건대, 풍기는 한길 요충에 당했고, 큰 영의 목을 차지했으나 고을 힘이 약하므로 순흥을 당겨서 합병했다.

경주(慶州)는 3군, 6현을 거느린다.

3군은 동래(東萊)·울산(蔚山)·영천(永川)이고, 6현은 영해(盈海 : 盈德을 합병함)·흥해(興海 : 淸河를 합병함)·장기(長鬐 : 延日을 합병함)·언양(彦陽)·양산(梁山)·기장(機張)이다.

경주 도호부 대윤(大尹)은 영남성 하도 방어사를 겸한다.

생각건대, 동래는 본디 하나의 작은 현인데 이웃 나라와 인접했다는 이유로 부로 승격시킬 필요는 없다. 그러므로 이번에는 군수열(郡守列)에 두었다. 그러나 그 직은 병마 수군절제사를 겸해서 다른 고을 수령과 같지 않다.

생각건대, 경주는 비록 신라의 천년 고도(千年古都)이나 지역이 아득히 멀어서 여러 경(京)에 끼기에는 부족하다.

황서성(潢西省) : 포정사는 황수(潢水) 서쪽 성주(星州)에 있는데 3주, 9군, 18현을 관할한다.

성주는 3군, 6현을 거느린다.

3군은 합천(陝川) · 함양(咸陽 : 安義를 합병함) · 초계(草溪)이고, 6현은 고령(高靈) · 거창(居昌) · 삼가(三嘉) · 의령(宜寧) · 산청(山淸) · 단성(丹城)이다.

황서성 순찰사는 성주 도호부 대사를 겸하며, 판관 한 사람이 있어, 민사를 다스린다.

생각건대, 함양이 팔량치 어구에 당했으니 형세를 고단(孤單)하게 할 수 없으므로 안의를 합병한 것이다.

상주(尙州)는 3군, 6현을 거느린다.

3군은 선산(善山) · 예천(醴泉) · 금산(金山)이고, 6현은 문경(聞慶) · 용궁(龍宮) · 함창(咸昌) · 화령(化寧) · 개령(開寧) · 지례(知禮)이다.

상주 도호부 목사는 황서성 북로(北路) 방어사를 겸한다.

생각건대, 추풍령 북쪽에 화령 · 중모(中牟)라는 두 옛 고을이 있는데, 지금은 모두 혁파되어서 상주에 속했다. 나의 생각에는 이 고을을 다시 설치하는데 두 고을을 합쳐 하나로 만들고 명칭은 화령이라 하여 추풍령 어구를 충실히 하게 한다면 관방(關防)하는 데에 도움이 없지 않을 것이다.

진주(晋州)는 3군, 6현을 거느린다.

3군은 김해(金海) · 창원(昌原 : 漆原을 합병함) · 하동(荷東 : 즉 河東으로, 昆陽을 합병함)이고, 6현은 사원(泗原 : 즉 泗川) · 고성(固城) · 함안(咸安 : 鎭海를 합병함) · 웅천(熊川) · 남해(南海) · 거제(巨濟)이다.

진주 도호부 목사는 황서성 남로(南路) 방어사를 겸한다.

생각건대, 하동은 잔수(潺水) 동쪽에 있어, 서쪽으로 섬진강(蟾津江 : 豆恥津)만 건너면 곧 광양(光陽)에 닿아 전라도에 통한다. 여기도 관방할 곳이니 곤양을 합병해서 한 군으로 함이 마땅하다. 곤양 남쪽, 남해 어구에 노량보(露梁堡)가 있는데 여기가 이순신이 왜적을 막던 곳이다. 곤양 남쪽

두어 마을을 노량에다 예속시켜서 그 힘을 굳세게 함도 또한 마땅한 바이다(노량에다 防寨를 설치하면 蟾津寨는 혁파함이 마땅함).

충청도(忠淸道)를 이번에 사천성(泗川省)이라 고쳤으니 사천현은 사원(泗原)이라 고쳐서, 명칭이 헷갈리지 않게 함이 마땅하다.

열동성(洌東省) : 포정사는 원주부(原州府) 안에 있다. 3주, 6군, 12현을 관할한다.

원주는 2군, 3현을 거느린다.

2군은 영월(寧越)·정선(旌善)이고, 4현은 제천(堤川)·평창(平昌)·횡성(橫城)·지평(砥平)이다.

열동성 순찰사는 원주 도호부 대사를 겸하며, 판관 한 사람이 있어, 민사를 다스린다.

생각건대, 열동성 포정사는 춘주(春州)에다 두어서, 남북 이수(里數)가 균등하도록 함이 마땅하다. 이번에는 우선 예전대로 했으나 그 의논은 그냥 무시할 것이 아니다. 또 영동 아홉 고을은 바로 이역 같아서 관할하기가 불편하니, 열동에 포정(布政)하는 신하를 봄·여름은 명주(溟州)에, 가을·겨울은 원주에 있도록 하여 선화(宣化)[58]를 고르게 함이 마땅하다.

춘주(春州 : 춘주는 곧 春川임)는 2군, 4현을 거느린다.

2군은 회양(淮陽)·양근(楊根 : 본디 경기에 딸렸던 고을이다)이고, 4현은 홍천(洪川)·미원(迷源)·인제(麟蹄)·양구(楊口)이다.

춘주 도호부 목사는 열동성 운향사를 겸한다.

생각건대, 춘주란 옛적에 낙랑국(樂浪國)이었다. 한(漢)나라에서 처음에 평양에다 낙랑을 설치했는데 그후 고구려에게 빼앗기자, 낙랑 사람들이 우수주(牛首州)에 와서 차지하고, 백제와 연결해서 읍루(挹婁)[59]에 항거하

58) 선화(宣化) : 덕화(德化)를 선포함.

59) 읍루(挹婁) : 고조선(古朝鮮) 시대에 만주 지역에 살던 부족. 후에 숙신(肅愼)·말갈(靺鞨)이

며 고구려와 대항하였다(아울러 『疆域考』에 밝혔다). 지금 사람들은 우수주를 맥국(貊國)으로 잘못 알고 있는데, 이것은 대개 가탐(賈耽)[60]이 지지(地志)를 찬(撰)하면서부터 잘못 전해진 것이다. 이 지역이 본래 위치한 형세는 또 한 도의 복판에 있으니 열동성 포정사는 여기에 있음이 마땅하다.

생각건대, 양근 서북쪽에 미원이라는 옛 고을이 있는데, 아직도 창사(倉舍)가 있다. 이 지역은 홍천·춘천 두 고을 물이 합류하는 아래쪽에 있어 군사를 숨기고 곡식을 운반하여 급한 사변에 대처할 만한 곳이니, 그 고을을 복구하여 춘주 아래쪽을 받치게 하도록 하는 것은 그만둘 수 없는 일이다.

명주(곧 江陵)는 2군, 4현을 거느린다.

2군은 양양(襄陽)·삼척(三陟)이고, 4현은 간성(杆城)·고성(高城)·통천(通川 : 歙谷을 합병함)·울진(蔚珍 : 平海를 합병함)이다.

명주 도호부 대사는 영동 안무사(嶺東安撫使)를 겸한다.

생각건대, 나의 숙부가 일찍이 흡곡 현령을 지냈는데, 그때 흡곡에는 민호(民戶)가 400여 호에 불과했다. 400호만으로는 현이 될 수 없으니 통천과 합쳐서 백성의 노고를 덜어주도록 함이 마땅하다. 또 울진이 현으로 되어 있으나 또한 아주 작다고 칭하니 평해를 울진에다 합치는 것이 마땅하다.

살피건대, 명주 지역이, 동쪽으로는 큰 바다가 있고, 서쪽으로는 태산이 둘러 있어, 좁고 막힌 것이 문득 이역과 같으므로 감사에게 반(半)은 영동에 있도록 함이 마땅하나, 그렇게 할 수 없다면 영동 여러 고을의 일반 정무는 명주 대사에게 결재를 받도록 하고 오직 큰 사건만 감사(監司)에게 관유(關由)하여, 강계(江界)의 폐4군처럼 하는 것이 또한 마땅하다.

라는 명칭으로 불림.

60) 가탐(賈耽) : 당(唐)나라 사람으로 순제(順帝) 때에 정승이었음. 독서를 좋아하여 지리(地理)에 밝았고, 음양잡수(陰陽雜數)에도 정통하였음.

송해성(松海省) : 포정사는 중경 유수부(中京留守府) 안에 있는데 1경(京), 2주, 12군, 12현을 관할한다.

중경은 개성부(開城府)인데, 4군, 4현을 거느린다.

4군은 장단(長湍)·평산(平山)·연안(延安)·배천(白川)이고, 4현은 마전(麻田)·금천(金川)·토산(兎山)·신계(新溪)이다.

풍덕부(豊德府)는 송경(松京)에다 합병했다.

중경 유수는 송해성 순찰사와 개성부 대윤(大尹)을 겸하며, 서윤(庶尹) 한 사람이 있어 민사를 다스린다.

생각건대, 개성부가 이미 주목(州牧)의 체재(體裁)를 갖추었으나 지역이 아주 작고, 성 하나만 웅거했을 뿐이어서 모양이 안 되므로 이번에 풍덕(豊德)을 합쳐서 한 주로 만드는 것이 또한 마땅하다.

해주(海州)는 4군, 4현을 거느린다.

4군은 장연(長淵)·풍천(豊川 : 松禾를 합병함)·안악(安岳)·신천(信川)이고, 4현은 장련(長連)·은율(殷栗)·문화(文化)·강령(康翎 : 瓮津을 합병함)이다.

옹진이 이미 수영(水營)에 들어 있어도 없는 것 같으니 강령에 합쳐서, 계산에 넣지 않았다.

해주 도호부 목사는 송해성 운향사를 겸한다.

생각건대, 풍천이 초도(椒島) 어구에 당해 있으니, 일후의 급한 변은 반드시 이곳에서 일어날 것인데, 고을의 힘이 아주 약하므로 송화(松禾)를 합친 것이다.

생각건대, 관서(關西)에 병란이 있으면 남도 곡식을 북쪽으로 실어오고, 경기에 흉년이 들면 서도 곡식을 남쪽으로 수운(輸運)하는데, 신하 하나를 조수(漕帥)로 삼아 두는 것이 마땅하므로 여기에 운향사를 겸하도록 한 것이다.

살피건대, 여러 성에 등(等)을 가를 때마다 군은 적고 현은 많은데, 서북 여러 도에는 군과 현의 수효가 서로 같은 데가 많다. 이것은 본래 큰 군이

많아서 현으로 이름할 수 없기 때문이다.

황주(黃州)는 4군, 4현을 거느린다.

4군은 중화(中和)·봉산(鳳山)·서흥(瑞興)·곡산(谷山)이고, 4현은 상원(祥原)·수안(遂安)·재령(載寧)·인성(麟城)이다.

황주 도호부 목사는 송해성 서도 방어사를 겸한다.

생각건대, 인성이란 봉산 동사리(東四里)이다. 봉산 동남쪽 100여 리 되는 기린역(麒麟驛) 북쪽에 동사리라는 곳이 있고, 또 재령(載寧) 성당면(聖堂面)이 기린역 서쪽에 있다. 이 지역은 텅 비어서, 성곽이 없고, 4방 고을과의 거리는 모두 100리가 넘는다. 그러므로 백성이 법을 모르고 행려(行旅)도 모여들지 않는다. 여기에다 작은 현을 만들고, 명칭을 인성이라 하여, 바둑알과 별처럼 벌여 있도록 하고, 너무 엉성하지 않게 함이 마땅하다. 깊은 산 큰 골짜기에 사람 사는 곳이 아주 희소하면 비워두지 않을 수 없겠으나 이와 같은 평지에 어찌해서 보장(保障)을 만들지 않은 것인가? 여기에는 현을 반드시 설치해야 마땅하다.

재령은 본래 큰 군이었으나 갈라서 인성현을 만들었으므로 이번에 낮추어서 현으로 만들었다.

패서성(浿西省) : 포정사는 서경 유수부(西京留守府)에 있다. 1경, 1주, 6군, 12현을 관할한다.

서경은 평양부인데, 4군, 6현을 거느린다.

3군은 성천(成川)·삼화(三和)·함종(咸從 : 甑山을 합병함)이고, 6현은 강서(江西)·용강(龍岡)·순안(順安)·강동(江東)·삼등(三登)·양덕(陽德)이다.

서경 유수는 패서성 순찰사와 평양부 대윤을 겸하며 서윤(庶尹) 한 사람이 있어 민사를 다스린다.

생각건대, 삼화는 패강(浿江)이 바다로 흘러들어가는 어구에 해당하므로 방어해야 할 책임이 있다. 비록 낮추어서 군으로 만들었으나 방어사라

는 명칭은 그냥 겸하는 것이 또한 마땅하다.

생각건대, 증산(甑山)은 작은 취락(聚落)이므로 함종에 합병함이 편당(便當)하나 증산과 함종이 예전에는 다 증지현(增地縣)에 매였던 것이므로 이번에는 함종에 증산의 명칭을 더하는 것이 또한 마땅하다.

안주(安州)는 3군, 6현을 거느린다.

3군은 숙천(肅川)·순천(順川)·개천(价川)이고, 6현은 영유(永柔)·자산(慈山)·덕천(德川)·맹산(孟山)·영원(寧遠)·은산(殷山)이다.

안주 도호부 목사는 패서 방어사를 겸한다.

살피건대, 이 3군과 6현은 모두 살수(薩水) 동쪽에 있는데, 은산·맹산·영원은 또 패원(浿源) 동쪽에 있다.

청서성(淸西省) : 포정사는 영주(寧州) 약산(藥山) 성안에 있는데 3주, 18군, 2현을 관할한다.

영주(곧 寧邊이다)는 6군, 2현을 거느린다.

6군은 정주(定洲 : 곧 定州임)·희천(熙川)·운산(雲山)·구성(龜城)·가산(嘉山)·곽산(郭山)이고, 2현은 박천(博川)·태천(泰川)이다.

청서성 순찰사는 영주 도호부 대사를 겸하며, 판관 한 사람이 있어 민사를 다스린다.

생각건대, 주·군 제도가 모두 엄정하여 문란함이 없어야 한다면, 여러 고을이 주(州)라는 이름을 쓰는 것은 부당하므로 정주(定州)·삭주(朔州)는 모두 주(州)를 주(洲)로 고쳐야 한다.

의주(義州)는 6군을 거느린다.

6군은 삭주(朔洲)·창성(昌城)·벽동(碧潼)·용천(龍川)·철산(鐵山)·선천(宣川)이다.

의주 도호부 대윤은 청서 방어사를 겸한다.

생각건대, 강변 여러 고을과 바닷가 세 고을은 그 등급이 높아야 할 것이므로 여섯 고을을 아울러 군(郡)으로 하고 현으로 낮추지 않는다.

강주(江州 : 강주는 곧 江界이다)는 6군을 거느린다.

6군은 여연(閭延) · 무창(茂昌) · 우예(虞芮) · 자성(慈城) · 위원(渭源) · 초산(楚山)이다.

강주 도호부 대사는 청서 방어사와 4군 안무사를 겸한다.

생각건대, 4군에 백성을 채우는 방법은, 온 집이 변방으로 이사가는 율(律)을 회복하는 것이 마땅하나 다만 남북은 기후가 아주 다른데 갑자기 멀리 옮기면 인정이 슬퍼할 것이니 지금부터 중죄(重罪)는 1천리 너머로 이사시키고, 그 다음은 500리 너머로 옮기도록 한다. 그리하여 남방 백성은 복판 도로 옮기고, 복판 도의 백성은 양서(兩西)로 옮기고, 서도 백성은 이에 4군으로 옮긴다면, 남방에는 호총(戶摠)이 줄어들고 4군에는 읍과 부락(部落)이 이루어질 것이니, 이것이 진실로 편리한 방법이다.

현도성(玄菟省) : 포정사는 함주부(咸州府) 성안에 있다. 2주, 4군, 10현을 관할한다.

함주(즉 咸興이다)는 2군, 5현을 거느린다.

2군은 영흥(永興) · 안변(安邊)이고, 5현은 덕원(德源) · 문천(文川) · 고원(高原) · 정평(定平) · 장진(長津)이다.

현도성 순찰사는 함주 도호부 대윤을 겸하며, 판관 한 사람이 있어 민사를 다스린다.

생각건대, 영흥이 비록 우리 성조(聖祖)가 일어난 곳이나, 반드시 승격시켜서 부(府)로 만들어야 존엄해지는 것은 아니다. 한 태조(漢太祖)가 용흥(龍興)한 후에도 풍읍(豊邑)은 그대로 현이었고, 패군(沛郡)은 그대로 군이었을 뿐, 그것을 승격시켜서 주목(州牧)으로 했다는 것은 듣지 못했다. 법제(法制)를 한번 정했으면 기강이 있어야 하는데, 영흥은 이미 거느린 고을이 없으니 군이 될 뿐이다.

항주(航州 : 항주는 곧 北青이다)는 2군, 5현을 거느린다.

2군은 단천(端川) · 갑산(甲山)이고, 5현은 이원(利原) · 홍원(洪原) ·

삼수(三水)・계산(階山)・후주(厚洲)이다.

현도도 병마절도사(兵馬節度使)는 항주 도호부 대사를 겸하며 판관 한 사람이 있어, 민사를 다스린다.

생각건대, 북청(北青) 북쪽에 자항산(慈航山)이 있으므로 항주라고 고쳤다.

살피건대, 조정에서 이미 4군을 버려서, 4군은 야인잡류(野人雜類)가 사는 곳이 되어버렸는데, 이에 장수(漲水) 동쪽 연안에 장진(長津)・신방(神方)・강구(江口)・어면(魚面)・자작(自作)이라는 방수(防戍)를 두어서 갈파(葛坡)에 이르렀으니 이것은 문호를 열어서 적인(敵人)을 인도하는 것으로 천하에 어찌 이런 일이 있겠는가? 선왕이 매우 개탄하여, 먼저 장진보(長津堡)를 장진부(長津府)로 만들고, 장신(將臣) 이경무(李敬懋)를 보내서 이 고을을 경영하였으니, 이것은 왕자(王者)의 큰 계획이었다.

생각건대, 항주 서북쪽에 소백계산(小白階山)・원동(院洞)・은동(銀洞)이라는 여러 곳이 어면보(魚面堡) 후면에 있으니, 그 지명을 계산이라 하여 바삐 한 현을 세우면 장수 서쪽 함덕(鹹德)・판막동(板幕洞) 여러 곳도 차츰 경영하는 안으로 들어올 것이니 고을이 되지 않을 것을 걱정할 것 없다.

살피건대, 폐 4 군은 모두 강 연안의 고을들인데 그 상류에 후주고성(厚州古城)이 있다. 지금은 조금 옮겨서 후주보(厚州堡)를 만들었는데, 이곳은 4군 외에 또 하나의 폐군(廢郡)이다. 이곳에다 현 하나를 설치하고, 명칭을 후주(厚洲)라 하여, 동쪽으로 삼수와 연하고 서쪽으로 무창(茂昌)에 접하여서 지금의 구갈파(舊葛坡)에 관아를 만들면, 오랫동안 비워두었던 지역이 모두 다스리는 계획 속에 들어와서 북변(北邊) 울타리가 점차 완전해질 것이다.

만하성(滿河省) : 포정사는 경주부(鏡州府) 성안에 있는데 2주, 8군을 관할한다.

경주(鏡州 : 곧 鏡城)는 4군을 거느린다. 4군은 길주(吉洲 : 곧 吉州) · 명천(明川) · 부령(富寧) · 무산(茂山)이다.

만하성 순찰사는 경주 도호부 대사를 겸하며, 판관 한 사람이 있어, 민사를 다스린다.

생각건대, 12성 순찰사는 모두 병마절도사를 으레 겸하고 있으나, 실제로 겸한 것은 아니다. 만하성의 경우는 실제로 겸하고 병마영(兵馬營)을 별도로 세우지 않음이 마땅하다.

회주(會州 : 곧 會寧)는 4군을 거느린다. 4군은 종성(鍾城) · 온성(穩城) · 경원(慶源) · 경흥(慶興)이다.

회주 도호부 대사는 만하성 방어사와 6진 안무사(六鎭安撫使)를 겸한다.

생각건대, 예전 예에 만하성 절도사는 기후가 화창하면 경성(鏡城)에 있고 기후가 차가워지면 종성 행영(鍾城行營)에 있었는데 지금은 순찰사가 이 직무를 실제 겸했으니, 또한 옛 예에 따라 옮겨가면서 있음이 마땅하다.

생각건대, 만하성 순찰사는 문신과 무신이 교대로 하는 것이 마땅하며 무신은 일찍이 승지나 참판을 지낸 자라야 천망(薦望)에 참여하도록 함이 또한 마땅하다.

12성(省) 주 · 군 · 현의 총수(가경 병자년, 곧 순조 16년, 1816년 8월 23일에 시험삼아 기록했다.)

봉천성(奉天省) 38읍(4주, 10군, 22현. 또 沁州 1주, 1군)
사천성(泗川省) 42읍(4주, 10군, 28현)
완남성(完南省) 27읍(3주, 6군, 18현)
무남성(武南省) 27읍(3주, 6군, 18현)
제주(濟州) 3읍(1주, 2현)
영남성(嶺南省) 30읍(3주, 9군, 18현)
황서성(潢西省) 30읍(3주, 9군, 18현)
열동성(洌東省) 21읍(3주, 6군, 12현)
송해성(松海省) 27읍(1경, 2주, 12군, 12현)

패서성(浿西省) 20읍(1경, 1주, 6군, 12현)

청서성(淸西省) 19읍(3주, 14군, 2현)

폐4군 4읍(4군)

현도성(玄菟省) 16읍(2주, 4군, 10현)

만하성(滿河省) 10읍(2주, 8군)

이상 공 314읍이다. 본래는 346읍인데, 줄인 것이 43읍이고(풍덕·교하·목천·석성·비인·신창·덕산·해미·평택·영동·회인·전의·진잠·함열·구례·자인·하양·순흥·진보·비안·영덕·청하·연일·안의·칠원·곤양·진해·흡곡·송화·옹진·증산), 증설한 것이 11읍이다(압해·금오·검주·화령·인성·계산·후주·폐4군).

경세유표 제4권

천관 수제(天官修制) ● 군현분등(郡縣分等)

● 고적지법(考績之法)

천관 수제(天官修制)

군현분등(郡縣分等)

군·현 제도는 민호(民戶)의 많고 적음과, 전결(田結)의 넓고 좁음으로써 등급을 매김이 마땅하다.

시씨(柴氏) 주(周)나라[1] 제도는 3천 호 이상을 망현(望縣)으로, 2천 호 이상을 긴현(緊縣)으로, 1천 호 이상을 상현(上縣)으로, 500호 이상을 중현으로, 500호 미만을 하현(下縣)으로 했다.

송 태조(宋太祖) 개보(開寶) 9년(976년, 고려 경종 8년)에 조서(詔書)하여 현망(縣望)을 다시 정하는데 4천 호 이상이 망이고, 다음을 긴(緊)·상·중·중하로 하여 무릇 5등이 있었다(지금 淸國 제도에도 劇縣·要縣처럼 대소 여러 등이 있으나 그것과 같지 않다).

생각건대, 중국 법은 부(府)가 가장 크고 주가 다음이며 군은 없다(宋나라 이후로 군이 없다). 그리고 현에 다섯 등이 있어, 관직 차례대로 승진 또는 전임했다. 우리나라 법은 빈잔(貧殘)한 주·부(州府)는 혹 취락(聚落)도 되지 못하고, 웅대한 현은 혹 사무(事務)가 번거롭기도 하다. 관원을

1) 시씨(柴氏) 주(周)나라 : 954~959년에 걸쳐 시영(柴榮)이 중국 대륙에 세웠던 나라. 중국 고대의 주나라와 구별하기 위해서 시씨 주나라라 일컬음.

차임(差任)해서 보낼 때에도 권세가 높으면 첫 솜씨를 바로 큰 현에 붙이고, 세력이 약하면 세 번이나 벼슬해도 모두 작은 현을 얻게 되니, 관방(官方)의 어지러움이 이와 같다. 이번에는 8도 여러 고을을 아울러 민호와 전결로써 대소(大小)를 분간하고, 시험삼아, 다음과 같이 기록하여 대략을 알고자 한다.

500호 이상 : 양천(陽川) 800, 회인(懷仁) 800, 흡곡(歙谷) 700, 태천(泰川) 900.

1천 호 이상 : 마전(麻田)·적성(積城)·연천(漣川)·평택(平澤)·언양(彦陽)·진보(眞寶)·칠원(漆原)·대정(大靜)·삼등(三登)·경흥(慶興).

1천 500호 이상 : 김포(金浦)·영평(永平)·시흥(始興)·음죽(陰竹)·전의(全義)·진잠(鎭岑)·석성(石城)·봉화(奉化)·하양(河陽)·평창(平昌)·정의(旌義)·운봉(雲峯)·구례(求禮)·화순(和順)·용안(龍安)·증산(甑山)·부령(富寧)·문천(文川)·옹진(甕津)·고성(高城)·인제(麟蹄)·양구(楊口)·안협(安峽).

2천 호 이상 : 안산(安山)·가평(加平)·교하(交河)·지평(砥平)·포천(抱川)·양지(陽智)·음성(陰城)·영춘(永春)·정산(定山)·장기(長鬐)·청하(淸河)·진해(鎭海)·정읍(井邑)·고창(高敞)·옥과(玉果)·동복(同福)·무산(茂山)·이원(利原)·강령(康翎)·철원(鐵原)·양양(襄陽)·평해(平海)·간성(杆城)·낭천(狼川).

2천 500호 이상 : 진위(振威)·단양(丹陽)·문의(文義)·연풍(延豊)·목천(木川)·황간(黃澗)·청안(淸安)·진천(鎭川)·청산(青山)·회덕(懷德)·부여(扶餘)·노성(魯城)·연기(燕岐)·청양(青陽)·아산(牙山)·신창(新昌)·예산(禮山)·해미(海美)·풍기(豊基)·지례(知禮)·고령(高靈)·함창(咸昌)·산청(山淸)·단성(丹城)·자인(慈仁)·낙안(樂安)·흥덕(興德)·곡성(谷城)·자산(慈山)·양덕(陽德)·덕원(德源)·경성(鏡城)·장련(長連)·이천(伊川)·정선(旌善)·평창(平昌).

3천 호 이상 : 부평(富平)·인천(仁川)·통진(通津)·양근(楊根)·고양

(高陽)·과천(果川)·양성(陽城)·온양(溫陽)·대흥(大興)·직산(稷山)·연산(連山)·덕산(德山)·비안(庇安)·당진(唐津)·영해(寧海)·청송(靑松)·순흥(順興)·칠곡(漆谷)·경산(慶山)·기장(機張)·예안(禮安)·삼가(三嘉)·진산(珍山)·용담(龍潭)·함열(咸悅)·함종(咸從)·맹산(孟山)·갑산(甲山)·정평(定平)·온성(穩城)·단천(端川)·고원(高原)·홍원(洪原)·풍천(豊川)·수안(遂安)·신계(新溪)·은율(殷栗)·송화(松禾)·영월(寧越)·평강(平康)·김화(金化)·횡성(橫城).

3천 500호 이상 : 파주(坡州)·죽산(竹山)·풍덕(豊德)·삭녕(朔寧)·천안(天安)·한산(韓山)·영동(永同)·결성(結城)·흥해(興海)·곤양(昆陽)·초계(草溪)·영일(迎日)·군위(軍威)·비안(比安)·의흥(義興)·영양(英陽)·익산(益山)·금구(金溝)·장수(長水)·초산(楚山)·덕천(德川)·곡산(谷山)·회양(淮陽)·삼척(三陟)·금성(金城).

4천 호 이상 : 안성(安城)·용인(龍仁)·괴산(槐山)·태안(泰安)·면천(沔川)·보령(保寧)·영천(榮川)·합천(陜川)·영덕(盈德)·용궁(龍宮)·신녕(新寧)·개령(開寧)·사천(泗川)·안의(安義)·웅천(熊川)·임피(臨陂)·만경(萬頃)·고산(高山)·옥구(沃溝)·광양(光陽)·창성(昌城)·삼화(三和)·개천(价川)·가산(嘉山)·순안(順安)·은산(殷山)·금천(金川)·홍천(洪川).

4천 500호 이상 : 청풍(淸風)·임천(林川)·서천(舒川)·제천(堤川)·보은(報恩)·은진(恩津)·홍산(鴻山)·남포(藍浦)·인동(仁同)·동래(東萊)·하동(河東)·거창(居昌)·함양(咸陽)·양산(梁山)·남해(南海)·문경(聞慶)·능주(綾州)·여산(礪山)·보성(寶城)·박천(博川)·강서(江西)·길주(吉州)·경원(慶源)·명천(明川).

5천 호 이상 : 이천(利川)·거제(巨濟)·영산(靈山)·임실(任實)·남평(南平)·순천(順川)·곽산(郭山)·장진(長津)·신천(信川)·춘천(春川).

5천 500호 이상 : 남양(南陽)·장단(長湍)·금산(金山)·현풍(玄風)·무주(茂朱)·김제(金堤)·진안(鎭安)·삭주(朔州)·상원(祥原)·회령(會寧)·장연(長淵)·서흥(瑞興)·강릉(江陵).

6천 호 이상 : 여주(驪州) · 서산(瑞山) · 함안(咸安) · 담양(潭陽) · 금산(錦山) · 무장(茂長) · 무안(務安) · 성천(成川) · 구성(龜城) · 철산(鐵山) · 희천(熙川) · 영원(寧遠) · 북청(北靑) · 안변(安邊) · 종성(鍾城) · 배천(白川) · 문화(文化).

6천 500호이상 : 옥천(沃川) · 장성(長城) · 고부(古阜) · 순창(淳昌) · 부안(扶安) · 숙천(肅川) · 영유(永柔) · 통천(通川).

7천 호 이상 : 선산(善山) · 영천(永川) · 제주(濟州) · 영변(寧邊).

7천 500호 이상 : 강화(江華) · 창원(昌原) · 의령(宜寧) · 태인(泰仁) · 함평(咸平) · 연안(延安).

8천 호 이상 : 개성(開城) · 울산(蔚山) · 청도(淸道) · 광주(光州) · 진도(珍島) · 해남(海南) · 용천(龍川) · 위원(渭原) · 평산(平山).

8천 500호 이상 : 순천(順天) · 용강(龍岡) · 봉산(鳳山).

9천 호 이상 : 창녕(昌寧) · 영암(靈巖) · 중화(中和) · 벽동(碧潼).

9천 500호 이상 : 의성(義城) · 선천(宣川) · 원주(原州).

1만 호 이상 : 양주(楊州) · 교동(喬桐) · 예천(禮泉) · 남원(南原) · 장흥(長興) · 강진(康津) · 황주(黃州).

1만 1천 호 이상.

1만 2천 호 이상 : 김해(金海) · 영광(靈光) · 정주(定州) · 운산(雲山) · 영흥(永興) · 안악(安岳).

1만 3천 호 이상 : 청주(淸州) · 홍주(洪州) · 대구(大丘) · 안주(安州) · 함흥(咸興).

1만 4천 호 이상 : 진주(晋州) · 고성(固城).

1만 5천 호 이상 : 성주(星州) · 해주(海州).

1만 6천 호 이상 : 화성(華城) · 안동(安東).

1만 7천 호 이상 : 광주(廣州) · 공주(公州).

1만 8천 호 이상 : 흥양(興陽) · 의주(義州).

1만 9천 호 이상 : 경주(慶州) · 전주(全州) · 강계(江界).

2만 호 이상.

2만 2천 호 이상 : 충주(忠州) 2만 3천 900, 상주(尙州) 2만 3천 900, 밀양(密陽) 2만 2천 900, 나주(羅州) 2만 2천 300.

3만 호 이상 : 평양(平壤) 3만 900.

(이상은 여러 고을 민호의 수효임.)

500결(結) 미만 : 장진(長津) 200여 결, 안협(安峽) 400여 결.

500결 이상 : 가평 · 마전 · 양천 · 영춘 · 삭주 · 초산 · 삼등 · 맹산 · 삼수 · 회양 · 양양 · 정선 · 평창 · 고성 · 흡곡 · 평강 · 인제 · 양구 · 홍천.

1천 결 이상 : 교동 · 안산 · 시흥 · 지평 · 적성 · 연천 · 양지 · 단양 · 창성 · 덕천 · 벽동 · 가산 · 곽산 · 태천 · 은산 · 이원 · 풍천 · 연풍 · 음성 · 회인 · 청하 · 예안 · 의령 · 장연 · 평해 · 간성 · 울진 · 김화.

1천 500결 이상 : 김포 · 양근 · 안성 · 삭녕 · 교하 · 음죽 · 과천 · 영양 · 화순 · 용안 · 구성 · 철산 · 용천 · 자산 · 희천 · 박천 · 개천 · 청풍 · 황간 · 청산 · 비인 · 영해 · 진보 · 지례 · 위원 · 순안 · 증산 · 양덕 · 고원 · 토산 · 영월 · 삼척 · 통천 · 금성 · 횡성.

2천 결 이상 : 죽산 · 진위 · 영평 · 전의 · 진잠 · 청양 · 청송 · 칠곡 · 운봉 · 구례 · 동복 · 숙천 · 함종 · 순천(順川) · 부령 · 홍원 · 풍기 · 기장 · 언양 · 신녕 · 산청 · 안의 · 단성 · 강릉.

2천 500결 이상 : 남양 · 풍덕 · 고양 · 포천 · 제천 · 영동 · 청안 · 정산 · 군위 · 하양 · 의흥 · 고령 · 문경 · 함창 · 창평 · 곡성 · 옥과 · 장수 · 연기 · 평택 · 남포 · 순흥 · 흥해 · 곤양 · 남해 · 장기 · 자인 · 웅천 · 칠원 · 광양 · 영변 · 정주 · 삼화 · 선천 · 영유 · 덕원 · 명천 · 문천 · 곡산 · 이천 · 철원.

3천 결 이상 : 파주 · 이천(利川) · 부평 · 인천 · 통진 · 양성 · 괴산 · 온양 · 문의 · 봉화 · 비안 · 사천 · 무주 · 낙안 · 정읍 · 고창 · 진안 · 성천 · 상원 · 석성 · 결성 · 신창 · 해미 · 동래 · 거제 · 영천(榮川) · 연일 · 정평 · 온성 · 옹진 · 장연 · 은율 · 강령 · 강화.

3천 500결 이상 : 대흥 · 목천 · 회덕 · 보령 · 당진 · 함양 · 초계 · 삼가 · 고산 · 강계 · 중화 · 강동 · 경흥 · 춘천 · 양산 · 경산 · 영덕 · 용궁 · 금천 · 수

안 · 송화 · 개성부.

4천 결 이상 : 한산 · 부여 · 홍산 · 예산 · 하동 · 합천 · 현풍 · 영산 · 능주 · 만경 · 함열 · 강서 · 경원 · 무산 · 회령 · 배천 · 문화 · 낭천.

4천 500결 이상 : 여주 · 용인 · 태안 · 보은 · 인동 · 거창 · 김산 · 개령 · 흥덕 · 무안 · 임실 · 안주 · 서흥 · 원주 · 신계.

5천 결 이상 : 천안 · 옥천 · 임천 · 서천 · 은진 · 여산 · 익산 · 금구 · 길주 · 갑산 · 단천.

5천 500결 이상 : 장단 · 면천 · 직산 · 연산 · 청도 · 금산 · 진도 · 남평 · 경성 · 봉산 · 재령.

6천 결 이상 : 아산 · 창원 · 고성 · 창녕 · 진해 · 순창 · 옥구 · 의주 · 북청 · 안변.

6천 500결 이상 : 진천 · 덕산 · 함안 · 담양 · 용강.

7천 결 이상 : 예천.

7천 500결 이상 : 서산 · 신천 · 안악.

8천 결 이상 : 영천(永川) · 보성 · 임피 · 흥양 · 연안.

8천 500결 이상 : 선산 · 울산 · 의성 · 고부 · 부안.

9천 결 이상 : 장성 · 평양 · 영흥 · 종성 · 평산.

9천 500결 이상 : 태인 · 강진.

1만 결 이상 : 양주 · 밀양 · 김해 · 광주 · 순천(順天) · 장흥 · 김제 · 함평 · 해남 · 함흥.

1만 2천 결 이상 : 홍주 · 안동 · 대구 · 남원 · 무장 · 황주.

1만 4천 결 이상 : 상주 · 성주 · 진주 · 영암.

1만 6천 결 이상 : 경주 · 영광.

1만 8천 결 이상 : 청주 1만 9천 300, 화성 1만 8천 920.

2만 결 이상 : 공주 2만 1천 500, 충주 2만 1천 500, 전주 2만 1천 300.

2만 4천 결 이상 : 해주.

2만 8천 결 이상 : 나주.

(이상은 여러 고을 田結의 수효임)

지금 민호(民戶)와 전결을 합계하고 그 수효로써 군·현의 대소를 분변하여 일곱 등급으로 차별했다. 가령 대구는 민호가 1만 3천이고 전결이 1만 2천이면 합해서 2만 5천이니 대주(大州)로 정하는 것이다.

2만 5천 이상, 대주.
2만 이상, 대군.
1만 5천 이상, 중군(中郡)
1만 이상, 소군.
8천 이상, 대현.
6천 이상, 중현.
4천 이상, 소현.
4천 미만인 것은 합병해서 줄이기를 논의한다.

시험삼아, 영남 한 도만. 그 차등을 열기한다.

경주(1만 9천 호, 1만 6천 결) 3만 5천, 이번에 대주로 했음.
상주(2만 2천 호, 1만 4천 결) 3만 6천, 대주.
밀양(2만 3천 호, 1만 결) 3만 3천, 대주(密州라 함이 마땅함).
성주(1만 5천 호, 1만 4천 결) 2만 9천, 대주.
진주(1만 4천 호, 1만 4천 결) 2만 8천, 대주.
안동(1만 6천 호, 1만 2천 결) 2만 8천, 대주(福州라 함이 마땅함).
대구(1만 3천 호, 1만 2천 결) 2만 5천, 대주(達州라 함이 마땅함).
김해(1만 2천 호, 1만 결) 2만 2천, 이번에 대군으로 했음.
고성(1만 4천 호, 6천 결) 2만, 대군.
의성(9천 500호, 8천 500결) 1만 8천, 이번에 중군으로 했음.
예천(1만 호, 7천 결) 1만 7천, 중군.

울산(8천 호, 8천 500결) 1만 6천 500, 중군.

선산(7천 호, 8천 500결) 1만 5천 500, 중군.

영천(7천 호, 8천 결) 1만 5천, 중군.

창녕(9천 호, 6천 결) 1만 5천, 중군.

창원(7천 500호, 6천 결) 1만 3천 500, 이번에 소군으로 했음.

청도(8천 호, 5천 500결) 1만 3천 500, 소군.

함안(6천 호, 6천 500결) 1만 2천 500, 소군.

김산(5천 500호, 4천 500결) 1만, 소군.

현풍(5천 500호, 4천 결) 9천 500, 이번에 대현으로 했음.

거창(4천 500호, 4천 500결) 9천, 대현.

인동(4천 500호, 4천 500결) 9천, 대현.

영산(5천 호, 4천 500결) 9천, 대현.

개령(4천 호, 4천 500결) 8천 500, 대현.

의령(7천 500호, 1천 결) 8천 500, 대현.

하동(4천 500호, 4천 결) 8천 500, 대현.

함양(4천 500호, 3천 500결) 8천, 대현.

합천(4천 호, 4천 결) 8천, 대현.

양산(4천 500호, 3천 500결) 8천, 대현.

거제(5천 호, 3천 결) 8천, 대현.

진해(2천 호, 6천 결) 8천, 대현.

동래(4천 500호, 3천 결) 7천 500, 기장을 합병하면 1만 2천 500이 되므로 군으로 승격한다.

용궁(4천 호, 3천 500결) 7천 500, 이번에 중현으로 했음.

영덕(4천 호, 3천 500결) 7천 500, 중현.

영천(4천 호, 3천 500결) 7천, 중현.

초계(3천 500호, 3천 결) 7천, 중현.

문경(4천 500호, 2천 500결) 7천, 중현.

사천(4천 호, 3천 결) 7천, 중현.

남해(4천 500호, 2천 500결) 7천, 중현.
비안(3천 500호, 3천 결) 6천 500, 중현.
경산(3천 호, 3천 500결) 6천 500, 중현.
삼가(3천 호, 3천 500결) 6천 500, 중현.
연일(3천 500호, 3천 결) 6천 500, 중현.
웅천(4천 호, 2천 500결) 6천 500, 중현.
군위(3천 500호, 2천 500결) 6천, 중현.
의흥(3천 500백호, 2천 500결) 6천, 중현.
신녕(4천 호, 2천 결) 6천, 중현.
안의(4천 호, 2천 결) 6천, 중현.
흥해(3천 500호, 2천 500결) 6천, 중현.
곤양(3천 500호, 2천 500결) 6천, 중현.
순흥(3천 호, 2천 500호), 5천 5백, 이번에 소현으로 했음.
청송(3천 호, 2천 결) 5천, 소현.
칠곡(3천 호, 2천 결) 5천, 소현.
함창(2천 500호, 2천 500결) 5천, 소현.
고령(2천 500호, 2천 500결) 5천, 소현.
영양(3천 500호, 1천 500결) 5천, 소현.
자인(2천 500호, 2천 500결) 5천, 소현.
기장(3천 호, 2천 결) 5천, 동래와 합병해서 군으로 만듦이 마땅하다.
풍기(2천 500호, 2천 결) 4천 500, 소현.
영해(3천 호, 1천 500결) 4천 500, 소현.
봉화(1천 500호, 3천 결) 4천 500, 소현.
산청(2천 500호, 2천 결) 4천 500, 소현.
단성(2천 500호, 2천 결) 4천 500, 소현.
장기(2천 호, 2천 500결) 4천 500, 소현.
예안(3천 호, 1천 결) 4천, 소현.
지례(2천 500호, 1천 500결) 4천, 소현.

하양(1천 500호, 2천 500결) 4천, 소현.

칠원(1천 호, 2천 500결) 3천 500, 창원과 합병함이 마땅하다.

청하(2천 호, 1천 결) 3천, 흥해와 합병함이 마땅하다.

언양(1천 호, 2천 결) 3천, 경주의 남부 1천 호와 500결을 떼어다 보태서 소현으로 함이 마땅하다.

진보(1천 호, 1천 500결) 2천 500, 청송과 합병함이 마땅하다.

무릇 4천 미만인 곳은 민호와 전결이 적어서 현이 될 수 없으므로 이와 같이 합병해야 한다.

무릇 민호는 많은데 결수(結數)가 적은 것은, 혹 산골 백성은 화전을 많이 경작하고, 바닷가 백성은 어획(漁獲)의 이(利)가 있기 때문이다. 그러므로 고을 힘이 넉넉하여, 전결(田結)이 많은 것과 서로 같다. 이로 말미암아서 말한다면 모든 군·현의 크고 작음은 민호의 많고 적음을 보는 것이 마땅하며 전결은 그 다음이다.

서북과 여러 도 같은 곳은 군·현의 크고 작음을 정하는 데에 율(率)을 다르게 적용함이 마땅하다. 지금 관북(關北) 한 도의 군·현 등급을 열기(列記)하는데 6등에서 그친다.

서북 두 도는 땅은 넓으나 사람이 드물고, 평탄한 전지가 아주 적다. 그런데 인삼(人蔘)·돈피(貂皮)·은·베(布)와 어획의 이익이 또한 많으니, 남도(南道)에서 시행하는 법으로 셈할 수 없다. 그런 까닭에 시험삼아 관북 한 도를 열기했다. 패서(浿西)·해서(海西) 및 강원 한 도는 여기에 비례해서 표준할 것이며 삼남과 같이 함은 불가하다.

1만 5천 이상, 대주(大州).

1만 이상, 대군.

8천 이상, 소군.

6천 이상, 대현.

4천 이상, 중현.
4천 미만은 소현으로 한다.

함흥(1만 3천 호, 1만 결) 2만 3천, 대주.
영흥(1만 2천 호, 9천 결) 2만 1천, 대주.
종성(6천 호, 9천 결) 1만 5천, 대주.
안변(6천 호, 6천 결) 1만 2천, 대군.
북청(6천 호, 6천 결) 1만 2천, 대군.
회령(5천 500호, 4천 결) 9천 500, 이번에 소군으로 정한다.
길주(4천 500호, 5천 결) 9천 500, 소군.
경원(4천 500호, 4천 결) 8천 500, 소군.
단천(3천 호, 5천 결) 8천, 소군.
경성(2천 500호, 5천 500결) 8천, 소군.
갑산(3천 호, 5천 결) 8천, 소군.
명천(4천 500호, 2천 500결) 7천, 이번에 대현으로 정한다.
무산(2천 호, 4천 결) 6천, 대현.
온성(3천 호, 3천 결) 6천, 대현.
정평(3천 호, 3천 결) 6천, 대현.
장진(5천 호, 200결) 5천 200, 이번에 중현으로 정한다.
삼수(2천 호, 3천 결) 5천, 중현.
덕원(2천 500호, 2천 500결) 5천, 중현.
홍원(3천 호, 2천 결) 5천, 중현.
경흥(1천 호, 3천 500결) 4천 500, 중현.
고원(3천 호, 1천 500결) 4천 500, 중현.
문천(1천 500호, 2천 500결) 4천, 중현.
부령(1천 500호, 2천 결) 3천 500, 이번에 소현으로 정한다.
이원(2천 호, 1천 결) 3천, 소현.

이것이 그 대략이다. 전지 경계를 바로잡지 않고 호적(戶籍)을 밝히지 않으면 군·현의 크고 작음도 또한 정할 수 없다.

나의 생각에는 전지 경계를 바로잡지 못해서 숨기고 누락된 것이 반 수나 되면, 몇 결(結)이라 하는 것도 실수(實數)가 아니며, 호적을 밝혀내지 않아서 엄폐한 것이 점차 불어나면 몇 호라 하는 것도 모두 허명이 될 것이다. 숨겼던 결수(結數)를 기록하고, 묵은 결수는 없앤 다음이라야 실지 결수를 알 수가 있으며, 누락된 호(戶)는 잡아내고, 빈 호 수는 삭제한 다음이라야 실지 호수를 알 수 있다. 이 두 가지 정사(政事)를 거행하지 않으면 온갖 일이 모두 막혀서 그 사이에 손 하나 쓸 수 없게 될 것이다.

군·현의 등급을 정한다면 서리의 정원의 많고 적음도 여기에서 비율을 낼 수가 있다.

서리의 인원을 정하는 것은 오늘의 급무(急務)이다(별편에 기록했다). 대략 20명을 시점(始點)으로 하여, 매율(每率)에 5명씩을 보태며, 40명이 넘으면 매양 10명씩을 더하다가 100명이 되면 더 이상 늘리지 못한다.

민호와 결수를 합계해서 4천이면 민호는 대략 2천이 된다. 100호에 대해서 서리 1명씩을 둔다면 2천 호 되는 고을에는 20명을 두는 것이 옳다. 4천 호 미만인 곳도 이미 현(縣)이라고 명칭했으니 20명보다 적게 둘 수는 없다. 지금 비율을 다음과 같이 내었다.

4천 호 미만인 곳	서리	20인
4천 이상인 곳	〃	20인
5천 이상인 곳	〃	25인
6천 이상인 곳	〃	30인
7천 이상인 곳	〃	35인
8천 이상인 곳	〃	40인
1만 이상인 곳	〃	50인

1만 5천 이상인 곳 〃 60인
2만 이상인 곳 〃 70인
2만 5천 이상인 곳 〃 80인
3만 이상인 곳 〃 90인
3만 5천 이상인 곳 〃 100인

군관(軍官)과 노예 등속도 각각 여기에 비교하여, 차등(差等) 있게 비율할 것이다. 지금은 갖추어서 논하지 않는다.

고적지법(考績之法)

경관(京官)과 외관(外官)이 공적을 세말(歲末)에 아뢰면, 공적을 고찰(考察)해서 입춘(立春) 날에 반포한다.

『주례』에 모든 관원과 뭇 아전이 모두 세말에는 공적을 고찰하였기 때문에 천관 태재(太宰)에 "세말이 되면 백관부(百官府)로 하여금 각각 다스리는 바를 바르게 하도록 하고, 그 회계(會計)를 받고 그 올린 공적을 청단(聽斷)하여 왕에게 아뢰어, 그 관직에서 폐출(廢黜)하거나, 그냥두도록 한다" 하였으니 공적을 고찰하는 것은 세말에 있어야 마땅하다. 그러나 우리나라 군·현의 일은 모두 세말이 가까워야 일이 끝나서 공죄(功罪)가 나타난다. 그러므로 공적은 비록 세말에 아뢰어도 고적(考績)하는 것은 저절로 초봄에 있게 된다.

매양 대비(大比)의 해가 되면, 춘분(春分) 날에 3년간의 공적을 통틀어 고찰하여 출척(黜陟)[2]을 크게 시행한다.

---

2) 출척(黜陟) : 출(黜)은 벼슬자리를 좌천 또는 파면하는 것이고 척(陟)은 승진하는 것을 말함.

대비의 해는 자(子)·오(午)·묘(卯)·유(酉)년이다.

『주례』 태재에 "3년마다 뭇 관리들의 다스림을 계산하여 죄주고 상(賞) 준다" 하였으니, 이것은 성왕(聖王)의 영전(令典)[3]이다.

살피건대, 당·우(唐虞) 제도에는 3년마다 공적을 고찰하였고, 세 번 고찰해서 출척했다. 대개 이때는 성왕(聖王)이 대(代)를 서로 이어 공적이 크게 발(發)해서, 그 다스림이 모두 개벽(開闢) 이래로 처음 있는 큰 거조(擧措)였다. 물(水)을 다스리고, 전지(田地)를 정리하고, 부세(賦稅)를 평균하게 하고, 세공(稅貢)을 만드는, 여러 가지 일은 모두 3년 동안에 공을 이룩할 수 없는 것이므로 반드시 9년이 지난 다음이라야 출척을 시행했다. 그러나 삼대가 이어지면서 천하 일에 모두 일정한 법이 있었은즉, 소소(小小)한 공죄(功罪)는 반드시 9년이 아니더라도 나타났다. 그러므로 3년이 변해서 1년이 되었고, 9년이 변해서 3년이 된 것인데, 모두 성인이 때에 따라, 알맞게 한 것이었다. 후세에는 모두 주(周)나라 법을 이용했으나 오직 진(晋)나라 두예(杜預)[4]가 6년을 기한으로 하여 그 우열(優劣)을 정하도록 했고, 송(宋)나라 문제(文帝) 때에는 수령(守令)을 6기(期)로 단정했다(송나라 말년에는 3년으로 단정하면서 小滿이라 일컬었다). 당 대종(唐代宗) 때에는 이부(吏部)에서 주·현 관원의 성적을 세 번 고찰해서 한 번 바꾸도록 아뢰었고, 주 세종(周世宗 : 後周의 임금)은 벼슬을 제수하면서 또한 3주년을 기한으로 했다. 송나라 법도 그러했는데 진종(眞宗) 경덕(景德) 원년(1004)에 영을 내려서, 경관과 외관의 공적을 3년이 지난 다음에 바야흐로 마감해서 관직을 옮겼으며, 혹은 6주년에 옮긴 것도 있었다. 그러므로 고종(高宗) 소흥(紹興) 14년(1144)에 이간(李澗)은 "지금 지현(知縣)은 재임되어 여섯 차례 고적을 거쳐야 통판(通判)으로 승진했다" 하였다(晋·唐 이래로 대개 낮은 관직은 여섯 차례 고적했고 높은 관직은 세

---

3) 영전(令典) : 명령과 법전(法典).

4) 두예(杜預) : 진(晋)나라 사람. 탁지상서(度支尙書)를 지냈음. 무슨 일을 하게 되면 반드시 앞뒤를 요량했으므로 실패하는 일이 적었다. 늙어서는 경전을 탐독(耽讀)해서 『춘추 좌씨 경전집해』(春秋左氏經傳集解)와 『통전』(通典)을 지었음.

번 했다). 우리나라 제도는 당하 수령(堂下守令)의 경우 6년이 되어야 체임(遞任)되는데, 또한 옛 법이다. 그러나 1년 동안에 두 번 고적하는 것은 옛 법이 아니다. 이제 옛 법을 따라 세말에 한 차례 고적하는 것이 곧 선왕의 법에 합치(合致)한다.

생각건대, 지금 제도에 수령으로 새로 부임한 자가 출사(出仕)한 지 만 50일이 되면 문득 고적을 시행하고 50일 미만인 자는, 부임한 날짜가 오래되지 않았다 하나, 이것도 또한 분명하지 못한 법이다. 비록 공·황(龔黃)[5] 같은 재주가 있다 하더라도 50일 동안에 무엇으로써 공적을 나타내겠는가? 이번에는 외관은 반드시 출사한지 만 반기(滿半期 : 183일)라야 공적을 고찰하며, 경관은 반드시 출사한 지 만 90일이라야 공적을 고찰함이 아마도 마땅할 것이다.

삼공과 삼고(三孤)가 자신(自身)의 공적을 아뢰면, 중추부(中樞府)에 내려서 고찰(考察)하도록 한다. 그리고 정부(政府) 낭관(郎官)의 공적은 삼공이 직접 고찰한다.

중추부의 영사(領事)와 판사(判事)의 공적은 의정부(議政府)에서 고찰한다.

생각건대, 후세에 고적할 때는 오직 미관(微官)과 소리(小吏) 따위, 지벌(地閥)이 낮고 불쌍한 사람만을 잡아서 높고 낮음을 매겼으나 순(舜) 임금이 고적한 것은 비록 원훈(元勳)[6]과 대신이라도 용서하지 않았다. 4악(岳)이란 주(周)나라에 2백(伯)의 유이고, 12목(牧)이란 주나라의 8백(伯)이고, 백규(百揆)란 대총재(大冢宰)이며, 후직(后稷)이란 한나라의 대

5) 공(龔)·황(黃) : 공은 공수(龔遂), 황은 황패(黃霸), 모두 한(漢)나라 사람. 공수는 발해군(渤海郡) 난민(亂民)을 다스려서 양민(良民)으로 만들었으며, 황패는 하남태수(河南太守)의 승(丞)으로 있으면서 백성과 아전을 잘 다스렸다. 그리하여 백성을 잘 다스린 관리로는 반드시 공수와 황패를 첫째로 일컫게 되었음.

6) 원훈(元勳) : 국가에 큰 공을 세운 사람.

사농(大司農)이며, 사도(司徒)·사구(司寇)·사마(司馬)·질종(秩宗)은 주나라의 육경(六卿)이며, 공공(共工)과 짐우(朕虞)는, 후세에 합쳐서 사공(司空)으로 만든 것이다. 전악(典樂)은 주나라의 대사악(大司樂)이며 납언(納言)은 한 나라의 상서령(尙書令)이다. 이것은 모두 대신이며, 상경(上卿)의 관직이고, 더구나 우(禹)와 익(益)은 모두 선제(先帝)[7]의 원훈이며 직(稷)과 설(契)은 모두 선제의 의친(懿親)[8]이었으니 그 존귀함이 어떠했겠으며 하물며 이 수십 명은 모두 신성(神聖)하고, 크게 슬기로우며, 학문이 순수하고, 공적이 현저하였으니 임금은 다만 신임할 것이지 그 부지런함과 게으름, 어질고 어질지 않음을 고찰해서, 대신을 공경하는 체통을 해치는 것은 마땅치 않은데도 3년마다 반드시 고적했고, 세 차례 고적해서 반드시 출척(黜陟 : 스물두 사람을 3년 만에 고적했는바, 경서에 明文이 있다)하여, 일찍이 머리털만큼이라도 너그럽게 용서함이 없었음은 또한 왜 그렇게 했겠는가?

진실로 천공(天工 : 관직)은 비워둘 수 없으며, 민생을 고달프게 할 수가 없었기 때문이다. 그런데 우리나라 법은 대신은 고사하고, 모든 경관(京官) 중에 3품 이상으로서 하대부(下大夫)라 일컫는 자도 도무지 고적하지 않으며, 외관인 관찰사와 절도사도 고적하는 법이 없어서 탐학(貪虐)하기를 제 마음대로 하고, 황음(荒淫)하기를 법도 없이 하나, 감히 묻는 사람도 없어 마침내 온갖 법도가 무너지고, 만백성이 의지할 곳이 없게 되어 구제할 만한 약이 없고, 시행할 만한 법이 없게 되었으니 당·우의 제도와 비교하여 어찌 어긋나지 않는가? 그러므로 나는 "삼공이 비록 높다 하더라도 고적하지 않을 수 없다"는 것이다.

주나라 법과 한(漢)나라 법을 비록 자세히 알 수는 없으나 한 원제(元帝) 영광(永光) 원년(43)에 "대홍로경(大鴻臚卿) 야왕(野王)이 능히 제1을 행하였다"고 일컬었으니 구경(九卿)도 고적이 있었던 것이다. 당 고종

---

7) 선제(先帝) : 선대의 제왕.

8) 의친(懿親) : 지친(至親)·근친(近親)과 같음.

(唐高宗) 때에는 등왕 원영(騰王元嬰)이 전주자사(全州刺史)가 되었는데, 황제가 직접 써서 하고(下考)하라 명하였으니, 자사에게도 고적하는 법이 있었다. 숙종(肅宗) 건원(乾元) 2년(759)에는 곽자의(郭子儀) · 이광필(李光弼) · 묘진경(苗進卿) · 이보국(李輔國)의 고사(考辭)를 임금이 지었으니 원훈 중신에게도 고적한 일이 있었던 것이고 곽자의를 24고 중서문하(中書門下)라 일컬었은즉, 재상에게도 고적하는 법이 있었다. 삼공을 고적하는 것이 어찌 상고(上古) 때의 법이라고만 하겠는가?

생각건대, 우서(虞書)[9]에 우(禹)가 자신(自身)의 공적을 아뢰면서 "홍수가 하늘에 넘실대어 산을 덮고, 언덕을 넘어서 백성이 어려움에 처했거늘 나는 네 가지 즉 물에는 배, 뭍에는 수레, 수렁에는 썰매, 산에는 산 썰매를 타고 산을 따라다니면서 나무를 베었고 익(益)과 함께 백성에게 선식(鮮食 : 짐승의 고기를 백성에 먹임)을 하도록 하였으며, 나는 구주(州)의 물을 터서 사해(海)에 이르도록 했고, 밭도랑을 파서 내(川)에 이르게 하였고, 직(稷)과 함께 백성에게 농사일을 가르쳐서 간식(艱食 : 홍수가 처음 평정되어 백성이 농사하기가 매우 어려웠음)과 선식을 하게 하였고, 있는 것과 없는 것을 교역하도록 하여 쉽게 재물을 축적할 수 있게 하니, 백성들이 곡식을 먹게 되고, 만방(萬邦)이 다스려지게 되었다" 하였다. 고요(皐陶)는 이에 제(帝)의 앞에서 우(禹)의 공적을 고찰하고, "너의 좋은 말(昌言)을 법으로 삼노라" 했으니 이로 말미암아 본다면 고요는 우의 공적을 고찰했고 우는 고요의 공적을 고찰했는데 모두 제(帝)의 앞에서 한 것이었다. 이러므로 나는 삼공과 삼고의 공적은 중추부에서 고찰하도록 해야 한다는 것이다.

공적을 보고한다는 것은 무엇인가? 보고가 있은 다음이라야 고찰할 수가 있다. 거자(擧子)[10]가 시권(試券)을 바친 다음이라야 시관(試官)이 시권을 고열(考閱)할 수가 있고, 무사가 기예를 보인 다음이라야 장신(將臣)

9) 우서(虞書) : 『서경』(書經)의 편명.
10) 거자(擧子) : 과거를 보는 선비, 거인(擧人).

이 기예를 고찰할 수가 있다. 원래부터 보이거나 바치지 않을 것 같으면 위에 있는 자가 무엇으로써 고찰하겠는가? 우는 자신의 공적을 "내가 구주 물길을 터서 사해에 이르도록 했다" 하였고, 고요는 자신의 공적을 "아홉가지 덕(德)의 조목을 정해서, 어질고 덕 있는 이를 천거했다" 했으며, 기(夔)는 자신의 공적을 "소소(韶蕭)가 아홉 번 끝나매 봉황(鳳凰)이 와서 거동을 하였다" 했는데, 그 공적을 아뢴 것이 이와 같았다. 옛적에는 공이 있으면 공장(功狀)이, 죄가 있으면 죄장(罪狀)이 있었다.

하후씨(夏后氏)가 회계산(會稽山)에서 고공(考功)했다는 것은 그 공장을 상고한 것이고 "치우(蚩尤)가 난(亂)을 꾸몄는데 장(狀)이 있었다"(古文湯誥에 있다)는 것은 그 죄장을 고찰한 것이었다. 까닭에 공적이 없는 자는 장이 없었는데, 장이 없다는 것은 문첩(文牒)이 없다는 것이다. 한나라 법은 "연초가 되면 모든 계리(計吏)가 공장을 가지고 경사(京師)에 올라가는데, 고을에서 천거한 사람도 계리와 함께 간다" 했으니 한나라 때에도 오히려 공장이 있었다. 지금 우리나라 법에는 경관이나 외관이나 모두 공적을 아뢰는 법이 없다. 그런데 1년에 두 번 고찰하는 것을 외람되게 고적(考績)이라 칭하고 있지만 고찰하는 바가 어떤 것인지를 모르겠다. 명목과 실지가 서로 밝지 못한 것이 이보다 심한 것은 없다.

고적하는 묘리(妙理)는 오로지 공적을 아뢰도록 하는 데에 있다. 사람의 본성(本性)은 선한 것이어서 비록 악인이라도 한 가닥 염치가 없을 수 없는데, 하지도 않은 일을 직접 임금 앞에서 "한 바가 이러이러합니다"라고 한다는 것은 보통 사람으로서는 차마 못할 것이다. 하물며 이미 말로써 아뢰었고 또 공장(功狀)이 있은즉, 법을 잡은 신하가 그것이 헛말인가 실상인가를 장차 고찰할 터인데 감히 간사함을 꾸미고 거짓을 부리겠는가? 당·우(唐虞)시대가 지극한 다스림을 이룩한 이유는 그 묘리가 오로지 공적을 아뢰도록 하여 고적한 데에 있었다. 내가 "당·우 시대의 법이 냉혹하고 가열(苛烈)함이 후세보다 엄밀했다"는 것이 바로 이것이다. 서장(書狀)으로 아뢰는 것이 말로 아뢰는 것의 엄혹(嚴酷)함만 못하나, 고금이 다르니 경관은 위로는 대신에서 아래로는 말관(末官)까지 모두 문서(書狀)로 아뢰는

것을 허가하고, 오직 외관은 위로는 감사(監司)에서 아래로는 변장(邊將)까지 모두 세말에 그 공장을 올리고, 또 체직(遞職)되어서 돌아온 후에는 탑전(榻前)[11]에서 직접 말로써 진주(陣奏)하도록 한다. 이에 어사를 보내서, 그 공장을 가지고 허실(虛實)을 상고하도록 하면 공도 없으면서 있는 것처럼 아뢴 것은 그 실정을 숨기지 못할 것이다.

삼공과 삼고가 공장을 진주하는 방식은 다음과 같다.

나는 아무 달, 아무 날에 의정부 영의정으로 제수되었고, 현직(現職)에 있은 지 지금 324일이다.

아무 달 아무 날, 공전(公田)[12]에 대한 절목(節目)[13]을 연주(筵奏)[14]하고 먼저 완남성(完南省)과 무남성(武南省)에 반포했다.

아무 달 아무 날, 유하정(流霞亭)에 놀이 잔치하라는 명을 간해서 중지시켰다.

아무 달 아무 날, 상소하여 왜인(倭人)의 심정은 이랬다저랬다 하여 깊이 믿을 수가 없으니 선박을 통해서 교역(互市)하는 것을 허가하지 말도록 특청(特請)했다.

아무 달 아무 날, 차자(箚子)를 올려서, 청서 순찰사(淸西巡察使) 이 모는 탐학(貪虐)해서 법 아닌 짓을 함부로 하니 그 직을 파면하기를 청했다.

아무 달 아무 날, 열두 성에 관문(關文)을 발송하여 사자(士子)가 억울하게 과거에 떨어졌거나 문학은 넉넉한데 과거 선발에 누락된 자를 특별히 염탐하고, 거인(擧人)과 재주를 비교한 다음, 그 정원을 고쳐 개정했다.

아무 달 아무 날, 아무 성(省) 문첩(文牒)에 제사(題辭)하여, 아무 포(浦)의 상평창(常平倉)에 보리 7만 섬을 매입하는 것을 허가했다.

아무 달 아무 날, 아무를 추천해서 병조 판서가 되게 하였고, 아무를 추천해서 대사성(大司成)이 되게 하였다.

---

11) 탑전(榻前) : 탑은 평상, 탑전이라 하면 임금 앞이라는 말이 됨.

12) 공전(公田) : 공가(公家), 즉 관가(官家)의 전지(田地)라는 뜻.

13) 절목(節目) : 어떤 절차의 조목.

14) 연주(筵奏) : 연은 경연(經筵)이라는 뜻. 경연에서 아뢰는 것.

아무 달 아무 날, 아무를 추천해서 만하성 순찰사가 되게 하였고, 아무를 추천해서 서경유수(西京留守)가 되게 하였다. 매양 세말이 되면 1년 동안 거행한 일 중에 스물일곱 가지를 자신이 뽑아서, 공장으로 아뢴다. 만약 행공(行公)[15]한 지가 240일이 넘지 않았으면 열여덟 가지만 아뢰고, 행공한 지가 120일에 불과하면 다만 아홉 가지 조목만 아뢴다.

삼고는 비록 1년 동안 행공했을지라도 다만 아홉 가지만 아뢰며, 중추부는 다만 세 가지만 아뢴다.

공장으로 아뢰면, 그것을 중추부에 회부(回附)하는데(중추부의 공장은 의정부에 회부한다), 중추부에는 오직 영부사(領府事)·판부사(判府事)와 원임 삼공(原任三公), 원임 삼고가 이 공적을 고찰할 수 있고, 지사(知事) 이하는 관여할 수 없다.

고적해서 올리는 계사(啓辭)는 다만 "아뢴 바가 모두 사실이다"라든가 또는 "아뢴 바가 믿음직하지 못하다"라고 할 뿐이고 상·중·하 등을 기록하지 않아도 그 잘하고 잘못한 것이 이미 판단된다.

> 육조(六曹)의 대부(大夫), 삼영문(三營門)의 대장(大將), 한성부 판윤(漢城府判尹)과 각사(各司)의 제조(提調) 중에 상대부(上大夫)로서, 무릇 위계(位階)가 정경(正卿)에 있는 자가, 공적을 아뢰면 모두 의정부에서 고찰한다.

육조의 판서는 각각 스물일곱 가지를 아뢰고, 중·하대부는 각각 아홉 조목을 아뢴다.

육조의 참판(參判)과 참의(參議)는 비록 정경은 아니나 모두 의정부에서 고찰한다.

무릇 정경 이상을 고적한 계사(啓辭)는 다만 "아뢴 것이 모두 진실이다"라거나 또는 "아뢴 바가 모두 믿음직하지 못하다"라고 할 뿐이고 상·중·

---

15) 행공(行公) : 실무를 집행함.

하 3등을 분간하지 않고, 아경(亞卿) 이하는 3등으로 나눈다.

이조 판서가 진주(陣奏)하는 서장(書狀)의 방식은 다음과 같다.

아무 달 아무 날, 아무를 천거해서 아무 벼슬을 제수했더니 그 사람이 그 직(職)에 잘 맞게 한다.

아무 달 아무 날, 아무를 아뢰어서, 아무 직에서 파면했다.

아무 달 아무 날, 소장(疏章)을 올려, 정주(政注)[16]의 법을 논하면서 아무 법을 정리(修明)하기를 청했다.

아무 달 아무 날, 횡포한 내관(內官)을 잡아 아뢰어서 그 관직을 파면하고, 형조에 이송해서 율(律)을 적용했다.

아무 달 아무 날, 사옹원(司饔院)에 간사한 짓이 있음을 살피고, 아뢰어서 그 죄를 시행했다.

아무 달 아무 날, 산림에 유일(遺逸)된 선비를 구하다가 아무를 발견해서 추천했다.

아무 달 아무 날, 좌우에 있는 간사한 사람을 살펴서 아뢰고, 그 죄를 시행했다.

아무 달 아무 날, 차자를 올려서, 고적의 법을 이렇게 이렇게 더욱 수보(修補)하기를 청했다.

모름지기 스물일곱 조목을 갖추도록 한다.

호조 판서가 공적을 아뢰는 서장의 방식은 다음과 같다.

아무 달 아무 날, 향대부(鄕大夫)[17]에게 특별히 유시(諭示)해서, 각자 주(州)와 당(黨)에서 요속(僚屬)을 직접 선발하고, 백성 교육하는 법을 더욱 넓히기를 청했다.

아무 달 아무 날, 친경(親耕)이 의식을 정리하고 적전(耤田)[18]을 친경해

16) 정주(政注) : 정(政)은 인사행정을 말하는 것으로 어떤 사람을 어떤 관직에 보임(補任)하기로 내정(內定)하여 상신(上申)하는 일.

17) 향대부(鄕大夫) : 관명(官名). 향(鄕)마다 한 사람이 그 향의 정교(政敎)와 금령(禁令)을 관장한다(周禮地官司徒條).

18) 적전(耤田) : 임금이 백성에게 권농(勸農)하기 위해서 친경(親耕)하던 전지.

서 자성(粢盛)[19]을 이바지하도록 청했다.

아무 달 아무 날, 아무 궁방(宮房)에서 절수(折受)하라는 명을 거두기를 청하여 나라 경비(經費)를 중하게 하도록 했다.

아무 달 아무 날, 아무 관청의 돈으로써 아무 곳 작은 섬을 속환(贖還)[20] 하고, 관원(官員)을 차임(差任)해서 양(羊)을 치도록 청했다.

아무 달 아무 날, 아무를 천거해서 경전사(經田司) 어사로 삼고, 영남(嶺南)에 보내서 경리(經理)를 살피도록 했다.

아무 달 아무 날, 아무를 평부사(平賦司) 첨정(僉正)을 삼도록 청하고, 자신(自身)이 총재(摠裁)가 되어서 아홉 가지 부세(賦稅) 조목을 청했다.

아무 달 아무 날, 책자(冊子)를 올려서 상평(常平)에 대한 이해(利害)를 논했다.

모름지기 스물일곱 조목을 갖추어야 한다.

그 나머지 네 조(曹)도 모두 이와 같다.

무릇 육조의 판서는 소속기관 스물을 모두 통할하는데, 오직 본조(本曹)의 일만 거론할 것이 아니다.

정경(正卿)으로서 군직(軍職)에 있는 자가, 그 공적을 아뢰면, 모두 중추부에서 고찰한다.

봄 여름 가을 세 계절에 원임(原任) 아무 직이 아무 일을 거행했다는 것을 낱낱이 조목을 들어서 시임(時任)의 예와 같이 한다.

원임 육조 판서인 자는 아홉 조목을 아뢰고, 나머지는 모두 세 조목씩 아뢴다. 종신(終身)토록 군직에 있는 자는 다만 후반(候班)·하반(賀班)·위반(慰班)·제반(祭班)[21]에 진참(進參)한 숫자만 열기한다. 고적하는 것은

19) 자성(粢盛) : 나라의 큰 제사에 쓰던 서(黍)와 직(稷).

20) 속환(贖還) : 대전(代錢)을 주고 돌려받아옴.

21) 후반은 임금의 문후(問候)하는 반열(班列). 하반은 임금에게 축하를 올리는 반열. 위반은 임금에게 불행한 일을 위문하는 반열. 제반은 각종 나라 제사에 제관(祭官)으로 참여하는 반열.

"아뢴 바가 모두 적실(的實)이다"라 한다.

아경(亞卿) 이하는 육조는 판서가 그 조(曹)의 중·하 대부(大夫)와 합좌(合坐)해서 고찰한다.

육조에 소속된 기관이 스물씩인데 그 소속은 대부나 삼사(三士)를 막론하고 모두 본조(本曹)에서 고적한다. 오직 명부사(命婦司)에 대한 고적은 대내(大內)에서 하고, 외정(外廷) 신하가 관여하지 않는다.

한 가지 기예로써 벼슬한 자는 고예(考藝)는 있어도 고적은 없다(그 법은 다음에 기록했다).

공적을 아뢰는 서장(書狀)은 모두 본사(本司)에서 받아서, 본조에 송달(送達)하며 본조에서는 이에 상·중·하 세 등을 기록한다.

가령 승정원(承政院)에서 주서(注書) 네 사람의 공장(功狀)을 거두어 그 끝에다 "아뢴 바가 모두 사실이다"라고 기록한 다음, 이조에 보낸다. 이조에서는 이에 중고(中考)에 두는데, 그 공능(功能)이 특히 현저한 자가 있으면 오직 한 사람을 혹 상고(上考)에 두기도 한다. 만약 주서 중에 직무를 감당하지 못해서 폄(貶)에 해당한 자가 있으면 승지(承旨)는 그 공장의 끝에다 "아뢴 바가 미덥지 못하다"라고 기록하고, 별도로 죄장(罪狀)을 기록해서 그 공장과 함께 이조에 보내며, 이조에서는 이에 하고(下考)에 둔다.

그 승지가 공장을 이미 발송하면, 이조에서는 "아뢴 바가 모두 적실하다"라든가 또는 "아뢴 바가 미덥지 못하다"라고 기록하며, 상·중·하 세 등은 판서가 결정한다.

가령 사옹원 제조(提調) 중에 정경(正卿)은 의정부(議政府)에서 고적하고, 중·하대부는 이조에서 고적하는데, 위의 말한 법대로 한다. 그리고 낭관 다섯 사람은 본원(本院)에서 그 공장을 거두고 "아뢴 바가 모두 적실하다" 또는 "아뢴 바가 미덥지 못하다"라고 기록한다. 별도로 그 죄장을 이조

에 보내는 것은 위에 말한 법대로 한다.

각사(各司)에서 진주(陣奏)하는 서장(書狀)의 방식은 다음과 같다.

승정원에서는, "아무 달 아무 날, 아무 일에 대한 전지(傳旨)를 되돌렸다. 아무 달 아무 날, 아무 일을 처분한 데에 대해서 간했다. 아무 달 아무 날, 아무 관원의 죄상을 고찰해서 추고(推考)[22]하기를 청했다. 아무 달 아무 날, 경연(經筵)에서 아무 일에 경계(警戒)할 점을 진술했다. 주서가 진주하는 서장은, 아무 달 아무 날, 조참 일기(朝參日記)를 편수(編修)했다. 아무 달 아무 날, 경연 설화(說話)를 수정(修整)했다"라고 한다. 무릇 행공(行公)한 날이 며칠이고 직숙(直宿)한 것이 몇 날인 것을 낱낱이 조목지어서 열기(列記)하는데 대부(大夫)는 아홉 조목을 갖추고(행공한 지가 240일인 자는 여섯 조목을, 120일인 자는 세 조목을 갖춘다), 주서는 세 조목을 갖출 뿐이다.

홍문관(弘文館)·시강원(侍講院)·태사원(太史院)에서 진주하는 서장의 방식도 모두 이와 같다.

사간원(司諫院)에서 진주하는 서장의 방식은 다음과 같다.

내가 아무 달 아무 날, 사간원 대사간(大司諫)으로 제수되어서 현직에 있은 지, 지금 350일이 되었다.

아무 달 아무 날, 연주(筵奏)하여 날마다 대신을 접견하고 사공(事功)에 분발(奮發)하여, 주색에 빠지지 말도록 청했다.

아무 달 아무 날, 경연에서 상주하여 힘껏 붕당(朋黨)을 깨뜨려서 거꾸로 된 권세로써 한쪽을 덮거나 사정(私情)에 얽매이지 말기를 청하고, 붕당의 버릇은 모두 임금이 옆에서 고동(鼓動)시키는 데에 연유함을 극언(極言)했다.

아무 달 아무 날, 상소해서, 영의정 이모(李某)는 간사하고 아첨하여 오직 인순(因循)만을 일삼아서 온갖 법도가 무너지도록 했으니 신임할 수 없다는 것을 논했다.

---

22) 추고(推考) : 벼슬아치의 죄과(罪過)를 자세히 따져서 고찰하는 것.

아무 달 아무 날, 상소해서, 연석에 임어(臨御)해서 위엄으로써 군신을 압제(壓制)함은 걸 · 주(桀紂)[23]와 같은 도(道)임을 논했다.

아무 달 아무 날, 상소해서 공주방(公主房) 토지가 없어야 하며 면세(免稅)하는 법은 공전 조례(公田條例)에 방해됨이 있으니 임금의 사사로운 욕심으로써 이런 큰 정사를 어지럽게 할 수 없음을 논했다.

아무 달 아무 날, 상소해서 어전 의장(御前儀仗)을 해마다 새로 갖추는 것은 검소함을 숭상하던 조종(祖宗)이 남긴 법이 아님을 논했다.

아무 달 아무 날, 성절(聖節)[24]에 척리(戚里) 집에서 진선(進膳)하는 물건은 받지 말기를 청했다.

이와 같은 것이 스물일곱 조목인데, 행공한 지가 넉 달을 넘지 않는 자는 다만 아홉 조목만 갖추도록 한다.

사헌부(司憲府)에서 진주하는 서장의 방식은 다음과 같다.

아무 달 아무 날, 내가 사헌부 대사헌으로 제수되어서 현직에 있은 지 지금 240일이 되었다.

아무 달 아무 날, 연주하여 이조 판서 김모(金某)는 은밀하게 뇌물(賂物)을 받고, 남모르게 수령자리를 팔았음을 논(論)했다.

아무 달 아무 날, 연주하여 부마(駙馬) 최모(崔某)가 조정의 권한을 농락하고 세력을 크게 벌려서 문간이 저자 같음을 논하고 절도(絶島)에 안치하기를 청했다.

아무 달 아무 날, 상소해서 나주 목사(羅州牧使) 임모(林某)가 남몰래 문객(門客)을 보내, 쌀 1천 석을 사다가 경강(京江)에서 판매했음을 논박(論駁)했다.

아무 달 아무 날, 상소해서 전 부제학(前副提學) 이모(李某)가 말한 바는 미치고 망령된 것에 불과한데 삼사(三司) 신하가 함부로 당역(黨逆)이라는

---

23) 걸 · 주(桀紂) : 걸은 하(夏)나라의 마지막 임금. 주는 은(殷)나라의 마지막 임금. 모두 극도로 포악했으므로 포악한 임금의 대명사가 되었음.

24) 성절(聖節) : 임금의 생일을 높여서 이르는 말.

죄목을 가(加)하여 공론(公論)이 굽혀져서 펴지지 못하게 함을 논했다.

아무 달 아무 날, 홀로 대부(臺府)에 나가서 전 헌납(前獻納) 정모(鄭某)에 대한 논계(論啓)를 정리하게 하였고, 발계(發啓)한 대신(臺臣)이 아첨하는 말로써 전지(傳旨)에 순종하여, 바른 말을 꺾었음을 아울러 논했다.

아무 달 아무 날, 상소해서 영남성 감찰어사(監察御史)가 이미 경주 부윤(慶州府尹)의 탐묵(貪墨)한 죄를 적발했다가 곧 뇌물을 받고 정지한 것을 논했다.

아무 달 아무 날, 양녀(良女)[25]를 강간한 액례(掖隷)를 잡아 상대(霜臺)[26]에서 장살(杖殺)했다.

아무 달 아무 날, 후궁(後宮) 모씨(某氏)의 오라비를 잡아서 권리를 매각(賣却)한 간사한 죄를 적발하고, 형장(刑杖)을 쳐서 절도(絶島)에 유배했다.

이와 같은 것이 열여덟 조목인데, 만약 1년을 완전하게 행공한 자는 모름지기 스물일곱 조목을 갖춘다.

장서원(掌胥院)에서 진주하는 서장의 방식은 다음과 같다.

아무 달 아무 날, 고부군(古阜郡)에서 정원 외(定員外)의 향리(鄕吏) 10명을 더 차임했음을 밝혀내고, 주청해서 그 수령을 파직(罷職)시켰다.

아무 달 아무 날, 능주(綾州) 향리 이모(李某)는 조정 귀신(貴臣)과 결탁하여 토산물(土産物)을 뇌물로 보내고, 창고 곡식을 포흠(逋欠)한 큰 죄를 모면했음을 밝혀내었다.

아무 달 아무 날, 임천(林川) 향리 임모(林某)는 본 고을 세리(世吏)로서 법을 어기고 창(倉)을 맡았음을 밝혀내고 아뢰어서 그 수령을 파직시켰다.

아무 달 아무 날, 광주 저리(光州邸吏) 최모(崔某)는 판관(判官)에게 가

25) 양녀(良女) : 양민(良民)의 딸.

26) 상대(霜臺) : 사헌부(司憲府)의 별칭.

만히 뇌물을 주어 그 역가(役價)를 증액(增額)했음을 밝혀내었다.

아무 달 아무 날, 영광군(靈光郡) 영주인(營主人) 정모(鄭某)는 국상(國喪) 후에 군수(郡守)에게 은밀하게 뇌물을 주어 진상가(進上價) 쌀을 감해 주지 않았음을 밝혀내고, 아뢰어서 그 수령을 파직시켰다.

이와 같은 것이 아홉 조목이다(또는 여섯 조목이기도 하다).

사옹원 · 사도시(司導寺) 등 모든 공상(供上)하는 일을 맡은 아문은 공상한 수량과 행공 · 직숙(直宿)한 일수(日數)를 기록하며, 대부(大夫)와 낭관(郎官)은 모두 세 조목을 갖추지 않는다.

육부(六部)와 육학(六學)에서는 백성에게 효제(孝悌)하는 도리를 가르친 것으로써 공적을 삼는다(그 법은 다음에 기록했다).

사헌부 · 감찰원 · 금제사(禁制司) · 제례감(齊禮監) 등은 간사함을 탄핵하고, 횡포를 금단하며, 소란을 그치게 하고, 민심을 안정시킨 것으로 공적을 삼는다(職掌 편에 기록했다).

선공감(繕工監) · 이용감(利用監) · 전궤사(典軌司) · 견와서(甄瓦署) 등은 지혜를 짜내어 교묘한 기구를 만들어서 이용 후생(利用厚生)하는 것으로 공적을 삼는다(직장 편에 기록했다).

무릇 온 관직은 그 공장(功狀), 또는 아홉 조목을, 혹은 여섯 조목을, 또는 세 조목을 갖추며, 또는 다만 행공과 직숙한 날 수만을 기록한다. 그 직사(職事)의 번거로움과 간단함에 따라서 각각 방식을 정할 것이므로 지금 죄다 지적할 수 없다.

삼위(三衛)의 군직(軍職)은 본래 병조(兵曹)에 딸린 것이니 중호군(中護軍) 이하는 모두 병조에서 고적한다.

삼위(三衛) · 삼영(三營)의 관원으로서 품계가 높은 자는 병조에서 고적하고, 낮은 자는 본위(本衛)나 본영(本營)에서 고예(考藝)해서 등을 분간한다.

삼위의 중호군(中護軍) · 부호군(副護軍) · 사직(司直) · 부사직(副司直)

과 삼영의 부장군(副將軍)·별장(別將)·천총(千摠)·파총(把摠)·종사관(從事官)은 모두 병조에서 고적(考績)한다. 삼위의 금군 정령(禁軍正領) 및 삼영의 초관(哨官)·기패관(旗牌官)·지구관(知彀官)·교련관(敎鍊官)은 모두 본영에서 활쏘기, 총쏘기, 창쓰기, 말타기, 병서 강독(兵書講讀)하기, 진법(陣法) 따위를 시험하여 상·중·하 3등으로 구분한 다음, 병조에 송달(送達)한다.

육조(六曹)에 소속된 세 등급의 사(士)는 모두 700여 명이다. 그들을 고적하는 데에는 아홉 등으로 분간하고, 사공(事功)을 세 조목씩 갖추는 것이 마땅하다. 그리고 등급을 분간하는 법에 모두 정원이 있다.

대부는 그 위계가 이미 높으니 만약 특이한 공이 있으면 상고(上考)에 두는 것이 마땅하고, 만약 현저한 죄가 있으면 하고(下考)에 두는 것이 마땅하나, 그 인원 수를 반드시 억지로 정할 것이 아니다. 그런데 세 등급의 사(士)를 모름지기 9등으로 갈라서 그 재능을 권장할 것이다. 비록 그러나 본조(本曹)에게 생각대로 등급을 매기도록 한다면 그 혐의를 조심하고, 그 안면을 돌보아서 상지상(上之上)으로 포장(褒奬)하는 것과 하지하(下之下)로 폄척(貶斥)하는 데에 반드시 조례대로 갖추려 하지 않을 것이다. 이제 마땅히 여러 조에 소속된 사의 수효를 파악하고 높고 낮은 인원 수를 억지로 정하여 아홉 등으로 가르는데 상·하는 적게 하고 중간 등수를 많게 하여 내키는 대로 보태거나 줄이지 못하도록 한 다음이라야 법이 이에 시행될 것이다.

혹자는 "한 대(隊)가 다 잘했는데도 오히려 고의로 낮추어 하지하로 만들겠으며, 특이한 공적이 있다는 소문도 없는데, 오히려 억지로 높여서 상지상으로 만들 것인가?"라고 하지만, 내 생각에는 물(物)이 가지런하지 않음은 물의 이치인데, 한 대가 다 잘하는 그런 이치가 있겠는가? 비록 크게 나쁘지는 않았다 하더라도 그 대(隊)에서 최하인 자가 있을 것이며, 비록 극히 잘하지는 못했더라도, 그 대에서 최상인 자가 있을 것으로 여긴다. 마

주(馬周)[27]는, "근년에 등을 매기는데 중지상(中上)[28]에 불과하니 황조(皇朝)의 사(士)에 어찌 상지하 고(考)에 들 자가 없겠는가?" 했으니 좋은 말이다. 그의 뜻은 대개 현재 인원 안에서 나은 자를 뽑아, 상등으로 만들려는 것이었다. 또 비록 하지하라도 그 폄척하는 조목으로 기록하는 것은, 모두 게으르고 암매(暗昧)한 잘못이고, 탐학하고 법을 마구 범한 죄는 없다면 다만 해직될 뿐이며 뒷 재화(災禍)는 없을 것이다. 일부러 낮춤에 어찌 혐의를 두겠는가? 여기에 9등표(九等表)를 만들었다.

• 경관고공표(京官考功表)

(단위 : 명)

총계 \ 구분	상지상	상지중	상지하	중지상	중지중	중지하	하지상	하지중	하지하
이조원사 48 (吏曹元士)	1	1	1	3	36	3	1	1	1
호조원사 99	1	2	3	6	75	6	3	2	1
예조학사 47	1	1	1	3	35	3	1	1	1
예조원사 80	1	2	2	5	60	5	2	2	1
능 묘 관 90 (陵廟官)	1	2	3	6	68	5	2	2	1
병조원사 66	1	1	2	4	50	4	2	1	1
3국(局) 94	1	2	3	6	70	6	3	2	1
형조원사 84	1	2	2	5	64	5	2	2	1
공조원사 94	1	2	3	6	70	6	3	2	1

※ 이상 702명

위에 말한 법은 매양 원수(元數)를 파악하여 중간을 가르고 상반(上半)에서 8분의 1을 상등(上等)으로 하며 또 하반(下半)에서 8분의 1을 하등

27) 마주(馬周) : 당 태종(唐太宗)의 문신. 학문을 좋아했고, 『시경』(詩經)과 『춘추』(春秋)에 밝았음. 벼슬은 중서시랑(中書侍郞)에 이르렀다.

28) 이 말은 마주의 상소 중 한 구절인데 『문헌통고』(文獻通考) 39권 선거(選擧)조에 보임.

으로 한다.

기수(奇數)로 남는 것이 있으면 상등에 붙일 것인데, 선을 상줌은 늘리고 악을 벌함은 줄이고자 하는 것이다.

상(上) 세 등의 도수(都數)를 중상(中上)으로 하고, 하 세 등의 도수를 중하로 하며, 그 나머지를 중중으로 한다.

다음도 모두 이와 같이 한다(경관은 너그러운 쪽을 따르는 까닭에 8분의 1을 상하로 하며, 외관은 엄한 쪽을 따르는 까닭에 5분의 1을 상하로 한다).

문신으로 새로 정자(正字)가 된 36명과 무신으로 선령관(宣令官)이 된 24명은 모두 고예(考藝)하는 것으로써 고적에 대(代)한다.

무거원(武擧院) 54명도 또한 고예하는 것으로써 고적에 대한다.

고예하는 규칙은 문·무를 모두 본과(本科)의 규정과 같이 한다.

선령관도 본래 36명인데, 그 중 12명은 수역(戍役)에 나가 협위장(夾衛將)이 되었으므로 계산에 넣지 않았다.

생각건대, 3년 만에 고예하면 신진(新進)들 포부의 허실이 나타난다. 홍문록(弘文錄)을 할 때에 3년 동안 고과(考課)한 문적(文籍)을 상고해서, 홍문록에 참여할 사람을 선발하면, 대신도 사정을 부리지 못할 것이다. 그러나 문·무 신진을 이 고예로써 면직시킴은 마땅치 못하다. 만약 문신으로서 전혀 글을 짓지 못하거나 무신으로서 전혀 활줄을 당기지 못하면, 그 차술(借述)·대사(代射)임을 밝혀서 아뢰어 그 과방(科榜)을 삭제한다. 그렇지 않은 자는 비록 하지하에 놓였더라도 면직시키지는 않고, 다만 녹을 감하고 벌번(罰番)을 세우며 홍문록을 할 때에 참여시키지 않을 뿐이다.

삼위(三衛)의 당하 군직(堂下軍職)으로서, 금군 정령(禁軍正領) 및 삼영문(三營門)과 관성위(管城衛)의 장관도 모두 고예(考藝)로써 고적에 대한다.

당하 군직 중에 문신은 활쏘기로써 고예하고, 무신은 본과(本科)의 규정과 같이 한다.

3영문과 관성위의 장관을 고예하는 것은 모두 본 영문에서 교련하는 법대로 한다.

한 가지 기예(技藝)로써 벼슬한 자와, 잡기(雜技)로써 벼슬한 자도 모두 고예하는 것으로써 고적에 대한다.

관상감(觀象監) · 삼의사(三醫司) · 사역원(司譯院) · 산학(算學) · 율학(律學) · 사자관(寫字官) · 화원(畵員)은 모두 한 가지 기예이고, 잡기란 액정서(掖庭署) · 악사(樂師) · 악공(樂工) 따위이다(액정서는 무예를, 악공은 樂藝를 고찰한다).

무릇 고예하는 것은 또한 아홉 등으로 분간한다.

생각건대, 『주례』 천관(天官) 조에 "의사가 여러 의원에게 백성의 질병을 분담해서 치료하도록 하여 세말이 되면 그 의료한 일을 고찰해서 그 먹는 것(녹을 먹는 것이다)을 제정한다. 온전하게 치료한 것이 상이고, 열에 하나 실수한 것이 다음이며, 둘 실수한 것이 다음이며, 셋 실수한 것이 다음이며, 넷 실수한 것이 하등이다" 하였으니, 이것은 고적이고 고예는 아니다. 이제 옛일을 그대로 따라 고예로써 고적을 대신하려는 것인데, 만약 의학이 크게 갖추어진다면 『주례』가 회복되지 않을 수 없을 것이다.

다음에 적은 법은 열명에 둘을 뽑아서 하나는 상등으로, 하나는 하등으로 하며, 나머지는 중등으로 분간하는 것이다.

한 가지 기예와 잡기 따위도 등을 분간하고 인원을 정하는 법은 또한 이것을 참조해서 예로 해야 하나, 지금 갖추어서 열기하지 않는다.

무릇 하지하인 자는 면직하며, 그 죄가 중한 자는 율(律)을 적용한다.

무릇 상지상인 자는 품계를 올리고, 공적이 훌륭한 자에게는 가은(加恩)

한다. 하지중은 녹을 낮추고, 상지중은 녹을 증액(增額)하며, 하지상은 벌이 있고, 상지하는 상이 있다. 중등(中等)은 모두 상벌이 없으며, 오직 3년 대비(大比) 때에 그 공적을 합계한다.

율을 적용한다는 것은 태(笞)·장(杖)·도(徒)·유(流)[29]를 모두 그 율대로 하는 것이며 죄가 가벼운 자는 면직할 뿐이다.

품계를 올린다는 것은, 하사(下士)는 중사로, 중사는 상사로, 상사는 하대부(下大夫)로 삼는 것이다(혹 두 資級을 올리기도 하는데, 이것을 뛴다고 한다).

가은(加恩)한다는 것은 품계를 올리는 중에도 청화(淸華)한 관직을 제

• 고예표(考藝表)

(단위 : 명)

총원 \ 등급	상지상	상지중	상지하	중지상	중지중	중지하	하지상	하지중	하지하
신정자 36 (新正字)	1	1	2	4	22	3	1	1	1
선령관 24 (宣令官)	1	1	1	3	14	2	1	0	1
무거원 54 (武擧院)	1	2	3	6	32	5	2	2	1
금군정령 96 (禁軍正領)	2	3	5	10	58	9	4	3	2
삼위군관 72 (三衛軍官)	1	2	4	7	44	7	4	2	1
도영장관 60 (都營將官)	1	2	3	6	36	6	3	2	1
좌영장관 45	1	2	2	5	27	4	2	1	1
우영장관 45	1	2	2	5	27	4	2	1	1
관성장관 39	1	1	2	4	23	4	2	1	1

29) 도(徒)는 일정한 기간을 노역시키는 형벌, 유(流)는 먼 섬이나 변경에 귀양 보내는 것.

수하는 것이고, 녹을 낮춘다는 것은 4품이 5품의 녹을 받고, 8품이 9품의 녹을 받는 것이고, 녹을 증액한다는 것은 6품이 5품 녹을, 8품이 7품 녹을 받는 것이다.

벌이 있다는 것은 태형(笞刑) 30에 해당하는 속전(贖錢)을 직금서(職金署)에 바치는 것이고 상이 있다는 것은 활과 화살을 하사하는 것이다.

그 공적을 합계해서, 상지상은 9분(分), 상지중은 8분, 상지하는 7분, 중지상은 6분, 중지중은 5분, 중지하는 4분으로 한다. 모든 하등은 분수가 없는데, 3년 만에 대비(大比)해서, 이에 출척(黜陟)을 시행한다.

3년 동안 점수를 합계하여, 첫째인 자를 최(最)라 해서 그 사람을 올리고, 꼴찌가 된 자는 전(殿)이라 해서 그 사람을 물리친다. 3년 동안에 품계가 세 번이나 오른 자이면, 그 품계 위에다 또 한 급(級)을 올린다.

하지하인 자는, 당년에 면직시켜서 3년까지 갈 것이 없으며 오직, 하지중, 하지상으로 성적이 쌓여서 꼴찌가 된 자만이 영영 한 급을 낮추어서, 상사는 중사가 되며, 중사는 하사가 되며, 하사는 면직된다.

외관을 고공(考功)하는 법은, 그 절차와 조목을 더욱 엄밀하게 한다. 열두 성 순찰사와 절도사는 모두 정부와 중추부가 합좌해서 고찰하는데, 그 성적은 오직 다섯 등으로 분간한다.

열두 성에 순찰사가 한 명씩이고 경기(京畿) · 사천성(泗川省) · 영남성(嶺南省) · 황서성(潢西省) · 송해성(松海省)에 병마사(兵馬使)가 한 명씩이고, 수군사(水軍使)가 한 명씩이다. 그리고 패서성(浿西省) · 현도성(玄菟省)에는 병마사가 한 명씩이며, 무남성(武南省)에는 병마사 한 사람, 수군사가 두 사람인데 모두 스물일곱 명이다.

고적할 때마다 하등 · 상등 각 한 명, 중지하와 중지상이 각 세 명, 중지중이 열아홉 명을 정식으로 하여 가감하지 못하도록 한다.

그렇게 하는 이유는 인원이 본래 적은데 만약 상등·하등을 세 등급씩 갖추려고 하면, 억지로 만든 폄출(貶黜)과 수만 채우는 표창이 있을까 염려되므로 5등으로만 하는 것이다.

감사가 고적하는 서장을 꾸미는 방식은 다음과 같다.

신이 아무 달 아무 날에, 완남성 순찰사로 제수되어서 현직(現職)에 있은 지 지금 348일이다.

아무 달 아무 날, 장계(狀啓)를 올려서, 용주 목사(龍州牧使) 안모(安某)는 혼미하고 무식해서 일을 전혀 하지 못하니, 세말까지 기다릴 수 없으므로 급히 파출(罷黜)하기를 논했다.

아무 달 아무 날, 장계를 올려서 금산 군수(錦山郡守) 이모(李某)는 방폐(房嬖)[30]가 사정을 부려서 경전(經田)한 것이 평균하지 못하여 민원이 물끓듯 하니 급히 파출하기를 논했다.

아무 달 아무 날, 고산현(高山縣) 사람 박모(朴某)를 천(薦)하여 경술(經術)이 밝고 품행이 닦여졌으며, 사물을 밝혀서 이치에 통하였으니, 동반 말직(東班末職)에 보임해서 열두 고을 경전(經田)의 일을 맡기기를 청했다.

아무 달 아무 날, 임피현(臨陂縣) 불효죄인(不孝罪人) 아무를 잡아다가 사형했다.

아무 달 아무 날, 진안현(鎭安縣) 사람 김모(金某)는 9족(族)이 화목하고 교훈(敎訓)하는 데에 법도가 있음을 관찰하고 포상(褒賞)하기를 청했다.

아무 달 아무 날, 여산군(礪山郡) 살인 옥사(殺人獄事)를 심리(審理)하여 원왕(寃枉)함을 밝혔다. 열두 해 동안 옥에 있던 자를 백방(白放)[31]해서 출옥시키고 정범(正犯)을 잡아서 사형했다.

아무 달 아무 날, 돈 3천 냥을 내놓아 여러 고을에 나누어 보내서 양로(養老)하는 비용에 보태도록 했다.

---

30) 방폐(房嬖) : 감사나 수령의 사랑을 받는 기생 따위.

31) 백방(白放) : 무죄로 석방됨.

아무 달 아무 날, 바닷가 여러 고을의 어염세(魚鹽稅)를 개정하여 평부사에 보고했다.

아무 달 아무 날, 돈 1만 냥을 추렴하여 군산창(群山倉)에 곡식을 사두었다가 봄을 기다려, 발매(發賣)해서 경전(經田)하는 비용을 보충했다.

아무 달 아무 날, 익산군(益山郡) 간리(奸吏) 김모(金某)를 잡아다가 사형했다.

이와 같은 것이 스물일곱 조목인데, 넉 달마다 반드시 아홉 조목씩을 갖추는 것이다.

절도사가 공적을 아뢰는 것은 아홉 조목을 넘지 못한다.

수령을 고공(考功)하는 법은 더욱 주의해야 할 것이니, 털끝만큼이라도 소루(疎漏)함이 있어서는 안 된다.

살피건대, 국가의 안위는 인심(人心)의 향배(向背)에 달렸고, 인심의 향배는 백성의 휴척(休戚)[32]에 달렸으며, 백성의 휴척은 수령의 현부(賢否)에 달렸고, 수령의 현부는 감사의 포폄(褒貶)에 달렸으니 감사가 고과(考課)하는 법은 바로, 천명과 인심이 향배하는 기틀(機)이며, 국가의 안위가 결정되는 바이다. 그 관계되는 바가 이처럼 중하건만 그 법이 소루하고 밝히지 않음은 오늘날과 같음이 없으니 나는 적이 걱정된다. 한나라 법은 자사가 여섯 조목으로써 수령(二千石)을 살폈다가, 세말이 되면 정사한 것을 아뢰어 전최(殿最)를 들어 상벌을 시행했는데, 그 법이 엄하지 않은 것이 없었다. 그런데 원제(元帝) 때에 와서는, 경방(京房)[33]이 또 고공과리법(考功課吏法)을 아뢰어서 천하의 이목(耳目)을 일신(一新)하려 하였다. 구법에 소루한 실수가 있기 때문에 경방의 말이 이와 같았던 것이다.

진 무제(晋武帝) 때에 두예(杜預)는 경방의 남긴 법이 세밀해서 시행하

32) 휴척(休戚) : 휴(休)는 기쁜 일, 척(戚)은 슬픈 일.

33) 경방(京房) : 한나라 사람. 『주역』(周易)에 밝아서 『경씨역전』(京氏易傳)이라는 것이 있음.

기에 어려우니 당요(唐堯)의 옛 법대로 회복해서 세밀함은 버리고 간략하게 하기를 청했으니, 이것은 두예가 당요의 법이 후세보다 엄밀한 것인 줄을 모르고 간편하다고 그릇 말했던 것이다. 내가 전대의 제도를 차례로 상고하니, 무릇 고과(考課)하는 법은 모두 아홉 등으로 분간했고, 세말에 한 차례 고과할 뿐이다. 오직 후위 문제(後魏文帝)는 "상·하 두 등은 세 품계로 할 것이나, 중등은 다만 한 품계로 할 것이다. 그렇게 하는 이유는 상과 하는 바로 출척(黜陟)을 하는 등급인 까닭에 털끝만한 선이나 악도 드러내는 것이지만 중등은 맡은 일을 지켜 잘 통하게 할 뿐이다" 하였으니, 그의 의견도 좋다.

우리나라의 고과하는 법은 오직 세 등으로 나누어 그 소략함이 이와 같은데, 1년 동안에 두 번이나 고적하니 또 어찌 그리 자주자주 하는가? 당·우시대의 사람들은 그 현능(賢能)과 재지(才智)가 지금 사람과 같이 않았다. 그러나 또한 3년이 지난 다음이라야 그 공적을 따졌는데, 지금 사람에게 반 년 안에 공적을 매김은 어찌 불가하지 않겠는가? 나는 수령에 대한 고과는 마땅히 아홉 등으로 분간하되, 다만 세말에 한 번 고적해야 한다고 생각한다.

순영(巡營)과 중군(中軍)의 내막(內幕 : 막하)과 비장(裨將)[34]을 고적하는 데에는 오직, 상·중·하 세 등을 두는데, 기록하는 것은 한 조목을 넘지 않는다.

여러 도의 도사(都事)가 지금은 필요 없는 관직이 되었으니, 혁파할 것이고, 오직 중군만 둘 뿐이다. 내막은 오직 6명만을 남겨두어 이(吏)·호(戶)·예·병(兵)·형(刑)·공(工)의 일을 관장하게 하여, 증가하지 못하도록 하고, 여러 창고의 여러 가지 사무를 6명에게 겸해서 살피도록 함이

34) 비장(裨將) : 막료(幕僚), 남사·유수(留守)·병사(兵使)·수사(水使)에 딸린 무관으로서 그 장관(長官)이 임의로 임명함.

마땅하다.

등급을 분간하는 법은 정원을 두지 말고 특이한 공적이 있는 자는 상고(上考)에 두고, 현저한 허물이 있는 자는 하고에 두는데, 1명씩을 넘지 않는다. 그렇지 않은 자는 모두 중고(中考)에 둔다.

• 각 읍의 등급

(단위 : 읍)

등급 / 각 읍	상지상	상지중	상지하	중지상	중지중	중지하	하지상	하지중	하지하
봉천성 38	1	1	2	4	22	4	2	1	1
사천성 42	1	1	2	4	26	4	2	1	1
완남성 27	1	1	1	3	17	2	1	0	1
무남성 27	1	1	1	3	17	2	1	0	1
영남성 30	1	1	1	3	18	3	1	1	1
황서성 30	1	1	1	3	18	3	1	1	1
열등성 21	1	0	1	2	13	2	1	0	1
송해성 27	1	1	1	3	17	2	1	0	1
패서성 20	1	0	1	2	12	2	1	0	1
청서성 23	1	0	1	2	15	2	1	0	1
현도성 16	1	0	1	2	10	1	0	0	1
만하성 10	상 세 등은 다만 한 사람으로 하는데, 그 등은 그 공적을 봄.			1	6	1	하 세 등은 다만 한 사람으로 하고, 그 등은 그 죄를 봄.		

위에 적은 등급을 나누는 법은 열에 둘을 뽑아서 하나는 상등으로, 하나는 하등으로 하며, 나머지는 중등으로 한다. 그 남는 수는 상등에 붙이는데, 선을 상줌은 많고, 악을 벌줌은 적게 하려 하는 것이다.

상 세 등의 총수(都數)로써 중지상의 숫자로 하고, 하 세 등의 총수로써 중지하의 숫자로 하는 것도 또한 이 뜻이다.

모든 수령이 공적을 아뢰는 데에는, 스물일곱 가지를 갖추어서 포정사(布政司)에 보고한다. 포정사에서는 고적을 한 다음 아홉 조목으로 묶어서 조정에 상주한다.

수령을 고적하는 데에는 아홉 가지 강령(綱領)이 있다. 첫째 율기(律己), 둘째 봉공(奉公), 셋째 애민(愛民), 넷째 이전(吏典), 다섯째 호전(戶典), 여섯째 예전(禮典), 일곱째 병전(兵典), 여덟째 형전(刑典), 아홉째 공전(工典)인데, 아홉 강령 안에 각각 여섯 조목이 있어 모두 54조목이 된다.

율기(律己) 여섯 조목

1. 자신을 단속하는 것이다. 관직에 있는 자는 반드시 의관을 바루고 단정하게 앉아서 백성에게 임해야 다스림을 할 수 있고, 만약 게으르고 거칠어서 관아에 나오는 시간이 늦으면 예가 아니다.

2. 행실을 부지런히 닦는 것이다. 백성을 다스리는 도리는 오직 청렴 결백한 데에 있는 것이다. 만약 잘못된 인습을 그대로 따르거나 혹 일을 처리하면서 농간을 부리면 죄가 있다.

3. 술 마시는 일을 삼가는 것이다. 술이란 사람을 미치게 하는 약물이다. 백성을 다스리는 자는 잠시 취하는 것도 불가한데, 만약 연음하는 자가 있으면 죄가 있다.

4. 여색을 조심하는 것이다. 방폐(房嬖)의 해(害)는 뜻을 거칠게 하며, 정사를 어지럽게 하는 것이니, 무릇 방폐가 있는 자는 그 계집이 간알(干謁)[35]했는가 안 했는가를 물을 것 없이 모두 죄가 있다(까닭없이 風樂을 아뢰도 또한 荒謠한 짓이다).

5. 권솔을 줄이는 것이다. 옛 법에는 오직 모부인(母夫人)·적처(嫡妻)·장자(長子)만을 따라가도록 허가했는데, 지금은 이 법이 점점 느슨해져서 그 폐단이 심각하니 옛 법을 거듭 밝힘이 마땅하다.

6. 문객[36]을 물리치는 것이다. 지금 풍속은 문객을 데리고 와서 쌀·소금 따위 회계를 맡기는데, 온갖 폐단이 생기니, 금단함이 마땅하다. 또 고을 사람이거나, 이웃 고을 객(客)으로서, 문사(文士)와 술객(術客)은 모두

---

35) 간알(干謁) : 사적인 일로 하급 기관이나 하급 관원에게 금품을 요구하는 일.
36) 문객(門客) : 권세 있는 집의 식객(食客), 또는 그런 집에 날마다 오는 사람.

접견함이 불가하다.

봉공 여섯 조목

1. 첨하(瞻賀)하는 것인데, 망하례(望賀禮) · 진전(進箋) · 망곡(望哭)하는 여러 가지 예는 공경하게 봉행함이 마땅하며, 혹 폐지한 자는 죄가 있다.

2. 선포하는 것인데, 무릇 조정에서 윤음(綸音) · 덕음(德音) · 사서(赦書) · 유서(諭書)가 내리면 그 지역을 지키는 신하는 덕의(德意)를 선포해서 백성을 감격케 함이 마땅한 것인데, 하물며 부세를 경감, 또는 탕감하는 영(令)이 있으면 실지 혜택이 백성에게 돌아가도록 하는 일이랴? 만약 덕혜(德惠)를 중간에서 막히게 하거나 아전과 간사함을 부린 자는 모두 죄가 있다.

3. 보고하는 것인데, 민정 · 농형(農形) 및 변경 기밀(邊境機密)과 사변(事變) 따위는 즉시 급보(急報)함이 마땅하다. 만약 지체(遲滯)해서 시기를 놓치거나 보고한 바가 상세하지 못한 자는 죄가 있다.

4. 공납(貢納)하는 일이다. 공부(貢賦)와, 조세에 해당하는 물품은 각각 납부하는 기한이 있는 것인데, 만약 까닭없이 기한을 넘기거나 또는 간사한 아전이 범사(犯事)[37]해서 모자라게 한 자는 죄가 있다.

5. 예우하는 일이다. 조정의 예는 높은 이를 높이는 것뿐이니 순찰사 또는 절도사의 아문 및 여러 상급 기관에서 이치에 합당한 명령이 있으면 수령은 조심해서 봉행함이 마땅하며, 상견(相見)하는 예모(禮貌)도 삼가 법전을 지킴이 마땅한데 태만(怠慢)한 자는 죄가 있다.

6. 왕역(往役)하는 것이다. 상급기관으로부터, 제관(祭官) · 검관(檢官) · 사관(査官) · 시관(試官) · 독발(督發) · 문정(問精) 등 소임에 뽑힌 사람은 거만하게 거절할 수 없다. 위범(違犯)한 자는 죄가 있다.

---

37) 범사(犯事) : 침범하는 것과 같음.

애민(愛民) 여섯 조목

곧 『주례』 대사도(大司徒)에 여섯 가지 보식(保息)하는 유법(遺法)이다.

1. 늙은이를 봉양하는 것이다. 나이 많은 이를 존경함은 선왕의 제도이다. 사족(士族)으로서 여든 살 이상인 자, 서민으로서 아흔 살 이상인 자에게는 명절 때에 선물함이 마땅하며, 추수(秋收) 후에는 연향(宴饗)이 있어야 한다. 형벌을 너그럽게 해주고, 요역(徭役)을 면제해주고, 궤핍(匱乏)된 것을 살핌은 모두 선행(先行)해야 할 일이다.

2. 어린이를 사랑하는 것이다. 구렁텅이에 버려진 어린이나 젖먹이로, 어미를 잃은 어린이나 여덟 살 전에 의탁할 데가 없는 어린이는 모두 관에서 양육해서 천리(天理)를 순히 하여야 하는 것이니, 돌보거나 구휼하지 않는 자는 죄가 있다.

3. 궁곤한 자를 진휼(賑恤)하는 것이다. 궁한 자는 홀아비·과부·고아·자식 없는 늙은이며, 진무한다는 것은 들어서 위무한다는 것이다. 일흔 살 이상된 사람으로서 아내가 없거나 남편이 없거나, 또는 자녀와 형제 간에 의탁할 만한 곳이 없는 자는 관에서 진휼함이 마땅하고, 또 서른 살이 되도록 장가 못간 남자와 스물다섯 살이 되도록 시집 못간 여자는 관에서 성혼(成婚)시킴이 마땅하다.

4. 상사를 애휼(哀恤)하는 것이다. 길에 쓰러진 송장과 살림이 몹시 가난해서 염장(斂葬)하지 못하거나, 혹 굶주림과 염병으로 온 집안이 사망한 것은 관에서 거두어 매장해야 한다. 고을 안에 사환한 자나, 덕행이 있는 자가 죽거나 상을 당했으면 위문함이 마땅하며, 관속(官屬)이 상이 있으면 또한 은혜를 베풂이 마땅하다.

5. 질병을 위문하는 것이다. 봉사, 벙어리, 절름발이, 수족 못쓰는 병자, 고자, 문둥이 따위가 제 재주로 벌어먹을 만한 자는 그만두고, 능히 그렇지 못하거나 부자·형제가 없어, 의탁할 곳이 없는 자는 관에서 양육한다. 또 염병이 유행하거나, 혹 홍역 따위 괴질에는 의원과 약을 주어 죽음에서 구제할 것이다.

6. 재난을 구제하는 것이다. 수재 · 화재 · 호상(虎傷) · 도난 따위 모든 재액(災厄)에는 구휼하는 정사가 있어야 하는데, 그 실상대로 하지 않은 자는 죄가 있다.

이전 여섯 조목

1. 어진 이를 천거하는 것인데, 산야에 버려진 선비로서 경서에 밝고 행실을 닦은 사람은, 백성을 다스리는 자가 천거함이 마땅하며, 어진 이를 가로막는 자는 죄가 있다.

2. 선비를 추천(貢)하는 것이다. 문 · 무과에 응시할 사람을 각기 정원대로, 공정하게 선발해서 추천할 것이다. 만약 사정에 따라서 잘한 자를 버리고, 못한 자를 뽑은 자는 죄가 있다.

3. 아전을 단속하는 것이다. 백성을 기르려 하는 자는 아전을 단속할 뿐이다. 서리(胥吏)와, 조례(皁隷)의 정원은 장서원(掌胥院) 조례를 삼가 준행(遵行)해서 벗어나지 않음이 마땅한데 혹 벗어난 자는 죄가 있다.

4. 착한 사람을 등용하는 것이다. 자유(子游)[38]가 무성(武城)의 원이 되었는데 공자(孔子)가 "쓸모 있는 사람을 구했는가?" 물었으니, 백성을 기르는 자가 어진 이를 구하는 데에 어찌 급하게 하지 않으리요. 보좌하는 소임, 방리(坊里)의 소임, 학궁의 소임은 모두 쓸모 있는 사람을 택함이 마땅한데, 혹 뇌물을 받고 차임(借任)해서, 공명하지 못한 자는 죄가 있다.

5. 문서를 꾸미는 일이다. 상급 기관과 이웃 고을에 발송하는 공적 문서(公的文書)는 정밀하고 간략하게 함이 마땅한데, 혹 아전의 손에 맡겨서 거칠고 쌍스럽게 한 것은 감사가 살핀다.

6. 상벌하는 일이다. 고공(考功)하는 법은 오직 정관(正官)에게만 있는 것이 아니다. 향관(鄕官)[39] · 군교(軍校) · 연리(椽吏) 따위도, 세말에 그

---

38) 자유(子游) : 공자의 제자인 언언(言偃), 자(字)가 자유. 노(魯)나라 무성(武城)의 원으로 있으면서, 담대 멸명(澹臺滅明)이 어진 사람임을 알고 등용했음.

39) 향관(鄕官) : 향청(鄕廳)의 관원, 좌수(座首) · 별감(別監) 따위.

공적을 고찰하고, 상·중·하 세 등을 만들어서, 상고(上考)에 있는 자는 계속 차임하고, 하고가 된 자는 연한(年限)을 정해서 서용(叙用)하지 않는다. 상주는 데에 신중하고 잘못을 반드시 벌함은, 다스림을 맡은 자의 큰 권한이니, 감사가 규찰함이 마땅하다.

호전 여섯 조목

1. 백성을 교육하는 것인데, 예전에는 지관(地官)이 교관이었는데 후세에는 오로지 재부(財賦)만 관장함은 예가 아니다. 향약(鄕約)[40]을 만들고 백성에게 오륜(五倫)을 가르쳐서 우매한 자는 깨우쳐 가르치고, 강포(强暴)한 자는 징계해 가르친다.

2. 전정(田政)에 대한 것이다. 공전을 감독함은 수령의 책임이다. 사전도 누락된 것을 밝혀내고, 묵은 것을 조사한 다음이라야, 상하에 해가 없을 것이다. 또 공전(公田)을 수확했으면 조운하는 일도 늦출 수 없는 것이다.

3. 부역에 대한 일이다. 부역을 고르게 하려면 먼저, 호적을 바로잡아야 한다. 그러나 인구와 물산이 해마다 같지 않기 때문에, 비록 9부(賦)가 발랐으나 세액의 가감이 해마다 같지 않아서, 합리적으로 하기가 가장 어려울 것이다. 그 공평하지 않고, 고르지 못한 자는 죄가 있다(民庫[41]하는 폐단과 契防[42]하는 폐단과 雇馬[43] 하는 폐단을 맨 먼저 금단함이 마땅하다).

4. 시적(市糴)하는 일이다. 사창(社倉)제도는 조금만 변경해도 간사한 짓을 부릴 수 있는 구멍이 쉽게 생기는데, 상평법(常平法)도 그러하다. 또 시장 가게에 무판(貿販)하면서 마음대로 물가를 올리는 자는 금함이 마땅

40) 향약(鄕約) : 향촌(鄕村)의 자치규약. 송(宋)나라 여대방(呂大防)이 권선징악을 목적으로 하는 규약을 창설했고, 우리나라에서는 중종(中宗) 때에 여씨 향약을 본떠서 처음 시행했음.

41) 민고(民庫) : 고을 관청에서 임시 비용을 충당하기 위해서 백성이 바치는 곡식과 물품을 보관하던 창고.

42) 계방(契防) : 조선시대 공역(公役)의 면제와 그 외 도움을 얻을 목적으로 관청 아전에게 곡식이나 돈을 주던 일. 계방(契房)이라 하기도 함.

43) 고마(雇馬) : 시골 관청에서 백성에게 징발(徵發)하던 말.

하다.

5. 농정(農政)에 대한 일이다. 농사를 가르치고, 농사를 권장하는 것은 다스림을 맡은 자의 정사이다. 나무를 심고, 짐승을 기르는 일에 더욱 힘쓸 것이다. 뽕나무 · 산뽕나무 · 닥나무 · 옻나무 · 느릅나무 · 버드나무 · 가래나무 · 오동나무와 온갖 과실 · 온갖 재목 및 6축(畜)을 사양(飼養)하는 정사는 모두 힘을 써야 한다.

6. 진휼(賑恤)하는 일이다. 흉년에는 진휼하는 것이 가장 큰 정사이다.

예전 여섯 조목

1. 제사하는 일인데, 고을에는 또한 사직과 문묘(文廟)[44]가 있으니 제사를 정성껏 해야 한다.

2. 빈객(賓客)에 대한 일이다. 서로(西路)[45]에는 조사(詔使)[46]가 왕래하는 일이 있고, 여러 도에도 왕명을 받든 사신이나 상관, 이웃 고을의 관장 등과 왕래가 있으니, 예로써 접대함이 마땅하다.

3. 예제(禮制)에 대한 일이다. 대부(大夫)에게는 대부의 예가 있고, 사(士)에게는 사의 예가 있으며, 서인에게는 서인의 예가 있는 것인데, 하나라도 그 도를 넘으면 어지럽게 되는 근본이 된다. 또 젊은이가 어른을 업신여기고, 천한 자가 귀한 사람을 업신여기는 것은 엄하게 다스림이 마땅하다.

4. 예속(禮俗)이다. 관혼상제(冠婚喪祭)의 예와, 향음(鄕飮) · 향사(鄕射)[47]의 예를 사민(士民)에게 힘써 행하도록 관에서 인도 진흥시킨다. 효

---

44) 문묘(文廟) : 공자의 위패(位牌)를 모신 사당. 성균관과 각 고을 향교(鄕校)의 대성전(大聖殿).

45) 서로(西路) : 서도(西道), 즉 평안도.

46) 조사(詔使) : 조서(詔書)를 받든 사신.

47) 향음(鄕飮) · 향사(鄕射) : 고을 안 유사(儒士)가 모여서 읍양(揖讓)하는 예를 행하면서 술을 마시는 예식. 향사는 주장(主將)이 고을 백성을 봄 · 가을에 모아서 사술(射術)을 시험하던 예식.

자와 열녀도 정려(旌閭)하여서, 좋은 풍속을 권장함이 마땅하다.

5. 학교를 진흥(振興)시키는 일이다. 고을의 귀족은 학궁[48]에서 가르친다. 오륜(五倫)·사술(四術)[49]·육예(六藝)[50]를 가르쳐 인재(人材)를 만든다.

6. 문학을 널리 펼치는 일이다. 과거에 응시할 사람을 경술(經術)과 문예(文藝)로 선발해서, 권장함이 마땅하다. 또 완전한 경서와 사서(史書) 등 긴요한 서적을 힘써 반행(頒行)함이 마땅하다.

병전 여섯 조목

1. 군사를 양성하는 일인데, 고을마다 한두 곳의 초소(哨所)를 두고 군사를 선발하여, 그들을 양성 교련하는 방법에 마음을 다함이 마땅하다.

2. 무술을 권장하는 일이다. 무과 규칙이 그 전과 비교하여 더욱 엄중해졌으니, 반드시 권장해서 흥기시켜야 진작(振作)하는 자가 있을 것이다.

3. 병기(兵器)를 수선하는 일이다. 수선한 군기는 무사에게 나누어주어 때때로 사용하도록 한다. 만약 곳간에 깊이 갈무리해두면 더욱 썩고 상할 것이다. 동·철(銅鐵)과 기이한 재목을 많이 비축하여, 뜻밖의 변고에 대비함이 또한 긴요한 일이다.

4. 말(馬)을 치는 일이다. 부유한 백성에게는 집집마다 말을 한 필씩 기르도록 함이 마땅하다. 혹 사사로 목장을 일으키고 말을 길러서 번식시킨 자는 아뢰어서, 동반 정직(東班正職)에 보임(補任)한다. 그리고 공영 목장(公營牧場)이 있는 곳은 더욱 힘을 기울일 것이다.

5. 군정(軍丁)을 조정하는 일이다. 군포 받는 법은 혁파하고 공가(公家)에서 기르는 군졸은 남겨두어야 하나 영문(營門)에 딸린 향군(鄉軍)마저 모두 폐지함은 마땅치 못하다. 군정을 뽑는 데에 법이 있어야 마땅하다.

---

48) 학궁(學宮) : 성균관과 각 고을 향교의 별칭.

49) 사술(四術) : 시(詩)·서(書)·예(禮)·악(樂).

50) 육예(六藝) : 예(禮)·악(樂)·사(射)·어(御)·서(書)·수(數).

6. 외환(外患)에 대비하는 일이다. 군사는 백년이라도 쓰지 않는 것이 좋으나, 하루라도 대비함이 없어서는 안 된다. 봉화(烽火)를 삼가고 마른 꼴과 양식을 염려하며, 소금을 저장하고 돌을 쌓아두는 것은, 모두 요긴한 일이다. 민보(民堡)를 알맞은 곳에 설치하도록 권장함이 마땅하다.

형전 여섯 조목

1. 송사를 판결하는 것인데 송사는 지체됨이 없어야 하며, 양쪽을 다 옳다 함이 없어야 하며, 사정에 따르는 일이 없어야 한다. 묘지에 대한 송사에 더욱 마음을 기울일 것이다.

2. 옥사를 결단하는 일이다. 결단한 것이 명백하지 못한 자는 죄가 있다.

3. 형벌을 조심하는 것이다. 모든 형구는 하나같이 흠휼(欽恤)하는 전칙(典則)을 따를 것이다. 옥간(獄間)을 수선하고 죄수를 무휼하는 것은 어진 정사이다. 형을 함부로 한 자는 죄가 있다.

4. 금단(禁斷)하는 제도이다. 무당(巫) · 박수(覡) · 창부(娼) · 여승(尼) · 술객(術客) 따위는 금단함이 마땅하다. 가옥 · 의복 · 의식에 제도를 넘은 자도 금단함이 마땅하다. 짐승을 사사로 잡는 것, 모여서 술추렴하는 것, 때 아니게 산림을 벌채하는 것도 금단함이 마땅하며 토호(土豪)와 완민(頑民)을 제어함이 마땅하다.

5. 양형(量衡)의 일이다. 자(尺) · 말(斗) · 저울은 모두 관에서 급여하고, 사사로 제조한 자는 사전(私錢)을 주조한 것과 같은 율에 처한다.

6. 민해(民害)를 없애는 것이다. 도둑을 염탐하고 호랑이 함정(穽)을 파서 민해를 없애기에 힘쓴다. 도둑을 다스리는 데 엄하지 못한 자는 죄가 있다.

공전 여섯 조목

1. 산림에 대한 일인데, 재목을 금양(禁養)해서 나라 부세를 바치고, 금 · 철을 채굴해서 나라 재물을 넉넉하게 한다. 높은 산에 화전하는 것을 금한다.

2. 천택에 대한 일인데, 제방을 수축(修築)해서 무너짐을 방비하고 호택(湖澤)을 손질해서 관개(灌漑)를 도우며 방축(防築)을 쌓아서 농지를 넓히고 어량(魚梁)[51]에 혜택을 주어 고기잡이를 권하는 것은 모두 중요한 일이다.

3. 해우(廨宇)에 대한 일이다. 관청 집은 때에 맞추어서 수선함이 마땅하며, 손질하지 않는 자는 죄가 있다.

4. 성곽(城郭)에 대한 일이다. 모든 성곽은 때맞추어 수선함이 마땅한데 손질하지 않는 자는 죄가 있다. 벽돌 굽는 법을 강습 시행해야 할 것이다.

5. 도로에 대한 일이다. 길을 닦음에는 숫돌같이 판판하게 해야 한다. 비록 마을 골목, 작은 길이라도 평평하게 다듬어서 수레가 다니기에 편리하도록 할 것이며, 교량도 그때그때 수선해야 한다.

6. 배와 수레에 대한 일이다. 배를 만드는 데에는 아홉 등으로 된 방식에 맞아야 한다. 또 관에서 전거(田車)・수차(水車)・고거(賈車)・상거(喪車)・부거(婦車)를 만들어서 백성에게 수레로 통행하도록 권장한다(또 農器와 織機를 제작하고, 利를 일으켜서 백성의 삶을 厚하게 한다).

> 아홉 가지 일이 모두 장(臧 : 잘함)인 자는 상지상으로 매기고, 아홉 가지 일이 모두 부(否 : 잘못함)인 자는 하지하로 매긴다. 부 하나가 있는 자는 상지중으로 하고 장 하나가 있는 자는 하지중으로 한다. 차례대로 배정하는데, 매양 장과 부의 많고 적음으로써 높고 낮음을 매긴다.

조정에서 쉰네 조목을 여러 고을에 반포하여 준행하도록 하고, 수령들은 오직 삼가 봉행하여 그 성과가 있는 자는, 스물일곱 조목을 갖추어서 감사(監司)에게 주적(奏績)한다($3\times9=27$). 감사는 고적하고 그 가운데서 아홉 조목 뽑아서, 아홉 등을 정한 다음 조정에 바친다.

---

51) 어량(魚梁) : 물이 한군데로 흐르도록 만들어놓고 그곳에 통발 따위를 놓아서 고기를 잡는 장치.

적이 살피건대 수령이 조정을 떠나올 때는 반드시 7사(事)[52]를 강(講)하도록 하는데, 7사란 농상(農桑)을 성하게 하고 호구를 증가하도록 한다는 등의 과목이다. 대저 농상은 백성들이 스스로 힘쓰는 것이므로 권면(勸勉)하지 않아도 부지런히 하고 있으니, 수령이 손쓸 조목이 아니다. 호구란, 즉 백성이 살기 좋은 곳으로 가는 것은, 물이 낮은 데로 흐르는 것 같은 것이니, 수령이 억지로 증가시킬 수 있는 것이 아니다. 일찍이 『국어』(國語)[53]를 보니, "윤탁(尹鐸)[54]이 호수를 줄여서 백성을 회유하고 보호하는 정사를 했다" 하였고, 호구를 증가시키는 것을 급무로 삼았다는 말은 듣지 못했다. 수령의 직무가 어찌 7사뿐이겠는가? 하지만 조정에서는 7사만을 바라고 있으므로 수령들은 그대로 때워넘기기만 하는 터이니, 어찌 일곱 가지를 넘어 그밖의 것을 하려 하겠는가?

쉰네 조목도 오히려 간략하다고 생각된다. 또 제목의 글을 다만 여덟 자만을 쓰고 있으니 이것은 대개 노승경(盧承慶)[55]의 고(考)에 "조운(漕運)하는 것은 감독하나, 양곡(糧穀)이 손실되는 것은 힘이 미칠 바가 아니다"(監運損糧非力所及)라는 것을 본뜬 것인데, 네마디 말, 두 구절에 불과하다. 그러나 주(周)나라 때에는 총재(冢宰)[56]가 회계(會計)를 봤는데 회계 문서에 반드시 다만 여덟 글자만을 쓰지 않았다. 한나라 때에도 고을에서 회계 문부(文簿)를 모두 올렸는데 회계 문부에 반드시 여덟 글자만으로 쓰지는 않았다. 지금 어사가 수령의 선함과 악함을 논한 서계(書啓)에 많은

---

52) 7사 : 새로 임명된 수령이 대궐에 하직하고 임소(任所)로 갈 때에 계판(啓板) 앞에서 외던 수령 칠사(守令七事)로, 곧 농상성(農桑盛) · 호구증(戶口增) · 학교흥(學校興) · 군정수(軍政修) · 부역균(賦役均) · 사송간(詞訟簡) · 간활식(姦猾息) 등 수령이 지켜야 할 일곱 조목.

53) 『국어』(國語) : 21권으로 된 책이름. 주나라 좌구명(左丘明)이 지었음.

54) 윤탁(尹鐸) : 춘추시대 진(晋)나라 사람. 조간자(趙簡子)가 진양(晋陽) 고을을 맡아서 다스리도록 하니 윤탁은 "견사(繭絲)처럼 할까요? 보장(保障)이 되도록 할까요?"라고 물었다. 간자는 "보장을 할 것이다" 하였다. 윤탁은 이에 호수(戶數)를 줄였다고 『자치통감』(資治通鑑) 주기(周紀) 위열왕(威烈王) 23년 조에 보임.

55) 노승경(盧承慶) : 당(唐)나라 사람. 박학(博學)이고 변재(辯才)가 있었다. 벼슬은 형부 상서(刑部尙書).

56) 총재(冢宰) : 주대(周代) 육관(六官)의 우두머리. 후세에는 이조 판서의 별칭이 되었음.

것은 수백 마디나 되어서, 글자 수에 구애받지 않는데 감사가 고과(考課)하는 데만은 어찌 홀로 그렇지 않는가?

내가 또 생각하건대, 상고(上古) 적에는 상하가 서로 힘써서 공(功)을 일으키고 일을 밝혔다. 후세에는 이 뜻을 밝히지 못하여 용동(儱侗 : 자격을 이루지 못함) 무능(無能)한 사람들이 대체(大體)만을 일삼고, 옛 법만을 따라 "시끄럽게 하지 않으면서 다스린다" 말하고 있다. 그러므로 온갖 법도가 해이해지고 많은 구멍이 여기저기 뚫려, 백성이 그 해독(害毒)을 받아 고혈(膏血)이 점차 고갈되어가고 있다. 그런데 안찰(按擦)하는 신하는 "간략함으로써 다스림을 하였고, 앉아서 진정시켜 여유가 있다"(簡約爲治 坐鎭有裕), "풍속을 따라 다스림을 하였고 빛난 명예를 구하지 않았다"(順俗而治 不求赫譽)라고 기록한다. 심한 경우에는 "산수 좋은 시골에서 한묵(翰墨)으로 소요한다"(山水之鄕 翰墨消搖)라고 하니, 이것은 모두 일은 전혀 하지 않고 녹만 먹으면서 자리를 비워놓은 자에 대한 제목이다. 이제는 고적하는 장계(狀啓)를 모두 어사가 서계하는 방식으로 하기 위해 시험삼아 다음에 적는다.

무남성(武南省)에서 고적하고 계본(啓本)을 작성하는 서식은 다음과 같다.

옥과현감(玉果縣監) 이모(李某).

율기(律己)인즉, 동틀 무렵이면 관아에 출좌(出坐)하고 다스림이 엄숙해서 아전과 백성에게 공경할 줄 알도록 했음(臧).

봉공(奉公)인즉, 누(樓)에 올라, 교서(敎書)를 반포해서, 인민에게 조정덕의(德意)를 다 알도록 했음(장).

애민(愛民)인즉, 유기아(遺棄兒) 일곱 명을 유모에게 맡겨 양육했고, 늙은 홀아비 네 명을 창사(倉舍)에 봉양했음(장).

이전(吏典)인즉, 간리(奸吏) 이모(李某), 김모(金某)가 나라를 좀먹고 백성을 해치는데 그 간사함을 적발해서 율을 적용하니 여러 아전이 손을 거두었음(장).

호전(戶典)인즉, 동2방(東二坊)에 누락되었던 전지(田地) 열두 결(結)

을 조사해내었는데 찾아낸 공전(公田)이 1결(結) 20부(負)임(장).

예전(禮典)인즉, 백성에게 관혼상제를 예대로 행하도록 권해서, 하나같이 법제를 따르도록 했음(장).

병전(兵典)인즉, 숙동(熟銅) 300근을 자력(自力)으로 준비하여 무기고에 갈무리해서 뜻밖의 변고에 대비했음(장).

형전(刑典)인즉 고을 백성 임모(林某)가 살인을 저지른 후에 뇌물을 써서 숨은 지 1년이 넘었는데 지난 7월에 간사함을 적발해서 옥사를 끝장내니, 백성들이 현명함을 칭송했음(장).

공전(工典)인즉, 관에서 전거(田車) 스무 채를 만들어서 각 마을에 갈라주니 백성이 모두 즐거워했음(장).

이상 아홉 가지 일이 모두 장(臧)이니 상지상으로 매긴다.

장성 군수(長城郡守) 김모(金某).

율기인즉, 가속(家屬)을 데려오지 않았으며, 모든 자제와 친우는 모두 내당(內堂)에 있고 정당(政黨)[57]에는 나오지 못하도록 했음(장).

봉공인즉, 문서 보고는 기한을 넘기지 않았고, 기한에 앞서 한 것은 관에서 시상했음(장).

애민인즉, 양로연(養老宴)에 참여할 사람을 너무 심하게 추려내니 백성 중에 불만이 있는 자가 있음(否).

이전인즉, 공사(貢士)[58] 일곱 사람이 모두 공론(公論)에 합당하고, 성시(省試)[59]에 합격된 자가 여러 고을보다 유독 많았음(장).

호전인즉, 상평곡(常平穀) 값을 결정하면서 강제로 5분을 줄였는데 백성 중에 불만이 있는 자가 있었음(부).

예전인즉, 학궁에 출입하는 자가 명륜당(明倫堂)에서 싸움질을 했으나, 사정에 따라서 다스리지 않으니, 선비의 기강이 무너졌음(부).

---

57) 정당(政黨) : 고을 관아를 이름.

58) 공사(貢士) : 고을 수령이 재학(才學)이 있는 사람을 정부에 천거하는 것.

59) 성시(省試) : 지방 시험에 합격한 사람을 서울에 모아서 거행하던 등용 시험, 복시(覆試) · 회시(會試)라 하기도 함.

병전인즉, 아병(牙兵)[60]을 교련하는 데에 하나같이 정식(程式)에 따라 하니 무예가 정숙해졌음(장).

형전인즉, 송사(訟事)를 판결하면서 양쪽 백성을 다 오도록 하고, 판결한 다음에는 송사에 진 자를 다스리며, 수십 년 동안 미결된 송사를 판결한 것이 많음(장).

공전인즉, 황폐한 제방 일곱 곳에 모두 모래가 차 있으나 준설(浚渫)할 생각을 하지 않음(부).

이상 장이 다섯, 부가 넷이니 중지중으로 매긴다.

나주 목사(羅州牧使) 임모(林某).

율기인즉, 방폐(房嬖)가 정사를 간섭하고 술 자리(觴政)가 너무 심함(부).

봉공인즉, 삭망 하례(朔望賀禮)[61]를 궐(闕)하고 거행하지 않으며, 검관(檢官)을 모피(謀避)해서 언사가 성실하지 않았음(부).

애민인즉, 늙은 홀아비와 늙은 과부 중에 의탁할 곳 없는 자를, 마을 백성에게 억지로 맡기니 뇌물을 바치고 모면하는 자가 있음(부).

이전인즉, 간사한 향리를 신임해서, 정사를 모두 맡기고, 방임(坊任)과 이임(里任)도 모두 간활(奸猾)한 사람에게 맡겼음(부).

호전인즉, 공전에 재상(災傷)[62]된 것을 자신이 검견(檢見)하지 않고, 하나같이 아전의 손에 맡겨서, 함부로 매긴 재상이 서른한 결이나 되었음(부).

예전인즉, 13경을 구입해온 다음, 좋은 책은 훔치고 은밀하게 나쁜 책으로 바꾸었는데 많은 선비의 비방이 있음(부).

병전인즉, 좌영(左營) 군정을 뽑을 때에, 간사한 아전이 열한 명을 속여 넘겨서 해(害)가 30여 명에 달했는데, 백성의 원망이 그치지 않음(부).

---

60) 아병(牙兵) : 대장 휘하에 직속된 군졸 중의 하나.

61) 삭망 하례(朔望賀禮) : 매달 초하루와 보름날에, 지방에 있는 관원이 대궐쪽을 향하여 축원하며 배례하는 예식.

62) 재상(災傷) : 수재・한재, 또는 풍해・병충해로 인해서 발생한 곡식의 피해.

형전인즉, 술에 취한 뒤에, 죄 없는 자에게 형장(刑杖)을 함부로 쳤고 작은 죄를 지은 사람을 혹 두어 달 동안 가둬두기도 함(부).

공전인즉, 문루(門樓)가 허물어졌으나, 전관(前官)이 유치(留置)한 300냥 돈을 모두 사용(私用)으로 돌리면서 중수(重修)할 생각을 하지 않았음(부).

이상 아홉 가지 일이 모두 부이므로 하지하를 매긴다. 12성에 고적하는 것도 등을 가르는 것은 모두 이와 같이 한다.

우후(虞候)와 변장(邊將)이 공적을 아뢰면 절도사가 고적해서 감영(監營)에 송달한다. 감사가 받아서 찰방(察訪) · 감목관(監牧官)과 합쳐서 한 과로 만들고 등을 갈라서 아뢴다.

등을 가르는 것은 또한 아홉 등으로 가르는 것이나, 그 사공(事功)만은 3조목을 갖춘다.

경기(京畿)에는 찰방 6명과 감목관 2명, 보장(堡將) 7명과 채장(寨將) 7명, 성장(城將) 3명으로 모두 25명이다.

사천성에는 우후 2명, 찰방 5명, 채장 4명 모두 11명이다.

완남성에는 찰방 3명, 채장 5명, 성장 3명 모두 11명이다.

무남성에는 우후 3명, 찰방 3명, 감목관 4명, 우수영(右水營) 채장 13명, 좌수영(左水營) 채장 8명, 성장(城將) 한 사람 모두 32명이다.

영남성에는 우후 2명, 찰방 6명, 감목관 1명, 채장 7명 모두 16명이다.

황서성에는 우후 2명, 찰방 5명, 감목관 1명, 채장 23명, 성장 3명 모두 34명이다.

열동성에는 찰방 4명, 채장 2명 모두 6명이다.

송해성에는 우후 2명, 찰방 3명, 보장 7명, 채장 7명, 성장 6명 모두 25명이다.

패서성에는 우후 1명, 찰방 1명, 보장 4명, 채장 2명, 성장 2명 모두 10명이다.

청서성에는 찰방 1명, 보장 12명, 채장 2명, 위장 30명, 협위장(夾衛將) 6명 모두 51명이다.

현도성에는 우후 1명, 찰방 2명, 감목관 1명, 보장 2명, 성장 2명, 위장 10명, 협위장 6명 모두 24명이다.

만하성에는 찰방 1명, 보장 8명, 위장 20명 모두 29명이다.

• ○○ 고적표(○○考績表) (단위 : 명)

등급 / 총인원	상			중			하		
	상지상	상지중	상지하	중지상	중지중	중지하	하지상	하지중	하지하
봉천성	1	1	1	3	15	2	0	1	1
사천성 11	상 세 등에 다만 한 사람. 그 등은 그 공적을 비교한다.			1	7	1	하 세 등에 다만 한 사람. 그 등은 그 죄를 비교한다.		
완남성 11	상 세 등에 다만 한 사람. 그 등은 그 공적을 비교한다.			1	7	1	하 세 등에 다만 한 사람. 그 등은 그 죄를 비교한다.		
무남성 32	1	1	1	3	20	3	1	1	1
영남성 16	1	0	1	2	10	1	하 세 등에 다만 한 사람인데 그 등은 그 죄를 비교한다.		
황서성 34	1	1	2	4	20	3	1	1	1
열동성 6	상 세 등에 다만 한 사람.			1	3	1	하 세 등이 있기도 없기도 하는데 그 죄를 비교한다.		
송해성 25	1	1	1	3	15	2	0	1	1
패서성 10	상 세 등에 다만 한 사람.			1	6	1	하 세 등은 다만 한 사람.		
청서성 51	1	2	2	5	31	5	2	2	1
현도성 24	1	1	1	3	14	3	0	1	1
만하성 29	1	1	1	3	17	3	1	1	1

※ 이 법은 열 명마다 둘을 뽑아서 하나는 상등으로 하고, 하나는 하등으로 하는 것이 위에 기록한 예와 같다.

여러 성(省)에 있는 능(陵)·묘(廟)의 관원과 토관(土官)[63]과 사고(史

63) 토관(土官) : 평안도와 함경도의 부(府)·목(牧)·도호부(都護府)에 따로 설치한 벼슬. 그 도 사람만을 임용했음.

庫)의 관원도 모두 고적하는데 다만 세 등으로 분간하여 오직 열두 조목만 갖춘다.

잘한 공적이 있는 자는 상고에 두고, 현저한 허물이 있는 자는 하고에 두며, 그렇지 않은 자는 모두 중고에 둔다.

생각건대, 사람의 선함과 악함은 본래 정해진 인원이 없는 것이니 한 성의 서른 고을에 반드시 상등을 세 고을, 하등을 세 고을로 할 것이 아니다. 그러므로 이제 그 원수(員數)를 정해서 보태거나 줄이지 못하도록 해야 한다.

만약 착한 관리가 우연히 드물게 되면 반드시 구차하게 충수한 표창이 있게 되고, 만약 탐묵한 관리가 우연히 많게 되면, 요행으로 형벌을 면하는 일이 있음을 면치 못하게 될 것이니, 논의하는 자들이 반드시 시끄럽게 일어나서 함께 불편하다 말할 것이다. 그러나 생각하건대 문시 갑과(文試甲科)에 매양 세 사람씩을 뽑는데, 갑과에 합격할 자가 어찌 반드시 세 사람이 되겠으며 을과를 정할 때 매양 다섯 사람을 뽑는데 을과에 합격할 자가 어찌 반드시 다섯 사람이겠는가?

과시(科試)에 시권(試券)을 고열(考閱)해서, 어떤 때는 2상을 장원(壯元)으로 하고 어떤 때는 3하를 장원으로 하기도 하는데 장원이 되면, 예에 따라 반드시 6품에 올려 바로 예조 좌랑(禮曹佐郞)이나, 성균관 전적(成均館典籍)에 제수하는데 시권이 하등이었다 하여 장원으로 시상(施賞)하지 않은 적은 일찍이 없었으니 지금 내가 정한 고공하는 법도 이것과 무엇이 다른가? 시험삼아 완남성으로 말해보겠다.

서른 고을 수령으로서 금년 세말에 하등으로 될 자가 분명히 세 사람이 있을 줄을 안다면 혹 그 구덩이에 빠지게 될까 염려하여 벌벌 떨 자가 없지 않을 것이며, 금년 세말에 상등이 될 자가 분명히 세 사람이 있을 줄을 안다면, 혹 저 언덕에 오르게 될까 바라서 눈알을 돌리며 거드름을 부리지 않을 자가 없을 것이다. 그런데 두려움은 없고 바람도 없는 것이 어찌 오늘날 같음이 있겠는가? 하물며 54조목은 조정에서 내린 명(命)이고, 27조목은 수령이 공장(功狀)을 바치는 것인데, 금년 세말에 27조목을 자신이 기록하

여 위에 보고해야 할 것임을 분명하게 안다면, 54조목으로써 죄를 면하고 공을 세우기를 아침 저녁으로 항상 생각하고 도모하지 않을 자가 없을 것이다. 그런데 두려워하고 앞을 다툼이 어찌 오늘날 같음이 있겠는가? 내가 남방(南方)에 귀양가서 15년 동안 있으면서 밤낮으로 상량(商量)한 것이 오직 이 방법이다. 시행해보아서 효과가 없으면 내가 그 허물에 책임지려 한다.

감사가 고적한 계본(啓本)과 수령이 주적(奏績)한 서장(書狀)을 아울러 조정에 올리면, 조정에서는 아울러 이조(吏曹)에 회부한다.

수령이 주적한 서장을 감영에서 없앰은 불가하다. 비록 아홉 등으로 고적한 것이 주적한 서장에 따르지 않았더라도 주적한 서장은 마땅히 조정에 올려야 한다. 법이 본디 이와 같으면 감사도 수령의 실적을 감히 엄폐해서 사의(私意)로 폄척(貶斥)하지는 못할 것이다.

3년마다 세 차례 고적을 대비(大比)하는데, 수령은 이미 체대(遞代)되었거나 체대되지 않았음을 막론하고 모두 서울에 올라와서 소접(召接)[64]을 기다렸다가 주적한 서장을 직접 아뢴다.

3년 동안 주적한 서장과, 3년 동안 고적한 계본을 수령이 모두 안고, 연석(筵席)에 올라, 꿇어앉아서 읽다가 혹 임금이 하문(下問)하면 곧 연중(筵中)에서 말을 부연(敷演)하여 아뢴다. 이것은 요와 순이 날마다 여러 수령을 면접하던 법이다. 이 법이 엄혹하고 늠렬(凜烈)해서, 후세의 소략(疎略)하고 해이한 법도와는 같지 않다. 백 번이나 고요히 연구한 끝에 비로소 분명히 깨칠 수 있었다.

64) 소접(召接) : 명소(命召)해서 접견(接見)함.

소접이 끝나면, 이에 암행어사 열두 사람을 파견한다. 열두 성에 나누어 보내서 그 공과 죄의 허실을 고찰한다.

자(子) · 오(午) · 묘(卯) · 유(酉) 년이 되면 입춘(立春) 날부터, 세 차3례 고적한 수령을 인견(引見)한다. 날마다 5~6명씩을 인견하여 입하(立夏) 열흘 전까지 인견하고 그 공적도 다 아뢰도록 한다(북쪽 변경에 있는 수령은 교체되어서 돌아온 후에 인견한다). 이리하여 입하 날에 어사를 파견하여 입동(立冬) 전에 복명하도록 한다.

어사는 수령이 주적한 서장과 감사가 고적한 계본을 가지고, 여러 고을에 남모르게 다니면서 그 허실을 사찰(査察)하여 공이 없는데도 있는 것처럼 꾸며 아뢰었는데 감사가 부동(敷同)했으면 거론해서 탄핵하고, 공적이 있어서 아뢰었는데 감사가 억누른 것도 또한 들어서 탄핵한다.

적이 살피건대 조정에서 어사를 보내는 것은 대략 3~4년 만에 한 번씩 보낸다. 그러나 혹 5~6년이 되어도 보내지 않고 혹은 7~8년 만에 보내므로 수령과 향리(鄕吏)가 모두 요행을 바라고 간악한 짓을 부리면서 오래된 사건이 발각되지 않기를 바란다. 나의 생각에는 그 법을 한 번 정하여 반드시 3년마다 한 번씩 보냈는데 자 · 축 · 인(子丑寅) 3년 동안의 일을 묘년(卯年)에 들추어내도록 하고, 묘 · 진 · 사(卯辰巳) 3년 동안의 일을 오년(午年)에 와서 들추어내게 한다.

이것으로 일정한 법식을 삼아 당기거나 물리는 일이 없으면, 비록 탐관활리(猾吏)라 하더라도 모두 후일을 염려하여 감히 방심하지 못할 것이니, 비록 고적을 하지 않더라도 실제 효과가 있을 터인데, 하물며 조정에서 반포한 54조목이 어사의 손 안에 있고, 수령이 주적(奏績)한 27조목이 어사의 손 안에 있고, 감사가 고적한 장(臧)과 부(否) 9조목이 어사의 손 안에 있는데야 더 말할 것 있겠는가?

이것을 가지고 마을에 다니면서 거짓과 실상을 따지는데 누가 벌벌 떨며 두려워하지 않겠는가? 비록 세가대족(勢家大族)이라 하더라도 3년 후에 어사로 올 사람이 친밀한 사람인가, 혹은 소원(疏遠)한 사람인가, 혹 유약

한 사람인가, 강직한 사람인가를 미리 내다보기는 어려울 터이니, 장차 무엇에 기대고 믿겠는가? 감사는 같은 때에 함께 있으니 세력으로 움직일 수 있고 안면으로써 구원을 받을 수 있겠으나, 어사와는 길이 서로 다르니, 세력과 안면 두 가지도 쓸모가 없게 된다. 감사가 고적하는 것도 어사가 뒤에서 논의하고 있는 줄 알면 고적하는 것을 공정하게 하지 않을 수 없을 것이다. 오늘날 법과 비교하여 그 엉성하고 세밀한 것이 어떠한가? 수령이 만약 거짓 공적을 보고했고, 감사가 만약 없는 공적을 아뢰었으면 본죄(本罪) 외에 또 임금을 속인 죄는 용서받지 못할 것이니, 그 벌벌 떨면서 두려워하지 않을 자가 있겠는가? 나는 이 법을 시행할 것 같으면 태평의 다스림을 조석에 기대할 수 있다고 생각한다. 요와 순이 요·순의 정치를 한 것도 고적하는 한 가지 일에서 벗어나지 않았으니 내가 감히 망령된 말을 하는 것이 아니다.

경세유표 제5권

지관 수제(地官修制)
- 전제(田制) 1
- 전제(田制) 2
- 전제(田制) 3

지관 수제(地官修制)

전제(田制) 1

정전론(井田論) 1

정전이란 성인의 상법(常法)이다. 상법이라면 예나 지금이나 통할 수 있는 것인데, 예전에는 시행하기 편리했지만 지금은 불편하다는 것은, 필시 법을 밝히지 못해서 그런 것이지 천하의 이치가 예와 지금에 다름이 있어서 그런 것은 아니다.

지금 정전을 불편하다고 말하는 자들은 그 이유로 크게 두 가지를 들고 있는데, 하나는 지세가 불편하다는 것이요, 또 다른 하나는 백성의 수가 일정치 않다는 것이다. 이것은 선왕의 제도를 깊이 고찰해보지도 않고 나름대로 말하는 것이다. 소순(蘇洵)[1]의 말은 "구(溝)·혁(洫)·회(澮)·천(川)의 제도와, 밭 경계에 도랑과 길을 만드는 법은 구렁을 메우고 골짜기를 평평하게 하며, 구릉을 뭉개고 분묘를 파헤치며, 가옥을 파괴하고 성곽을 옮기고, 경계를 바꾸지 않고는 할 수 없다" 하고 또, "천하 사람을 몰아내고 천하 양식을 다 털어서, 수백 년 동안을 여기에만 전력하고 다른 일은 하지 않은 다음이라야 천하의 땅이 다 정전이 되기를 바랄 수 있을 것이다"

---

1) 소순(蘇洵) : 송(宋)나라 사람. 자는 명윤(明允), 호는 노천(老泉). 6경 백가(百家)의 학설에 능통했다. 그가 지은 『권형론』(權衡論) 등 2편을 구양수(歐陽修)가 임금에게 바쳤다.

하였다. 이것은 소순의 말뿐이 아니고 천하 사람이 항상 하는 말이다.

무릇 이런 말을 하는 사람은 자신이 사리에 통하고 일을 잘 알아서, 옛 사적에 막힘이 없어 사람들을 흡족하게 만들고 이론을 시원스럽게 하는 것이 족히 한 세상을 능가한다고 여기나, 스스로 극히 용렬하고 혼매해서 이 일을 논하는 데 참여할 수 없는 존재임은 알지 못한다.

아! 지금의 산천도 요·순(堯舜)과 3왕(王) 시대의 그 산천이며, 지금의 강역도 요·순과 3왕 시대의 그 강역이다. 그 구릉과 언덕 및 숲과 진펄도 모두 크게 변하지 않았다. 혹 장맛비에 씻겨져서 무너지기도 하고, 가래와 삽으로 뭉개서 막히기도 했으나 기껏해야 심인(尋仞)[2] 사이에 불과했고 크게 변하지는 않았다. 대저 요·순과 3왕이 산을 뭉개서 구멍을 메우고 고개를 깎아다 늪을 메워서 천하를 다 정전으로 만들었다고 누가 말했는가? 진실로 이와 같으면 소씨(蘇氏)는 수백 년을 기한했지만, 나는 천만 년이라도 할 수 없는 바라고 생각한다. 유림(儒林)[3]들이 경서를 주석하면서 잘못한 것이 있었는데, 후세 사람은 그 주석을 받들어서 경서라 하여 독실하게 믿어 의심치 않아 차라리 요·순과 3왕이 허황되고 괴상한 무함을 당할지언정 유림이 말한 것은 끝내 한 자도 감히 논박하지 못하는데 모두 이런 이유에서이다.

두우(杜佑)는 "밭둑 길(阡陌)이 이미 무너졌으니 숨긴 전지를 밝혀내야 한다. 숨긴 것을 밝혀내는 것은 변통하는 데에 있고 변통하려면 문부를 빙준하여야 한다. 대저 미덥지 못한 법을 시행하면서 수많은 서리에게 정사를 맡겨서 인사의 중과(衆寡)를 기록하고 지리(地利)의 다소를 밝히고자 한다. 이것은 비록 신불해(申不害)[4]와 상앙(商鞅)이 형벌로 독려하고, 대요(大撓)[5]와 예수(隸首)[6]가 계산하여도 상세하게는 못한다"[7] 하였다. 따라

2) 심인(尋仞) : 심이나 인이 모두 여덟 자(尺)다.

3) 유림(儒林) : 공맹(孔孟)의 도를 닦는 사람들. 유학자.

4) 신불해(申不害) : 전국시대 한(韓)나라 사람. 소후(昭侯) 때에 정승으로 있었다. 그의 학문은 황제(黃帝)와 노자(老子)에 기본하여 형명(刑名)을 주로 했는데 법가(法家)의 조종(祖宗)으로 삼는다.

서 말하는 자가 있어 "인구(生齒)가 줄고 느는 것은 날로 바뀌고 달로 변해서 구름이 솟아나듯, 안개가 변화하듯 한다. 인구를 헤아려서 전지를 주며, 고르게 하려 해도 금년에 완전하던 것이 내년에는 변해버린다. 그리하여 주고 빼앗고 받고 돌리곤 하는 것이 마치 모래알이 바람을 따라서 모이고 흩어지듯 해서 비록 신불해와 상앙이 형벌로 독려하고, 대요와 예수가 계산하여도 평균하게 하지는 못한다" 하니 그 용렬하고 총명하지 못함이 소씨의 말뿐이 아니다. 만약 그렇다면 요·순과 3왕 때에는 천하 백성이 모두 태어나는 데에 시기가 있고 죽는 것도 한정이 있어, 그 총수를 잡아서 분수를 평균하게 할 수 있었다는 말인가? 그렇지 않으면 장차 요·순과 3왕 때에도 일찍이 정전하는 법이 없었는데 경전에 기재된 것은 모두 제해(齊諧)·우초(虞初)[8]처럼 꾸며낸 것일 뿐이란 말인가? 어찌해서 요·순과 3왕은 능히 시행했는데 지금은 끝내 본받을 수 없단 말인가?

아아! 천하에 이치는 하나인데 지금 사람이 반드시 못할 일이라면 요·순과 3왕도 또한 못했을 것이며, 요·순과 3왕이 이미 한 것은 지금 사람도 능히 할 수 있는 것이다. 어찌 의심이 있겠는가? 무릇 요·순과 3왕 때에 천하 백성을 다 호구(戶口)대로 세어서 전지를 갈랐다고 누가 일렀는가? 우매한 사람은 근거 없는 속설에 빠지고 총명하다는 사람은 선유의 잘못한 주석에 얽매여, 비록 혁혁한 경서를 증거로 하여 천고의 의혹을 타파하기에 족함이 있어도 살피는 사람이 없으니, 이것이 천하에 공통된 병폐이다.

나도 그런 말은 익히 들었으나 반드시 예전이나 지금이나 그 시절에 알

---

5) 대요(大撓) : 황제가 대요에게 명해서 5행(行)을 연구하고 북두칠성의 운행을 알아내도록 명해서 비로소 60갑자(甲子)를 만들었다고 한다.

6) 예수(隸首) : 대요와 함께 황제를 모셨던 신하. 처음으로 산법(算法)을 만들었다 한다.

7) 이 문장은 두우(杜佑)의 『통전』(通典) 1권에 보인다.

8) 제해(齊諧)·우초(虞初) : 제해는 인명(人名) 또는 서명. 『장자』(莊子) 소요유(逍遙遊) 편에 "제해는 괴기(怪奇)한 것을 기록한 것이다" 하였고, 우초는 한 무제(漢武帝) 때 방사(方士)로서 소설을 처음 지었다. 따라서 제해·우초는 소설을 가리킨다.

맞은 것을 참작하고 변통하는 방법을 시행하여 알아듣기 쉽게 하고 너무 고차원적인 이론을 펴지 말며, 시행할 수 있게 한 다음이라야 그 법을 조금이라도 시행할 수 있다고 생각했는데, 성인의 여러 경서를 보니, 내가 참작해서 변통하고자 한 바가 원래부터 선왕의 본법(本法)이니, 다만 경서에 나타난 것을 상고해서 시행할 것이며 반드시 조리를 찾아서 줄이거나 불릴 것이 아니었다.

아아! 성인이 오활할 것 같으면 어느 누가 면밀하며, 성인이 몽매할 것 같으면 어떤 이가 소명(疏明)한가? 도를 믿음이 독실하면 어디를 가더라도 석연하지 않음이 없는 것이다.

정전론(井田論) 2

정전(井田)은 어찌해서 만들었는가? 정전이란 9분의 1만 취하는 것이 표준이다. 평평한 곳을 택해서 두어 마장에 1정을 만들거나 혹은 10정이 서로 잇달아 있기도 한다. 그런데 천하의 땅을 다 정전으로 만들었다는 것은 선유의 말이다. 천하의 전지는 본래 길기도, 짧기도, 비스듬하기도, 타원형이기도, 뾰족하기도, 뭉툭하기도, 조각나기도, 비뚤어지기도 한 것이다. 수리에 정묘한 자가 구고법(句股法)[9]으로 재고, 멱적(冪積)으로 승·제(乘除)한 다음 회계해서 끊고 보태고 하여 거기에 포함된 실수(實數)를 알았다. 이에 농부를 불러서 "너희들 사전은 8이고 공전은 1이니, 여덟 사람이 하나를 농사해서 관(公)에 바쳐라. 내가 장차 그대들을 쓰겠노라" 하니 백성들이 두려워하며 물러가서 의논하기를, "내 밭이 적지 않는가? 네 밭은 크지 않는가? 공전이 아마도 너무 크지 않는가?" 하며 의혹하고 다투며 원망하고 저주하여 역대로 평온할 수가 없었다. 이리하여 정전이 생기게 되었다.

평탄한 곳에다 땅을 구획하여 정(井)을 만들고, 여기에 법을 정해서 6척(尺)을 1보(步), 100보(步)를 1묘(畝 : 세로 가로가 10보씩이다), 100묘

9) 구고법(句股法) : 직각삼각형의 논이나 밭을 측량하는 법.

를 1부(夫 : 세로 가로가 10묘씩이다), 3부를 1옥(屋 : 3간 집과 같다), 3옥을 1정(井)으로 하였다(그 모양이 井字와 같다). 이에 바라보니 4각이 평직(平直)하고, 간살이 균정(均正)해서 갑의 100묘가 을의 100묘와 다름이 없고, 을의 100묘는 공전의 100묘와 다름이 없게 되었다. 이에 농부를 불러서 "네가 이 정(井)을 보고 이것으로 셈한 다음 돌아가서 네 밭을 보고 9분의 1이 되는가를 시험하라" 했다. 지난번에 길기도, 짧기도, 비스듬하기도, 타원형이기도, 뾰족하기도, 뭉툭하기도, 조각나기도, 비뚤어지기도 하던 것을 한결같이 이 방법으로 갈랐으므로 거기에 포함된 실수가 같고 같지 않음을 환하게 알 수 있었다. 이것이 정전을 만들게 된 까닭이다.

성인이 규구(規矩)로써 방원(方圓)을 바르게 하고, 6률(律)로써 5음(音)을 바르게 하며, 정전으로써 9분의 1을 취하는 것을 바르게 했다. 이것을 표준으로 하고, 방식으로 하고, 본보기로 하고, 법으로 해서 들에 있는 어리석은 백성에게 그 전지(田地)를 측량한 것이 방식에 맞게 했음을 알도록 한 것일 뿐이지 어찌 반드시 산을 무너뜨려서 구렁을 메우고, 고개를 깎아 늪을 메워서 천하의 땅을 다 정전으로 만든 다음에라야 마음에 쾌하게 여겼겠는가?

정(井)으로 만들 만한 곳은 정으로 만들고, 정을 만들 수 없는 곳은 규(規)로 재어 정(町)으로 만들고, 내(萊)로 하고 치(菑)로 하여 하나같이 정전하는 그 비율을 이용해서 승 · 제 · 절(絶) · 보(補)하여 정전 총수로 묶은 다음 9라는 숫자를 버리고 10으로 곱해서 이에 정이 아닌 것도 또한 정으로 헤아려서 10정이 통(通)이 되고, 10통은 성(成)이 되며, 10성이 종(種)이 되고, 10종은 동(同)이 되었다. 이것을 표준으로 하여 벼와 꼴(禾稿)을 거두고, 수레를 부과(賦課)[10]하며, 이것을 표준으로 하여 도비(都鄙)[11]를 만들고 이것을 표준으로 하여 후(侯)[12]를 봉하고 백(伯)[13]을 세웠

10) 수레를 부과(賦課) : 수레는 병거(兵車). 병거를 백성에게 내도록 하여 전쟁에 대비하는 일.
11) 도비(都鄙) : 도는 도시, 비는 시골.
12) 후(侯) : 옛날 천자가 공신(功臣)이나 친 왕자에게 봉작하던 5작 중의 제2위. 후작(侯爵).
13) 백(伯) : 5작 중의 제3위. 백작(伯爵).

으니 이것이 요·순과 3왕의 법이다. 후세의 유자가 10정은 1통이 되고, 10통은 1성(成)이 된다는 것만 잠깐 보고는 반드시 10×10하는 개방(開方)으로 하여 모자람이 없고 막힘이 없도록 하기 위하여 바둑판에 날줄과 씨줄이 있는 것처럼 생각했다. 경서에 '4방 10리', '4방 100리', '4방 1천리'라는 것을 바둑판같이 상상했다. 이에 나가서 기주(冀州) 땅을 보았으나 이렇게 할 만한 큰 들이 없고 나가서 연주(兗州) 땅을 보아도 이런 큰 들이 없었으며, 나가서 옹주(雍州)·예주(豫州) 땅을 보아도 이런 큰 들이 없었다. 이에 말하기를 "반드시 구렁을 메우고, 골짜기를 평평하게 하여 언덕을 뭉개고 분묘를 파버리며 집을 허물고 성곽을 옮겨서, 밭둔덕을 바꾸어 수백 년이 지난 다음이라야 그 일이 이루어진다"고 말하니 아아! 그 또한 깊이 생각하지 못한 것일 뿐이다.

우리나라 전지는 10속(束)이 1부(負)이고, 10부가 1총(總)이며, 10총이 1결(結)이다. 일찍이 10×10하는 개방으로 하지 않았는데 어찌 반드시 통(通)·성(成)·종(終)·동(同) 제도를 정하고 반드시 개방으로 하기를 기다린 다음이라야 이에 그 명목(名目)을 세웠을 것인가? 그렇지 않다는 것을 여기에서 쉽게 깨달을 수 있다.

정전론(井田論) 3

정전은 어찌하여 만들었는가? 정전이란 농가의 진법(陣法)이다. 호구를 계산해서 전지를 분배했다는 것은 망령된 말이다. 천하의 농부를 8명씩 묶어 1오(伍)를 만들어서 100묘를 경작하도록 하였는데 8명이 1오(伍)가 된 것을 1부(夫)라 이르며, 3×8한 24명이 1대(隊)가 되는데 이것이 1옥(屋)이다(곧 夫 3이 1옥이 된다). 그리고 8×8한 64명이 1기(旗)가 되는데 이것을 1정(井)이라 이른다. 10정이 1통(通)이 되는 것은 기가 합쳐서 초(哨)가 되는 것과 같으며, 10통이 1성(成)이 되는 것은 초를 합쳐서 사(司)가 되는 것과 같고, 10성이 1종(終)이 되는 것은 사를 합쳐서 부(部)가 되는 것과 같으며, 10종이 1동(同)이 되는 것은 부를 합쳐서 영(營)이 되는 것과 같다.

여부(餘夫)란 부부(夫婦) 2명을 말한다. 여부에게 25묘를 주는 것은 기병을 출격시키는 것인데 4여부를 서로 합치면 또 1부(夫)가 되었다. 4여부의 4×9한 36여부를 서로 합쳐서 또 1정을 이루는데 소위 9부(夫)가 1정이라는 것과 합쳐 계산해서 통 · 성 · 종 · 동이 되었다. 이것으로써 부세를 내고 이것으로써 군려(軍旅)를 동원했다. 이것이 옛날의 정전이다. 그 누가 인구를 헤아려서, 전지를 분배한 것이라고 하였는가?

천하에 인류가 생긴 지 오래이다. 생육하고 번식하여 사해에 넘쳐나는데 만약 인구를 헤아려서 전지를 분배하고자 했다면 요 · 순으로도 할 수 없었을 것이다. 하루 동안 9주 안에 출생하는 어린이를 헤아리면 1만 명이 될 것이며, 무덤에 묻히는 늙은이도 1만 명으로 헤아릴 수 있을 것이다. 혹 젖먹이일 때 죽고 혹 아이일 때 요사하고, 혹 장년에 죽고, 혹 흉년에 굶어 죽기도 한다. 혹 물결이 일렁이듯 번식해가고, 혹 높다란 집이 휑하니 비도록 죽어서, 그 성하고 쇠함과 늘어나고 줄어드는 것이 날로 다르고 달로 같지 않은데 어찌 그 총수를 잡아서 기준을 세우고 고르게 분배해서 기울어짐이 없도록 할 수 있겠는가?

성인은 지혜가 많으니 필시 예산 없이 이런 일을 시작하려 하지 않았을 것이다. 하물며 백성이란 서로 도와가면서 사는 것이다. 밥이 비록 귀한 것이나 천하 백성을 모두 농사로 돌리면 또한 곤란해져서 죽게 될 뿐이요, 공장이 쇠 · 나무 · 질그릇 · 기와 · 벽돌을 다듬어서 기구를 만들어내지 않으면 죽음이 있을 뿐이요, 상인이 재화를 통화해서 있고 없는 것을 서로 옮겨서 부족한 것을 보충하지 않으면 죽음이 있을 뿐이다. 우인(虞人)이 산택의 재목을 흥작하지 않으며, 목자(牧者)가 조수를 번식시키지 않으며, 부인네가 명주실 · 삼 · 칡 · 모시 실을 다듬어서 의복을 돕지 않으면 죽음이 있을 뿐이다. 이와 같은 자는 모두 농사를 지을 수 없으며, 농사를 지을 수 없으면 전지도 줄 수 없는 것이다. 그런데 인구를 계산하고 비율을 정해서 전지를 분배한다는 것은 어찌 이런 이치가 있을 수 있겠는가?

전지는 천자와 제후의 소유였다. 천자와 제후가 이 전지를 가지고 농부에게 갈라준 것은 지금 부자가 전지를 가지고 소작인에게 나누어주는 것과

같다. 부자가 소작인에게 전지를 갈라줄 때에는 반드시 건장하고 부지런하며, 농사일을 도울 만한 아내와 자식과 머슴과 종이 있는 자를 택해서 준다. 천자와 제후가 백성에게 전지를 주는 것도 이것과 무엇이 다르겠는가? 총재(冢宰)가 9직(職)[14]을 백성에게 맡겼는데 오직 농사할 만한 자에게 농사를 맡겼다. 그러므로 9직에 농사도 한몫을 차지했을 뿐이다. 그런데 온 천하 백성에게 인구를 헤아려서 전지를 분배했다니 이럴 이치가 있겠는가? 부모에게 아들 열이 있는데, 농사할 만한 자에게는 농사시키고, 공장(工匠) 일을 할 만한 자에게는 공장을 시키며, 장사할 만한 자에게는 장사를 시킨다. 그 직업이 이미 갈라지니 그 생활도 넉넉해진다. 총재가 9직을 만민에게 맡기는 것도 이것과 무엇이 다르겠는가?

지금 정전을 논의하는 자는 반드시 먼저 온 나라의 전결(田結)을 계산하고 잇따라서 온 나라 백성의 수효를 계산한 다음, 비율을 정해서 고르게 분배하면서, "전결이 부족하다", "인구가 항상 넘친다" 하며 여기에 말을 만들되 "상고 시대에는 땅은 넓은데 사람이 적어서 정전을 할 수 있었으나 후세에는 인구가 날로 번성해서, 정전 제도는 다시 회복할 수가 없다" 한다. 아아! 그 또한 깊이 생각하지 못했을 뿐이다.

농부의 수를 장부에 기록하고 그에 따라 전지를 분배하는 것은, 졸오(卒伍)를 장부에 기록해서 군에 배속하는 것과 같다. 그 장부에서 제외된 자는 각자 그에 알맞는 직으로써 농부와 더불어 공(功)을 통하고 일을 바꿔해서 먹을 것을 넉넉하게 한다. 이것이 "백성의 살림을 마련한다"는 것인데, 어찌 일찍이 천하의 백성(黔首)이 다 100묘 되는 전지를 얻어서 각자 먹을 것을 도모하도록 했겠는가? 그러므로 정전법은 오늘날에도 회복할 수 있는

14) 9직(職) : 주나라 때의 9종의 직업. ① 3농(農)은 9곡(穀)을 생산. ② 원포(園圃)는 초목을 배양. ③ 우형(虞衡)은 산택(山澤)의 재목을 생산. ④ 수목(藪牧)은 조수(鳥獸)를 번식. ⑤ 백공(百工)은 주옥(珠玉)·금석(金錫)·피(皮)·혁(革)·목(木)·석(石) 등 여덟 가지 재료를 다듬음. ⑥ 상고(商賈)는 재화를 유통시킴. ⑦ 빈부(嬪婦)는 비단과 베를 짬. ⑧ 신첩(臣妾)은 초목의 뿌리와 열매 중 먹을 수 있는 것을 수집함. ⑨ 한민(閒民)은 일정한 직업이 없고 이일 저일 닥치는 대로 함.

것이다. 다만 아득하게 생각하고 마음을 급히 하여, 당 · 우(唐虞)시대와 같게 하기는 기대하기 어렵다고 개탄해서는 안 된다.

염려되는 것이 한 가지 있는데, 옛날에는 천자와 제후가 전지의 주인이었으나 지금에는 온 백성이 전지의 주인이 되었으니 이것이 도모하기 어려운 점이다. 반드시 수백 년을 두고 흔들리지 않아서 차츰차츰 회수하고 차례대로 시행한 다음이라야 선왕(先王)의 법을 회복할 수 있을 것이다. 그 처음에는 한전(限田) · 명전(名田) · 균전(均田)[15] 같은 법으로 하다가, 오랜 세월이 흐른 뒤에 태아(太阿)[16]의 지루를 돌려 잡으면 병에 담긴 물이 쏟아져 흐르는 것처럼 거의 막힘이 없을 것이다.

정전 제도는 여러 경서에 여기저기 보이나, 선유의 주석은 많이 끌리고 얽매여서 통하지 않는 곳이 많다. 이리하여 일을 안다는 사람도 반드시 정전을 불편하다고 말하는데, 이번에 여러 경서에서 요긴한 대목만 뽑아서 다음과 같이 정리(疏理)하였다.

『주례』(周禮) 지관(地官) 소사도(小司徒)가 토지에 경계를 그어, 그 전야(田野)를 정전과 목장으로 했다. 9부(夫)를 정(井)으로 하고, 4정을 읍(邑)으로 하며, 4읍을 구(丘)로 하고, 4구를 전(甸)으로 하고 4전을 현(縣)으로 하고, 4현을 도(都)로 한 다음, 그 땅에 대한 일을 맡겨서 공부(貢賦)와 모든 세를 거두게 하였다.

정사농(鄭司農)은 "정목(井牧)이란 평평하고 기름진 곳은 정전을 만들고, 물가와 진펄은 목장을 만든다는 것이다"고 하였다.

『좌전』 양공(襄公) 25년조에는 "초(楚)나라 위엄(蔿掩)이 사마(司馬)가

---

15) 한전(限田) · 명전(名田) · 균전(均田) : 한전은 전지의 소유를 제한함. 『송사』(宋史) 식화지(食貨志)에, "공경(公卿)은 30경(頃)을, 장리(將吏)로서 부역하는 자는 15경을 넘지 못하도록 한다" 하였다. 명전은 백성의 전지 소유를 제한하는 것. 균전은 공경에서 서민까지 모두 경수(頃數)가 있어 품계 내에서 균등하게 분배하는 것을 이르는 것이다.

16) 태아(太阿) : 옛날의 유명한 칼 이름. 간장(干將)이 자산(茨山)을 파고, 철영(鐵英)을 가져다가, 용연(龍淵) · 태아 · 공포(工布)라는 철검 3자루를 만들었다 한다(『越絶書』 外傳記 寶劍).

되자 토전(土田)을 기록하고 산림을 측량하며(재목을 조사하는 것), 숲과 늪을 조사하고(불태우는 것을 금하는 것), 언덕과 둔덕을 분변하며(墓地를 위한 것), 소금기가 있는 곳과 메마른 땅을 표시하고(稅를 가볍게 하기 위한 것), 경계에 흐르는 물이 있는 곳을 헤아리며(租를 감면하기 위한 것), 낮고 습한 땅을 헤아리고(고인 물을 요량하는 것), 둔덕과 방죽(防築)에 이랑을 만들며(제방 사이 땅은 정전같이 方正하게 할 수 없으므로 별도로 작은 이랑을 만드는 것), 수변과 진펄은 목장을 만들고(꼴을 베고 짐승을 치는 곳으로 만드는 것), 평평하고 기름진 곳은 정전을 만들어(평평하고 좋은 곳은 『주례』 제도와 같이 정전을 만들었는데, 9夫가 정이 되었다) 수입(收入)을 요량해서 부세(賦稅)를 정하여(9土에 수입되는 것을 요량하는 것) 수레를 징발하고 말(馬)의 수를 기록하여(백성의 재물을 받아서 수레와 말을 준비하는 것) 거병(車兵)·도졸(徒卒)·갑옷·방패 따위를 부과하도록 했다" 하였다.

생각건대, 땅을 살피는 데에 아홉 가지가 있는데 오직 평평하고 기름진 땅이라야 정전을 만들었다. 그런즉 "구렁을 메우고 골짜기를 평평하게 하며 둔덕을 뭉개고 분묘를 파헤친다"는 소순(蘇洵)의 말은 벌써 거짓말이 되었다. 평평하고 기름진 땅은 정전을 법대로 그어서 9×9 개방으로 하고, 둔덕과 방죽 사이 땅을 조각조각 밭이랑으로 만드는 것이다. 그리하여 거기에 포함된 면적을 헤아려 긴 것을 끊어서 짧은 데에 보충하여 100묘를 만들고, 아홉을 묶어서 정(井)으로 했던 것이다. 그런 다음에 평지 정전과 통계해서 10정이 1통(通)이 되고 10통이 1성(成)이 되는데 이것이 옛날에 정전하던 법이다. 천하의 땅을 다 정전으로 만들었다는 것은, 이런 이치가 어디 있겠는가?

정현은 "물가와 진펄 땅은 9부를 목장으로 했는데 두개의 목장이 1정(井)에 해당하도록 하였다. 지금 도(都)·비(鄙)를 만들어서 백성에게 전지를 나누어주었는데 토지의 정도에 따라 매년 경작할 수 있는 땅(不易)이 있고, 1년 간격으로 윤작(一易)하는 것, 2년 간격으로 윤작(再易)하는 것이 있으므로 통틀어 2목(牧)에 1정(井)의 비율로 해당시킨 것을 정목(井

牧)이라 한다" 하였다.

가규(賈逵)는 『춘추전』(春秋傳)에 주석하기를 "산림 지역도 9부(夫)를 도(度)로 하여 9도로써 1정에 당하고, 수풀과 늪은 9부를 구(鳩)로 하여 8구로써 1정에 당하도록 한다. 언덕과 둔덕은 9부를 변(辨)으로 하여 7변으로써 1정에 당하도록 하고, 메마르고 소금기 있는 땅은 9부를 표(表)로 하여 6표로써 1정에 당한다. 경계에 흐르는 물이 있는 곳은 9부를 수(數)로 하여 5수가 1정에 당하도록 하고, 낮고 습한 땅은 9부를 규(規)로 하여 4규로써 1정에 당하게 한다. 둔덕과 방죽에 있는 땅은 9부를 정(町)으로 하여 3정으로써 1정에 당하도록 하고, 수변과 진펄로 된 땅은 9부를 목(牧)으로 하여 2목으로써 1정에 당하게 했는데, 평평하고 기름진 땅은 100묘는 부(夫)가 되고 9부가 정이 된다" 하였다.

『춘추정의』(春秋正義)에 "정현이 '2목(牧)으로 1정을 당한다' 했는데, 이것은 정현과 가규의 말이 같다. 『주례』를 상고하건대 백성에게 전지를 주는 것은 2년 간격으로 윤작(再易)하는 것에 불과하니, 오직 셋으로 하나를 당하는 것일 뿐이요, 아홉으로 하나를 당한다는 것은 있을 수 없다. 산림과 수풀과 늪, 언덕과 둔덕, 낮고 습한 땅 따위는 본디 농사를 지을 만한 땅이 아니니 백성에게 나누어주는 땅에 해당되지 않는다. 비록 9배를 주더라도 어떻게 세액에 충당시킨다고 하여 1정에 당하는 세금을 내게 할 수 있겠는가? 또 도(度) · 구(鳩) 등을 9부의 명칭으로 했으나 경전에는 이런 명목이 없으므로 두예는 그 말을 채택하지 않았다" 하였다.

생각건대, 두씨(杜氏)가 정현과 가규의 말을 채택하지 않은 것은 옳은 일이다. 그러나 낮고 습한 땅도 농사를 지을 수 있는 땅이다. 그리고 정(町)과 목(牧)이라는 것은 모두 전지의 명칭이니 가규의 말도 전부 버릴 수는 없다. 그러나 낮고 습하다고 해도 또한 기름진 땅이 있으니 그 멱적(冪積)을 계산하고 100묘(畝)로 묶어서 일반적인 정(井)과 합하여 계산함이 마땅하며, 3년 간격으로 윤작(三易)한다느니 2년 간격으로 윤작하는 땅이라느니 하는 말은 반드시 할 것은 아니다.

논박한다면 정현은 "이 대문은 도 · 비(都鄙)를 만드는 것을 이른 것이

다. 채지(采地)[17]로 정전을 마련하는 것은 향·수(鄕遂)를 만들어서 국도를 중하게 한 것과 다르다" 하였다.

또 "9부가 정이 되는 것은 4방의 1리로서 9명의 농부가 농사하는 전지이다. 이 제도는 소사도(小司徒)가 경계를 그으면, 장인이 밭도랑을 만드는데, 서로 감싸서 이에 완성된다"고 하였다(가규는 "1부는 公府에 들어가고, 사방을 8명의 농부가 100묘씩 농사하면, 9명의 농부가 지을 것이 없다. 하물며 그 중에서 한 번 바꾸는 것과 두 번 바꾸는 것이 있게 되면 차지하는 수효는 더욱 적다" 했으나 지금 정은, "사방 1리는 9부가 농사하는 땅이다" 하였으니 정은 땅에 9부가 있음에 의거해서 말한 것이고 9家가 있다는 것은 아니었다).

또 이르기를 "4정이 읍(邑)이 되는데 사방이 2리이고, 4읍이 구(丘)가 되는데 사방이 4리이며, 4구가 전(甸)이 되는데 사방이 8리이다. 이 옆에다 1리씩을 보태면 사방이 10리가 되어서 1성(成)이 된다. 100정(井) 900부를 모아서 그 중에서 64정 576부는 전세(田稅)를 내고, 36정 324부는 밭 사이 도랑을 만든다" 하였다. 또 "정전하는 법은 동(同)에서 갖추어진다. 지금 도(都)에서 그친 것은 채지로 받는 것이 모두 4분의 1인 때문이다. 그 제도는 3등급이 있으니 100리 되는 나라(즉 大都)는 무릇 4도(都)인데 1도의 전세(田稅)를 왕에게 바치고, 50리 되는 나라(즉 小都)는 무릇 4현(縣)인데 1현의 전세를 왕에게 바치며, 25리 되는 나라(家邑을 이른다)는 무릇 4전(甸)인데 1전의 전세를 왕에게 바친다" 하였다.

가공언은 "정현은 이것이 도·비 만드는 것을 말한 것으로 알았다. 그것은 향·수(鄕遂)와 공읍(公邑) 안은 모두 구·혁법(溝洫法)을 사용했는데 이것을 경서에는 정전법이라 했으므로 도·비를 만드는 것인 줄로 알았던 것이다. 채지를 정전으로 마련해서 향·수와 다르게 했다는 것은 수인(遂人)조를 상고하건대, "부(夫) 사이에 수(遂)가 있다" 하였으니 이것은 도랑

17) 채지(采地) : 경·대부(卿大夫)의 봉읍(封邑). 그 땅에 조세를 받아서 녹봉에 대신하였다. 채읍도 같다.

을 만드는 법과 같으며, 향전(鄕田)하는 제도는 수와 같다. 이 경계는 장인(匠人)조에 이른 정전법으로서 향·수와는 같지 않다" 하였다.

생각건대, 정현이 『주례』를 주석하면서 그릇된 것이 많은데 이 편(篇)이 그 중에도 가장 심하다. 주나라 제도에 왕성(王城) 안을 6향(鄕)이라 하고, 성 밖 근교를 6수(遂 : 50리 이내)라 일렀다. 100리 안쪽은 원교(遠郊 : 遂의 바깥)라 일렀고, 200리 안쪽을 방전(邦甸 : 즉 公邑)이라 했으며, 300리 안쪽은 가초(家稍 : 대부의 采邑)라 일렀다. 400리 안쪽은 방현(邦縣 : 작은 도시가 있는 곳)이라 이르고, 500리 안쪽을 방도(邦都 : 큰 도시가 있는 곳)라 일렀다. 총재(冢宰) 9부(九賦)에 대한 주석은 본디 사마법(司馬法)[18]에서 나온 것이다. 사마법에는, "100리가 교(郊)가 되고 200리는 주(州)가 되며, 300리는 야(野)가, 400리는 현이, 500리는 도(都)가 된다" 하였는데 그 의(意)도 근본한 데가 있다. 다만 수인(遂人)이 관장한 바는 6수(遂) 안에 그쳤고, 소사도(小司徒)가 토지를 경계해서 정전과 목장을 마련한 것은 안으로 원교에서 밖으로 방도(邦都)에 달했다.

그런데 정현은 이 장(章)을 전적으로 도·비를 만드는 일에만 소속시켰으니 또한 잘못이 아닌가? 주나라 법은 오직 6수에만 십일세(什一稅) 법을 썼고, 원교 이외는 모두 구일세(九一稅) 법을 썼다. 그러므로 6수의 십일제(什一制)는 수인이 관장했고, 원교 이외의 정전과 목장하는 제도는 소사도가 관장하였다. 원교·방전(邦甸)·가초(300리 안쪽)에는 다만 정·읍·구·전(井邑丘甸)이 있을 뿐이고, 현·성(縣城)은 두지 않았으니 비록 4전(甸)이 있어도 묶어서 현으로 하지 않은 것이며(작은 도시가 없다) 방·현 지역에는 다만 읍·구·전·현이 있을 뿐이고 도성(都城)은 세우지 않았으므로 비록 4현이 있더라도 묶어서 도(都)로 하지 않았다(큰 도시가 없다).

대개 200리 안은 왕의 위령(威令)이 아주 가깝게 미치므로 다만 구·전

18) 사마법(司馬法) : 주대 토지의 경리(經理)·병부(兵賦)의 징수에 관한 규정. 주문왕이 만든 것으로 토지의 단위와 분배된 토지의 넓이에 따라 징수할 병마(兵馬)의 수를 규정한 것(『通典』 食貨 田制上).

을 두어서 그 전역(田役)을 공상(供上)하도록 했다. 그 너머에 한 겹으로 대부의 채읍을 두게 하고, 가초(말이 조 이삭을 먹는 것을 초라 한다)라 불러서, 각자 보수하도록 했는데, 거기에는 벌써 외적 방어에 대한 뜻이 있었다. 또 그 너머에 한 겹으로 작은 도읍을 쭉 벌여 만들고 현이라 부르면서 같은 성씨(姓氏)를 봉했고, 또 그 너머에 한 겹으로 큰 도시를 쭉 벌여 만들어서 작은 읍의 4배가 되도록 하고, 도(都)라 부르면서 왕의 자제(子弟)를 봉했다.

『시경』에 "대종(大宗)이 오직 나라의 근간이며, 종자(宗子)가 오직 나라의 성(城)이다" 한 것도 대개는 이런 유를 지칭한 것이며, 또한 이것을 왕실의 울타리로 삼은 것이다. 또 작은 도읍, 큰 도읍이라는 것도, 반드시 임금을 봉해서 머물러 지키도록 했던 것은 아니다. 그러므로 노(魯)나라의 3가(家)가 각자 한 도읍을 차지하고, 3도(都)라 일렀다. 그 중 계씨(季氏)는 민자건(閔子騫)을 비(費) 지방 수재(守宰)로 삼았고, 또 고자고(高子羔)를 비의 수재로 삼았으니, 이것은 수재에게 지키도록 한 것이다. 진헌공(晋獻公)은 신생(申生)에게 곡옥(曲沃) 지방을 지키도록 하면서 분도성(分都城 : 閔公 원년조에 보인다)이라 했은즉, 신생이 지키기 이전에는 곡옥에 군(君)을 봉한 적이 없었던 것이다. 정무공(鄭武公)은 숙단(叔段)에게 경성(京城)을 지키도록 하고 도성이라 했으니(隱公 원년조에 보인다), 숙단이 지키기 이전에는 경성에 군을 봉한 적이 없었다. 이미 군으로 봉한 사람이 없는데 어찌 수재가 없을 수 있겠는가?

총재가 8칙(則)으로 도·비를 다스렸는데, 8칙이란 첫째 신(神), 둘째 관(官), 셋째 이(吏), 넷째 사(士), 다섯째 용(用), 여섯째 민(民), 일곱째 위(威), 여덟째 중(衆)이다. 현(縣)과 도(都)를 다스리는 데에 관원과 아전과 사(士)와 백성이 있어, 우러러 신(神)을 섬기고 아래로는 민중(民衆)을 제어했는데, 지금의 고을 수령과 그 직책이 서로 같았다. 왕자나 왕제(王弟) 중에, 그 고을에 봉할 만한 자가 있으면 봉하고 그렇지 못하면 수재(守宰)를 두었는데 그 법은 제후에게도 통용되었다. 그러므로 공자는 중도(中都)의 수재가, 자유(子游)는 무성(武城)의 수재가, 복자천(宓子賤)은

선보(單父)의 수재가 된 적이 있었는데, 모두 이런 재(宰)였다. 그런데 정현은 반드시 나라를 세웠다고 말했으니, 또한 잘못이 아닌가? 정전하는 법은 안으로 원교에서 멀리는 강기(畺畿 : 500리)까지 통했다. 정현은 매양 "향·수에는 구혁법(溝洫法)을 쓰고, 도·비에는 정전법을 썼다"고 하였으니 그렇다면 중간에 세 겹으로 되어 있는 땅에는 또 무슨 법을 썼단 말인가? 어찌해서 황폐하도록 그냥두어 마침내 전지가 없어지게 했겠는가? 그 분명하지 못함이 이와 같다.

살피건대, 6향(鄕)이란 왕성(王城) 9구역 중에서 6구역이다. 6향 사람은 오로지 덕행과 도예(道藝)를 익혀서 향당(鄕黨)과 주려(州閭)의 가르침을 받았다. 혹 벼슬하여 사대부가 되고, 혹 벼슬하여 부사(府史)와 서도(胥徒)가 되기도 하였다. 이 중에는 한 사람의 농부도 없고 벼나 기장을 심을 만한 한 조각 빈 땅도 없었다. 그런데 정현이 매양 "향·수에는 구혁법을 썼다" 했으니 또한 잘못이 아닌가? 10부(夫)에 구(溝)를 만들고, 100부에 혁(洫)을 만들었는데, 이것이 6수에 시행했던 법이고, 6향과는 상관이 없었다.

6향의 취(聚)는, 5가(家)는 비(比)가 되고, 5비는 여(閭)가 되어, 이것이 족(族)·당(黨)·주(州)·향이 되고, 6수(遂)의 취는, 5가가 인(鄰)이 되고, 5인이 이(里)가 되어, 찬(酇)·비(鄙)·현(縣)·수(遂)가 되는 것이다. 4교(郊) 외의 취는 9부(夫)가 정이 되고, 4정은 읍(邑)이 되어 구(丘)·전(甸)·현·도(都)가 되었으니, 모두 여섯 계층(階層)의 제도로 만들었던 것이다. 1향(鄕)의 호수는 1만 2천 500가(家)이고, 1수의 호수도 1만 2천 500가였다. 그런데 1도(都)의 호수는 8천 192가(1정이 8가이고 1읍이 32가이니 1도의 수도 이와 같다)에 불과하다. 그 많고 적음이 같지 않음은 6향 안에 백성들이 받은 가게 터는 대소가 서로 같아서 넓히지도 좁히지도 못하며, 5집과 5집이 서로 비(比)로 되어서 더 보태지도 더 줄이지도 못하기 때문에, 그 수효가 저와 같았다. 6수 안에는 비록 각자가 흩어져 살고 있지만 또한 5집과 5집이 서로 비(比)로 되었다. 그러나 정전과 목장하는 지역은 그 땅이 넓으므로 각자 흩어져 살면서 농사를 짓는다. 또

여부(餘夫)와 작은 호(戶)로서 1가(家)를 이루지 못한 것이 그 안에 섞여 있으므로 5가로 셈하지 못하고, 다만 정전한 땅으로써 표준하였다.

무릇 4정의 백성을 묶어서 읍으로 하고, 4읍의 백성을 묶어서 구(丘)로 하며, 4구의 백성을 묶어서 전(甸)으로 했는데 1도(都)를 통틀어 계산하면 크고 작은 민가가 반드시 1만 2천 5백이라는 숫자와 그리 동떨어지지는 않을 것이다. 이것이 선왕이 읍제도를 마련한 방법이다.

살피건대, 정전법은 복판이 공전이 되고, 4방이 8명 농부의 사전이 되어 있는데, 이것은 변할 수 없는 뜻이었다. 경서에 "9부가 정이 된다"라는 것은, 100묘 되는 땅을 원래부터 1부라 일컬어서 100보(步)가 묘(畝)가 되고, 10정은 통(通)이 되는 것과 같은 예이고(『字書』에 畉가 있는데, 이것은 9부가 정이 된다는 畉이다) 민부(民夫)가 9명이라는 것은 아니다. 그런데 정현은 이에 "9부가 농사하는 전지이다" 하였으니 또한 잘못이 아닌가? 가공언은 이것을 답답하게 여겨서 이에, "정현의 말은 아홉 농부가 차지한 땅을 이른 것이다" 하였다. 그러나 정현은 100정을 900부로 하고 계산해 올려서 마침내 "4천 96정이 3만 6천 864부가 되어서 전세를 낸다" 했으니, 어찌 땅을 들어 말한 것이랴? 정현은 맹자의 말을 믿지 않고 굳이 1정을 아홉 집으로 만들고, 아홉 집이 1구(區)씩을 농사해서 각자 국세(王稅)를 낸다 하였다. 그리하여 10분의 1과 9분의 1이라는 것을 도무지 알 수 없게 했으니, 그 잘못을 어찌 숨길 수 있겠는가? 진정 이와 같다면 9구역으로 구획한 것은 아무 의의가 없는 것이니 어찌 성인의 법이겠는가? 9분의 1로 하는 것은 천하에 공통되는 법이고 오직 6수(遂) 안에만 별도로 10분의 1을 적용한 것이니, 뒤섞어서는 안 되는 것이 이와 같다.

생각건대, 정전법은 오직 평평하고 기름진 땅에다 때로 1정을 구획한 다음 법과 셈을 세워서 만민에게 보이고, 9분의 1로 하는 큰 법을 정했을 뿐이다. 혹 1정이 따로 있기도 하고 혹 여러 정이 서로 잇따라서 있기도 했다. 혹 평원 광야에는 10정이 서로 잇달아 있을 수도 있다. 그러나 소위 10정이 통이 되고, 100정이 성이 된다는 것은 평탄한 곳에 1정과 2정이 흩어져 있는 것을 합쳐 계산해서, 그 수효에 충당한 것이다. 이뿐 아니라

웅덩이진 땅, 묵은 땅, 집 곁의 공터 등의 한 고랑 되는 전지라도, 비뚤어진 것, 타원형인 것, 뾰족한 것, 뭉툭한 것, 긴 것, 짧은 것을 끊고 보태고 해서 100묘로 묶기도 하였다. 그리하여 100묘가 9가 되면 묶어서 1정으로 했고, 10정이 되면 묶어서 1통으로 했으며, 10통이 되면 묶어서 1성으로 하였다. 사리로 미루어보아도 반드시 그러하며 경문을 숙독해도 깨달을 수 있다.

정현은 매양 1성 되는 지역을 바둑판처럼 상상하고 이에 "4정인 읍은 사방이 2리이고, 4읍인 구(丘)는 사방이 4리이며, 4구인 전은 사방이 8리다" 하였으며, 심한데 이르러서는 "옆에다 1리를 보태면 사방 10리가 되는데 이것을 1성으로 만들었다"(사방 8리의 사방에 1리씩을 보탠 넓이를 이른 것이다) 하였으니 또한 고집스럽지 않은가? 문을 닫고 종이를 편 다음 그림을 그리며 셈을 따져서 고생 끝에 1성의 제도를 완성했으나, 문을 한 번 열고 보면 이와 같은 큰 들판이 없는 데에야 정현인들 장차 어떻게 하겠는가?

살피건대, 사마법(司馬法)에 "전(甸)은 사방이 8리인데, 장곡(長轂) 한 채를 낸다" 하고 또 "성(成)은 사방 10리인데 장곡 한 채를 낸다"(『考工記』 匠人疏에 있다) 하였다. 전이란 읍취(邑聚)를 이르는 것이고, 성이란 전총(田總)을 이르는 것이다. 그리하여 그 땅을 지키는 자는 전(甸)으로써 수레를 내고, 그 전지에 농사하는 자는 성(成)으로써 수레를 내었던 까닭에 그렇게 쓴 것이다. 그리고 사방 10리라는 것을, 미루어 끊고 옮기고 보태서 개방법(開方法)으로 계산하였으므로 그 글이 저와 같다.

그런데 정현은 고집을 부려 반드시 1전(甸)을 1성으로 만들고자 하였다. 그러나 전에 포함된 것이 64정이고, 성에 포함된 것은 100정이다. 정(鄭)은 이것을 민망하게 여기고 이에 한 방법을 만들어서, "64정은 전세를 내고, 36정은 도랑(洫)을 정리한다" 하고, 1동(同)에 이르러서는 "4천 96정은 전세를 내고, 5천 904정은 봇도랑과 도랑을 정리한다"(全文이 註疏에 보인다) 하였다. 이것은 1만 정(萬井) 되는 땅에서 4천은 국세를 내고 6천은 봇도랑과 도랑을 손질한다는 것이니, 천하에 어찌 이런 일이 있겠는가?

도랑을 뚫고 봇도랑을 파는 일이 비록 괴롭기는 하겠으나 한 번만 완전하게 쌓아놓으면 수백 년이 지나도 무사할 수 있고, 혹 막히더라도 가끔 파서 손질만 하면 되는데 어찌해서 해마다 6천을 떼어서, 파고 손질하는 비용에 충당한단 말인가? 세를 내는 백성은 어찌 그리 괴로워야 하며 봇도랑을 손질하는 백성은 어찌 그리 안락하여야 한다는 말인가? 천하에 이런 법은 반드시 없을 것이다. 장구(章句)에만 얽매이는 부유(腐儒)의 소견이 상대부(桑大夫)[19]에게 기롱을 받음이 또한 마땅하지 않은가?

생각건대, 기내(畿內) 지역을 갈라서 봉(封)하는 법은 1도(都)에 한정되어 있다. 그러므로 도(都)는 대도(大都), 현(縣)은 소도(小都)라 한 것이 재사(載師)조에 있으며, 그 글이 확연하다. 그런데 정(鄭)은 이에 "기내에 100리 되는 나라가 있다" 하였으니 또한 지나치지 않은가?

정이 의거한 것은 왕제(王制 : 『禮記』의 편명)이다. 그러나 왕제에 93국(國)이라는 말은 주자(朱子)가 이미 설파하였다(陳澔의 『集說』에 있다). 『춘추전』(春秋傳)에 "대도(大都)의 성(城)은 왕성 크기의 3분의 1을, 중도(中都)는 5분의 1을, 소도(小都)는 9분의 1을 넘지 못한다"(은공 원년조에 보인다) 하였다. 그리고 방기(坊記 : 『예기』의 편명)에는 "도(都)의 성은 치첩(雉堞)[20] 100을 넘지 못하며, 대부(大夫)의 집이 부(富)해도 수레 100채를 넘지 못한다" 하였다. 도의 성을 나라의 성과 비등하게 함을 성인이 경계했는데, 하물며 100리 되는 나라가 기내(畿內)에 벌여 있는 것이겠는가?

순본기(舜本紀 : 『사기』의 편명)에 "1년 동안에 취락을 이루고, 2년 동안에 읍이 되며 3년 만에 도(都)를 이루었다" 하였는데, 도라는 것은 본디 나라가 아니다. 그러므로 순(舜)을 도군(都君)이라 일컬었고, 국군(國君)이

---

19) 상대부(桑大夫) : 상홍양(桑弘羊). 한 무제(漢武帝) 때의 어사대부(御史大夫). 천하의 염철(鹽鐵)을 다 관장하여, 경사(京師)에다 평준사(平准司)를 두고 천하의 수운(輸運)을 받아들였다.

20) 치첩(雉堞) : 성 위에 낮게 쌓은 담. 몸을 숨기고 적을 공격할 수 있게 된 설비. 성첩(城堞)·여장(女墻).

라 일컫지는 않았다. 주·소(周召)[21]와 모·담(毛聃)[22] 등도 그 채읍(采邑)을 작호로 했을 뿐이었다. 그러므로 주국(周國)·소국(召國)이라는 것은 듣지 못했다. 하물며 정은, "100리 되는 나라는 이미 1동(同) 되는 땅에 봉한 것이다" 했는데, 정은 기내 1천 리 지역이 바둑판처럼 되어서 일찍이 산봉우리 하나, 수풀 하나도 가림이 없는 것으로 상상했던 것이다. 그러므로 100리 안에서 온전하게 1동 되는 전지를 얻기 위해 오활하고 혼암(昏暗)함이 이에 이르렀으니, 또한 말을 그만두어야 하겠다.

그러나 소명윤(蘇明允 : 명윤은 蘇洵의 자임)의, "구렁을 메우고 골짜기를 평평하게 한다"는 말은 모두 그와 같은 그릇된 주석에서 나온 것이므로, 변론하지 않을 수 없다(가공언은 25리 되는 나라를 家邑으로 설명했는데, 천하에 가읍을 나라로 한 것이 있겠는가).

고공기(考工記)에 장인(匠人)은 구·혁(溝洫)을 만드는데, 보습(耜)의 너비는 5치이고, 보습 둘이 한 짝이 된다. 한 쟁기로 땅을 갈아서 너비 1자, 깊이 1자인 것을 견(甽 : 畎자의 古字)이라 하고, 너비 2자, 깊이 2자인 것을 수(遂)라 하였다.

정현은 "옛적에는 보습에 쇠(金)가 하나이고 두 사람이 함께 갈아헤치는 것으로, 밭둔덕 복판을 밭도랑(甽)이라 하며 밭도랑 위를 갈아헤친 것을 벌(伐)이라 하는데 벌(伐)은 헤친다(發)는 것이고, 견(甽)은 견(畎)이다. 지금 보습의 갈라진 꼭지에 쇠가 둘이 있는 것은 예전 쟁기를 본뜬 것이다. 전(田)이란 한 농부가 농사하는 100묘(畝)로서 사방이 100보 되는 땅이다. 수(遂)란 부(夫) 사이 작은 도랑이며 수 위에 또 작은 길이 있다" 하였다.

---

21) 주·소(周召) : 주공(周公)과 소공(召公). 모두 주 문왕(周文王)의 아들로 성왕(成王)을 도와 훌륭한 정치를 구현한 자들이다.

22) 모·담(毛聃) : 모국과 담국. 모두 주 문왕의 아들을 봉한 나라 이름이다.

가공언은 "밭도랑 위에 높게 된 흙을 벌(伐)이라 이르며, 벌은 발(發)인데 흙을 위로 헤치는 까닭에 벌이라 한다. 후한(後漢) 때에 소를 이용해서 갈고 심었던 보습은 머리가 갈라지고 다리가 둘인 것이었는데 지금도 그렇다. 수인(遂人)조에 '매부(每夫)에 거처할 터와 전지 100묘를 준다' 하였는데, 저 구·혁(溝洫)을 만드는 법에 있어서도 1부에게는 곧 이와 같았다" 하였다.

또 "수인조를 상고하니, '부(夫) 사이에 수(遂)가 있고 수 위에 길이 있다' 하여 저 구·혁하는 법과 이 정전하는 법이 비록 같지 않으나 부 사이에 수가 있고 수 위에 길이 있는 것은 같다" 하였다. 상고하건대 저 정이 '남묘(南畝)로써 본다면 수(遂)는 세로가, 구(溝)는 가로가 되며, 혁(洫)은 세로, 회(澮)는 가로가 되는데, 9회 밖에 내(川)가 둘러 있다' 하였다. 수가 부(夫) 사이에 있는 까닭으로 수는 세로이다. 그런데 여기에 '밭머리와 어긋나게 한 것이 수가 된다' 하였으니 수는 가로가 되는 것이다"(저기에는 수는 세로, 구는 가로가 된다 했는데, 여기에는 수는 가로, 구는 세로가 되는 것이다) 하였다.

또 "저쪽의 내는 사람이 만든 것이다. 이쪽에는 100리에 회(澮)가 있고 회수(澮水)가 내에 흘러드는데 서로 거리가 멀기 때문에 자연내가 되는 것이다" 하였다.

생각건대, 벌(伐)이라는 것은 벌(垡)이고 발(發)은 발(𤳃 : 같은 글자다)인데 모두 보습으로 흙을 일군다는 뜻이다. 경서에 "한 따비로 헤친 것을 두 보습으로 갈아헤친 것이라 이르는데 너비와 깊이가 1자씩이다" 하였다. 그런데 정은 이에 "밭도랑 위가 벌(伐)이다" 했으니 이것은 잘못 주석한 것이 분명하다. 가공언도 이에 "밭도랑 위에 높게 된 흙을 벌이라 한다" 하였는데 이것은 정의 말에 따른 것이니, 족히 괴이하게 여길 게 없다.

생각건대, 꼭지가 둘로 갈라진 보습은 옛사람의 법이었는데, 이것이 한나라 말엽까지 전해내려왔던 것이다. 다만 옛적에는 두 사람이 짝지어서 갈았고, 한나라 때에는 혼자서 소 1마리로 갈았던 것이다. 그런데 정은 이에 "옛적 보습은 쇠가 하나였는데 두 사람이 함께 갈아헤쳤다" 하였다. 대

저 두 사람이 쇠가 하나인 보습을 각자 가지고 1자 되는 봇도랑을 함께 만들게 되면 손의 자세가 서로 나란히 가기는 반드시 어려울 것인데 이것도 또한 정씨의 오활한 점이다.

생각건대, 내라는 것은 흐르는 물이다. 경서에 "두 산 사이에 반드시 내가 있고, 큰 냇가에는 반드시 개천(涂)이 있다" 하였다. 천하에 사람이 만든 냇물이 어찌 있겠는가? 수인(遂人)조에는 10부(夫)라 하고 장인(匠人)조에는 9부(夫)라 하여, 이것이 비록 같지 않으나 냇물은 모두 자연적인 것이다. 대저 정전에 구·혁하는 제도는 큰 냇가에서 지세를 따라 경선(經線)을 세움이 마땅하다. 남쪽으로 흐르는 냇물이나 북으로 흐르는 냇물이 있으면 남북은 경으로, 동서는 위로 함이 마땅하고, 동쪽으로 흐르는 냇물이나 서쪽으로 흐르는 냇물이 있으면 동서는 경으로, 남북은 위로 함이 마땅하다. 그러면 정의 이른바 남묘도(南畝圖)라는 것도 생각건대 오활한 선비가 문을 닫고서 만든 것이다. 옛 사람이 "동서를 천(阡), 남북을 맥(陌)이라 한다" 하고, 또는 "남북을 천, 동서를 맥이라 한다" 하였다. 대개 냇물이 흐르는 경계는 곳에 따라 같지 않으니 명칭도 따라서 달라지는데, 냇가에 살던 사람이 각각 옛날에 들은 말을 바탕으로 해서, 무릇 경으로 된 것을 천(阡), 위로 된 것을 맥(陌)이라 하였다. 오활한 선비가 동서와 남북으로써 천·맥이라는 명칭을 정하고자 했으니 또한 어려운 일이다.

우(禹)가 자신의 공적을 아뢰면서 "봇도랑과 밭도랑을 파서 냇물에 이르고 내(川)를 파서 바다에 이르렀다" 하였다. 그렇다면 냇물이 바다로 통한 것인데 어찌해서 사람이 만들었다 하는가? 대체로 밭에서 물을 빼는 것은 보습으로 갈아헤쳐서, 밭도랑(畎)을 만들어야 한다. 밭도랑은 위(緯)이고, 밭도랑 물이 실개천(遂)으로 흘러드는데 실개천은 경(經)이다. 실개천이 구(溝)로 흘러드는데 구는 위이고, 구는 혁(洫)으로 흘러드는데 혁은 경이다. 혁은 회(澮)로 흘러드는데 회는 위이고, 회는 내로 흘러드는데 내는 경이다.

그 정전을 구획하는 방법은 냇가에서 시작했다. 10묘의 길이를 10×10으로 개방하여 1부(夫)를 만들고, 3부의 길이는 3×3으로 개방하여 1정을

만들며, 1정의 길이를 10×10으로 개방하여 1성을 만들며, 10성의 길이를 1종(終)이라 이르고, 이것을 10×10으로 개방하여 1동(同)으로 하였다. 이것이 정전의 큰 수효다. 냇가에서 시작하여 산밑에서 그치는데 그 사이에 지세의 길고 짧음과, 넓고 좁음과, 멀고 가까움과, 비뚤어지고 반듯한 것이 곳에 따라서 같지 않다.

그런즉 이 정전은 혹 구획하여 1정이 되자 드디어 산을 만나 그치기도 하고, 혹은 100정을 구획하여 1성이 되기도 하며, 혹은 1성이 못되고 곧 산을 만나 성이 완성되지 못하기도 한다. 혹 평평하고 널따란 들판이 사방 100리에 아득하게 펼쳐져서, 바라보아도 끝이 없는 그런 곳인즉 100성(成)을 개방해서 1동(同)을 만들 수도 있다. 그러나 비록 모자람도 없고 막힘도 없이, 완전하게 1동이 되는 곳은 천하 어디에도 없을 것이다. 그러나 성인(聖人)이 법을 이와 같이 마련한 것은, 고요모(皐陶謨 : 『서경』의 편명)의 5복(服)[23]에 대한 제도와, 대사마(大司馬)의 9기(畿)[24]에 대한 법이 미치는 한계를 정해놓은 것처럼 준비로 말한 것이고, 그 땅이 모두 그렇게 할 수 있다는 것은 아니다. 그런데 정현의 주석과 가공언의 소(疏)에서는 모두 바둑판같이 생각하였다. 5복(服)의 사방 5천 리와 9기(畿)의 사방 1만 리와 1동(同)의 사방 100리가 온통 바둑판 같아서 한 모서리도 모자람이 없음은 어찌 그런 이치가 있겠는가? 후세에 정을 논하는 자는 반드시 100리 되는 평평한 곳을 구하고, 1동을 구획한 다음 이에 시행하기를 의논하고자 할 것인데 천하 어느 곳에서 이런 땅을 구하겠는가? 장차 요·순과 3왕 시대의 산과 냇물, 둔덕과 진펄은 오늘날에 보는 이것이 아니란 말인가? 9회(澮) 밖으로 냇물이 둘러 있다는 것은 정현의 잘못된 생각이었다.

살피건대, 경서에 정간(井間)이라는 것은 1정(井) 안을 가리킨 것이며,

---

23) 5복(服) : 요·순(堯舜) 시대에 왕기(王畿) 바깥 500리마다 구역을 정해서 전복(甸服)·후복(侯服)·유복(綏服)·요복(要服)·황복(荒服)이라 일컫던 제도.

24) 9기(畿) : 주대(周代)에 왕기를 사방 1천 리로 하고, 그 바깥 500리마다 구역을 정해서 내 6복(內六服)으로 후기(侯畿)·전기(甸畿)·남기(男畿)·채기(采畿)·위기(衛畿)·요기(要畿)가 있었고, 외 3복(外三服)으로 이기(夷畿)·진기(鎭畿)·번기(蕃畿)가 있었다.

성간(成間)이라 이른 것은 1성 안을 가르킨 것이고, 그 동간(同間)이라는 것은 1동 안을 가르킨 것이다. 고공기(考工記)의 문례(文例)도 본디 이와 같았는데 주인(輈人)조에, "그 진간(軫間)을 5등분해서 그 하나로써 굴대 둘레대로 한다. 진간이란 한 진(軫)의 꼭지에서 끝까지의 사이이다"라고 하였고, 부씨(鳧氏)조에는 "선간(銑間)의 길이에서 2분(分)을 없앤 것이 고간(鼓間)이 된다. 선간이란 한 선간의 처음에서 끝까지의 사이이다. 고간도 또한 그렇다" 하였으니, 정간·성간도 또한 이와 같이 해석하는 것이 마땅하다.

정현은 이것을 모호하게 설명하여 분변한 바가 없다. 지금 학자들은 수인장(遂人章)에, "부(夫) 사이에 수(遂)가 있다"라는 한 글귀에만 집착해서 도리어 정간이라는 것을 2정의 사이로, 성간이라는 것을 2성의 사이, 동간이라는 것을 2동의 사이라 한다. 만약 이와 같다면 3리에 구(溝)가 하나이고(이 溝에서 저 구까지 그 사이가 3리이다), 10리에 혁(洫)이 하나이며(이 혁에서 저 혁까지 그 사이가 10리이다), 100리에 회(澮)가 하나이다(이 회에서 저 회까지 그 사이가 100리이다.) 이와 같이 듬성듬성 있다가 한번 장마라도 만나면 반드시 막히고 무너져서 농사를 폐하고 경계가 무너질 것이므로, 성인은 사리에 통하니 반드시 이렇게 하지는 않을 것이다.

> 9부(夫)가 정(井)이 된다. 정간에 너비 4자, 깊이 4자로 한 것을 구(溝)라 이르고, 사방 10리가 성(成)이 되며, 성간에 너비 8자, 깊이 8자로 한 것을 혁(洫)이라 이른다. 사방 100리가 동(同)이 되는데, 동간에 너비 2심(尋), 깊이 2길(仞)로 한 것을 회(澮)라 이른다. 모두 하천으로 통하는데 각각에 그 명칭을 달았다.

정현은 "이것은 기내에 채지하던 제도이다. 9부가 정이 되는데 정이란 사방이 1리로서 9명의 농부가 농사하는 전지이다. 채지에다 정전을 마련한 것은 향·수 및 공읍(公邑)과는 다르다. 3부가 옥(屋)이 되는데, 옥이란 함께 한다(具)는 뜻이다. 1정(井) 안에는 3옥(屋) 즉 9부가 있어 3부씩 서

로 짝을 지어 함께 부세를 내고, 함께 구(溝)를 정리한다" 하였다. 또 "사방 10리가 성(成)이 되는데 성 안에 1전(甸)을 포용하고 전 안에 사방 8리만 전세를 내고, 바깥 둘레 1리는 혁을 정리하며 사방 100리가 동인데, 사방 80리만 전세를 내고, 변두리 10리는 회(澮)를 정리한다" 하였다.

또 재사직(載師職)에, "원전(園廛)은 20분의 1을, 근교(近郊)는 10분의 1을, 원교는 20분의 3을, 전(甸)·초(稍)·현(縣)·도(都)는 모두 10분의 2를 넘지 못한다" 하였으니, 모두 전세를 말한 것으로서, "가까운 곳에는 부세를 가볍게, 먼 곳은 무겁게 한 것이다" 하였다.

살피건대, 10부의 구(溝)와 100부의 혁(洫)에 10분의 1을 율(率)로 정한 것은 6수(遂)의 전지였다. 6수와 4교(郊)는 함께 100리 내에 있었다. 교와 수가 분간되는 경계는 경전에 비록 명문(明文)은 없으나, 미루어 생각건대 50리 안이 6수가 되고 50리 밖은 원교가 됨이 마땅하다. 6수는 7만 5천 가(家)이다. 9가마다 전지 10부(100묘가 10이다)를 농사하는 것인즉, 9천가(家)는 전지 1만 부(100묘가 1만이다)를 농사하며, 7만 5천 가는 전지 8만 3천 33부를 함께 농사하게 된다. 그 중 10분의 1이 공전(公田)이니, 10×10으로 개방(開方)해도 사방 100리는 되지 않는다(부족한 전지가 7성 남짓하다). 왕성(王城) 50리 안에 큰 산이나 큰 늪 등의 황폐한 땅이 없으면 이만한 전지는 거의 포용될 것이다. 그런데 이 전지는 왕성에 아주 가깝고, 사전(師田)[25]으로서 정역(政役)[26]이 외지(外地)보다 많다. 그리고 제사·빈객(賓客)과 큰 상사(喪事), 큰 장사(葬事)에는 모두 공궤(供饋)하는 일이 있다. 그러므로 선왕이 특히 너그러운 법을 써서 별도로 십일법(什一法)을 시행하였고, 원교부터는 모두 정전이어서 그 비율은 9분의 1이었다.

정(鄭)은 매양, "채지에는 정전법을 쓰고 향·수(鄕遂)에는 구혁법(溝洫法)을 썼다"고 이르면서 원교와 방전(邦甸)에 대해서는 끝내 논한 바가 없

25) 사전(師田) : 사(師)는 정벌(征伐), 전(田)은 전렵(田獵).
26) 정역(政役) : 정(政)은 군정(軍政), 역(役)은 군사를 출동시켜서 역사(役事)를 일으키는 것임.

다. 지금에 채지하는 제도를 향·수와 공읍(公邑)으로 분간한다면 공읍도 또한 정전은 아니다. 공읍이란 방전 지역인데(200리 안쪽이다) 오히려 정전을 하지 않았은즉 4교(郊)에 대해서는 더구나 알 수 있는 일이다.

지금 경문(經文)을 상고하건대, 10부의 구와 100부의 혁은 분명 6수의 제도이며, 소사도(小司徒)가 정·목(井牧)하던 법은 원교·근교를 통괄했던 것이다. 그런데 정현은 어찌해서 이와 같은 확실한 경문을 어기고, 스스로 그런 법을 세우는 것일까? 정전은 상법(常法)이며 십일법은 특례(特例)인데, 6수 밖에 10부의 구라는 것이 어찌 있을 수 있겠는가? 이는 잘못된 것이다.

생각건대, 3부(夫)가 옥(屋)이 되는바, 옥은 승옥(升屋)[27]이라는 옥과 같게 읽는 것이 마땅하다. 옛 제도에 집(屋)은 모두 3간이었다. 동쪽이 조계(阼階)이고 서쪽은 빈계(賓階)이며, 복판 봉당의 남쪽을 두 기둥 사이라 했으니 이것으로써 알 수 있다. 정전 3구역은 그 모양이 3간 집과 같으므로 "3부가 옥이 된다" 한 것이다. 정은 옥을 함께 한다(具)는 것으로 풀이했으니, 의미가 적은 것임을 알 수 있으며, 1정(井)은 8가인데, 이제 "셋씩 셋씩 아홉이 함께 한다"는 것은 또 무슨 말인가?

살피건대, 통(通)·성(成)·종(終)·동(同)은 10에 10을 곱한 명칭이고, 읍(邑)·구(丘)·전(甸)·현(縣)은 4×4로 한 명칭이어서, 그 율이 전혀 다르다. 정은 매양 1성(成)이 1전(甸)을 포용한다 하여, 변두리가 10리라는 말을 스스로 만들어내고 혁을 정리한다고 일렀으니, 그가 궤변을 좋아함이 이와 같다.

생각건대, 재사(載師)조에, "전·초·현·도는 10분의 2를 초과하지 않는다" 한 것은 택세(宅稅)를 말한 것이다. 정이 저 주석에는 무슨 세라는 것을 말하지 않다가 지금 이 주석에서 갑자기 전세(田稅)라고 이른 것은 무슨 이유인가? 전세는 기껏해야 9분의 1이고, 가벼운 것은 10분의 1이었는데 어찌 10분의 2라는 것이 있겠는가? 다음에 자세히 논할 생각이므로

---

27) 승옥(升屋) : 지붕을 수선함. 승(升)은 다스린다(治)는 뜻(『詩經』 豳風 七月章).

지금은 우선 생략한다(다음 載師조에 밝혔다).

논박한다면 정현이 "맹자(孟子)는, '복판이 공전(公田)이 되고, 8집이 모두 100묘씩 사전(私田)으로 하면서 함께 공전을 농사한다' 하고 또 『시경』에 '공전에 비가 내려서 결국 우리 사전에도 미쳐온다' 하였으니 이로 본다면 주나라도 또한 조법(助法)을 시행했던 것이다" 하였다. 또 "노애공(魯哀公)이 유약(有若)에게 물으니 대답하기를 '어찌해서 철법(徹法)으로 하지 않습니까?' 하니 애공이 '10분의 2로도 오히려 부족한데 어찌 철법으로 할 수 있겠는가?" 하였다. 『춘추전』에는 선공(宣公) 15년 가을에 처음으로 밭도랑에 세를 매겼으며 전(傳)에 기록하기를, "예(禮)가 아니다. 곡식을 산출하되 자(藉)를 넘지 않는 것은 이것에 의해서 재물을 풍족하게 하려는 것이다" 하였다. 이 두어 가지를 세상 사람들은 잘못된 것이라 해서 의심한다. 그러나 재사직(載師職)과 사마법(司馬法)으로 논한다면, 주나라 제도도 기내(畿內)에는 하(夏)나라의 공법(貢法)을 써서, 부(夫)에게 세를 거두었고, 공전은 없었으며, 『시경』·『춘추』·『논어』·『맹자』로써 논한다면 주나라 제도는 방국(邦國)에는 은나라 때의 조법을 썼고, 공전을 만들었으나 별도로 세는 거두지 않았다.

또 "대저 공(貢)이란 농부들이 받은 전지를 농사해서 세(稅)로 곡식을 바치는 것이고, 조(助)란, 백성의 힘을 빌려서 공전(公田)을 농사하고 또 거두도록 하는 것이다. 기내에 공법을 쓴 것은 향·수 및 공읍(公邑)의 하리(下吏)가 조석으로, 농사일에 따라 공전 일을 재촉하여, 그 사전만 돌보지 못하도록 할 수 있기 때문이고, 방국(邦國)에 조법을 쓴 것은, 제후는 한 나라의 정사를 제 마음대로 할 수가 있으므로 탐포(貪暴)해서, 세를 거두는 데에 한계가 없을까봐 염려한 것이다(가규는, "한계가 없다는 것은 宣公이 밭고랑에 따라 세를 매겼다. 하물며 공법을 하게 되면 무슨 법에 憑準함이 있겠는가? 까닭에 정전으로 하고 공법은 하지 않았던 것이다" 하였다).

주나라는 기내에 세 거두는 데에 경중(輕重)이 있었다. 그리고 제후는 철법으로 했다는 것은, 그 율을 통해서 10분의 1로 법을 삼았던 것이다.

맹자는, '야(野)에는 9부(夫)에 세(稅)가 하나이고, 나라 복판에는 10분의 1로 한다' 하였으니, 이것은 방국(邦國)에도 외(外)와 내(內)를 다르게 한 법이다" 하였다.

가공언은 "『좌씨전』을 상고하니, 두·복(杜服)[28]이 인증한 사마법에, '전(甸)은 사방 8리인데 장곡(長轂) 한 채를 낸다' 하였다. 정현은 『논어』를 주석하면서 사마법을 인증하여, '1성(成)은 사방이 10리인데, 장곡 한 채를 낸다'고 했다" 하였다.

정이 소사도(小司徒) 조를 주석한 데에는 사마법을 인증해서, "성은 사방 10리인데, 사(士) 10인, 도(徒) 20인을 낸다" 하였다. 하지만 교(郊)·수(遂) 외에 채지(采地)하는 법을 아울러 상고해도, 정이 인증한 주나라가 기내에 했던 일은 보이지 않는다. 그런데도 사마법으로써 논한다고 이른 것은, 사마법에 주나라가 기내에는 하나라의 공법을 썼음을 논한 것이 반드시 있었기 때문일 것이다. 정이 헛말을 한 것은 아니고 다만 다른 사람들은 이를 보지 못한 것뿐일 것이다.

생각건대, 정현은 『맹자』도 믿지 않고, 『논어』도 『시경』도 『춘추』도 믿지 않으면서, 재사조와 사마법 두 가지 글에다 중점을 두었다. 그리하여 "주나라 법에 공세(貢稅)는 있어도 공전은 없었다" 하였다. 가령 두 가지 글에 다른 글과 합치하지 않음이 있더라도, 이 두 가지 글을 고집해서 여러 경서를 배격함은 오히려 부당한데, 하물며 두 가지 글에도 모두 증거가 없음이겠는가?

재사에 논한 것은 하나는 전지에 생산된 것으로 하는 법이고, 하나는 택지(宅地)에 세를 받는 법이었다. 그런데 정은 택세로 잘못 알았던 것이다(다음 재사조에 밝혔다). 그리하여 주나라 법이 9분의 1과 다름을 의심했으니 여기서 벌써 한 번 잘못된 것이다. 하물며 여러 학자의 주석에 산견(散見)되는 사마법에도, 또한 주나라 법에 공세만 있고 공전이 없었다고, 분명하게 말한 것은 일찍이 없었다. 가공언의 소(疏)에 비록 "반드시 공법

---

28) 두·복(杜服) : 두예(杜預)와 복건(服虔).

(貢法)을 논한 것이 있었을 것이다" 했으나 그 본문에 참으로 분명한 말이 있었더라면 정현이 『시경』과 『예기』를 주석하면서 인용하지 않았을 리가 있겠는가? 그 말도 또한 억측일 것이다.

생각건대, 정현이 논한 공법과 조법도 그 고락(苦樂)과 경중이 또한 어긋난다. 정이 논한 바와 같다면 공법은 다만 그 곡식만 조공하니 좋겠지만, 조법은 이미 공전(公田)을 농사했는데 또 거두는 세가 있으니 괴로울 것이다. 이에 "향·수와 공읍(公邑)에는 사전(私田)만을 돌보지 못하도록 하기 위해서 공법을 쓰고, 방국에는 탐포한 것을 염려한 까닭으로 조법을 썼다" 라고 했는데, 이치에 맞는 말인가? 지금 경문을 상고하니 수(遂)에는 십일법(什一法)을 썼음이 분명하고, 도·비(都鄙)에는 구일법(九一法)을 썼음이 분명하다. 기내의 세는 경하게 외방의 세는 중하게, 기내는 안락하게 외방은 괴롭게 했음이 이와 같았는데, 정이 말한 바는 모두 서로 반대로 되니 어찌 잘못이 아닌가? 또 "방국에는 조법을 썼다" 하고는 이에 "제후는 십일세를 받아서 철법으로 했다" 했는바, 조법이 어찌 십일법인가? 정이 말한 바는 모두 어수선할 뿐이고 근거가 없다.

정이 말하기를, "달(達)은 이른다(至)는 것과 같은데, 회(澮)는 바로 천(川)에 이르러서, 다시 쏟아들 곳이 따로 없다. 그 명칭을 기록한 것은 물이 나오는 곳을 알기 위한 것이다" 하였다.

가공언은 "여러 회가 벌써 많으니 물이 나오는 곳을 각각 기록함이 마땅한바 그 명칭을 나타내어서 사람에게 일컬을 수 있도록 함이 옳다" 하였다.

살피건대, 10리에 회가 하나이고 그 길이가 100리인즉 흐르는 물이 제법 많을 터이니 명칭이 없을 수 없다. 강(江)·회(淮)·하(河)·한(漢)은 하천으로서 큰 것이고, 이(伊)·낙(洛)·전(瀍)·간(澗)은 하천으로서 작은 것이다. 한 내(川)의 근원으로서 받아들이는 회물은 비록 많고 적음이 같지 않으나, 모두 명칭이 있었는데 정전하는 일은 대개 냇가에서 시작했던 것이다.

가공언은 "견(畎)·수(遂)와 구·혁은 깊이와 너비가 모두 같으며 회는 너비 2발(尋), 깊이 2길(仞)이다. 만약 공안국(孔安國)이 말한 여덟 자

(尺)를 인(仞)이라는 것으로써 한다면, 회도 또한 깊이와 너비가 같다. 다만 너비는 발(尋)로 재고 깊이는 길(仞)로 재는 것이므로 분별해서 말한 것이다. 왕숙(王肅)같이 넉 자를 길이라 한, 『이아』(爾雅)의 말에 의하면, 깊이 2길이라는 것은 여덟 자로서 너비 2발과 같지 않다. 정현이 '1길 7자가 너비 2발 2자보다 얕다'는 것은 회(澮)를 크게 한 것이다. 그러므로 2자쯤 얕게 해서 구·혁과 서로 같지 않게 함이 마땅하다" 하였다.

생각건대, 구·혁을 쌓는 데에 만약 돌로 쌓지 않으면 흙이 반드시 비스듬하게 뭉그러질 것이다. 그런즉 무릇 너비 몇 자라는 것은 물 밑바닥, 실지 너비(開)의 도수(度數)로써 표준한 것이다. 10리에 회 하나를 만들면, 물이 매우 많아지는데 어찌 이것만으로 그치겠는가? 이는 공안국의 논설을 바르다 함이 마땅하니 회도 역시 너비와 깊이가 서로 비슷한 것이다.

전제(田制) 2

상고하건대 정전제도를 실시할 때 그 경계를 만드는 일이 대개 냇가에서 시작되었고, 냇물은 경류(經流)이다. 보습으로 흙을 갈아일으키는 형세는 냇물의 흐름을 보아서 위(緯)로 했으니 밭도랑은 위(緯)이다. 보습으로 갈아서 10묘가 되면 굽혀서 돌렸고, 이것을 10×10으로 개방(開方)해서 1부(畉)로 하는 것이니 1부는 10묘이다(실제는 9묘다). 10묘 머리에 수(遂) 하나를 두는데(『경서』에 이른바, 밭머리에 반대로 한다는 것이다), 수는 경(經)이다(냇물이 흐르는 방향과 같다). 9부를 개방해서 1정(井)을 만드는 것이니 1정은 4수(遂)이다(실제는 3수다). 4수의 길이로써 구(溝)를 교차하는데(구를 만듦으로써 井이라는 글자가 된다) 구는 위이며, 수와 더불어 엇갈리는 것이니, 1정은 4구이다(실제는 3구다).

10정 머리에 혁(洫) 하나를 두는데 혁은 경(經)이다. 혁이 10정에 이르러야 회(澮)에 들어가며, 10정의 길이를 10×10으로 개방해서 1성(成)이 되는 것이니 1성은 10혁이다(실제는 9혁이다). 10성 외에 회(澮) 하나를

두는데 회는 위이다. 회가 10성에 이르러서야(즉 1終이다) 비로소 냇물로 흘러들어간다. 10성의 길이를 10×10으로 개방해서 1동(同)이 되니 1동은 10회이다(실제는 9회이며 또 양쪽에 2회가 있다). 10회 머리에 냇물 하나가 있으니 천은 경이다. 남북으로 흐르면 남북이 경이 되고 동서로 흐르면 동서가 경이 된다. 그리고 수(遂)·구(溝)·혁(洫)·회(澮)의 명칭도, 각각 냇물이 흐르는 형편에 따라서 경·위가 되는데, 이것이 옛날 정전법의 참 모습이다. 주소(注疏)에 "수인(遂人)은 수를 종(縱)으로, 구를 횡(橫)으로 하고, 장인(匠人)은 수를 횡으로 구를 종으로 했다"고 했으니 잘못된 것이다. 지금 수·구·혁·회 등을 따라서 각각 다음 같은 도표를 만든다.

• 그림 5-① 1부 9견도(一夫九畎圖)

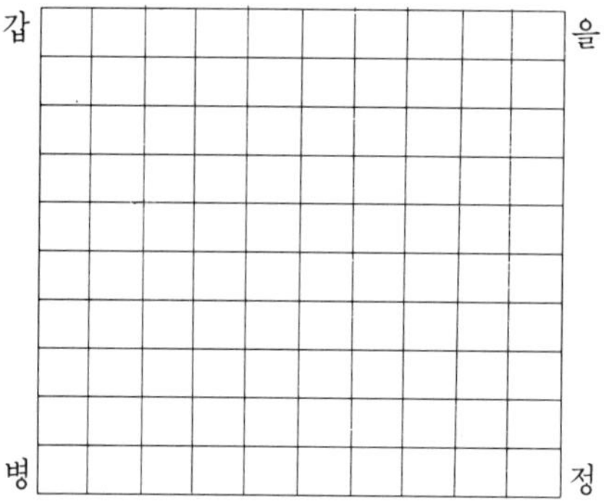

그림 5-①과 같이 갑·을·병·정은 1부로서 100묘 되는 땅이다. 갑·병선과 을·정선이 수(遂)인데 수는 경(經)이다(냇물 흐름과 같은 형세다). 갑·을선과 병·정선이 구(溝)인데 구는 위(緯)이다(수는 물이 흘러들어가는 곳). 중간의 횡선 아홉은 모두 밭도랑(畎)이며 밭도랑도 위이다(밭도랑 물은 수로 흘러들어간다). 그리고 작은 점으로 된 9개의 종선은 밭도랑 하나의 길이로써 10묘를 가른 것이며, 이것을 10×10으로 개방해서 100묘가 되는 것이다. 밭도랑의 길이는 10묘에서 마치고(한 갈이(耕)

가 100步에 이른다), 수(遂)의 길이는 10묘에서 마치며(10묘에 이르러서 溝를 만난다), 구의 길이는 1정(井)에서 마친다. 이 도면에 구도 또한 수와 같이 된 것은 구를 3분의 1만 나타낸 때문이다.

그림 5-②의 갑·을·병·정이 1정(井)으로 9부(夫)의 땅이다. 갑·병 등 종선 4선은 모두 수이고(經), 갑·을 등 횡선 3선은 모두 구(溝)이다(緯).

수의 길이는 1부(夫)에서 마치고(곧 溝를 만난다), 구의 길이는 1정(井)에서 마친다(洫을 만난다). 도면에는 비록 경과 위가 교차되었으나 구는 길고 수는 짧다. 보는 사람은 의당 알게 될 것이다.

• 그림 5-② 1정 4수 4구도(一井四遂溝圖)

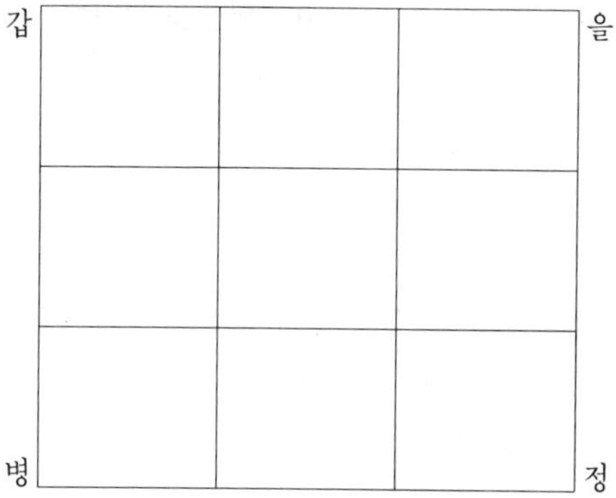

여러 정이 서로 연속되었으면 수와 구는 실상 셋씩이다.

무릇 수 위에 길이 있고, 구 위에 전지 경계가 있는데 지금은 나타내지 않았다.

그림 5-③의 갑·을·병·정이 100정으로 1성(成)이 되는 땅이다. 갑·병 등 종선 11선은 모두 혁인데 혁은 경이다(냇물이 흐르는 편과 같다). 갑·을선과 병·정선은 회인데 회는 위이다(그 선은 가로이다). 복판에 있는 횡선 9선은 모두 1정 가에 있는 구이다(緯).

• 그림 5-③ 백정 1성10혁도(百井一成十洫圖)

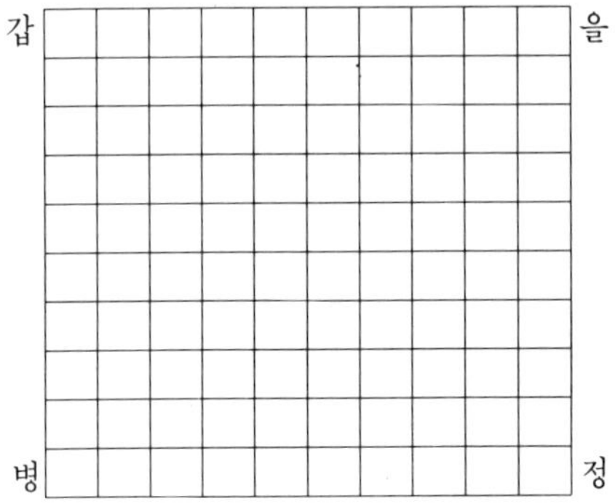

구의 길이는 1정에서 마치고(곧 혁을 만난다) 혁의 길이는 10정에서 마치며(회를 만난다) 회의 길이는 100정에서 마친다(냇물을 만난다). 도면에는 그 길이가 서로 비등한 것은 무릇 구를 10등분해서 보는 것이 마땅하며, 모든 회는 10분의 1로 봄이 마땅한데(다만 1성의 經線만 나타낸 것이다) 오직 혁은 실제 도수(度數)이다(혁의 길이는 10정에서 마친다).

• 그림 5-④ 백성 1동 10회도(百成一同十澮圖)

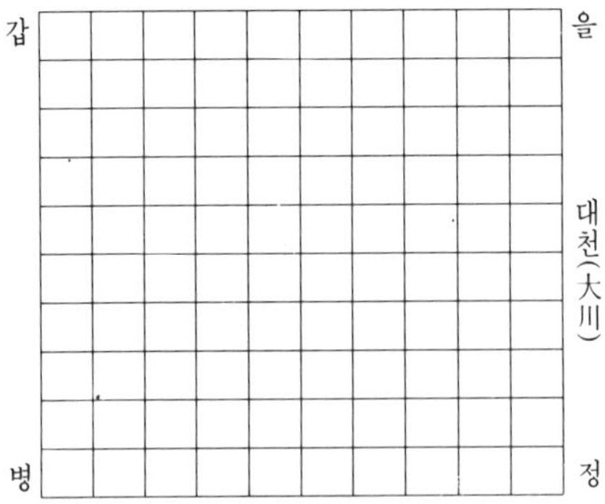

그림 5-④의 갑·을·병·정이 1동(同)으로 사방 100리 되는 땅이다. 횡선 11은 모두 회(澮)이고(緯), 종선 11은 모두 혁이다(經).

혁 물이 회에 들어가는데, 그 길이는 성(成)에서 그친다(길이가 10리를 넘지 않았다). 회의 물은 냇물로 흘러들어가는데 그 길이는 1동(同)에 이른다(1동의 길이는 100리이다). 도면에는 경·위가 비록 교차되었으나 혁은 짧고 회는 긴 것이니 보는 자는 의당 알게 될 것이다.

모든 혁은 10등분해서 보는 것이 마땅하며, 오직 회는 실제 도수이다(길이가 100리다). 냇물가에는 길이 있고 회의 물이 들어가는 곳이면 그 위에 다리(橋)가 있다.

위에 있는 그림 ①~④는 삼가 경서(經書)에 의해서 그 경·위(經緯)를 분변하고 장·단(長短)을 분별해서 그 법(法)의 수리(數里)를 밝힌 것뿐이다. 그런데 이 도면을 두고 시행하기를 의논할 것 같으면 1성(成)이나 1동(同)을 구획해서 만들 수는 없을 것이다. 이같은 이유는 무엇인가? 사방 1리 되는 땅을 바둑판처럼 구획하고, 사방 10리 되는 땅을 바둑판처럼 구획하며, 사방 100리 되는 땅을 바둑판처럼 구획하는 것이니, 사방 1리 되는 곳은 그래도 가능하겠지만 천하에 사방 100리 되는 땅을 바둑판처럼 구획할 수 있는 곳이 있겠는가? 사방 10리도 그렇게 할 수가 없는데 하물며 사방 100리이겠는가? 경서에 이르기를 "사방 100리가 동(同)이 된다" 했으니 동 사이에 있는 회는 길이가 100리가 되어야 하는데 경서를 상고하건대 회는 너비가 2심(尋)에 불과하니 2심은 보통 사람 신장의 두길이다(사람의 신장은 대개 여덟 자이다). 대체로 너비 2장 되는 도랑(渠)이 10리 될 때마다 큰 혁 하나의 물을 받아들이고, 100리를 흐르는 동안에 큰 혁 10곳의 물을 받게 되는데 너비는 2장에 더함이 없으면 그 종말에 탈이 없겠는가?

천하에 장맛비처럼 사나운 것은 없다. 지금 사방 100리 안에 있는 산·구릉·계곡·밭도랑·수·구·혁의 물을 10곳 회에다 쏟아넣는데 그 내(川)에 들어가는 입구의 너비는 오히려 2장에 불과할 것 같으면, 그 물이 넘쳐서 거슬러올라 둔덕과 습지를 덮고, 들판과 진펄을 무너뜨려서 기장과 벼 따위가 무성하고 잘 자라던 것이 순식간에 유사(流沙)에 덮여서 바라보아도 끝이 없으리라는 것을 알 수 있을 것이다. 이런 때에 비록 우(禹)와

직(稷)이 있더라도 또한 멍하니 바라볼 뿐 막아내지 못할 것이다. 이렇게 되면 성인은 지혜가 적어서 이러한 법을 마련한 것이며, 이 경서(考工記)를 지은 자는 선왕의 전장(典章)을 모르면서 효과 없는 엉터리 법을 이같이 저술했다 할 것인가? 이 경서를 지은 자는 문을 닫아걸고 이 법을 마련했고, 이 경서를 주석한 자는 문을 닫아걸고 이 도면을 만들어 하나같이 바둑판처럼 생각하다가 마침내 한 이랑이라도 구획해서 한 포기의 모종도 할 수 없다면 선비라는 자가 상대부(桑大夫)의 비웃음을 당해도 해명할 만한 말이 없을 것이다. 그러니 어찌해야 되겠는가? 이 경서를 주석한 자가 문을 닫고 도면을 만들었음을 진실로 알겠거니와, 이 경서를 지은 자도 문을 닫아걸고서 법을 마련했다는 것은, 반드시 이럴 리가 없다.

경서의 하편(下篇) 문장에 본리(本理)를 갖추어서 말했건만 선유(先儒)가 살피지 못했을 뿐이다. 무릇 정전법을 논의하는 자는 먼저 상편 문장을 읽고서 바둑판을 긋는 것처럼 생각하다가, 다음 하편 문장을 읽고서 그 바둑판처럼 생각하던 것을 한 차례 변화시킨 다음이라야 1성(成) 1동(同)을 비로소 완성할 날이 있게 될 것이다.

> 무릇 천하의 지세가, 두 산 사이에는 반드시 냇물이 있고, 큰 냇물가에는 반드시 길이 있다. 무릇 구(溝)가 지륵(地阞)을 거스르면 통하지 못한다 이르고(이상 한 句이다), 수주(水屬)가 이손(理孫)하지 않으면 통하지 못한다고 이른다(이상 한 구다). 초구(梢溝)는 30리를 흘러내리는 동안에 너비가 배가 된다(阞은 音이 勒이고 屬은 음이 注이며, 孫은 음이 遜이다).

해석해서 넓게 잡아 말하면 남산과 북산 사이에 반드시 냇물 하나가 가로놓여 있고, 좁게 잡아 말한다면 왼쪽 벼랑과 오른쪽 벼랑 사이에 반드시 시냇물 하나가 흘러내린다는 뜻이다. 시냇물은 천연적인 것(天作)으로서, 비록 작더라도 또한 냇물이다. 큰 냇물은 100리나 멀리 간다. 냇가 길을 따라서 걷는 사람이 100리를 다 가노라면, 그 동안에 작은 냇물이 큰 냇물

로 흘러들어가는 곳을 만나는 것이 수십 곳은 될 것이니 이것은 필연적인 이치이다. 이것을 말하는 까닭은 정전을 구획하는 법을 밝히려는 것이다. 먼저 큰 냇물을 보고 이것에 따라서 일을 시작하여, 작은 냇물도 천연적으로 따라할 것인데, 구·혁(溝洫)을 바둑판같이 구획지울 수는 없다.

구란 5구를 통칭하는 것이다. 그러므로 하관(夏官) 사험(司險)에 견(畎)·수(遂)·구(溝)·혁(洫)·회(澮)를 5구라 일렀다(涂란 5도의 통칭이다). 늑(阞)은 땅의 맥리(脈理)이다(肋은 힘줄인데 땅의 힘줄도 사람의 힘줄과 같다).

수주(水屬)란 이곳 물이 저곳 물에 흘러들어서 서로 연속되는 것을 이른 것이다(鄭玄은 屬을 注자로 읽었다). 손(孫)은 순(順)이니 이손(理孫)은 그 본래의 형세를 따름을 일컫는다. 끝내는 반드시 둑이 터지고 물길이 넘치게 되므로 "통하지 못한다"(不行)고 이른 것이다.

초(梢)는 베고 깎는다는 뜻이니 초구(梢溝)란 구를 정리해서 위쪽은 작게 아래쪽은 크게, 나뭇가지처럼 만드는 것이다. "30리면 너비가 곱절이 된다"는 것은 처음 시작될 때부터 한 치 한 치 조금씩 넓혀서 이에 이른 것이며, 30리가 되자 갑자기 불어나서 곱절이 되는 것은 아니다. 회(澮)가 처음 시작될 적에는 그 너비가 16척인데, 7리 반을 흘러가면 너비가 20척이 되고, 15리를 가면 너비는 24척이며, 22리 반을 흘러가면 너비가 28척이 되고, 30리를 흘러가면 너비는 32척이 되어, 처음 시작될 때에 비해서 그 너비가 곱절이 되는 것이다(2尋이 곱절이 된다).

사람이 만든 구는 기껏해야 30리에 불과하다(지금 중국에는 수백 리 되는 漕溝를 뚫기도 했으나 상고 적에는 이런 일이 없었다). 그러므로 수인(遂人)이 회를 만들면서 또한 30리에서 그친 것이다. 그러나 진실로 갖추고자 한다면 앞서 말한 구가 흘러내려서 45리에 이르면 너비가 40척이고, 60리를 흐르면 너비는 48척이 되며, 75리를 흘러가면 너비는 56척이 되고, 90리를 흘러가면 그 너비는 64척이 되며, 흘러서 1백 리에 이르면 그 너비는 71척 3촌이 된다. 거의 보통 사람 신장의 9장(丈)이나 되니, 그 원류(源流)가 비록 길지라도 그 물이 잘 통해서 무너지거나 터지는 일은 거

의 없을 것이다.

혹자는 말하기를 "30리에서 너비가 곱절이나 된다면, 60리일 때에는 30리였을 때의 너비를 또 곱절해서 64척이 되고, 90리일 때의 너비는 60리였을 때의 너비를 또 곱절해서 128척이 된다. 만약 그러면 이 구가 30리에 이르자 형세가 갑자기 변해서 왼쪽 물굽이는 꼬부라져서 왼쪽으로 향하고, 오른쪽 물굽이는 꼬부라져서 오른쪽으로 향하게 된다. 60리가 되면 그 형세가 변해 벌어지는 것이 앞에서 말한 방법과 같게 된다" 하니 어찌 이와 같음이 있겠는가? 비록 양자강과 황하라도 그 점점 커진 형세는 1천 리가 100리 같고 1만 리가 1천 리 같아서, 30리에 이르자 갑자기 변하는 법은 없는데, 어찌 유독 구(溝)만 그러하겠는가? 그 주장은 그릇된 것이다.

총괄해서 말한다면 밭 사이 회가 30리를 흘러가서, 너비가 갑절이 되는데, 1동(同) 되는 전지는 왼쪽으로 비스듬해지고 오른쪽으로 비뚤어져서, 바둑판 같은 모양은 벌써 부서진 지가 오래다. 그 구가 상류쪽은 비좁고 하류가 넓으면 그 전지는 상류쪽은 넓고 하류쪽은 비좁아지는데 어떻게 바둑판처럼 되겠는가? 무릇 구는 반드시 물의 형세에 따르는 것이니(經文에 있는 것인데 다음에 보인다) 구를 위(緯)로, 혁을 경(經)으로 함도 또한 자연적으로 만들어진 시냇물이나 산골 물의 형세를 보아서 당기기도 물리기도 함이 마땅하다. 쌓아서 바르게 할 만한 것은 쌓고, 잘라내어서 바르게 할 만한 것은 자르는 것이다. 혹 석맥(石脈)과 지맥(地脈)이 쌓기도 자르기도 할 수 없게 되어 있거나, 혹은 언덕이 불끈 솟아나서 물의 형세를 따라할 수 없는 곳은 구·혁을 굽혀서, 그 지세에 따르지 않을 수 없다. 이것이 천하의 공리(公理)로서, 우(禹)와 직(稷)도 그렇게 하지 않을 수 없었던 것이다.

만약 그렇다면 그 구·회의 물은 혹 굽지 않을 수 없고 혹 구부러뜨리지 않을 수 없다. 혹 구불텅구불텅해서 뱀이 가듯 하며, 혹 옆으로만 흐르는 것이 게가 가듯 하여, 다 활줄같이 곧게 할 수 없다. 만약 그렇다면 이 옆에 있는 밭고랑은 모두 정전으로 구획할 수 없다. 그 수세가 순하면서 활줄처럼 곧은 곳은 그 전지를 온전한 정전으로 구획하고, 그 수세가 순하기는

하나 구불텅구불텅한 곳에는 전지가 혹 8부(畉), 7부가 되는데 혹 한 모서리가 없고 혹 1묘(畝)가 모자라기도 하며, 혹은 한 모서리가 덧붙었고 혹은 1묘가 남기도 한다. 부서지기도, 잇달리기도 해서 고르게 할 수 없는데 어떻게 바둑판처럼 구획하겠는가?

그뿐이 아니다. 1동 되는 전지의 모양이 바둑판 같고, 한 조각의 빈 땅도 그 사이에 섞이지 않았다면 9만 명(名) 되는 농부는 모두 전지 주변에 빙 둘러서 살게 된다. 그렇게 되면 그 변두리에 있는 여러 전지는 갈아서 농사할 수가 없다. 하지만 겨우 5리만 안쪽으로 들어가도 점점 불편해진다. 10리, 10리 들어가서, 한복판에 이르게 되면 50리나 된다. 온 종일이 걸려도 겨우 갔다가 돌아올 정도의 거리이니 갈고 곰방메질하고 호미질·낫질은 어느 여가에 하겠는가? 그러니 1동 되는 전지를 바둑판처럼 한다는 것은 꿈같은 말이 아니겠는가?

만약 전지 복판에 농막(農幕)이 있어, 수자리(戍)하는 군졸이 둔전(屯田)하는 법과 같다고 이른다면 가을이나 겨울, 보(保)[29]에 들어가는 날에는 그 짚과 볏단을 싣고, 씨앗과 낟곡식을 주워서 50리를 지나 창고를 만들 참이니, 세상에 이런 일은 없다. 하물며 심어둔 보리는 누가 북돋워 가꾸겠는가? 수레에 거름을 싣고 차가운 날씨, 짧은 해에 50리를 가서 보리에 거름을 주어야 하니 너무 수고롭지 않은가? 농가의 일은 사철 한가한 날이 없다. 겨울철이 비록 농한기라 하나 농사일을 아주 잊어버릴 수는 없다. 거름을 내고 판축(版築)을 수리하고 곡식에 섞인 먼지를 까부르며 더럽고 나쁜 것을 씻어버려야 한다. 그리하여 토지를 비옥하게 만들고 사람은 여가를 보아서 편히 쉴 수가 있다. 만약 50리 밖에서 삼동(三冬)을 넘기고 나면 그 농사는 흉년이 들고 말 것이다. 보(保)에 들어간다는 말이 원래부터 맹랑하거니와(다음에 자세히 기록했다), 바둑판처럼 구획하는 제도도 붕괴된 지가 오래이다.

이치가 이미 그러한즉, 경서에 "사방 10리가 성(成)이 된다"고 이른 것

---

29) 보(保) : 보루(堡壘)와 같다.

은, 완전한 정전은 1정(井)으로 계산하고 잔여의 부(畉)는 합쳐서 1정으로 하여, 이것을 통계해서 100정(井)이 되면 1성(成)이라 불렀던 것을 가리킨다. 이것을 벌여서 사방 10리라 한 것이었고, 바로 1성이 되는 전지가 바르고 모난 것이 바둑판 같다는 것은 아니다. 경서에 "사방 100리가 동(同)이 된다"는 것은, 완전한 성(成)은 1성으로 계산하고, 모자라는 정(井)은 합쳐서 1성으로 하며, 이것을 통계해서 1만 정(井)이 되면, 1동(同)이라 불렀던 것을 말한다. 이것을 벌여서 사방 100리라 한 것이고 바로 1동 되는 전지가 바르고 모난 것이 바둑판 같다는 것은 아니다.

상공(上公)의 나라는 사방이 100리인데 그 전지가 1동이다. 이에 사방 100리라 했고 산림(山林)과 천택(川澤)은 그 계산에 넣지 않았다. 상공의 나라가 반드시 바둑판 같지는 않았으나 오히려 사방 100리라고 일렀다. 그런즉 1동 되는 전지가 비록 바둑판 같지 않더라도, 사방 100리라 하지 못하겠는가? 1정(井) 사이에는 수(遂)가 4, 구(溝)가 4인 것은 비록 가감(加減)할 수 없으나 1동 사이에는 회(澮)가 반드시 10인 것은 아니다. 냇물이 100리를 흐르는 사이에 시냇물과 산골 물이 냇물에 흘러들어간다. 그 중에 작은 것은 인도해서 위구(緯溝)로 만들고 큰 것은 그 형세를 좇아, 정리해서 냇물에 흘러들도록 한다. 이것이 천하의 공리로서 우와 직도 그렇게 하지 않을 수 없었다.

큰 시내가 마침 10이면 그대로 회 10개 처로 하고 혹 8~9인 곳은 파서 10회로 만든다. 그리고 혹 10이 넘는 곳은 둘이거나 셋이거나, 또한 형세에 따라서 회로 할 뿐이다. 누가 능히 그 흐름을 막아서, 혁을 만들고(緯를 經으로 만드는 것) 굽히고 꺾어서 회로 흘러들도록 하겠는가? 물의 흐름을 순리대로 하지 않음을 경서에는 이미 경계했다. 그렇다면 성(成) 사이의 혁도 그러함이 있으니 10리를 지나도록 활줄같이 곧은 것은 대개 쉽지 않다(혁 길이는 본디 10리). 혁과 회의 물을 일정하게 법을 만들어서 보태거나 줄일 수 없음이 바둑판에 경·위가 있는 것과 같게 할 수 있겠는가?

지금 비로소 눈을 닦고 다시 보라. 경서에 어찌 일찍이 "1성(成) 안에 반드시 10혁이 있다"고 했으며, 어찌 일찍이 "1동(同) 안에 반드시 10회가

있다"고 일렀는가? 경서에는 다만 "사방 10리가 성이 되며, 성 사이에 너비 8척인 것을 혁이라 이른다" 했을 뿐이고 또 경서에는 다만 "사방 100리가 1동인데 동 사이에 너비 2심(尋)인 것을 회라 이른다" 했을 뿐이다. 그 수효를 기록하지 않았음은 경서가 소략해서 그런 것이 아니다. 천연적으로 된 것을 따르고, 지세에 순응할 뿐이니 그 수를 정할 수 없기 때문이다. 잇따라서 "두 산 사이에는 반드시 큰 냇물이 있다" 했은즉 냇물의 수효도 정할 수가 없는 것이요, 잇따라서 "지맥을 거스르면 통하지 못하고 순리대로 하지 않으면 통하지 못한다" 했은즉 회 · 혁의 수효도 정할 수 없는 것이다. 잇따라서 "초구(梢溝)가 30리를 내려가는 동안에 너비가 곱절이 된다" 했은즉 회 · 혁의 길이와 너비도 정할 수 없는 것이다. 경서에 어찌 일찍이 그 수효를 정했던가? 무릇 경류(經流)가 10리를 흘러가면 그 명칭은 혁이 되며, 명칭이 혁이 되면 그 너비는 8척이다. 무릇 위류(緯流)가 흘러서 10리를 지나 그 명칭이 회가 되며, 명칭이 회가 되면 그 너비는 2심(尋)인데 경서에 말한 것은 이것을 밝혔을 뿐이다.

살피건대, 혁이 처음 시작되면서 너비가 8척인데 10리를 흘러가면 그 너비는 10척 6촌이 되니 또한 초구와 같은 예이다.

정현은 "우(禹)가 용문산(龍門山)[30]을 굴착(掘鑿)해서 9하(河)[31]를 끌어들인 것은, 이는 지륵을 거스른 것과 순리가 아닌 것을 순리대로 만든 것이다"라고 했다.

또 "초구는 개간되지 않은 땅의 구(溝)이다"라고 했다. 정사농(鄭司農)은 "초(梢)는 상표초(桑螵蛸)라는 초(蛸)와 같이 읽는다. 초라는 것은 도랑 둑이 물에 씻겨서 파이는 것을 이름이다. 그러므로 구가 30리를 지나면 곱절로 넓어진다"고 했다.

생각건대, 경서에 구를 만드는 법을 논한 것이 있다. 정현은 문득 용문산

---

30) 용문산(龍門山) : 중국 산서성 하진현(河津縣) 서북쪽에 있다. 『서경』 우공(禹貢) 편에 "夬河積石 至于龍門"이라는 것이 있다.

31) 9하(河) : 중국 산동성 덕현(德縣) 이북에서 하북성 천진하(天津河)까지 수백 리 되는 지역 내에 있었던 9개의 강.

을 굴착해서 9하를 끌어들인 것을 여기에 해당시켰으나 용문산을 굴착해서 9하를 끌어들인 것이 어찌 구를 만드는 법이겠는가? 무릇 구에 흐르는 것은 모두 밭에서 나온 물이다. 구는 구(構)인데 수(遂)·혁(洫)과 더불어 교착된 구조(構造)라는 것이다. 개간되지 않은 구가 어찌 30리나 된단 말인가? 시초에는 비록 개간되지 않았더라도, 30리를 내려가는 동안 그 좌우 양옆에는 반드시 밭고랑이 있을 터인데 어찌해서 개간되지 않았다고 이르겠는가? 옛날에는 조구(漕溝)도 없었는데 이런 구를 파서 어디에다 쓰겠는가? 읽기는 표초(螵蛸)와 같게 읽고, 씻겨서 파이는 것이라고 새기는 것은 또한 기이한 말이다. 그렇다면 밭도랑 물은 골을 씻어서 파먹지 않는다는 말인가?

무릇 정수(奠水)를 통하게 하려면 경절(磬折)해서 3으로 하고 5로 하며, 못(淵)으로 만들고자 하면 구(矩)처럼 굽힌다. 모든 구(溝)는 반드시 물의 형세에 따르고, 제방(堤防)은 반드시 지세에 따른다. 구를 잘 만드는 자는 물이 씻어가도록 하고, 제방을 잘 만드는 자는 물이 넘치도록 한다(奠은 음이 停이다).

해석하자면 정수(奠水)란 즉 괴어 있는 물이고(停水), 못이란 깊은 물이다. 경절이란 꺾어서 모서리를 둔각(鈍角)이 되도록 하는 것이고(경쇠의 굽음은 한 矩의 반인데 이것을 둔각이라 했다. 樂書에 있다), 3으로 하고 5로 한다는 것은 정현은 "곧게 통한 것이 3이고 구부러진 것이 5이다" 했다. 구처럼 굽힌다는 것은 굽은 모서리를 직각으로 만든 것이다(曲尺과 같다). 물이 흘러가다가 돌게 되면 반드시 못이 되는데(顔回[32]의 字가 淵이었다) 구(矩)같이 굽힘은 물이 돌도록 하는 것이다. 이 구절은 시내와 산골 물의 흐르는 형세를 논한 것으로서, 천작(天作)으로 된 물이 능히 곧게 통

---

32) 안회(顔回) : 공자(孔子)의 제자. 자는 자연(子淵). 물이 돌게 되면 그 곳이 못이 된다는 뜻을 인용한 것이다.

하지 못함을 밝힌 것이다. 그것에 따라, 밭도랑을 만들고자 하는 자는 혹 경절처럼 인도해서 고인 물을 통하도록 하고, 혹 구처럼 굽혀서 웅덩이를 만들기도 하는데 모두 그 흐르는 형세에 따라서 밭도랑을 만드는 것이다. 그러므로 잇따라서 "모든 구(溝)는 반드시 물이 흐르는 형세에 따른다" 한 것이다.

물이 씻어간다는 것은 물이 흙을 흘려보내서 삼태기나 삽으로 파는 수고로움을 덜어주는 것이고, 물이 넘치도록 한다는 것은 물로써 흙을 퇴적하게 하여 파서 모으는 비용을 줄이도록 해주는 것이다.

> 무릇 제방(堤防)을 쌓을 때는 너비(薮)와 높이를 같게 한다. 윗면 너비를 줄이는 데는 3분의 1을 없애는데, 큰 제방은 바깥쪽도 줄인다. 무릇 구거(溝渠)와 제방을 만들려면 반드시 하루 동안 일을 먼저 시험해서 표준(程式)을 만든다. 한 마을을 표준한 다음이라야 여러 사람의 힘을 일에 붙일 수 있다(薮의 音은 色界의 反切이다).

정현은 "방(方)은 등(等)과 같다, 줄인다는 것은 위쪽을 엷게 하는 것이다" 했다.

해석하자면 큰 제방이란 피택(陂澤)이다. 밭 사이 작은 방축은 안팎을 모두 줄이나, 피택 같은 큰 제방은 오직 바깥만 줄이며 안쪽은 얕고 짧으므로 줄이지 않는다.

하루 동안 일을 먼저 시험할 때 구를 만들려면 반드시 흙을 파내고, 제방을 만들려면 반드시 흙을 쌓아올린다. 백성을 부리는 법은, 많은 사람을 동원하지 말고 먼저 두어 사람을 뽑은 다음 하루 동안의 성과를 보아서 기준을 삼는다. 심(深)은 탐(探)과 같은데 얕음과 깊음을 헤아리는 것을 심(深)이라 한다(字書에 있다.) 차가운가 뜨거운가를 시험하는 것을 탐(探)이라 하는데 그 뜻과 같다.

한 마을을 표준한다는 것은 노역(勞役)할 때에는 반드시 마을 백성을 조발(調發)하는데, 먼저 한 마을만을 시험해서 표준을 내는 것이다. 여러 사

람의 힘을 붙인다는 것은 많은 사람의 힘을 이 역사(役事)에 동원함을 이른 것이다(정현은 里를 已로 읽었으나 반드시 그런 것은 아니다).

생각건대, 정전(井田) 지역에 혹 혁(洫)과 회(澮)가 공교롭게도 지맥(地脈)을 만나서 법대로 경계를 정리할 수 없는 것에 대해 시험삼아 다음과 같이 도면을 만든다.

• 그림 5-⑤ 왕회가 있어 동이 못되는 경우
(一同之地中有枉澮不能爲同圖)

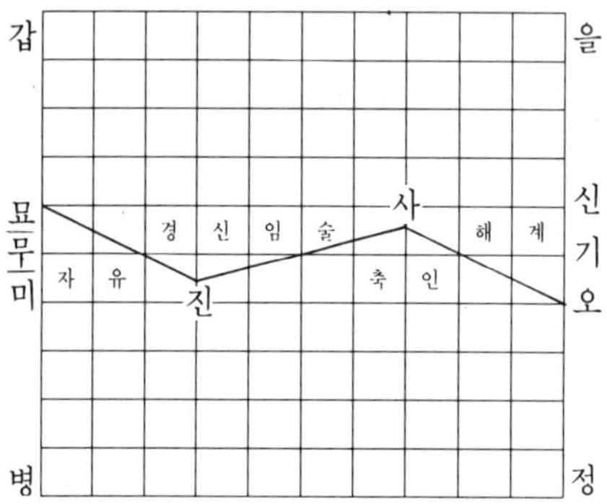

그림 5-⑤의 갑·을·병·정이 본래 1동이 되는 지역이다(4방이 100리다). 11가닥의 회가 옆으로 큰 냇물에 흘러드는데 복판 1회가 여러 번 지맥에 부딪혀서 무(戊)·기(己)의 바른 선(線)을 경유하지 못한다. 묘(卯)에서부터 비스듬하게 들어와서 진(辰)에 이르며 또 굽어져서 앞으로 비스듬하게 사(巳)에 이르고 또 꺾여서 앞으로 비스듬하게 오(午)에 이르러서 큰 냇물에 들어가는데 이것을 왕회(枉澮)라 부른다. 이리하여 왕회가 지나가는 여러 전지는 모두 방애(妨礙)를 당해, 1성(成)으로 구획하지 못한다. 오직 경(庚)·진(辰)·임(壬)·계(癸)·자(子)·축(丑)·인(寅) 7개 구역은 완전한 성(成)이 되고 나머지는 혹 60~70정(井), 혹은 80~90정이, 그런대로 서로 연속되었다. 그 사이 빈 땅에 혹 두어 정을 만들기도 하고 혹은 버린 땅이 되기도 한다.

재론하건대 무(戊)와 기(己) 바른 선에 만약 도랑을 굴착하지 못하면 묘(卯)와 신(申) 사이 10개 구역과 미(未)와 오(午) 사이 10개 구역은, 그 강역을 능히 바르게 하지 못한다. 또 그곳 혁수의 길이는 1성을 넘을 참이니 선에 따라 구거(溝渠)를 굴착해서, 왕회에 쏟아넣지 않을 수 없다. 이에 무(戊)에서 굴착하여 유(酉)에 와서 쏟아넣고, 또 유를 떠나서 굴착하다가 술(戌)에 이르러서 쏟아넣는다. 또 술을 떠나 굴착해서 해(亥)에 이르면 쏟아넣고, 또 해를 떠나 굴착하여 기(己)에 이르러 냇물로 흘러들어가도록 한다. 이것이 필연적인 형세로서 이 도랑의 크고 작음은 혁과 같게 함이 마땅하다. 이 지역에 이미 왕회가 있으니 반드시 1동으로 구획지을 것이 아니다. 다만 갑·을쪽과 병·정쪽 너머에 각각 큰 냇물이 있고, 냇물 너머에는 산이 있다. 그리고 갑·병쪽 너머에는 원래부터 산이 있어 땅을 넓힐 수 없으므로 여기에다 구획하지 않을 수 없다.

이것뿐이 아니다. 회의 하류가 이미 넓어졌으니 1동을 반듯하게 바둑판처럼 할 수는 없다. 도면이라 말을 다하지 못한다.

그림 5-⑥의 갑·을·병·정이 본디 1성이 되는 지역이다(사방이 10리다). 거기에 있는 11혁은 아래로 가로 있는 회에 흘러드는데 복판에 있는 1혁이 여러번 지맥에 부딪혀서 무·기의 바른 선을 경유하지 못한다. 이에 진에서부터 들어와서 비스듬하게 사에 이르고, 또 굽어서 앞으로 비스듬하게 오에 와서 이에 회로 흘러들어가는데, 이를 왕혁(枉洫)이라 부른다.

이리하여 왕혁이 지나간 여러 전지는 모두 방애를 당해, 1정으로 구획하지 못한다. 오직 경(庚)·신(辛)·임(壬)·계(癸)·자(子)·축(丑)·인(寅)·묘(卯) 8개 구역은 완전한 정이 되고, 나머지는 혹 5~6부(畉) 혹은 7~8부가 그런대로 연속되어 있다. 그 사이 빈 땅이 혹 두어 부, 두어 묘(畝)가 있기도 한다.

재론하건대 무·기의 바른 선에다 만약 도랑을 파지 않으면 진·오 사이 10구와 미·신 사이 10구는 그 경계를 능히 바르게 하지 못한다. 또 그 구(溝) 물의 길이가 1정(井)보다 더 될 것이니 선에 따라 도랑을 파서 왕혁에 쏟아넣지 않을 수 없다. 이에 진에서 파서 유에 쏟아넣고, 또 유를 떠나

파서 술에 이르러 쏟아넣는다. 또 술을 떠나 파서 오에 이르러 회에 흘러들어가도록 할 것인바, 이것이 필연의 형세이다. 이 도랑의 크고 작음은 구와 더불어 같게 함이 마땅하다.

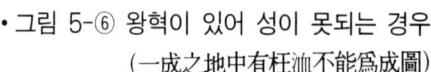

• 그림 5-⑥ 왕혁이 있어 성이 못되는 경우
(一成之地中有枉洫不能爲成圖)

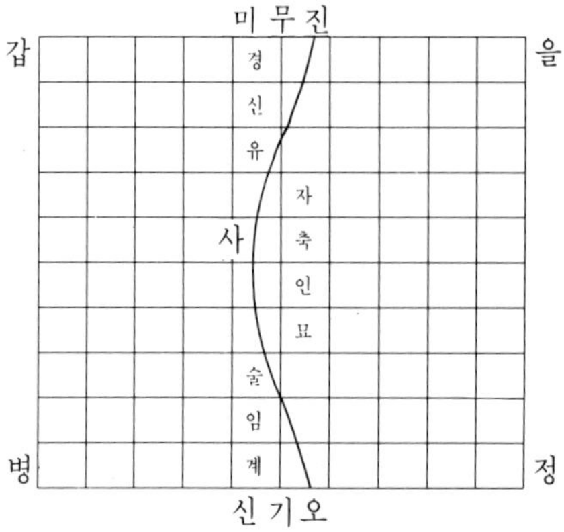

이 지역에 이미 왕혁이 있으니 반드시 1성으로 구획하지 못한다. 다만 지세가 본디 평탄함을 연유해서 작은 흠이 있어도 버리지는 못한다.

살피건대, 또 정전 지역은 혹 절반이 비스듬하게 산기슭을 만나서 경계를 법대로 할 수 없는 것도 있다. 이런 것을 시험삼아 다음과 같은 도(圖)를 만들었다.

그림 5-⑦의 갑·을·병·정이 본디 1동 되는 지역이니, 100성(成)으로 구획함이 마땅하다. 그런데 한 자리 높은 산이 갑(甲) 모퉁이에 있는 까닭에 산기슭과 산발치가 비스듬하게 병·을 쪽으로 뻗쳤다. 그러므로 완전한 1동이 되지 못한다. 을·정 안의 첫째 간이 다만 9성(成)이 되고 그 다음은 8성이 되며 그 다음은 7성이 되는데, 아래로 9번째 간에 가서는 단 1성이 되어서 총 45성이 된다. 그리고 무·기·경·신·임·계·자·축·인·묘 10구역은 모두 3각형이어서 능히 성이 되지 못한다. 다만 그 안에 다 몇 정(井)씩을 구획하고 위에 말한 45성과 통계해서 실수(實數)가 되도

록 한다(다음 도면에 나타내었다).

• 그림 5-⑦ 1동의 절반이 산발치를 만나서 동이 되지 못하는 경우
(一同之地半遭山根不能爲同圖)

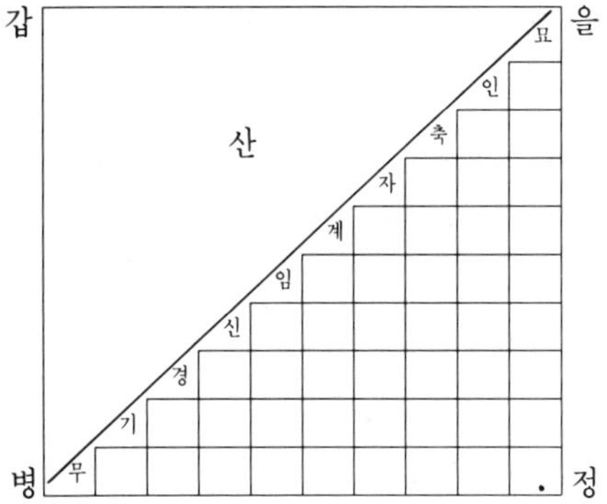

이것만이 아니다. 회(澮)의 하류가 이미 넓어졌으니 1동도 반듯하게 하지는 못한다. 병 · 을 · 정의 각도도 직각은 되지 못하는바, 도면이라 말을 다하지 못한다.

• 그림 5-⑧ 1성의 반이 산발치 때문에 성이 되지 못하는 경우
(一成之地半遭山根不能爲成圖)

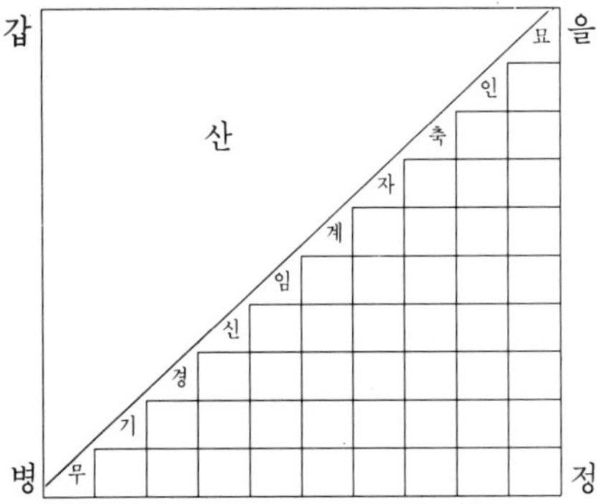

그림 5-⑧의 갑·을·병·정이 본디 1성이 되는 지역이다. 100성으로 구획함이 마땅하나 갑·병·을 삼각형이 산발치에 들어가기 때문에 완전한 성이 되지 못한다. 을·정 안에 있는 첫째 간이 다만 9정(井)이고, 그 다음은 8정이며, 그 다음은 7정이다. 그 다음으로 9번째 간에 이르면 단 1정이 되어 총 45정이다. 무·기·경·신·임·계·자·축·인·묘 10구(區)는 모두 삼각형이어서 능히 정이 되지 못한다.

다만 그 중에 몇 부씩을 구획하게 되는데 위에 말한 45부와 더불어 통계해서 실수(實數)로 한다(다음 도면에 나타내었다).

그림 5-⑨의 갑·을·병·정이 본디 1정이 되는 땅이다. 9부로 구획함이 마땅하나 갑·을·병 삼각형이 산발치에 들어가기 때문에 1정을 완전하게 만들지 못한다. 다만, 신·임·계 세 구역 3부는 정방형 전지가 될 뿐이고, 무·기·경 3구역은 모두 삼각형이 되어서 부가 되지 못한다(開方해서 100묘가 되지 못한다). 다만 그 안에 몇 묘씩을 구획하고 위에 말한 3부와 더불어 통계해서 실수로 한다(다음 도면에 나타나 있다).

그림 5-⑩의 갑·을·병·정이 본디 1부가 되는 지역이다. 100묘를 구획함이 마땅하나 갑·을·병 삼각형이 산발치에 들어가는 까닭에 1부를 완전하게 만들지 못한다. 을·정 안에 있는 첫째 간만 9묘이고 그 다음은 8묘, 그 다음이 7묘이다. 아래로 9번째 간에 이르면 단 1묘가 될 뿐이니 총 45묘가 된다. 무·기·경·신·임·계·자·축·인·묘 10구역은 다 삼각형이어서 1묘가 되지 못한다. 혹 모아 합쳐서 1묘로 만들기도 하고, 혹은 버리고 다듬지 않아서 돌무더기가 되기도 한다(이와 같이 기름진 땅을 둘씩 둘씩 모아 합쳐서 5묘를 얻게 되는데, 위에 말한 45묘와 합쳐, 바로 1부의 반이 된다). 부(田夫)가 되지 못하는 것, 정(井)이 되지 못하는 것, 성(成)이 되지 못하는 것, 동(同)이 되지 못하는 것은 모두 여기 여러 도면의 예를 참조하여, 부·정·성·동을 만들 것이다. 그리하여 온전한 부, 온전한 정, 온전한 성으로서 완전하게 정방형으로 된 것을 합쳐서 계산한다. 무릇 9부의 면적이면 1정이라 일컬을 수 있고, 900부의 면적이면 1성으로 일컬을 수 있으며, 9만 부의 면적이면 1동이라 일컬을 수 있는 것이기 때

• 그림 5-⑨ 1정 지역의 절반이 산발치를 만나서 정이 되지 못하는 경우 (一井之地半遭山根不能爲井圖)

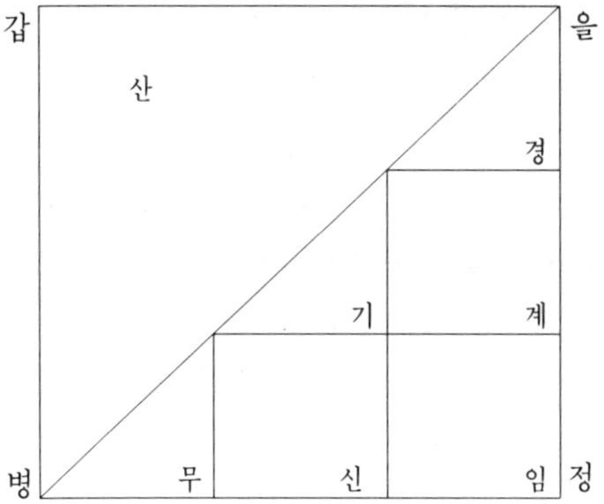

• 그림 5-⑩ 1부 지역의 절반이 산발치를 만나서 부가 되지 못하는 경우 (一畉之地半遭山根不能爲畉圖)

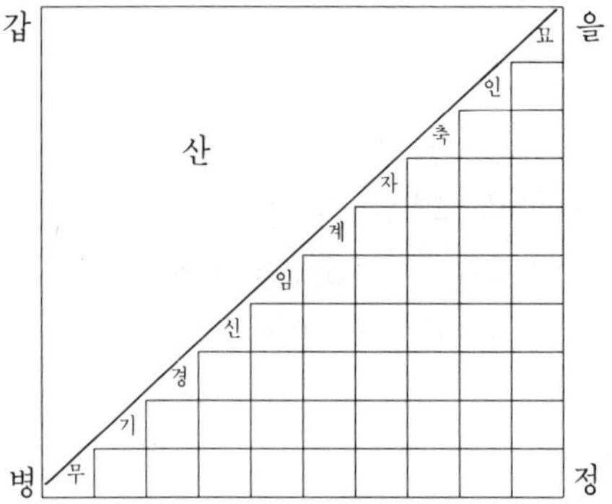

문에 반드시 사각형으로 된 것이 평평하고 곧아서, 완연하게 바둑판 같은 다음이라야 이에 부·정·성·동이라 할 수 있는 것은 아니다.

생각건대, 옛적 봉건제도로서 상공(上公)의 영지는 사방 100리이고 후·백(侯伯)의 영지는 사방 70리이며 자·남(子男)의 영지는 사방 50리였다. 비록 『주례』(周禮)와 왕제(王制 : 『예기』의 편명)가 어긋나서 같지 않으나 그 대법(大法)은 대개 그러하였다. 이른바 사방 100리라는 것은, 무릇 봉

강(封疆) 안에 전지 1동이 있으면 사방 100리라 일렀고, 봉강 안에 전지 49성(7×7=49)이 있으면 사방 70리라 일렀으며, 봉강 안에 전지 25성(5×5=25)이 있으면 사방 50리라 일렀다.

5등급의 제후국이 모두 사방 모서리가 정방(正方)이어서 모양이 바둑판 같음을 이른 것이 아니다. 제(齊)・노(魯)・정(鄭)・등(滕)[33]의 강역은 없어지지 않았는데, 그 하나라도 정방으로 바둑판 모양같이 된 것이 있었는가? 이뿐 아니다. 산택(山澤) 지역에 봉해졌으면 비록 사방이 100리 되는 나라라도, 그 전총(田總)[34]은 평탄한 지역에 봉해진, 자・남의 나라보다 못할 것이다. 비록 사방이 50리 되는 지역이라도 그 전총은 공・후의 나라보다 많을 것이니, 천하에 어찌 그럴 수가 있겠는가? 또 비록 상공의 나라라도 반드시 정방형으로 된 1동 지역을 구한 다음이라야 이에 1동으로 계산하고자 할 것 같으면, 끝내 봉하지 못할 것이다. 그 잔여의 부와 완전하지 못한 정을 합쳐 계산해서 1동 수효에 충당했던 것이 또한 확연하여 의심이 없다.

『주례』에 수인(遂人)은 나라의 야(野)를 관장하여 토지 도면으로써 전야(田野)를 경계(境界)하고 현비(縣鄙)를 만들었다. 무릇 들판을 정리하는 데에 부(夫) 사이에 수(遂)가 있고, 수 위에 경(徑)이 있으며 10부마다 구(溝)가 있고, 구 위에 진(畛)이 있다. 100부에 혁(洫)이 있고, 혁 위에 도(涂)가 있으며, 1천 부에 회(澮)가 있고, 회 위에 도(道)가 있다. 1만 부에 천(川)이 있고 천 위에 노(路)가 있어 기(畿)에 통한다.

정은 "10부는 2인(鄰)의 전지이며, 100부는 1찬(酇)의 전지이고, 1천 부는 2비(比)의 전지이며 1만 부는 4현(縣)의 전지이다" 하였다.

---

33) 제(齊)・노(魯)・정(鄭)・등(滕) : 모두 춘추시대의 나라로서, 제・노・등은 중국의 지금 산동성(山東省) 지역이고, 정은 하남성 지역에 있었다.

34) 전총(田總) : 전지의 총수(總數)라는 뜻. 조선시대에 토지에 대해서 구실을 매기는 단위로 10짐이 1총이고, 10총이 1몫이었다.

또 "수(遂)·구(溝)·혁(洫)·회(澮)는 모두 물을 내(川)에 통하도록 하는 것이다. 수는 너비와 깊이가 각각 2자이고 구는 2갑절이며, 혁은 구의 갑절인데 회는 너비 2심, 깊이 2길이다. 경(徑)·진(畛)·도(涂)·도(道)·노(路)는 모두 수레(車)와 수레를 이끄는 무리를 국도(國都)에 통하도록 하는 것이다. 경은 우·마(牛馬)가 다닐 수 있고(容), 진은 큰 수레가 다닐 수 있으며, 도(涂)는 승거(乘車) 한 채가 다닐 수 있고, 도(道)는 두 채가 나란히 다닐 수 있으며, 노(路)는 세 채가 나란히 다닐 수 있다. 국도 교야(郊野)의 도(涂)는 환도(環涂)와 같게 함이 가하다" 하였다.

가공언은 "장인(匠人)조에 '환도의 너비를 제후 도읍의 경도(經涂)로 하고, 야도(野涂)의 너비를 도시의 경도로 한다' 했으며, 정현은 주석하기를 '경이란 또한 성(城) 안 길을 이른 것이다. 제후 도읍의 환도는 수레 다섯 채가 나란히 갈 수 있고, 야도 및 도시의 환도는 모두 수레 세 채가 나란히 갈 수 있다' 하였는데, 저 주석도 이 주석과 같은바, 모두 도(都)의 야도는 환도와 같다 하였다. 그리고 내칙(內則 :『예기』의 편명)에 의하면, '길에 3도(涂)가 있는데 남자는 우측, 여자는 좌측, 수레는 중앙을 따라 다닌다' 하였다. 그러므로 정현은 '냇가의 길 및 도의 야도는 모두 수레 세 채를 나란히 용납한다'고 해석했다" 하였다.

생각건대, 장인(匠人)이 나라를 경영하는데 거기에 말한 도(涂)는 노(路)로서, 수인(遂人)조에 말한 진·도라는 도와는 가리키는 바가 같지 않다.

살피건대, 경도(經涂)란 왕국의 성 안 큰 길이요, 환도란 6수(遂)와 4교(郊)의 큰 길인데, 국도를 돌아서 사방으로 향한 까닭에 환도라 이른 것이다. 야도는 방전(邦甸)과 가삭(家削)의 큰 길로서, 왕도(王都) 100리 밖에 있으므로 야도라 일컬었다. 도시(都市)의 경도(經涂)란 방현(邦縣)과 방도(邦都)의 성 안 큰 길이다. 그 경도는 이미 수레 다섯 채가 나란히 갈 수 있게 되었은즉, 환도와 야도도 꼭 수레 세 채가 나란히 갈 수 있을 것이니, 정(鄭)의 주설(註說)은 모두 따를 만하다.

정현이 "1만 부(夫)라는 것은 사방이 33리와 소반 리(小半里 : 100보)

로서 이것을 사방 9로 하면 1동(同)이 된다(1만 부 아홉을 쌓으면 9만 부가 된다). 남묘(南畝)를 도(圖)로 그리면 수(遂)는 세로, 구(溝)는 가로가 되며 혁(洫)은 세로, 회(澮)는 가로가 되는데, 회가 아홉이고 내(川)가 그 밖을 둘러 있다" 하였다. 또, "산릉(山陵)·임록(林麓)·천택(川澤)·구독(溝瀆)·성곽(城郭)·궁실(宮室)·도항(涂巷) 따위의 3분의 제도를 제외하면 그 나머지가 이와 같다. 이리하여 기(畿)에 이르는 것이니, 중간에 비록 도·비(都鄙)가 있더라도 수인이 그 지역을 다 주관한다" 하였다.

가공언(賈公彦)은, "수(遂) 지역은 교(郊)의 바깥 전야(田野) 복판에 있다" 하였다(또, "6수는 오직 200리 이내에 있다. 비록 도·비에 정전을 만들었더라도 수인이 그 지역을 다 주관한다" 하였다).

또, "서북(西北) 모퉁이, 북쪽 밭둔덕에서부터 동쪽 머리에 이르면 혁이 10개 처나 있다. 1혁은 100부이고 10혁은 1천 부이다. 1천 부는 1만 보(步)이며 1만 보는 33리 100보인데, 100보는 소반(小半 : 1리의 3분의 1을 말함)리이다. 9회(澮)를 총계해서 말한다면 1만 부인 것이다" 하였다.

또, "아홉으로 구획해서 사방 1리인 것은, 장인(匠人)조에, '사방 100리가 동(同)이 된다'는 것이다. 저 정전하는 법은 구·혁이 드물고 적어도 동이라 이르므로(100成이 1동이 된다) 이 구·혁 법은 구·혁이 촘촘하고 많아도 저 정전하는 법에 준(準)해서 말한 것이다" 하였다.

또 "회가 9이고 냇물이 그 너머에 둘러 있다는 것은 『시경』을 상고하건대 '지금 남묘에 간다'(今適南畝)는 것이 있고, 또 '그 묘(畝)를 남동으로 한다'(南東其畝)라는 것이 있으므로 남묘로써 도(圖)를 그렸다. 전지를 남북으로 세분한 것은 1줄을 격(隔)해서 1부가 되며, 10부인즉 머리쪽이 횡구(橫溝)가 된다(10구는 곧 100부다). 동쪽 밭골은 남북 혁이 되고, 10번째 혁인즉 남쪽 둔덕이 횡회(橫澮)가 되며, 회가 9인즉 사방 밭고랑이 큰 냇물이 된다. 이 냇물도 또한 사람이 만든 것으로서 비록 몇 발 몇 자라는 척수는 없으나 대개 회의 곱절이다" 하였다.

또 "정(鄭)이 재사(載師)조를 주해하면서, 이 등급을 3분해서 1몫을 버렸는데, 모두 크게 쪼개서 말한 것이다. 그러므로 전지에 대한 법에 1성

(成)이 900부라는 것도, 또한 3분의 1은 버리고 그 나머지를 통계해서 세(稅)를 내었다. 그러므로 매양 300가(家)라 일렀다" 하였다.

생각건대, 원교(遠郊) 이외는 모두 9분의 1로 하는 제도를 썼으므로 장인이 9부를 1정(井)으로 하는 법을 쓴 것이고, 6수(遂)에는 특히 10분의 1로 하는 제도를 썼으므로 수인은 10정에 구(溝)를 두는 법을 썼다. 이리하여 두 경서(經書)가 다르게 된 것이다. 그러나 수는 경(經), 구는 위(緯), 혁은 경, 회는 위로 해서, 냇물 흐름의 경에 순하게 한 것인즉, 이는 두 경문이 모두 같다.

특히 정씨가 저것을 주석하면서 오착(誤錯)한 것을 연유해서, 가공언도 드디어 "구·혁의 종횡(縱橫)이 모두 서로 바뀌어졌다" 했는데, 이것은 잘못이다. 그러나 100부 되는 땅을 10×10으로 개방(開方)하고, 33리 100보 안에 총계해서 이 1만 부를 포함시킨 것은, 주소(注疏)한 것이 극히 정밀하여 장인조를 해석한 것과 같지 않으므로, 지금도 아울러 그대로 따른다. 다만 그가 말한 "회가 9이고 냇물이 그 너머에 둘러 있다"는 것은 크게 잘못된 뜻이다. 냇물이란 깊은 산속에서 발원하여, 혹 강이나 하수(河水)에 흘러들어가고 또는 바다에 바로 통하기도 한다. 세상에 어찌 사람이 만든 냇물이 있겠는가?

왕성(王城)이 남향 판이고 냇물이 그 남쪽에 가로놓여 있으면 이것은 동쪽에서 흐르는 것이다. 전지가 냇물 북쪽에 있는 것은 10회 물이 모두 남쪽으로 흘러서 냇물에 들어가고, 전지가 냇물 남쪽에 있는 것은 10회 물이 모두 북쪽으로 흘러서 냇물에 들어가니 냇물은 하나뿐이다. 냇물이 그 너머에 둘러 있다는 말은 이치에 맞는 것인가? 이것이 정현의 오활(迂濶)한 점이다.

생각건대, 6수 지역은 안쪽으로 왕성과 가깝고 밖으로는 원교(遠郊)에 접(接)하였으므로 혹 6향(鄕)과 아울러 국중(國中)이라 일컫기도 하였다. 수인조에, 10분의 1이라 한 것과 『맹자』에, "국중에는 10분의 1로 한다"고 한 것이 이것이다. 혹 원교와 아울러서 4교(郊)라 일컫기도 했으니, "추관(秋官) 수사(遂士)는 4교를 다 관장한다"는 것이 이것이다. 그러나 노(魯)

의 비서(費誓)[35]에는 3교(郊)와 3수(遂)라 하여 원래부터 별도로 일컬었으니 6수를 드디어 4교라 할 수는 없다. 대개 4교 안에 왕성과 가까운 7만 5천 가(家)를 6수로 만들어서 근교라 부르고, 그 나머지 집으로서 그 밖에 있는 것은 원교라 불렀던 것이다. 6수에 민호(民戶)가 7만 5천 가인데 그들에게 전지를 주는 법은 양전(良田) 100묘(畝) 외에 또 내전(萊田)을 주어서, 적은 것은 50묘, 많은 것은 200묘나 되었다. 만약 산림·천택·구독(溝瀆) 따위가 또 그 안에 있으면 사방 50리 안에는 이런 전지를 용납할 수 없을 듯하다. 이것이 교와 수의 경계를 분할하는 데에 일정한 명문(明文)이 없게 된 까닭이다.

왕성은 사방 9리(장인조에 나타나 있다)인데 9구(區)로 구획한다. 중앙이 왕궁이고, 앞쪽이 조정이고, 뒤쪽은 저자(市)이며, 그 좌우 6구는 6향(鄕)이라 이른다. 그러나 이 사방 3리 되는 6구역 안에다 결코 7만 5천 가를 다 수용하지 못한다. 그러므로 반드시 성 밖에까지 넘쳐나오는 것이 있었으니, 재사(載師)에는 이것을 원지(園地)라 일렀고, 6수 전지를 근교라 하여 그 문장이 뚜렷한데도 정현은 6향과 6수가 원래 어느 곳에 있는지도 몰랐다. 그리하여 그가 『주례』를 주석한 것은 명확하지 못하고 허둥지둥해서 표준이 없으며, 혹 6수는 교외에 있다고도 하였고, 혹 공읍(公邑)에 있다고도 하였으며(왕성에서 200리 안에 있다), 또는 6수가 도·비(都鄙)를 다 주장한다고도 하였다(왕성에서 500리 안에 있는데 왕성과 거리가 가장 먼 곳이다). 동쪽을 두드리고 서쪽에 부딪쳐서 일정하지 못했다. 지금 상고하니 6수는 바로 원교(遠郊) 안쪽에(6수 너머부터 원교가 된다) 있음이 분명하다.

생각건대, 농부가 집터를 받는 것은 반드시 전지와 가까운 곳이었다. 그리고 6수 백성으로서 왕성 50리 안에 흩어져 있는 것이, 모두 30현(縣)이 되었다. 지붕이 서로 맞닿았고 담이 연달아서 빽빽하게 모여 사는 6향과는

---

35) 노(魯)의 비서(費誓) : 비서는 『서경』의 편명. 노후(魯侯) 백금(伯禽)이 서융(徐戎)과 회이(淮夷)를 정벌하고 비(費) 땅에서 군중(群衆)과 맹세한 내용이다.

그 법이 같지 않다. 까닭에 6향은 족(族) · 당(黨) · 주(州) · 향(鄕)이라 하고, 6수는 찬(酇) · 비(鄙) · 현(縣) · 수(遂)라 하여 그 명칭이 같지 않았다.

생각건대, 정전하는 법을 9부로 정한 것인즉 중앙의 1부가 공전(公田)이 된다. 수전(遂田)하는 법은 10부가 서로 잇달아 있은즉(10간 집이 평면 1열인 것과 같다) 첫째 1부가 공전이 된다(냇물이 남쪽에 있으면 북쪽이 첫째가 된다). 경서에는 비록 말하지 않았으나 미루어 알 수 있다.

총괄해서 말하면 수인이 구 · 혁하는 제도는 가공언의 소(疏)가 틀림이 없다. 지금에 가공언의 소에 의해서 구 · 혁에 대한 여러 가지 도를 다음과 같이 만들었다.

• 그림 5-⑪ 백 부의 수 · 구 · 혁 · 회 도
(百夫之地遂溝洫澮圖)

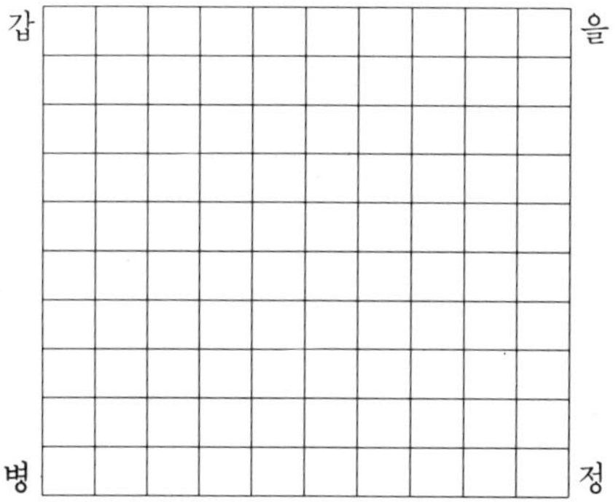

그림 5-⑪의 갑 · 을 · 병 · 정이 수인의 100부(畉) 지역이 된다(수인법은 10×10으로 개방이다). 갑 · 을 선과 병 · 정 선이 곧 회(100부에 혁이 1인데 10혁의 물이 회로 흘러들므로 "1천 부에 회가 있다" 하는 것이다)이고, 갑 · 병 선과 을 · 정 선이 곧 혁(10부에 구가 1인데, 10구의 물이 혁에 흘러들므로 "100부에 구가 있다"는 것이다)이다. 중간에 있는 9개의 횡선은 곧 10부에 구가 있다는 것이며(구의 길이는 10부에서 끝난다), 중앙에

있는 9개의 횡선은 곧 부 사이에 수가 있다는 것이다(兩夫 사이에 1수가 있다). 수의 길이는 1부에서 끝나며(세로 10묘의 땅이 구가 된다). 구·혁의 길이는 10부에서 끝나며, 회의 길이는 100부에서 끝난다. 그런데 이 도면에 회의 길이도 또한 100부인 것은 회의 1토막이다(회의 10분의 1이다).

그림 5-⑫의 갑·을·병·정이 1만 부 지역인데 그 중 1구역이 100부 되는 땅이다. 횡선 11이 모두 회이며, 회물이 냇물로 흘러들어가니 회는 위(緯)이다. 종선 11은 모두 혁이며 혁물이 회로 흘러들어가니 회는 경(經)이다.

• 그림 5-⑫ 1만 부에 10회가 혁과 교차된 경우
(萬夫之地十澮交洫圖)

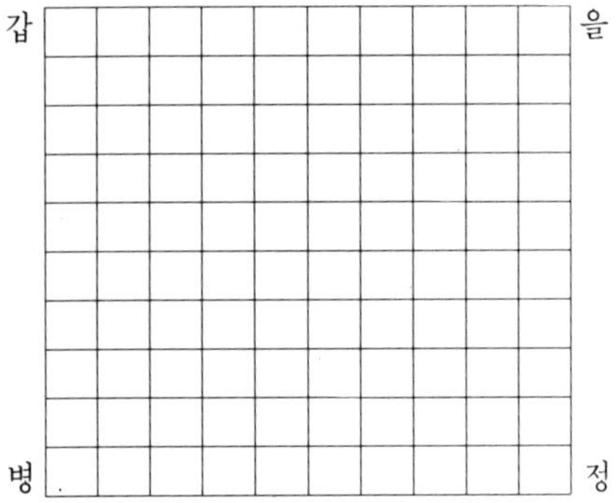

회의 길이는 100부에서 끝나며(위 도면의 1구역이 100부가 되는 것인즉 1구역의 길이는 10부이다), 혁의 길이는 10부에서 끝난다(세로 10부의 땅이 회가 된다). 이 도면에는 경과 위가 비록 교차되었으나 회는 길고 혁은 짧으니 보는 사람은 의당 알게 될 것이다.

을·정 선에 총 10혁이 있고 혁마다 그 너머는 바로 냇물과 가깝다. 냇가에 노(路)가 있고 노 안에 혁이 있으므로 을·정에도 또한 혁이 있다.

진(畛)·도(涂)·도(道)·노(路)는 그림에 없다. 또 회물이 냇물로 흘

러들어가는 곳에는 모두 교량이 있으나, 지금 도면에는 나타내지 않았다.

생각건대, 수(遂)의 길이는 1부에서 끝나고(1부를 지나서 구에 흘러들어간다), 구의 길이도 10부에서 끝나며(10수를 받아서 혁에 흘러들어간다), 혁의 길이는 10부에서 끝나며(10구의 물을 받아서 회에 흘러들어간다), 회의 길이는 100부에서 끝난다(10혁의 물을 받아서 냇물로 흘러들어간다). 2혁 간의 거리는 3리 10묘(畝)이며(곧 10부의 길이다), 2회의 거리도 또한 3리 10묘로서(그 길이가 33리 100보이다), 10×10으로 개방하면 1만 부(夫) 되는 지역이 된다. 그러나 혹 지맥을 만나거나 혹 산발치를 만나게 되면 모자라기도 하고 막히기도 한다. 그렇게 되면 완전하지 못한 묘(畝)와 잔부(殘䟫)로서, 그 면적을 계산해서 만부 지역에 충당함이 마땅하며, 바둑판처럼 생각함은 불가하다. 그리고 조각난 국판도 또 1부 사이에 수가 있고 10부에 구가 있으며 100부에 혁이 있다. 한 조각이라도 반듯하게 해서 비뚤어지거나 기울어진 곳이 없게 함이 선왕의 제도였다. 반드시 1천 부의 회와 1만 부의 내에서 마친다는 것은 준비의 법이었고, 6수 전지를 모두 이와 같이 한다는 것은 아니었다. 소명윤(蘇明允)이 이 점을 깨닫지 못했으니, 탄식한들 어찌 미치겠는가?

살피건대, 냇가에 노(路)가 있어 기(畿)에 통한다는 것은 이 길이 밭 사이 작은 길이 아니고 왕성에서 4기(畿)에 통하는 길임을 밝힌 것이다. 추관(秋官) 야려씨(野廬氏)는 "온 나라 도로를 관장해서 4기에 이른다" 하였고, 고공기(考工記)에는 "큰 냇물가에는 반드시 도(涂)가 있다" 하여 경서의 뜻은 이와 같음에 불과했다. 그런데 정현은 이에, "기에 통한다"(達于畿)는 세 글자를 고집해서, '수인(遂人)이 기내(畿內)를 다 주관한다'고 일렀으니 또한 지나치지 않은가?

하관(夏官) 사험(司險)에 "나라에 5구(溝)와 5도(涂)를 설치하고 임목(林木)을 심어서 굳게 막는 곳으로 하고, 모두 수금(守禁)을 두어서 그 도로를 통하도록 한다" 하였다.

가공언은 "모두 수금이 있은즉, 수인조에 있는 밭 사이 5구 · 5도가 아니다" 하였다.

생각건대, 구·혁하는 제도는 특히 밭고랑 물을 인도하는 것뿐이 아니고 험요(險要)를 설치해서 나라를 방수(防守)하는 뜻도 실상 그 속에 포함되어 있다. 진실로 평평한 둔덕과 널따란 들판에 사방으로 막힌 곳이 없으면 공격하는 자는 걸림이 없고, 수어(守禦)하는 자는 조처(措處)할 데가 없게 된다. 이에 구·혁에 구덩이를 파서 둔덕을 끊고 물을 대어서 해자를 만드는 것이다. 그리하여 적에게 정로(正路)를 버리고 다른 길로 가지 못하도록 한다. 정로는 하나뿐이니 그곳에다 혹 관문(關門)을 설치해서 지키고 또는 둔병(屯兵)해서 항거한다면 무엇이 불가하겠는가? 『주역』의 예는 감(坎)을 전상(田象)이라 하고 감괘(坎卦)의 단전(彖傳)[36]에는 "왕공(王公)이 험요(險要)를 설치해서, 그 나라를 지킨다" 하였으니 이는 대개 사험조의 문장과 서로 표리(表裡)의 관계에 있다. 옛적에 오개(吳玠)[37]는 지망법(地網法)[38]을 베풀어서 오랑캐의 기병(騎兵)을 막았고, 이적(李勣)[39]은 평양(平壤)에 있으면서 둔전을 설치했고, 유인궤(劉仁軌)도 남원(南原)에 있을 때에 둔전을 설치했다. 그 설치했던 수·구·혁·회가 모두 정전같았는바, 또한 도적을 대비한 것이었다. 이덕리(李德履)의 『상두지』(桑土志)에는 나라의 서교(西郊)에서 용만(龍灣)에 통하도록 그 사이 연로(沿路) 전지에다, 모두 구·혁을 설치해서 지망(地網)하는 제도를 본뜨고자 했는바 그 말을 이용함이 마땅하다.

생각건대, 가씨는 "5구와 5도는 전제(田制)가 아니다" 하였으나, 전제 이외에 어찌 5구가 있겠는가? 그의 뜻은 잘못된 것이다.

---

36) 단전(彖傳) : 『역경』(易經)의 10익(翼) 가운데 하나. 단사(彖辭)를 해석한 것으로 공자(孔子)의 작이라 한다.

37) 오개(吳玠) : 송(宋)나라 사람. 금(金)나라가 한양(漢陽)을 침범했을 때 유자우(劉子羽)가 역서(驛書)로 개를 부르니 개는 밤에 300리를 달려왔다. 살리갈(撒里喝)이 그의 신속함에 놀라서 드디어 무너져버렸다. 벼슬은 사천선무사(四川宣撫使)에 이른다.

38) 지망법(地網法) : 땅에다 그물처럼 도랑을 파는 것인 듯하나 자세하지 않음.

39) 이적(李勣) : 당초(唐初)의 명장. 고종(高宗) 때에 고구려를 쳐서 멸망시켰다.

전제(田制) 3

주송(周頌) 희희편(噫嘻篇)에 "너의 사전(私田)을 크게 갈아 일으켜서 30리에서 마치고, 너의 밭가는 일로 1만 명이 짝짓는다" 하였다.

주자(朱子)는 "30리란 1만 부 되는 땅이다. 사방에 냇물이 있고 그 안이 사방 33리 남짓하다. 그런데 30리라는 것은 성수(成數)만 들어서 말한 것이다. 1만명이 짝을 이뤄, 힘을 합치고 마음을 같이하는 것이 한 짝으로 합침과 같다는 것이다. 이것은 반드시 향·수의 관원과 사가(司稼)의 이속(吏屬)은 그 직무가 1만 부로써 한계했던 것이다. 옛적에는 구·혁에 공법(貢法)을 쓰고 공전이 없으므로 모두 사전(私田)이라 일렀다" 하였다(陳櫟은 "주나라 제도는 국중·향수 지역에 공법을 썼는데 대체로 10몫에 1몫을 부과하였다" 했다).

생각건대, 사전이라는 명칭은 공전(公田) 때문에 생기게 된 것이다. 만약 공전이 없었으면 또한 사전이라는 명칭도 없었을 것이다. 『시경』에 이미 "너의 사전을 크게 갈아 일으킨다" 했은즉 공전도 있었음을 알 수 있다. 대전장(大田章)의 시 같은 데에는 이미 "우리 공전에 비 온다" 했은즉 사전이 있었음도 알 수 있다. 6수에 공전이 있었음은 이에 분명하다. 빈객(賓客)이 있은 다음이라야 주인이라는 명칭이 생기고, 사(私)가 있은 다음이라야 공(公)이라는 명목이 있게 되는 것이니 이는 쉽게 알 수 있는 것이며 나머지는 앞에 말하였다.

소아(小雅) 보전편(甫田篇)에 "반듯한 저 큰 밭에서 해마다 십천(十千)을 받는다" 하였다.

정현은 "1정(井)에 1부(夫)를 세 받는데, 그 전지는 100묘이다. 통(通)에는 10부를 세 받는데 그 전지는 1천 묘이며, 성(成)에는 100부를 세 받는데 그 전지는 1만 묘이다" 하였다.

주자는 "십천(十千)이란 1성 되는 전지를 이른 것이다. 사방이 10리면 밭이 9만 묘인데 그 중 1만 묘를 공전으로 한다. 대개 9분의 1로 하는 법이다" 하였다.

생각건대, 정현이 『주례』를 주해하면서 매양 "9부가 1정을 농사하는데 국세(王稅)가 있을 뿐이고 공전(公田)은 없다" 하였다. 그런데 지금 보전장을 전주(箋注)하면서는 문득, "1정에 1부를 세 받는다" 하였으니 정현이 『주례』를 주석한 것은 모두 잘못된 것임을 알 수 있다.

소아(小雅) 대전편(大田篇)에 "우리 공전에 비가 오고, 드디어 우리 사전에도 미쳐온다" 하였다.

살피건대, 정현의 전(箋)이나 주자의 전(傳)에도 모두 이것을 가지고 구일법(九一法)이라 했다.

소아 신남산편(信南山篇)에 "밭 가운데 농막(廬舍)이 있고, 밭둔덕에는 오이가 있다" 하였다.

동중서(董仲舒)[40]는 "집마다 여사가 2묘 반이다" 했다.

공영달(孔穎達)[41]은 "옛적에 주택(住宅)은 도읍(都邑)에 있으나 농사 때가 되면 전지에 나가므로 반드시 농막이 있었다" 했다.

주자는 "1정의 전지에 복판 100묘가 공전인데 그 중 20묘를 8로 나누어

---

40) 동중서(董仲舒) : 전한(前漢) 무제(武帝) 때의 학자. 처음엔 강도(江都)의 승(丞)이 되었으나 공손홍(公孫弘)에게 미움을 받아 교서왕(膠西王)의 승(丞)으로 좌천되고, 나중에 벼슬을 그만두고 저술에 힘쓰다 생을 마쳤다. 『춘추』에 밝아 『춘추번로』(春秋繁露)를 지었다. 무제에게 상주하여 유교를 국교(國敎)로 정하게 한 것으로 유명하다.

41) 공영달(孔穎達) : 당대(唐代)의 대유(大儒). 자는 중달(仲達). 수(隋)나라 때 과거에 급제하고, 당(唐)나라에 들어와서 국자사업(國子司業)·국자좨주(國子祭酒) 등을 지냈다. 태종(太宗)의 명을 받들어 『오경정의』(五經正義) 곧 지금 주소본(注疏本)의 『오경(五經)의 소(疏)』를 지었다.

농막으로 만들어 농사하는 데에 편리하도록 한다. 그리고 밭둑 위에는 오이를 심어서 땅에서 나오는 이(利)를 다한다" 했다.

생각건대, '초자'(楚茨)와 '신남산'(信南山)[42] 2편의 시는 곧 전록(田祿)[43]이 있는 공경(公卿)이 그의 선조에게 제사하는 시이다. 경·대부가 그의 선조에게 제사하는 데는 반드시 규전(圭田)으로써 하는 것이니, 규전이 공전 된 것을 어디에서 보았는가? 밭 가운데 농막이 있다는 것은, 복판에다 임시로 초막을 지어서 그 오이를 지켰던 것이다. 지금 풍속에도 외밭에는 그것을 지키는 원두막이 모두 있으니 이것은 예나 지금이나, 중국이나 우리나라나 다름이 없는 것이다. 그 시(詩)에 "밭 복판에 농막이 있고 밭둑에는 오이가 있다. 이것을 벗기고 담가서 황조(皇祖)에게 드린다"라는 네 글귀는 모두 오이에 관한 말이다. 농막은 오이를 지키는 집인 까닭에 사지(詞旨)가 조화된다. 이것이 만약 공전 20묘에 있는 농막이라면 첫 글귀가 군더더기가 되어서 타당치 못하여 네 글귀가 조화될 수 없는데 선유(先儒)는 이것을 인용해서 2묘 반이라는 뜻을 증명하였으니 공교로운 듯하나 실상은 오활하여 따를 만하지 못하다. 2묘 반이라는 말은 본래부터 이치에 합당치 않은데(자세한 것은 다음에 있다), 다만 동중서가 공양(公羊)[44]의 학문(『사기』 儒林傳에 있다)을 공부했으므로 십일(什一)의 뜻을 세우고자 해서 이 말을 했던 것이다.

『맹자』에 "하후씨(夏后氏)는 50묘로써 공법(貢法)을 했고, 은인(殷人)은 70묘로써 조법(助法)을 했고, 주인(周人)은 100묘로써 철법(徹法)을 했으나 실상은 모두 10분의 1이었다. 철이란 취(取)하는 것이고, 조(助)란 빌린다는 것이다" 하였다. 용자(龍子)는 "토지에 대한 부세를

---

42) 초자(楚茨)와 신남산편(信南山篇) : 『시경』(詩經) 소아(小雅) '곡풍지십'(谷風之什)의 장명(章名).
43) 전록(田祿) : 전지의 조세(租稅)로 녹봉(祿俸)을 대신하는 것.
44) 공양(公羊) : 전국시대 제(齊)나라 사람. 이름은 고(高). 자하(子夏)의 제자로서 『춘추공양전』(春秋公羊傳)을 지었다.

다스리는 데에는 조보다 좋은 것이 없고 공보다 나쁜 것이 없다. 공이란 여러 해를 비교해서 상수(常數)로 하는 것이다. 풍년(樂歲)에는 낟곡식이 어지럽게 흩어져 있어서 많이 거두어들여도 가혹한 일이 아니건만 적게 거두어들이고, 흉년에는 그 전지에서 나는 것을 통틀어도 먹을 것이 부족하건만 반드시 그 상수에 충족시켜 취한다" 했다.

『시경』에 "우리 공전에 비가 와서, 드디어 우리 사전에도 미쳐온다" 하였다. 오직 조(助)하는 데에만 공전이 있는 것인데, 이것을 말미암아 본다면 주(周)나라도 또한 조(助)하였다.

조기(趙岐)[45]는 "50묘를 경농(耕農)하는 자는 5묘를 공상(供上)하고, 70묘를 경농하는 자는 7묘로써 공가(公家)를 도우며 100묘를 경농하는 자는 10묘를 취해서 부세로 하였다. 명칭은 비록 다르나 많고 적음은 같기 때문에 모두 10분의 1이라 하였다" 했다.

또 "철(徹)은 취와 같은데 물(物)을 취하는 것이다" 했다.

『춘추정의』(春秋正義)에 "조기는 하(夏) 50묘, 은(殷) 70묘라는 뜻을 해득하지 못했다. 대개 옛적에 사람은 많고 전지는 적어서 한 농부가 오직 50묘·70묘를 얻었던 것이다"("宣公 15년에 비로소 밭이랑에 따라 세를 받았다" 한다) 했다.

생각건대, 맹자가 말한 50·70이라는 것은 본디 정전과 더불어 합치하지 않은데, 조기는 모두 10분의 1로 풀이했으니 가장 적당하다. 그 "주인(周人)은 100묘에 철했다"고 이른 것은 반드시 수인(遂人)을 가리켜서 말한 것일 것이다. 그렇다면 50·70이라는 것도 또한 하·은시대의 6수 제도와 같은 것인데 지금 사람은 공전 20묘에다 농막을 만들었다는 말로써 주인(周人)이 10분의 1로 했다고 해석한다. 그러나 이것은 11분의 1을 취하는 것이지 10분의 1이 아니니, 어찌 조기의 주석이 이치에 합당한 것만

---

45) 조기(趙岐) : 동한(東漢) 사람. 경서(經書)에 밝고 재예(才藝)가 있었다. 『맹자장구』(孟子章句) 및 『삼보결록』(三輔決錄)의 저서가 있다.

하겠는가?

살피건대, 철자(徹字)의 뜻도 조기의 주석이 더 낫다. 나머지는 맹자의 말에 나타났으므로 지금에 거듭 밝히지 않는다.

필전(畢戰)[46]을 시켜서 정지(井地)에 대해 물었더니 맹자가 "야(野)에는 9분의 1로 조를 하고, 국중(國中)에는 10분의 1로 하여 본부(本賦)에 따르도록 하라. 경(卿) 이하는 반드시 규전(圭田)이 있으니, 규전은 50묘이며 여부(餘夫)는 25묘를 준다. 사방 1리가 정(井)이 되는데 정은 900묘이다. 그 복판이 공전인데 8가가 모두 100묘씩을 사전으로 한다. 함께 공전을 다스리어 공전의 일을 마친 다음 사전(私田)을 다스리는 것은 군자(君子)와 야인(野人)을 분별하는 것이다" 했다.

조기는 "구일(九一)이라는 것은, 정전의 9경(頃)을 1수(數)로 하여 10분의 1을 공상(貢上)하는 것이니 교야(郊野)의 부세(賦稅)이고, 국중에 십일(十一)이라는 것은 『주례』에 '원전(園田)은 20에 1을 세 받는다'는 것이니 그때에 중한 법을 시행하여 10분의 1을 공부(貢賦)했던 것이다" 했다. 또 "여부란 한 집에 한 사람이 전지를 받는데 그 나머지 사람, 즉 늙은이·어린이로서 일을 도울 여력이 있는 자이다" 했다.

또 "공전은 80묘이고, 그 나머지 20묘는 농막·우물과 과원(果園)·채포(菜圃)·가옥(家屋)이 차지하는데 1집에 2묘 반씩이다" 했다.

생각건대, 야(野)에 구일로 한다는 것은, 소사도(小司徒) 소관으로서 원교(遠郊) 밖으로부터 4기(畿)에 이르기까지 모두 정전법(井田法)을 쓴 것이다. 국중에 십일로 한다는 것은, 수인 소관으로서 오직 6수 지역에만 10분의 1로 하는 법을 쓴 것이다(50리 안쪽이다).

『주례』에 방중지부(邦中之賦)·4교지부(四郊之賦)와, 전(甸)·초(稍)·

46) 필전(畢戰) : 춘추시대 등(滕)나라 문공(文公)의 신하. 문공이 필전을 보내서 맹자에게 정전법을 묻고, 그 일을 주관하도록 했다.

현(縣)・도(都)의 부(賦)가 있어서 안에서부터 밖에까지 낱낱이 말하였으나, 6수에 대한 부는 논급(論及)한 바가 없으니, 6수는 4교 안에 있음이 분명하다(秋官에, 遂師가 4교를 관장하였다). 외전(外甸)으로부터 본다면 6수는 왕성과 아주 가까우므로 맹자는 6수를 국중이라 하고, 원교(遠郊) 이외를 비로소 야라 일렀으니 『주례』와 『맹자』의 말이 어찌 부합되지 않는가? 조기의 주는 믿을 수 없다.

생각건대, 여부란 한 지아비, 한 지어미로서 많은 농지를 다스릴 수 없는 사람들이다. 가족이 8명인 집에 노력할 만한 자가 5~6명이 있어야 100묘를 주고 혹 한 지아비, 한 지어미뿐으로서 100묘를 농사하기 어려운 자에게는 25묘를 주는 것이다. 8명이 101묘를 농사한다고 하면 2인이 25묘를 농사하는 셈이 된다.

『춘추』(春秋)에 "선공(宣公) 15년 가을에 처음으로 세묘(稅畝)하다" 하였다.

좌씨(左氏)[47]는 "처음으로 세묘한 것은 예가 아니다. 곡식을 내게 하되 자(藉)를 넘지 않음은 백성의 재물을 풍족하게 하자는 것이다"(杜預는 "공전 10묘는 백성의 힘을 빌려 농사하는 것이니, 세는 이것에 불과하다" 하였다) 하였다.

두예는 "공전법은 10에 1을 취하는 것인데, 이제 또 그 나머지 묘(畝)를 답사하여 다시 10에 1을 거두었다. 그러므로 애공(哀公)은 '10에 2를 거두어도 오히려 부족하다' 하였다. 이것을 드디어 상례로 삼았기 때문에 '비로소'라 하였다" 했다.

공영달은 『한서』 식화지(食貨志)에 "정전은 사방이 1리인데 이것이 9부(夫)가 된다. 8가가 함께하여 사전 100묘와 공전 10묘씩을 받으니, 이것이 880묘가 되며 나머지 20묘는 여사(廬舍)가 된다" 하였다. 여러 선유(先

47) 좌씨(左氏) : 좌구명(左丘明)을 이른다. 『춘추좌전』을 지었다.

儒)들은 이것을 인용해서 말한 것이 많으나, 저의 말과 같다면 집마다 110 묘씩이 되는데 이것은 10 외에 1을 세하는 것이 된다. 정현의 『시경』 전(箋)에 "정(井)의 세는 1부의 전지가 100묘이니 9분의 1을 세로 받는 것이다" 하였으니 그 뜻이 『한서』와 다르다. 또 맹자가 등문공(滕文公)에게 답한 데에 '야(野)에는 9분의 1을 하여 조법을 시행하고, 국중에는 10분의 1을 하여 본부(本賦)에 따르도록 하기를 청한다' 하였다. 정현은 장인(匠人)주에서 맹자의 이 말을 인용해서 '이것은 나라에서도 외(外)와 내(內)를 다르게 한 법이다' 하였으니 정현은 제후의 교내는 10분의 1로 하고, 교외(郊外)는 9분의 1로 한 것으로 여긴 것이다.

살피건대, 정전이란 9분의 1을 받는 것이니 9분의 1 외에는 털끝만큼도 침범하지 않은 듯하나, 여러 경전을 상고하니 9분의 1 외에도 분명하게 부세가 있었다. 우공(禹貢)에 "100리에는 부세로 총(總)을 바치고, 200리에 질(銍)을 바친다" 하였으니 이것은 9분의 1 외에 또 말(馬)의 양식을 농부(農夫)에게 부과했던 것이다(우공기에 자세하게 보인다).

소사도(小司徒)에는 "토지를 경계해서 그 전야(田野)를 정전과 목장으로 하여 지사(地事)를 맡기어 공부(貢賦)와 모든 세렴(稅斂)을 하도록 한다" 했으니 이것은 9분의 1 외에 공부가 있고 또 그것을 농부에게 거두었던 것이 분명하다. 여사(旅師)에 "조속(耡粟)과 옥속(屋粟)을 거둔다" 하였는데, 조속이란 9분의 1을 거두는 것이고, 옥속이란 부(夫) 셋에 해당하는 벌세(罰稅)이니, 이것도 9분의 1 외에 전지에 대해 작은 세가 있었음을 분명히 드러내는데, 지금 사람은 아이 때에 익힌 맹자의 말에서 백수(白首)가 되도록 벗어나지 못하니 만약 9분의 1 외에 또 세렴(稅斂)이 있었다고 말하면 깜짝 놀라지 않을 자가 없다. 그러나 여러 경서에 갖추어 있으니 숨길 수 없다.

그렇다면 비로소 세묘(稅畝)한 것을 『춘추』에 기록함은 무엇인가? 정전에 대한 세는 그 집에 징수하는 것이지 묘에 징수하는 것은 아니다. 한 집을 통해서 세액을 정하는 것이고, 밭이랑에 따라서 세 받는 것이 아니니 『춘추』에 기록함이 또한 마땅하지 않은가? 세묘(稅畝)한 이래로 노(魯)나

라의 전역(田役)은 드디어 10분의 2가 되었으니 이것은 천하의 큰 변인데 어찌 기록하지 않겠는가?

생각건대, 2묘 반이라는 것은 그릇된 말이다. 자세한 논란은 다음에 있다.

공양씨(公羊氏)는 "초(初)란 무엇인가? 비로소라는 뜻이다. 세묘란 무엇인가? 밭이랑을 계산해서 세를 받는 것이다. 옛적에는 10분의 1을 받았는데, 10분의 1이 천하에 중정(中正)인 것이었다. 10분의 1보다 많이 받는 것은 대걸(大桀)에 소걸(小桀)이고, 10분의 1보다 적게 받는 것은 대맥(大貉)에 소맥(小貉)이다. 10분의 1이란 천하에 중정이며 십일(什一)의 제도가 행해지니 칭송하는 소리가 일어난다" 했다.

하휴(何休)는 "십일(什一)이란 백성의 힘을 빌리는 것인데 10분은 백성에게 주고 1분을 스스로 취해서 공전으로 한다" 하였다.

또 "성인이 정전법을 제정해서 호구마다 갈라주었다. 한 지아비 한 지어미가 전지 100묘를 받아서 부모와 처자를 봉양하는데, 5식구가 1집(一家)이 된다. 공전의 10묘는 곧 10분의 1을 세하는 것이다. 여사(廬舍)는 2묘 반인데, 무릇 전지 1경(頃)이 12묘 반이니 8집이면 9경을 함께 경작하는 것이 1정이 되므로 정전이라고 한다. 여사가 안쪽에 있음은 사람을 귀하게 여김이고, 공전이 다음인 것은 공(公)을 중하게 여김이며 사전이 곁에 있음은 사(私)를 천하게 여김이다" 하였다.

또 "정전으로 인해서 저자가 되었으므로, 세속에서 '시정'(市井)이라 한다" 하였다.

또 "5식구 이외를 여부(餘夫)라 하는데, 여부는 그 율에 따라 전지 25묘를 받는다. 10정이 병거(兵車) 1채를 함께 낸다. 사공(司空)이 전지의 높고 낮음과 좋고 나쁨을 신중히 분별하여 3등으로 나눈다. 상등 전지는 해마다 농사하고, 중등 전지는 2년 만에 한 번 농사하며, 하등 전지는 3년 만에 한 번 농사하는데 기름진 땅을 차지해서 홀로 즐길 수 없고 자갈 땅을 맡아서 혼자 괴롭게 할 수 없으므로 3년마다 한 차례씩 주인을 바꿔서 살도록 한다" 하였다.

또 "전지에 있는 것을 여(廬)라 하고, 읍(邑)에 있는 것을 이(里)라 한다. 1리(里)는 80호이며 8집이 하나의 골목에서 함께 산다. 이속(吏屬)과 백성이 봄·여름에는 전지에 나가고, 가을과 겨울에는 보(保)에 들어간다" 하였다.

생각건대, 만약 9분의 1로 하는 것이 아니라면 정전은 원래부터 만들지도 않았을 것이다. 본래부터 9분의 1로 했기 때문에 정전을 만든 것인데, 지금 정전 안에다 20묘를 떼어서 10분의 1의 제도를 만들고자 하니 어찌 이치에 합당한가? 진실로 십일이 천하에 중정한 것이라면, 옛날 성인이 어찌해서 수인(遂人)이 구·혁하던 법같이 전지를 다스려서 아예 각보(刻補)하는 일이 없게 하지 않았겠으며, 어찌 공전에다 여사 만드는 법을 만들었겠는가? 이것은 11분의 1을 세로 하는 것이지, 10분의 1을 세 받는 것이 아니다.

『공양전』에 이미 10분의 1보다 많게 하는 것을 대걸이라 했으니, 9분의 1로 하는 것은 대걸이 됨을 면치 못하지만 10분의 1보다 적게 하는 것은 대맥이 됨을 홀로 생각지 못했는가? 걸을 피해 맥으로 간다면 또한 무슨 보탬이 되겠는가? 우리나라 풍속에 조선 열수(洌水) 사이에는 전세(田稅)를 구일(九一)이라 한다(方言에 혹은 구일이라 하고, 혹은 九實이라 이르는데 俗音에 일과 실은 본디 혼동되었다). 생각건대 기자(箕子) 때에 비로소 정전법을 시행하면서 구일이라 했는데, 옛말이 전해내려와서 지금까지 변하지 않은 듯하다. 십일이라는 글은 재사에 보이고, 십일의 법은 수인에 보이지만, 정전은 결코, 십일이 아닌데 공양 이래로 십일의 원 뜻을 잘못 세웠고, 그 글은 『맹자』에서 표절했으며(대걸·소걸이라는 말이다), 그 학설은 동자(董子)에게 전했다.

곡량(穀梁)[48]은 또 공양(公羊)의 글을 표절하여, 여사(廬舍)의 설을 스스로 창작한 것인데, 한·위(漢魏)의 유사(儒士) 가운데는 그것이 이치가 아님을 배격할 수 있는 자가 없어서 그 말이 드디어 크게 유행하게 되었다.

---

48) 곡량(穀梁) : 이름은 적(赤), 춘추시대 사람. 자하(子夏)의 제자. 『춘추곡량전』을 지었다.

생각건대 옛적에 1집의 터는 1묘(畝)에 불과했다. 그러므로 『예기』에 "선비에게 1묘 되는 집이 있다" 하였다. 옛 제도에 왕성 안을 9구역으로 만드는데, 왕궁이 중앙에 있고, 앞에는 조정, 뒤에는 저자이며 좌우에는 6향(鄕)이 둘씩 서로 마주하여 6향의 호수가 7만 5천 집이 된다. 사방 10리 되는 지역에 겨우 9분의 6을 차지했는데, 호수가 이와 같이 많다면 터 하나가 1묘가 되지 않음이 또한 분명하다(사방 10리에 수용된 것은 본디부터 9만 묘에 불과한데, 그 중에서 또 3구역과 溝渠와 도로와 골목 따위를 제외한 것). 하물며 장인(匠人)에 "국도(國都)를 경영한 것은 본래 9리(里)이다" 한다면 더욱 이해가 안 된다. 성중에 항상 거주(居住)하는 터는 오히려 1묘가 못되는데, 밭 복판에 때에 따라 우거(寓居)하는 여사가 이에 2묘 반이 된다는 것은, 이런 이치가 있겠는가?

맹자가 5묘지택(五畝之宅)이라 일컬은 것은 본디 들 터를 가리켜서 말한 것인데, 선유들은 이에 국도 안 주택이 2묘 반이고, 밭 복판 여사가 2묘 반이라 하여 5묘라는 수효에 충당했으니, 힘들여 만든 것이 곧 여기에까지 이르렀는가? 대저 평탄하고 비옥한 땅을 구획해서 정전을 만들려면 한 조각 이랑이라도 금과 같은 것인데, 지금 10분의 1로 한다는 이유로 20묘를 떼내어서 소용없는 여사를 넓게 한다 하니, 진실로 이와 같으면 어찌해서 땅 구획하기를, 수인이 번거롭지 않게 조각한 것처럼 하여 천연적으로 십일이 되게 하지 않았는가?

백성들은 살고 있는 곳을 편하게 여겨서 옮기기를 꺼려함이 인정인데, 봄·여름은 밭에 나가고, 가을·겨울에는 보(保)로 들어온다는 것은 또 무슨 말인가? 봄에 지맥(地脈)이 이미 풀리면 백성은 쟁기와 보습을 지고 병과 항아리를 이며, 솥과 가마를 싣고 상자를 멘 채 늙은이와 어린이를 부축하면서, 송아지를 끌고 돼지를 몰며 2묘 반 되는 농막으로 우루루 가서 풀 위에 자고 흙덩이를 베개하는데, 흙바닥이 습하니 황달병도 생겨서 고초를 겪는 것이 수자리에서 사는 병졸 같을 것이다.

왕성 안은 10집 중 9집은 비어서 밥 짓는 연기가 끊어지고 골목은 적막하여 계견(鷄犬) 소리도 들리지 않을 것이니 천자(天子)는 장차 누구와 함

께 살겠는가? 눈에 보이는 것은 황량하여 기상(氣像)이 수참(愁慘)할 뿐일 것이다. 그러다가 가을걷이를 마친 뒤에는 백성이 또 그 볏짚을 싣고 곡식을 운반하는데, 모든 일용 물품을 다 거두어서 다시 성으로 돌아오게 되니, 천하에 어찌 이런 일이 있겠는가? 소요하여 한때도 편히 쉴 수 없을 것이니 사람이 그 삶을 즐기는 마음이 어찌 있겠는가? 이것은 모두 진 · 한(秦漢) 때, 오활한 선비의 왜곡된 말이고 선왕의 법은 단연코 아니다. 정전은 구일이지 십일은 아니다.

생각건대, 하휴는 "기름진 땅과 메마른 땅에 3년마다 한 번씩 주인을 바꿔서 살도록 한다" 하였으나 이것도 시행하지 못할 정사이다. 백성은 이 전지가 영업(永業)[49]으로 된 것임을 안 다음이라야 자갈을 버리고 잡초를 없애며 밭도랑을 단속하고 거름을 많이 하게 될 것이다. 만약 3년 후에 규례에 비추어서 바꿔질 것을 안다면 그 누가 이런 일을 즐겨 하겠는가? 천하의 전지를 황폐하게 만드는 것은 반드시 이 법일 것이다. 시정(市井)과 여부(餘夫)라는 뜻도 또한 옳지 못하다.

곡량씨(穀梁氏)는 이르기를 "처음(初)이란 비로소(始)라는 뜻이다. 옛적에는 십일의 조법(助法)만을 하였고, 세를 받지 않았으니 비로소 세묘(稅畝)한 것은 바른 것이 아니다. 옛적에는 300보(步)로 이(里)를 만들어 정전이라 불렀다. 정전은 900묘인데, 공전이 한 몫을 차지한다. 사전 제도가 잘 되지 않으면 아전을 꾸짖고 공전 농사가 잘 되지 않으면 백성을 꾸짖는다. 비로소 세묘한다 한 것은 노선공(魯宣公)이 백성들이 공전 농사를 떠나 밭고랑을 답사해서 10분의 1을 취한 것을 나무란 것이니 선공이 백성들에게 전지를 준 것은 백성들의 힘이 이미 다했기 때문이다. 옛적에는 공전을 주거로 삼아, 우물 · 부엌 · 파밭과 부추밭으로 하게 하고 세를 다 받았다" 하였다.

범(范)은 "나머지 20묘는 1집이 2묘 반씩을 여사로 한다" 하였다.

또 "그 집터를 줄이고 한 정원을 만들어서 다섯 가지 채소를 심으며, 그

49) 영업(永業) : 여러 대를 이어서 가업(家業)으로 하는 것.

바깥에는 가래나무와 뽕나무를 심어서, 살아 있는 사람을 봉양하고, 죽은 사람을 송장(送葬)하는 데에 대비하였다" 했다.

생각건대, 『곡량전』은 『공양전』의 그림자이다. 그 훈고(訓詁)와 뜻은 모두 『공양전』에서 표절하여 또 보태서 꾸몄으니, 이 장(章)이 그 중 하나이다. 공양은 맹자의 뜻을 표절하여 십일로써 정전법이라 했다. 그후에 공양학파들은 불합리한 점을 병통으로 여겨 이에 2묘 반이라는 말을 창안했던 것인데, 곡량학설을 하는 자가 또 그 뜻을 표절하여 공전을 주거로 했다고 일컬었으니, 이것이 어찌 주나라 때 유사(儒士)의 글이겠는가? 2묘 반이 너무 넓은 까닭으로 그 안에 파와 부추 따위 채포(菜圃)를 설치하고 가에는 가래나무와 뽕나무를 심는 정원을 만들었다 하여 그 말을 꾸미고자 하였다. 아아, 공전(公田)이 황폐되어 한·진(漢晋)의 선비들은 그것이 거짓임을 능히 깨친 자가 없었는데, 당나라 때에 와서 비로소 능히 연구했다.

공영달이 『춘추』의 소(疏)를 하면서 『한서』의 여사(廬舍)라는 말을 인용하여 "이것은 10 외에 1을 세 받는 것이다" 하였고, 가공언(賈公彦)은 『주례』를 소하면서 『공양』(公羊)의 파와 부추라는 말을 인용하여 "이것은 10 외에 1을 세 받는 것이다"(장인(匠人) 구·혁 소에 있다) 하였고, 손석(孫奭)은 『맹자』를 소하면서 『한서』의 여사라는 말을 인용해서 "10 외에 1을 세 받는 것이다"(白圭章에 있다) 하였다. 10 외에 1을 세 받는다는 것은 11에서 1을 세로 받는 것이니 11에서 1을 세로 받는다면 10분의 1보다도 적은 것이 된다. 이것은 『공양』의 이른바 맥(貉)의 도이니 차라리 걸(桀)의 도로서 중국을 다스림이 낫지 않겠는가? 정전은 구일이지 십일은 아니다.

백규(白圭)는 "나는 20에 1을 받고자 하는데 어떠한가?" 하자 맹자는 "그대의 도(道)는 맥(貉)의 도이다. 맥은 20분의 1을 받는다. 요·순(堯舜)의 도보다 가볍게 하려는 자는 대맥에 소맥이고, 요·순의 도보다 중하게 하려는 자는 대걸(桀)에 소걸이다" 하였다.

조기는 "요·순 이래로 십일의 세만으로도 예를 거행하기에 족하였다" 하였다.

손석(孫奭)은 "재사(載師)에 '근교(近郊)에는 십일이고, 원교(遠郊)에는 20분의 3이다' 하였고, 정현(鄭玄)은 '10분의 1로 하는 세를 철(徹)이라 하는데, 철이란 통(通)이니 천하에 통한 법이다' 했으니 천하의 세를 모두 10분의 1로 함을 말한 것이다" 하였다.

살피건대, 맹자가 백규의 물음에 답하면서, 십일이라는 것을 분명히 말하지 않았는데, 조기는 등문공편(滕文公篇)에 의거해서 십일로 풀이했다. 그러나 주나라 때에 공전(公田)의 유무(有無)를 맹자도 능히 분명하게 알지는 못했고, 겨우 『시경』 '대전'(大田)장을 외면서 주나라 때에 공전이 있었던가 의심했으니 그 세가 구일이었는지 십일이었는지를 맹자도 무엇으로써 명백하게 분별했겠는가? 정전에 구일은 있으나 십일은 없다.

총괄해서 논해보면, 진급지(陳及之)는 "『주례』의 정전법은 천하를 통해서 시행했는데, 어찌 안팎의 다름이 있었겠는가? 수인(遂人)이 일직선(一直線)으로 잰 것이다. 무릇 10부 머리에는 반드시 구(溝) 하나가 있었다. 사방으로 헤아리면, 사방 4리 되는 땅에 수용된 것은 9부이다. 수인조에 말한 것은 면적으로 헤아린 것이고, 장인(匠人)조에 말한 것은 사방으로 하는 법이나, 그 실제는 같은 제도이다" 하였다.

주자(朱子)는 "구·혁은 10으로써 헤아리고, 정전은 9로써 헤아리는 것이니 결코 합치될 수 없는 것인데, 근세(近世) 여러 유사(儒士)는 전제(田制)를 논하면서, 정전과 구·혁을 혼동해서 하나로 만들고자 한다면 시행될 수 없다. 정현의 주(注)에 2항(項)으로 나누어 만든 것이 옳다" 하였다.

진붕비(陳鵬飛)는 "향·수(鄕遂)에 공법(貢法)을 쓴 것은 수인(遂人)이고, 도·비(都鄙)에 조법(助法)을 쓴 것은 장인(匠人)이다" 하였다.

마단림(馬端臨)은 "맹자가 이른바 들에는 구일로 한다는 것은 바로 전지를 주는 제도이고, 국중에 십일로 한다는 것은 바로 백성에게 받는 제도이다. 대개 조법에는 공전이 있는 까닭에 그 수효를 반드시 9로써 묶지만, 공법은 공전이 없으니 맹자가 십일이라 한 것은 다만 그 받아들이는 수효를

말한 것뿐이다. 수인에 10부(夫)라는 것도 다만 그 성수(成數)를 들어서 말한 것뿐이다. 9부에는 스스로 9부에 대한 공법이 있고, 11부에는 스스로 11부에 대한 공법이 있으니, 당초부터 10이라는 수효에 얽매이지 않은 다음이라야 공법을 시행할 수 있는 것인데 지금 한갓 장인조에, 9부가 정(井)이 된다는 글만을 보고 수인조에 10부에 구가 있다는 것을 10으로써 수효를 했다고 한다면 너무 얽매인 듯하다. 대개 조법은 반드시 평탄한 전지에다 정자(井字)같이 구획해서 바둑판처럼 가지런하여야 하며, 공법은 고원(高源)과 하습(下濕)을 막론하고 긴 것을 끊어서 짧은 데에 보충하여 농부에게 100묘(畝)씩 주는 것인데 이것이 두 법의 다른 점이다. 그러므로 장인조에는 혁을 반드시 8자라 말하고, 회를 반드시 16자라 말하여 일정한 자 수가 있으나 수인조에는 다만 100부에 혁이 있고 1천 부에 회가 있다고 말했을 뿐이고 자 수는 말하지 않았다" 했다.

생각건대, 두 법은 결코 합치될 수 없다. 그러나 구일이나 십일이 모두 조법이 될 수는 있는데 하필 십일은 공(貢)만 할 수 있고 조(助)는 할 수 없다고 하는가? 향・수에는 조법을 쓰고 도・비에는 공법을 썼다는 것은 정현의 설이다. 그런데 향이란 성 안에 있어, 본래부터 전지가 없고 조도 공도 논할 것이 아니니, 도시 밀가루 없이 밀떡 만드는 격이다.

6수(遂)에 공법을 썼다는 것은 『주례』 6편에 그림자도 없으니 그 말이 어찌 명징(明徵)이 있겠는가? 1천 묘(畝)의 전지를 아홉 명의 농부가 농사하여 그 중 100묘의 소출만을 공실(公室)에 바치는 것도 또한 조법인데, 어찌 십일만을 반드시 공이라고 이르겠는가? 주나라 제도는 아홉가지 직(職)으로써 만민에게 맡겼는데, 아홉가지 직을 받은 백성은 각자 그 물(物)을 바치면서 명목을 공이라 했고, 이것 이외에 공은 없었다. 마단림의 설은 엉성하고 흐리멍텅함이 더욱 심하여 족히 변론할 것이 없으므로 우선 생략한다.

『주례』 지관(地官)에 "재사(載師)는 그 땅을 맡기는 법을 관장한다. 지사(地事)를 물색(物色)하고 지직(地職)을 맡겨서 정령(政令)을 기다

리게 한다. 국중(國中) 지역은 전리(廛里)로써 맡기고, 원지(園地)는 장포(場圃)로써 맡기며, 근교 지역(近郊地域)은 택전(宅田)·사전(士田)·고전(賈田)으로써 맡기고, 원교 지역(遠郊地域)은 관전(官田)·우전(牛田)·상전(賞田)·목전(牧田)으로써 맡기고, 전지(甸地)는 공읍전(公邑田)으로써 맡기며, 초지(稍地)는 가읍전(家邑田)으로써 맡기며, 현지(縣地)는 소도전(小都田)으로, 강지(畺地)는 대도전(大都田)으로 맡긴다" 하였다.

정현은 "재(載)는 사(事)이다" 하였으나 나는 재는 문서한다는 것과 같다고 생각한다. 『서경』의 낙고(洛誥)에도 "군신(群臣)의 공을 보아서 기재한다"라고 하였다.

임(任)이란 부담과 같은 것인데, 이 직을 이 지역에 주어서 부담시키는 것과 같음을 이른 것이다.

물(物)이란 분변하는 것과 같은 것이고(정현은 물색한다고 일렀다), 지사(地事)란 그 땅에 알맞다는 것이며 지직(地職)이란 농(農)·목(牧)·형(衡)·우(虞) 등이다. 태재(大宰)에는 "9가지 직으로써 만민에게 책임지운다" 하였다.

중국이란 성중(城中)이고(대재조에는 방중이라 일렀다), 원지(園地)란 성밖이고(6수 안에 있다), 근교란 4교(郊)의 안쪽이고(곧 6수의 전지), 원교란 4교의 바깥쪽이고(100리 안쪽이다), 전지란 방전(邦甸)이고(200리 안쪽이다), 초지란 가삭(家削)이고(300리 안쪽이다), 현지란 방현(邦縣)이고(400리 안쪽), 강지란 방도(邦都)이다(500리 안쪽이다).

정현은 "전(廛)은 백성이 살고 있는 구역이다" 했으나 나는 이(里)란 비려(比閭)의 총칭으로써 성 안에는 오직 민가가 있을 뿐 과원(果園)·채포(菜圃) 밭도랑은 없다고 생각한다.

나무 심는 곳은 장(場)이라 하고(『맹자』에 "場師가 대추나무·오동나무·가래나무를 培養한다" 하였고, 『주례』에는 "장인이 과목과 오이를 함께 키운다" 하였다), 채소 심는 곳을 포(圃)라 한다(정현은 과목과 오이를 심는

다 했다). 6향과 6수에는 15만 호가 있으니 과원과 채포를 반드시 넓게 설치하여야 과실과 채소를 공급할 수 있다.

정현은 "택전(宅田)이란, 벼슬을 사퇴한 자의 집에서 받은 전지다" 하였다(士相見禮에 "宅이란 邦中에 있으면 市井之臣이라 하고, 郊野에 있으면 草茅之臣이라 한다" 했다).

사전이란 3사(士)가 받은 녹전(祿田)이고, 고전이란 상인(商人)이 물화를 국용으로 제공했다가 가을에 가서 회계하여 고전 곡식으로써 그 값을 받는다. 이것이 고전인데 근교 지역에다 이 전지를 맡긴다.

관전이란 서인(庶人)으로서 관청(官廳)에 있는 자가 받는 녹전이고, 우전이란 우인(牛人)의 전지로서 소를 기르게 하는 곳이고, 목전이란 목인(牧人)의 전지로서 양과 돼지를 치도록 하는 곳이고, 상전이란 특례로서 상사(賞賜)하는 전지인데(司勳에 상전이라는 글이 있다), 이런 전지는 원교 지역에다 책임지운다.

공읍전이란 천자의 녹전이다. 『맹자』에 "임금의 녹은 경(卿)의 10배이다" 했는데 천자도 또한 같다(천자의 녹은 경의 녹의 10배이다). 4정(井)이 읍이 되므로 공읍이라 이른다.

가읍전이란 경·대부의 녹전이고, 소도전은 4전(甸)에 봉작(封爵)된 자의 채지(采地)이며, 대도전이란 4현(縣)에 봉작된 자의 채지이다(정현은 "왕자와 왕제의 食邑이다" 했다).

생각건대, 주나라 제도의 6수는 십일로 하고 야외(野外)에는 구일로 하는 것 외에 큰 부세(賦稅)가 3가지 있었다. 첫째는 이포(里布)인데, 이것이 후세(後世)에 호역(戶役)이라 이르는 것이고, 둘째는 옥속(屋粟)인데, 이것은 후세에 전조(田租)라 이르는 것이며, 셋째는 부가(夫家)에 대한 부세인데, 이것은 신공(身貢)이라 이르는 것이다. 한·당(漢唐)시대의 조(租)·용(庸)·조(調)라는 것이 바로 이 유법(遺法)이다. 조(租)란 전세(田稅)이고, 용이란 신공이며, 조란 호역(戶役)이다. 십일은 수인의 소관이고, 구일은 소사도(小司徒)의 소관이었다. 재사가 관장하던 바는, 첫째 그 땅을 맡겨서 지직(地職)을 주고, 둘째 세를 부과해서(곧 3가지 세) 잡

부(雜賦)를 징수하는 것이었으니 십일과 구일은 재사의 소관이 아니다.

선정(先鄭)[50]은 "백성의 집을 택(宅)이라 하는데 택전이란 더욱 많아짐에 대비한 것이다" 하였다.

살피건대, 주나라 제도는, 무릇 조정에 벼슬하는 자는 관아를 집으로 삼아서 그 자손을 키웠다. 태재(大宰)는 태재의 관서에 살고 재사는 재사의 관서에 산다. 공적이 있으면 수레와 의복으로써 등용하여 그 품계(品階)를 올리고 녹봉을 증가할 뿐이다. 죄를 지어 면관(免官)되지 않았거나, 나이가 많아서 조정에 벼슬을 돌려 바치지 않았으면 항상 공서(公署)에 있는데 어찌 사삿집이 있겠는가? 오직 벼슬을 도로 바친 신하가 물러나서 사는 집이, 혹 성안에 있으면 시정지신이라 자칭하고 혹 교외에 있으면 초모지신이라 자칭한다. 후정(後鄭)의 뜻을 어길 수 없는 것이다.

선정이 "사전(士田)이란, 사대부(士大夫)의 아들이 받아서 경작하던 전지이다" 하였다.

정현은 "벼슬하는 자는 또한 전지를 받으니 이것을 규전(圭田)이라 일렀다" 하였다.

생각건대, 옛적에는 세록(世祿)이 있으므로 사대부의 아들은 반드시 자신이 직접 경농하지 않았다. 만약 서사(庶士)의 아들이 결국 농부가 되었으면 다만 전지 100묘를 받아서 정읍(井邑)에 편입될 뿐인데 또 어찌하여 별도로 사전을 급여했겠는가? 만약 아비가 녹을 먹는 중인데 자식이 또 전지에 농사한다면 더구나 비리(非理)에 속(屬)하게 되니 선정의 말은 따를 것이 못 된다. 규전이 비록 제전(祭田)이기는 하나 또한 녹전 옆에 이 규전을 설치했던 것이니 대전(大田)·보전(甫田)·초자(楚茨) 등의 시(詩)는 모두 경·대부가 농사하여, 선조에게 제사하는 시이다. 그 시에 "나의 광에 곡식이 가득하다", "그 밭이랑을 혹 남쪽으로 혹은 동쪽으로 한다", "해마다

50) 선정(先鄭) : 정중(鄭衆). 후한(後漢) 사람. 대사농(大司農) 벼슬을 했으므로 정사농(鄭司農)이라 하기도 한다. 정현(鄭玄)보다 전대(前代)의 사람이므로 경학가(經學家)에서 정중을 선정(先鄭), 정현을 후정(後鄭)이라 한다.

만(萬)을 받는다", "곡식 더미가 높은 언덕 같다", "우리 공전에 비온다" 했으니 모두 50묘로써는 해당될 수 없는 것이다. 하물며 대부와 사의 녹전은 정현의 주해에 전혀 해당시킨 것이 없으니 어찌 소홀하지 않은가? 후정(後鄭)의 말도 따를 만하지 못하다.

선정은 "고전(賈田)이란 이속(吏屬)이 현관(縣官)으로 된 다음, 재물을 받고 준 전지이다" 하였으나 정현은 "고전이란 저자에 있는 상인 집에서 받은 전지이다" 하였다.

생각건대, 고인(賈人)은 이속이 아니니 선정의 말이 잘못이다. 고인은 저자에 있어서 그 물화(物貨)로도 8식구를 먹여 살리기에 족한데, 또 그 집 사람에게 전지를 받도록 함이 가하겠는가? 후정의 말도 잘못이다. 빙례(聘禮)[51]를 상고하니 "고인이 서향(西向)으로 앉아서 독(櫝)을 열고 규(圭)를 취한다" 했고 또 "고인의 관사(館舍)에 피폐(皮幣)를 펼친다" 하였으니 옥백(玉帛)과 피폐를 혹 고인을 시켜 제공하도록 한 것이 분명하다(정현은 '고'를 '가'(賈)라 했으니 잘못이다).

우리나라 선혜청(宣惠廳)에서 시행하는 대동법(大同法)은 고인을 시켜 물화를 공급하도록 하고(貢人은 본래 고인이다), 대동미(大同米)로써 값을 받는데, 옛적에도 지금의 사정과 다르지 않았을 것이다. 만약 공가(公家)에서 온 나라의 전지를 주관하고 기내(畿內) 전지를 떼내어서, 대동전(大同田)이라 이름하여, 공물(貢物) 값을 보상하도록 한다면 이것이 주나라 때의 이른바 고전이라는 것이다. 대저 공·상(工商) 두 직업은 그 이익이 농부보다 후한데, 또 따라서 관에서 전록(田祿)을 준다면 반드시 부자를 더욱 부하도록 하는 것이니 이런 이치가 있겠는가? 고전이란 물화 값을 갚아주는 전지이다.

선정은 "관전(官田)이란 공가에서 경농하는 전지이다" 하였다.

정현은 "관전이란 서인(庶人)으로서 벼슬에 있는 자의 집에서 받은 전지이다" 하였다.

---

51) 빙례(聘禮) : 『의례』(儀禮)의 편명(篇名).

생각건대, 무릇 전지는 모두 농부가 경농하는 것인데, 사·대부의 집과 부서(府胥)의 집에 있는 사람이 별도로 전지를 받아서 장차 어떻게 한다는 것인가? 또한 농부에게 줄 뿐이니 만약 국가에서 전지를 받아서 농부에게 준다면 이것은 녹전(祿田) 외에 또 하나의 녹전이 있는 것이다. 그 아비가 먹는 녹으로도 가족을 양육하기에 족한데, 그 아들이 또 녹전을 받는다면 또한 지나치지 않은가? 정현의 말도 잘못이다.

선정은 "우전(牛田)이란 공가(公家)의 소를 기르는 것이다" 하였다.

정현은 "우전과 목전(牧田)은, 목축하는 집에서 받는 전지이다" 하였다.

가공언(賈公彦)은 "사농(司農)은 '이것이 곧 6생(牲)의 사육을 관장하는 것이라' 생각했는데, 후정이 그 말에 따르지 않은 것은, '이것이 목인(牧人)일 것 같으면, 이것은 공가에서 방목하는 땅일 것이니 다음 글에 세(稅)라는 말이 어찌해서 있겠는가?'라 하였다고" 했다.

생각건대, 『주관』(周官)에 "우인(牛人)이 나라의 소를 기르는 것을 관장하여 모든 제사(祭祀)에 향우(享牛)[52]와 구우(求牛)[53]를 제공하고, 모든 빈객을 접대하는 일에 뇌례(牢禮)[54]에 쓰는 소를 제공하고, 향사(饗食)와 빈사(賓射)에 선수(膳羞)하는 소를 제공하며, 군사(軍事)에는 호궤(犒饋)하는 소를 제공하고, 상사(喪事)에는 제전(祭奠)하는 소를 제공하며, 모든 회동(會同)과 군려(軍旅)에는 병거(兵車)를 끄는 소를 제공한다" 하였으니 그 소만 해도 몇 천 두가 된다. 또 "목인은 6생의 사육을 관장해서, 제사에 바치는 희생을 제공한다" 하였으니 그 양과 돼지만 해도 몇 천 두가 된다. 이들에게 전지를 주지 않으면 무엇으로써 길러내겠는가? 우전과 목전은 없어서는 안 된다. 하지만 보통 목축하는 집이 전지를 받는 것은 뜻이 없으니

---

52) 향우(享牛) : 제사에 바치는 소. 『주례』 우인(牛人) 주에 "享 獻也 獻神之牛 謂所以祭者也"라고 보인다.

53) 구우(求牛) : 복(福)을 빌기 위하여 바치는 소. 『주례』 지관(地官) 우인 주에 "求牛 禱於神祈求福之牛也"라 했다.

54) 뇌례(牢禮) : 태뢰(太牢)와 소뢰(小牢)의 예를 말하는 것. 음식에 소·염소·돼지 세 짐승을 갖추는 것을 태뢰라 하고 염소와 돼지만 갖추는 것을 소뢰라 한다.

후정의 말은 그르다.

가공언의 주소에는 "공가에서 방목하는 전지에는 세가 있을 수 없다" 하였으니 이 또한 눈가림이다. 이른바 사전·관전·택전·고전·우전·목전에는 모두 9분의 1을 거두어서 그 녹을 주고 그 값을 갚고 그 목양(牧養)을 달성하도록 해주었다. 그리고 본전(本田)에는 옥속(屋粟)이, 본전(本廛)에는 이포(里布)가, 본신(本身)에는 정역(征役)이 붙어 있지 않은 데가 없는데, 어찌해서 공가 목전에는 다른 세가 있어서는 안 된다고 이르는가? 전지의 명목은 비록 다르나 한 농부가 100묘를 받는 것은 천하가 모두 같은 것인데, 가규의 말이 이치에 맞겠는가?

정현은 "공읍은 6수의 남은 땅으로 천자가 대부(大夫)에게 다스리도록 하는데 이 밖은 모두 그러하다. 200리·300리는 상대부(上大夫)가 다스리는데 주장(州長)과 같으며, 400리·500리는 하대부(下大夫)가 다스리는데 현정(縣正)과 같다. 그러므로 혹 200리를 주(州)라 이르며, 400리를 현이라 이르는데, 수인이 감독한다" 하였다.

살피건대, 정현은 6향과 6수가 어느 곳에 있는지도 몰랐다. 혹 향과 수를 아울러 일컫기도 하였고 혹은 6수를 교외에 있다고 하기도 하고, 혹은 6수를 300리·400리에 있다고 하기도 하고, 혹은 6수를 공읍이라 하기도 하였으니 그 잘못이 크다. 이미 공읍(公邑)으로써 전지(甸地)에 맡겼으니 전지는 200리 안에 있는 것인데 6수와 무슨 상관이 있는가? 사마법(司馬法)에 "200리가 주(州)가 된다" 한 것은, 마침 그 들은 바가 같지 않았던 것이다. 다 같은 『주례』 글에 6수를 혹 원지(圜地)라 일컫고, 방도(邦都)를 혹 강지(畺地)라 일컬었으니 대개 당시에 명칭이 혹 달랐던 것인데, 정현은 이것으로써 주장(州長)과 현정(縣正)을 향·수 밖에까지 두루 두는 것으로 하고자 했으니 역시 틀린 것이다.

정현은 "가읍(家邑)은 대부의 채지(采地)이고, 소도(小都)는 경(卿)의 채지이며, 대도(大都)는 공(公)의 채지인데, 왕자와 왕제(王弟)의 식읍(食邑)[55]이다" 하였다.

생각건대, 채읍(采邑)의 제도는 원래부터 알 수가 없다. 대부와 공·경

은 당연히 받는 녹전(祿田)이 있는데, 녹전 외에 또 채읍이 있다는 것인가? 후세의 법은 천하의 곡식을 조운(漕運)해서 서울에서 녹을 나누어주었으나 삼고(三古) 적 제도는 기내(畿內) 전지를 갈라주어서 채읍에서 녹을 받아먹도록 하였기 때문에 공·경·대부·사의 녹은 모두 전지로써 제도를 만든 것으로 왕제(王制)와 『맹자』에도 그 글이 또렷하다. 만약 후세의 법처럼 경창에서 녹을 나누어주었으면 녹을 제정하는데 마땅히 "속(粟)이 몇 섬"이라고 이를 것인데 어찌해서 "전지 몇 묘"라 했겠는가? 녹전 외에 혹 군공(軍功)이 있으면 전지로써 상주는 일이 있었으나 이것은 사람마다 얻을 수 있는 것이 아니다.

그러므로 나는 공읍이란 천자(天子)의 녹전이고, 가읍이란 공·경·대부의 녹전이며, 사전(士田)이란 3등 적사(適士)의 녹전이고, 관전이란 부사(府史)·서도(胥徒)의 녹전이며, 소도(小都)란 훈신(勳臣)과 동성(同姓)이 봉함을 받는 땅이고, 대도란 친왕(親王)의 자제(子弟)가 봉함을 받는 땅이라 말한다. 그러나 그 봉함을 받는 것도 군(君)으로 봉함에 그치고, 국군(國君)이 되지는 못하는 것이니 이것이 옛 제도이다. 위(位)가 낮은 자에게는 가까운 지역을 주고, 위가 높은 자에게는 먼 지역을 주어 힘의 대소(大小)를 요량하고 곡식의 다소(多少)를 비교해서 지위가 낮은 자에게 편리하도록 한 것이다.

정현은 "지형이 실상 그림과 같이 반듯하지 않으므로 전지와 채읍을 받는 자의 원근을 다 제도처럼 할 수는 없다" 하였다.

생각건대, 이 조목은 가장 이치에 합당하다. 정이 이미 이와 같음을 알고서 또 무엇 때문에 1성(成)·1전(甸)을 억지로 합쳐서 바둑판처럼 만들려 하였는가?

정현은 "전리(廛里)로써 국중(國中)에 소속시키는데, 수인(遂人)은 백성에게 전지 주는 것을 주관하며 부(夫) 하나에 1전과 전지 100묘를 전리

---

55) 식읍(食邑) : 그 봉읍(封邑)의 조세(租稅)를 받아서 먹으므로 식읍이라 한다. 채읍(采邑)·채지(采地)도 같다.

(廛里)라 하는 것이고, 백성이 거주하는 도성(都城) 안과 왕기(王畿) 안 사방 1천리 되는 백동(百同) 900만 부(夫)의 면적을 이르는 것은 아니다. 산릉(山陵)·임록(林麓)·천택(川澤)·구독(溝瀆)·성곽(城郭)·궁실(宮室)·도항(涂巷)이 있어, 3분의 1을 제외하면 나머지가 600만 부이다. 또 전지에 바꾸지 않는 것, 한 번 바꾸는 것, 두 번 바꾸는 것을 상·중·하로 서로 통해서 전지 받을 사람을 정한 것이 300만 가(家)이다" 하였다.

살피건대, 국성(國城) 안에는 가옥(家屋)만 있을 뿐이고 과수(果樹)나 채소(菜蔬)를 심어 가꿀 만한 한 조각의 땅도 없으므로 전리로 책임지웠고, 성 바깥 땅에는 과실과 채소를 심어 가꾸는 데만 오로지 힘쓰는데, 그 수용(需用)의 급함이 농사보다 심하므로 장포(場圃)로써 책임지웠으며(무릇 왕성에 아주 가까운 곳에는 과실과 채소를 심는 것이 利가 많다), 교외부터는 전지를 다스리게 하는 것인데, 정현은 이에 국중을 방기(邦畿) 1천리의 총칭이라 했으니 어찌 소홀하지 않았는가? 총재 9부(冢宰九賦)의 명목에 방중지부(邦中之賦)·사교지부(四郊之賦)·방전지부(邦甸之賦)·가삭지부(家削之賦)·방현지부(邦縣之賦)·방도지부(邦都之賦)가 있어, 안으로부터 밖에까지 낱낱이 각각 말했으니 국중은 방중(邦中)이 아닌가? 수인이 부(夫)에게 한 터를 주는 것은 6수 지역은 그 땅이 비좁으므로 터에 일정한 제도가 있었지만, 교외 지역은 땅은 넓은데 사람은 드물어서 마을이 띄엄띄엄 있으니 반드시 일전(一廛)으로 제한할 필요가 없으므로 향·수 외에는 별도로 집터를 준다는 글이 없다. 그런데 정현은 수인이 1천 리나 되는 기(畿)를 통솔해서 모두 터 하나씩을 준 것으로 해석하려 했으니 선왕이 제작한 제도의 묘리를 물을 곳이 없게 되었다.

정현은 "식화지[56]에 '사·공·상도 호구를 보아서 전지를 주었는데 5명이 농부 1인에 해당하게 한다. 여부는 6수 지역 안에 있다' 하였는데 이와

56) 식화지(食貨志) : 반고(班固)가 『한서』(漢書)를 지으면서 한(漢)시대 경제제도와 그 연혁을 서술한 것인데, 그 후에 역사를 서술할 때에는 이것을 삽입하는 것이 통례가 되어 『진서』(晋書)·『위서』(魏書)·『당서』(唐書)·『송사』(宋史)·『요사』(遼史)에는 모두 이 편명이 있다.

같다면 사·공·상은 각자의 일 때문에 관(官)에 들어가 있고, 여부는 힘써 공읍에 나가 경작한다. 그 전(甸)에 있는 7만 5천 호가 6수가 되고 나머지는 공읍이 된다" 하였다.

가공언은 "원교 100리 안에 6향을 두는데 사면의 거리가 200리이다" 하였다.

생각건대, 정현은 6수가 어느 곳에 있는지를 몰라서, 이제 6수를 방전에 있다 말하였고, 가공언은 6향이 어느 곳에 있는지를 몰라 지금 6향을 원교에 있다 했으니 무지함이 심하다. 6수란 4교 안에 별도로 30현(縣)을 6수라 한다. 6향은 본래 성 안에 있고, 넘쳐서 성 밖으로 나간 것만을 원전(園廛)이라 이른다. 식화지의 잘못은 다음에 자세히 논했다.

> 그 땅을 맡길 때 국택(國宅)에는 부세(征)가 없고 원전(園廛)에는 20분의 1을, 근교에는 10분의 1을, 원교에는 20분의 3을, 전·초·현·도에는 모두 10분의 2를 초과함이 없다. 오직 칠림(漆林)에 대한 부세만은 20분의 5로 한다.

정사농(鄭司農)은 "국택이란 성안에 있는 주택이다" 하였다. 나는 원전이란 성 밖에 성과 가까운 곳에 1전을 받아서 주택으로 한 것이라 생각한다.

성 안에는 과원과 채포를 하지 못하고 곡식 농사도 하지 못하는데 또 많은 백성이 삶을 즐기도록 하려는 까닭에 그 택세(宅稅)는 부과하지 않는다. 6향 터에서 성 밖으로 넘쳐나간 것은 오로지 과원과 채포를 하는데 힘써서 그 이익은 비록 많으나 이미 6향 백성인 까닭으로 그 택세는 가벼운 쪽을 따라서 20분의 1을 받았다. 근교란 6수인데 그 택세 또한 경한 쪽을 따라서 10분의 1로 했으나 원교부터는 점점 중한 쪽을 따라서 20분의 3의 택세를 받았다. 그리고 전·초·현·도는 더욱 중한 쪽을 따라, 그 택세가 10분의 2에 이르렀고, 칠림(漆林)에 대한 세는 안으로 교수(郊遂)에서 밖으로 강기(畺畿)에 이르도록 모두 20분의 5였다.

그 부세(征稅) 법도 또한 그 전지(廛地)를 요량했다. 가령 원전에는 1묘

를 1전(廛)으로 했으니(儒行[57]에 "儒者에게 一畝宮이 있다" 했다), 200가(家)는 200묘의 지역이 된다. 200가에 다만 10묘의 비율로 받는다면 20분의 1을 세로 받는 것이다. 원교 지역에는 5묘를 한 터로 했으니(맹자는 "五畝宅이라" 했다) 40가가 200묘 되는 지역이다. 이 40가에 모두 30묘의 비율로 받으면 20분의 3을 세 받는 것이다. 근교에 10분의 1을 받고 현·도에 10분의 3을 받는 것도 그 예가 모두 이와 같다.

정은 "국택이란 모든 관청이 소유한 집으로써 관리(官吏)가 정치를 하는 곳이다" 했다(賈는, "官府로서 정사를 다스리는 곳이다" 했다).

생각건대, 재사(載師)의 글에 첫째가 국중(國中), 둘째는 원전, 셋째가 근교, 넷째가 원교, 5·6·7·8째가 전·초·현·도여서 안쪽으로부터 바깥쪽까지 글이 구슬을 꿴 듯하니, 국택은 성 안에 있는 민가가 분명하며, 원전은 성 밖에 있는 민가가 분명하여 선정(先鄭)의 해석이 본래 이치에 합당했는데 정현이 반드시 국택은 관부라 고쳤으니 어찌 틀리지 않았다 하겠는가? 관부(官府)와 공서(公署)에는 원래부터 부세가 있나 없나를 물을 것도 없고 오직 민택(民宅)에 대해서만 상량(商量)할 바가 있으므로, 법을 만들어 "국택에는 부세가 없다" 하였다.

정현은 "원전에 부세를 가볍게 한 것은 전에는 곡식이 없고 원에는 이익이 적기 때문이다. 옛날 집에는 반드시 나무를 심었고 강역(疆埸)에는 오이가 있었다" 하였다.

가공언은 "『맹자』에 '5묘 되는 집에 상마(桑麻)를 심는다' 했으니 이것을 보면 전에는 곡식이 없었던 것이다. 100묘 되는 전지의 밭둔덕에 집이 각 2묘 반인데 여기에다 우물·부엌과 파밭·부추밭을 만들었으니 이 원에는 이익이 적은 것이다. 『시경』 신남산(信南山) 편에 '강역에 오이가 있다. 오이가 익으면 또 세를 받아 천자가 그것을 베껴 담궈 김치를 만들어서 황조(皇祖)에게 바친다'[58] 하였으니 이것을 보면 원·전에도 세가 있었던 것

57) 유행(儒行) : 『예기』(禮記)의 편명.

58) 이 말은 『시경』 소아(小雅) 신남산(信南山) 편에 "田中有廬 疆埸有瓜 是剝是菹 獻之皇祖 曾

이다" 하였다.

또 "원이란 곧 상경(上經)에 말한 '장포(場圃)로써 원지(園地)에 붙은 것이다' 한 것이고, 전(廛)이란 곧 상문에 말한 '전리(廛里)로써 국중(國中)의 지역에 붙인 것이다' 한 것인데 아울러서 말한 것은 그 세를 내는 것이 같기 때문이다" 하였다.

생각건대, 넓은 고을, 큰 도시의 성문 가까운 곳은 으레 과원과 채포를 만들어서 만가(萬家)에 과실과 채소를 공급하는데 하물며 천자의 국성(國城)이겠는가? 그러므로 6향의 전이 성 밖으로 넘쳐나간 것은 오로지 과원과 채포만을 다스려 명칭을 원지(園地)라 했다. 이것이 비록 성 바깥이기는 하나 오히려 6향 지역이므로 그 택세(宅稅)가 지극히 경했다.

그 외에 6수 지역을 근교라 이르며 그 외 4교 지역을 원교라 이른다. 교와 수가 비록 100리 안쪽에 함께 있는 것이나 제사와 빈객 접대와 큰 상사(喪事), 큰 장사 때와 사전(師田)과 정역(征役)에 6수 백성이 원교보다 수고가 많으므로 전세·택세 모두가 수는 경하고 교는 중하다. 그런데 정현은 이에, 원전(園廛)을 원근·내외의 통칭이라 하여 무릇 오이와 채소밭을 모두 20분의 1을 세 받는 것으로 해석하고자 했으니 어찌 소홀하지 않은가? 국택·원전·근교·원교는 안으로부터 바깥까지 문장이 구슬을 꿴 듯한데 만약 원전을 기내 과원과 채포의 통칭이라 한다면 장법(章法)이 어지러워질 것이다. 중심지는 가장 박해서 부세가 없고(국중의 택지) 다음 바깥은 경한 쪽을 따라 20분의 1로 하고(6수의 택지), 그 다음 바깥은 중간으로 하여 10분의 1로 하고(근교의 택지), 또 다음 바깥은 조금 중하게 20분의 3으로 하며(원교의 택지), 또 그 다음 바깥은 가장 중하게 10분의 2로 했다(전·초·현·도의 택지). 층층이 감쌌고, 마디마디 차등(差等)을 둔 것은 죽순 껍질이 겹겹이 싸이고, 파 뿌리의 흰 부분이 겹친 것 같아서 그 제도가 아주 묘하고 그 뜻이 지극히 정밀했는데, 정현의 말이 한 번 나오자 그 법이 무너지고 혼란해져서 상고하고 시행할 수가 없게 되었으니

孫壽考 受天之祜"라 했다.

어찌 애석하지 않은가?

농가의 이익은 과원과 채포보다 후한 것이 없다. 100묘 되는 전지에 해마다 곡식 몇 곡(斛)을 수확하는데 그것으로 돈을 만들면 그 돈이 얼마나 되며, 100묘 되는 전지에 해마다 파 몇 묶음을 수확했는데 그것으로 돈을 만들면 그 돈이 얼마일까? 파 심는 이익이 반드시 곡식보다 10곱절은 될 것이다. 다만 이런 과실과 채소는 반드시 국성과 아주 가까운 지역이라야 이에 체화(滯貨)됨이 없으므로 교야 이외에는 곡식 농사는 있어도 과원과 채포는 없으니 이것은 물정의 자연스러움인데, 정현은 "이에 과원과 채포는 이익이 적으므로 그 세를 경한 쪽에 따른다" 했으니 오활함이 이와 같고서는 이 일을 논의할 수가 없을 것이다.

생각건대, 전(廛)이란 백성이 살고 있는 구역이다. 6향 안은 지역이 좁기 때문에 1전으로 제한했으므로 위의 글에 "전리는 국중에 붙인다" 하였으니, 이것은 성 안에 있는 6향이고, 다음 글에 "장포는 원지에 붙인다" 하였으니, 이것은 6향 백성으로서 성 밖에 넘쳐나온 것이다(곧 원전이다). 그런데 정현은 원·전(園廛)을 두 가지로 보았으니 더구나 크게 오활했다.

강역에 오이가 있다는 것은 버려진 땅에다 오이를 심어서, 그 땅에서 나오는 이익을 다한 것이다. 비록 상대부가 나라를 다스리더라도 이 오이에는 세가 있을 수 없는데 정현과 가공언은 이 오이를 원전의 세에 해당시키고자 했으니 또한 오활하지 않은가? 천자의 제사에는 장인(場人)이 과실과 오이를 진공(進貢)하는데 또 어찌해서 반드시 강역에서 오이를 취하겠는가?

정현은 "국세가 가까운 곳은 가볍고 먼 지역은 무거운데 가까운 데에는 노역이 많기 때문이다" 하였다.

가공언은 "근교가 십일(什一)인 것은 곧 상경(上經)에 말한 택전·사전·고전이 함께 10분의 1세이고, 원교에 20분의 3이라는 것은 곧 상경에 말한 관전·우전·상전·목전이 함께 20분의 3세라는 것이며, 전·초·현·도에도 모두 10분의 2를 넘지 않음은 곧 상경에 말한 공읍 이하 네 곳의 전지 안에 6수가 겸해서 있음이다. 세 가지 안에 모두 공읍이 있는데, 만약

그렇다면 여기에 10분의 2라고 이른 것은 3등 채읍(采邑)을 제외한 향수와 공읍에 모두 하(夏)나라의 공법을 썼기 때문이었다" 하였다.

또 "『춘추공양전』의 설에 '10분의 1에서 넘는 것은 대걸(大桀)에 소걸이고, 10분의 1에서 줄인 것은 대맥에 소맥이다' 하였다. 『주례』에는 '국중과 원전의 부세는 20분의 1세이고, 원교에는 20분의 3세이나 군려(軍旅)가 있는 해에는 1정 9부가 100묘에 대한 부세로서 벼 640곡, 추병(芻秉) 160두, 부미(缶米) 16두를 낸다' 하였으니 만약 그렇다면 『주례』의 세법은 왕기(王畿)에 근거한 것이고, 공양의 세법은 제후의 방국에 근거한 것이다. 제후 방국에 원근의 차가 없음은 나라 지역이 협소하고, 부역하는 일이 드문 까닭으로 원근에 차가 없다" 하였다.

살피건대, 국택이란 성 안에 있는 민가이고 원전이란 성 밖에 있는 민가이다. 그렇다면 근교의 10분의 1과 원교의 20분의 3과 전·초·현·도의 10분의 2가 모두 위의 글에 말한 택세(宅稅)의 율(率)을 이어받은 것이다. 세상에 전세(田稅)의 율을 혹 20분의 3으로 하고 혹은 10분의 2로 하는 일이 있겠는가? 그렇다면 대걸에 소걸이라는 나무람은 주공이 먼저 범했던 것이다. 정현은 이점을 민망하게 여겨서 이 경문의 주해에는 흐릿하게 때워넘기고 무슨 세라는 것을 말하지 않고, 임시 변통으로 국세(國稅)라고만 기록했다. 이른바 국세라는 것은 전리(廛里)에 대한 세인가? 관시(關市)에 대한 세인가? 산림에 대한 세인가? 택량(澤梁)에 대한 세인가? 글로서는 전세(田稅) 같으나 사리인즉, 10분의 2로 할 수 없으므로 임시 변통해서 명목하기를 국세라 했다. 그런데 고공기 장인 주에서는 이 경문을 인용하여, 전세라고 일렀으므로 가공언의 소(疏)에는 드디어 이것을 전세라고 하였다.

가공언 소에 여러 말은 모두 우물쭈물하고 헷갈려서 따질 수가 없다. 혹은 공읍은 원교·근교에 통한 것이다 하고 혹은 공읍은 향·수에 함께 있다 하다가 나중에는 단정하기를 "왕기에는 걸(桀)·맥(貉)의 법을 썼고 제후의 나라에는 십일법을 썼다" 하였다. 이것으로써 어찌 나의 의혹됨을 타파해줄 수 있겠는가? 나라가 작을수록 부역은 더욱 번거로워지고, 부역이

번거로워질수록 부세는 더욱 중해진다. 제후가 나라는 작아도 또한 나라의 체재는 갖추어져 있으니 제사・빈객과 군려・회동(會同)・백관・군리(群吏)와 사대(事大)・교린(交鄰)에 쓰임새가 호번(浩繁)한데 가공언은 이에 "나라가 작으면 세도 경하다" 했으니, 또한 사정에 오활하다.

생각건대, 1정에서 벼・추병・부미를 낸다는 것은 노어(魯語)[59]의 중니(仲尼)의 말이다. 이것은 정전 항률(恒率)인데, 반드시 군려가 있는 해라야 이에 이런 거둠이 있다고 하니 또한 잘못된 뜻이다.

총괄해서 말하자면 재사(載師)의 직은 이미 그 땅을 맡겨서, 이포(吏布)와 옥속(屋粟)과 부가(夫家)에 대한 부세를 거두었다. 국택(國宅)과 원전(園廛)에 대한 한 조목은 곧 이포의 율을 세운 것인데 이포란 국택과 원전에 대한 세이니 전세와 무슨 상관이 있는가? 전세에는 다만 9분의 1세가 있고 오직 6수 지역에만 별도로 10분의 1세를 사용하였던 것이다.

---

59) 노어(魯語) : 『국어』(國語)의 편명. 21권으로 된 책인데, 노(魯)의 사실을 주로 했으므로 노어라 하기도 한다.

經世遺表 第一輯 次例

經世遺表 卷四

經世遺表 卷五

邦禮艸本序

昔聖王之治天下也知生民有欲有欲而不有以齊之則必至於亂故節之以禮有欲而不有以戢之則必至於亂故制之以法節之所以閑其淫也制之所以防其軼也雖然其節之制之皆循天則之本然而非人之私所能爲也苟人而爲之則卽淫軼之是懼安得爲禮與法乎書曰天叙有典天秩有禮叙秩之本同出於天而秩斯叙矣叙斯秩矣禮與法一也而特所從言之異也故上自郊廟祭祀以至朝覲職貢卒乘賦稅之制皆謂之禮亦皆謂之法以其本旣一則其用亦未始不同也世衰道喪先王之典章法度滅裂且盡而爲人君者視天下爲一己之私物夫天下大物也天下之利大利也而思欲以專之於己苟非威刼天下之人而痛抑制之則不可於是恣胸臆以制酷刑峻罰以令於天下而名之曰法是法也出於一人自私自利之心而非天之秩與叙也自是以降禮與法截然各自爲一物禮者籩豆器數之末而已法者刑僇訟獄之屬而已此豈惟禮失其所以爲禮哉卽法亦不足以謂之法也何者法之本出於天而人者稟命于天無貴賤之殊故自天子以至庶人悉受制於法而不敢自肆是固先王之禮也今制法而不本乎天顧以人之私爲之人且爲之其肯受其制乎故後世之法惟得行於臣民而天子不與焉不惟不與而已惟天子之所欲而奉之以爲法雖窮極意志以逞淫樂而賊殺不辜毒痡萬姓猶且肆然以號於衆曰是固法也嗚呼法之設豈端使然哉世之儒者狃於見聞而慴於主威以爲當然而妄引君臣之義有死無隕春秋之法將則必誅之說曲意阿世而緣經傳以傅會之夫力之不抗而不得不服固也而直謂之天地之常道古今之大義則斯又二千年來講學者之過也而其能識禮法之本者或寡矣况吾東之僻處一隅而其所以尊而慕之者惟中國秦漢以後之士是效是則而且徒得其粗淺而不究眞理徒像其形似而不躬實行則又烏可遽語以先王之典章哉此所以曠世而不一値也余自髫齡已知有茶山先生爲近世宏儒所著書累十種如欽欽新書牧民心書皆恤獄便民切近精當之書而至若邦禮艸本尤爲先生經邦制治繼往開來之大典本之於周官法度而參之以時措人情之宜方其冥心獨到雖孟子之言亦有所不從况其下之馬鄭孔賈乎其自叙曰先王以禮爲法後王以法爲法卽此而可以知先生之所學矣夫旣知禮之可以爲法亦當知非禮之不可以爲法是所謂秩叙之本皆出於天而禮與法一者也非若後世縱欲自私而强名之以爲法也若先生者可不謂之豪傑之士不待文王而興者歟嗚呼以先生之才之學旣不獲展施顧崎於世擠於人以竄謫流徙於荒山瘴海之濱以老且死而徒託空言以垂後則斯已悲矣而世益下士益陋惟孜孜爲祿利之是謀而權倖之是趨卽不然而講道論學於林下者亦不過齪齪據臯比樹門戶以爲一己之私計而河漢先生之言未嘗過而問焉先生之書惟錮諸篋笥以堆塵煤飽蠹魚今且垂百年之久矣余於是竊有感焉嘗聞夫西洋之士有著萬法精理者曰孟德斯鳩有著民約論者曰盧梭爲其政府者莫不汲汲焉求而布之施而行之學說一出風行雷動使世人之聽聆聳然一新而又從而究之益深講之益精今歐洲諸國之日臻富强皆學術之功也

今以先生之書較之孟盧諸人固未易軒輊於其間但彼皆顯言直斥無所諱忌故能悉發其胸中之奇而先生之言婉而正深而密鋒穎間露而至理存焉往往臨文累欷而不敢索言此則先生所遭之時然也若以此遂謂先生有遜於彼則非知言也然先生不惟不克獲施於當時并與其區區之空言而莫之講也視孟盧諸人道行言施功茂一世而光垂百代者果何如也此余所以重悲先生之不遇而深恨於東西之不相倫也然以其人之遇不遇而國之盛衰存亾繫焉則余之所以悲先生者豈特爲其不遇而已哉近有同志諸人倡會設社以蒐集國朝文獻及山林耆宿之著述而首刋是書以行吾固知先生之書不終於埋沒而其得出於篋笥塵煤之中而公諸天下則諸君之用心可謂勤矣惟其不傳故人莫得以講之惟其不講故亦莫得以施之也苟使流布浸廣而講之者衆則安知不有取而措之於政者歟夫以先生之書而得措之於政以明夫叙典秩禮之本則其不僅爲一國之法而爲天下後世法也無疑然則先生雖不遇於當時而其有遇於後者蓋未易量也

戊申四月朔朝後學李建芳謹序

邦禮艸本序 終

洌水丁若鏞美庸 著
外玄孫 金誠鎭 編
後學 鄭寅普 安在鴻 同校

政法集

經世遺表 卷一

引

玆所論者法也法而名之曰禮何也先王以禮而爲國以禮而道民至禮之衰而法之名起焉法非所以爲國非所以道民也揆諸天理而合錯諸人情而協者謂之禮威之以所恐迫之以所悲使斯民兢兢然莫之敢干者謂之法先王以禮而爲法後王以法而爲法斯其所不同也周公營周居于洛邑制法六篇名之曰禮豈其非禮而周公謂之禮哉

世俗言唐虞之治者曰堯與舜皆拱手恭己玄然默然以端坐於茅茨之屋而其德化之所漸被若薰風之襲人於是以熙熙爲淳淳以皡皡爲蘧蘧凡有施爲動作輒引唐虞以折之謂韓非商鞅之術刻覈精深實可以平治末俗特以堯舜賢而嬴秦惡故不得不以疎而緩者爲是密而急者爲非云爾以余觀之奮發興作使天下之人騷騷擾擾勞勞役役曾不能謀一息之安者堯舜是已以余觀之綜密嚴酷使天下之人夔夔邀邀瞿瞿悚悚曾不敢飾一毫之詐者堯舜是已天下莫勤於堯舜誣之以無爲天下莫密於堯舜誣之以疎迂使人主每欲有爲必憶堯舜以自沮此天下之所以日腐而不能新也孔子謂舜無爲者謂舜得賢聖至二十二人將又何爲其言洋溢抑揚有足以得風神於言外者今人專執此一言謂舜拱默端坐一指不動而天下油油然化之乃堯典皐陶謨皆浩然忘之豈不鬱哉易曰天行健明明堯舜與天同健曾不能有須臾之息並其禹稷契益皐陶之等亦奮迅猛烈以作帝

股肱耳目而今居大臣之位者方且得持大體三字欲以了天下之萬事不亦過乎曹參以清淨居相位者漢無德而與以承秦苛少撓之則民將羣起而爲亂其勢不得不以烹鮮爲法耳陳平大姦也以理陰陽順四時爲大臣之職以彌縫人短魏相丙吉又皆工謀而巧宦再執陳平之舊訣以自掩其空疎之陋而素食於潭潭之府其視唐虞之際趼胝以奔奏者顧誠何如賈誼言之於可言之時然以帝王興衰之運而欲有所制作則可言之時也以將相賢愚之品而欲望其寅協則不可言之時也故得少年喜事之目含幽憤而死王安石飾清苦以厲其行援經傳以文其奸其實二帝三王之道未嘗瞭然於胷中徒以其一時之淺見率天下而羈之以商賈之利欲與元老大臣爲萬夫之望者戰雖空朝廷而莫之恤焉斯其所以爲天下僇也周禮何嘗言靑苗保甲以靑苗保甲誣周禮以王安石作殷鑒凡言法可以小變者群起而力擊之目之爲王安石而自居乎韓琦司馬光斯則天下之巨病也夏后

氏之禮非夏后氏之所獨制也即堯舜禹稷契益皐陶之等所聚精會神竭誠殫智爲萬世立法程者也其一條一例豈人之所能易哉然殷人代夏不能不有所損益周人代殷不能不有所損益何則世道如江河之推移一定而萬世不動非理之所能然也秦人之法是秦人之法非千聖百王之所流傳也然而漢與悉因秦故曾不敢動其一毛甚則以十月爲歲首以挾書爲極律以至百年得武帝以後始微變其一二若是者何也殷周之人哲謀睿聖其才識所及雖舜禹之所作爲能損益以合宜漢人椎鹵愚蠢其才識所及雖鞅斯之所作爲一冒之而不知脫由是觀之法之不能改制之不能變一由夫本人之賢愚非天地之理原欲其無改無變也洪唯我

孝宗大王改貢法爲大同亦唯我

英宗大王改奴婢法改軍布法改翰林薦法斯皆合天理而協人情如四時之不能不變然而當時集議之臣發言盈庭盛氣力諫至有以牽裾

折檻自居者及行之數百年享其樂受其賜而後民志少定若使
二祖惑於浮議荏苒而莫之改則其利害得失終亦不自於千古矣
英宗之立均役也有沮之者 英宗曰國雖亡此法不可以不改於乎此
大聖人之大言 時君世主所不能黽勉出口者也故改法修官春秋貴
之其必以王安石而叱之者庸夫之俗言非明主之所宜恤也今之沮
事者輒曰祖宗之法未可議然祖宗之法多作於創業之初當此之時
天命有未及灼知人心有未及大定元勳將相多麤豪武夫百官士卒
多反側奸人各以其私求其自利小有不厭必群起而作亂是故聖主
賢臣密謀於帷幄之中而左瞻右顧前拘後掣終於無爲以後已夫無
爲則因其故因其故者寡怨之道也雖有未當非我爲也故凡創業之
初不能改法因循末俗以爲經法此古今之通患也故我邦之法多因
高麗之舊至
世宗朝小有損益一自壬辰倭寇以後百度墮壞庶事搶攘軍門累增

國用蕩竭田疇紊亂賦斂偏辟生財之源盡力杜塞費財之竇隨意穿
鑿於是唯以革署減員爲救急之方所益者升斗而所損者丘陵百官
不備正士無祿貪風大作生民憔悴竊嘗思之蓋一毛一髮無非病耳
及今不改其必亡國而後已斯豈忠臣志士所能袖手而傍觀者哉易
曰思不出其位君子曰不在其位不謀其政罪累之臣其又敢議邦禮
乎曰然雖然磻溪柳馨遠議政法而無罪其書刊行於國中寧適不用
其言之者無罪也其謂之艸本者何也艸之也者有待乎修潤之也識
淺焉智短焉踐歷少焉聞見陋焉居處僻焉書籍闕焉雖聖人擇焉不
能不使后者修潤之也不能不修潤之者豈非艸乎唯限官於一百二
十使六曹各領二十斯不可易也定官於九品無正從之別唯一品二
品乃有正從斯不可易也以戶曹爲敎官以六部爲六鄕以存鄕三物
敎萬民之面目斯不可易也嚴考績之法詳考績之條以復唐虞之舊
斯不可易也革三館三薦之法使新進勿分貴賤斯不可易也守陵

之官勿爲初仕以塞僥倖之門斯不可易也合大小科以爲一取及第三十六人三年大比罷增廣庭試節製之法使取人有限斯不可易也文科武科其額相同使登科者悉得補官斯不可易也於田十結取一結以爲公田使農夫助而不稅斯不可易也罷軍布之法修九賦之制使民役大均斯不可易也立屯田之法使京城數十里之內皆作三軍之田以衛 王都以減經費使邑城數里之內皆作牙兵之田以護郡縣斯不可易也定社倉之限立常平之法以杜奸濫斯不可易也鑄中錢大錢鑄銀錢金錢辨九圜之等以塞走燕之路斯不可易也定卿吏之額禁世襲之法以杜其奸猾斯不可易也開利用之監議北學之法以圖其富國强兵斯不可易也凡如此類誠願其斷而行之矣若夫小小條例瑣瑣名數其或有掣碍而難通者顧何敢膠守已見謂不可易其一字乎其有孤陋者恕之焉其有固滯者平之焉修之焉潤之焉或行之數十年以驗其便否焉於是作爲金石之典以垂後世斯不亦至

願大樂哉以旣攻之車駕之於旣熟之馬旣軛旣衡猶復左擁右衛前行數百步試其調合然後乃縛焉乃驅焉王者之立法馭世何以異是此草本之所以名也嗟乎斯豈非艸本哉

序官目次

議政府在六曹之上

天官吏曹第一

承政院　宗親府

儀賓府　敦寧府

司饔院　司藁寺

內資寺　內贍寺

司膳監 即司宰監　義盈庫

凌人署 即氷庫　宗簿寺

觀象監 天文學合焉　內醫院

典醫監　惠民署

命婦司　內需司

內侍府　掖庭署

已上治官之屬二十

地官戶曹第二

漢城府　六部 五部分之爲六

六學 四學增二尊　典粢署 原典有籍田令

典牲署　司畜署

平市署　司祿倉 即廣興倉

司餼倉 即軍資監　司餉倉 即龍山別營糧餉廳合焉

職貢司 即宣惠廳　常平倉 即常賑廳

平賦司 即均役廳　版籍司 分出於戶曹

經田司 原步有敬差官　漕運司 原典有海運判官水運判官

司圃署　司礦署 原有銀色郞

六保署 即活人署　算學署

已上教官之屬二十

春官禮曹第三

已上禮官之屬二十

與猶堂全書第五集第一卷目次 終

天官吏曹 第一

唯我 國家創業垂統餘四百年綱弛紐解庶事不振宜改法修官以昭
祖烈謹 命三公三孤弘敷六典以詔六官乃 命六官修厥職事分其
屬司以佐
王平邦國一曰天官吏曹其屬二十掌邦治二曰地官戶曹其屬二十掌
邦教三曰春官禮曹其屬二十掌邦禮四曰夏官兵曹其屬二十掌邦政
五曰秋官刑曹其屬二十掌邦刑六曰冬官工曹其屬二十掌邦事凡六
屬之官大事關于曹小事專決之

臣謹案周禮六官其屬各皆六十(小宰文)鄭註謂六官之屬三百六十象
天地四時日月星辰之度數天道備焉臣竊伏念周禮天子之禮我
國家藩國也制度宜小且考舊典京官職司之數百有一十或分而析
之或聚而合之或增而補之於是溯考古典各以其類分于六曹六曹
之屬各爲二十則其數一百二十一百二十亦天地度數之象也○臣

伏念國之庶事紛綸錯綜顧何必三百六十哉然周公制禮必以三百
六十定爲大限加減不得者誠以物無定數亂之本也世道之嬗變無
常人主之逸慾無限若於立法之初破碎散漫無天成鐵鑄之象則不
過數世增之減之廢之興之綱紀紊亂端緒莫尋小有不察必土崩而
瓦解矣今以六官之屬限之於一百二十者非謂國之庶事必於是加
減不得也爲如是然後成法制也制鄉者曰五族爲州五州爲黨五黨
爲鄉其法制之斬截如是也制軍者曰五卒爲旅五旅爲師五師爲軍
其法制之斬截如是也制官者何獨不然制法之後如有不得不變通
者宜於二十之內或分而二之以黜其一或合而一之以受其一唯其
大數不得加減則於千萬年永爲不刊之憲章矣○臣又按周禮序官
或不滿六十(如天官)或差過六十(如地官)必其中有合衆而爲一者(如質人等七官皆當合之於司市)
有分一而爲衆者(如司會甸師之屬非必二官而已)今不可詳當以天官小
宰之文爲法制之大準也

三公之職論道經邦寅亮天工議政府領議政公一人左議政右議政公二人都贊成孤一人左贊成右贊成孤二人舍人上士一人檢詳中士二人司錄下士二人〇錄事庶下士六人書吏十二人皁隷三十人

臣謹案古制皆三公三孤國制政府佐貳之臣實古三孤之官而今置四員不與古合又三孤之臣尊於正卿今左右參贊與六曹判書同品亦恐有差臣謂贊成增一員而左右參贊減之似宜〇又按古制必中士多於上士下士多於中士禮則然也故曰舍人一員檢詳二員

治官之屬吏曹判書卿一人參判中大夫一人參議下大夫一人正郎上士二人佐郎中士四人〇書吏十二人皁隷二十四人

臣謹案官階宜止九品無正從之別唯一品二品有正有從於是三品以上爲大夫四品以下爲正士(詳見下)則四品五品上士也六品七品中士也八品九品下士也然則正郎本以五品今陞爲四品(見表)×上士也佐郎本是六品中士也〇臣又按原制六曹郎官其正郎佐郎員數相

等今考周禮中士必倍於上士下士必倍於中士大抵貴少而賤多尊少而卑多者天地之常經也今諸司員額之數每存此意故正郎二人佐郎四人也〇又按原制皁隷之數極少而書吏之數或相倍蓰斯亦倉卒定制因循未改者也周禮徒隷之數什倍於府史楚芋尹無宇之言曰王臣公公臣大夫大夫臣士士臣皁皁臣輿輿臣隷隷臣僚僚臣僕僕臣臺馬有圉牛有牧(昭七年)古之道也今之書吏即周之府史今之皁隷即周之徒隷(史者今之書吏也)然則吏多隷少非制也今正之

承政院都承旨中大夫二人左右承旨下大夫四人注書下士四人〇書吏二十四人皁隷六十人

臣謹案承政院者古之納言後世之尙書省也其官不必屬於吏曹然周禮太宰之下即有宮正宮正之職專掌王宮之戒令糾禁以察宮中之官府次舍書其名版(如今之省記)發其政令與今政院所職十分相似冢宰之職本掌王宮之事(即宮府一體之義)則政院爲天官之屬審矣此之謂官

聯○臣又按原制都承旨一人諸承旨五人與周禮員額之例不同且六承旨其數人常以嘉善爲之故今擬中大夫二人也既曰都矣又可二乎都摠管有數人都巡察有數人不以是爲嫌也然則下四員當云左承旨右承旨左副承旨右副承旨無同副之稱也○臣又按原制注書有二員然有所謂事變假注書已三員矣下番翰林常在後堂今所云堂後則四員也今增一員非無據也注書之室本謂之四仙閣名不可不副也○又按書吏皂隸之外又有騶從之名他司亦有庫直廳直諸名不可殫述此編姑略不言如果施行此等在所潤色也

臣謹按虞之納言即今之諫官也然則其職掌之內宜以諫爭之責明示條例○又按承旨之兼經筵官知制誥當如原制未可變也知制誥宜作例彙

宗親府典籤上士一人典簿中士二人○書吏十人皂隸二十人

臣謹案宗親府忠勳府儀賓府敦寧府中樞府謂之五上司不屬於六

曹然先王之法百工庶官皆屬六官唯三公在六官之上王者立法宜嚴簡如是也周禮都宗人家宗人皆屬春官都司馬家司馬皆屬夏官都者王子弟之所宅也家者先王子弟之家也見鄉注然則五上司雖尊其郎官之屬於吏曹抑又何害○臣又按故事典籤必有親王子然後差除故有時乎一典簿而已郎官宜具二人故典簿增一員○又按典籤本是四品固爲上士而典簿本是五品五品非中士故降之爲六品見下表○又按錄事員額視王子多少以時增減茲不著也

儀賓府經歷上士一人都事中士二人○書吏四人皂隸八人

臣謹案宗親府忠勳府儀賓府諸大夫今謂之堂上其數時衆時寡若値茂盛之時其書吏皂隸量宜加出此所定員額雖極少之時不可減也○又按錄事員額視駙馬多少以時增減茲不著也

敦寧府知事卿一人同知事中大夫一人都正下大夫一人判官上士一人主簿中士一人參奉下士二人○錄事二人書吏六人皂隸十六人

皁

臣謹案原編敦寧府有領事一員正一品判事一員從一品然故事國舅有
數人則數人皆授領事其從一品者有數人則數人皆授判事然則領
事判事本無定額且一品貴臣不可屬之於六官故不在序官之數也
○又按忠勳府中樞府當屬兵曹故不序于此
司饔院提調卿一人中大夫二人下大夫四人僉正上士一人主簿中士
二人奉事下士二人○書吏十人皁隸二十人
臣謹案周禮內饔外饔膳夫庖人皆屬天官冢宰亦宮府一體之義也
原典司饔院亦屬吏曹今因之今擬提調一員吏曹判書例兼其中大
夫二員都承旨例兼其下大夫四員左右承旨例兼○臣又按原制都
提調一員大臣爲之然三公論道無以察饔膳宜減之
司稟寺提調卿一人僉正上士一人主簿中士二人○書吏六人皁隸十
二人
臣謹案周禮天官膳夫掌王之饋食六穀臣故以司稟寺屬之吏曹原典

原屬戶曹○又按原制大司稱書吏小司稱書員此無義之等級也周禮大
官小官通稱府史此等處宜簡而不宜煩也又米布衙門必有庫直今
所不詳後皆倣此
內資寺提調中大夫一人主簿中士一人奉事下士二人○書吏六人皁
隸十二人
臣謹案周禮凡內供米麪酒漿之官皆屬天官臣故以內資寺屬于吏
曹原典戶曹屬○又按原制主簿直長奉事各有一人則中士二人下士一
人也非周禮貴少賤多之義故減中而增下後皆倣此
內贍寺提調中大夫一人主簿中士一人奉事下士二人○書吏六人皁
隸十二人
臣謹按內贍寺本供酒醴今供油醋周禮此等之官皆屬天官故今亦
依之原典戶曹屬○臣又按今諸司提調上大夫中大夫錯雜爲之凡錯雜
者亂之本也王者立法宜畫一不動然後雖奸臣用事不能大亂何必

錯亂是務哉

司膳監提調卿一人僉正上士一人主簿中士一人奉事下士二人○書吏六人皁隸十二人

司膳監者司宰監也○臣謹按周禮天官漁人辨魚物鹽人掌鹽皆以共王之膳羞臣故以司宰監改之曰司膳監屬之于吏曹(原典屬戶曹)

義盈庫提調中大夫一人主簿中士一人奉事下士二人○書吏四人皁隸八人

臣謹案義盈庫掌油蜜黃蠟周禮此等之官皆屬天官今亦依之(原典屬戶曹)

凌人署提調中大夫一人別提中士二人別檢下士二人○書吏四人皁隸八人

臣謹按周禮凌人之職本屬天官盖王之膳羞皆冢宰照管故獻冰之官亦屬天官也今亦依之○臣又按東氷庫在豆毛浦西氷庫在漢江

之上凡氷庫財費皆伐氷輸氷之有不便故也臣謂禁苑中有水泉淸冽地氣陰凝之處鑿之爲大穽四面砌石灰縫其罅至大寒後十日之內必有數日獰寒乘此時令凌人汲冽泉注于穽中洒一盆則凍一盆洒二盆則凍二盆頃刻之間一穽爲全氷矣此氷無破碎相加之罅隙外風不入故春夏日暖亦不融解氷之極美者也臣嘗任谷山府其邑藏氷有民弊故試用此法厥明年夏全氷如石用斧乃破誠良法也氷既實穽乃苫屋也其民間所用宜於南山之陰擇一水泉淸冽之處藏氷如上法(北山則向陽易融)使氷庫吏隸發賣以自贍而京城之內凡爲私氷者一切嚴禁則不出數年氷庫爲腴司矣 國家歲減數萬緡經費亦不可曰無補也(今氷之費不下數萬緡)

宗簿寺提調宗卿一人卿一人都正下大夫一人僉正上士一人主簿中士二人○書吏八人皁隸十六人

臣謹案原典云有親王子則爲都提調不然則無都提調唯宗大夫一

人爲提調其一員文卿爲之也○臣又按周禮太宰八統親親爲首太
宰九兩宗法居中親親敦宗固太宰之職故宗親府宗簿寺皆屬天官
觀象監提調卿一人中大夫一人都正下大夫一人副正藝上士二人主
簿中士四人奉事下士六人○書吏十二人皁隷二十四人○天文學敎
授中士四人訓導下士八人習讀諸生十人禁漏官三十人
臣謹案原編觀象監有領事一員領議政例兼蓋謂三公有理陰陽順
四時之責也此說臣嘗疑之(說見尙書義)臣謂領事一員減之似宜○又按
周禮馮相氏掌歲月日星之序事保章氏掌星辰日月之變動爲春官
宗伯之所屬則觀像監當屬禮曹然五帝之時凡治曆之官皆爲天官
(說詳尙書義)故司馬遷序天文曆法而直名曰天官書治曆明時者天官之
本職也馮相氏保章氏唯察其氣候辨其妖祥非治曆之官也周禮天
官未滿六十或者此等官名不無脫落也臣故以觀象監屬之於天官
○臣又按治曆明時神聖之所務也古者顓頊堯舜皆明此術我邦貴

族視爲鄙事唯官師諸族乃習此藝亦弊俗也臣謂文臣年少者令習
治曆諸書能算七改○交食凌犯之數者許爲觀象監都正一授此職凡
清要無礙則不出十年縉紳大夫必有能治曆者矣臣故增都正一員
○臣又按原典觀象監有正而無副正然凡正皆堂下三品之官也今
擬三品無堂下官故凡正或陞之爲都正或降之爲副正他皆倣此○
又按藝士者以一藝仕者也與適士不同他皆倣此
臣謹按周禮有族葬之法(墓大夫)則周公不令百姓觀風水以葬親也王
制曰爲時日以疑衆者殺孤虛旺相之說先儒皆斥之爲左道今設官
分職爲置地理學命課學非制也臣謂地理學命課學自今停罷不復
選取其曆書之內凡所謂宜祭祀宜婚姻○不宜出行不宜針刺諸文並
行汰削乃取夏小正月令選其王政之善者按節編入又取古今農書
本草凡九穀百果諸藥宜種宜蒔宜採之說考其節氣別其南北詳注
於本日之下如今之宜忌諸文則代天理物敬授人時無以踰於是矣

昔皇明學士解縉上疏論曆一如臣說其疏見名臣疏議可按而知也夫陰陽拘忌之說妨功害事爲害甚鉅今爲葬而擇日者或云月德不吉而全棄一月或云年運不合而全棄一年其害可勝言哉今曆書第二張有所謂年神方位之圖篇末有天恩天赦一張皆邪說也臣謂去此二張代補二張開列八道布政司節氣時刻日月交食時刻日出入時刻使遐外之民咸知正時亦王政之大者也男學淵按正廟朝已有刊布

內醫院提調公一人卿一人中大夫二人副正藝上士二人主簿中士二人奉事下士四人〇書吏八人皁隸十六人

臣謹案故事副提調一員都承旨例兼今都承旨二人則提調亦二人也〇又按主簿二人者其一直長也奉事四人者其二參奉也後多倣此〇又按觀象監三醫司皆無皁隸不成體貌今減其吏額以爲皁隸

典醫監提調卿一人中大夫一人僉正藝上士二人主簿中士四人奉事下士四人〇書吏二人皁隸四人〇醫學敎授藝中士一人訓導下士二

人習讀諸生三十人

臣謹案典醫監惠民署周禮之疾醫瘍醫也唯其公署貧薄無財不成模樣如是也故亦不能修其職掌遂使至要之官反成無實之名豈不嗟哉臣竊伏念周禮九賦之法邦中之賦居其首焉今百肆坐市之民皆有賦役唯獨賣藥之市不徵其賦斯亦不均之政也雖其操業淸雅其爲商賈則一也烏得無徵今擬六部賣藥之鋪五部六部今分之爲三等上等歲徵三緡中等徵二緡下等徵一緡東三部屬之於典醫監西三部屬之於惠民署以供油薪之費以給吏隸之料不可已也

惠民署提調中大夫一人主簿藝中士二人奉事下士六人〇書吏二人皁隸四人〇醫學敎授藝中士一人訓導下士一人

臣謹按右所謂三醫司也醫學者有國之大政今擬修明其法使名實相稱不可一任其凋弊也

命婦司其內命婦之女御上二級女御四人中二級女御八人下二級女

御十六人○世子宮內命婦之女御中二級女御四人下二級女御四人

臣謹案原典嬪正一品也貴人從一品也昭儀正二品也淑儀從二品也昭容正三品也其下又有淑容從三品昭媛正四品淑媛從四品等三級臣以爲內命婦宜止於三品若淑容昭媛淑媛之名減之似宜也○臣又按原典尙宮爲正五品下至從九品其級爲十二層其名有二十七臣以爲女御卑微之倫設此多名將何爲哉今就二十七名之中擇其善者四品曰尙宮五品曰尙寢品各二人六品曰典衣七品曰典膳品各四人八品曰典藥九品曰典燈品各八人通共二十四人蔑不足矣○臣又按原典世子宮命婦良娣二品也良媛三品也承徽四品也昭訓五品也今當因之○臣又按原典世子宮女御守閨爲六品下至九品其名有九今就九命之中擇其善者六品曰守閨七品曰守藏八品曰掌縫九品曰掌饌品各二人共八人也並詳下表○總之周禮九嬪女御有所謂女祝四人女史八人女奚十六人屬於天官亦宮府一體之

義也原典亦然今因之

臣又按外命婦但有階品本無員額並詳官階之末

內需司典需奄上士一人典會中士二人典貨下士四人○書題奄二十人○書吏八人

臣謹案原典內需之官有別座別提之名蓋典需稱別座典會稱別提也

內侍府尙膳奄三品四人尙帑奄上士八人尙燭中士十六人尙闈下士三十二人習讀奄四十人

臣謹案周禮內小臣閽人寺人之等皆奄人也屬於天官冢宰亦宮府一體之義也今亦依之○又按原典尙膳二員從二品也尙醞尙茶各一員正三品也其下又有尙藥尙傳尙册尙弧尙帑尙洗尙燭尙烜尙設尙除尙門尙更苑苑自同三品至從九品通共五十九人今就其中擇其善名分爲六級尙帑八人則其四人典帑也尙燭十六人則其八

人典燭也尙閽三十二人則其十六人典閽也(例見前)通共六十人與原
典所差未遠也○臣又按奄人之職原典不過從二品而近例或踰定
制恐非禮也周禮奄人之職不過上士此篇姑存三品官四人然非周
公之舊也

掖庭署提調中大夫二人司謁庶中士八人司案下士二十人

臣謹案司謁八人則其四人司鑰也(六品七)司案二十人則其十人司掃
也(八品九)例見前○又按國法外朝不得與內侍接語內侍之無提調
可也掖庭雖賤阬與朝士接語則何必無提調乎今擬都承旨二人例
兼掖庭署提調抑所宜也

地官戶曹 第二

敎官之屬戶曹判書卿一人叅判中大夫一人參議下大夫一人正郎上
士二人佐郎中士四人○書吏二十人皁隷四十人

臣謹案原典書吏六十人臣伏念戶曹雖事務煩劇書吏之額不必至

此周禮天子之禮也大司徒府史之數不過十八況小邦乎此蓋本曹
利祿豐厚故稍稍增益以至此耳舊典三十八而續典爲六十斯可知
也況今經田版籍多別立衙門其書吏皆自戶曹分出也今擬書吏止
二十人庫直又當爲二十人皁隷四十人推移給料庶相當也

漢城府判尹卿一人左尹中大夫一人右尹下大夫一人庶尹上士二人
主簿中士二人○書吏二十人皁隷四十人

臣謹案漢城府咨漢之京兆尹也周禮無此官然此爲鄉遂之總官則
當屬地官也○又按庶尹二人則其一判官也例見前

六部其部令每部中士一人敎官每部下士二人○書吏每部四人皁隷
每部八人

臣謹按古者王國之制九分其國如井田之形王宮居中百官公署在
前一區百肆市廛在後一區左右六卿○兩兩相向先王之法也我 國
營建之初雖不能如此其部分之數宜六而不宜五也今擬五部分之

爲六部。東北曰東一部。正東曰東二部。東南曰東三部。西北曰西一部。正西曰西二部。西南曰西三部。以六部當六鄕。以遵先王之法。未可已也。○臣又按古者大司徒之職。專掌敎人。所謂鄕三物敎萬民也。後世戶部專掌財賦。唯以聚斂爲職事。於是百官星羅。而敎人之職無一人焉。於是倫常斁絕。風俗壞敗。後世之治。雖漢文帝唐太宗。終不能得三古之髣髴者。凡以是也。周禮鄕老鄕大夫州長黨正族師之等。皆敎人之官也。今擬六部六學。專以敎人爲職。不唯詞訟是聽也。故都事改之曰敎官。

六學。其鄕大夫每學二人。敎授每學中士一人。訓導每學下士一人。童蒙敎官每學下士一人○書吏每學四人。皁隷每學八人。

臣謹案。古者黨有庠。州有序(五黨爲州)鄕有校(五州爲鄕)國有學。(六鄕爲國)此孟子所謂庠序學校也。然則今之四學。即古之所謂鄕校。(古有四門小學。專習字學。今人誤以四學爲四門小學)既是鄕校。則宜六而不宜四也。既是鄕校。則宜考古鄕老鄕大夫州長黨正之職。勉而行之。不可但以詩賦爲戲。以塞其職也。然則其名位宜尊。宜於六部各選大夫之有名德者二人。以爲六部之鄕大夫。使六學敎授。凡敎人罰人。皆稟命於鄕大夫。未可已也。周禮鄕大夫每鄕卿一人。今必二人者。彼時上有鄕老。(每二鄕公一人)下有州長黨正。雖一卿有餘也。今不能然。則宜有二人也。其一人以正卿爲之。其一人以中下大夫爲之。若本部之內。本無正卿。則中大夫下大夫各一人可也。若又無中大夫。則以鄰部之卿大夫。代領其職。靡不可也。○臣又按凡制官之法。雖一員。不可使無所統率。今所謂童蒙敎官。獨無所屬。自爲一官。非制也。古者鄕學之外。別有小學。在公宮之南。(見王制)北魏孝文遷都洛陽。建四門小學。今之四學。即鄕學。亦四門學也。然則童蒙敎官。宜爲四學之正官。何爲而游於虛曠。不知其所止泊也。臣謂既設六學。又於每學各置童蒙敎官一人。俾修其職。未可已也。

典褻署。提調卿一人。主簿中士一人。奉事下士二人○書吏二人。皁隷六

典·令

人。

臣謹案周禮地官有舂人饎人以供粢盛原典無典粢之官唯東郊有籍田數區借民耕耨及其穫也戶曹郞官監刈今並與郞官監刈之法而廢之蓋闕典之大者也臣謂宜於東郊益置籍田臨其田起一公署令郞官監耕焉監種焉監移焉監耘監穫監舂監繫奉而藏之每到祭時納于祭所如典牲之官未可已也○臣又案原按親耕則有籍田令宜以典粢之郞兼此職也

典牲署提調卿一人主簿中士一人奉事下士二人○書吏六人皁隸十人。

臣謹案周禮典牲之官序在財賦諸官之上牧人充人等重祭祀也今亦依之。

司畜署提調中大夫一人主簿中士一人奉事下士二人○書吏四人皁隸八人牧人二十人。

臣謹按續典猶有此署則其革罷未久矣臣竊伏念有畜牧而後可有犧牲去牧官而存牲官難繼之道也中國之人曰朝鮮無羊非無羊也不牧羊也 國俗家家牧牛牛可得也村村牧豕豕可得也獨羊不可得也唯外邑倉庭各養十餘頭令倉奴自養之主官不考其勤慢監司不問其衰殖一羊滋蕃爲倉奴一年之害二羊滋蕃爲倉奴二年之害羊其蕃殖乎今宜復設司畜之署增置牧人數十人分遣近郊專意牧羊如栗島在龍山典島靑羅島在富平彌法島在江華諸處皆設並牧羊令歲終奏其功狀自本署考其勤慢報于戶曹其有功者令得西班末職則不出十年朝鮮之羊其戢戢矣若其料布財費宜以司畜署貢物還屬本署今屬于戶曹又氷庫藏氷之法如用臣言則歲得錢數萬緡以其半移畫於司畜署不患其不給矣○廣州之棠亭洲亦可以牧羊。

平市署提調卿一人判官上士一人主簿中士二人○書吏六人皁隸十人。

臣謹案周禮司市屬於地官故今亦依之

司祿倉提調中大夫一人副正上士一人主簿中士一人奉事下士二人○書吏八人皁隷十二人

司祿倉者廣興倉也○臣謹案廣興倉者百官班祿之府也周禮地官有司祿之官其職掌雖闕經文缺其名不可泯也○臣又按原典廣興倉獨無提調不知何故若以關於戶曹而不立提調則他司亦多然矣宜令戶曹參判例兼

司餼倉提調下大夫一人副正上士一人主簿中士一人奉事下士二人○書吏八人皁隷十六人

司餼倉者軍資監也○臣謹案軍資監專掌吏隷之餼雖亦有軍需其所重在餼也故曰司餼倉○又按續典軍資監提調令戶曹判書例兼

臣竊伏念六官之有三大夫非獨爲觀美也蓋將以分其職務共濟國事也我國唯吏兵刑三曹其參判參議猶有職掌戶禮工三曹其參判

參議全無所事純作冗官亦立法之過也今擬司餼倉提調令戶曹參議例兼

司餉倉提調卿一人主簿中士二人○書吏二人皁隷六人○內餉庫書吏一人

司餉倉者龍山別營也○臣謹案龍山別營卽軍餉之所司也今制戶曹佐郞例兼郞官本以劇務又兼此職本以腴司又兼此俸皆不均也今宜別設一司其提調戶曹判書例兼其郞官別立二人其吏隷以戶曹所減移畫爲便也○內餉庫者糧餉廳也在苧洞例與別營相爲表裏也

職貢司提調卿一人中大夫一人副正上士一人主簿中士二人○書吏十人皁隷二十人

職貢司者宣惠廳也○臣謹案宣惠廳都提調三員三公例兼蓋以剏設之初令大臣照管其後因循不改也今法制既立令大臣領倉曹差

九曰幣餘之賦

除吏隷考察斗斛恐妨事體減之似宜○臣又按宣惠廳設之初不知大同之法能永久遵行故其郞官不名曰判官主簿權稱郞廳以軍職受祿今大同之法建立旣久行之無弊又何以權設爲名哉庶事草創皆如是也今宜郞官皆編爲正官不令散漫而無紀也○臣又按宣惠廳郞官本是五員今擬均役廳常平廳皆別爲一官故郞官減二員也

常平倉提調卿一人主簿中士二人○書吏四人皁隷八人

臣謹案宣惠廳中有所謂常平廳賑恤廳常平廳者 國初之所設今其名徒存耳諸道還上之穀原初皆是常賑二廳之穀以其耗穀有不利故有司之臣歲減月削今外邑常賑之穀多者三四石少者三四斗苟存其名以寓存羊之義臣竊伏念常平者三代之經法也孟子曰狗彘食人食而不知檢此謂豐年粒米狼戾而不知平物價以斂之也曰塗有餓莩而不知發此謂凶年穀粟如金而不知平物價以散之也先王之法本自如此斯豈耿壽昌之所刱乎王制以國無三年之蓄爲危

亡之兆若非常平之法安所得三年之蓄乎今擬常平廳之在城內者別爲衙門以爲內司又於江上擇地建倉以爲外司每當豐年之秋增價以糴之乃於凶年之春減價以糶之使物價常平此之謂常平也常平者荒政也賑恤之政宜附常平之官常平廳賑恤廳原不相離以是也然若値賑恤之年常平廳提調宜增五人其郞官宜增四人令分掌六部以監賑也

平賦司提調卿一人中大夫二人下大夫二人僉正上士二人主簿中士二人○書吏八人皁隷十六人

平賦司者均役廳也○臣謹案禹貢有田有賦賦者周人之九賦也周禮天官冢宰以九賦斂財賄一曰邦中之賦二曰四郊之賦三曰邦甸之賦四曰家削之賦五曰邦縣之賦六曰邦都之賦七曰關市之賦八曰山澤之賦大府掌九賦之貳以受其貨賄之入關市之賦以待王之膳服邦中之賦以待賓客四郊之賦以待稍秣家削之賦以待匪頒邦

甸之賦。以待工事。邦縣之賦。以待幣帛。邦都之賦。以待祭祀。山澤之賦。以待喪紀。幣餘之賦。以待賜予。司會。以九賦之法。令田野之財用。地官。載師。凡任地。國宅無征。園廛二十而一。近郊十一。遠郊二十而三。甸稍縣都。皆無過十二。唯其漆林之征。二十而五。凡宅不毛者。有里布。凡田不耕者。出屋粟。凡民無職事者。出夫家之征。以時徵其賦。閭師。掌國中及四郊之人民六畜之數。以時徵其賦。縣師。掌邦國都鄙稍甸郊里之地域。而辨其夫家人民田萊之數。及其六畜車輦之稽。(休不耕曰萊)以歲時徵野之賦貢。遂人。掌邦之野。以歲時登其夫家之衆寡。及其六畜車輦。辨其老幼廢疾。以令貢賦。里宰。比其邑之衆寡與其六畜。以歲時徵斂其財賦。賦者。堯舜三王之法。非後世聚斂之臣所自刱也。我 國本無賦法。所謂田稅。亦近貊法。國用官用。自然不足。於是無名之賦。日增月衍。皆以田結徵之。古之貊法。今桀法也。試論南方之情。水田種十斗。槩得穀二十苞。其十苞輸于田主。二苞入于種稅。二苞入于還上。二苞入

于雜賦。(預預名色。今不可殫述)佃夫之所自食。極不過三四苞。先王什一。今什七八。民何以聊生乎。戕舸·大舶。歲得羨數千緡。鹽盆·魚箔。歲得羨數百緡。徵賦於此。何謂虐乎。世俗稱洪啓禧刱均役廳。以至覆亡。殆不然也。苟以立法之未善。必取天殃。則軍布刱立之人。將無子遺矣。斯皆立法之初。船人·漁人·鄕吏之等。煽動浮言。而士大夫之無識者。從而和之耳。臣伏讀均役節目。我

英考刱建時傳敎。其至誠篤志。有足以動天地而泣鬼神。其英斷大言。有萬夫莫奪之勇。王者氣象。於斯爲盛。眞大有爲之主也。然當其時也。有司之臣。方且惴惴慄慄。唯恐民怨歸己。所立條例。皆破碎彌縫。不成法制。口錢·宅稅。旣不敢生心。又如松田·竹田·漆林·楮林·果園·六畜。都不敢議。到諸邑隱結之查覈者。亦掛一漏百。有名無實。今宜上考禹貢·周禮之本法。下稽漢·唐·宋·明之遺制。定爲九賦。以平民役。斷不可已也。臣故曰均役廳宜別立衙門。名之曰平賦司。其提調·戶曹三大夫例兼之。

外中大夫下大夫各一人極選通明之人使之平賦宜矣
版籍司提調卿一人判官上士一人主簿中士二人○書吏四人皁隸八人

臣謹案版籍司宜別立一官其提調戶曹判書例兼其書吏取於戶曹

臣竊伏念井田之世民唯恐戶口之或漏其勢然也井田既廢徭役日繁民唯以欺隱戶口作爲家計苟非別立一司專治籍事則率無以有成效矣○臣又按周禮小司寇及大比登民數自生齒以上登于天府而秋官司民登萬民之數自生齒以上皆書於版辨其國中與其都鄙及其郊野異其男女歲登下其死生及三年大比以萬民之數詔司寇司寇及孟冬祀司民之日獻其數于王王拜受之登于天府則版籍者秋官所掌然地官今名戶曹戶者戶口之所統也故版籍司不得不屬之於戶曹

經田司提調卿一人中大夫二人下大夫二人副正上士二人奉事中士四人○書吏六人皁隸十八人

臣謹案今日國家最急者即田政也臣久處田間目見田政之紊亂誠欲流涕者屢矣康津一縣其漏結最稱薄小而原田六千餘結漏田殆二千結則公家取四之三縣吏取四之一雖魯之季氏四分公室何以加矣海南比康津壤地偏小而漏結更多羅州則漏結多於原結天下其有是乎雖然別取幾結名之曰漏結則其害未甚今也不然通執一縣之田擇其豪民饒戶之納稅無慮者執之爲漏結私徵錢米謂之防結縣吏邸吏乘時射利於是取成川覆沙舊陳今陳之類及流離丐乞鰥寡孤獨疲癃殘疾剝膚椎髓無可奈何之類以充原結之數於是縣吏邸吏之等冬末春初徵斂已畢載之大舶或送之于嶺南或送之于京江以食其贏羨而公家之稅所收不滿百石於是悍吏猾校縱于民間名之曰檢督徵鄰徵里徵族徵姻搜房掘地懸首縛臂摘其錡釜攘其犢豚一村騷然哭聲震天傷天地之和氣慘人烟之蕭瑟此行所

過十室九空崩檐敗壁聽戶欹傾而檢督所攘又未嘗一粒入官所謂葛伯食之又不以祭也於是京江漕船以舟繫杙經春閱夏於是縣令縣吏從而喩之曰既不滿載等是不歸舟中之米鬻于嶺南我食其利汝亦有分及秋而登可以塡補於是空船閣沙以待秋至於是有司之臣奏于朝堂曰民俗巧詐觀望爲事飛關切責束民愈嚴其實民之納稅而死已有月矣嗟呼豈不寃哉 國家歲入常年不過十二萬石若値凶年輸于京江者每不過數萬石國之經費將焉出矣 國制凡一結收田稅四斗三手米二斗二升大同米十二斗船價出於其中一結所收不過十八斗二升及其太倉之班祿宣惠廳之頒貢價也其所云十五斗以至小之斗不過爲十一二斗則一結所收之當國用者極不過十五斗而方其斂之於民間也以如斛之斗斂三十四斗解之以京斗則小不下四十五斗是又民輸者三而公受其一也上而削國下而剝民於其中央所肥者貪官猾吏嗟呼豈不寃哉古之聖人知其然也

制井田之法逆杜其奸今人有言井田之法者指爲迂濶不切事情然則聖人迂濶而今人多智聖人昧事而今人識務豈理也哉但古唯旱田今多水田又我 邦地勢山林多而原濕少井田誠不可爲也然有一法焉無井田之形而有井田之實不亦善乎每田十結以其一結爲公田以附近九結爲私田令九結佃夫同治公田一結以當王稅其私田九結不稅不賦悉入其家則於是乎井田也臣謂亟立一官名之曰經田司以治公田之法不可緩也○提調五員其三員戶曹之三大夫爲之其二員別選文理密察之人使之專管其副正二人以玉堂學士之綜明者爲之出于諸道則爲經田御史入于 王城則爲經田司副正其主簿四人以曾經守令之有治績者爲之於是先遣經田御史暗行出沒差官量田覈其隱漏査其陳荒以此有餘補彼不足又以其餘編于原籍於是盡出公府軍門及諸道封畱之錢買取私田以爲公田原帳四百結則買四十結原帳五百結則買五十結什一之法於是乎

建立斯獨非井田乎井田九一而此云什一何也九一即什一也（見孟子）
過於什一者桀之道也不及什一者貊之道也什一者天下之中也（說）
方公田之剏立也一國其騷騷矣愚民可與享成不可與慮始一（春秋傳）
國其騷騷矣然人主一心爲萬化之本誠使 聖斷赫然如 英考之
於均役則何患不成 英考之言曰國雖亡均役不可不爲嗚呼此王
者之大言也帝曰有能奮庸熙帝之載使宅百揆亮采惠疇奮者奮發
也奮迅也雖絕有力曰奮羊絕有力曰奮（爾雅文）在下之臣有能奮發協
贊而後公田之法可立也其規模節目尙須細密使條理森爽然後乃
可以行之無弊並詳下篇

漕運司提調卿一人中大夫一人僉正上士二人監察中士二人○書吏
二人皁隷六人

臣謹案我 國漕路其危險難踰之地其在西南海沿有七山安興數
處而已然而臭載之患歲不下十餘艘者一船制未善也二守令有添

載也三船人有故破也然而故破之患十居七八臣謂設一官名之曰
漕運司其提調戶曹大夫兼之其僉正二人以曾經憲府者爲之在內
則爲本司僉正出外則爲西南道轉運御史使之晤行出沒禁其奸惡
又凡公田之米有或負緣爲奸不即裝發者覈而罪之又或諸路漕運
之官（如法聖僉使牙山縣監等）有領船不實及沿路守令有護送不謹者並行斥黜
則比之唐宋之轉運使弊省而功多矣其監察二員亦潛行畿沿覈治
如法或潛行於忠驪江上覈治如法則其效必著顯矣○其監察職銜
曰宣務郎漕運司都事檢校監察院副御史

司圃署提調中大夫一人別提中士二人○書吏四人皁隷八人

臣謹案周禮場人之職掌國之場圃而樹之果蓏屬於地官今亦依之
○又按樹藝之政亦所以裕國用而助民産也鳳山黃州之梨加平楊
州之栗靑山報恩之棗豐基淳昌之柹康津長興之橘柚梔子皆宜設
法以勸種其或有廣植成林能致千樹萬樹者許報司圃署覈其虛實

薦補西班末職廟堂召而試之誠能曉解農書辨其土宜有農圃之經濟者升補司圃之職則不出十年國中珍果有足以販賣於鄰國以厚其財用者矣

司礦署提調中大夫一人判官上士一人主簿中士二人〇書吏二人皁隸六人

臣謹案周禮卝人之職掌金玉錫石之地而爲之厲禁屬於地官今亦依之卝者礦也原典戶曹郎官有銀色今當別之爲此官〇臣竊伏念我　邦山嶽雄鉅金銀銅鐵處處皆產江界之銀坡洞遂安之笏谷店特其偶顯者耳公家設禁以自防奸民盜採以犯法皆非宜也臣謂凡產金銀銅之穴皆官出財以採之其或私採者與盜鑄錢同律唯鐵冶許民私採抑所宜也然且鑄銅之法宜自利用監北學中國以詔于司卝署

六保署提調中大夫一人別提中士二人奉事下士二人〇書吏二人皁

隸六人

六保署者活人署也〇臣謹案周禮大司徒以保息六養萬民一曰慈幼二曰養老三曰振窮四曰恤貧五曰寬疾六曰安富我　邦活人之官掌救活都城病人其職掌未備也然當屬地官無疑〇安富之政唯存心而已無所用力今擬救疫以克六保之數蓋寬疾者掌聾盲躄啞之類救疫者專救疫癘癍疹之等也

算學署提調卿一人教授中士二人訓導下士四人〇皁隸四人

臣謹案一藝仕者皆各有其署唯算學隸于戶曹律學隸于刑曹義未均也今茲別之然其提調則戶曹判書宜例兼也〇臣又按訓導四人其二人籌士也例見前

春官禮曹第三

禮官之屬禮曹判書卿一人參判中大夫一人參議下大夫一人正郎上士二人佐郎中士四人〇書吏二十人皁隸二十八人

臣謹案周禮春官之長爲宗伯宗伯者有虞氏之秩宗宗者神示之所宅也故秩宗典三禮三禮者天神地示人鬼之禮周禮大宗伯之職亦首言三禮以是也今按原編禮典首之以科擧次之以生徒祭禮在第十條當時編輯之臣不考先王之典章有是差誤也

太常寺提調公一人卿一人都正下大夫一人僉正上士二人主簿中士二人供奉下士四人○書吏十六人皁隷三十人飪夫六十人

臣謹案國朝祭禮專任太常況議謚進宴所掌皆係尊重而政格太常之官必以有庶名者差除抑何故也政格之區別嫡庶本是謬典非謂有庶名者不合此官不知無庶名者何以不屑此官今擬太常之官皆以玉堂爲之

臣謹案周禮小史卿大夫之喪賜謚讀誄不知何時小史之職移于太常也

通禮院提調卿一人都正下大夫二人相禮上士二人贊儀中士二人引

儀中士四人下士十八人○書吏八人皁隷二十人

臣謹案通禮院古之鴻臚卿也在周禮爲秋官朝士之職其職掌甚煩而本署貧薄吏隷極少不可不增每外官除拜例以禮物送于本院以補公用抑所宜也○又按提調一人禮曹判書宜例兼

典壝司提調公一人卿一人令中士二人參奉下士二人○書吏六人皁隷十人守僕四人

典壝司者社稷署也○臣謹案職官之制宜咸有統率若綱在綱如衣挈領乃可以寅亮天工社稷固有官矣厲壇城隍壇雩壇禜壇風雲雷雨壇山川北郊諸壇又誰尸之若云咸隷禮曹則社稷亦不必有官矣今擬中士二人兼掌諸壇之在南北者下士二人兼掌諸壇之在東西者春秋審視凡有崩塌之患隨報禮曹以請修補未可已也

典廟司提調公一人卿一人令中士二人參奉下士二人○書吏四人皁隷八人守僕四人○諸宮諸殿承護官或以中士或以上士隨時增減爲

守 上 繫

本司之員外郞。

臣謹案宗廟之有諸殿諸宮猶社稷之有諸壇也今擬永禧殿景慕宮其守官並以典廟司員外郞派差分守不宜別立衙門又如璿源殿肇慶廟慶基殿皆以本地朝官之落職閒居者爲承護官六年而遞不復遷轉恐合事宜其或特遷者不必六年○又如儲慶宮毓祥宮宣禧宮文孝廟雖令內官守直亦令本司郞官各掌一宮以時奉審凡有毀損皆自本司報于禮曹以請修補抑所宜也

永禧殿其承護官二人職銜曰宣務郞典廟司員外郞分差永禧殿承護官○景慕宮其承護官二人職銜曰宣務郞典廟司員外郞分差景慕宮承護官餘皆倣此○華寧殿守官例以 健陵令兼之其職銜曰宣務郞○陵司員外郞分差 健陵令兼華寧殿承護官

臣竊伏念職官之制宜上應天道下考人文限之於三百六十或限之於一百二十立法之初規制一定雖傳至百世必加減不得移易不得

然後方可曰制度臣伏惟諸 殿諸宮之作皆起於 列聖之孝思群下之忠懇 國祚緜遠至百至千則宮廟陵園之數亦從而增益每一孝思立一衙門又其守直之官皆作初仕之窠則倖門日廣官方日紊必至於莫可收拾臣故曰諸壇諸祀一並屬之於社稷諸殿諸宮一並屬之於宗廟諸園諸墓一並屬之於守陵司宜矣且凡守壇守廟守陵之官唯灑掃之外皆無職務詞訟非新進初仕之人試才習政之地宜令落仕閒居者來居此職以沾官祿恐合事宜

守陵司提調卿一人僉正一人參奉下士二人令每陵中士二人○書吏二人皁隸四人守僕每陵四人

臣謹案陵官既是內職宜有衙門令在京之日會同有所集議有地今也不然當番則各出其陵下番則各歸其家不相統屬無所繫著非制也臣謂宗廟之傍設一小署名之曰守陵司其提調禮曹判書例兼其郞官別立三人令摠理諸陵之事凡有毀損及該奏事情諸陵報于本

司本司報于禮曹以請奏達朝廷欲有知委於諸陵亦下于本司使之傳通又或朝廷有吉凶大事自本司知委諸陵俾即通知則諸陵如外邑本司如郵舍斯不可已也○若以增官爲難則兩陵之在於同域者其守官宜合兩而爲一如禧孝陵宣靖陵康泰陵恭順陵皆宜然也若是者禧陵置一官孝陵置一官上半月禧陵之官兼守孝陵下半月孝陵之官兼守禧陵他皆倣此恐合事宜○又自諸陵歲輸薪百束以補公用或取諸陵所屬之遠方寺刹移屬本司亦所宜也

健元陵令職銜曰通德郎守陵司員外郎分差健元陵令諸陵皆倣此

○顯隆園令職銜曰宣務郎守陵司員外郎分差顯隆園令諸園守奉官亦同○諸墓之守衛官亦與諸園同○凡諸園諸墓之官亦皆以落仕閒居人爲之但諸陵及顯隆園以上士中士爲之（四五六七品）諸園諸墓以下士之落仕者爲之（八九品）皆六年而遞無遷轉之法（其或特遷者不必六年）

齊禮監提調中大夫一人僉正上士二人主事中士二人○書吏四人皁

隷八人

臣謹案導之以德齊之以禮者先王之所以馭萬民也周禮春官齊民以禮者其職非一今擬別立一司名之曰齊禮監凡冠婚喪祭有不以禮者執而治之其或庶人用士禮三士用大夫禮亦執而治之其或大夫用王侯之禮者報于憲府請其覈治亦至要之官也立後之法今亦太濫宜令此官頒其限節掌其奏聞

司諫院大司諫下大夫一人獻納上士二人正言中士二人○書吏十人皁隷二十人

臣謹案周禮地官有司諫之職然此非諫官乃糾萬民之德而察其德行道藝者又有保氏之職掌諫王惡然是亦教國子之職非諫官也然則先王之世無諫官乎非無諫官無人而非諫官也三公諫官也三孤諫官也六官之卿大夫皆諫官也左右僕御之臣皆諫官也其別設一官使之專掌諫議者自漢而始此非開言路乃塞言路而狹之也國

雁

朝置司諫院掌諫諍論駁大司諫一員堂下官四員（司諫一獻納一正言二）中葉以前選擧頗清任是官者猶有能擧其職者近世官方日淆玉堂之官無不兜攬於是苟取寒微畸孤闒茸之人以充其額於是凡爲諫官者前顧後瞻莫敢開口論駁猶難況於諫爭唯於狼狽之人推淵下石以爲職耳然且朝除夕遞如波滾沙鮮有能三日行公者然且一言一動承旨察推避嫌退待引義違召小小體面密如牛毛瑣瑣廉義細如蚊睫雖有大德之人一入此地鮮有能保其身名者天下之戲劇無實未有甚於是者大抵諫之爲職非可以專責一司者古者左輔右弼前疑後丞皆是諫諍之臣而瞽御有箴旅賁有規史有記瞽有誦風賦比興小雅大雅或以風喩或以正言被之管絃以究王訩六律五聲播之八音納五言以察治亂先王之開言路若是其廣今也以蕭蕭飢餓之數人專任此事其欲聞過而然乎今擬革罷諫院以其職掌播諸公卿大夫之尊重密邇者以廣言路然恐時俗之人識見淺短不知先王之法

但云罷去諫院訑訑拒人其言可畏姑此存之然凡任諫院之職者宜兼任太常太僕等諸有司之職以變其耳目又凡承政院弘文館侍講院太史院國子監司憲府及六曹之卿大夫皆於職掌詔以諫爭之事使出入人主之前者咸知諫爭之責各在其身一正末俗之弊誠不可已也○臣又思之違召之法大不敬也君命召不俟駕而行禮也安有以納牌不進著之爲式者乎自今有遺離者凡有召命宜即趨進徐以其情申告于三公九卿於是三公九卿集議可否或請其出仕或請其許遞如今所謂處置之法庶乎其風少息矣

大司諫職銜曰通政大夫司諫院大司諫兼經筵參贊官太常寺都正（不必是太常）○正言職銜曰宣務郎司諫院正言兼經筵侍讀官宗簿寺主簿他皆倣此○自今諫院憲府之官皆自玉堂選而通之庶乎此路復清也中國之制凡及第出身者先爲翰林後爲諫官此其所宜法者也

弘文館大提學卿一人提學中大夫一人副提學下大夫二人校理上士

四人修撰中士四人正字下士六人○書吏十八人皁隸三十六人○檢書官中士四人

臣謹案原典弘文館領事唯領議政兼之恐不必然今擬三公皆兼之左右相爲監事○又按原典弘文館十八學士大提學不在其中恐不必然今擬並大提學爲十八○又按原典有直提學典翰應敎副應敎博士著作諸名其注擬新通之時爭競紛興其遷徙升降之時格式易眩此皆黨論之所由起官方之所由亂今擬校理四人爲東壁修撰四人爲西壁正字六人爲南牀無用紛紛然多名也○又按校理四人則其二人副校理也修撰四人則其二人副修撰也正字六人則其四人副正字也例見前○又按南牀不必爲極望凡以下士之品而入爲玉堂者例爲正字自此陞遷以爲修撰校理無直拜修撰之法以抑奔競以平物情抑所宜也○又按玉堂之臣例兼經筵官大提學爲知事中大夫爲同知事下大夫爲參贊官上士爲侍講官中士爲侍讀官下士

爲檢討官皆如原制○又按玉堂之臣上自文衡下至正字皆兼知制誥不必別選別差而後爲知制誥也制誥二字不必爲僭必謂之知製敎亦恐無義○又按春秋館當別爲一職今之玉堂實未嘗一窺史策而皆兼春秋之名名實不副也凡名實不副者百工之所由惰也自今玉堂職銜宜去春秋之號唯實兼是職而實參史事者乃書其銜

臣謹案藝文館於今實爲冗官原典云掌制撰辭命然制撰辭命者唯提學一人而弘文提學亦未嘗不爲制撰顧何必別有此館哉今擬藝文館諸職掌悉歸於弘文館而藝文之名自今停罷宜矣中國之制翰林謂之玉堂乃吾東分而二之弘文館稱玉堂藝文館稱翰林臣嘗以印石一顆付之燕京之使要刻九世玉堂五世翰林八字刻人怪之曰玉堂翰林有以異乎蓋笑之也弘文藝文之不必兩存不其然乎然且藝文館本無公署因無直宿虛名無實莫此若也其罷之無疑○臣竊伏念王者設官分職代理天工三公六卿百執事之臣皆所以輔君德

立人紀以至禮樂刑政財賦甲兵其眞實急切之務在所盡心其文詞浮淺之技淸華超絶之職皆足以病世道而瘝國政不過使居是職者榮其姓名澤其子孫而已此士大夫之小利而國家之深害也四方遐外之人以淸華宥密之臣指之然人主之私人而自居以疎逖所失非細然且踐歷淸華爲人之所不能爲者驕傲自尊慢其儕流受人憎惡終不能保其令名者亦項背相望此亦君子之所宜念也虞制周制皆無淸職如今館閣之官者至漢亦然唐太宗始置弘文館其後變而爲翰林院自宋以後館職院職殿職閣職紛然並興而治日益衰世日益卑三代仁孝之俗二京忠厚之風不可復見由是言之並此玉堂之職亦不如改其名號以遵周漢之制特以經筵日講或者有輔於君德不敢輕議而藝文館奎章閣多設華職直提學應敎直閣待敎多設華名湖堂讀書內閣應制月課旬試多設文詞之榮上下恬嬉蠹國病民不知窮蔀有何苦不知邊圉有何憂百度瘝廢庶績不興皆非國家之福

臣謂此等淸華之職幷行停罷於是慮實事而建實職懷實心而行實政奮發事功以成虞周之治不亦善乎今人有問堯舜文武與唐太宗宋仁宗孰賢莫不大嗔顧於設官分職必欲舍虞周而取唐宋其亦惑之甚矣

臣謹案奎章閣者御製之所藏顧其職豈不重矣因此而別起衙門恐非古意宋制每一帝有御製輒起一閣龍圖閣天章閣寶文閣徽猷閣顯謨閣相繼以起元人效之又設奎章閣我 世祖時議置奎章閣不果我先大王孝思淵穆光昭 祖烈遂建此閣此 盛德事也然其職太淸其名太華自玆以後玉堂遂卑選擧多濫其勢然也且伏念列聖御製旣藏之名山其在內苑者又藏之於奉謨堂別有守者則學士之奎章閣亦名實不副矣日省錄與時政記不甚相遠所藏書籍與弘文館別無所異抄啓勸課之政亦未必有實效臣謂奎章閣不必別立衙門唯弘文館副提學兼奉謨堂直學士弘文館首校理一人兼奉

謨堂僉學士其首正字一人兼奉謨堂待敎以時奉審以時曝曬亦未爲闕事也（檢書官四人本修御製及日省錄其二人宜留玉堂以修御製其二人宜送史局以助史役）

臣謹案湖堂賜暇內閣抄啓亦　昭代之盛事也然國之所以制選擧之法者欲擇其賢而選之知其能而擧之也旣授之科旣授之官旣宅之於淸華之地於是試之於是考之斯豈待賢能之道乎後世無實之文即俳優雜戲雕蟲小技以此游宴或近於君臣相謔則湖堂製述固未盡善况抄啓之法廣選新進之士慧鈍相雜工拙胥顯不足以待有德且雖聰慧之人　御前咫尺背講群經有時顚蹶惶汗沾背或捶罰加身醜拙畢露擊之如童蒙束之如生徒凡一經此選者意氣沮蹙不敢抗顔論事終身婞婟便作人主之私人此又法制之未善者也人臣之通籍金閨者凡有所蘊或上疏而論事或戲議以輔政無所不可顧何屈必之爲擧子以試其所蘊哉臣謂抄啓課試之法自今停罷宜矣

臣謹案弘文館十八學士皆宜兼諫官其職掌之內宜備言條例使居

是官者咸知諫爭之責擔著在身無徒諉之於諫院庶乎其有補矣

侍講院太師太傅太保公三人少師少傅少保孤三人賓客卿二人副賓客中大夫二人輔德下大夫二人弼善上士二人司書中士二人說書下士二人○書吏十人皁隸二十四人

臣謹案三公之爲師傅保此是三代以來不易之典但古者三公爲人主之師後世君道益亢降之爲世子之師耳然原制有師傅而無保有少師而無少傅少保皆不知何義今擬右議政爲太保三贊成爲三少參贊之名遂以減除庶乎其近古也○臣又按原編有贊善進善諮議等三員以待山林之士臣竊伏念山林之士不宜異其官名其爲贊善者可以爲輔德其爲進善者可以爲弼善其爲諮議者可以爲說書何必別異其名絶於流俗然後方可以待賢哉曩在憲府則持平掌令與之同號轉入吏曹則參議參判與之同稱獨於侍講院必別立一名恐無義也古者職官之制但有曹名本無官名如宮正曰上士二人中士

四人下士八人膳夫曰上士二人中士四人下士八人宮正膳夫是曹署之名非官員之稱後世實德漸衰文靡益長每一建官飾之以淸華之名徒使受之者長其驕溢之氣瞻之者發其歆羡之心皆病世之法也○又案文學二字不成官名減之似宜

世孫陪講院師傅保孤三人諭善中大夫二人翊善下大夫二人勸讀上士二人贊讀中士二人○書吏六人皁隸十六人○臣謹案禮曰有適子者無適孫若有世子則世孫之司爲陪講院若無世子則世孫之司爲侍講院國制本然也○臣又案原制有師傅而無保今擬三孤仍爲世孫之師傅保○又按陪講院乃時有時無之官不可別立衙門當與侍講院合之爲一司舊稱講書院今改之曰陪講院

太史院領事公一人監事公二人知事卿二人同知事中大夫二人修撰官下大夫二人編修官上士二人記注官中士二人記事官下士二人○書吏四人皁隸十六人

臣謹案太史院者春秋館也吾東國史不名春秋則不必稱春秋館也周禮春官有太史小史內史外史皆史官也其掌吏事者小史外史而總隷太史則太史其長官也漢代史官直謂之太史令宋制謂之國史院國制藝文館謂之翰林翰林實掌國史然春秋館藝文館皆無公署唯以虛名謂之史官其實檢閱新入者一人獨掌史事寓於承政院注書之室其苟且因循如是也萬曆壬辰倭寇大至焚景福宮今所御昌德宮制度草創館宇未備意者景福宮舊制不如是之凋弊也宜於闕內別起衙門以爲史局不唯時政是記凡東國舊史悉皆修正國朝野史旁搜而謹藏之皆其職也○若其差除則弘文館侍講院不得不時兼此職然備三望差除出於政目者以史局爲主職而以玉堂春坊爲兼銜其不然者毋得以史局爲例兼之銜如今之有名無實宜矣○史局之臣仍帶玉堂則其官銜曰通訓大夫太史院編修官檢校弘文館校理兼經筵侍講官知制誥

臣謹案左史記動右史記言古之義也今制大朝會注書二人翰林二人爲左右史今擬弘文正字六人之中其右僚二人爲翰林爲太史院記事官以史局爲主職玉堂爲兼銜恐合事宜

臣謹案今制有兼春秋數人以西北人之爲六曹郎官者兼之又有所謂別史○春秋以曾經翰林之陞品者爲之皆苟且彌縫之法也今擬編修官記注官勿拘時任曾經以玉堂差除使爲實官（時任玉堂、則玉堂爲兼銜）則爲堂堂史臣何必曰別兼春秋哉

校書監提調卿一人中大夫一人校理上士二人正字下士十二人司準庶下士十八人○書吏十人皁隸十六人○寫字官藝上士四人中士八人下士二十八人

臣謹案周官外史掌達書名于四方疏曰正其名字使四方知而讀之校書之官即此遺也劉向校書天祿閣或以今文校古文或以中古文校古文脫字誤字是校是正此是外史達書名之類今唯七書自京司

校正誤字雖少訛音極多宜選文學之士授以校書之官使之校正十三經注疏亦付此監校正開板未可已也○臣又按今制有朔書考試之法篆書楷字逐月試取本監既掌印篆宜主是事乃自承文院主之亦恐不宜臣謂校書監提調宜以明於六書者爲之以掌此事亦達書名之義也○又按原典凡祭祀香祝皆令校書監主之亦恐不宜或借成均館諸郎代行直宿又令忠義衛三人寫其祝版皆苟且紕繆之法也臣謂自今香祝皆令太常主之其祝版則自本監遂寫字官書之恐合事宜

臣謹案校書之官古之清職也今新及第分館之法承文院爲首成均館次之校書館寂卑承文以待貴族成均以待西北之人校書以待庶流賤族法之不善莫此若也王者立賢無方不問道藝之高下不揆才謂之長短唯其族之貴賤地之遐邇是考是校以分其仕路是果遵何法哉物情之不平人才之不興國脈之斲喪仕路之隘塞皆由於此其

得之者意氣驕溢不修其才行其失之者悲歌慷慨不修其才行於焉之間受害者國也受病者世道也臣謂每大比之年取及第三十六人（見科制）於是九卿三院（弘文館太史院實學院）會議都堂其文學超等者取十二人屬之校書監其經術超等者取十二人屬之國子監其才諝超等者取十二人屬之承文監以付初仕貴族賤族不令歧分至後三年大比之日取此三十六人又會議於都堂三監各選四人納之于弘文館其餘二十四人仍自三監次次陞遷轉授他司之職其或才行益進功績茂著者或大臣薦奏或　人主擢拔以通淸華之路庶乎其有補矣

臣謹案寫字之官宜別立一署而校書即是寫字寫字即是校書與戶曹之算學刑曹之律學大有不同玆所以屬之於本監不立衙門也○

又按原典寫字官本屬於承文院亦恐不宜

國子監知事卿一人同知事中大夫一人大司成下大夫一人司藝上士二人典籍中士四人正字下士十二人○書吏十六人皁隷三十二人守

僕四十人

國子監者成均館也○臣謹案古者太學教人以樂故名之曰成均今太學不習樂成均爲虛名不可襲也國子者王子公侯之適子公卿大夫之適子也今太學不必國子居之則其亦名實相舛然猶爲近之故改之曰國子監○臣竊伏念古者教人之法原有二路其國子則教之於太學而大司樂主之其萬民則教之於鄕學而太司徒主之帝曰夔命汝典樂教胄子直而溫此太學之教國子也帝曰契百姓不親汝作司徒敬敷五教此鄕學之教萬民也周禮春官大司樂以六德教國子此命夔之遺法也地官大司徒以鄕三物教萬民此命契之遺法也二帝三王之法確然雙立歷然可見者唯此一法今也不知國子爲何物成均爲何事匹庶之産自稱國子俳優之詞以當成均豈不謬哉王制漢法也王制以來國子萬民同入太學垂二千年古制不可復也雖然胄子國子遂無教法斯則非矣　國制有宗學以教宗室子弟（詳見下）今

復革矣堂堂太學是宗室子弟所敎之地而無故讓之於庶姓蕭蕭然
別立一學謂之宗學已屬冤抑今也並其名而革之不可歎乎臣謂就
今太學之中以明倫堂爲宗學之署於其兩廡處宗室子弟及公卿之
適子(宗室子弟處東齋 公卿子弟處西齋)若世子入學遂於明倫堂行序齒之禮以存太
學之舊法以丕闡堂爲萬民之學別起兩廡以處進士若　世子入學
不敢混入於序齒之列以存鄉學之舊法恐合事宜○今東齋西齋屋
宇之制陋惡無比庭高於軒軒高於室不可以此處國子宜毁而新之
東齋西齋各無過九室以其舊材移設於丕闡堂之東西庭東西二齋
各爲三十六室令視舊弘敞其丕闡堂改之曰敬敷堂恐合事宜
宗學博士卿一人祭酒下大夫一人司業上士一人導善中士二人司
誨下士二人○書吏二人皁隷十人○臣謹案宗學之置博士爲　世
子入學時授經之師也大提學例兼○又案原典宗學之官有導善一
員(正四品)典訓一員(正五品)司誨二員(正六品)皆以司成以下典籍以上兼之

臣恐待宗學太薄也故以祭酒司業之等屬之宗學○又按原典有大
君傅王子傅王孫傅皆以從九品爲之亦恐卑薄今擬祭酒爲王子傅
(大君同)司業爲王孫傅導善爲宗室子弟之師司誨爲公卿之子之師庶
乎其合理也○又按宗學諸官皆當以山林之士叅錯爲之不可但以
科目出身者居之
掌樂院提調卿一人中大夫一人都正下大夫一人僉正上士二人協律
中士二人敎官下士二人典律庶中士十人典聲下士三十六人樂生二
百人樂工四百人○書吏四人皁隷十六人
臣謹案虞之典樂周曰大司樂東周曰大司成(見文王世子)古以太學爲掌
樂之司樂既亡學校之制遂亦不明臣謂古樂雖不可復作掌樂院宜
移設於太學之中令大司成爲掌樂院都正知成均同成均爲提調以
治樂事庶乎其近古矣○又按今之樂師皆是賤流典樂之稱屑越甚
矣元典有典樂典律典音典聲今唯存典律典聲二名○又按典律十

人則其六人副典律也典聲三十六人則其十八人副典聲也例見前○又按周禮樂官之屬有樂師典同大胥小胥大師小師磬師鍾師笙師鎛師韎師旄人籥師籥章鞮鞻眡瞭諸名今擬典律典聲之中八音諸師歌舞諸工各各分掌使之專治乃有成效不可如今之混同相雜也今試分如左

律師二人正士之協律郎爲之掌六律六呂鍾師四人典律爲之凡金音皆任之琴師六人副典律爲之凡絃樂皆任之歌師八人舞師八人典聲爲之笙師四人磬師四人籥師六人凡竹音皆任之鼓師二人壎師二人祝師二人副典聲爲之每樂師一人領樂工十二人則樂師四十八人領樂工五百七十六人餘二十四人謂之餘工以供雜事

承文監提調公三人卿六人中大夫八人下大夫八人校理上士二人校檢中士二人正字下士十二人○製述官中士二人吏文學官下士二人吏文習讀官庶下士二十人○書吏八人皁隷十六人

臣謹案原典正字四人然今新及第分館者皆授承文院權知副正字其數無定今限之於十二人者三年大比新及第三十六人分於三館其數各十二也○又按正字十二人則其八人副正字也例見前方其分館之初文學經術才諝分爲三科又於三科之中分上中下三等上等四人先付副正字既三日陞爲正字中下等八人乃付副正字以至三年或入弘文館或於本司陞遷

貢學院提學卿二人中大夫四人下大夫八人副正上士一人主事中士二人○書吏四人皁隷八人

臣謹案卿二人者禮曹判書其一也大提學其一也中大夫以下當其時也三公九卿會議都堂極選文學之士十有二人奏薦受命○臣竊伏念科擧之無法至吾東而極矣科擧之大亂至今日而極矣選擧之法莫尙於皐陶九德之目此是嚴密綜核之法然德行本無形跡末俗不禁私意九德之選今不可復然周漢之制猶可考也茲採錄如左

孝 按問 始元

周禮鄉大夫三年則大比考其德行道藝而興賢者能者厥明鄉老及
鄉大夫群吏獻賢能之書于王王再拜受之登于天府
漢文帝十五年詔諸侯王公卿郡守擧賢良能直言極諫者○武帝元
光元年初令郡國擧孝廉各一人○元光五年徵吏民有明當世之務
習先聖之術者○元朔元年制限以四科一曰德行高妙志節清白二
曰學通行修經中博士三曰明習法令足以決疑能接章覆文中御史
四曰剛毅多略遭事不惑明足決斷才任三輔縣令○昭帝元始五年
詔擧郡國文學高第各一人○平帝元始二年詔擧武勇有節明兵法
郡一人○章帝元和二年令郡國上明經者○臣謹案自玆以上有擧
而無試也
漢順帝永嘉元年尙書令左雄議改察擧之法限年四十以上儒者試
經學文吏試章奏胡廣駁之詔從雄議○魏文帝黃初三年詔曰郡國
所選勿拘老幼儒通經術吏達文法到皆試用(試而後用之)有司糾故不以

實者○東晉元帝時以天下喪亂務在慰勉遠方孝秀不復策試到即
除署既經署粗定乃詔試經有不中科刺史太守免官其後孝秀莫敢
應命送至京師皆以疾辭○宋制大郡歲擧二人餘郡各一人凡州秀
才郡孝廉至皆策試天子或親臨之○北齊課試之法中書策秀才集
書策貢士考功郞中策廉良天子常服乘輿出坐於朝堂中楹秀孝各
以班草對字有脫誤者呼起立席後書有濫劣者飮墨水一升文理孟
浪者奪席脫容刀○臣謹案擧人策試自左雄始也然無詩賦取士之
法不著令甲
漢靈帝光和元年始置鴻都門學士注鴻都門名也於內置學至千人
焉○隋侍御史李諤上書曰自魏之三祖更尙文詞忽君人之大道好
雕蟲之小藝下之從上有同影響競騁浮華遂成風俗江左齊梁其弊
彌甚貴賤賢愚唯務吟咏遂復遺理存異尋虛逐微競一韻之奇爭一
字之巧連篇累牘不出月露之形積案盈箱惟是風雲之狀世俗以此

閒帖 帖

相高朝廷據玆擢士祿利之路既開愛尙之情愈篤於是閭里童昏貴
游總角未窺六甲先製五言捐本逐末流偏華壤遞相師祖澆漓愈扇
○臣謹案詩賦取士之法蓋自漢靈帝鴻都始也
唐制取士之科多因隋舊然其大要有三由學館者曰生徒由州縣者
曰鄕貢皆升于有司而進退之其科之目有秀才有明經有進士有俊
士有明法有明字有明算有一史有三史有開元禮有道擧有童子○
凡秀才試方略策五道凡明經經問大義十條答時務策三道凡開元
禮問大義百條策三道凡三傳科左氏傳問大義五十條策三道凡史
科每史問大義百條策三道○凡進士試時務策五道帖一大經凡明
法試律七令三條凡書學試說文字林二十條凡算學試九章三條○
凡貢擧非其人者廢擧者校試不以實者皆有罰
開元二十五年勅曰進士以聲韻爲學多昧古今明經以怗誦爲功罕
窮旨趣自今明經問大義十條對時務策三首進士試大經十怗○臣

謹案唐高宗永徽二年以後罷秀才科唯取進士數十人其多少歲各
不同大約多不過三十五六人
文獻通考曰唐之盛時每年禮部所放進士及諸科未有及五七十人
者與昌黎所言不合又開元十七年限天下明經進士及第每年不過
百人又太和勅進士及第不得過四十人明經不過百一十人○臣謹
案其數之每年不同者其文詞中選則取之不苟充也
宋登科總目云太祖建隆元年進士十九人太宗太平興國二年進士
一百九人眞宗咸平元年進士五十人仁宗天聖二年進士二百人英
宗治平二年進士二百人○臣謹案自此以上皆每年取士
宋英宗治平四年進士二百五十人神宗熙寧三年進士二百九十五
人哲宗元祐三年進士五百二十三人徽宗崇寧二年進士五百三十
八人○臣謹案宋英宗治平二年始詔三歲一科擧故進士多至五百
餘人至宋理宗寶慶二年進士九百八十七人世愈衰而科彌多如是

也○臣又按進士明經不宜各取唯會通其法定爲法制然後乃可以行之無獘並詳下篇

朴趾源熱河日記載北京試院之制曰試院牆周幾五里塼築如城滑如斤削高二丈餘上加荊棘中置大院宇四周爲一間屋數千區一屋相距半間左右爲蹠隴以納明前爲板扉中爲小温炕庖湢畢具外面塼築沒簷無一區壞墮外內潔淨雖欲穿窬作姦墻壁堅如鐵城其勢末由也昨見落第擧人試券長二尺餘廣六尺行用册紙也硃印井間楷字細字可容千餘言上首硃印禮部二字下爲封彌似是禮部印札試紙以班應擧者也其考閱之跡如批評八家文下方批曰本房具銜姓有數行評語又列書諸考官銜與姓具爲評目皆硃書一井一字無上中下次外更等第雖在黜落之科題品諄復使作者曉然知黜落之所以然丁寧剴切藹然有師弟子訓誨之意可見大國場屋之簡嚴考試之詳謹爲擧業者足以不恨

臣謹案吾東無試院權以禮曹及丕闡堂爲一所二所苟且甚矣國之大政無以踰於貢擧而其草創如此他尙何說今擬東城之內擇一閒曠之地創建試院地方百五十三間前面當中三間以爲門其中門試官由之其左右夾門擧子由之後面當中一間以爲門令擧子納卷而出就其中心起高屋以處試官方十二間皆四嚮爲軒以臨擧屋唯每面四間內嚮爲房以處吏隷以居廚人其考試之室在於南方使之南嚮東西北三面爲諸試官寢息之所又每一面坐監察一人試院之外離一二間周以繚垣高二丈繚垣之外又一監察晝夜巡行以察奸細其餘規式皆照禮部則例爲之宜矣

臣謹案試院主事二人雖非科時宜直宿此院凡有頹毁以時修補凡有事關科擧該奏該論皆自本院主之如今之四館所宜矣餘詳職掌

尙衣院提調卿一人中大夫一人都正下大夫一人僉正上士一人主簿中士二人參奉下士二人○書吏十人皁隷十八人

臣謹案原編云尙衣院都正唯 世子冠禮時差出
尙瑞院提調卿一人都正下大夫一人主簿中士二人奉事下士二人○書吏六人皁隸八人
臣謹案尙瑞院者周官之掌節也漢官之符璽郎也然周禮春官有典瑞之職今也以璽爲瑞故屬之禮曹○其都正兵房承旨例兼(原典都承旨例兼)
養老司國老上大夫幾人主簿中士二人○書吏二人皁隸六人
臣謹案養老司者今之耆老所也 國制公卿年七十者入於耆社圖畫其象於靈壽閣 主上聖壽至六十亦入耆社此盛典也臣竊伏念春享耆老秋食孤子先王之禮也然養老之禮本在太學王制曰有虞氏養國老於上庠夏后氏養國老於東序周人養國老於東膠凡天子視學必行養老之禮(並詳大學) 臣謂養老司宜移設於太學以遵古制未可已也○臣又按原編云耆老所郎官以槐院國子參外爲之國子

則可矣槐院何當臣謂郎官二人皆當以國子郎爲之也
養賢庫提調下大夫一人主簿中士一人別檢下士二人○書吏二人皁隸四人
臣謹案提調一人大司成宜例兼(原典提調無) ○臣又按原典郎官三人皆以國子郎兼差今亦因之○臣又按恤孤之政亦古太學之事也所謂孤子即死於王事者之子也每於春分之日宜自養賢庫召而享之其在外邑者令鄕校爲之
哀榮署提調中大夫一人主簿中士二人○書吏四人皁隸八人
臣謹案古者朝臣之喪國君之致哀致恤其禮極厚周禮春官職喪掌大夫士之喪凡公有司之所共者職喪皆令之趣事如商祝夏祝之等已自設飾之時奔走相事於是甸人爲垼管人汲水隸人涅廁冢人物土筮人占宅遂人納車百工來助罔敢或後此皆古昔聖王以禮使臣終始不替之深恩厚澤也後世鞠躬盡瘁服勞王事死之日一介之使

夫

不及其門而帷蓋之報曾不逮乎犬馬如之何其勸忠而勵善也國制有歸厚署以掌禮葬之事今也並此署而革之豈不恨哉臣所謂哀榮司非敢刱建一官唯歸厚署是復也自今凡宗室戚里大臣之喪其禮葬儀節皆自哀榮司主之以至卿大夫侍從之喪其弔祭致賻亦自哀榮司主之雖下士之喪亦使哀榮司郎官往弔其大歛賻之以一匹之布未可已也

與猶堂全書第五集第一卷 終

序官目次

夏官兵曹第四

中樞府 備邊司合焉　司勳府 即忠勳府

武學院 即訓鍊院　太馭寺 即司僕寺

乘輿司 即內司僕　牧圉司 監牧官之摠署

翊衛司 衛從司附焉　左掖司 即都摠府

右掖司 即內兵曹　中衛司 即扈衛廳別軍職合焉

宣敎局 即宣傳廳武藝合焉　儀仗局 即部將廳

守禦局 即守門廳城門空闕合焉　龍讓衛 禁軍諸衛摠合而平分之

虎賁衛 禁軍諸衛摠合而平分之　羽林衛 禁軍諸衛摠合而平分之

都統營 即訓鍊都監　左禦營 即御營

右衛營 即禁衛營　管城衛 即摠戎廳

已上政官之屬二十

與猶堂全書 第五集 經世遺表 卷二目次

秋官刑曹第五

義禁府　司憲府

監察院 分出於司憲府　禁制司 原典有掌禁司

掌理署 即典獄署　討捕營 即捕盜廳

巡警司 即巡將廳　路鼓院 原典禁府當直官掌申聞鼓

禮賓寺 前代廟官附馬　行人司 出疆使臣之署

綏遠司 新立之　司譯院

掌胥院 新立之　掌隸院

量衡司 原典鑄工署所掌　券契司 新立之

律關司 原典有渡丞　職金署 新立之

掌域署 歸厚所分署　律學署

已上刑官之屬二十

冬官工曹第六

山虞寺 原典、有四山參軍、 林衡寺 新立之
澤虞寺 即堤堰司 川衡寺 原典、有濬川司、
繕工監 利用監 新立之
司兵寺 即軍器寺 修城司 原典、有修城禁火司、
典圜署 即鑄錢所 典堵司 新立之
典軌司 新立之 典艦司 舟・櫓司合爲
甄瓦署 燔瓷監 即司饔分院
織染局 即濟用監 典設司
掌苑署 司筵署 即長興庫
造紙署 圖畫署

已上事官之屬二十

與猶堂全書第五集第二卷目次 終

與猶堂全書第五集第二卷

洌水丁若鏞美庸 著

外玄孫 金誠鎭 編

後學 鄭寅普 安在鴻 同校

政法集

經世遺表 卷二

夏官兵曹 第四

政官之屬兵曹判書卿一人參判中大夫一人參議下大夫一人正郎上士二人佐郎中士四人○書吏二十人皁隸四十人

臣謹案原典兵曹大夫參議之外又有參知其郞官八員比他司加二員蓋以內兵曹直宿故也今內兵曹別爲一司則其員額當與他曹同不必加也

中樞府領事公一人判事孤卿二人知事卿六人同知事中大夫八人僉知事下大夫八人經歷上士四人都事中士八人○書吏十六人皁隸三十人

臣謹案中樞府者古之樞密院也唐宋之際始有此官俾典樞機總察邊務宋初趙普爲樞密使與中書省並立分權互稱二府其職之要且重如是也以其名則今之中樞府是也以其實則今之備邊司是也中樞府有其名而無其實備邊司有其實而無其名兩失其宜也中樞府全無所事而游閒人作食祿之地備邊司總察萬務而議政府爲長閑之門制度之毁壞散漫一至是矣且備局所察不唯邊務則號曰備邊亦不宜也臣以爲自今以備邊司爲中樞府改揭扁額使中樞府得名實相副於事便也○臣又按備邊司都提調時原任大臣例兼其提調六曹判書大提學五營大將四都留守例兼又置有司堂上四員使句管八道一員各領二道臣以爲時任大臣自有議政府在焉何必兼之

六曹判書自有六曹在焉何必兼之臣謂領事一員判事二員以原任大臣爲之知事六員同知事八員或以他職兼之或以散班居之知事六員爲十二省句管大夫一員各領二省其僉知事八員四人以左右承旨例兼其四人擇人別差以掌副提調之舊職至如三公九卿及三孤六卿雖不兼樞府自主都堂之會凡文書回公不異於樞府大夫則法制森整而名實無舛矣○臣又按今法凡老職及納粟受官者雖雜流下賤皆爲僉知同知一藝仕者或爲知事名器日濫貴賤無別臣以爲自今老職納粟之類皆以羽林衛護軍副護軍處之其一藝仕而有勞績者以北漢之管城將爲二品實職名之曰北漢總禦使使得徙居則亦勝於知中樞之虛名矣

臣謹按原典中樞府郎官本是二員而備邊司郎官至於十二員故今於備局之員額冒之以樞府之名稱

司勳府經歷上士一人都事中士一人○錄事幾人書吏六人皁隸十二

人○員外郎十人以忠義衛爲之

臣謹案司勳府者忠勳府也周禮司勳屬於夏官今亦依之○又按勳府大夫時衆時寡時有時無故不著其額○又按 國初有忠翊府爲原從功臣之署今合于忠勳府也又所謂忠義衛者功臣嫡長孫之所宅也今賤流奸民造作僞譜冒居忠義者甚多臣以爲自今忠義之選無過十人以作本府之員外郎或轉而爲儀仗郎今部將或轉而爲守墓官如今制可也

武擧院知事卿一人都正下大夫二人副正上士四人主事中士八人兵學敎官中士二人參軍下士八人權知奉事庶下士三十二人習讀官庶下士三十二人○書吏四人皁隸八人

臣謹案武擧院者今之訓鍊院也訓鍊院本掌軍士之試才鍊藝一自五營門建立之後訓鍊院仍作閒官唯武臣以此爲依歸之藪而已今擬文科武科每三年大比各取二百人以各三十六人爲及第以各一

百六十四人爲進士進武其會試無一所二所文科設於貢擧院武科設於訓鍊院斯其所以名之曰武擧院也○又按權知奉事習讀官之類皆以進武爲之其有績者遷轉其不然者三年而遞○又按副正四人則其二人僉正也例見前兵學敎官卽能陞遷見郞本是下士今陞之

太駁寺提調卿二人都正下大夫一人僉正上士二人主簿中士二人○書吏十人皁隸二十人○巫馬庶下士十人卽馬醫理馬庶下士四人陪馬庶下士八人所謂牽馬陪

太駁寺者司僕寺也○臣謹按司僕之官其掌馬則周禮之校人也其掌駁則周禮之太駁也自漢以來誤以掌廐之官謂之太僕歷代相承以至於今今按周官太僕正王之服位出入其大命又建鼓以達寃其職如後世之尙書省兼之以登聞鼓院非掌馬掌駁之官也臣故司僕寺改之曰太駁寺周禮太駁之屬亦有戎僕齊僕道僕田僕○又按原制大臣爲都提調大臣掌馬恐非古意今減之

臣謹案內司僕當別爲一司以掌乘輿又如禁軍有兼司僕之名當時必與司僕相聯爲職今旣不然其兼司僕之名不可因也

乘輿司提調卿二人內乘下大夫一人副內乘上士一人中士二人○書吏二人皁隸八人

乘輿司者內司僕也○臣謹案原典兵曹有乘輿司掌鹵簿輦輿今乘輿之事內司僕主之而兵曹之乘輿司改之曰馬色以掌驛傳今擬內司僕爲乘輿司而其提調二人仍以太駁提調兼之也○又案原編內乘之官上自二品下至九品無不爲之亦恐不宜今擬職品一定不得上下則其體貌益重矣

牧圉司提調公一人中大夫二人僉正上士二人監牧官中士二十人○書吏二人皁隸四人

臣謹案養馬者有國之大政也 國制監牧官二十餘員分出諸路或以守令邊將兼之或另差一官皆自司僕主之臣竊見周官之制太駁

與養馬之官絕然不同養馬之官則牧師廋人圉師圉人是也臣謂箭橋牧場之官仍稱牧圉司總管八道牧圉之政又令諸路富民之有海島山莊可以牧馬者設圉牧馬官給駁馬使之風孳若養馬至千匹者許令選其駿者唯十匹納于本司其餘許令私賣而其人則直授本司之官使之遷轉如法未可已也 國俗嚴禁風馬牡馬終身守貞牝馬或一生產然且熱粥煖穤百病以生而治馬之法唯有鑿足瀉血一法血流成川其立顚顚如是也故今大郡大縣其四境之內有馬十匹者不可得見其或有之者皆果下小種無以爲戎馬 國之急政莫馬若也東人謂北方早寒不可養馬而獵馬之市於北塞者不以爲疑謂南方卑濕不可養馬而飛龍之產於耽羅者不以爲疑其不通如是矣牧圉之司不可不立

翊衛司翊衛下大夫一人司禦上士二人衛率中士四人洗馬下士六人○書吏二人皁隸十六人

臣謹案衛率四人則其二人副率也洗馬六人則其二人侍直也例見前

世孫衛從司長史中士二人從史下士二人○臣謹案衛從司不必別立衙門故附於桂坊

左掖司宿衛大使卿二人副使中大夫六人執戟郎上士四人執楯郎中士四人陛楯郎下士四人○書吏八人皁隸二十人

左掖司者都摠府也宿衛大使者都摠管也其副使副摠管也執戟郎者經歷也陛楯郎者都事也○臣謹案都摠管者謂都摠五衛之士卒也今五衛之革已數百年矣一卒不領而名之曰五衛都摠府都摠管名實之不相副莫此爲甚職官之制名實不副則居官之人不知奉職此必然之理也臣故曰都摠管宜名宿衛大使○臣又按摠府大夫荷雲釼寶釼終日侍立老者病之臣謂自今年五十以上勿差是職其郎官六人各二人上中下士令執戟而侍立以嚴侍衛抑所宜也

右掖司都宮正下大夫二人金吾郎上士二人○書吏四人皁隷八人近仗軍六十人

右掖司者內兵曹也都宮正者內兵曹入直大夫也金吾郎者內兵曹郎官也○臣謹案周禮天官宮正之職掌王宮之戒令糾禁以時比宮中之官府次舍爲之版以待(如今省記之)夕擊柝而比之(如今更鼓之)幾其出入辨其外內此非今內兵曹之職掌乎臣又按唐制左右金吾衛掌宮中巡警金吾者宿衛之職也東人誤以義禁府爲金吾義禁府者古之大理秦漢謂之廷尉幾見獄官爲金吾乎臣故曰內兵曹大夫宜謂之都宮正其郎官宜謂之金吾郎不可苟也○臣又按此篇兵曹減參知一員都摠府減摠管二員則宮正二人非爲多也兵曹減郎官二員以比他曹則金吾郎三人非爲多也　國力本貧臣不敢增官也

中衛司扈衛大使公一人別將中大夫二人驍騎常侍下大夫四人驍騎郎上士四人中士六人扈衛軍官三百人其敎鍊軍官四人○書吏二人皁隷二十人

中衛司者扈衛廳別軍職之合成者也大使一人者扈衛大將也(原任大臣)(國舅中兼之)別將二人者扈衛別將也(本三員)驍騎常侍者堂上別軍職也驍騎郎十人者堂下別軍職也敎鍊軍官四人者扈衛廳所任軍官三人及別付料軍官一人也扈衛軍官本一千五十人　先朝減七百今又減五十故三百人而已○臣謹案扈衛廳者仁祖癸亥之所刱設也別軍職者　孝宗自瀋陽還後八壯士之所處也別軍職亦所以扈衛聖躬合之爲一於義可也臣竊伏念職官之制宜有統有率以宏綱統細目以大幹統小枝然後血脈流通號令無滯若零零瑣瑣各自爲命不知其身隷於何官不知其官隷於何司不知其司隷於何曹一似無將之卒各自逍遙非一王建極之法制也臣謂兵曹之屬散亂無統今分爲四類類各三合一曰三司左掖司者今之都摠府也右掖司者今之內兵曹也中衛司者今之扈衛廳也別軍職合焉二曰三局宣敎局

者。今之宣傳廳也。武兼合爲儀仗局者。今之部將廳也。忠義衛合爲守禦局者。今之守門廳也。城門之將空闕之將合焉。三曰三衛。龍驤衛虎賁衛者。五衛之舊名。羽林衛者。羽林將忠壯忠翊之合者也。禁軍內禁衛五衛之屬。咸於是三衛合焉。四曰三營。都統營者。訓鍊都監也。左禦營者。御營也。右衛營者。禁衛營也。唯是三司。三局。三衛。三營。秩然成列。井然不紊。則凡有號令。如身之使臂。若臂之使指。在平時則朝廷有體貌。値急時則軍伍有紀律。不如今之散漫也。世有別軍職以爲官名者乎。世有所任軍官以爲職名者乎。草創而不修潤。非所以光昭祖烈也。

宣敎局大使卿一人。宣敎官下大夫四人。宣徽官上士四人。文兼上士二人。宣旨官中士八人。宣傳官下士八人。○宣令官下士三十六人。○書吏四人。皁隷二十四人。內吹打四百人。

宣敎局者。宣傳廳也。其大使。兵曹判書例兼也。宣傳官本二十四員。今因之。唯分之爲四等。令不得推移。文兼本二人。今依之。○宣令官者。武

兼宣傳官也。武兼本五十員。今減爲三十六人。合之於宣敎局。○臣謹案。今定科制。文科三十六人。武科三十六人。 國制。文科初入仕。分入三院。清族入承文院。西北入國子院。中庶入校書院。其登科者。三族參錯。故其分入三院者。亦多少不等。武科初入仕。分爲三薦。清族入宣傳薦。其次入部將薦。最下入守門薦。然武科多取。或至千人。朝廷無官以待之。於是薦而不仕。白首乾沒者。十之八九。其初不得薦者。又百之九十七八。天下之無法無制。莫此若也。夫設科取人。將以授職。苟不授職。何以科爲。況族之清濁。非所以勸賢而育材也。出身之初。不問其賢愚才鈍。遂分三岐。使不得比肩並列者。抑何義理。臣謂文科武科。每三年大比。各取三十六人。於是以校書正字十二人。國子正字十二人。承文正字十二人。待文科三十六人。已見禮曹上 以武兼三十六人。名之曰宣令官。待武科三十六人。待其仕滿。其才學卓異者。入于弘文官。爲正字說書。共八人 其武略卓異者。陞爲宣傳官。共八人 其不能與此選者。文官轉

而爲諸司別檢或出而爲諸道察訪武科轉而入儀仗守禦之局或選而爲三營門將官及其陞爲中士之後又或特入於玉堂特拜爲宣旨官不可於出身之初預斷其平生也南行初入仕亦三十六窠其武臣之爲南行者其路益廣並詳遷轉法○臣謹案宣傳官本是傳 命之職而啓螺即其所兼掌也上中下三士各以二人專掌啓螺至於武兼專無職掌而徒作武臣食祿之窠無義甚矣臣聞爲官擇人未聞爲人設官今宜以內吹打屬之於武兼遂以宣令官兼之曰鼓吹郎於其三十六人之內幾員掌鼓人幾員掌鉦人幾員掌吹人令有所修擧令有所結束總隷於啓螺不令徒食祿斯可矣

儀仗局提調中大夫一人鹵簿郎上士四人執扇郎中士八人執殳郎下士八人繖蓋郎下士四人○書吏二人皁隷四人扈仗軍八十人

儀仗局者部將廳也其提調兵曹參判例兼也鹵簿郎以下部將也本二十五員今減其一員也繖蓋郎者忠義衛之來仕者也扈仗軍者儀

仗所軍士也○臣謹案部將者五衛之五部將領也五五二十五故其數二十五也五衛既罷以其無卒之將爲武臣食祿之窠而因冒舊部之名有司之因循頹墮百事不振類如是也部將全無職事於是以其二員爲儀仗庫郎官臣謂部將廳改之曰儀仗局專以鹵簿之事屬之於部將而名之曰鹵簿郎儀仗有龍鳳扇金銀瓜宜名曰執扇郎執殳郎也遂以儀仗庫軍士爲鹵簿郎之率屬恐合事宜○臣又按近例忠義入仕者亦執儀仗以扈駕今以四人附之於此局名之曰繖蓋郎也

守禦局提調中大夫二人下大夫二人司門校尉中士六人副尉下士十八人○書吏二人皁隷四人○城門校尉庶中士六人副尉庶下士十八人○空闕護軍三品官四人

守禦局者守門廳也城門之將空闕之將合焉提調左掖之中大夫(都摠府)右掖之下大夫(內兵曹)例兼之也司門校尉者闕門之守將也本二十三人今增一員然部將減一員以彼而充此也空闕護軍者景福宮慶

熙宮之守將也○臣謹案正東門正南門各四人東小門西小門敦義
門光熙門彰義門各二人城門副尉所以爲十八人也其校尉則每門
一人(北衛門今營)唯彰義門無之也○空闕守將其職銜曰折衝將軍守禦
局副護軍分差景福宮守衛官

龍驤衛都摠管卿一人中護軍中大夫二人副護軍下大夫四人副司果
中士八人(即禁軍之正)副司正下士二十四人(即禁軍之領)禁軍二百四十人○書
吏二人皁隸六人○又中護軍二品官二人副護軍三品官六人敎鍊官
四人佽飛郎二十人票下軍九十人

都摠管者龍驤衛虎賁衛羽林衛之都摠管也兵曹判書例兼其職銜
曰正憲大夫兵曹判書兼龍驤虎賁羽林衛都摠管○臣謹案五衛既
罷其將領之官既無卒伍靡所歸屬散亂無統而禁軍七百又爲無將
之卒於是羽林將忠壯將忠翊將兼司僕諸將領又各散亂自立而龍
虎營堂上軍官別付料軍官之等又皆以無卒之將別爲一局官制軍

制兩皆雜亂苟且因循莫知端緖臣以爲諸色將領與禁軍廳龍虎營
混而合之摠得將領官四十二人正領官九十六人禁軍七百二十人
別付料六十人票下軍二百七十人於是分之爲三衛一曰龍驤衛二
曰虎賁衛三曰羽林衛每衛中護軍四人副護軍十人以之爲將官每
衛副司果八人副司正二十四人以之爲列校(即禁軍什領)每衛敎鍊官四
人佽飛郎二十人(別付料)以之爲軍官每衛禁軍二百四十人以之爲宿
衛之士於是龍驤衛宿於左腋以明政殿月廊爲直廬虎賁衛宿於右
掖以仁政殿月廊爲直廬羽林衛宿於中禁就建陽嶺上貳極門內授
一空廡使爲直廬於是以兵曹判書爲龍驤虎賁羽林衛都摠管統領
三衛於是一將一卒無得加減團束宿衛巡警如法天成鐵鑄不見罅
隙如是則一王之法制立矣○臣謹案原制諸衛將領或以武大夫居
之或以雜歧之二品三品爲之今不可細分宜截之爲法曰每衛中護
軍四人則其二人大夫爲之其二人雜歧爲之副護軍十人則其四人

大夫爲之。其六人雜歧爲之。正領以下並如舊例。不必改也。○臣又按。原制。曹司衛將二員。文大夫爲之。今擬龍驤衛副護軍其二人則文大夫爲之。

臣謹案。原編。五衛將十二員。其二員稱曹司內禁將三員羽林將二員。兼司僕將三員。忠壯將三員。忠翊將三員。龍虎營堂上軍官十六員。合而計之則四十二人也。故三衛護軍之數。爲四十二人。○又按原編。禁軍之正二十一人。禁軍之領六十三人。共八十四人。今禁軍增二十。故正領之數亦有加焉。三衛正領共九十六人也。每一正統三領。每一領統十人。其數不得不然也。○又按原編。禁軍七百人。龍虎營別付料軍官八十人。故禁軍增二十。以七百二十。分爲三衛。別付料減二十。爲六十人。名之曰佽飛郎。分之三衛。然則禁軍之中。其二十人當以西北人爲之也。○又按原編。龍虎營有票下軍二百八十五人。今減十五。爲二百七十。分之三衛。

與猶堂全書 第五集 經世遺表 卷二 九

臣伏念。禁軍正領。本出於禁軍原額之中。則九十六人。亦當於原額中爲之。

虎賁衛。都摠管卿一人。中護軍中大夫二人。副護軍下大夫四人。副司果中士八人。副司正下士二十四人。即正領禁軍禁軍二百四十人。○書吏二人。皁隷六人。○又中護軍二品官二人。副護軍三品官六人。敎鍊官四人。佽飛郞二十人。票下軍九十人。

臣謹案。原編文武諸臣及蔭仕雜歧之臣。其無實職者。例付軍職。稱龍驤衛忠武衛。臣謂自今文臣軍職。付龍驤衛。武臣軍職。付虎賁衛。蔭仕及雜歧軍職。付羽林衛。其官衛之上。皆增檢校二字。○文臣上大夫。其軍銜曰宣德將軍檢校龍驤衛上護軍。○武臣中大夫。其軍銜曰奮武將軍檢校虎賁衛中護軍。○非文非武下大夫。其軍銜曰折衛將軍檢校羽林衛副護軍。○其宣德奮武折衛之號。文武皆同。其稱檢校者。別之於三衛之本員也。

羽林衛都摠管卿一人中護軍中大夫二人副護軍下大夫四人副司果中士八人副司正下士二十四人禁軍二百四十人○書吏二人皁隸六人○又中護軍二品官二人副護軍三品官六人敎鍊官四人佽飛郎二十人票下軍九十人

臣謹案龍驤衛其護軍手旗皆用正藍旗其禁軍頭盔皆以藍紬護項虎賁衛其護軍手旗皆用正紅旗其禁軍頭盔皆以紅紬護項羽林衛其護軍手旗皆用正黃旗其禁軍頭盔皆以黃紬護項兵曹判書手旗左鑲藍右鑲紅書其中黃曰三軍三衛司命○又按原典禁軍七百分爲七番每番三正九領入直今亦依此三衛每番各一正三領入直于三所則率由而無所更也○又按五衛將入直原有四所曰東所西所南所北所今三衛旣立則四所分直之法自宜停罷

都統營提調公一人卿一人大將軍卿一人副將軍中大夫一人別將下大夫二人從事官中士四人千摠下大夫四人把摠上士六人哨官下士

三十六人旗牌官十六人知彀官八人○騎士二哨騎兵九哨步卒二十五哨○書吏二十人皁隸四十人

都統營者訓鍊都監也○謹案旗隊分署之法凡十人爲一隊三隊爲一旗三旗爲一哨五哨爲一司五司爲一營五營爲一軍雖哨司以上隨時變通而其大數則本然也凡一隊並計隊長火兵則十二人也則一旗三十六人一哨一百八人加旗摠三人則一百十一人也於是五哨一司爲五百五十五人五司一營爲二千七百七十五人今擬都統營其步卒養之於京城之中者只存一營之數(即二十五哨)又騎士二哨爲二百二十五人(如步卒之例)又騎兵九哨爲九百九十九人若加四人步卒騎兵共爲四千人其養兵之費宜以是而爲準也左禦營右衛營各步卒二十五哨騎士二哨則其數各三千人也(不足者各三人)然則三營門京養之卒通共萬人而已雖極寡弱今之國力無以踰於是也衛文公初年革車三十乘及其晩年革車三百乘今我國力如衛之初年苟治國有

法不過數十年財富兵强當其時也量力而增靡不可也〇古者萬二千五百人爲一軍大國三軍則三萬七千五百人也然此三軍非盡養之於國城之中也通一國之田賦散在諸邑由是言之國城之內養兵萬人猶爲多矣今擬十二省監司各養兵千人十路兵馬使各養兵千人則已二萬二千人矣大州各養兵三哨諸郡各養兵二哨諸縣各養兵一哨則又數萬人矣豈止大國三軍之制而已今小縣束伍之軍皆不下五六哨然不養而編於籍皆虛名而已與其有虛名萬人不若置實養十人不可以寡弱爲病也餘詳軍制

臣竊伏念古制大國三軍故春秋傳晉楚之戰皆以三軍而中軍爲主其二軍或稱上軍下軍或稱左廣右廣雖其名不同其軍則皆三軍也國朝軍制始建五衛自萬曆壬辰倭寇之後五衛罷而五營設一曰訓鍊都監宣祖壬辰後創設二曰御營仁祖甲子始置御營使孝宗朝壬辰始設營三曰禁衛營肅宗壬戌減訓鍊軍摠以設之四曰守禦廳仁祖丙寅設五曰摠戎廳仁祖甲子設此所謂五營門

也當時南寇甫平北釁又啓國步屢頻駿命僅續朝廷以懲毖之義陸續設營至四至五而一時倉卒之制遂成永世之法國力不支經費無源百官不能食祿衆胥無所仰哺將使國不能爲國非細憂也臣嘗見禁衛營伺候軍持靴箙以隨軍官者問其料布則厚於吏曹參議大司諫遠矣制國如此弊將若何上下無等貴賤無別廉恥道喪貪冒成風此制法之過也臣竊伏念養兵之法井田爲上屯田次之口賦次之今三者無所恃而官出粟米官出錢布以養數萬口游食之民使其父母妻子咸免凍餒其勢不得不摧屈受其害者傭丐無告之民與夫國家之大藏而已豈不嗟哉今守禦廳已罷矣摠戎廳亦當罷之以其數哨屬于北漢其餘將官待三軍門有窠以次移補唯存訓御禁三營以遵大國三軍之制若其養兵之需宜取東西南三郊悉以官錢買之爲屯田東郊屬之於御營南郊屬之於都監西郊屬之於禁營募畿內軍民之驍健而無田者每一夫授田五十負使之耕墾以應卒伍之役

休番作農。以自給食。以其農隙操鍊如法。則三代兵農之制。庶幾復見於今日矣。其或田少而夫多。則益拓其地。取足以止。未可已也。今京軍充伍者。十指柔嫩。肌膚如雪。趨至百步。喘而遂廢。祈寒盛暑。兩不能堪。此無用之卒也。其鄕軍充伍者。離家千里。赴役半年。坐作進退。雖令敎習。下番之日。邈然相忘。一曓十寒。無以服習。況後之上番者。非昔之上番者乎。此無用之卒也。必於京城數十里內。廣開屯田。使農者爲兵。兵者爲農。然後勁卒在伍。而無不服習者矣。洪惟我　先大王。以禁御兩營。深念其弊。必欲變通。綸綍屢降。詢咨遍及。而當時股肱之臣。皆不能對揚休命。終使有爲之志。咸歸無成之議。豈不恨哉。今若悉收三郊屬三營。則國中其騷騷矣。然不騷騷而能成大業者。天下未之有也。有以能奮庸熙帝之載。則騷騷。其足恤乎。斯可與有道者言。不可與油膩軟熟之人。剌口而爭論也。

臣謹案。原編都監提調二員。戶曹兵曹判書例兼。臣謂戶曹判書不必兼也。故減之。○又按。大將國之重任。宜使正卿爲之。（原編從二品官之）○又按。局別將三員。局出身一百五十。則他營之所無也。臣爲此編。欲使文科武科。其數相等。每三年大比。但取二百人。以其上三十六人。爲及第出身。其餘皆爲進士。（武則曰武進）許其入仕則局別將局出身。自在應減之中矣。

左禦營。提調公一人。卿一人。大將軍卿一人。副將軍中大夫一人。別將下大夫一人。從事官中士三人。千摠下大夫三人。把摠上士六人。哨官下士二十七人。旗牌官十二人。知彀官六人。○騎士二哨。步卒二十五哨。○書吏十五人。皁隸三十人。

左禦營者。御營廳也。○臣謹案。御營有別部千摠一員。（永宗僉使兼）外方兼把摠十員。（軍威監浦古阜衿川長鎭伊川等）尤無義理。禁營之制亦如此。斯皆不可不改正者也。○三營提調。皆兵曹判書例兼。

右衛營。提調公一人。卿一人。大將軍卿一人。副將軍中大夫一人。別將下

大夫一人從事官中士三人千摠下大夫三人把摠上士六人哨官下士二十七人旗牌官十二人知彀官六人○騎士二哨步卒二十五哨○書吏十五人皁隸三十人

右衛營者禁衛營也○臣謹案大淸會典其軍制分爲八旗亦良法也今擬羽林衛用正黃旗龍驤衛用正藍旗虎賁衛用正紅旗以分三衛之色都統營用鑲黃旗左禦營用鑲藍旗右衛營用鑲紅旗以分三營之色管城衛用黑旗使守北漢江華府用白旗使守江都恐合事宜

管城衛摠禦使二品官一人副使三品官一人把摠庶上士三人哨官下士五人旗牌官三人敎鍊官三人守堞軍官二十八人牙兵五百五十五人○書吏六人皁隸六人

管城衛者經理廳也肅宗辛卯創設正宗朝革屬摠戎廳○臣謹案守禦廳旣罷而歸之於南漢則摠戎廳亦當罷而歸之於北漢然則管城衛當別爲一官矣今按原編摠戎廳將官二十四人軍官三百三

十二人壯抄十哨牙兵十哨屯壯兵三哨屯牙兵三哨標下軍三百八十六人又以南陽爲前營坡州爲中營長湍爲後營又以臨津長山屬之於本廳各有馬兵束伍輜重標下軍諸名臣以爲亟罷摠戎廳以其士卒播于左右兩營以資其修潤或有零餘屬之於管城衛於事爲便也其南陽軍馬宜屬之於華城其坡州臨津軍馬坡州有防禦之責宜自爲一鎭其長湍軍馬宜屬之於松京臣謹案一藝雜歧仕者其階或至於正二品或至於從一品與議政大臣同稱崇祿大夫及其禮貌之相接也翰林新進坐而揖之名實之不相副莫此若也臣謂一藝雜歧仕者其子若孫有德行文藝入爲正士則升之爲大夫無碍於崇品其一藝雜歧仕者其階雖高許其爲將軍不許其爲大夫從二品則曰奮武將軍正二品則曰宣德將軍以授三衛之軍職其或勞勩特著者特授管城衛摠禦副使以至於大使又於南漢以其中軍之窠改爲守禦副使以待此人而牧使太守亦或有特旨除授者皆稱將軍勿稱大夫

使名實無舛則尊尊賢賢庶乎其兩得之矣（江華中軍亦宜改之曰鎭撫副使以爲此等人所宅）

秋官刑曹 第五

刑官之屬刑曹判書卿一人參判中大夫一人參議下大夫一人正郞上士二人佐郞中士四人○書吏二十人皁隸四十人

臣謹案刑曹吏隸員額本多今分立諸司各具體貌故其員額有減也

義禁府判事孤卿一人知事卿二人同知事中大夫二人經歷上士二人都事中士四人副都事下士四人○書吏十八人皁隸六十人

臣謹案義禁府者周官之士師也義禁府亦治獄之官本無巡警之責今俗謂之金吾謬矣（前已見）

司憲府大司憲中大夫一人掌憲上士二人持平中士二人○書吏十人皁隸二十人○暗行御史十二人

臣謹案周禮秋官布憲之職掌憲邦之刑禁以詰四方邦國及其都鄙達于四海則我司憲之府也故司憲府屬之於秋官○臣又按今之憲

府實兼諫爭之責宜於職掌條列之○臣又按暗行御史者漢之繡衣直指所謂出討奸猾治大獄者也（治獄者今謂之按覈御史）漢之侍御史即今之司憲府臣謂暗行御史雖非常有之官宜列于憲府之職也其職銜曰通德郞司憲府掌憲欽差湏西省暗行御史其必十二人者分出於十二省也

監察院都御史中大夫一人監察御史上士四人中士八人○書吏十二人皁隸三十六人

臣謹案原制監察十三雖隸憲府憲府爲臺諫之官監察爲微官不相統攝其宜別也久矣臣謂監察別爲一院（古制侍御史監察御史本自有別）減一員爲十二員每以二人監察六曹之事及其率屬每以二人監察六部之事每以一人監察十二省之事凡有枉法受賄賣訟鬻獄及貪婪不法罷軟不任者監察得擧而劾之則中外必肅然矣夫旣專設一司使掌此事則凡有寃枉者必赴訴於本院不患其不能察矣其都御史一人大

司憲例兼其上士四人掌吏曹·兵曹·東中部·西中部·京畿·洒川省·洌東省·松海省其中士八人掌戶·禮曹·刑·工曹·東兩部·西兩部·南四省·北四省抑所宜也

禁制司提調中大夫一人都正下大夫一人按察上士一人中士二人○書吏六人皁隸十人

臣謹案原典刑曹有掌禁司以掌禁令其在周禮秋官禁暴氏掌禁庶民之亂暴力正者撟誣犯禁者作言語而不信者以告而誅之凡國聚衆庶則戮其犯禁者以徇凡奚隸聚而出入者則司牧之戮其犯禁者斯亦至要之官也臣竊伏念古者先王之立制也宮室有度衣服有章飮食有數器用有等品級森然罔敢踰越今也氓隸之賤苟有其財得用卿大夫之物而莫之禁焉上下無別貴賤無等泯泯棼棼罔有限紀所謂刑曹憲府之禁亂不過於千萬人之中橫執有厄之人以時詰難而已先乎此而未嘗修明法條使之知避後乎此而未嘗連續糾禁使

之終悛民安得有懲法安得有立乎臣謂專立一司以禁奢濫其朝官所犯上于憲府其庶民所犯上于刑曹照律嚴懲未可已也○其中大夫一人大司憲例兼其下大夫一人刑曹參議例兼其按察四人玉堂爲之此新增者也然司憲府減執義一員監察院減監察一員以此充彼實所增者二員也○又按漢城府亦有禁亂之名宜自今停罷不使令出多門宜矣

掌理署提調下大夫二人主簿中士二人參奉下士二人○書吏四人皁隸六人

掌理署者典獄署也典獄捕盜名稱不典故人皆鄙之所以改也○臣謹案原編典獄提調刑房承旨爲之臣謂刑曹參議宜亦兼之

討捕營提調卿一人大使中大夫二人從事官中士二人下士四人軍官庶下士八人助捕軍官六十人○書吏八人皁隸八人

討捕營者捕盜廳也○臣謹案周禮秋官司厲掌盜賊之任器貨賄辨

疑衍

佐

其物皆有數量賈而楬之入于司兵其奴男子入于罪隸女子入于舂稾又秋官掌囚之職守盜賊凡囚者上罪梏拲而桎中罪桎梏下罪梏王之同族拲有爵者桎以待弊罪捕盜者秋官之屬也提調卿一人者刑曹判書例兼也大使二人者左右廳大將也從事六人者左右各三人也餘皆倣此分於左右

巡警司提調卿一人副護軍六十人司寤郎中士六人巡綽郎下士六十人○書吏四人皁隸八人

巡警司者巡將廳也○臣謹案周禮秋官司寤氏掌夜時以星分夜以詔夜士夜禁禦晨行者禁宵行者夜游者由是觀之則巡廳本秋官之屬也今亦依之○提調卿一人者刑曹判書例兼也副護軍六十人者文大夫二十人武大夫二十人也雜歧三品官二十人也皆於三衛護軍之中選其年少者自兵曹抄啓下于刑曹文大夫行於上旬武大夫行於中旬雜歧護軍行於下旬左右巡廳各一人則凡爲巡警司

護軍者一月唯一夜巡行而已○司寤郎六人者兵曹佐郎三人刑曹佐郎三人也分之於左右廳則不過三人也(上佑郎不巡。)以其三人分掌三旬每於夜深之後微服巡行以察巡警司之勤慢又察非常如今兵曹郎監軍之法○巡綽郎六十人者武兼宣令官二十人也儀仗局郎官二十人也三衛正領官二十人也亦自兵曹每朔抄啓下于刑曹分于左右巡廳如副護軍之法

路鼓院提調中大夫一人判官中士二人奉事下士二人○書吏二人皁隸四人

路鼓院者唐宋之登聞鼓院也○臣謹案周禮太僕建路鼓于大寢之門外而掌其政以待達窮者聞鼓聲則速逆御僕宋文帝元嘉元年魏主詔闕左懸登聞鼓以達寃人唐大曆十四年詔天下寃滯者聽撾登聞鼓宋景德四年詔改鼓司爲登聞鼓院以達萬人之情蘇軾判登聞鼓院程伊川兼判登聞鼓院皆此職也大明之制亦因宋禮我　太宗

二年。設申聞鼓。以通下情。但無鼓院。且鼓在闕內。而闉禁至嚴。唯京輦搢紳之家。權著朝衣。入而撾之。遐外氓隷之賤。無由一捫。況敢鼓之哉。

臣謂丹鳳門最近於便殿。就丹鳳門外。買一屋。起高樓。以爲路鼓之院。凡有寃者。懷狀至院。登樓擊鼓。以狀授院郞。卽雖罪孽惡人。誇言妄說。院郞有受而無却。亟以其狀。送于政院。聽朝廷處置。誠不易之良法也。鬻子云禹置鍾鼓磬鐸鞀。以待四方之士。書傳云堯置敢諫之鼓。此亦鼓院之所宜掌。故唐宋之制。鼓院不唯達寃。亦以來諫使諫議大夫管此鼓院。以受章奏。下至奇方異術。亦得自陳。皆所以廣達四聰也。但情無可寃者。及言無可採者。朝廷罪之。使萬民不敢以無情之言。欺罔上聽。搆陷法官。斯可矣。○提調二人。都承旨例兼也。判官二人。增置也。

禮賓寺。提調卿一人。都正下大夫一人。主事中士二人。參奉下士二人。○書吏六人。皁隷十人。○前代廟令中士十人。

與猶堂全書 第五集 經世遺表 卷二 十七

臣謹案。禮賓寺者。周官之司儀掌客也。司儀掌客。屬於秋官。故今亦依之。原典屬禮曹○又按原編云。提調。戶曹判書例兼。今擬刑曹判書例兼也。原編本有都正。近又減之。然每當賓客。必差分戶曹。以掌其事。曷若都正之勿減乎。存之恐好。

臣謹案。二王之後。周人待之以賓禮。今擬新羅高麗等前代之祀。亦自禮賓寺主之。俾有所統率也。○平壤箕子廟令職銜。云通德郞禮賓寺員外郞分差箕子廟令。他皆倣此。○箕子廟令二人。以平壤人爲之。新羅朴昔金三祖。合爲一廟。其廟令二人。以嶺南下道人爲之。弁辰迦羅國太祖廟令二人。以漢西南沿人爲之。高句麗太祖朱蒙廟令二人。以浿西淸西人爲之。百濟太祖溫祚王廟令二人。以京畿洌南及泗川西邊人爲之。高麗太祖廟令二人。以松都人爲之。並以落仕閒居者。權差無遷轉之法。○臣謹案。弁辰者。金海首露王之國也。詳見疆域考其廟宜設於金海。百濟溫祚王國都。卽今之廣州古邑也。今人誤以稷山爲溫祚

所都大謬又南漢山城者日長城也與温祚無涉温祚之廟當設於廣州古邑

行人司正使公一人副使卿一人書狀官上士一人○提調卿一人主簿藝中士二人通官三品以下三十人皇曆賫咨官中士一人○書吏二人皁隷六人○日本通信使正使下大夫一人副使上士一人書狀官中士一人

臣謹案冬至朝京之使雖非恒有之官舊使四月而回新使六月復出其間纔一月又或有別使間出亦恒有之官也每當治裝之時別賃村屋以庀其事名之曰乾糧廳主其簿者名之曰乾糧判事行發而罷年年更設體貌之苟且莫此若也然且奉使之臣折簡飛書求乞外邑狗皮海參熨刀交刀偎瑣之物無所不求既受而鬻以補行橐曾謂堂堂千乘之國奉使出疆之臣乃行乞人之事而莫之知恥也臣謂當京城之中於鍾樓廣通橋之上別立公署名之曰行人司其提調刑曹判書

例兼其主簿二人以司譯院中士爲之每歲孟春發關于外邑徵其年例所納或以本錢或以土物收貯于庫中以待新使之出供其雜費庶乎事面稍正也

臣謹案周禮秋官大行人之職乃天子之國所以待諸侯之賓者非諸侯之所以遣行人於天子也然其爲行人之司則一也臣故以行人司屬之於刑曹○又按日本通信之時其使行宜亦自本司治之

綏遠司提調中大夫一人都正下大夫一人按察中士六人主事中士二人○書吏四人皁隷八人

臣竊伏念綏遠人者王者之大政也吾東壤地褊小北不過二千餘里南不過千里然北方皆連陸之地廢四郡之外 王靈未嘗不到唯西南海諸島其大者圍過百里小者四五十里星羅碁布小大相間其數無慮千餘區此 國家之外藩也乃自開闢以來 朝廷未嘗遣一介之使疆理此土沿海郡縣自以其力奮相役屬强者多得弱者寡獲一

抹靑山明在此縣之前而問其所屬則數百里外絕遠之郡遙領之矣又或名隷郡縣而實係他處或折授於宮房或畫給於軍門或輸貢於土豪或結契於官吏其有鎭堡者隷於水營其有別將者隷於京營架黠四出椎剝唯意雖欲赴訴於郡縣風濤險阻動至旬日關吏壅蔽咫尺難通故凡海島之民縱有寃枉甘心負屈誓不入官凡魚鹽之場一入稅額雖滄桑屢變而莫之或免凡舴艋之船一入稅額雖張李累換而莫之或脫凡鬪毆之殺例皆私和凡異國之船太半隱匿年凶則挈妻攜子往投日本假稱漂人以活其命寇至則帶兵負粟先據險地自作戎陣以拒 朝令蓋自羅麗之世其來久矣臣久居海上習知其情謂宜別建一司以掌環國之海島名之曰綏遠司典其版籍均其賦斂禁其侵漁除其疾苦立法之初分遣監察御史授以規式巡行諸島正其疆理書其戶口詢其弊瘼歸而會之著爲法制頒于諸島使之欽遵又每三四年遣本司郞官暗行諸島察其奸猾又凡島民有寃鬱者許

令直訴于本司使諸島之民得有所依怙誠綏遠之大政也○或曰國力貧弱何以增官臣以爲海島者我 國之幽藪也苟一經理將有無名之物水湧而山起綏遠之司將與戶曹相埒豈郞官數人之所能盡食哉臣嘗因羅州海島之民問其疾苦則十二島歲贈邑主人之穀六餘石錢絜鮮藿諸物稱是卽羅州一小校之所食也今諸路守令一年月廩雖大邑不能爲千石而列邑小校所食如此其可曰國有法乎只此六千石屬之綏遠司亦足以爲腴司矣

臣謹案綏遠司旣立則濟州廢四郡及滿河六鎭之事亦宜照管並詳職掌篇○又按提調一人刑曹參判例兼其都正一人副提學例兼以重其勢按察郞六人令京畿泗川完南武南潢西嶺南諸監察例兼之唯主簿二人爲新增也

司譯院提調公一人上大夫一人中大夫一人副正藝上士一人判官中士二人奉事下士四人○漢學教授中士四人訓導下士四人蒙學訓導

傳　疑衍　疑衍　劾

下士二人滿學訓導下士二人倭學訓導下士二人○書吏四人皁隸四人

臣謹案周禮秋官象胥之職掌蠻夷閩貊戎狄之國傳王之言而諭說焉以和親之若以時入賓則協其禮與辭言傳之凡其出入送逆之禮節幣帛辭令而賓相之譯官即象胥也故屬之於刑曹（原典屬禮曹）

掌胥院提調卿一人都正下大夫一人僉正上士一人按察中士二人○書吏二人皁隸十人

臣謹案原典刑曹有元惡鄉吏條其目曰操弄守令專權作弊者陰受貨賂差役不均者收稅之際橫歛濫用者冒占良民隱蔽役使者廣置田庄役民耕種者橫行里閭侵漁營私者趨赴貴勢邀避本役者避役在逃隱接村落者假仗官威侵虐民人者良家女及官婢作妾者許人陳告令司憲府推劾科罪犯徒者永屬本道殘驛吏犯流者永屬他道殘驛吏令○守令知而不擧劾者以制書有違律論法非不善而有法

不行不如無法 祖宗朝爲生民深遠慮若此而今也格之不行噫且柰何 臣久在民間習見鄉吏之事其病國害民靡有紀極爲著鄉吏論十首備陳其弊苟不及今矯救方來之禍必至難言國必盡蠹而後已民必盡劉而後已 臣非敢爲過情之言也謂宜別立一司專掌十二省鄉吏定其員額班其條例嚴其限制一有違越即本院擧而劾之庶可以撲其熖而回其瀾矣一量田民之多小以差其額雖大邑無過於三十也一鄉吏毋得世襲須至玄孫之世乃得勿拘也一鄉吏毋得家專親兄弟不得並列八寸之內無得踰三人也一吏房倉吏都書員均役吏大同吏等凡錢穀出納有權之任宜以鄰邑之吏來而爲之如今營吏之例也一吏房之任亦每年遞易須過十二年乃得再任也每歲孟春戶長朝正凡某人之爲某任皆書于版以報本院每有遞易許具由飛報並自本院差帖成給其無本院差帖者不得行公又每御史分出之時必於本院受本省諸邑吏任之案以去其或有違於法制者御史

聚治之如是者數十年則庶乎其氣焰少衰而奸猾少息若一向任置認之爲鼠竊狗偸而莫之禁制則亾國之根未必不在於是矣並詳鄕吏論今不疊述○都正曹經大司諫者爲之郞官並以玉堂爲之必淸峻剛正者乃可以居此官也苟非其人頹惰依舊增一冗官而已

臣又按邸吏之弊甚於鄕吏臣幼時見所謂京主人營主人皆賤隷下卒趨走供役蓋其時廩料貧薄權力未盛故卑者爲之數十年來世情大變朝綱日頹京主人賣買之價或至五千兩營主人賣買之價或至一萬兩蓋其役價日增贏利甚多其價百倍於前時也其價百倍則其利之百倍可知也其利百倍則其剝民之物亦百倍可知也於是京邸營邸皆桀黠雄特者居之貨利既豐權力益强其剝民益深民之大病蔑以加矣其所以然者有四端其一朝貴買邸吏也其二守令受賂物也其三監司多僭法也其四守令畏廉問也數○十年來文武貴臣潛買邸吏之窠以予其傔從坐收其利於是眞邸坐於堂上假邸伏於庭下

凡有告訴無不曲副此所以京主人之權日增月盛也又凡邸吏行賂於守令之家要增役價賂五則增五賂十則增十守令食一時之賂邸吏享萬世之利此所以京主人之利日增月盛也數十年來按道之臣妄自尊大營用雜種皆設貢物以諸邑主人分之爲貢人使之策應所謂本價什不償一於是邸吏所願無不曲副充其谿壑以自贖愆凡所謂役價米進上價米有增無減罔有限節甚則　坤殿新臨　慈殿上陟　新殿之進上有增而　舊殿之進上不減御史發之而去監司復之而坐民言鼎沸莫之或正此所以營主人之利日增月盛也又凡監司之廉探臧否皆用營屬是皆營主人之姻婭族黨也敷同和應打成一片利於邸則阿譽日騰妨於邸則墨毀日蜚邸吏所睨百無一全守令知其然也惴惴栗栗唯願是從此所以營主人之權日增月盛也養戶防結翻弄國穀有甚於鄕吏及今不矯終必有悔臣謂京外邸吏亦自掌胥院主之正其法制禁其橫猾未可已也

掌隷院。提調下大夫一人。司議上士一人。司評中士二人。○書吏二人。皁隷八人。

臣謹案。掌隷院本是要職。近復革之。合于刑曹。然奴隷者我　國之大政也。不可不別爲一司。專掌其事。凡寺奴婢驛奴婢官奴婢私奴婢皆當修其法禁。聽其爭訟也。提調刑曹參議例兼。○臣又按周禮司隷原屬秋官。而罪隷蠻隷閩隷夷隷貉隷。爲其率屬。原典之以隷院屬於秋曹。有所本也。

臣謹案。國制僧徒隷於禮曹。此羅麗之遺法也。僧徒習於異俗。宜自掌隷院句管。

量衡司。提調公一人。卿二人。都正下大夫一人。僉正上士二人。按察郎十二人。主事中士二人。○書吏二人。皁隷十二人。

臣謹案。同律度量衡者。一王之大法也。舜在璿璣玉衡以齊七政。及其出巡。同律度量衡爲首務。周武王立國之初。其第一大政曰謹權量審

法度。明堂位記周公攝政之初。第一大政曰制禮樂頒度量。月令日日夜分則同度量。均衡石。角斗角。正權槪。管子七法曰尺寸也。衡石也。斗斛也。角量也。謂之法。吳越春秋云禹調權衡平斗斛以爲法度。皇王帝覇雖其正議不同。咸於是致力焉。國之大政。其有踰於是者乎。乃度量衡之無法。未有甚於吾東。一城之內市市不同。一邑之內村村不同。一村之內家家不同。一家之內。其所以收發者不同。其流之害不可勝言。吏胥貪緣而爲奸。商賈疑眩而不通。廟堂之臣聞其市價而無以知四方之情。有司之臣無以量入而爲出。監守之臣無以按簿而責實。臣嘗見棉絮一帒以東家之衡爲四斤。以西家之衡爲十二斤。鬻於市則爲三十斤。入於官則爲四十八斤。授於織戶則還爲十斤。天下之不可知者此事也。臣謂專立一司。以掌此事。凡六部十二省度量衡。其毫釐有差錙銖有舛者。便用極律。誅其人沒其貨。罪其官申其令。使一國之民皆知爲莫嚴之物然後法制可議。經用可定矣。本司歲造衡尺千二百

頒之于十二省十二省各歲造衡尺萬枚輸之于本司又歲造衡尺數萬以給民間皆輸其價本司以十二萬頒于六部以供民用令中外之制得相校準其斗斛及槩六部所用本司造之諸省所用諸省造之皆民輸其價唯其詐僞以時按察凡衡尺斗斛皆有欵識其或私造者與私鑄錢同律乃可立也○臣又按度量衡者刑禁之首也故屬之於刑曹○按察郎十二人監察例兼

券契司提調中大夫一人主簿中士二人○書吏二人皁隸八人

臣謹案周禮質劑券契皆有司掌之所以禁其詐僞止其爭訟今中國之法凡有賣買猶須紅契紅契者印券也我 邦凡宮室田園奴婢之等皆私自成文私自成言未嘗關由於法司及其詐僞綻而爭訟起然後乃關法司法司何以知矣今宜鐵鑄小板唯書年月日數字及券契司題準等字其賣買人姓名及物貨名目等字並空而勿塡於其上下刻龍首雲氣細如絲髮令不得僞造乃以堅紙搨出每有賣買或分給

子女皆詣本司乞券官塡書踏印以給之書之于版藏于本司以貨之百一輸于官歲以券數萬張頒于諸省令中外皆同凡有訟者先考其券契若非官券即不聽理貨沒于官此亦王者馭萬民之大權也若放債賒貸典當之等亦令受券勿書于版若器用小物價不滿五十兩者聽其爲私券若宮室山林田園奴婢之類雖小勿許○提調一人刑曹參判例兼

臣謹案質劑券契本是地官之所掌而以其爲法禁所係故今屬于刑曹

津關司提調下大夫一人司關丞下士三人司渡丞下士四人○書吏二人皁隸二人

臣謹案周禮有司關之職司貨賄之出入掌其治禁與其征廛凡貨不出於關者擧其貨罰其人此與孟子之言幾而不征者不同然古有是法特文王不爲之耳唐宋之制關津幾禁爲刑部之所分掌 國制三

田渡·漢江渡·露梁渡·楊花渡皆有渡丞今謂之別將唯關不設臣謂慕華嶺西路之大關也忘憂嶺東路之大關也水踰嶺北路之大關也宜於此地並置司關之官掌其幾禁凡大貨出入收千一之稅以補公署之用其總會之署設於刑曹之傍三關四渡以時會議無常直之官唯留其吏隸以待傳知○若禁物潛出亦須察之其提調刑曹參議例兼

職金署提調下大夫一人主簿中士二人○書吏二人阜隸四人

臣謹案周禮秋官有職金之官掌受士之金罰貨罰入于司兵金罰貨罰者今之贖錢也今罰贖之錢皆自刑曹徵之非所以尊嚴體貌自今罰贖皆自職金署主之以納刑曹唯摘其什一以資公署之用

臣謹案罪人之籍沒家產者納于戶曹事體未安臣謂自今籍沒之貨納于職金司其田土分給貧司如通禮院·六保署·禮賓寺等諸衙門以補公用其奴婢屬于掌隸院其金銀銅鐵之器屬于職金司其雜貨皆自本司發賣亦分給貧司抑所宜也但獄有寃允或日後伸理宜還給

本家其沒入數目之簿宜留本司以待日後憑驗○臣又按懲貪之典莫如沒入宜自禁府計其贓物出付職金司使之徵督以給貧司或付司兵寺以造軍器亦古法也

掌域署提調卿一人判官上士一人主簿中士二人○書吏二人阜隸六人

臣謹案掌域署者周官之墓大夫也墓大夫掌邦墓之地域爲之圖令國民族葬而掌其禁令正其位掌其度數使皆有私地域凡爭墓地者聽其獄訟本屬春官今以其獄訟繁興故屬于刑曹其提調刑曹判書例兼○臣竊伏念周公族葬之法載之經禮秩然如此而郭璞以來風水之說日新月盛廣占塋域以專吉氣凡在數百步之內者禁人來葬或謂之壓脈或謂之對衝鬪毆發掘獄訟繁興臣謂自今申明族葬之法其風水誑惑者聽本署緝捕懲治凡十二省負屈於塋域之訟者許令直訴本署斯亦正風俗止獄訟之一助也

臣謹案戶典云板商必受歸厚署帖文公私棺材之來泊京江者歸厚署什一收稅修糚板松板之不合棺材者本曹什一收稅今宜以歸厚署之舊法移屬于掌域署令國中棺槨之材皆仰給於本署抑所宜也但舊法踈略奸僞日滋宜修明條例使民無得而犯禁然後乃有實効也歸厚署本掌禮葬斯則哀榮署主之

律學署提調卿一人教授中士二人訓導下士二人檢律下士二人○生徒四十人增額生徒四十人

臣謹案近世士大夫專不讀律居官犯法多由於此臣謂每臨大政先自刑曹試講律書其能講者許爲守令庶有補也

冬官工曹第六

事官之屬工曹判書卿一人參判中大夫一人參議下大夫一人正郎上士二人佐郎中士四人○書吏十人皂隸二十人

臣謹案工曹古之司空者司其空土也（馬融云）室屋田地隸於司徒

其山林川澤空曠之地隸於司空又有虞官亦掌山澤（堯典云益作朕虞）周禮山虞澤虞皆屬司徒禮有損益也 國制山澤掌於工曹亦古制也○又按工曹者古之共工也（堯典云垂作共工）周禮冬官一篇闕漢儒得考工記以補之六工之名粗備而官名猶缺所以歷代官制工部多略今擬先之以山林川澤繼之以百工以爲冬官之屬

山虞寺提調卿一人僉正上士一人主簿中士二人參軍下士四人○書吏二人皂隸六人

臣謹案周禮山虞掌山林之政令仲冬斬陽木仲夏斬陰木凡竊木者有刑罰 國制有四山參軍惟掌京都之四山其制未備也今擬十二省名山大嶽皆書于籍辨其方域別其土宜管其種植察其厲禁收其賦稅以佐 國用未可已也○又按周禮有冥氏雍氏屬於秋官冥氏爲阱擭以攻猛獸獻其皮革齒毛雍氏亦掌阱擭而我 邦捉虎之政及熊羆鹿豕狐狸之等其皮毛齒角無所主管疎略甚矣宜自山虞寺

主之
林衡寺提調中大夫一人主簿中士二人參軍下士八人○書吏二人皁
隷四人
臣謹案林衡者山虞之屬官也山虞並掌山林林衡惟掌其林木也
國法唯松有禁然五鬣松其材更美而兼有佳實檜柏枌楡楓樜之屬
皆是美材皆宜設爲厲禁收其賦稅臣非敢爲聚斂之說也 國法未
備山林川澤民自爲主一錢不出於是 國用不足爲還穀焉爲軍布
焉爲民庫焉爲結米焉百道浚削困其鰥寡慘怛窮迫有不忍見均役
之設僅及於魚鹽船稅而山林川澤猶不擧論使土豪官吏專享其利
國之無法莫此若也況皮毛齒角爲 國幣兵器之所切需而官旣不
收民不知用但食其肉棄而朽之國安得不貧乎臣嘗見三國志南北
史吾東之貂鼠人蔘爲國重幣而今也土豪官吏專享其利彊則吐之
柔則茹之其害終歸於小民也林衡之司何得不設並詳職掌篇○又

案南方諸縣產茶極美臣以所見海南康津靈巖長興凡沿海諸邑莫
不產茶臣謂凡產茶之山令地方官封植禁民樵收待其茂盛歲以茶
幾斤輸于林衡送于滿河省以市良馬頒于牧場亦足以贍國用也
臣謹案西南海島若長山安眠邊山莞島之等其松田雜木皆以鎭將
主之臣謂鎭將職衡之末皆兼林衡寺參軍使知成隷於本寺報其衰
殖輸其賦斂未可已也其曰參軍八人者大約言之也○又案諸路寺
刹其樹木茂密者宜亦書于版籍藏于本寺以收其賦稅但此等賦斂
宜薄而不宜厚也
澤虞寺提調卿一人僉正上士二人主簿中士二人○書吏二人皁隷六
人
臣謹案原編堤堰司都提調三公例兼其提調卿大夫二人今以堤堰
司爲澤虞寺制官與山虞同○又案周禮澤虞掌國澤之政令爲之厲
禁使其地之人守其財物以時入之于玉府川衡掌川澤之禁令其犯

禁者執而誅之。然山虞澤虞。皆以中士爲長。林衡川衡。皆以下士爲長。是又澤大而川小也。然且山虞每大山其官十有二人。林衡每大林其官十有二人。澤虞每大澤其官十有二人。川衡每大川其官十有二人。則凡天下之大山大林大澤大川。皆王公爲之主。以收其貨賄。故公室豐足。百姓皆受田百畝。秋熟而無稅。唯治公田以當什一。故百姓豐足。今也山林川澤。棄之不收。唯力田之民是剝是椎。於是公私兩匱。上下俱困。唯貪官汚吏土豪奸民。居其中間。專享其利。 國之無法。乃至是乎。吾東別無大澤。然義林池合德池空骨地碧骨池。若使養魚種蓮。厲禁有守。則其賦斂之輸于官者。宜亦不少。又凡堤堰其灌漑之民。宜有賦斂。不可使素享其利。但此等稅額。宜從極薄。苟存其名而已。

川衡寺。提調卿二人。主簿中士二人。濬川郞下士四人。○書吏二人。皁隷四人。

臣謹案。原編濬川司。都提調三公例兼。其提調三營大將例兼。今擬提

調二員。兵曹判書工曹判書例兼。若京城濬川。則自兵曹知委三營。以發其軍。不必使三營大將爲提調也。其濬川郞四人。三營門從事官各一人及工曹佐郞一人。宜兼之。

臣謹案。我國大川。西北曰淥水。鴨淥江 次北曰薩水。即淸川 次北曰浿水。大同江 次北曰豬水。禮成江 次北曰帶水。臨津江 京江曰洌水。南北江 次南曰泗水。白馬江 次南曰鴈水。發於高山入于萬頃海 次南曰灤水。榮山江 池東曰潺水。蟾津江 又東曰灆水。晉州之濟川 東會于潢水。洛東江 其在極北者曰滿水。豆滿江 凡此大川。其漁梁之所刺取。舟船之所聚會。其地利豈有旣乎。今沿水豪右之民。皆潛出立案。以爲己物。收其賦斂。以自贍。夫淸流白沙。空空蕩蕩。此豈一夫之所得私哉。臣謂十二省諸大川之漁梁立案者。一並嚴禁。燒其私籍。一並屬之於川衡寺。其漁所之有名處 如洌水之斗尾者 及船艓之都會處 如漢水之洛東 署定稅額。使輸川衡寺。以補國用。抑所宜也。其舟船則固船稅於均役已有。唯其店舍宜稅也。

傳 勒 傳

繕工監。提調卿一人。中大夫一人。副正上士一人。主簿中士二人。監役下士二人。○書吏六人。皁隷十六人。

臣謹案原編提調一員。戶曹判書例兼。恐不宜也。今擬工曹判書例兼。

○又按原典主簿奉事共四人。監役假監役共六人。此爲白徒入仕之路。而增設之也。然苟有學行才諝。他官亦當勿拘。何必假監役是授哉。

臣聞爲官擇人。未聞爲人置官。況內氷庫藏氷獻氷。亦令監役爲之。其不當甚矣。此編藏氷之法。欲於城內鑿窌爲之。上說見 內氷庫欲於禁苑鑿窌爲之。則氷庫之官。足可以兼供內氷。又何必監役是借哉。職務如是。故繕工監郞官。直減六員。臣意猶以爲多也。

利用監。提調中大夫一人。僉正上士二人。別提中士二人。學官下士四人。○書吏二人。皁隷八人。

臣謹案春秋傳。正德利用厚生。爲王者致治之大目。中庸曰旣廩稱事以來百工。周禮稾人職曰考其弓弩。上下其食。月令日孟冬命工師效

功物勤工。名刻名於其器以考其誠。工有不當。必行其罪。先王之勸百工。如是也。苟使精巧者。增其餼廩。則四方機巧之人。將聞風而來集矣。農器便利則用力少而穀粟多。織器便利則用力少而布帛足。舟車之制便利則用力少而遠物不滯。引重起重之法便利則用力少而臺榭隄防堅。此所謂來百工則財用足也。然百工之巧。皆本之於數理。必明於句股弦銳鈍角相入相差之本理。然後乃可以得其法。苟非師傅。曹習積有歲月。終不可襲而取之也。臣於 先朝校書奎瀛府。內下圖書集成考工典第二百四十九卷。卽奇器圖說彙編者也。其後又見奎章閣檢書官朴齊家所著北學議六卷。其後又見故儒臣朴趾源所著熱河日記二十卷。其載中國器用之制。多非人意之所能測。昔將臣李敬懋嘗謂臣曰。今兵器火器。皆是新制。日本鳥銃。今爲古調。此後南北有憂。不復以鳥銃鞭棍至矣。今之急務。在於北學中原。誠識務之言也。臣謂別設一司。名之曰利用監。專以北學爲職。提調及僉正二人。以精於數

傳

理者擇差其別提二人以有目巧手巧者爲之其學官四人就司譯院觀象監極選其精於數理嫺於官話者各取二人歲入北京或行貨以購其法或厚價以購其器凡安炕燒甓造車造器鍊鐵鍊銅燔瓦塼瓷以至引重起重解木解石轉磨轉碓取水代耕風磑輪激之法虹吸鶴飲之制諸凡農器織器兵器火器風扇水銃以至天文曆法所需儀器測器凡係實用之器無不傳學歸而獻之於本監本監聚巧匠按法試造其有成效者提調及工曹判書考工課最或授以牧官察訪或授以縣令郡守其有大功者陞之爲南北漢副使或錄用其子孫則不出十年必有成績而國富兵強不復見笑於天下矣故大夫李基讓奉使赴京得剝棉攪車歸而上之 先王特命五軍門依樣造作頒之八路命纔降而 仙馭賓天事竟不行其制朴陋不奇然一人閒坐踏車日剝棉二百斤亦足以利紡織而通貨財惜乎其不行矣○或曰 國力方貧何以增官 臣謂國力貧故急設此官也況繕工監減郎官四員減書

吏十人以設此官 臣未嘗增官也 曾孫男文燮按各國方言並令本院教習不必別設衙門

司兵寺提調公一人卿二人僉正上士二人主簿中士二人○書吏六人皁隸十二人

司兵寺者軍器寺也原編提調一員兵曹判書爲之今擬工曹判書爲之其一員武將爲之○又按軍器寺郎官多至十人亦所以待無祿之武臣也今減六員以設他寺

修城司提調卿三人主簿中士六人奉事下士六人○書吏二人皁隸四人

臣謹案原編有修城禁火司其都提調大臣爲之其郞官十三員多以他職來兼近復革之京城之周三十里分爲三段三營門各掌一段隨毁隨補今擬北營之中 北營在耀金門外 以其一廨爲修城司其提調三將臣例兼其郞官三營將官中擇差而兼之不唯京城是修也十二省所在諸城並自本司句管三營各掌四省察其完毀飭其修補其功狀罪狀

一上于兵曹一上于工曹以定課第不可已也○臣又按周禮掌固之
職掌修城郭溝池樹渠之固本屬夏官今以其事關營作宜與利用監
相須故屬于工曹
臣謹案中國築城皆以甎甓故堅完難破且平地之城皆內外夾築吾
東之城皆削石依崖而築之一皮之內皆腐土也一夫鉤之隨手崩圮
將安用之宜自利用監亟通燒甓之法凡諸路邊城限以百年次次改
築毁其舊石鋪地爲基乃用甎築設雉如法未可已也○臣又按沿邊
諸城皆朝夕待變之地其占地宜唯用兵之勢是度是觀而風水之說
久已惑亂凡相邑基者皆唯龍勢水法是拘是逐臣以所見西南諸城
無一可守是亦修城司之所宜知也
臣謹案原典修城禁火合而爲一故今亦因之周禮秋官司烜氏中春
以木鐸脩火禁于國中今以其救火諸器宜與利用監相須故屬于工
曹○又按近例凡城中失火三營門奔救其郎官十二人旣以三營將

官爲之其公署宜設於三處一設於北營（在耀金門外）一設於糧餉廳（在孝洞）
一設於守禦舊廳（在小貞洞之北）又於諸坊置水銃於三十六所三營各掌十
二所凡有火災以水銃救之未可已也
臣謹案司烜者禁火之職也今法禁蕩然東西北諸路其山深樹密之
地皆烈山澤而焚之以爲火農國制山腰以上犯耕者有罪而有法
不行不如無法材木不長金銀不凝文皮異角之獸悉走境外國瘠民
貧其藪多矣且所謂山腰以上者本自不明山有崇卑或以十里爲腰
或以百步爲腰或以十步爲腰孰知其腰哉今宜申明法制自平地計
之其橫竿垂線三百步以上勿許耕墾其淺山茂林任相放火者自本
司探聽或遣吏審視然後徵其罰錢責其守臣抑所宜也
典圜署提調卿一人主簿中士二人奉事下士二人○書吏二人皁隸八
人
典圜署者鑄錢所也古所謂九府圜法皆鑄錢之謂也今鑄錢皆自營

門爲之其制有萬不同或大或小或厚或薄其字書模糊不明雖愚民
盜鑄無以辨覈況其範合雜以鬆脆之物隨手破碎不能十年此亦自
利用監學得中國鑄錢之法皆於典圜署鑄之而圜法本有輕重輕重
者輕錢重錢也今擬一葉之錢約鑄萬緡則十葉之重以爲一葉止鑄
千緡以當小錢之萬緡又以百葉之重以爲一葉止鑄百緡以當中錢
之千緡則範鑄既省其功費流行又便於算計其葉既厚亦可經久此
輕重之本法也又今天下萬國皆有銀錢金錢銀錢金錢之中亦有大
中小三層羅州黑山島人文淳得以嘉慶辛酉之冬漂流西南海歷覽
琉球中山國寧波府呂宋國安南國至廣東香山嶴多見海外諸國之
大賈其所用錢貨槩皆如此今擬以銅錢一葉之重鑄銀錢一葉以當
銅錢五十又以銀錢一葉之重鑄金錢一葉以當銀錢五十亦各大中
小三層則三品之金總爲九品之錢眞可謂九府圜法矣臣竊伏念五
金八石皆以日月諸星之精積年凝結乃成其形一礦既鑿千年不復

此有限難得之寶也錦繡絹布之屬蠶絲羊毛歲歲生生此無限易得
之物也我　國歲以金銀數千萬兩入于中國以易其錦繡絹布此以
有限博無限也幾何不氣盡力竭而廢哉我之金銀既罄即彼之錦繡
不出楚楚之服亦豈能常得之哉臣謂金銀之錢行於國中則其入燕
者有減又錦繡絹布之屬絕勿徃貿令利用監傳學其法以頒國中則
不亦兩利乎學之不能寧衣敝褞不恥而金銀不可入也○典圜署大
夫郎官亦以三營門將臣將官爲之每遇式年許其輪遞假如子年都
統營將士典此署至卯年左禦營代之至午年右衛營代之至酉年都
統營復代之

臣謹案禮曰弁冕兵革不藏於私家即戎器不可以私造也古制唯天
子作樂唯天子考律樂器不可以私造也然戎器樂器不可盡然唯銅
鑄之物禁其私造戎器則鉦鑼鐃鐲喇叭之屬皆自典圜署鑄之雖三
營門皆於本署鑄去外達于十二省皆取用於本署樂器則大而鍾鏞

小而僧磬巫鉦(古詩、亦以僧之小鐘、爲銅磬、)皆自典圜署鑄之雖掌樂院皆於本署鑄去外達于十二省諸寺刹皆取用於本署如有私鑄者與私鑄錢同律其戎器樂器皆刻雲氣款識又其大小長短必令毫髮不差斯亦一制度之微權也管子以三脊之茅總攬諸侯之權況於戎器樂器乎其生厚則其業勤其業勤則其技精斯又來百工之一助也鑄錢非恒有之事或五年一鑄或十年一鑄恃此爲生鑄工其散矣

典堵司提調卿一人僉正上士一人主簿中士二人○書吏四人皁隸八人

臣謹案冬官考工記匠人營國九分其國中爲王宮面朝後市於是左右六鄕兩兩相向古之制也然匠人營國其方九里則一區之方不過三里方三里者九井之地也(孟子云方里而井)古制五州爲鄕鄕者萬二千五百家也萬二千五百家分於九井則每一井得一千三百八十九戶(盈出)

(一戶者)一井九百畝則一夫百畝也一千三百八十九戶分於九夫則每一夫之地得一百五十四戶(其餘三戶者)一百五十四戶分之爲百則每一畝之地得一戶有半零此非所謂一畝之宮也且其間有溝洫環涂又卿大夫之家必不與庶民同制國方九里則一鄕所函必不得爲萬二千五百家此二經之不合者也國方九里必非天子之國或所謂九里者與井田之方一里有不同耳○今擬營國之制亦九分其國王宮居中面朝後市左右六部兩兩相向而一部九分謂之九聚一聚九分謂之九區於是凡宮室分之爲九等一區一堵者唯王寢爲然公署亦有然者其餘私室皆以一區開方爲堵一區四堵者爲甲第(二二四)一區九堵者爲乙第(三三九)一區十六堵爲丙第(四四也)一區二十五堵爲丁第(五五也)一區三十六堵爲戊第(六六也)一區四十九堵爲己第(七七也)一區六十四堵爲庚第(八八也)一區八十一堵爲辛第(九九也)一區百堵爲壬第(十十也)總爲九等其一區百堵者每一堵其方十步方十步者一畝也一畝之宮爲寂下之等此庶乎古人之遺法也於是王宮左右其寂近之九區

爲甲第乙丙丁戊己庚辛壬以次序列隅角四部不立甲第而壬第有
兩行又其面朝後市就其中列以三十步爲經涂(古制七軌太狹今廣之)以其左
右各三十五步爲百官之公署爲百貨之市肆又其外左列右列各爲
辛第壬第於是九等之第總爲三萬五千二百七十二戶又城外六遂
共得辛第一萬三千一百二十二戶壬第三萬二千四百戶總計城內
城外共得八萬七百餘戶於是甲乙丙三等以居大夫丁戊己三等以
居適士庚辛壬三等以居庶民寧當俯就無得上僭王國之法於是乎
大成矣並條列爲表見於別篇茲擧大略○臣竊伏念 國初營國之
時旣不能區畫如此今典堵司之所掌唯於見在六部之內其宮室大
小之度唯視其堵而別之而已不唯其堵有九等並其宮室之崇卑廣
狹材木之大小長短各分爲九等每六部之內有或毁其屋而重建者
又或據其空而新建者典堵司察而辨之若其堵在第九等者其宮室
之度亦授以第九等之制尺寸豪髮無敢違越若其堵在第六等者其

宮室之度亦授以第六等之制尺寸豪髮無敢違越苟能持久而不懈
行之數百年則六部民家雖不能盡合矩度要之不出於九等定制之
中斯亦可以立均出度矣○其必分之爲九等者何也凡王者立法必
上下有等貴賤有級車服器用莫不皆然況於宮室乎九等之度民莫
不知則虞人伐木者知其度其斲斷皆中於九等無虛費也梓人造屋
者知其度九等之屋原有恒備不務爭訟也又周禮九賦之目邦中之
賦居其一焉今欲收邦中之賦者使無九等之制則其賦斂多寡將有
萬不同有萬不同則其法多眩勒分幾等則其法不均必宮室之制原
分九等尺寸豪髮無敢違越而後方可以立均出度爲一王之大法也
○燕京修屋者凡爲廳戶皆先設其框乃走市買廳無不脗合若是者
何也其宮室之度各有尺寸無敢違越故梓人設框於東里賈人陳廳
於西市及其相求如合符節茲所謂有道之國也典堵之司不可不設
典軌司提調中穴夫一人僉正上士一人主簿中士二人○書吏二人皁

隷八人

臣謹案周禮車路之用著於巾車而其制造之法莫詳於考工記輪人輿人輈人旣皆詳密而又於車人之文重言復言造車者冬官之職也我　邦三面環海便於水運故自古無車然風濤覆沒利涉極艱險阻留滯費多而利少商旅不興食貨不通國瘠民貧皆無車之故也郡縣之官皆用馬轎人困馬疲費用以廣憑藉徵斂害歸小民又如昏姻之家不用車則產業以傾旅櫬之歸不用車則財費無節或去棺露尸兩人擔舁傷心慘目有不忍見車不可不用也又或軍興糧匱如萬曆壬辰之時則鞭撻飢氓擔負以運餉擔負以運輜號呼顚踣有不忍見車不可不用也宜自利用監北學車制刱創新法唯中國之制是摹是倣豪髮不差斯可以行之無弊何者彼自軒轅氏以來行之至今其病敗之所由生講之已熟其運用之所由便認之已眞吾東之人每欲別創新法以跨中國或製獨輪或製三輪恒飯不炊而別味先求千文不學

而僞印先造其有濟乎即太平車一輛未嘗求學他尙何說北學旣熟別設一司名之曰典軌司凡公私所用悉自典軌司製之計其工費定其恒價令萬民輸其價而受其車其或私造者嚴禁之可也車有輪有輿其謂之典軌司何也車同軌者王者之大法也兩軌之間或闊或狹則其車或大或小其任或重或輕其價或多或少其屋或上或下千病百痛皆自不同軌起也其軌旣同則其車之大小同其任之輕重同其價其屋莫不相同如是則商賈計程而算利工匠計價而算利心目瞭然無復疑慮運徊之患矣其或弊車之修補者不在私造中論○最急者太平車也兵車田車輜車喪車凡中國之異制者皆自利用監授其制度

擊

臣謹案周禮秋官野廬氏掌達國道路至于四畿凡道路之舟車擊互者叙而行之凡國之大事比修除道路者亦至要之官也考工記匠人營國經涂九軌環涂七軌野涂五軌諸侯經涂七軌小都經涂五軌臣

謂宜定制 國中經涂七軌城門之外其涂五軌郊關之外其涂三軌
以達于十二省其或犯耕者典軌司察而罪之京城之內酒漿小市作
倚廬以犯涂者典軌司察而罪之未可已也將欲行車必先治涂凡十
二省大路必令平之如砥不傾不仄乃可以行車須令津關之署每遇
四方商旅挾聽道路平仄其有陂陀攲側不便行車者傳知本司報于
刑曹飛關申飭罪其地方官使即修除如是然後始可以沛然行車矣
餘詳職掌篇
臣又按車服以庸王者賞善之大柄也 國制下大夫乘小輿卿大夫
乘軺軒公孤乘平轎平轎者安車之類也然是四者之制或大或小或
崇或庳有萬不同無一相似即此一事其爲無法之國可知也今擬制
車爲三等皆如軺軒下大夫之車獨輪而其高及肩三品車卿大夫之車
雙輪而其高及肩二品車三公三孤之車三輪而其高迫地一品車於是下
大夫其茵以鞶皮中大夫其茵以鹿皮上大夫其茵以水豹之皮孤卿

之車其茵以虎皮大臣之車其茵以豹皮武臣唯上大夫乘車其茵以
熊皮孤卿大臣文武同用虎豹以彰有德毋得相踰凡三等之車皆自
典軌司授之及其卒也既三年還納于本司修而漆之又以待用則
國家經費亦不必難繼也○或曰國力方貧何以增官臣以爲軍器寺
減六員以其三爲典軌司以其三爲典艦司何以謂之增官也其提調
工曹參判例兼
典艦司提調卿一人僉正上士一人主簿中士二人○書吏二人皁隸八
人
臣謹案原編典艦司掌京外舟艦其提調二員郎官五員又水運判官
三員屬焉近復革之乾隆己酉冬改葬顯隆園于華城復設舟橋司有
提調郎官以他職兼之今擬舟橋司名之曰典艦司其提調工曹判書
例兼
臣竊伏念三代建國必據天下之中其用舟艦者皆東南沿海之國非

王國之所切需故舟艦之制不見考工然其廣狹長短銳鈍軒輊之際其力之强弱行之利滯起焉任意加減有萬不同必非造舟之法也臣之兄若銓之言吾見島人恒言某船能疾走某船不能走某船小而能勝重某船大而不能勝重此天下之奇談也吾觀其造船不用尺度但用目力材又不均故隨材而異其體樣或底短而舷長或底狹而梁廣或體小而柁大或體大而桅短首尾不相感應腹背動有掣礙或捩柁而頭不開或張帆而艫不前其或一船偶近於法度能走能勝則於是乎怪而咎之曰彼船如彼此船胡如此嗟乎船非馬也惡能有勇有鈍有健有劣哉何不暫觀考工記一二策也今按考工記曰輪已崇則人不能登也輪已庳則於馬終古登阤也又曰望而眡其輪欲其幎爾而下迆也進而眡之欲其微至也又曰望其轂欲其眼也無所取之取諸急也又曰轂小而長則柞大而短則摯又曰六分其輪崇以其一爲之牙圍三分其牙圍而漆其二又曰五分其轂之長去一以爲賢去三以

爲軹又曰參分其轂長二在外一在內以置其輻若此類隨其車之大小其諸物比例之差以之增減使其力强而行疾也造舟者何獨不然然造舟之法非利用監之所能北學亦非有賴於北學者也唐船倭船之漂到沿邊者歲以十數琉球呂宋之船亦有時乎漂到其制樣皆奇妙精堅能出沒風濤不致摧陷若於漂到之初則遣利用監郎官輿巧匠之精於分數者合同照檢其諸物諸體之長短廣狹銳鈍軒輊皆察之詳密書其尺寸其材料所用及油灰䑽艌之法兩翼浮板之制皆問規式詢其功效自我倣造不差毫髮則於是乎北學矣於是以其比例其冒之於大小諸船分之爲九等大船有三等中船有三等小船有三等其長短廣狹銳鈍軒輊比例之差皆比例遞減中上之船於上上之船用三分二比例下上之船於上上之船用三分一比例其餘皆倣此例凡公私所用漕船兵船商賈之船皆於九等之中用其一例若其諸體不中於九等之定度者本司察而執之毁其船罪其人誠不可易之

法也若是者何也船限於九等則伐木者度其等而斲材其不中等者不出于山人力以省其利一也改船者取他船之材而易之如合符節其利二也商賈量其貨任其船其算計素定可以遙決其利三也平賦司之徵稅分爲九等其斂至均無亂雜勒定之咎其利四也故曰宮室舟艦不可不限之於九等凡不中等者禁之夫然後法制成也○臣又按上所論者海船之制也其江河所用之船其制不同宜亦分之爲九等大江全用九等小江止用中下六等或止用下等

臣伏念我 國戰船自萬曆壬辰以後每一水營所領諸船小不下二百餘艘兩西則有減焉此陰雨之備也然泊於汊港閣於泥沙全不運用以待有變此非計之得也臣聞天下之物皆不用則速朽戶樞不蠹流水不腐物之理也卒有寇警曳而出之欲以左衝右突出入如飛亦難矣臣謂諸水營兵船之制亦分爲九等與私船同制令可以輸漕可以販糶於是分授沿海諸民使之行商唯九等船各二隻令遞番來繫

於水營浦口一年四遞使之休番則猝有警急亦可以召集四近之船以成軍容其或邊警稍緩者雖在千里之外可以召集不患其不及時矣凡船主使船之法算其贏利船主收其什二公船不可如此須廉於私船民乃願也然其所分亦自不少一年所收足以爲修補之費三年所收足以爲新造之費不亦善乎今修船造船之費會減極多而吏緣爲姦民多橫害今若許民行商則既無此費又不速朽兩利俱便莫此若也唯所謂戰船之制樸厚重大不可運用或者李舜臣之遺法本自如此以其樸厚之故倭船之輕薄者觸則必碎敗若然今不可斲而薄之誠如是也宜於水營浦口建一船廠凡戰船皆以本材斲之礱之第幾板第幾片一一標記仍以材具儲于廠中又船匠數十名常隸水軍給其廩料遇有警急即時裝造亦不患其不及矣又所謂龜船鶻船之類本是別法不可入九等之中其使用亦應不便斯則常泊水營之前令帥臣率其親兵月月習操不令間斷其習操之費取用於九等船收

稅之中抑所宜也○臣又按兵船之制皆有板屋不便於行賈臣謂船上諸板皆刻字號書其序次並其釘椓藏于船廠遇有寇警出而釘之其在平時藏之唯謹以時點閱不患其臨急取用也今舟橋司橋板亦皆時藏時設兵船之板奚獨不然

臣又按舟橋司諸船之分遣三南俾作漕船此天下之弊法也船人負勢藉重作奸行惡遂使徵斂無藝谿壑是充臣久居海上習知此弊臣謂自今漕船許令郡縣之吏自求新好之船冬至前與之相約乃以形止報于典艦司云某地方某船幾隻定爲本縣之漕船請本司題準本司依而許之轉報漕運司各書其版抑所宜也凡十二省公私諸船典艦司皆書于其版頒其掌標以一年船總報于平賦司平賦司以此徵稅其有隱漏爲平賦司所覺者地方官典艦司皆當有罪

甄瓦署提調下大夫一人別提中士二人○書吏二人皁隷六人造瓦匠八十人

甄瓦署者今之瓦署也○臣謹案燒瓦燒甓之法宜自利用監北學中國頒其法于甄瓦署使之燒進又自本署頒其法于十二省使各建廠燒造以給民用輸其稅于本署以補公用

燔瓷監提調下大夫一人奉事下士二人○書吏二人皁隷四人

燔瓷監者司饔院之分院也分院奉事常在牛川江上別爲一署故今別之○或曰國力方貧何以增官臣謂司饔院減直長二員奉事二員以爲此署有減而無增也○臣又按日後利用監若得造琉璃之法亦當自本監主之不可別設一司

織染局提調中大夫一人主簿中士二人奉事下士二人○書吏八人皁隷十二人

織染局者濟用監也本掌織染近例染而不織然周禮有典絲典枲染人皆各下士二人設官掌織先王之制也況我　邦之所謂織不過紬布而錦繡綾緞羊毛之布尙不知織歲以金銀貿之於燕市旣不能備

工又不能崇儉徒費重寶非計也臣聞中國之爲繒帛也擇繭有模烹
繭有數繅繭有法重環遞傳風以乾之故其絲均平而敦實潔白而堅
韌我 國之法衆繭相雜其大小不同烹繭無數其麤細不同繅繭無
法其縈亂難理乾之以灶屑其腐爛在初壓之以沙石其纏解屢變人
力費而物體麤皆不教之過也宜自利用監北學中國以其良法頒于
本局募工織造以供 內用乃以其法頒于諸路以教萬民於是錦繡
綾緞皆取用於國中而金銀諸山可無悽愴之色斯亦國計之至深者
也苟但染采而止則一賈人足矣又何必別立衙門乎○臣又按周禮
絲染之官本屬天官今以其職在工造故屬于工曹

典設司提調中大夫一人別提中士二人○書吏二人皁隸四人

臣謹案周禮幕人掌次之職皆屬天官原編屬于兵曹今屬于工曹

掌苑署提調下大夫一人別提中士二人奉事下士二人○書吏四人皁
隸六人

臣謹案周禮囿人掌囿游之獸禁場人掌國之場圃而樹之果蓏皆屬
天官然原典掌苑署本屬工曹故今亦因之○臣謹案自古苑囿非必
在大內 國家唯內苑而已近郊柴場草場甚多擇其肥饒者多植珍
果奇木分遣郎官使之監守抑所宜也

司筵署提調中大夫一人主簿上士一人奉事下士二人○書吏四人皁
隸六人

司筵署者長興庫也凡命官之法觀其名知其職然後民聽無惑長興
庫既掌筵席宜名司筵也○又按周禮司筵本屬春官原編屬於戶曹
今以其職與典設司造紙署相近故並屬工曹

臣謹案周禮筵席等級森嚴我 國上下同制不可不正

造紙署提調中大夫一人別提中士二人○書吏二人皁隸四人

臣謹案我 國紙物自以爲甲於天下而其實不裂而已不可以印書
籍不可以爲書本不可以爲畫本宜自利用監北學中國以其法頒于

本署。又自本署頒于諸路。亦所宜也。造紙署。本屬工曹。

圖畫署。提調中大夫一人。畫史中士二人。繪史下士四人。畫員三十人。

臣謹案。原編。圖畫署有篆字官二員。臣謂篆字非畫師之技。並責于寫

字官。宜矣。○其提調。工曹參判例兼。

臣謹案。周禮。繪畫之事。備見于考工記。其本冬官所掌可知。故今屬于

工曹。原典·禮曹·屬

與猶堂全書第五集第二卷終

與猶堂全書第五集第三卷

洌水丁若鏞美庸 著
外玄孫 金誠鎭 編
後學 鄭寅普 安在鴻 同校

政法集

經世遺表 卷三

天官修制 東班官階

正一品○相臣曰大匡輔國崇祿大夫○宗親曰敦宗輔國崇祿大夫○
勳臣戚臣曰同休輔國崇祿大夫（元勳儀賓國舅同）

臣謹案原制每品各具二資故輔國爲正一品之第二資今擬每品只
存一資故輔國爲從一品也

臣謹案大匡之名唯相臣有匡拂之責或當與宗親勳戚差有分別若
輔國崇祿之名凡在高位者何所不宜必以顯祿綏祿棼然立名乎豈
宗親戚里無輔國之誠崇祿之恩乎宗親有敦崇之誼勳戚有同休之
義其在正一品者各戴二字與文武臣差別從一品以下宜同其號不
須異也○臣又按從一品者古之孤卿三少之所宅也正一品既以六
字侈號從一品宜以四字爲差不必爲正一品然後乃可稱輔國也

正二品正憲大夫○文武官宗親勳戚同

臣謹案宗親曰崇憲承憲儀賓曰奉憲通憲抑何義也豈其字義各有
奧旨必不可相通乎且每一級必具二層亦恐煩碎而寡要臣以爲一
級只有一稱其或有功或錫之車服或錫之旗樂（鍾磬等）方是古法也古
者受命不過九命（見禮記）今若以十有八品每分二級則其級爲三十六
層自古以來未有三十六層以爲官階者也古者士有三等（上士中士下士）大
夫有三等而上大夫名之曰卿故周禮六官之長皆卿爲之其下有中
大夫下大夫而不復有上大夫卿者上大夫也（如天官卿○爲太宰中大夫爲小宰下大夫爲宰）

(夫)其上有三公三孤而三孤之尊於六卿經傳無文由是觀之古者七品而已(三公一等大夫三等士三等)古唯七品而天下治百姓安今必分之爲三十六級將何益矣今擬官階只存九品唯一品二品有正從之級相臣爲正一品貳相及二府判事爲從一品六曹判書爲正二品參判亞尹爲從二品參議承旨爲三品於是正一品爲三公從一品爲三少正二品爲上大夫從二品爲中大夫三品爲下大夫三品以下遂無正從之差四品五品爲上士六品七品爲中士八品九品爲下士如是然後上可以考三古之典章下可以正百官之紀綱議一衣章議一車制議一車紱議一食饔皆可以溯古通今不亦善乎○臣又按周禮春官典命云上公九命侯伯七命子男五命(此謂侯)王之三公八命卿六命大夫四命鄭注謂上士三命中士再命下士一命伏惟我 國家恪修侯度罔或踰越然蕃國儀文宜與內服不同又未嘗受命於中國若於本國之內議其命數則九命雖有所不敢八命以下恐不必嫌僭也下士一命中

士再命上士三命下大夫四命中大夫五命上大夫六命三少七命三公八命則與典命之法大略相近夫然後凡百儀文乃可以議定也

從二品嘉善大夫(宗親儀賓同)○三品通政大夫(宗親儀賓同)○四品通德郎○五品承議郎○六品宣務郎○七品啓功郎○八品承仕郎○九品從仕郎

臣謹按周公制禮最嚴於大夫士之等級此級不明則雖有周公之才必無以爲天下國家矣 國制從三品正四品從四品皆稱大夫而及其議禮則曰通政以上乃爲大夫名之旣紊器於何正臣謂四品以下去大夫之號明其爲古之所謂三等之士然後法制乃立禮節可議也

西班官階

一品之職不任以武事唯有東班之階

正二品曰宣德將軍某衛上護軍從二品曰奮武將軍某衛中護軍

臣謹案原制三品以下乃稱將軍然將臣帥臣多係二品之職顧何必冒文資於武職乎今軍職付祿者正二品曰上護軍從二品曰大護軍

皆苟然假借茫無定制。臣以爲將軍之號上及二品宜矣。○臣又按五衞之罷今已久矣。然軍職付祿者宜有職名。宜於五衞之中唯存龍驤虎賁。又與羽林衞合爲三衞。義興衞·忠武衞·宜廢之。文臣付龍驤衞。武臣付虎賁衞。非文非武者付羽林衞。假如文臣判書解職付軍衞。則當曰宣德將軍龍驤衞上護軍。武臣參判當曰奮武將軍虎賁衞中護軍。餘皆倣此。

大字宋當故改之曰中

三品曰折衝將軍某衞副護軍。

臣謹案將軍之稱宜止於三品。其自四品以下毋得同稱。亦以明大夫士之級也。

四品曰宣略校尉某衞司直。○五品曰彰信校尉某衞副司直。○六品曰秉節副尉某衞司果。○七品曰廸順副尉某衞副司果。○八品曰承義副尉某衞司正。○九品曰效力副尉某衞副司正。○文臣付龍驤衞。武臣付虎賁衞。南行付羽林衞。並如上例。

臣謹案四品五品同稱校尉。同稱司直者。明其爲上士也。六品七品同稱副尉。同稱司果者。明其爲中士也。八品九品同稱副尉。同稱司正者。明其爲下士也。

宗親勳戚

王子嫡出曰大君。庶出曰君。王孫以下通稱曰君。

一品二品曰君。三品曰都正。四品曰副正。五品曰副守。六品曰令。原典云大君嫡長子。初授從一品。○世子之諸子。大君之嫡長孫。王子之嫡長子。初授正二品。世子之衆孫。大君之衆子及嫡曾孫。王子之衆子及嫡曾孫。初授從二品。其稱君皆同。○世子之衆曾孫。大君之衆孫。王子之衆孫。衆曾孫。初授正三品。曰都正。○今擬大君之衆曾孫。王子之衆孫衆曾孫。初授四品。曰副正。○王子以下四代皆庶出。則至第四代初付六品。曰令。○臣謹案原典從三品曰副正。正四品曰守。從四品曰副守。正五品曰令。從五品曰副令。正六品曰監。今三品以下無正從之別。

故改定如是○又按初授之品雖在守令及其爲二品也其稱君皆同

勳臣一品二品曰君親功臣及王妃之父稱府院君爲正一品

臣謹案承襲之君雖至正一品不得稱府院君

駙馬一品二品曰尉從二品曰副尉三品曰僉尉

尙公主者初授從一品尙翁主者初授正二品尙郡主者初授從二品尙縣主者初授正三品○臣謹案原典副尉爲正三品僉尉爲從三品而命婦之品則郡主爲正二品縣主爲正三品臣伏念婦人之義從夫爵也婦尊夫卑非禮也今正之

外命婦 內命夫爵品已論於序官之命婦司

王女嫡出曰公主庶出曰翁主王妃之母曰府夫人皆正一品○世子之女嫡出曰郡主爲從二品庶出曰縣主爲正三品○王之乳母曰奉保夫人爲從一品

臣謹案原典郡主爲正二品臣伏念副尉僅陞爲從二品無以更陞而

婦爵不可以尊於夫故降之爲從二品然此皆初授之品也及其久也皆得爲一品

宗親大君之妻曰府夫人爲正一品庶子君之妻曰郡夫人爲從一品○二品曰縣夫人三品曰淑夫人四品五品曰淑人六品曰恭人

庶子君雖至正一品其妻猶稱郡夫人○臣謹案原典三品曰愼人四品曰惠人五品曰溫人六品曰順人今擬大夫之稱宗親文武不必相異見上故三品以下有改焉二品以上既是封君之妻故得稱府郡縣夫人與朝官妻不同

文武官之妻一品曰貞敬夫人二品曰貞夫人三品曰淑夫人四品五品曰淑人六品七品曰恭人八品九品曰惠人

臣謹案原典從三品曰淑人四品曰令人五品曰恭人六品曰宜人七品曰安人八品曰端人九品曰孺人今擬上中下三士其實三級而已故其妻封號亦只存三級○臣伏念古者邦君之妻乃稱夫人後世夫

人之稱漸以猥屑及至我　邦雜岐加資之類其妻皆授貞夫人淑夫人職牒名器之紊亂極矣甚至傭奴爨婢其夫旣爲大夫其妻得爲夫人天下其有是乎今擬一藝雜岐仕者雖至二品得稱將軍不得稱大夫（見上篇）其妻但稱貞人淑人（三品四品之妻通稱淑人）不得受夫人之牒抑所宜也一藝雜岐之子若以文武科出身或以學行入於遺逸之薦得爲三班正職茂著功能陞爲大夫則其夫旣爲大夫其妻得爲夫人夫孰曰不可乎臣之所言者職官之制宜分正雜非謂一藝雜岐仕者其身地卑微不得爲大夫不得爲夫人也

外官之品

留守正二品也巡察使節度使統制使守禦使府大尹從二品也

臣謹案兩京留守宜以正卿差遣故陞之爲正二品○臣又按原典外官之品名實不同巡察使節度使名雖二品皆得以三品官居之於是乎爲之法曰階高職卑曰行階卑職高曰守臣謂莫如名實相同今擬

巡察使節度使皆以從二品差遣其或以三品差遣者遂於除拜之日新陞其資抑所宜也府尹亦然○臣又按原典水軍節度使爲三品亦恐不必然名之曰節度使與諸牧使郡守同其品秩不足以尊體貌也

臣謂凡節度使皆作二品之官抑所宜也○又凡正二品可出而爲從二品之職從二品可出而爲三品之職三品可出而爲四品之職其降二資而爲之者非有罪左遷恐不宜也唯雜岐三品不嫌爲鎭將○凡降而爲之者職銜宜有行字

府大使牧使郡太守防禦使節制使討捕使運餉使按察使安撫使節制副使（即監營中軍）皆三品也

臣謹案原典牧使府使或爲堂上之窠或爲堂下之窠郡守亦然恐不宜也雄才大器多在南行之臣而官至牧使亦不得陞爲大夫將何以勸忠乎今擬牧使大使皆作堂上之窠不可已也○臣又按郡有大小其大夫之爲郡守者其職銜曰通政大夫靈光郡太守兼羅州鎭兵馬

僉節制使。其上士之爲郡守者。其職銜曰通德郎靈巖郡守兼羅州鎭
兵馬節制都尉。
郡守庶尹四品也。判官五品也。縣令察訪六品也。監牧官七品也。
四品五品上士也。六品七品中士也。上士稱兵馬節制都尉。中士稱兵
馬節制副尉。
江防之六十衛。有大中小三等。海防之八十寨。有大中小三等。故其級有
五品六品七品。○內地之四十堡。其級皆六品。山城之將二十。其級七品。
○廢四郡夾衛之將十二。其級八品。
五品者視舊之萬戶而降者也。七品八
品者視舊之權管別將而陞者也。○臣謹案節制使與節度使。其名稱
不甚相遠。乃今之所謂僉使。皆稱節制使。不亦濫乎。今擬外官三品以
上稱節制使。四品五品稱節制都尉。六品七品稱節制副尉。不可因也。
○萬戶之職。又在僉使之下。所領皆不過數十戶。而猥稱萬戶。名實不

副。凡名實不副者。非制也。今擬改正其名曰衛將。寨將。堡將。名不可不
正也。○臣又按原典。僉使有二等。其從三品者稱僉節制使。從四品者
稱同僉節制使。又其中如滿浦多之類。用邊地履歷作堂上窠。萬戶皆
從四品。其位高於縣令。文移禮貌。動有罣碍。非制也。今擬邊將高者不
過作五品官。文武正官旣升三品。不得爲鎭將。唯雜歧一藝仕者。許以
三品爲鎭將。其用邊地履歷者。不必三品而後乃爲履歷。或履之於堂
下。或履之於堂上。其爲邊地則一也。何必援卑官以崇之乎。○若本資
高者。當稱本資。若三品爲鎭將。則當稱折衝將軍。四品爲鎭將。則當稱
宣略校尉。○臣又按原典。權管別將。皆九品職也。然外職皆領軍民。不
可作初仕之窠。故皆升之爲七品。

職品表	三品	四品	五品	六品	七品	八品	九品
議政府		舍人一		檢詳二		司錄二	
吏曹	參議一	正郎二		佐郎四			
承政院	承旨四					注書四	
宗親府		典籤一		典簿二			
儀賓府		經歷一		都事二			
敦寧府	都正一		判官一	主簿一			參奉二
司饔院		僉正一		主簿一	直長一	奉事二	
司䆃寺		僉正一		主簿一	直長一		
內資寺				主簿一		奉事二	
內贍寺				主簿一		奉事二	
司膳監		僉正一		主簿一		奉事一	
義盈庫				主簿一		奉事二	
凌人署					別提二	別檢二	
宗簿寺	都正一	僉正一		主簿一	直長一		
觀象監	都正一	副正二		主簿[illegible] 教授四		奉事六 訓導八	
內醫院		副正二		主簿二		奉事四	
典醫監		僉正二		主簿四		奉事四	
惠民署				主簿二		奉事六	
命婦司		尙宮二	尙寢二	典衣四	典膳四	典藥八	典燈八
內需司		典需一		典會一		典貨四	
內侍府	尙膳四	尙祭四	典祭四	尙燭八	典燭八	尙闈十六	典闈十六
掖庭署				司謁八		司案二十	
戶曹	參議一	正郎二		佐郎四			
漢城府	右尹一	庶尹一	判官一	主簿二			
六部				令六			教官十二

六學				教授六		訓導六	教官六
典豢署				主簿一		奉事二	
典牲署				主簿一		奉事二	
司畜署				主簿一		奉事二	
平市署			判官一	主簿二			
司祿倉		副正一		主簿一		奉事二	
司餼倉		副正一		主簿一		奉事二	
司餉倉				主簿二			
職貢司		副正一		主簿二			
常平司				主簿二			
平賦司		僉正一	判官一	主簿二			
版籍司			判官一	主簿二			
經田司		副正一	判官一	主事四			
漕運司		僉正一	判官一	監察二			
司圃署					別提二		
司礦署			判官一	主簿二			
六保署					別提二	奉事二	
算學署				教授二		訓導四	
禮曹	參議一	正郎二		佐郎四			
太常寺	都正一	僉正二		主簿一	直長一	供奉四	
通禮院	都正二	相禮二		贊儀二	引儀四	引儀四	引儀六
典壇司				令二			參奉二
典廟司				令二	員外十二		參奉二
守陵司		僉正一		令每陵二人			參奉二
齊禮監		僉正一	判官一	主事二			
司諫院	大司諫一	獻納二		正言二			

弘文館	副提學二	校理二	副校理二	修撰二	副修撰二 檢書官四	正字二 副正字四
侍講院	輔德二	弼善二		司書二		說書二
太史院	修撰官二	編修官二		記注官二		記事官二
校書監		校理二				正字四 副正字八
國子監	大司成一 祭酒一	司藝二 司業一		典籍四 導善二		正字四 副正字八 司諫二
掌樂院	都正一	僉正一	判官一	協律二		教官二
承文院		校理一	副校理一 製述官二	校檢二		正字四 副正字八 學官二
貢學院		副正一		主事二		
尙衣院	都正一	僉正一		主簿一	直長一	參奉二
尙瑞院	都正一			主簿一	直長一	奉事二
養老司				主簿二		
養賢庫				主簿一		別檢二
哀榮署				主簿二		

兵曹	參議一	正郎二		佐郎四			
中樞府		經歷四		都事八			
司勳府		經歷一		都事一			
武學院	都正二	副正四		主事八	兵學校官二	參軍八	權奉三十三
大馭寺	都正一	僉正一	判官一	主簿二			
乘輿司	內乘一	副內乘一		副內乘二			
牧圉司		僉正一	判官一		監牧官二十		
翊衛司	翊衛一	司禦二		衛率二	副率二	侍直二	洗馬四
左捕司		執戟郎四		執楯郎四		陛楯郎四	
右捕司	宮正二		金吾郎二				
中衛司	常侍四	驍騎郎四		驍騎郎六			
宣敎局	宣敎四	宣徽四	文兼二	宣旨八		宣傳八	宣令官卅六
儀仗局			鹵簿郎四		執扇郎八	執殳郎八	繖蓋郎四

守禦局	護軍四			司門六 司城六		司門十八 司鑰十八	
龍驤衛	副護軍十	司直	副司直	司果	副司果八	司正	副司正廿四
虎賁衛	副護軍十	司直	副司直	司果	副司果八	司正	副司正廿四
羽林衛	副護軍十	司直	副司直	司果	副司果八	司正	副司正廿四
都統營	別將二 千摠四	把摠六		從事官四		哨官三十六	旗牌官十六
左禦營	別將一 千摠三	把摠六		從事官三		哨官二十七	旗牌官十二
右禦營	別將一 千摠三	把摠六		從事官三		哨官二十七	旗牌官十二
管城衛	副使一	把摠三				哨官五	旗牌官三
刑曹	參議一	正郎二		佐郎四			
義禁府		經歷二		都事四		副都事四	
司憲府		掌憲二		持平二			
監察院		御史四		御史八			
禁制司	都正一	按察一		副按察二			

與猶堂全書

第五集 經世遺表 卷三

十

掌理署				主簿二			參奉二
討捕營					從事官二		從事官四
巡警司		經歷一		司寤郎六		巡綽郎六十	
路鼓院				判官二		奉事二	
禮賓寺	都正一			主事二			參奉二
行人司		書狀一		主簿二			
綏遠司	都正一			主事二			
司譯院		副正一	判官二	教授四		奉事四 訓導十	
掌胥院	都正一	僉正一		按察二			
掌隸院		司議一		司評二			
量衡司	都正一	僉正一	判官一	主事二			
券契司				主簿二			
津關司					司關三	司渡四	

職金署				主簿二			
掌域署			判官一	主簿二			
律學署				教授二		訓導二	檢律二
工曹	參議一	正郎二		佐郎四			
山虞寺		僉正一		主簿二		參軍四	
林衡寺				主簿二		參軍八	
澤虞寺		僉正一	判官一	主簿二			
川衡寺				主簿二		濬川郎四	
繕工監		副正一		主簿一	直長一		監役二
利用監		僉正二			別提二		學官四
司兵寺		僉正二		主簿二			
修城司				主簿六		奉事六	
典園署				主簿二		奉事二	
典堵司		僉正一		主簿二			
典軌司		僉正一		主簿二			
典艦司		僉正一		主簿二			
甄瓦署					別提二		
燔瓷監						奉事二	
織染局				主簿二		奉事二	
典設司					別提二		
掌苑署					別提二	奉事二	
司筵署				主簿一		奉事二	
造紙署					別提二		
圖畫署				畫史二		繪史四	

已上正官三士之數。上士一百二十八員。中士二百六十四員。下士三百員。諸陵諸廟之官一百二十二員。共八百十四員。而守令邊將

察訪監牧官之等。不在其中。一醫譯技之官亦不在計中

大夫員摠數 凡承文貢擧提調及例兼損調及鄕大夫三衛軍職不在計

上大夫正官二十六。 武職四。

提調三十四。

中大夫正官二十六。 武職八。

提調三十八。

下大夫正官四十四。 武職二十六。

提調十二。

天官修制　三班官制

文臣之初入仕其窠三十有六選而陞之者十有二窠散而陞之者二十有四窠

校書監正字四人副正字八人國子監承文監亦皆如此通共三十六員爲文科三十六人初付祿之窠(見官序)既分館三館各取其上等四人先付副正字既三日陞爲正字中下等八人乃付副正字○弘文館正字二人副正字四人注書四人司錄二人通共十二窠也每至式年新科將出本館都堂合坐選弘文錄取十二人先以四人付弘文館副正字既三日陞之爲正字司錄又以四人付弘文館副正字既三日陞之爲注書又以四人付弘文館副正字則十二人乃皆遷也自此以後十二人於十二窠通融互差若有春坊則說書又二窠也○司錄本政府郎官而近例不以爲清望殊無義也今互改之爲清選與舍人檢詳平爲一類得與議坐

其散而陞之者六學司訓六人太常供奉四人養賢別檢二人共十二窠也慶安栗峰金井黃山金泉省峴自如濟原獒樹景陽麒麟保安十二道察訪又十二窠也其未入弘文錄者散而陞之以補此二十四窠○弘文錄以十二人爲限者古例弘文錄極不過六七八人近日選法太廣弘文錄或至三十餘人名器日紊朝象日潰不可以無限節也○弘文錄十二人未必無遺珠者每式年弘文錄選取之日通執數十年來科目出身已陞爲中士上士者嚴選六人名之曰遺賢錄(此所謂晩紅)修撰校理隨品注擬與新錄之十二人合而名之曰十八學士庶乎其無滯矣庶流寒族自入仕以來砥礪名行爲一世所推重者亦與是錄○

臣謹案三館新進必待三年而後乃許其陞遷何也科擧爲業矻矻文墨之間者一朝歷試諸職不能無僨誤三年居館優游暇豫以學官方知所以任職居官而後歷試諸職又居三年乃陞中士自此以後其陞遷遲速視其功能不必有年限也○又按晩錄之必擧六人何也三館

傳 傳 疑衍

新進之方陞也。其漏於弘錄者。若遂斷其平生。永無淸選之望。則其沮喪抑欝。當復如何。必開此一路。使漏於弘錄者。亦有餘望。然後始可以平物情矣。

武臣之初入仕。其窠三十有六。選而陞之者十有二窠。散而陞之者二十有四窠。

原典有所謂武兼宣傳官五十員。(參上三十八。參下十二。)今改之曰宣令官。減之爲三十六員。爲武科三十六人初付祿之窠。(見官序)文臣分於三監。而武臣合於一廳者。武科之目彼此相同。無可以三分也。○近例武科新及第。名家子必差西北道權管。謂之赴防。一經此職。然後始許通仕。亦美法也。今以廢四郡左右十二衛。皆作八品之窠。每式年春政。以新差宣令官十二人差遣。(從文榜第次)厥明年六月。又以十二人差遣。厥明年六月又以十二人差遣。(此所謂瓜代)則三十六人各戍一周年。而新榜又出矣。

十二衛者。別害(本僉使)。廟坡(本萬戶)。神方(本萬戶)。江口(本萬戶)。魚面(本萬戶)。自作(節自作仇非)。

旨玄(?)茺省。泿水之沿也。(此六堡皆屬於葛坡鎭)平南(本萬戶)。神光(本僉使)。立石(今復設)。馬海(本名麼麼訛)。從浦(本萬戶)。楸坡(本萬戶)。皆浿西省渼水之沿也。(此六堡皆屬於滿浦鎭)然則宣令官仕於京者。恒不過二十四人。○臣謹案武科新進之必以此十二衛爲出戍之窠者。江邊六十衛。爲三營門將官出戍之窠。(見鎭堡之制)此則其夾衛也。且今廢四郡之荒棄。爲我邦之隱憂。深慮使新進之人。先見此地。使其智慮有所滋長。抑所宜也。若廢四郡復設。則此十二衛即當移設於淥水之沿。其爲十二窠無加減矣。淥水之沿。東自葛坡。西至滿浦。其間七百餘里。今也曠無一堡。廢四郡雖復。擇其要害處以置戍堡。其數少不下十二也。(江流北池如彎弓之勢)

宣傳官八人。陞楯郎四人。(即今之都摠都事)共十二窠也。每至式年新科將出。三軍門大將與政府樞府六曹大夫合坐。選宣傳錄。取十二人先以八人付宣傳官。既三日。其四人徙之爲陞楯郎。又以四人陞補宣傳官。則十二人乃皆遷也。自此以後十二人十。於十二窠通融互差。

其散而陞之者執殳郎八人 即今之部將 司渡丞四人共十二窠也沁州之六堡六寨不可曰邊將並降之爲下士之窠以作新進陞遷之階又十二窠也其未入宣傳錄者散而陞之以補此二十四窠○四渡者三田渡漢江渡露梁渡楊花渡也 臣鎭曾經露梁浹別將 六堡者月串堡草芝堡 本兵馬僉使 浛物堡寅火堡龍津堡德津堡也 本兵馬萬戶 六寨者長峰寨 本水軍僉使 注文寨德浦寨井浦寨 今復設 德積寨花梁寨也 本水軍僉使 六堡六寨之將可以當文臣之十二道察訪○宣傳錄未必無遺珠者每式年宣傳錄選取之日通執數十年來科目出身已陞爲中士上士者嚴選六人名之曰遺材錄 亦可稱詭胥 宣徽宣旨隨品注擬與新錄之十二人合而名之曰十八武士庶乎其無滯矣庶流寒族自入仕以來砥礪名行爲一世所推重者亦與是錄

南行之初入仕其窠三十有六其陞而遷之者亦三十有六窠

南行初入仕分爲三等洗馬四人司誨二人童蒙敎官六人共十二人

爲一等六部敎官十二人爲二等敦寧參奉二人繕工監役二人典廟參奉二人典壝參奉二人守陵參奉二人尙衣參奉二人共十二人爲三等○一等之選以待山林遺逸之士經明行修之人二等之選以待科目游藝之士治理才諝之人三等之選以待宗戚勳賢之家席寵承蔭之人○每式年文武科放榜之後政府樞府六曹三司之臣會于都堂令參坐諸人各薦九人 三等之選各三人 斯則治選之目也 制詳春官治選條與此條不同 於是政府樞府六曹大夫聚衆薦而合選之共取三十六人 三等之選各十二人 奏之乃下于吏曹以補三十六窠○若時無桂坊則司誨加差四人以當洗馬四人之額○臣謹案科擧取人非古聖王之法然旣設科取人若將進用乃旋棄之而南行入仕者一年再政少不下二三十人通計三年必不下七八十人文科則取三十餘人南行則取七十餘人其不均甚矣諸陵參奉有增無減 國祚靈長將至百千非制也今文武科每式年各取三十六人 凡增廣別試庭試謁聖節製之類並宜停罷 南行亦當取三十六人

以成三班。使選擧兼行(文武科選也、南行擧也)。藝德雙取。庶乎其用人有法度也。
○臣又按山林遺逸之士。經明行修之人。但當選之如是。進之如是。使
其人得陳力就列。奏其功績。厥績茂盛者。進而爲臺諫。進而爲政官。以
至於卿相可矣。今也不然。通執一國而選取一二人。入選之日。名之曰
儒賢。目之曰山林。待之以賓師之禮。責之以聖賢之業。其人雖有進身
之心。顧安得出仕哉。始也局縮。引入有若罪累之人。終也逋慢偃蹇。又
以賓師自處。譏笑四至。瘡疣百出。畢竟保其令名者少。此名雖進賢。其
實塞賢路也。今宜以三等之選。作爲年例。無遽名之曰儒賢。則庶乎遺
逸之士。亦有進身之路矣。
其陞遷之窠。則典桼奉事。典牲奉事。司畜奉事。掌苑奉事各二人。凌人
別檢二人。掌樂敎官二人。共十二窠。以待一等之選。其有桂坊則侍直
又二窠也。○司饔奉事。內資奉事。內贍奉事。司膳奉事(即司宰奉事)。司祿奉
事(即殿興奉事)。司饎奉事(即軍資奉事)各二人。共十二窠也。尙瑞奉事。燔瓷奉事。

(本廳司醫院)典園奉事。司筵奉事(即長興奉事)各二人。禁府都事四人。又十二窠
也(已上皆入品)。此二十四窠。以待二等三等之選。互相通融。不必拘也。○每
式年新薦既出。去式年新進三十六人。並陞之八品。以補此三十六窠
○臣謹案三年而遞。似若太遲。然三載考績。堯舜之成法也。未及三年
無功無績。顧何必驟遷驟陞哉。其有功能特異者。大臣當特奏而陞之。
人主當特擢而用之。不在此限。
庶流之南行初入仕十有二窠。其陞而遷之者亦十有二窠。
引儀六人。吏文學官二人。禮賓參奉。掌理參奉(即典獄參奉)各二人。共十二
窠也。○其陞遷之窠。則引儀四人。義盈奉事。織染奉事(即濟用奉事)。六保奉
事。鼓院奉事各二人。共十二人也。○其薦用之法。亦每式年南行三十
六人薦擧之日。亦薦庶流十二人。以付初仕。既三年。陞而遷之。並如上
法。○臣謹案文武科止於三十六人。南行則於三十六人之外。別置庶
流十二窠者。文武科其選擧公平。則庶流之與於其選者。宜與貴族無

別若南行之選苟不別置其窠必難得與玆所以增廣之也中入仕者既有三醫司譯官觀象監律學算學寫官書員其入仕之路未嘗不廣九品八品不必別置其窠及其陞爲中士之日選其有功能者每式年取十有二人以通東班正職見下法則其所取與庶流均也

武臣亦有南行其初仕之窠三十有六其陞遷之窠亦三十有六

每式年武科取二百人其三十六人爲及第出身其一百六十四人爲進武與文科之進士爲對見科舉乃此進武之中其地處淸顯材略可稱者薦爲禁軍之頭領見下法以通仕路其地處寒微而材略可用者選之爲南行以通仕路斯可以無滯也○武學院權知奉事本訓鍊奉事三十二人織蓋郞四人今於忠義衛部將之屬共三十六窠也今之所謂忠義衛猥陋莫甚其薦用之法亟宜革罷每武科榜出之後於進武一百六十四人之中查其爲功臣子孫者更試其武藝選取四人以補織蓋郞斯足矣○其陞遷之窠則司門副尉十八人今之守門將城門副尉十八人並屬守監局亦

三十六窠也每式年新榜旣出以去式年新進三十六人陞爲八品以補此三十六窠○臣謹案取人之路不可不廣爵人之法不可不嚴詳見高官也今進武之爲南行者積仕旣久功能特著則得出而爲邊將其不能然者或仕滿而罷不復爲中士上士其或出入內外聲績蔚然者相臣將臣薦而拔之以授西班正職與武科出身者不異焉則爵人可謂嚴矣○其習讀官三十二人亦以進武選而爲之三年而遞不復遷轉其或著能者不在此限

其材略可稱者別取十有二人爲禁軍之領以通仕路其遷而陞之者亦十有二窠

進武之中其門地淸顯或材畧稍長不肯爲武學院奉事者宜入此選又或習於兵法而元不肯屈心抑志以科目出身者雖白徒宜入此選○龍驤衛虎賁衛羽林衛其副司正各二十四人今擬三衛各取四窠共十二窠以待此選之人○武學參軍八人即訓鍊參軍山虞參軍四人即四

(山參軍)共十二窠以待其陞遷。○每式年新榜旣出。以去式年新進十二人。陞爲八品以補此十二窠。○又仕至三年。陞之爲中士。又一年出而爲邊將。其聲績蔚然者。將臣相臣薦而拔之。陞之爲上士。其不能然者。至於邊將而止。○臣謹案原典。訓鍊判官八員。主簿十八員。參軍二員。今皆減之。唯存主事八員。參軍八員。此武擧參軍之所以爲八員也。○臣又按文南則別加庶流之窠十二。武南則別加顯族之窠十二。雖其所取不同。亦所以參互比對。燦然成文也。

其或身故。其或遭喪。其或罪罷者。以前科之落仕人塡差。及至式年。雖未仕滿。猶遷轉。

立法之初。前科之落仕人不患不得。法行旣久。亦恐難得。文武科九品八品之職。員額本多。宜有闕勿補。以待式年南行則八品九品皆諸司要員。不可如此。若九品有闕則吏曹不待都堂之薦。自以其意選士以補之。(三等本目、不可閱。)若八品有闕。則以九品之首仕者陞補之。又選士以補

九品之闕。若有前科之落仕者。不得新選。令落仕者復職。(遭喪及以黜罪罷者、復職、其罪重不可敍者不復。)○凡中年別選者。計其除拜之月日。或屬之舊選。或屬之新選。凡式年文武科放榜。宜在春分日。自子年春分至卯年春分。其間三朞也。三朞折其半。則丑年之秋分日乃三朞之半也。凡別選除拜者在丑年秋分之前。則屬之子年之選。至卯年陞遷。在丑年秋分之後。則屬之卯年之選。至午年乃遷。不可饒也。若是者卯年新選之時。但取三十五人。與別選一人合之。爲三十六人。庶流南行十二人之選。亦倣此。○臣謹案南行徑出之闕。其必崎嶇爲別選之法。如是者三年大比。乃二帝三王制治之大經大法。苟使隨出隨補。各計其仕。參差各陞。則三年大比之法。於是乎紊亂矣。文武科三十六人。南行三十六人。必於大比之年。一時選擧。然後法制乃成。今此條例。萬不可變通者也。

其以一藝仕者。每至式年。選取十二人。付之政曹。令爲東班正職。

內醫院薦十二人。觀象監。司譯院各薦六人。典醫監。惠民署各薦三人。

寫字官·圖畫署各薦三人通共三十六人也各其本司以勤仕著績抱
才之人會議可否薦于政府政府二曹合坐試才各取三分之一爲十
二人下于政曹〇此十二人其在本司已經九品八品及入此選乃陞
爲中士爲東班正職及其仕滿或爲察訪或爲縣令〇觀象監二人司
譯院二人若爲利用監學官（學官本四員）北學燕京廠有實績則直以其績
報于政曹不待試才直入十二人之額〇律學算學獨不與此選何也
律學本以舊例出爲十二省檢律算學亦以舊例坐領郡縣之解由且
其所業皆局於小數無所短長無可以拔其尤也
捄庭署司案仕滿陞爲司謁其有勞績者出而爲邊將
已上論下士陞遷之制
文臣中士八十四員其峻望四十二其常秩四十二
檢詳二員吏曹佐郎四員持平正言各二員修撰四員記注官二員司
書二員六學教授六員監察副御史八員禁制司按察掌胥院按察各

二員貢學院主事·齊禮監主事·經田司主事各二員共四十二員以弘
文錄會經者爲之〇五曹佐郎二十員典籍四員宗廟令二員太常主
簿二員承文校檢二員協律郎二員掌隸院司評二員漕運司監察二
員禮賓寺主事·綏遠司主事·量衡司主事各二員共四十二員雖未經
弘錄亦通融差除〇臣謹案條例雖如此政府吏曹三司春坊史局之
外雖未經弘錄其材器峻整者可以特差又常秩四十二員亦可以弘
錄者通差
武臣中士八十四員其峻望四十二其常秩四十二
宣旨官八員（參上宣傳官）執楯郎四員（即都總都事）驍騎郎六員（參上別軍職）副內乘
二員（即參上內乘）中樞都事八員（今之備邊郎）禁府都事四員（舊例武都事不過一二人）太馭
寺主簿二員武學院主事四員經田司主事二員社稷令二員共四十
二員以宣傳錄會經者爲之〇武學院主事四員（即訓鍊主簿）執扇郎八員
（即參上部將）司門校尉六員（參上守門將）司城校尉六員（即城門護軍）司兵主簿二員

司餉主簿二員(即軍器主簿)。典圜主簿(即別營郎廳)。典軌主簿。典艦主簿。林衡主簿。川衡主簿。典設別提。甎瓦別提。各二員(司闕丞三員不在數計)。共四十二員。雖未經宣錄。亦通融差除。○臣謹案條例雖如此。驍騎郎本是八壯士之舊職。苟有勇略。雖未經宣薦。可以爲之。其常秩四十二窠。亦多以宣錄者差除。不可拘也。○臣又按舊例。戶刑工三曹佐郎。爲南行之窠而文臣武臣各擬一窠。今擬六曹郎官。皆以屬司之考功爲職。故並作文臣之窠。然武臣南行之中。亦或有地望淸峻風裁嚴整者。可以特差。如今六曹大夫之時。或差除者。不必拘也。

南行中士八十四員。其峻望四十二。其常秩四十二。

典簿二員。衛率副率各二員。導善二員。儀賓都事二員。忠勳都事一員。六部令六員。敦寧府。典粢署。典牲署。司畜署。司祿倉主簿各一員。漢城府。宗簿寺。司饔院。尙瑞院。職貢司(宣惠廳)。常平司(常賑廳)。平賦司(均役廳)。版籍司(分出於戶曹)。典堵司。繕工監主簿各二員。共四十二員。以地望之淸峻者爲之。○贊儀二員。內資寺。內贍寺。司膳監。司餼倉。司筵署。義盈庫主簿各一員。尙衣院。司䆃寺。平市署。券契司。司礦署。職金署。山虞寺。澤虞寺。織染局(濟用監)。掌域署。哀榮署主簿各二員。利用監。司圃署。掌苑署。凌人署(即氷庫)。造紙署。六保署(活人署)。別提各二員。共四十二員。三等之選。通融差除。○臣謹案條例雖如此。南行與文武科不同。望族多而寒族少。八十四員皆可以居望族。不必拘也。○臣又按職貢司。常平司。平賦司。經田司諸職。必曾經守令者。乃可居之。○臣又按宗簿寺。尙瑞院。尙衣院。司饔院。司䆃寺。繕工監。其所謂主簿二員。其一員皆直長也。然則直長共六員也。六員別提。共十二員。合而計之。則七品之官十八員也。每至式年。八品官三十六人。直陞爲六品官。而或其中有追入別選。仕未滿六朞者。陞付直長(宗簿司饔尙瑞繕工等)。待仕滿六朞。遂以本職改稱主簿。自吏曹下批。又仕一朞。乃出爲縣令。又文功武功以軍職陞品者。每年有數人(詳見下)。宜付直長(尙衣司䆃本不拘地望)。又一藝仕者十二人。移之爲吏批末仕

者宜付別提直長。(尙衣司饔及十二別提、不拘地望)○此十八窠自政曹推移潤狹以
處三岐之人。
庶流陞品之窠十二員以處其十二人。
檢書官四員引儀四員掌理主簿二員(即典獄主簿)兵學教官二員(館學兒郞廳)
共十二員也○每至式年弘文館太史院合坐取庶流下士十二人選
其有文學者四人奏之爲檢書官二人屬玉堂二人屬史院○檢書官
四人仕至三年出而爲縣令其餘八人不過爲察訪監牧官
文功武功者無定額其在下士時但付軍職本事竣役則雖未滿六朞直
陞爲吏批末仕。
文功者十三經注疏二十三代史出財開刊或出財購百種書籍之有
補於世道者也武功者諸郡縣三里之內五十結良田出財買之爲軍
田或郡縣之城及諸嶺隘要害之處出財築城以爲關防者也○凡計
功之法出錢九千兩以上爲上等終爲縣令六千兩以上爲中等終爲

察訪三千兩以上爲下等終爲邊將○臣謹案文功武功之法事體雖
若未安古者力田亦得薦授官職況文功武功乎今科擧之制依倣中
國必使全經全史布列民間有如菽粟然後士子乃可以應擧顧 國
力貧乏無以爲是必也使十二省求富人之欲以財發身者使之立功
然後乃可以刊書印書布于民間又今軍制欲使諸郡諸縣各養兵一
二哨必得負郭之田五十餘結然後可授一哨之卒斯亦 國力之所
不能辦必使富人立功乃可淦也築城授官亦有近例斯皆有國之要
務也豈可拘乎且凡富人之以功得官者其居官廉白撫綏百姓多勝
於文武正士臣見多矣。
凡陞爲中士者仕滿一朞出爲外職唯庶流一藝仕至三朞乃出外職未
經詞訟亦所不拘。
中士下士不同不拘何官任職一朞可移他官可出爲縣令察訪牧官
邊將唯庶流一藝窠有定數須有可代之人乃可遷轉不然則須至式

年乃可遷也若欲遷之者政曹先定可代之人乃遷乃代其代入者即復職也○原典南行必經詞訟六朔然後乃爲縣令文武則不拘詞訟斯亦不均之法也豈文武之臣皆能生知南行之臣無不困知乎今擬三班之人皆不拘詞訟

諸陵諸園諸殿諸廟之官共一百二十二人不拘上士中士不拘文武南行並以落仕閒居者爲之

三十五陵其官每陵二人則七十員也四園四墓每各二人則十六員也北道六陵每各二人則十二員也濬源殿慶基殿肇慶廟長寧殿永禧殿景慕宮每殿二人則十二員也箕子廟新羅廟弁辰廟(首露王)句麗廟百濟廟高麗廟每廟二人則十二員也此一百二十二人太半作初仕之窠則倖門日開官方日淆不可不及今矯救乃可以成法制也○北道及全州陵廟之官並以本道人爲之四墓之官以進武之爲南行者陞而爲之三年而遞不復遷轉○諸陵令七十員諸園官八員永禧

殿長寧殿景慕宮令共六員總之爲八十四員其二十八員以文臣爲之二十八員以南行爲之二十八員以武臣爲之並以落仕閒居者差之三年而遞不復遷轉也

已上論中士陞遷之法

文臣上士六十四員其峻望三十二其常秩三十二

舍人一員吏曹正郎兵曹正郎各二員掌憲二員(即執義掌令)獻納二員校理四員弼善二員編修官二員監察御史四員禁制司按察一員書狀官一員經田司貢舉院副正各一員太常僉正二員齊禮監掌樂院掌胥院僉正各一員文兼宣徽官二員共三十二員以弘錄會經者爲之○戶禮工刑四曹正郎共八員校書校理國子司藝承文校理各二員相禮二員司祿倉司餼倉副正各一員宗簿寺守陵司平賦司漕運司量衡寺典堵司典軌司典艦司僉正各一員掌隷院司議一員漕運司判官一員金吾郎二員製述官二員共三十二員亦皆以材器峻整者

爲之。○臣謹案。條例雖如此。政府吏曹三司春坊史局之外。雖未經弘錄者。苟其材器超越。可以居之。況平賦漕運量衡之等。皆宰相之器所宜宅也。弘文學士。庸得不居之乎。斯皆不必拘也。

武臣上士三十二員。唯峻望居之。

宣徽官四員。(堂下宣傳官)執戟郞四員。(即都摠經歷)驍騎郞四員。(堂下別軍職)中樞經歷四員。(今之備邊郞)司勳經歷四員。武學副正四員。(即訓鍊判事副正)太馭僉正一員。判官一員。(即司僕之官)內乘一員。牧圉僉正一員。判官一員。司兵僉正二員。(即軍器僉正)鹵簿郞四員。(即今之部將)共三十二員也。○臣謹案。牧圉司·司兵寺·鹵簿郞諸官。不必爲峻望。可以通差。

南行上士三十二員。唯峻望居之。

典籤一員。司業一員。司饗二員。儀賓經歷一員。禁府經歷二員。漢城庶尹一員。繕工副正一員。職貢副正一員。(即宣惠郞廳)尙衣院·司饔院·司藁寺·司膳監·山虞寺·澤虞寺僉正各一員。利用僉正二員。敦寧府·漢城府·掌樂院·平賦司。(均役廳)經田司·版籍司·量衡司·平市署·齊禮監·司礦署·澤虞寺·掌域署判官各一員。鼓院判官二員。共三十二員也。○臣謹案。下士中士之數。三班皆均。而上士之數。文臣倍之者。國制崇用文臣。故凡在高位者。多文臣也。然人各異材。官各異器。苟其材器相稱。文臣可以爲武職。武臣可以爲文職。南行可以爲文武之職。庶流雜岐。可以爲正士之職。不可拘也。下則太宰之臣。可以破格而甄用。上則聖明之君。可以越法而超擢。唯其制法之初。無所限域。散漫不整。則不可以爲經遠之大典。此其所以彼此比對。參互結束。使不得游移增減也。若其有行之不便者。小小修潤。在所不免。唯其大綱。庶乎其不遠矣。

匠人營國圖

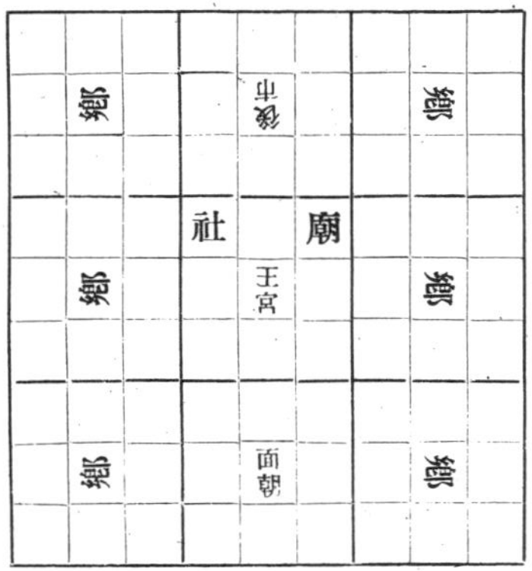

王城方九里則其九區各方三里其一區之內九小區各方一里一里者三百步也面朝者百官之公署也後市者百貨之居肆也左右六鄉兩兩相對鄉者嚮也

王宮方三里則其九區各方一里(步三百)其一區之內九小區各方百步也法殿在中古之明堂九宮即此制也四門相直以達四方若重門悉開則入城者可瞻王座此古法也

王宮詳圖

面朝詳圖

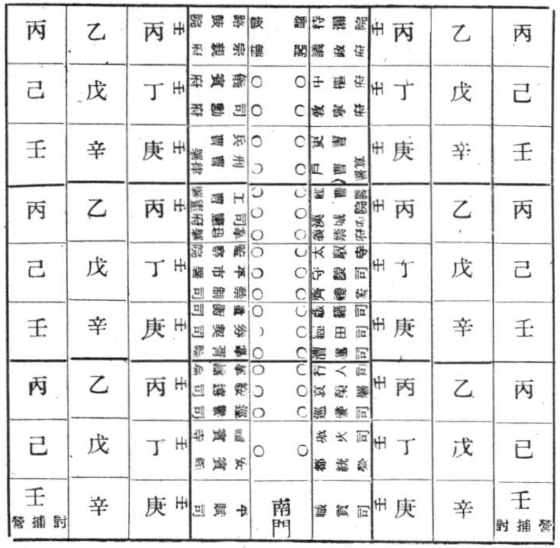

面朝	乙	丙	丁	戊		己	庚	辛	壬	又
面朝圖者公署所宅也 公署之名書於後	六區 五十四戶	十二區 一百九十二戶	六區 一百五十戶	六區 二百十六戶	左各司廛三十五步 中經涂廣三十步 右各司廛三十五步	六區 二百九十四戶	六區 三百八十四戶	六區 四百八十六戶	六區 五百六十戶 署減四十戶	十八區 一千八百戶〇 在左右公署之後

後市詳圖

丙	乙	丙 壬	[illegible]	○○○ ○○○	[illegible]	壬 丙	乙	丙
己	戊	丁 壬	[illegible]	○○○ ○○○	[illegible]	壬 丁	戊	己
壬	辛	庚 壬	[illegible]	○○ ○○	[illegible]	壬 庚	辛	壬
丙	乙	丙 壬	[illegible]	○○ ○○	[illegible]	壬 丙	乙	丙
己	戊	丁 壬	[illegible]	○○○ ○○○	[illegible]	壬 丁	戊	己
壬	辛	庚 壬	[illegible]	○○○ ○○○	[illegible]	壬 庚	辛	壬
丙	乙	丙 壬	[illegible]	○○○ ○○○	[illegible]	壬 丙	乙	丙
己	戊	丁 壬	[illegible]	○○○ ○○○	[illegible]	壬 丁	戊	己
壬	辛	庚 壬	[illegible]	北門	[illegible]	壬 庚	辛	壬

後市 圖者公署所宅也、公署之名、圖於後、

乙 六區 五十四戶

丙 十二區 一百九十二戶

丁 六區 一百五十戶

戊 六區 二百十六戶

右各司廣三十五步

中經涂廣三十步

左各司廣三十五步

己 六區 二百九十四戶

庚 六區 三百八十四戶

辛 六區 四百八十六戶

壬 六區 六百戶

又 十八區 一千八百戶〇在左右公署之餘

東上部圖

丙	乙	丙	丙	乙	丙	丙	乙	太學
丁	戊	己	丁	戊	己	丁	戊	四署
庚	辛	壬	庚	辛	壬	庚	辛	壬
丙	乙	丙	丙	乙	丙	丙	乙	丙
丁	戊	己	丁	鄉學部署	己	丁	戊	己
庚	辛	壬	庚	辛	壬	庚	辛	壬
丙	乙	丙	丙	乙	丙	丙	乙	丙
丁	戊	己	丁	戊	己	丁	戊	己
庚	辛	壬	庚	辛	壬	庚	辛	壬

四署者 國子監 掌樂院 耆老司 養賢庫

東上部

乙 九區 八十一戶

丙 九區 百四十四戶

又 八區 百二十八戶

丁 九區 二百二十五戶

戊 八區 二百八十八戶

己 八區 三百九十二戶

庚 九區 五百七十六戶

辛 九區 七百二十九戶

壬 九區 九百戶

西上部圖

武衛	乙	丙	丙	乙	丙	丙	乙	丙
四署	戊	丁	己	戊	丁	己	戊	丁
壬	辛	庚	壬	辛	庚	壬	辛	庚
丙	乙	丙	丙	乙	丙	丙	乙	丙
己	戊	丁	己	部署鄉學	丁	己	戊	丁
壬	辛	庚	壬	辛	庚	壬	辛	庚
丙	乙	丙	丙	乙	丙	丙	乙	丙
己	戊	丁	己	戊	丁	己	戊	丁
壬	辛	庚	壬	辛	庚	壬	辛	庚

四署者 六保署 惠民署 典醫監 司兵寺

西上部

乙九區 八十一戶

丙九區 百四十四戶

又八區 百二十八戶

丁九區 二百二十五戶

戊八區 二百八十八戶

己八區 三百九十二戶

庚九區 五百七十六戶

辛九區 七百二十九戶

壬九區 九百戶

東中部圖

甲	乙	丙	甲	乙	丙	甲	乙	丙
丁	戊	己	丁	戊	己	丁	戊	己
庚	辛	壬	庚	辛	壬	庚	辛	壬
甲	乙	丙	甲	乙	丙	甲	乙	丙
丁	戊	己	丁	鄉學部署	己	丁	戊	左纛營滅火寺
庚	辛	壬	庚	辛	壬	庚	辛	壬
甲	乙	丙	甲	乙	丙	甲	乙	丙
丁	戊	己	丁	戊	己	丁	戊	乙
庚	辛	壬	庚	辛	壬	庚	辛	壬

東中部

甲九區 三十六戶

乙九區 八十一戶

丙九區 百四十四戶

丁九區 二百二十五戶

戊八區 二百八十八戶

己八區 三百九十二戶

庚九區 五百七十六戶

辛九區 七百二十九戶

壬九區 九百戶

西中部圖

丙	乙	甲	丙	乙	甲	丙	乙	甲
己	戊	丁	己	戊	丁	己	戊	丁
壬	辛	庚	壬	辛	庚	壬	辛	庚
丙	乙	甲	丙	乙	甲	丙	乙	甲
潛火司 右衛營	戊	丁	己	部署 鄕學	丁	己	戊	丁
壬	辛	庚	壬	辛	庚	壬	辛	庚
丙	乙	甲	丙	乙	甲	丙	乙	甲
己	戊	丁	己	戊	丁	己	戊	丁
壬	辛	庚	壬	辛	庚	壬	辛	庚

東下部圖

丙	乙	丙	丙	乙	丙	丙	乙	丙
丁	戊	己	丁	戊	己	丁	戊	己
庚	辛	壬	庚	辛	壬	庚	辛	壬
丙	乙	丙	丙	乙	丙	丙	乙	丙
丁	戊	己	丁	鄕學 部署	己	丁	戊	己
庚	辛	壬	庚	辛	壬	庚	辛	壬
丙	乙	丙	丙	乙	丙	丙	乙	丙
丁	戊	己	丁	戊	己	丁	戊	貢學院
庚	辛	壬	庚	辛	壬	庚	辛	場

西中部

甲九區 三十六戶
乙九區 八十一戶
丙九區 百四十四戶
丁九區 二百二十五戶
戊八區 二百八十八戶
己八區 三百九十二戶
庚九區 五百七十六戶
辛九區 七百二十九戶
壬九區 九百戶

東下部

乙九區 八十一戶
丙九區 百四十四戶
又九區 百四十四戶
丁九區 二百二十五戶
戊八區 二百八十八戶
己八區 三百九十二戶
庚九區 五百七十六戶
辛九區 七百二十九戶
壬八區 八百戶

西下部圖

丙	乙	丙	丙	乙	丙	丙	乙	丙
己	戊	丁	己	戊	丁	己	戊	丁
壬	辛	庚	壬	辛	庚	壬	辛	庚
丙	乙	丙	丙	乙	丙	丙	乙	丙
己	戊	丁	己	部署 鄕學	丁	己	戊	丁
壬	辛	庚	壬	辛	庚	壬	辛	庚
丙	乙	丙	丙	乙	甲	丙	乙	丙
武學院	戊	丁	己	戊	丁	己	戊	丁
場	辛	庚	壬	辛	庚	壬	辛	庚

西下部

乙九區 八十一戶

丙九區 百四十四戶

又九區 百四十四戶

丁九區 二百二十五戶

戊八區 二百八十八戶

己八區 三百九十二戶

庚九區 五百七十六戶

辛九區 七百二十九戶

壬八區 八百戶

六部摠數

面朝四千一百三十六戶

後市四千一百七十六戶

東上部三千四百六十三戶

西上部三千四百六十三戶

東中部三千三百七十一戶

西中部三千三百七十一戶

東下部三千三百七十九戶

西下部三千三百七十九戶

己上二萬八千七百三十八戶

九等摠數 亦二萬八千七百三十八戶

甲第十八區 七十二戶

乙第六十六區 五百九十四戶

丙第百十二區 一千七百九十二戶

丁第六十六區 一千六百五十戶

戊第六十區 二千一百六十戶

己第六十區 二千九百四十戶

庚第六十六區 四千二百二十四戶

辛第六十六區 五千三百四十六戶

壬第百區 九千九百六十戶 〇署減四十戶

右所列九等戶數是大約立制而已左右經涂以抵東西二門及六部之內其坊坊曲曲環涂小巷皆不在圖中又溝渠大小各有條理亦不在圖中總計此類所減不尠六部民戶其有幾乎只方九里終難容受必方十里但其經緯畫之爲九然後乃可以恢闊也○又面朝之左右兩行當屬東西下部後市之左右兩行當屬東西上部○又面朝占地恐太潤如其有餘宜以近於南門者許列市肆總須潤色不能詳定也

司祿倉(在西江) 司餼倉(在南江) 司餉倉(在龍山) 常平倉(宜設於麻浦) 凌人署 津關司(在漢江) 甄瓦署(在南郊) 燔瓷監(在牛川) 造紙署(在北谷) 牧圃司(在東郊) 典牲署(在南郊) 司畜署(在南郊) 管城衛(在北漢) 若此之類散在國城之外所以不列于圖中

臣謹案周制五家爲比五比爲閭(二十五家) 四閭爲族(一百家) 五族爲黨(五百家) 五黨爲州(二千五百家) 五州爲鄉(一萬二千五百家) 六鄉爲國(七萬五千家) 而先儒謂一家各占二畝有半之地然考工記謂王城方九里則九里之內無以盡容此數況先王之制宮室車服各有等級公卿大夫下至小民其宮室大

小同用一規有是理乎苟其大小不等則五家爲比五比爲閭者小民之制也等而上之遂以五黨爲州五州爲鄉者臣未之信也臣謂宮室宜分之爲九等各以同等自成一聚唯其所函之地諸區皆同而其環堵之數等各不同則上下有章賦率有差庶乎先王之法不遠於是也

甲第每區四堵(二二也) 乙第每區九堵(三三也) 丙第每區十六堵(四四也) 丁第每區二十五堵(五五也) 戊第每區三十六堵(六六也) 己第每區四十九堵(七七也) 庚第每區六十四堵(八八也) 辛第每區八十一堵(九九也) 壬第每區百堵(十十以開方) ○凡一區者方百步也方十步爲一畝方百步爲一夫方三百步爲一井(即一里)

甲第唯王子王孫國舅駙馬元勳之臣得居之乙第唯大臣孤卿正卿居之丙第唯中大夫下大夫居之丁戊己三第許三士貴族錯雜居之庚辛壬三第許寒士中人小民之等錯雜居之然下不敢上僭而上可以援下者禮之意也大臣家貧可居丁戊之第大夫家貧可居己庚之

第斯不可晝一也○又按甲乙丙第及其貴臣旣卒其子孫未及躋隆
疑於其宅臣謂世祿世卿之法我　邦雖不行之旣奉其祀宜居是室
三世之內不宜遷宅子孫曾三代若世旣遠其位遂卑則不可以冒居也
東上部九坊皆以元爲號
其東三部曰體元坊建元坊興元坊其中三坊曰開元坊含元坊調元
坊其西三坊曰混元坊保元坊壽元坊
東中部九坊皆以仁爲號
其東三坊曰宣仁坊敦仁坊同仁坊其中三坊曰歸仁坊懷仁坊輔仁
坊其西三坊曰安仁坊利仁坊居仁坊
東下部九坊皆以春爲號
其東三坊曰始春坊迎春坊臨春坊其中三坊曰宜春坊含春坊熙春
坊其西三坊曰流春坊富春坊長春坊
西上部九坊皆以和爲號

其西三坊曰太和坊善和坊惠和坊其中三坊曰淳和坊中和坊綏和坊
其東三坊曰章和坊寬和坊萬和坊
西中部九坊皆以義爲號
其西三坊曰尙義坊昭義坊順義坊其中三坊曰秉義坊通義坊集義
坊其東三坊曰嘉義坊彰義坊由義坊
西下部九坊皆以秋爲號
其西三坊曰泰秋坊延秋坊承秋坊其中三坊曰登秋坊凝秋坊祥秋
坊其東三坊曰景秋坊華秋坊昭秋坊
面朝部八坊皆以禮爲號
其東三坊曰崇禮坊章禮坊循禮坊其西三坊曰肇禮坊守禮坊正禮
坊左一坊曰會禮坊右一坊曰修禮坊
後市部八坊皆以智爲號
其西三坊曰廣智坊啓智坊養智坊其東三坊曰大智坊顯智坊弘智

坊右一坊曰益智坊左一坊曰永智坊（左一坊右一坊皆不開方逈三格竪合之以爲一坊）東部

（原制）中部八坊曰澄淸·瑞麟·壽進·堅平·寬仁·慶幸·貞善·長通。

十二坊曰崇信·蓮花·瑞雲·德成·崇敎·燕喜·觀德·泉達·興盛·彰善·達德·仁

昌。南部十一坊曰廣通·好賢·明禮·太平·薰陶·誠明·樂善·貞心·明哲·誠

身·禮成。西部八坊曰仁達·積善·餘慶·皇華·養生·神化·盤松·盤石。北

部十坊曰廣化·陽德·嘉會·安國·觀光·鎭長·明通·俊秀·順化·義通。共四

十九坊。

六遂者城外之夾輔也。各以其序。隸之於六部。

臣謹案周禮凡郊野之地通名爲遂。第以其附於王城者謂之六遂。非

其本數止有六箇也。何以知其然也。遂人云遂人掌邦之野。以土地之

圖。經田野造縣鄙形體之法。五家爲鄰。五鄰爲里。四里爲酇。五酇爲鄙。

五鄙爲縣。五縣爲遂。（遂云鄰里酇鄙縣遂猶比閭族黨州鄉）與鄕黨之制。確分內外而遂

外之地仍無所論。則王城六鄕之外通稱曰遂。不旣明乎。周制王城之

內謂之邦中。百里之內謂之郊地。二百里之內謂之甸地。三百里之內

謂之稍地。四百里之內謂之縣地。五百里之內謂之畺地。（天子畿內方千里四畺五）

（百里而止）見於載師。而甸稍縣畺都無官守。則酇鄙縣遂之達於四境。不旣

明乎。遂有大夫（中大夫一人）縣有縣正（下大夫一人）鄙有鄙師。酇有酇長。里有里

宰（上中下三士）鄰有鄰長。（不官士爲之）斯則縣地畺地所同有也。唯遂人云大喪

帥六遂之役。有若遂止有六。如鄕止有六者然。故後之論鄕遂之制者。

遂以六鄕六遂相配爲說。不知縣遂之制遂達四境也。但附城六遂之

地。別有遂人（中大夫二人）遂師。（下大夫四人）如六鄕有鄕老（公三人）鄕師。（下大夫四人）是

其所異也。○今擬王城左右。又設六遂。以倣周制。而六遂之外屬之郡

縣。抑所宜也。我邦王城之外十里之內（或五里之內）皆屬五部。今又因之。

東上遂屬之於東上部。西上遂屬之於西上部。其餘四遂亦皆按其序

次。屬之四部。六部之官。六學之官。仍察六遂之事。不別立官。唯敎民之

官（無縣官）一如六部之制。庶乎酌古今而得宜也。六遂之內。無公署試

場。其所函民戶諸遂皆同。不似六部之各殊。試擧一遂而諸遂可推。今爲圖如左。

一遂九坊圖

己	丙	己	丁	丙	丁	戊	丙	戊
辛	辛	辛	辛	辛	辛	辛	辛	辛
壬	壬	壬	壬	壬	壬	壬	壬	壬
庚	丙	庚	戊	丙	戊	庚	丙	庚
辛	辛	辛	辛	辛	辛	辛	辛	辛
壬	壬	壬	壬	壬	壬	壬	壬	壬
庚	丙	庚	己	丙	己	庚	丙	庚
辛	辛	辛	辛	辛	辛	辛	辛	辛
壬	壬	壬	壬	壬	壬	壬	壬	壬

遂制。唯存丙丁以下七等之宅。丙第九區。丁戊己庚共十八區。辛壬各二十七區。以其貴人少而小民多也。○六遂皆倣此。

丙 九區 一百四十四戶 (六遂共八百六十四戶)

丁 二區 五十戶 (六遂共三百戶)

戊 四區 一百四十四戶 (六遂共八百六十四戶)

己 四區 一百九十六戶 (六遂共一千百七十六戶)

庚 八區 五百一十二戶 (六遂共三千單七十二戶)

辛 二十七區 二千一百八十七戶 (六遂共一萬三千一百二十二戶)

壬 二十七區 二千七百戶 (六遂共一萬六千二百戶)

一遂所函 五千九百三十三戶

六遂共函 三萬五千五百九十八戶

六部共函 二萬六千六百九十戶 (通共六萬二千二百八十八戶)

隷

天官修制　郡縣分隷○

京畿曰奉天省次南曰泗川省次南曰完南省又南曰武南省東南曰嶺南省其西曰潢西省自京而東曰洌東省自京而西曰松海省又西曰淏西省又西曰淸西省自京而北曰玄菟省又北曰滿河省總之爲十二省也

京畿割界如故漣狼川金城金化鐵原平康伊川安峽等七邑凡在洌水之西帶水之東者改屬京畿楊根砥平堤川等三邑凡在洌水之東者屬之洌東又以松京爲黃海之布政司乃以長湍麻田豊德等三邑屬之松京以帶水爲界○臣謹案畫野分州宜以名山大川爲之限域臣見洌水之源一出五臺山一出金剛山合流於龍津之下凡在兩源之東者屬之洌東理所宜也其在洌水之西者屬之京畿以厚根本亦所宜也松京留守間無所職而黃海之布政司僻在海隅凡有徵發命令迂回甚不便也宜以松京留守兼之爲黃海監司坐於界首如平壤

全州不亦善乎然則長湍等三邑仍隷黃海以臨津爲界亦所宜也○臣又按京畿泗川之間雖無名山大川之限竹山之南厥有渼水俗名天迷川東流入洌在驪興之南安城之南厥有沙水下流爲素砂西流入海仍有大津橫截南北爲二省之界即海曲不可曰無域也

泗川省者今之忠淸道也其疆域悉皆如故唯堤川一邑改屬洌東也○臣謹案今之錦江古史謂之泗沘河故名省曰泗川也此省爲密邇之藩蔽欲其雄厚故不削而不分也

完南省武南省者今全羅道也此道東有潺水而中橫蘆嶺恰有南北之限今取潺水以東蘆嶺以北屬之於完南省乃取潺水以西蘆嶺以南畫之爲武南省○其在潺水之東者求禮南原雲峰任實也其在蘆嶺之北者淳昌井邑高敞茂長也自此以北皆屬完南○其在潺水之西者谷城玉果也其在蘆嶺之南者潭陽長城靈光也自此以南皆屬武南○臣謹案中國之大而不過爲十三省則我 邦之分之爲八道

亦過矣。然我邦自古以來。法制不明。紀綱不立。況其選擧乖方。人才不興。託之以方面之任。鮮有能稱其職者。西路北路。壤地曠遠。監司坐於初界。遙制數千里之地。命令無以速。奸惡無以察。宜各分之爲兩省也。湖南嶺南。民物繁庶。政務煩劇。非有通材大局。無以制理。臣居南土十五年。未聞有能盡其職大畏民志者。宜各分之爲兩省也。況高麗之制湖南有南北二道。嶺南有二道。我邦 穆陵之朝。分嶺南爲左右二道以禦倭寇。兩南之分爲四省。厥有故常。非臣之所創言也。○其稱武南者。此省布政之司。宜在光州。光州者古之武州也。

嶺南省潢西省者。今之慶尙道也。此道有潢水南流。其一源出太白山。其一源出小白山。今自小白山沿而下之。其在潢水之東者爲嶺南省。其在潢水之西者爲潢西省。○順興·豊基·榮川·安東·比安·軍威·仁同·玄風·昌寧·靈山下至東萊。皆在此水之東。自此以東。古之辰韓國也。醴泉龍宮咸昌尙州善山星州高靈草溪宜寧咸安漆原昌原。下至金海。皆

在此水之西。自此以西。古之弁辰國也。○臣謹案我邦 中世。嶺南之右監司。坐於晉州。爲禦倭也。晉州薄於南海。北距龍宮醴泉。程途太遠。尙州又偏於北方。臣謂潢西省布政之司。當在星州。此州北戴金烏之城。西扼秋風之嶺。爲關防要衝之地。晉州仍爲兵營。星州建爲監營。則其管轄爲便也。○臣又按。星州大丘。不滿一日之程。若南寇來侵。兩省之臣。飛書議事。相爲輔車之勢。亦勝於涯角之相懸也。

洌東省者。今之江原道也。其疆域如故。唯狼川·金城等洌西七邑移屬京畿。已見上 京畿之楊根·砥平二邑。忠淸之堤川一邑。移屬本省。已見上爲小異也。○臣謹案此省之嶺東九邑。北自歙谷南至于平海本是玄菟之南部。其後金蛙之解夫婁。自濊地東徙迦葉原。迦葉原者河西良也。音相近河西良者。今之江陵也。自此以降。嶺東九邑。謬蒙穢貊之名。其實穢貊本在遼東。非此地也。然其太山西阻。大海東薄。監司坐於原州。遙制實難。臣謂江陵府使。亦兼按察使之名。使嶺東九邑。其小事領於江陵。惟大事

渭

關於監司。抑所宜也。

松海省者。今之黃海道也。海州僻在一隅。松京只管一城。處僻則命令迃回。管小則權力寡弱。西路藩屛。兩無所恃。松京之爲黃海監營。未可已也。然則長湍等三邑。自當隨至。及其北界之中和·祥原二邑。本在須水之南。今亦務屬於本省也。○臣謹案。原制兩南兩北。幅員雄廣。中央四道其地薄小。其在重內輕外强幹弱支之義。深有不合。今也兩南兩北分之爲八省。中央四道。疆域如故。則居重禦輕。以强制弱。誠亦有補於形勢矣。

須西省·淸西省者。今之平安道也。此道中央有狄踰嶺（江界之南鄙）。嶺之南即淸水之所出也。嶺之北即流水之所出也。薛罕嶺之脈西。出爲狄踰嶺。又西爲棘城嶺（在熙川西北）。橫亙爲南北之大關。今擬在狄踰之南淸水之東者。屬之須西。其在狄踰之北淸水之西者。畫之爲淸西省。○德川价川以至安州。在淸水之東。凡此以東須西之所管也。熙川寧邊以至

渭

博川在淸水之西。江界謂原在狄踰之北。凡此以西淸西之所管也。○臣謹案。平安一道。本亦分之爲淸南淸北。其分兩省。非臣之所創也。若設兩省。淸西之布政司。當在寧邊。寧邊者古之兵營。李适據此以叛。其後徒營於安州。然國論每以寧邊爲勝於安州也。○臣又按廢四郡者。茂昌·閭延·虞芮·慈城也。四郡之地給過千里。視今之黃海道。不啻倍之。雖無郡縣。亦有人民之雜居者。況四郡不可不復乎。南距平壤殆數千里。監司無以遙制。臣謂江界府使亦兼安撫使之名。使四郡守令其小事皆決於江界。唯大事乃關於監司。如江陵之例。誠所宜也。但江陵之嶺東九邑。宜自布政司考課。而江界之廢四郡並東參課。宜令江州大使爲之。如濟州牧使之於旌義·大靜二縣可也。何者。其廉貪勤慢非遠之所能知也。○臣嘗作廢四郡議曰。臣竊觀鴨綠河防之勢。自四郡以西沿河爲邑者。謂原·楚山等七邑也。自四郡以東泝河爲邑者。三水·甲山是也。而鴨綠之水自南而北至于閭延。又析而南流。今論北極出

地大抵同帶則渭原甲山爲之弦而四郡爲之弧矣疆域之辨宜弧是爭藩籬之蔽宜弧是固而今廢之不顧可乎率然之蛇擊其首則尾至擊其尾則首至擊其中則首尾俱至此兵家之大勢也今率然之蛇首在甲山尾抵渭原而其腰腹皆已朽矣尙可以首尾相救乎兵之所以勝敗存亡勢而已山戰者據峻嶺則勝水戰者據上流則勝勢也有疆人數千據四郡之地北斷葛坡之路西通建州之粟南面而號令我則七邑亭壁之障將土崩瓦解而浿水以北非復朝鮮之有也不此之憂而謂四郡可廢乎防之未成踰者無傷防而踰之亂之本也詩云折柳樊圃狂夫瞿瞿道防之不可踰也鴨淥之爲防也大矣今無故而毀之使朔野奸細之民潛處山林之中挈其妻子託爲巢窟日採金銀銅鐵鼓鑄以爲貨孩兒之蔘貂鼠之皮以自肥具弓矢戈鋋猛火之器以自衛守土之臣匿不以聞廟堂之臣知而不言亂之既作防於何有昔我世宗世祖命將出師經營六鎭竭一國之力獲而後已焉者何以哉欲

以豆滿爲防也防之在人尙或圖之防之在我胡自毀之臣故曰廢四郡宜復○臣又按浿水一帶(長津水)即我內地非乘障之地而南自長津北至葛坡沿水設堡至於七八項背相望刁斗相聞斯何故也蓋以浿水以西即廢四郡之地四郡既廢亂民雜處 朝廷視四郡爲異域故視浿爲邊防若是其設備也其意如是也故淥水之沿東自葛坡西至滿浦六百餘里曠無防守一兵不留又自滿浦南沿涜水(禿魯水)又設七八堡如於浿水蓋以涜水以東又是廢四郡之界也然則 朝廷眞以廢四郡棄之爲異域審矣夫淥水者我邦之天塹塹既天成人乃棄之不祥甚矣嘉慶十七年嘉山賊洪景來謀反伏誅其檄書輒以廢四郡伏援之說聲言虛喝西土人以廢四郡爲早晚起釁之地也明矣浿水之沿涜水之沿戍堡殆近二十今撤此諸堡列樹之於淥水之沿以塞葛坡滿浦之間虛曠之地則力不加疲財不加費而淥水之天塹完矣其設堡之法一時大舉固善也不然今年取葛坡之西三十里滿浦之

東三十里各立一堡明年又取新堡之西東三十里各立一堡又明年又取三十里勢若括囊功如塞潰不出十年北邊之堡障成矣堡障既成有不能設置郡縣者乎今南方民多地狹一夫之耕錢至數萬徒以實之莫不欣樂操國成者何憚而不爲也

浿水之南中和祥原二邑今遂移屬於松海註見○臣謹案當時以此二邑屬之平安者爲平壤直臨浿水一葦纔抗便屬他界故權且屬之於平壤也然畫野分州宜循天作金陵雖直臨江水未聞江北郡縣屬之於江南也然驛置警急邊報往來或有不得不相須者宜令二邑凡土地人民一應百務咸領於中京唯邊報一事秉受平壤節制未或爲弊若夫疆域之限不可以游移也

玄菟省滿河省者今之咸鏡道也此道中央有磨天嶺嶺之大脊直抵于長白山大幹故自嶺以南謂之南道自嶺以北謂之北道今但依此分之爲兩省南省終於端川北省始於吉州自此以北凡在大脊之西者屬之玄菟在大脊之東者屬之滿河○今北道節度使風和入處鏡城風高出居鏡城之行營在會寧之東今宜以鏡城爲布政司鏡城行營仍作行營誠合宜也○臣謹案滿河六鎭本係北沃沮之地久爲靺鞨所據渤海之盛以其地爲東京龍原府亦曰柵城府領慶鹽穆賀四州貞元年間文王欽茂自上京東南徙都於東京輿地勝覽、作南京、所謂東京今之行營或其地也渤海既亡沒入野人屢爲邊患 世宗世祖是征是略僅得經理滿河以南遂入版籍然風氣絕殊土俗椎魯李施愛李澄玉等一麾而倡亂民靡然從之其後倭將淸正入北關亂民鞠景仁等乘時和應爭殺藩臣帥臣以投賊幸賴鄭文孚之才得以平定然風吹草動其最可憂者此地也重以地勢絕遠聲聞不續守土之臣貪虐唯意朝廷莫之聞監司莫之察一路生靈遂爲無告之窮民撫綏之方豈容如是自今滿河省巡察使必以經幄密邇之臣砥礪廉白之人遴而遣之俾盡懷來之方未可已也

奉天省布政司在京畿敦義門之外其職曰京畿巡察使領州四郡十縣二十二◯又沁州領一郡

廣州領三郡六縣◯三郡曰驪興竹山安城六縣曰果川陽城龍仁利川陽智陰竹◯廣州都護府大尹兼京畿守禦使有判官一員以治民事◯臣謹案留守之職必京都而後乃可有者我　邦宜以松都爲中京平壤爲西京其餘無可稱京者（慶州雖爲新羅之舊都地勢荒遠扶餘雖爲百濟之舊都邑落凋殘）江都廣州不過爲一時避兵之地安得爲都不得爲都安得爲留守二百年來廣州或爲留守或爲府尹歲更月改名稱屢變臣謂留守之名自今停罷宜矣◯其謂之都護府何也護也者上護　王國下護軍民也原制有州有府（如平壤）有都護府有大都護府州之中有府尹焉有牧使焉有府使焉（朔州稱府使）臣以爲職官之制宜簡而不宜煩今擬州府合爲一等凡州皆稱都護府就其中舊稱府尹者稱都護府大尹舊稱大都護者稱都護府大使舊稱牧使者稱都護府牧使其新陞爲州者亦稱

其州都護府牧使其下有郡守其下有縣令又縣令縣監必不殊名今擬有縣令而無縣監如中國之制未爲失也◯驪興之降爲郡何也驪興本是小郡以　王妃之姓鄕陞之爲州臣竊伏念州郡升降之法本不合理大抵王者建國經野分州法制一定不宜變動在昔高麗之世州郡陞號者歲增月衍或以王妃之姓鄕或以勳臣之本鄕或以高僧之本鄕（凡爲王師國師者皆陞其本鄕）遂使官制紊亂諂風大行逮我　聖朝因循爲法此必宜改者也　國祚綿遠若過千年國之郡縣將盡陞爲州其有是乎宜著爲式自今州郡縣三等一定其名不復升降亦王政之大者也◯今罪關綱常者出於其邑則雖雄州大郡降之爲縣改其邑名（如公州稱公山類）或竝改其道名（淸州降爲西原則忠淸道爲公忠道）十年乃復此無義之甚者也施罰於無情之物垂戒於不懲之地將何補哉若罪人之鄕是縣非郡則無所復降降爲末縣審如是也州郡亦當仍其本秩降爲末座而已又何必降之爲縣乎凡法不均不平者非聖人之法也況罪人之鄕原

是末縣則將柰何行法到此窮而不通凡窮而不通者非聖人之法也○竹山之降爲郡利川之降爲縣何也竹山利川俱是小邑皆可降縣但竹山在大路之衝素有防禦之責姑降爲郡也此下凡降爲縣者皆倣此

華州領三郡六縣○三郡曰南陽仁川富平六縣曰始興振威陽川安山金浦通津○華州都護府大使兼京畿南道防禦使○臣謹案華城之爲留守者我 先大王嘗有意於斯爲作行宮名其殿曰老來堂所以爲留守也今無故名之曰留守徒使官制破碎不完今擬復其舊號爲都護府唯其城池有法又當要路之衝所以兼防禦使也

楊州領二郡五縣○二郡曰坡平高陽五縣曰加平抱川永平漣川積城○交河小邑也合之於高陽○楊州都護府牧使兼京畿運餉使○臣謹案高陽當西路之首站供億浩繁而邑力凋殘宜取交河合之爲一郡也○又按楊州左夾帶水臨津水右擁洌水凡軍興之時宜責運餉所以兼運餉使也

鐵州領二郡五縣○二郡曰伊川朔寧五縣曰平康安峽金化金城狼川○鐵州都護府牧使兼京畿北道防禦使○臣謹案鐵原者古之鐵圓弓裔之所都也直當北路之衝本兼防禦之職今亦因之

沁州府領一郡○一郡曰喬桐○沁州府行宮大使兼京畿水軍節度使有判官一員以治民事○喬桐郡守兼京畿水軍節制使○臣謹案江華喬桐官制屢變而江華既非京邑留守之名所不宜也西路水軍別無所須三道統禦使亦贅矣今以沁州大使兼水軍節度緩急可用不必使喬桐爲重任也

泗川省布政司在公州錦江之南領州四郡十縣二十八

公州領三郡八縣○三郡曰天安木川來合之魯城石城來合之韓山八縣曰稷山扶餘恩津定山鴻山林川藍浦庇仁來合之舒川○泗川省巡察使兼公州都護府大使有判官一員以治民事○臣謹案平人才器不甚相遠

何如之人嶺南湖南全畀而有餘何如之人庇仁藍浦分治而不堪乎臣故曰大道分之爲二省小縣合之爲一郡於理爲宜也小縣苟存則其斂滋甚何者叢爾邑也有社稷焉有賓旅焉官有眷屬署有吏隷剝割侵漁欲效大邑之所爲殘害百姓疲困萬狀良吏至則拱手而無爲貪官至則椎髓而求羡凡如是者宜以漸而合令冗員稍減而民力稍紓也上下諸省凡合兩以爲一者皆是此意伏惟裁察焉○臣又按監司之職稱觀察使兼巡察使夫觀察即巡察疊稱何義自今去觀察只稱巡察使俾專意巡功宜矣其所以別置判官者令監司以巡游爲職不定厥居也臣又思之自監司挈眷以來百弊棼興一事不擧而春秋巡歷應文而已自今監司挈眷之法永遠停罷宜矣(義詳監司條)

洪州領三郡八縣○三郡曰溫陽(新昌來合之)沔川(德山來合之)瑞山(海美來合之)八縣曰牙山(平澤來合之)大興·禮山·保寧·唐津·泰安·結城·青陽○洪州都護府牧使兼泗川省運餉使○臣謹案洪州當漕路之衝所以兼運餉使也

凡兼運餉之職者軍興管輸軍餉平時管運漕粟以爲式也

清州領二郡六縣○二郡曰黃澗(永同來合之)沃川六縣曰青山·報恩·文義(懷仁來合之)燕岐(全義來合之)懷德(鎭岑來合之)連山○清州都護府牧使兼泗川省中道防禦使○臣謹案南寇由秋風嶺而內犯則至黃澗遂分二路一路由青山報恩出于清州一路由沃川文義出于清州以達于京城清州者中道之要衝所以兼防禦使也○臣又按壬辰南寇其大陣由鳥嶺其一枝由秋風嶺出于清州其後鳥嶺則築三重之城嚴嚴鎖固而秋風之路曠然相忘抑何故也鳥嶺本是天險一夫據險萬夫難犯雖不設險可以備急秋風本是平地若無堅城無以禦寇臣謂秋風嶺之西未及黃澗擇一險隘之地亟築堅城以藏兵粟有急令郡守往守而防禦之臣爲之後援未可已也

忠州領二郡六縣○二郡曰丹陽·清風六縣曰永春·槐山·延豐·清安·陰城鎭川○忠州都護府牧使兼泗川省東道防禦使○臣謹案忠州當

島嶺竹嶺之會。所以兼防禦使也。

完南省布政司。在全州府城之內。領州三郡六縣十八。

全州領二郡六縣。○二郡曰礪山、益山。六縣曰高山、龍安、(咸悅之半來合之)臨陂、金隄、萬頃、沃溝。(咸悅之半來合之)○完南省巡察使兼全州都護府大尹。有判官一員以治民事。○臣謹案全州繁富。足稱大都。以其未嘗爲京邑。故不得南京之名也。

龍州領二郡六縣。(龍州即南原)○二郡曰茂朱、錦山。六縣曰珍山、龍潭、鎭安、長水、任實、雲峰。(求禮來合之)○龍州府都護牧使兼完南省東道防禦使。○臣謹案龍城東通八良嶺。爲新羅百濟兩國之界。咽喉之衝。所以兼防禦使也。○臣以爲八良嶺者。南方之大關防也。百濟之亡。劉仁軌留鎭南原。以南原爲帶方州。以塞新羅之路。高麗之末。我 太祖遇倭寇於此地。誅阿只拔都。有荒山大捷碑。萬曆丁酉倭寇由此路以攻南原。天將楊元棄城北走。此路之不可不禦如此。而至今無一片堅城。可謂疏

矣。雲峰之東十餘里。當其嶺隘之寂險處。築一堅城。徙雲峰邑治以居此城。未可已也。

淳州領二郡六縣。(淳州即淳昌)○二郡曰泰仁、古阜。(泰仁今陞之)六縣曰井邑、金溝、扶安、高敞、茂長、興德。○淳州都護府牧使兼完南省中道防禦使。○臣謹案淳州亦有蘆嶺。爲中大路。所以兼防禦使也。且淳州有復興險阻。無比南人之議。皆云兵馬營宜設於淳州也。

武南省布政司。在光州府城之內。領州三郡六縣十八。(又兩州領二縣)

光州領二郡六縣。○二郡曰長城、綾城。(今綾州)六縣曰潭陽、昌平、和順、南平、玉果、谷城。○武南省巡察使兼武州都護府大使。有判官一員以治民事。○臣謹案光州者武州也。新羅之末。常爲巨鎭。高麗亦然。逮我聖朝。倡義之兵。先起於此州。以之爲布政司。有由然也。

羅州領二郡六縣。○二郡曰靈光、靈巖。六縣曰咸平、務安、康津、海南、珍島、押海。○羅州都護府牧使兼武南省右道防禦使。○臣謹案押海者。

羅州之外島也羅州之海有十二大島其小島屬於大島者不下數十
諸島一年徭役以應邑人之誅求者粟不下萬石他物稱是羅州小校
爲外島主人盡享其利以應牧使之木物雜費天下之無義無法莫此
若也外島之民浮海下陸欲有告訴一入府城糜費極多而事竟不伸
積爲寃欝成願別立一縣使十二諸島咸隷此縣臣熟知其情今欲於
十二島之中擇建其一則慈恩巖泰押海乃其望也押海本是古縣以
此爲治抑所宜也臣又伏念羅麗之世倭寇屢侵我西海至萬曆壬辰
丁酉之難獨賴忠武公李舜臣之力賊不踰熨斗谼若使當時一踰此
谼羅州之十二島首爲蛇豕之食而此諸島無一城一堡我 國之西
南海防可謂疏矣亟置一縣以遏其衝未可已也

順天水營之南有金鼇島周三百里其西有愁太島其周二百里突山
同福金鼇黔洲○昇州都護府牧使兼武南省左道防禦使○臣謹案
昇州領二郡六縣(即昇州順天)○二郡曰長興寶城六縣曰光陽興陽樂安
乃發橫看之類不知其數今宜以金鼇島立之爲縣取其傍數十島咸
隷此縣以禦倭寇之衝抑所宜也○臣又案折今島在興陽之南其周
百餘里人民蕃殖土地饒沃其西有山伊助藥伐羅衾堂之類不知其
數宜以折今島立之爲點洲縣取其旁數十島咸隷此縣亦所宜也
濟州領二縣○二縣曰旌義大靜○濟州都護府大使兼耽羅府兵馬
水軍都節制使有判官一員以治民事○臣謹案濟州並因原制無攸
改也
嶺南省布政司在達州府城之內領州三郡九縣十八
達州領三郡六縣(即達州大丘)○三郡曰淸道密陽漆谷六縣曰玄風昌寧
靈山仁同慶山(合慈仁來)新寧(合河陽來)○嶺南省巡察使兼達州都護府
大使有判官一員以治民事
嘉州領三郡六縣(即嘉州安東)○三郡曰豐基(合順興來)靑松(合眞寶來)義城六
縣曰奉化榮川禮安英陽義興軍威(合比安來)○嘉州都護府大使兼嶺

南省上道防禦使○臣謹案豊基當孔路之衝據大嶺之隘而邑力凋殘茲所以援順興以合之也
慶州嶺三郡六縣○三郡曰東萊蔚山永川六縣曰寧海盈德來合之興海淸河來合之長鬐延日來合之彥陽梁山機張○慶州都護府大尹兼嶺南省下道防禦使○臣謹按東萊本一小縣不必以接鄰之故陞之爲府列爲郡守然其職宜兼兵馬水軍節制使不與他郡守等○臣又按慶州雖爲新羅之千年故都而地勢荒遠不足以列爲諸京也
潢西省布政司在星州潢水之西領州三郡九縣十八
星州領三郡六縣○三郡曰陜川咸陽安義來合之草溪六縣曰高靈居昌三嘉宜寧山淸丹城○潢西省巡察使兼昆州都護府大使有判官一員以治民事○臣謹案咸陽當八良嶺之口不可使單薄故援安義以合之也
尙州領三郡六縣○三郡曰善山醴泉金山六縣曰聞慶龍宮咸昌化寧開寧知禮○尙州都護府牧使兼潢西省北路防禦使○臣謹案秋風嶺之北有化寧中牟二古縣之地今皆革罷屬于尙州臣以爲復設此縣合兩爲一名之曰化寧以實秋風之口則於關防不爲無補益也
晉州領三郡六縣○三郡曰金海昌原漆原來合之河東即河東也昆陽來合之六縣曰泗原即泗川固城咸安鎭海來合之熊川南海巨濟○晉州都護府牧使兼潢西省南路防禦使○臣謹案河東在潢水之東西渡蟾津豆恥津即抵光陽以達全羅之道斯亦關防之地宜取昆陽合之爲一郡昆陽之南南海之口有露梁堡此李舜臣禦倭之地宜取昆陽之南數坊屬之露梁以壯其力亦所宜也若露梁設塞則蟾津塞宜革○臣又按忠淸道今改之曰泗川省矣泗川縣宜改之曰泗原俾名不紊也
洌東省布政司在原州府內領州三郡六縣十二
原州領二郡四縣○二郡曰寧越旌善四縣曰堤川平昌橫城砥平○洌東省巡察使兼原州都護府大使有判官一員以治民事○臣謹案

域令　　傳　箋

洌東之布政司。當在春州。使南北道里均適。今姑因舊。而其議則未可泯也。又嶺東九邑。便同異域。管轄不便。宜嶺洌東布政之臣。春夏居于溟州。秋冬居于原州。使宣化得均也。

春州領二郡四縣。（春州即春川）○二郡曰淮陽。楊根。（本京畿之邑）四縣曰洪川。迷源。麟蹄。楊口。○春州都護府牧使。兼洌東省運餉使。○臣謹案春州者。古之樂浪國也。漢之樂浪。初設於平壤。後爲句麗所奪。樂浪之人。來據牛首州。以與百濟連和。以拒挹婁。以抗句麗。（並詳疆域考）今人誤以牛首爲貊國。蓋自賈耽撰志。傳聞有誤也。此地本據形勢。且在一道之中。洌東之布政司。宜在於此。○臣又按楊根之西北面。有迷源古縣。尙有倉廒。此地處洪川春川二水交會之下。伏兵運粟。緩急有須。宜復其縣。以承春州之流。未可已也。

溟州領二郡四縣。（溟州即江陵）○二郡曰襄陽。三陟。四縣曰杆城。高城。通川。歙谷。（歙谷來合之）蔚珍。（平海來合之）○溟州都護府大使。兼嶺東安撫使。○臣謹案臣之叔父曾任歙谷縣令。其時歙之民戶不過四百餘戶。四百戶不可以爲縣。宜合于通川。俾紓民力。又蔚珍爲縣。亦補殘小。宜以平海合于蔚珍。○臣又伏念溟州一路。東薄大海。西負太山。迮迫阻絕。便同異域。宜令監司半居嶺東。如其不然。嶺東諸邑。一應政務。取決於溟州大使。唯大事關于監司。如江界之廢四郡。抑所宜也。

松海省布政司。在中京留守之府。領京一州二郡十二縣十二。

中京開城府領四郡四縣。○四郡曰長湍。平山。延安。白川。四縣曰麻田。金川。兎山。新溪。○豐德府合之於松京。○中京留守。兼松海省巡察使。開城府大尹。有庶尹一員。以治民事。○臣謹案開城府既具州牧之體。則壤地褊小。只據一城。未成模樣。今以豐德合之。爲一州。抑所宜也。

海州領四郡四縣。○四郡曰長淵。豐川。（松禾來合之）安岳。信川。四縣曰長連。殷栗。文化。康翎。（甕津來合之）○甕津既入于水營。有若無也。合于康翎。不在數計。○海州都護府牧使。兼松海省運餉使。○臣謹案豐川當椒島之

口日後警急必在於是而邑力凋敝所以取松禾以合之也○臣又按
關西有兵則南道之粟輸於北京畿有饑則西路之粟輸於南宜有一
臣爲之漕帥斯其所以兼運餉使也○臣又按諸省分等每郡少縣多
而西北諸路郡縣之數多相同者大郡本多不可以名縣也
黃州領四郡四縣○四郡曰中和鳳山瑞興谷山四縣曰祥原遂安載
寧麟城○黃州都護府牧使兼松海省西道防禦使○臣謹案麟城者
鳳山之東四里也鳳山東南百餘里麒麟驛之北有所謂東四里又載
寧之聖堂面在麒麟驛西此地曠無城邑四距郡縣皆過百里民不知
法行旅不集宜於此地建一小縣名之曰麟城使棊布星羅之勢不至
於太疎豁也深山鉅谷人烟稀少者不得不曠遠如此平衍之地何爲
而斷其亭障哉此必宜設者也○載寧本是大郡以其分之爲麟城故
今降爲縣
浿西省布政司在西京留守之府領京一州一郡六縣十二

與猶堂全書

第五集 經世遺表 卷三 四十六

今

西京平壤府領三郡六縣○三郡曰成川三和咸從(甑山來合之)六縣曰江
西龍岡順安江東三登陽德○西京留守兼浿西省巡察使平壤府大
尹有庶尹一員以治民事○臣謹案三和當浿江入海之口有防禦之
責雖降爲郡仍兼防禦使之名抑所宜也○臣又按甑山小聚也合于
咸從便也然甑山咸從或係古增地縣令擬咸從冒甑山之名抑所宜
也
安州領三郡六縣○三郡曰肅川順川价川六縣曰永柔慈山德川孟
山寧遠殷山○安州都護府牧使兼浿西防禦使○臣謹案此三郡六
縣皆在薩水之東殷山孟山寧遠又在浿源之東
淸西省布政司在寧州藥山城之內領州三郡十八縣二
寧州領六郡二縣(寧州即寧邊)○六郡曰定洲熙川(定洲即定州)雲山龜城嘉山
郭山二縣曰博川泰川○淸西省巡察使兼寧州都護府大使有判官
一員以治民事○臣謹案州郡之制既皆森整不亂則列邑之冒州名

不便故定州朔州皆改州爲洲

義州領六郡○六郡曰朔洲昌城碧潼龍川鐵山宣川○義州都護府大尹兼清西防禦使○臣謹案江邊諸邑及海防三邑其秩宜尊故並以六邑爲郡不降爲縣也

江州領六郡（江界州即）○六郡曰閭延茂昌虞芮慈城渭源楚山○江州都護府大使兼清西防禦使四郡安撫使○臣謹案四郡實民之方宜復全家徙邊之律但南北風氣絶殊猝然遠徙人情所悲自今重罪徙千里其次徙五百里南方之民徙于中道中道之民徙于兩西西路之民乃徙四郡則戶總減於南方而邑落成於四郡此誠便宜之法也

玄菟省布政司在咸州府城之內領州二郡四縣十

咸州領二郡五縣（咸興州即）○二郡曰永興安邊五縣曰德原文川高原定平長津○玄菟省巡察使兼咸州都護府大尹有判官一員以治民事○臣謹案永興雖是我　聖祖興王之地不必陞之爲府乃爲尊嚴

漢太祖龍興之後豐仍爲縣沛仍爲郡未聞其陞之爲州牧也法制一定乃有綱紀永興既無領邑自爲列郡而已

航州領二郡五縣（北靑州即）○二郡曰端川甲山五縣曰利原洪原三水階山厚洲○玄菟道兵馬節度使兼航州都護府大使有判官一員以治民事○臣謹案北靑之北有慈航山故改之曰航州也○臣又按國朝既棄四郡四郡爲野人雜類所居於是浿水之東沿水置戍曰長津神方江口魚面自作以至於葛坡此開門戶以啓敵人也天下其有是乎　先朝深以爲慨先以長津堡爲長津府遣將臣李敬懋經營作邑此王者之大猷也臣伏念航州西北有所謂小白階山院洞銀洞諸處在魚面堡之後宜以其地名曰階山亟立一縣則浿水之西鹹德板幕洞諸地亦當稍入經理不患其不成邑也○臣又按廢四郡皆沿江爲邑而其上流有厚州古城今稍徙爲厚州堡此四郡之外又一廢郡也宜於此地復設一縣名曰厚洲東連三水西接茂昌以今之舊葛坡

為治所而其空曠之地悉入經理則北邊之藩籬漸完矣。

滿河省布政司在鏡州府城之內領州二郡八。

鏡州領四郡(慢州、即鏡城)〇四郡曰吉洲·明川·(吉洲、即吉州)富寧·茂山〇滿河省

巡察使兼鏡州都護府大使有判官一員以治民事〇臣謹案十二省

巡察使例皆兼兵馬節度使而非實兼也至於滿河省宜實兼之不復

立兵馬營也。

會州領四郡(會州、即會寧)〇四郡曰鍾城·穩城·慶源·慶興〇會州都護府大

使兼滿河省防禦使·六鎭安撫使〇臣謹案舊例滿河省節度使風和

則在鏡城風高則在鍤城行營今巡察使實兼是職宜亦循舊例徙居

〇又按滿河省巡察使宜文武交遞武臣須曾經承旨參判乃入薦望

抑所宜也。

十二省州郡縣摠數 嘉慶丙子八月廿三日試筆

奉天省三十八邑 州四郡十縣二十二 又沁州州一郡一

與猶堂全書

第五集 經世遺表 卷三

四十八

泗川省四十二邑 州四郡十縣二十八

完南省二十七邑 州三郡六縣十八

武南省二十七邑 州三郡六縣十八

浛州三邑 州一縣二

嶺南省三十邑 州三郡九縣十八

潢西省三十邑 州三郡九縣十八

洌東省二十一邑 州三郡六縣十二

松海省二十七邑 京一州二郡十二縣十二

浿西省二十邑 京一州一郡六縣十二

淸西省十九邑 州三郡十四縣二

廢四郡四邑 郡四

玄菟省十六邑 州二郡四縣十

滿河省十邑 州二郡八

已共三百一十四邑

本三百四十六邑

減四十三邑 豊德·交河·木川·石城·庇仁·新昌·德山·海美·平澤·永同·懷仁·全義·鎭岑·咸悅·求禮·谿仁·河陽、順興·眞寶·比安·盈德·淸河·延日·安義·漆原·昆陽·鎭海·欽谷·松禾·貫津·甕山

增十一邑 押海·金鰲·黔洲·化寧·麟城·隋山·厚洲·廢四郡

與猶堂全書第五集第三卷終

與猶堂全書第五集第四卷

洌水丁若鏞美庸 著

外玄孫 金誠鎭 編

後學 鄭寅普 安在鴻 同校

政法集

經世遺表 卷四

天官修制 郡縣分等

郡縣之制。宜以民戶多少田結廣狹。爲之等級。

柴周之制。三千戶以上爲望縣。二千戶以上爲緊縣。一千戶以上爲上縣。五百戶以上爲中縣。不滿五百戶爲下縣。○宋太祖開寶九年。詔更定縣望。以戶四千以上爲望。次爲緊。爲上。爲中。爲中下。凡五等。(今清亦有劇制) ○臣謹按中國之法。府宜大。州次之。郡則無之。(宋以後無郡) 縣

(縣雖大小諸等不同、) 有五等。以次陞遷。吾東之法。州府之殘或不能成聚。列縣之雄或至於劇務。及其差遣也。勢高則初手直付大縣。力微則三仕皆得小縣。官方之淆一往如此。今擬八路諸邑。並以民戶田結。別其大小。試錄如左。以知大略。

五百戶以上 陽川八百 欽谷七百 懷仁八百、泰川九百

一千戶以上 麻田 眞寶 積城 漆原 漣川 大靜 平澤 三登 彥陽 [illegible]興

千五百戶以上 金浦 河陽 永平 平昌 始興 旌義 陰竹 [illegible] 全[illegible] [illegible] 石城 龍安 奉化 [illegible]山

[illegible] 富寧 [illegible] 文川 楊口 [illegible] 高城

二千戶以上 安山 定山 加平 長鬐 交河 清河 砥平 [illegible] 抱川 井邑 陽智 高敞 陰城 玉果 永春 [illegible]

茂山 [illegible] 利原 平海 [illegible] 扞城 鐵原 狼川

二千五百戶以上 振威 青山 丹陽 盈德 文義 扶餘 延豐 [illegible]城 木川 燕岐 黃澗 青陽 [illegible]安 牙山 鎭川 新昌

禮山 興德 海美 谷城 豐基 慈山 知禮 陽德 高靈 德源 咸昌 鏡城 山清 長淵 丹城 伊川 慈仁 旌善 樂安 平昌

三千戶以上 富平 大興 仁川 礪山 通津 [illegible]山 楊根 德山 高陽 比安 果川 唐津 陽城 寧海 溫陽 青松

順興 孟山 漆谷 甲山 慶山 定平 [illegible] 穩城 禮安 鎭川 三嘉 高原 珍山 洪原 龍潭 [illegible]川 咸悅 鎭安 咸從 新溪

殷栗 平康 [illegible] 金化 寧越 [illegible]城

三千五百戶以上 [illegible] [illegible] 竹山 昆陽 豊德 草溪 朔寧 迎日 天安 軍威 韓山 比安 永同 [illegible] 結城 英陽

益山 谷山 [illegible] 淮陽 長水 三陟 楚山 金城 德川

四千戶以上 安城 盈德 龍仁 龍宮 槐山 [illegible] 泰安 開寧 沔川 泗川 保寧 安義 榮川 熊川 陜川 [illegible]

萬頃 价川 高山 嘉山 沃溝 德安 光陽 殷山 昌城 金川 三和 洪川

四千五百戶以上 清風 仁同 林川 東萊 舒川 河東 堤川 居昌 報恩 咸陽 恩津 梁山 鴻山 南海 藍浦 聞慶

綾州 江西 礪山 吉州 義城 慶源 博川 明川

五千戶以上 利川 順川 宜寧 郭山 靈山 長津 任實 信川 南平 春川

五千五百戶以上 南陽 朔州 長湍 祥原 金山 會寧 玄風 長淵 茂朱 瑞興 金堤 江陵 [illegible]安

六千戶以上 羅州 [illegible]山 瑞山 熙川 咸安 寧遠 潭陽 北青 錦山 安邊 茂長 鍾城 務安 白川 成川 文化 龜城

六千五百戶以上 沃川 [illegible]川 長城 永柔 古阜 通川 淳昌 扶安

七千戶以上 善山 寧邊 永川 濟州

七千五百戶以上 江華 延安 昌原 宜寧 泰仁 咸平

八千戶以上 開城 海南 靈山 龍川 清道 渭原 光州 平山 珍島

八千五百戶以上 順天 龍岡 鳳山

九千戶以上 昌寧 靈巖 中和 碧潼

九千五百戶以上 鏡城 宜川 原州

一萬戶以上 楊州 康津 [illegible] 黃州 醴泉 南原 長興

萬一千戶以上

萬二千戶以上 金海 靈光 定州 雲山 永興 安岳

萬三千戶以上 清州 洪州 大丘 安州 咸興

萬四千戶以上 晉州 固城

萬五千戶以上 星州 海州

萬六千戶以上 華城 安東

萬七千戶以上 廣州 公州

萬八千戶以上 興陽 義州

萬九千戶以上 慶州 全州 江界

二萬戶以上

二萬二千戶以上 忠州二萬三千九百 密陽二萬二千九百 尙州二萬三千九百 羅州二萬二千三百

三萬戶以上 平壤三萬九百

已上諸邑民戶之數

未滿五百結 長津二百餘結 安峽四百餘結

五百結以上 加平 三水 麻田 淮陽 陽川 襄陽 永春 旌善 朔州 平昌 楚山 高城 三登 歙谷 孟山 平康

麟蹄 洪川 楊口

一千結以上 喬桐 昌城 安山 德川 始興 碧潼 砥平 嘉山 積城 郭山 漣川 泰川 陽智 殷山 丹陽 利原

豐川 宜寧 延豐 長[illegible] 陰城 平海 懷仁 扞城 淸河 蔚珍 禮安 金化

千五百結以上 金浦 和順 楊根 龍安 安城 龜城 朔寧 鐵山 交河 龍川 陰竹 慈山 果川 熙川 英陽 博川

价川 甑山 淸風 陽德 黃澗 高原 靑山 甲山 庇仁 寧越 寧海 三陟 眞寶 通川 知禮 金城 渭原 鍾城 順安

二千結以上 竹山 雲峯 振威 求禮 永平 同福 全義 鎭川 鎭岑 咸從 靑陽 順川 靑松 富寧 漆谷 洪原

豐基 山淸 機張 安邊 彥陽 丹城 新寧 江陵

二千五百結以上 南陽 軍威 豐德 河陽 高陽 義興 抱川 高靈 堤川 聞慶 永同 咸昌 淸安 昌平 定山 谷城

玉果 慈仁 長水 鎭川 燕岐 泰原 平澤 光陽 藍浦 寧邊 順興 定州 興海 三和 昆陽 宣川 南海 永柔 長鬐 德源

明川 伊川 文川 鐵原 谷山

三千結以上 坡州 文義 利川 奉化 富平 比安 仁川 泗川 通津 茂朱 陽城 樂安 槐山 井邑 溫陽 [illegible]城

鎭安 肅川 成川 延日 祥原 定平 石城 穩城 結城 甕津 新昌 長淵 海美 殷栗 東萊 康翎 巨濟 江[illegible]

三千五百結以上 大興 高山 木川 江界 懷德 中和 保寧 江東 唐津 慶興 咸陽 春川 草溪 梁山 三嘉 慶山

盈德 遂安 龍宮 松禾 金川 開城府

四千結以上 韓山 萬頃 扶餘 咸悅 鴻山 江西 德山 麗源 河東 茂山 陜川 會寧 玄風 白川 靈山 文化 綾州 狼川

四千五百結以上 驪州 興德 龍仁 務安 泰安 任實 報恩 安州 仁同 瑞興 居昌 原州 金山 新溪 開寧

五千結以上 天安 益山 沃川 金溝 林川 吉州 舒川 甲山 恩津 端川 礪山

五千五百結以上 長湍 珍山 沔川 南平 稷山 鏡城 連山 鳳山 淸道 載寧 錦山

六千結以上(牙山 昌原 固城 昌寧 鎭海 淳昌 沃溝 義州 北靑 安邊)
六千五百結以上(鎭川 德山 咸安 潭陽 龍岡)
七千結以上(醴泉)
七千五百結以上(瑞山 信川 安岳)
八千結以上(永川 寶城 臨陂 興陽 延安)
八千五百結以上(善山 蔚山 襄城 古阜 扶安)
九千結以上(長城 平壤 永興 鍾城 平山)
九千五百結以上(泰仁 康津)
一萬結以上(楊州 密陽 金海 光州 順天 長興 金堤 咸平 海南 咸興)
一萬二千結以上(洪州 安東 大丘 南原 茂長 黃州)
一萬四千結以上(尙州 星州 晉州 靈巖)
一萬六千結以上(慶州 靈光)
一金八千結以上(淸州九千三百 華城八百二十)

二萬結以上(公州一千五百 忠州一千五百 全州一千三百)
二萬四千結以上(海州)
二萬八千結以上(羅州)
已上諸邑田結之數

今取民戶田結。合計其數。以辨郡縣之大小。差爲七等。
假如大丘民戶一萬三千。田結一萬二千。則合計之爲二萬五千。定之
爲大州也。

二萬五千以上爲大州　二萬以上爲大郡
一萬五千以上爲中郡　一萬以上爲小郡
八千以上爲大縣　六萬以上爲中縣
四千以上爲小縣　未滿四千者議其倂省

試取嶺南一道列其差等
慶州(一萬九千戶 一萬六千結)三萬五千　今定爲大州

尙州	二萬二千戶 一萬四千結	三萬六千		大州
密陽	二萬三千戶 一萬結	三萬三千		大州 宜名曰密州
星州	一萬五千戶 一萬四千結	二萬九千		大州
晉州	一萬四千戶 一萬四千結	二萬八千		大州
安東	一萬六千戶 一萬二千結	二萬八千		大州 宜名曰福州
大丘	一萬三千戶 一萬二千結	二萬五千		大州 宜名曰達州
金海	一萬二千戶 一萬結	二萬二千	今定爲	大郡
固城	一萬四千戶 六千結	二萬		大郡
義城	九千五百戶 八千五百結	一萬八千	今定爲	中郡
醴泉	一萬戶 七千結	一萬七千		中郡
蔚山	八千戶 八千五百結	一萬六千五百		中郡
普山	七千戶 八千五百結	一萬五千五百		中郡
永川	七千戶 八千結	一萬五千		中郡

昌寧	九千戶 六千結	一萬五千		中郡
昌原	七千五百戶 六千結	一萬三千五百	今定爲	小郡
淸道	八千戶 五千五百結	一萬三千五百		小郡
咸安	六千戶 六千五百結	一萬二千五百		小郡
金山	五千五百戶 四千五百結	一萬		小郡
玄風	五千五百戶 四千結	九千五百	今定爲	大縣
居昌	四千五百戶 四千五百結	九千		大縣
仁同	四千五百戶 四千五百結	九千		大縣
靈山	五千戶 四千結	九千		大縣
開寧	四千戶 四千五百結	八千五百		大縣
宜寧	七千五百戶 一千結	八千五百		大縣
河東	四千五百戶 四千結	八千五百		大縣
咸陽	四千五百戶 三千五百結	八千		大縣

陝川	四千戶 四千結	八千	大縣
梁山	四千五百戶 三千五百結	八千	大縣
巨濟	五千戶 三千結	八千	大縣
鎭海	二千戶 六千結	八千	大縣
東萊	四千五百戶 三千結	七千五百	宜以機張來合之、爲萬二千五百 陞之爲郡
龍宮	四千戶 三千五百結	七千五百	今定爲中縣
盈德	四千戶 三千五百結	七千五百	中縣
榮川	四千戶 三千結	七千	中縣
草溪	三千五百戶 三千五百結	七千	中縣
聞慶	四千五百戶 二千五百結	七千	中縣
泗川	四千戶 三千結	七千	中縣
南海	四千五百戶 二千五百結	七千	中縣
比安	三千五百戶 三千結	六千五百	中縣

慶山	三千戶 三千五百結	六千五百	中縣
三嘉	三千戶 三千五百結	六千五百	中縣
延日	三千五百戶 三千結	六千五百	中縣
熊川	四千戶 二千五百結	六千五百	中縣
軍威	三千五百戶 二千五百結	六千	中縣
義興	三千五百戶 二千五百結	六千	中縣
新寧	四千戶 二千結	六千	中縣
安義	四千戶 二千結	六千	中縣
興海	三千五百戶 二千五百結	六千	中縣
昆陽	三千五百戶 二千五百結	六千	中縣
順興	三千戶 二千五百結	五千五百	今定爲小縣
青松	三千戶 二千結	五千	小縣
漆谷	三千戶 二千結	五千	小縣

咸昌	二千五百戶 二千五百結	五千	小縣
高靈	二千五百戶 二千五百結	五千	小縣
英陽	三千五百戶 一千五百結	五千	小縣
慈仁	二千五百戶 二千五百結	五千	小縣
機張	三千戶 二千結	五千	宜合于東萊以爲郡
豐基	二千五百戶 二千結	四千五百	小縣
寧海	三千戶 一千五百結	四千五百	小縣
奉化	一千五百戶 三千結	四千五百	小縣
山淸	二千五百戶 二千結	四千五百	小縣
丹城	二千五百戶 二千結	四千五百	小縣
長鬐	二千戶 二千五百結	四千五百	小縣
禮安	三千戶 一千結	四千	小縣
知禮	二千五百戶 一千五百結	四千	小縣

河陽	一千五百戶 二千五百結	四千	小縣
漆原	一千戶 二千五百結	三千五百	宜合于昌原
淸河	二千戶 一千結	三千	宜合于興海
彥陽	一千戶 二千結	三千 宜取慶州南部一千戶五百結以益之	爲小縣
眞寶	一千戶 一千五百結	二千五百	宜合于靑松

凡未滿四千者殘疲不能爲縣。故擬倂省如此。○凡戶多而結少者。或山邑之民多賴於火田。或海沿之民有資於漁利也。故邑力與田結多者相等。由是言之。凡郡縣大小宜視民戶之多少。田結抑其次也。

若夫西北諸路。其郡縣大小宜異其率。今取關北一道。列其差級。止於六等。

西北二路。地廣人稀。平田絶少。而蔘貂銀布漁採之利。所資亦多。不可率之以南法。故試列關北一路。而浿西海西及江原一路。宜亦視此爲率。不可與三南同。

一萬五千以上爲大州　一萬以上爲大郡
八千以上爲小郡　六千以上爲大縣
四千以上爲中縣　未滿四千爲小縣

咸興	一萬三千戸 一萬結	二萬三千	大州
永興	一萬二千戸 九千結	二萬一千	大州
鍾城	六千戸 九千結	一萬五千	大州
安邊	六千戸 六千結	一萬二千	大郡
北青	六千戸 六千結	一萬二千	大郡
會寧	五千五百戸 四千結	九千五百	今定爲小郡
吉州	四千五百戸 五千結	九千五百	小郡
慶源	四千五百戸 四千結	八千五百	小郡
端川	三千戸 五千結	八千	小郡
鏡城	二千五百戸 五千五百結	八千	小郡

甲山	三千戸 五千結	八千	小郡
明川	四千五百戸 二千五百結	七千	今定爲大縣
茂山	二千戸 四千結	六千	大縣
穩城	三千戸 三千結	六千	大縣
定平	三千戸 三千結	六千	大縣
長津	五千戸 二百結	五千二百	今定爲中縣
三水	二千戸 三千結	五千	中縣
德源	二千五百戸 二千五百結	五千	中縣
洪原	三千戸 二千結	五千	中縣
慶興	一千戸 三千五百結	四千五百	中縣
高原	三千戸 一千五百結	四千五百	中縣
文川	一千五百戸 二千五百結	四千	中縣
富寧	一千五百戸 二千結	三千五百	今定爲小縣

利原 二千戶一千結 三千 小縣

此其大略也田界不正戶籍不覈郡縣大小亦不可定也

臣以爲田界不正隱漏居半則所謂幾結者非實數也戶籍不覈蔽冒滋多則所謂幾戶者皆虛名也錄其隱結去其陳結然後實結可知也執其漏戶删其虛戶然後實戶可知也二政不擧則百事皆格不可以措一手於其間矣

郡縣既定吏額多少斯可以出率也

吏額者今日之急務也見別篇大約以二十人爲下率每加五人既過四十稍變其率每加十人至百而止也

戶結合計爲四千則大約民戶爲二千也每百戶置吏一人則二千戶之邑吏置二十人斯可矣其未滿四千者既名爲縣二十人不可少也

今出率如左

未滿四千者吏二十人	四千以上者吏二十人

五千以上者吏二十五人	六千以上者吏三十人
七千以上者吏三十五人	八千以上者吏四十人
一萬以上者吏五十人	一萬五千以上者六十人
二萬以上者吏七十人	二萬五千以上者八十人
三萬以上者吏九十人	三萬五千以上者吏百人

軍官奴隸之等亦各觀爲差率今不具論

天官修制　考績之法

京官外官皆於歲終奏績。立春之日考績以頒之。

周禮百官群吏皆歲終則考功。故天官太宰云歲終則令百官府各正其治。受其會聽其致事而詔王廢置。考切宜在於歲終也。然我　邦郡縣之事皆臨歲而畢。功罪乃著。奏績雖在歲終。考功自在於春初也。

每至大比之年春分之日通考三年之績。大行黜陟。

大比之年。子午卯酉之年也。○周禮太宰云三歲則大計群吏之治而誅賞之。此則聖王之令典也。○臣謹案唐虞之制。三載考績。三考黜陟。蓋此時神聖相承。功庸奮發。其所作爲皆開闢以來初有之大擧措。若治水經田平賦作貢諸事。皆非三年之所能定功者。故必九年而後乃行黜陟。三代相承。天下之事皆有故常。則小小功罪不必九年而乃著。故三年變而爲一年。九年變而爲三年。皆聖人因時之宜也。後世皆用周法。唯晉杜預請以六歲爲期。定其優劣。宋文帝時守宰以六期爲斷。

宋宋乃以三年謂斷謂之小滿唐代宗時吏部奏州縣官三考一替。周世宗受官亦以三周年爲限。宋法亦然。眞宗景德元年。令京外官三年方得磨勘遷官。亦或有六期而遷者。故高宗紹興十四年。李澗言今知縣再任六考乃升通判。晉唐以來當小官六考秩高者三考我　邦之制。堂下守令六年乃遞。亦古法也。然一年再考。亦非古法。今擬歲終一考。乃合先王之制也。○臣又按今制。守令新赴任者。仕滿五十日便行考績。其未滿五十日者謂之日淺。斯亦不嚴之法也。雖有龔黃之才。五旬之間何以著績。今擬外官必仕滿半期。一百八十三日乃考其績。京官必仕滿九十日乃考其績。抑所宜也。

三公三孤奏績旣下。令中樞府考之。其政府郞官。三公自考之。○中樞府領事判事之績。自議政府考之。

臣謹案後世考績。唯執微官小吏殘卑可憐之人。第其高下。舜之考績。雖元勳大臣莫之饒焉。四岳者周之二伯之類也。十有二牧者周之八伯也。百揆者大冢宰也。后稷者漢之大司農也。司徒司寇司馬秩宗周

之六卿也共工朕虞後世合之爲司空者也典樂周之大司樂也納言漢之尙書令也此皆大臣上卿之職何况禹益皆先帝之元勳稷契皆先帝之懿親其尊重碩大爲何如者何况此數十人者皆神聖大智學問純粹功績茂著人主但當信而任之不宜察其勤慢稽其臧否以傷敬大臣之體然猶三載必考三考必黜陟(二十二人書三載考績經有文明)曾無絲髮之寛貸者抑何以哉誠以天工不可以瘝曠也民生不可以困悴也今我 邦之法大官姑捨凡京官三品以上稱爲下大夫者都不考績外官觀察使節度使亦無考績之法貪饕唯意荒淫無度而人莫之誰何遂使百度廢壞萬姓顚連而無藥可救無法可施其視唐虞之制豈不乖舛乎 臣故曰三公雖尊不可不考績也○周法漢法雖不可詳漢元帝永光元年稱大鴻臚卿野王能行第一則九卿有考績矣唐高宗時滕王元嬰爲全州刺史帝自書下下考則刺史有考績矣至肅宗乾元二年御製郭子儀李光弼苗進卿李輔國考辭則元勳重臣有考績矣

郭子儀稱二十四考中書門下則宰相有考績矣三公考績豈唯曰上古之法也哉

臣謹案虞書禹自奏其績曰洪水滔天浩浩懷山襄陵下民昏墊予乘四載隨山刊木曁益奏庶鮮食予決九川距四海濬畎澮距川曁稷播奏庶艱食鮮食懋遷有無化居烝民乃粒萬邦作乂皐陶乃於帝前考禹之績曰師汝昌言由是觀之皐陶考禹之績禹考皐陶之績皆於帝前爲之也 臣故曰三公三孤之績令中樞府考之○其謂之奏績者何也有奏而後可以有考擧子納卷而後試官可以考卷武士呈藝而後將臣可以考藝若原不呈納在上者何以考矣禹自奏其績曰予決九川距四海皐陶自奏其績曰定九德之目以擧賢德夔自奏其績曰諧九成之韶以來鳳凰其奏績如是也古者功有功狀罪有罪狀夏后氏考功于會稽山者考其功狀也蚩尤作亂有狀者(見古文湯誥)考其罪狀也故無功無績者謂之無狀無狀者謂無文牒也漢法計吏皆歲首持功

狀上京師郡國舉人與計吏偕焉則漢時猶有功狀今我 邦之法京官外官皆無奏績之法而其一年再考猥稱考績不知所考者何物名實之不相覈莫此甚矣○考績之妙專在於奏績誠以人性本善雖惡人不能無一端廉恥其所不爲者親於君前日有所爲如是如是者凡人之所不忍爲也況旣奏以言又有功狀將有執法之臣考其虛實其又敢飾詐騁虛哉唐虞之所以做至治者其妙專在於奏績考績臣所謂唐虞之法嚴酷栗烈密於後世者此也狀奏不如言奏之嚴酷然古今異宜京官則上自大臣下至末官皆許其狀奏唯外官上自監司下至邊將皆於歲終上其功狀又於遞歸之後親於 榻前敷奏以言乃遣御史執其功狀考其虛實則罔功之奏無所遁其情矣

三公三孤奏狀之式○臣於某月某日除授議政府領議政今居見職爲三百二十有四日○某月某日 筵奏公田節目先頒于完南省武南省○某月某日 筵奏諫止流霞亭游宴之命○某月某日上疏論

倭情反覆不可深恃請勿許舟船互市○某月某日上箚論淸西巡察使李某貪縱不法請罷其職○某月某日發關于十二省士子負屈有文學贍足而漏於擧額者別行廉訪與擧人較藝改定其額○某月某日題判某省之牒許某浦之常平倉貿麥七萬石○某月某日薦某人爲兵曹判書薦某人爲大司成○某月某日薦某人爲滿河省巡察使薦某人爲西京留守○每至歲終自選其一年所行二十七事以奏功狀若行公不過二百四十日者奏十八條行公不過一百二十日者只奏九條○三孤雖一年行公只奏九條中樞府只奏三條○功狀旣奏下于中樞府(樞府之狀下于政府)中樞府唯領府事判府事原任三公三孤之臣可考此績知事以下不可與也○其考績之啓但日所奏皆實或日所奏未允不書上中下三等已判其臧否矣

六曹大夫三營門大將漢城判尹各司提調之上大夫凡位在正卿者旣

奏其績。皆自議政府考之。

六曹判書各奏二十七條。中下大夫各奏九條。○六曹之參判參議雖非正卿。皆自政府考之。○凡正卿以上。其考績之啓。但曰所奏皆實。或曰所奏未允。不分上中下三等。亞卿以下。乃分三等。

吏曹判書奏狀之式。○某月某日。薦某人授某官。其人能稱職。○某月某日。奏某人罷某職。某月某日。上䟽論政注之法。請修明某典。○某月某日。執內官豪橫者。奏罷某官。移刑曹照律。○某月某日。察司饔院有奸橫。奏行其罪。○某月某日。求山林遺逸之士。得某人以薦之。○某月某日。察左右奸邪之人。奏行某罪。○某月某日。上劄子。請益修考績之法。如是如是。○須具二十七條。

戶曹判書奏狀之式。○某月某日。請別諭鄉大夫。自於州黨自選僚屬。益廣敎民之法。○某月某日。修明親耕儀節。請耕籍田以供粢盛。○某月某日。請寢某宮房折受之命。以重經費。○某月某日。請以某錢贖某

地小島。差官牧羊。○某月某日。薦某人爲經田御史。往嶺南省經理。○某月某日。請以某人爲平賦司僉正。自爲摠裁。以定九賦之目。○某月某日。上册子。詳論常平利害。○須具二十七條。○其餘四曹皆倣此。○凡六曹判書。其屬司二十。皆在所職。不唯本曹之事是擧也。

正卿在軍職者。旣奏其績。皆自中樞府考之。

春夏秋三時。原任某職。行某事。一一條列。如時任之例。○原任六曹判書者奏九條。其餘各奏三條。終年在軍職者。但列候班·賀班·慰班·祭班·進參之數。考曰所奏皆實。

亞卿以下。皆六曹判書與其中下大夫合坐以考之。

六曹之屬各二十。凡其所屬。毋論大夫三士。皆自本曹考績。唯命婦司考績。自內爲之。外臣不與焉。○其一藝仕者。有考藝無考績。法見下

其奏功之狀。皆自本司受之。送于本曹。本曹乃書上中下三等。

假如承政院收注書四人之功狀。書于其末曰。所奏皆實。送于吏曹。吏

曹乃置中考。其有功能特著者。唯一員或置上考。若注書中有溺職當貶者。承旨就其功狀之末。書之曰所奏未允。別書罪狀與其功狀。合送于吏曹。吏曹乃置下考。○其承旨功狀。旣送吏曹。書曰所奏皆實。或曰所奏未允。上中下三等。聽於判書。

假如司饔院其提調正卿。自政府考績。其中下大夫。自吏曹考績。如上法。其郞官五人。自本院收其功狀。書曰所奏皆實。或曰所奏未允。別其罪狀。送于吏曹如上法。

各司奏狀之式。○承政院則曰某月某日。繳還某事傳旨。某月某日。諫某事處分。某月某日。察某官之罪。以請推考。某月某日。經筵陳某戒。其注書之狀曰某月某日。修朝參日記。某月某日。修經筵說話。凡行公幾日。直宿幾日。一一條列。大夫具九條。(二百四十日者具六條。一百二十日者具三條。)注書三條而已。○弘文館·侍講院·太史院奏狀之式。皆倣此。

司諫院奏狀之式。○臣於某月某日。除授司諫院大司諫。今居見職爲

三百五十日。○某月某日。筵奏請日接大臣。奮發圖功。無荒于酒色。○某月某日。筵奏請力罷朋黨。勿以顚倒之權。掩其偏係之私。極言朋黨之習。皆由人主推波助瀾。○某月某日。上疏論領議政李某奸邪諂媚。唯以因循爲務。使百度隳潰。不可信任。○某月某日。上疏論臨筵威怒。爲制群臣。與桀紂同道。○某月某日。上疏論公主房無土免稅之法。有妨於公田條例。不可以人主之私。慾亂此大政。○某月某日。上疏論御前儀仗。年年新備。非祖宗尙儉之遺法。○某月某日。請勿受戚里家聖節進膳之物。○如是者二十七條。行公不過四朔者。但具九條。

司憲府奏狀之式。○臣於某月某日。除授司憲府大司憲。今居見職爲二百四十二日。○某月某日。筵奏論吏曹判書金某陰受貨賂。潛賣郡縣。○某月某日。筵奏論駙馬崔某。賣弄朝權。翕張時勢。門庭如市。請絕島安置。○某月某日。上疏論羅州牧使林某陰遣家客。販米一千石。行商於京江。○某月某日。上疏論前副提學李某所言。不過狂妄。三司諸

臣構加黨逆之目使公論屈而不伸○某月某日獨詣臺停前獻納鄭
某之啓並論發啓臺臣阿諛順旨擢陷直言○某月某日上疏論嶺南
省監察御史既發慶州貪墨之罪旋受賂寢之○某月某日執被隸之
彊奸良女者霜臺杖殺之○某月某日執後宮某氏之兄發其奸惡賣
權之罪杖流絕島○如是者十八條若全一年行公者須具二十七條
掌胥院奏狀之式○某月某日覈古阜郡鄉吏於其定額之外加差十
八奏罷其守○某月某日覈昇州鄉吏李某縮結朝貰賂遺土物圖免
倉逋大罪○某月某日覈林川鄉吏林某以本邑世吏違法典倉奏罷
其守○某月某日覈光州邸吏崔某陰賂判官增其役價○某月某日
覈靈光郡營主人鄭某於 國恤之後陰賂郡守不減進上價米奏罷
其守○如是者九條 六誠篇
司饔院司䆃寺等凡供上衙門書其供上之數及行公直宿之日數大
夫郞官皆不具三條

六部六學以教民孝悌爲功績 見下法 ○司憲府監察院禁制司齊禮監
之等以彈邪禁暴止亂定志爲功績 見[illegible]篇 ○繕工監利用監典軌司甄
瓦署之等以創智設巧利用厚生爲功績 見[illegible]篇 ○凡百官案職其功狀
或具九條或具六條或具三條或但書其行公直宿之日數隨其職司
之繁簡各爲定式今不悉罷指○三衛軍職本屬兵曹自中護軍以下
兵曹考之
三衛三營之官其崇者考績于兵曹其卑者自本衛本營考藝以分等
三衛之中護軍副護軍司直副司直三營之副將軍別將千摠把摠從
事官皆考績于兵曹三衛之禁軍正領及三營之哨官旗牌官知穀官
教鍊官皆自本營試射試槍試放試騎試講試陣以分上中下三等以
送于兵曹
六曹之屬二級之士共七百餘員其考績宜分九等其事功各具三條其
分等之法皆有定額

大夫其位既高如有特異之功宜置上考若有著顯之罪宜置下考不必揞定其額而三級之士須分九等以勸其能雖然若使本曹隨意等第則愼其嫌疑顧其顔私上上之褒下下之貶必不肯具遵條例今宜執諸曹屬士之數揞定高下之額分爲九等寡其上下多其中等毋得任意增減然後法乃行矣或曰一隊皆善猶將故屈爲下下異績無聞猶將强尊爲上上乎臣以爲物之不齊物之理也一隊皆善有是理乎雖非大惡一隊之最下者有之矣雖非至善一隊之最上者有之矣善乎馬周之言曰比年等第不過中上豈容皇朝之士遂無上下之考者其意蓋欲於見在之內拔其尤者以爲上第也且雖下下之等其所列貶目皆疲軟疎暗之失而無貪虐冒犯之罪則解官而已宜無後災豈宜以故屈爲嫌哉玆爲九等表如左

京官考功表	上上	上中	上下	中上	中中	中下	下上	下中	下下
吏曹元士四十八	一員	一員	一員	三員	三十六員	三員	一員	一員	一員
戶曹元士九十九	一員	二員	三員	六員	七十五員	六員	三員	二員	一員
禮曹學士四十七	一員	一員	一員	三員	三十五員	三員	一員	一員	一員
元士八十	一員	二員	二員	五員	六十員	五員	二員	二員	一員
陵廟官九十	一員	二員	三員	六員	六十八員	五員	二員	二員	一員
兵曹元士六十六	一員	一員	二員	四員	五十員	四員	二員	一員	一員
三局九十四	一員	二員	三員	六員	七十員	六員	三員	二員	一員
刑曹元士八十四	一員	二員	二員	五員	六十四員	五員	二員	二員	一員
工曹元士九十四	一員	二員	三員	六員	七十員	六員	三員	二員	一員

已上七百單二員

右法每執元數中分之乃於上半八取其一以爲上等又於下半八取其一以爲下等○其有零奇者屬之上等欲賞善多而罰惡少也○上三等之都數以爲中上下三等之都數以爲中下以其餘爲中中○後皆倣此 京官從寬故八取其一以爲上下外官從嚴故五取其一以爲上下

文臣之新正字三十六人武臣之宣令官二十四人皆考藝以當考績○
武學院五十四人亦考藝以當考績
其考藝之規文武皆如本科之規○宣令官本亦三十六人其十二人
出戍爲夾衛將故不在計○臣謹案三年考藝則新進之抱負虛實著
矣及其弘錄之時考課之籍以選弘錄則大臣無以容其私矣
然文武新進不宜以此落職若文臣全不得下筆武臣全不得闕弦明
其爲借述代射者奏削其科其不然者雖居下下之等不至落職但有
降祿罰番及至弘錄時不得與選
三衛之堂下軍職禁軍正領及三營門管城衛將官亦皆以考藝當考績
堂下軍職文臣以射考藝武臣如本科之規○三營門管城衛其考藝
皆用本營門教鍊之法
其一藝仕者及雜岐仕者皆考藝以當考績
觀象監·三醫司·譯院·算學·律學·寫官·畫員皆一藝也雜岐者掖庭署·

樂師·樂工之類也(樂工考樂藝掖庭醫考武醫)○凡考藝者亦分九等○臣謹案周
禮天官醫師使諸醫分治民疾歲終則稽其醫事以制其食(食祿也)十全
爲上十失一次之十失二次之十失三次之十失四爲下此考績非考
藝也今因循故事欲以考藝當考績若醫學大備則周禮不可不復也

考藝表	上上	上中	上下	中上	中中	中下	下上	下中	下下
新正字(三十六人)	一員	一員	二員	四員	二十二員	三員	一員	一員	一員
宣令官(二十四人)	一員	一員	一員	三員	十四員	二員	一員	○	一員
武學院(五十四人)	一員	二員	三員	六員	三十二員	五員	二員	二員	一員
禁軍正領(九十六人)	二員	三員	五員	十員	五十八員	九員	四員	三員	二員
三衛軍官(七十二人)	一員	二員	四員	七員	四十四員	七員	四員	二員	一員
都營將官(六十人)	一員	二員	三員	六員	三十六員	六員	三員	二員	一員
左營將官(四十五人)	一員	二員	二員	五員	二十七員	四員	二員	一員	一員
右營將官(四十五人)	一員	二員	二員	五員	二十七員	四員	二員	一員	一員

管城將官[三十九人] 一員 一員 二員 四員 二十三員 四員 二員 一員 一員

右法每十員取其二以其一爲上等以其一爲下等其餘分于中等○一藝雜岐之類其分等定額之法亦照此爲例今不具列

凡下下者落職其罪重者照律凡上上者超品其績茂者加恩下中者降祿上中者增祿下上者有罰上下者有賞中等皆無賞罰唯三年大比會計其功

照律者笞杖徒流皆如其律也罪輕者落職而已○超品者下士爲中士中士爲上士上士爲下大夫也[或升二級故謂之超]○加恩者超品之中又授以淸華也降祿者四品受五品祿八品受九品祿也增祿者六品受五品祿八品受七品祿也○有罰者笞三十納贖于職金也有賞者弓矢之賜也

會計其功者上上者九分上中者八分上下者七分中上者六分中中者五分中下者四分凡下等無分三年大比乃行黜陟

通計三年之畫其居首者爲最其人以陟其居末者爲殿其人以黜三年而陟者三陟之上又升一級○其居下下者當年落職無以至三年唯以下中下上積之爲末者永降一級上士爲中士中士爲下士下士落職

外官考功之法其節目益以嚴密十二省巡察使節度使皆政府樞府合坐而考其績唯分之爲五等

十二省各巡察使一員京畿泗川省嶺南省潢西省松海省各兵馬使一員水軍使一員浿西省玄菟省各兵馬使一員武南省兵馬使一員水軍使二員通共二十七員○每考下等上等各一員中下中上各三員中中十九員以爲式無得加減○所以然者員額本少若上下各具三等恐有强屈之貶苟充之褒所以爲五等也

監司考狀之式○[臣]於某月某日除授完南省巡察使今居見職爲三百四十八日○某月某日狀啓論龍州牧使安某旨迷無識全不事事

不可遲待歲終急先罷黜○某月某日狀啓論錦山郡守李某經田不平房斂用私民怨如沸急先罷黜○某月某日薦高山縣人朴某經明行修綜覈通理請補東班末職使掌十二邑經田之事○某月某日執臨陂縣不孝罪人某甲致于辟○某月某日察鎭安縣人金某九族敦睦敎有法請降褒賞○某月某日審理礪山郡殺獄昭其寃枉使十二年在囚者自放出獄執正犯致于辟○某月某日自捐錢三千兩頒于列邑以助養老之費○某月某日改定沿海諸邑漁鹽船稅以報于平賦司○某月某日自捐錢一萬兩貿穀于群山倉待春發賣以補經田之費○某月某日執益山郡奸吏金某致于辟○如是二十七條每四朔須具九條○節度使奏功無過九條

守令考功之法尤所致意不可有纖毫疏漏

臣竊伏念國家安危係乎人心之向背人心向背係乎生民之休戚生民休戚係乎守令之臧否守令臧否係乎監司之褒貶則監司考課之

法乃天命人心向背之機而國家安危之攸判也其所關係若是其重而其法之疎漏不覈莫今時若臣竊憂之漢法刺史以六條察二千石歲終奏事以擧殿最奏行賞罰其法未嘗不嚴然至元帝之時京房又奏考功課吏法欲以新天下之耳目必其舊法不無疎漏之失故京房之言如是也晉武帝時杜預以爲京房遺法細密難通請申唐堯之舊典去密就簡是杜預不知唐堯之典嚴於後世謬謂之簡易也臣歷考前代之制凡考課之法皆分九等歲終一考而已唯後魏文帝之言曰上下二等可爲三品中等但爲一品所以然者上下是黜陟之科故旌絲髮之美惡中等守本事大通而已其意亦善 國朝考課之法唯分三等其率略如此而一年再考又何其數數也唐虞之人其賢能才智非如今時之人然且三載而後責其績庸以今之人而課功於半年之內無乃不可乎臣謂守令考課宜分之爲九等只歲終一考可矣

巡營中軍內幕裨將考績唯有上中下三等其所列不過一條

典

諸道都事令爲冗官擬革罷之唯有中軍而已內幕唯存六員令掌吏戶禮兵刑工之事無得有加諸庫諸務宜令六員兼察之○其分等之法不有定額其有異績者置上考其有顯咎者置下考各無過一員不然者並置中考

	上上	上中	上下	中上	中中	中下	下上	下中	下下
奉天省 三十八邑	一邑	一邑	二邑	四邑	二十二邑	四邑	二邑	一邑	一邑
泗川省 四十二邑	一邑	一邑	二邑	四邑	二十六邑	四邑	二邑	一邑	一邑
完南省 二十七邑	一邑	一邑	一邑	三邑	十七邑	二邑	一邑	○	一邑
武南省 二十七邑	一邑	一邑	一邑	三邑	十七邑	二邑	一邑	○	一邑
嶺南省 三十邑	一邑	一邑	一邑	三邑	十八邑	三邑	一邑	一邑	一邑
潢西省 三十邑	一邑	一邑	一邑	三邑	十八邑	三邑	一邑	一邑	一邑
洌東省 二十一邑	一邑	○	一邑	二邑	十三邑	二邑	一邑	○	一邑
松海省 二十七邑	一邑	一邑	一邑	三邑	十七邑	二邑	一邑	○	一邑
浿西省 二十邑	一邑	○	一邑	二邑	十二邑	二邑	一邑	○	一邑
淸西省 二十二邑	一邑	○	一邑	二邑	十五邑	二邑	一邑	○	一邑
玄菟省 十六邑	一邑	○	一邑	二邑	十邑	一邑	○	○	一邑
滿河省 十邑	上三等只一員其等視其功			一邑	六邑	一邑	下三等只一員其等視其罰		

右分等之法每十取其二以其一爲上等以其一爲下等以其餘爲中等也其有零數者屬之上等賞善欲多而罰惡欲少也○上三等之都數以爲中上之數下三等之都數以爲中下之數亦此意也

凡守令奏績具二十七條報于布政司布政司考績括爲九條奏之朝廷

守令考績凡有九綱一曰律己二曰奉公三曰愛民四曰吏典五曰戶典六曰禮典七曰兵典八曰列典九曰工典九綱之內各有六條通共五十四條

律己六條一曰飭躬居官者必正衣冠端坐臨民乃可出治若怠荒晚衙者非禮也○二曰礪行牧民之道唯在廉白若承訛襲謬或料理作

奸者有罪○三日觴政酒者狂藥也牧民者不可一霎暫醉若崇飲者有罪○四日色戒房變之害一令志荒一令政亂凡有房變者不問其干謁與否皆有罪(無故婁樂者亦荒淫也)○五日減眷古曲唯母夫人嫡妻長子乃許隨養今此法漸解其敝至深宜申明舊典○六日屏客今俗闌客令掌米鹽會計百敝以生宜禁之又凡邑子鄰邑之客文士術客皆不可引接

奉公六條一日瞻賀凡望賀禮進箋望哭諸禮宜恪勤奉行其或荒廢者有罪○二日宣布凡朝廷綸音德音赦書諭書既降守土之臣宜宣布德意令民感激況有蠲恤蕩減要實惠及民若德惠中格與吏作奸者有罪○三日報聞凡有民情農形及邊機事變宜登時飛報若有稽滯失時及所報不能詳明者有罪○四日貢納凡貢賦租稅該納物種各有期限若無故失期或爲奸吏犯虧者有罪○五日禮際朝廷之禮尊尊而已守令於巡察節度衙門及諸上司凡有合理命令宜恪勤奉

行其相見禮貌宜謹守法典其怠慢者有罪○六日往役凡祭官檢官査官試官督發問情之等自上司差遣者不可傲兀違拒犯者有罪

愛民六條即周禮大司徒六保息之遺法也一日養老尊高年者先王之制也士族年八十以上庶民年九十以上歲時宜有饋贈秋成宜有宴餉寬刑除徭察其匱乏皆所宜先也○二日慈幼溝瀆遺棄者乳下失母者八歲以前無依者皆當自官贍養以順天理其不顧恤者有罪○三日振窮窮者鰥寡孤獨也振者擧也凡七十以上男子無妻婦人無夫又無子女兄弟可以依託者宜自官振擧之又男子三十未娶女子二十五歲未嫁者宜自官成之○四日哀喪凡道路僵尸及家事至貧無以斂埋或飢饉癘疫闔家死亡者宜自官收之邑中有仕宦者德行者其有死喪宜致慰問官屬有喪亦宜有恩○五日寬疾聾者啞者跛者癃者閹者癩者其有技藝可以自食者舍之其不能然又無父子兄弟可以依託者自官養之又天行瘟疫或痲疹怪疾宜授之醫藥以

濟其死○六曰救災水渰火燒虎咬盜刼凡有災厄宜有惠恤之政其
不以實者有罪
吏典六條一曰擧賢山野遺逸之士經明行修之人司牧者宜薦聞其
蔽賢者有罪○二曰貢士文武科赴擧人各以其額公選以貢之若循
私意舍長取短者有罪○三曰東吏欲牧民者東吏而已其吏隷員額
及掌胥院條例宜恪遵毋越其或出入者有罪○四曰用人子游爲武
城宰孔子問其得人牧民者安得不急賢乎凡丞佐之任坊里之任學
宮之任皆宜擇人其或受賂差任不公明者有罪○五曰文牒凡上司
鄰邑其公移文狀宜精約工鍊其或委之吏手荒雜鄙俚者監司察之
○六曰賞罰考功之法不唯正官有之也鄉官軍校掾吏亦於歲終考
其功績爲上中下三等其居上考者續得差任其居下考者限年勿叙
又凡愼賞必罰司牧之大權監司宜察之
戶典六條一曰敎民古者地官爲敎官後世專掌財賦非禮也爲之鄉

約敎民五倫其愚昧者訓誨之其强梗者懲治之○二曰田政公田監
督守令之責也私田亦必嚴漏査陳然後上下無害又公田旣穫漕運
不可緩也○三曰賦役欲均賦役者先正戶籍然入口物產年年不同
故九賦雖正其稅額加減亦年年不同最難中理其不公不均者有罪
(民庫之弊契防之弊雇馬之弊宜皆禁之)○四曰市糴社倉之法雖小變奸竇易生常平之
法亦然又市肆貿販其任意刁踊者宜禁之○五曰農政課農勸農司
牧之政也樹藝畜牧尤宜用力桑柘楮漆楡柳椅桐百果百材及六畜
字養之政皆本著力○六曰振恤凶年飢歲振恤最爲大政
禮典六條一曰祭祀郡縣亦有社稷文廟宜虔誠典祀○二曰賓客西
路有詔使往來諸路亦有奉命使臣及上官鄰官往來宜接應以禮○
三曰禮制大夫有大夫之禮士有士禮庶人有庶人之禮一或踰越亂
之本也又少陵長賤陵貴治之宜嚴(所謂正名分)○四曰禮俗冠婚喪祭之
禮鄉飮鄉射之禮宜令士民勉而行之官爲之導使之興起孝子烈女

亦宜旌別以勸風俗○五曰興學邑中貴族宜敎之於學宮敎之以五倫四術六藝以作人材○六曰敷文擧子經術文藝宜奬拔以勸之又令經全史等緊要書籍宜用力頒行

兵典六條一曰養兵郡縣各有一二哨選兵其儲養敎鍊之方宜盡心焉○二曰勸武武擧規式比前有加必奬勸興起乃有作者○三曰修兵軍器修補者宜頒給武士令以時使用若深藏庫中益朽傷也多蓄銅鐵奇木以待不虞亦要務也○四曰牧馬宜令富民家養一馬或私起牧塲養馬蕃殖者奏補東班正職其有公牧者尤致力焉○五曰調丁徵布之法雖革公養之卒雖存三營門所隸鄕軍不宜專罷其簽丁宜有法○六曰備患兵可百年不用不可一日無備謹烽火慮茭粟藏鹽積石皆要務也民堡宜所在勸設

刑典六條一曰聽訟凡訟無滯焉無兩是焉無循私焉凡墓地之訟益致意焉○二曰斷獄其斷不明者有罪○三曰愼刑凡刑具一遵欽恤

典則修冏恤囚仁政也凡濫刑者有罪○四曰禁制巫覡娼尼術客宜禁也宮室衣服儀文踰制者宜禁也私屠崇飮不時入山林者宜禁也土豪頑民宜禁也○五曰量衡尺度斗斛權衡皆官給之其有私造者與私鑄錢同律○六曰除害詗盜穽虎力除民害凡治盜不嚴者有罪

工典六條一曰山林禁養材木以輸邦賦礦採金鐵以富邦財凡高山火農者禁之○二曰川澤修堤防以備潰決治湖澤以資灌漑築堰壩以廣農地惠漁梁以勸網罟皆要務也○三曰廨宇凡公廨宜以時繕治其不治者有罪○四曰城郭凡城郭宜以時繕治其不治者有罪燒甓之法宜講行○五曰道路凡治道宜如砥雖村巷小路宜令平治以便行車橋梁宜及時○六曰舟車造舟宜中九等之式又官造田車水車賈車喪車婦車勸民行車又作鑄農器織器興利以厚民

其九事皆臧者第上上其九事皆否者第下下偶有一否者爲上中偶有一臧者爲下中以次挨排每以臧否多少第其高下

朝廷以五十四條頒于列邑使之欽遵守令奉行唯謹其有成效者具二十七條奏績于監司(三九二十七)監司考績就其中選取九條以定九等之目獻于朝廷○臣竊伏見守令辭朝必講七事所謂七事者農桑盛戶口增等科目也夫農桑者民所自力不勉而勤非守令自修之目戶口者民之趨樂土也如水之趨下非守令所能强之使增也臣嘗讀國語曰尹鐸損其戶數以爲懷保之政未聞以增戶口爲急也嗟乎守令之職奚但七事已哉朝廷望之以七事守令之所以塞之也豈有踰於七者乎五十四條臣猶以爲率略也且其題目之文止用八字此蓋取法於盧承慶之考日監運損糧非力所及亦不過四言二句也然周之時冢宰受其會計會計之文必不得止用八字也漢之時郡國皆上計簿計簿之文必不得只用八字也今御史書啓論守令臧否多者至數百言不拘字數監司考課何獨不然臣又思之上古上下相勉奮庸熙載後世此義不明僴僴無能之人務持大體因循故常名之曰不擾而

治百度解弛衆竇交穿民受其毒膏血漸渴而按察之臣方且書之曰簡約爲治坐鎭有裕曰順俗而治不求赫譽甚則曰山水之鄕消搖翰墨此皆全不事事尸祿瘝位者之題目也今擬考績狀啓皆如御史書啓之式試著于左

武南省考績啓本之式

玉果縣監李某○其律己則昧爽坐衙出治嚴肅令吏民知敬(臧)○其奉公則登樓頒 敎俾萬民咸知朝廷德意(臧)○其愛民則遺棄兒七口授乳母字養老鰥四口養之於倉舍(臧)○其吏典則奸吏李某金某蠹國害民發其奸照律諸吏歛手(臧)○其戶典則東二坊漏田十二結查出凡得公田一結二十負(臧)○其禮典則勸民行冠婚喪祭之禮皆令一遵法制(臧)○其兵典則自備熱銅三百斤藏之武庫以備不虞(臧)○其刑典則縣民林某殺人行路掩匿踰年去七月發其奸成獄民稱其明(臧)○其工典則官造田車二十輛頒于二十村民皆樂之(臧)○已

上九事皆臧第上上
長城郡守金某○其律已則不挈家眷凡子弟親友皆處于內屋不令
到政堂臧○其奉公則文報不踰期限其先期者自官施賞臧○其愛
民則養老宴人口抄之太甚民或有言否○其吏典則貢士七人皆叶
公論省試發解者獨多於諸邑臧○其戶典則常平穀決價勒減五分
民或有言否○其禮典則學官出入者鬪毆於明倫之堂循私不治士
習以壞否○其兵典則牙兵教鍊一遵程式其武藝精熟臧○其刑典
則聽訟令民兩造旣決治其落訟者數十年未决之訟多所剖判臧○
其工典則廢堤七處並皆淤塞不思浚治否○已上五臧四否第中中
羅州牧使林某○其律已則房嬖用事觴政太濫否○其奉公則朔望
賀禮闕而不行檢官謀避其辭不誠否○其愛民則老鰥老寡無依者
勒授里民至有縊[illegible]圖免者否○其吏典則信任奸鄉一委其政坊任
里任皆授奸猾之人否○其戶典則公田災傷全不親檢一委吏手其

濫災至三十一結否○其禮典則十三經貿來之後竊其佳本陰以劣
本易之多士有謗否○其兵典則左營軍簽丁十一名爲奸吏所賣侵
及三十餘名民怨不息否○其刑典則醉後濫杖多非其罪小罪就囚
或至數月否○其工典則門樓毀破前官留錢三百兩並歸私用不思
重建否○已上九事皆否第下下
十二省考績分等皆倣此
虞候邊將旣奏績令節度使考績以送于監營監司執之與察訪監牧官
合之爲一科分等奏之○其分等亦分九等其事功唯具三條
京畿察訪六員監牧二員變將七員寨將七員城將三員共二十五員
○泗川省虞候二員察訪五員寨將四員共十一員○完南省察訪三
員寨將五員城將三員共十一員○武南省虞候三員察訪三員監牧
四員右水營寨將十三員左水營寨將八員城將一員共三十二員○
嶺南省虞候二員察訪六員監牧一員寨將七員共十六員○潢西省

將

虞候二員·察訪五員·監牧一員·寨城二十三員·城將三員·共三十四員·○洌東省察訪四員·寨將二員·共六員·○松海省虞候二員·察訪三員·堡將七員·寨將七員·城將六員·共二十五員·○浿西省虞候一員·察訪一員·堡將四員·寨將二員·城將二員·共十員·○淸西省察訪一員·堡將十二員·寨將二員·衛將三十員·夾衛將六員·共五十一員·○玄菟省虞候一員·察訪二員·監牧一員·堡將二員·城將二員·衛將十員·夾衛將六員·共二十四員·○滿河省察訪一員·堡將八員·衛將二十員·共二十九員·

	上上	上中	上下	中上	中中	中下	下上	下中	下下
奉天省二十五員	一員	一員	一員	三員	十五員	二員	○	一員	一員
泗川省十一員	上三等只一員其等覩其功			一員	七員	一員	下三等只一員其等覩其罪		
完南省十一員	上三等只一員其等覩其功			一員	七員	一員	下三等只一員其等覩覩其罪		
武南省三十二員	一員	一員	一員	三員	二十員	三員	一員	一員	一員
嶺南省十六員	一員	○	一員	二員	十員	一員	下三等只一員其等覩其罪		
漢西省三十四員	一員	一員	二員	四員	二十員	三員	一員	一員	一員
洌東省六員	上三等只一員			一員	三員	一員	下三等或有或無視其罪		
松海省二十五員	一員	一員	一員	三員	十五員	二員	○	一員	一員
浿西省十員	上三等只一員			一員	六員	一員	下三等只一員		
淸西省五十一員	一員	二員	二員	五員	三十一員	五員	二員	二員	一員
玄菟省二十四員	一員	一員	一員	三員	十四員	二員	○	一員	一員
滿河省二十九員	一員	一員	一員	三員	十七員	三員	一員	一員	一員

右法每十員取其二·以其一爲上等·以其一爲下等·如上例·

諸省所在陵廟之官·及士官史庫之官·亦皆考績·只分三等·唯具一二條·其有善績者置上考·其有顯咎者置下考·不然者竝置中考·

臣竊伏念人之善惡本無定額·一省三十邑·不必上等者爲三邑·下等者爲三邑·今也掊定其額·令無加減·若良吏偶稀·則必有苟充之褒·若

貪吏偶多不免有倖逭之罰議者必紛然以興共言其不便矣然臣竊思之文試甲科每取三人何必中甲者爲三人乎其定乙科每取五人何必中乙者爲五人乎又凡科試考卷或以二上者爲狀元或以三下者爲狀元及其爲狀元也例必升之於六品直授禮曹佐郞成均典籍未嘗以試卷之在下等而不施狀元之賞典今臣所定考功之法何以異是試以完南省言之三十守令明知此歲之末下等者有三人則未有不惴惴栗栗或慮其落于此坎明知此歲之末上等者有三人則未有不盻盻孶孶或冀其登于彼岸其無所恤而無所希豈如今日哉況五十四條者朝廷之降命也二十七條者守令之獻功也明知此歲之末將以二十七條自列而報于上則未有不以五十四條朝夕常目思免其罪而圖立厥功者其心伈伈泄泄豈如今日哉臣十五年竄伏南荒日夜之所商度唯有此法行之無效臣請任其咎

監司考績之啓守令奏績之狀並上于朝廷並下于吏曹

守令奏績之狀不可自監營而滅之雖九等之考不循奏狀而奏狀則宜上于朝廷也法本如此則監司必不敢蔽其實績而私貶其人矣

三年大比其三考守水○勿論已遞未遞並皆上京以待召接親奏其狀

三年奏績之狀及三年考功之啓守令皆親抱其卷登筵跪讀或上有問即於 筵中敷奏以言此堯舜日覲群牧之法也此法嚴酷栗烈不如後世之法疏豁解緩百回靜究始可以犂然悟也

召接既畢乃遣暗行御史十二人分往十二省察其功罪虛實

子午卯酉之年自立春之日引見三考守令日見五六人立夏前十日畢見之畢受其奏績北邊守令須遞臨乃見之於是立夏之日發遣御史令立冬前復命○御史持守令奏績之狀及監司考績之啓潛行列邑察其虛實其有奏罔功而監司敷同者舉而劾之其有奏實績而監司抑壓者舉而劾之○臣竊伏見 朝廷遣御史大約三四年一遣之然或五六年不遣或七八年乃遣故守令鄉吏皆僥倖行險以冀其久則不發臣謂

卯·卯

一定其法必三年一遺子丑寅三年之事令卯年來發之卯辰巳三年之事令午年來發之著爲恒式無有進退則雖貪官猾吏皆存後慮莫敢放心雖非考績當有實效況朝廷所頒五十四條在御史手中守令所奏二十七條在御史手中監司所考臧否九條在御史手中執此行部覈其虛實誰有不栗栗危懼者乎雖勢家大族三年之後御史來者親疎柔剛旣難逆覩將何所恃乎監司與之同時可撓之以勢力可綏之以顔情御史與之相違二者無所施矣監司考績者亦知有御史之議其後則其考績不得不公其視今日之法其疎密何如也守令者報僞績監司若奏罔功本罪之外其欺君之罪又將罔赦其有不栗栗危懼者乎臣愚以爲此法若行太平之治可朝暮俟也堯舜之所以爲堯舜之治不外乎考績一事臣不敢爲妄言也

與猶堂全書第五集第四卷 終

與猶堂全書第五集第五卷

洌水丁若鏞美庸 著

外玄孫 金誠鎭 編

後學 鄭寅普 安在鴻 同校

政法集 其一

經世遺表 卷五

地官修制 田制一

井田論一

井田者聖人之經法也經法可通於古今利行於古而不便於今者必其法有所不明而然非天下之理有古今之殊也今言井田不便者其大端有二其一曰地勢不便其一曰民數無恒斯皆不深考乎先王之制而麤爲之說者也蘇洵之言曰溝洫澮川之制畛涂道路之法非塞

溪壑平澗谷夷丘陵破墳墓壞廬舍徙城郭易疆隴不可爲也又曰驅天下之人竭天下之糧窮數百年專力於此不治他事而後可以望天下之地盡爲井田此非蘇洵氏之言天下人之所恒言也凡爲是說者自以爲疏通識務不滯古跡快人快論有足以陵駕一世而不自知其庸暗至極不可與論於玆事也嗟呼今之山川堯舜三王之山川也今之疆域堯舜三王之疆域也其丘陵原隰墳衍藪澤皆未大變其或爲雨潦之所漱決畚鍤之所夷塞者極不過尋仞之間未大變也夫孰云堯舜三王墮山塡壑斬嶺實沼盡天下而爲之井乎誠如是也蘇氏期之以數百年臣以爲千萬年之所弗能也儒林釋經有謬而後世之人奉注爲經篤信不疑寧堯舜三王受迂誕詭怪之誣而終不敢駁儒說一字皆此類也杜佑之言曰阡陌既敝又爲隱覈隱覈在乎權宜權宜憑乎簿書夫行不信之法委政於衆多之胥欲紀人事之衆寡明地理之多少雖申商督刑撓首總算不可得其詳有從而爲之說者曰生齒

衰殖日遷月變雲涵霧渝計口授田欲其均平則今歲所完來歲破裂予之奪之受之還之若風沙之聚散雖使申商督刑撓首總算不可得其平其庸暗不聽又不特蘇氏之說而已若然堯舜三王之時其天下之民皆生產有期死亡有限令可以執其總而平其分也乎不然將謂堯舜三王之世原未嘗有井田之法而經典所載皆齊諧虞初而止乎何堯舜三王之能沛然行之而今終不可效也嗟呼天下之理一也今人之所必不能亦堯舜三王之所不能堯舜三王之所已能亦今人之所必能豈有疑哉夫孰云堯舜三王之世盡天下之民而計口分田乎下焉者沈漸於無根之俗說上焉者拘滯乎先儒之誤注雖赫赫經文可證可據有足以破千古之惑者則莫之察焉此天下之通患也臣亦習聞其說謂必酌古今之宜施變通之術卑之無甚高論令可以擧而措之而後其法可小行及觀聖經諸文乃臣之所欲參酌而變通之者原是先王之本法但當表章經文按而行之不必鑿鑿然裁損修潤也

嗟呼聖人而迂闊孰爲縝密聖人而瞢昧孰爲疏明信道篤無往而不釋然也

井田論二

井田何爲而作也井田者九一之模楷也擇平衍之地或數里一井或十井相聯其云盡天下而爲之井者先儒之說也天下之田長焉短焉斜焉橢焉銳焉鈍焉匾焉喎焉有精於數理者絜之以句股會之以羃積升除折補以得其所函之實於是召佃夫而告之曰爾田八公田一以八治一輸之公吾將用之民且曉曉然退而議之曰吾田無乃小乎爾田無乃大乎惑焉爭焉怨焉詛焉歷世而不能平井田於是乎生焉就平衍之地畫地爲井於是爲之法曰六尺爲步步百爲畝(縱橫各十步)畝百爲夫(縱橫各十畝)夫三爲屋(如三間之屋)屋三爲井(其形如井文)於是畖之四角平直間架均正甲之百畝無以異乎乙之百畝乙之百畝無以異乎公田公田之百畝於是召佃夫而告之曰汝畖茲井以茲爲

率歸甽汝田驗具九一於是覵之所謂長者短者斜者橢者銳者鈍者匾者喎者壹以是劑焉則其所函之同不同可瞭然此井田之所以作也聖人以規矩正方員以六律正五音以井田正九一以之爲楷焉爲模焉型焉範焉使愚氓之在野者知所以度其田之中式而已顧何必墮山塡壑斬嶺實沼盡天下而爲之井然後快於心哉其可井者井之其不可井者規焉町焉萊焉菑焉壹冒之以井田之率升除折補束之以井田之總於是捨其九數乘之以十於是其不井者亦數之以井曰十井爲通十通爲成十成爲終十終爲同以之賦禾稼以之賦車乘以之作都鄙以之封侯以之建伯此堯舜三王之法也後之儒者瞥見十井爲通十通爲成必欲十十開方無缺無礙想之如棊局之有經緯經所云方十里者想之如棊局經所云方百里者想之如棊局經所云方千里者想之如棊局於是出而甽冀州之地無此大野出而甽兗州之地無此大野出而甽雍州豫州之地無此大野於是爲之說曰必塞溪

壑平澗谷夷丘陵破墳墓壞廬舍徙城郭易疆壟持之數百年然後其事乃成嗚呼其亦不思而已矣吾東之田十束爲一負十負爲一總十總爲一結亦未嘗十十開方何必通成終同必待開方而後乃立其名哉此其易悟者也

井田論三

井田何爲而作也井田者農家之陣法其云計口而分田者妄也東天下之農夫八八爲伍使治百畝其八人爲一伍斯之謂一夫也其三八二十四人爲一隊斯之謂一屋也(卽夫三爲屋) 其八八六十四人爲一旗斯之謂一井也十井爲一通者如合旗而爲哨也十通爲一成者如合哨而爲司也十成爲一終者如合司而爲部也十終爲一同者如合部而爲營也餘夫者夫婦二人也餘夫二十五畝者奇兵之游出也四餘夫相合又成一夫四九三十六餘夫相合又成一井與所謂九夫一井者總以計之爲通爲成爲終爲同以之出賦斂以之起軍旅此古之所謂

井田夫孰云計口而分田哉天下之生久矣生育蕃滋盈溢乎海內如欲計口而分田堯舜其猶遁矣一日之中九州之內其嬰孩之出於腹者以萬數其耆老之沒於窖者以萬數或乳而殤或童而夭或壯而折或凶年饑歲餓而莩或戩脅然繁殖或廓豁然喪亡其盛衰登降日殊而月不同又烏能執其總而立其率令得均分而無敧側哉聖人多智必不肯枉始玆事也況民者胥資以生者也飯雖貴悉天下之民而歸於田亦困而死而已矣工不攻金攻木攻陶瓦塼埴以出其器用則有死已矣商不通貨財遷有無以濟其匱乏則有死已矣虞不作山澤之材牧不蓄食鳥獸嬪不治絲麻葛枲以資其衣服則有死已矣若是者皆不可以爲農不可以爲農則不可以授田計口立率以分其田有是理乎田也者天子諸侯之物也天子諸侯之有是田而頒之於農夫也猶今之富人有是田而授之於佃夫也富人之授田于佃夫也必擇其健壯勤嗇有婦子傭奴可助其功者授之天子諸侯之授田也何以異

是冢宰以九職任萬民唯其可農者任之以農故九職農居一焉盡天下之民而計口分田有是理乎父母有十子其可農者農之其可工者工之可賈者賈之其職事旣分其生理以贍冢宰之以九職任萬民何以異是今之議井田者必先算一國之田結又總算一國之民數立率而均其分曰田結不足曰民口恒溢於是乎爲之說曰上古之世地廣人少則可以爲井田後世生齒日繁則井田不可復嗚呼其亦不思而已矣籍農夫而配於田如籍卒伍而配於軍其外於籍者各以其職與農夫通功易事以贍其食斯之謂制民產顧何嘗使天下之黔其首者咸得百畝之田各自謀其食哉然則井田之法可復於今日不可但緬邈馳心慨唐虞之難企也若其所憂則有一焉古者天子諸侯爲田主今也羣黎百姓爲田主斯其所難圖也必持之數百年不撓收之有漸行之有序而後乃可以復先古之法其始也爲限田爲名田爲均田及其久也還太阿之柄瀉建瓴之水庶乎其沛然無閡矣○井田之制散

見諸經。先儒之注。多牽纏不通。所以識務之人。必言井田不便。今取諸經要義。疏理如左。

〔周禮地官小司徒〕。乃經土地而井牧其田野。九夫爲井。四井爲邑。四邑爲丘。四丘爲甸。四甸爲縣。四縣爲都。以任地事。而令貢賦。凡稅斂之事。

鄭司農云。井牧者。春秋傳所謂井衍沃。牧隰皐者也。〇襄二十五年左傳云。楚蔿掩爲司馬。書土田。度山林。度其材 鳩藪澤。數其藪 辨京陵。爲墓地 表淳鹵。輕其稅 數疆潦。減其租 規偃豬。度其水 町原防。隄防間地。不得方正如井田。別爲小頃町。 牧隰皐。爲芻牧之地 井衍沃。平美之地。則如周禮制。以爲井田。九夫爲井 量入修賦。量九土所入 賦車籍馬。稅民之財。備車馬。 賦車兵徒卒甲楯之數。〇臣謹案。物土有九。惟衍沃之地。乃爲井田。則蘇洵所謂塞溪壑。平澗谷。夷丘陵。破墳墓。已歸於誣矣。衍沃之地。畫井如法。九九開方。原防之地。片片爲町。算其所函。折長補短。以爲百畝。束九爲井。與井通計。十井爲通。十通爲成。此古井田之法也。盡天下而爲之井。有是理乎。

與猶堂全書

第五集 經世遺表 卷五

五

鄭曰。隰皐之地。九夫爲牧。二牧而當一井。今造都鄙授民田。有不易。有一易。有再易。通率二而當一。是之謂井牧。〇賈逵春秋傳註曰。山林之地。九夫爲度。九度而當一井也。藪澤之地。九夫爲鳩。八鳩而當一井也。京陵之地。九夫爲辨。七辨而當一井也。淳鹵之地。九夫爲表。六表而當一井也。疆潦之地。九夫爲數。五數而當一井也。偃豬之地。九夫爲規。四規而當一井也。原防之地。九夫爲町。三町而當一井也。隰皐之地。九夫爲牧。二牧而當一井也。衍沃之地。畝百爲夫。九夫爲井。〇春秋正義云。鄭玄云。二牧而當一井。是鄭賈同此說也。按周禮所授民田。不過再易。惟有三當一耳。不得有九當一也。山林藪澤。京陵偃豬。本非可食之地。不在授民之限。雖九倍予之。何以充稅而使之當一井也。且以度鳩之等。皆爲九夫之名。經傳未有此目。故杜不用其說。〇臣謹案。杜氏不用鄭賈之說。是矣。然原隰者。可食之地也。曰町曰牧。皆是田名。賈說不可全棄。然原隰之地。亦有膏腴。當算其羃積。束之爲百畝。與井通計。不必

爲三易再易之說也。

〔駁義〕鄭曰此謂造都鄙也采地制井田異於鄕遂重立國○又曰九夫爲井者方一里九夫所治之田也此制小司徒經之匠人爲之溝洫相包乃成耳(賈云中一夫入於公四畔八夫家治百畝尙無九夫所治況其中或有一易再易所取數更少今鄭云方一里九夫所治之田鄭謂地有九夫而言非謂有九家也)○又曰四井爲邑方二里四邑爲丘方四里四丘爲甸方八里旁加一里則方十里爲一成積百井九百夫其中六十四井五百七十六夫出田稅三十六井三百二十四夫治洫節○又曰井田之法備於一同今止於都者采地食者皆四之一其制三等百里之國(則大都)凡四都一都之田稅入於王五十里之國(即小都)凡四縣一縣之田稅入於王二十五里之國(謂家邑)凡四甸一甸之田稅入于王○賈曰鄭知此謂造都鄙者鄕遂公邑之中皆爲溝洫之法此經謂井田之法故知爲造都鄙也云采地制井田異於鄕遂者案遂人夫間有遂之等是溝洫法鄕田之制與遂同此經與匠人謂井田法其制與鄕遂不

同也○臣謹案鄭注周禮一往多誤此章其甚者也周制王城之內謂之六鄕城外近郊謂之六遂(五十里之內)百里之內謂之遠郊(遂之外)二百里之內謂之邦甸(即公邑)三百里之內謂之家稍(大夫之采邑)四百里之內謂之邦縣(小都之所在)五百里之內謂之邦都(大都之所在)冢宰九賦之註本出於司馬法司馬法云百里爲郊二百里爲州三百里爲野四百里爲縣五百里爲都其義有所本也但遂人所掌止於六遂之內小司徒之經土地而制井牧內自遠郊外達邦都乃鄭專以此章屬之於造都鄙一事不亦謬乎周法唯六遂別用什一之稅遠郊以外皆用九一之稅故六遂什一之制遂人掌之遠郊以外井牧之制小司徒掌之也遠郊也邦甸也家稍也(三百里之內)但有井邑丘甸不立縣城雖有四甸不束之爲縣(無小都)邦縣之地但有邑丘甸縣不立都城雖有四縣不束之爲都(無大都)蓋以二百里之內王靈密邇但以丘甸供其田役其外一重令置大夫之采邑名之曰家稍(周食粟祿曰稍)使各保守已有禦外之意其外一重列作小

都名之曰縣以封同姓其外一重列作大都令四倍於小都名之曰都以封子弟詩云大宗維翰宗子維城蓋指此類乃所以藩屛王室也且所謂小都大都未必皆封君留守故魯之三家各主一都謂之三都而季氏使閔子騫爲費宰又使高子羔爲費宰是以宰而守之也晉獻公令申生守曲沃曰分都城(閔元年)申生之前曲沃之都無封君也鄭武公令叔段守京城曰都城(隱元年)叔段之前京城無封君也旣無封君其可無守宰乎冢宰以八則治都鄙所謂八則者一曰神二曰官三曰吏四曰士五曰用六曰民七曰威八曰衆縣都之宰有官有吏有士有民仰而事神俯而馭衆與今之郡守縣令其職相同王子弟有可封者則封之不然則置宰其法通於諸侯故孔子爲中都宰子游爲武城宰宓子賤爲單父宰皆此宰也鄭玄必以立國爲說不亦謬乎井田之法內自遠郊達於畺畿(五百里)鄭每云鄕遂用溝洫法都鄙用井田法然則中間三重之地又用何法豈遂荒廢而無田乎其不了如是矣○臣又按六

鄕者王城九區之六也六鄕之人專習德行道藝以聽鄕黨州閭之敎或仕爲士大夫或仕爲府史胥徒而已此中無一箇農夫亦無一片之土可種禾黍鄭每云鄕遂用溝洫法不亦謬乎十夫之溝百夫之洫此六遂之法於六鄕無與也六鄕之聚五家爲比五比爲閭爲族爲黨爲州爲鄕六遂之聚五家爲鄰五鄰爲里爲酇爲鄙爲縣爲遂四郊以外之聚九夫爲井四井爲邑爲丘爲甸爲縣爲都皆以六層爲制也一鄕之數一萬二千五百家一遂之數亦一萬二千五百家而一都之數不過爲八千一百九十二家(一井八家一邑三十二家則一都之數如此)其多寡不等者六鄕之內其所受廛地大小相等不得闊狹五五相比不得加減故其數如彼六遂之內雖各散居亦五五相比井牧之地其地閒曠各自散居以就田土亦有餘夫小戶不成一家者參錯其中故不得以五家起率但以井地爲準凡四井之民束之爲邑凡四邑之民束之爲丘凡四丘之民束之爲甸通計一都大小民家亦必與一萬二千五百不甚相遠此

先王制邑之精義也○臣又按井田之法中爲公田四畔爲八夫之私田此不易之義也經云九夫爲井者百畝之地元稱一夫與步百之爲畝井十之爲通名例相同（字畱有畎字此是九夫爲井之畎也）非謂民夫有九人也鄭乃曰九夫所治之田不亦謬乎賈爲是憫乃曰鄭據地有九夫而言然鄭以百井爲九百夫算而上之終乃云四千九十六井爲三萬六千八百六十四夫以出田稅豈亦以地言乎鄭玄不信孟子堅以一井爲九家九家各治一區各出王稅其什一九一都不可知其失豈可諱乎審如是也畫爲九區絕無意義豈聖人之法乎九一者天下之通法唯六遂之內別用什一不可混淪如是也○臣又按井田之法唯於衍沃之地時畫一井以立矩率以示萬民以定九一之大法而已或一井孤存或數井相聯其或平原廣野容有十井之相連者然所謂十井爲通百井爲成者一井二井之散在墳衍者合而計之以充其數不惟是也汙萊町畽一畯之田區者㯄者尖者鈍者折長補短束之爲百畝百畝既九

束之爲一井一井既十束之爲一通一通既十束之爲一成推之事理而必然甄諸經文而可悟鄭每以一成之地想之如碁局乃曰四井之邑方二里四邑之丘方四里四丘之甸方八里甚則曰旁加一里爲方十里以作一成（謂方八里四畔各加一里之謂）不亦拗乎閉戶展紙作圖打算辛苦崎嶇以完一成之制而此戶一開無此大野鄭將若之何○臣又按司馬法云甸方八里出長轂一乘又云成方十里出長轂一乘（考工匠人註）甸者邑聚之名成者田總之名守土者以甸而出車治田者以成而出車故其文如彼其云方八里方十里者推移折補開方以算之故其文如彼乃鄭乖拗必欲以一甸爲一成而甸之所函六十四井成之所函乃爲百井鄭爲是憫於是乎爲之法曰六十四井出田稅三十六井治溝洫至於一同則曰四千九十六井出田稅五千九百有四井治溝洫（全文見注疏）是萬井之地以四千供王稅以六千治溝洫也天下其有是乎溝洫疏瀹之役雖亦可苦一番完築可至數百年無事或有淤塞以時濬治而

已何至歲割六千以防此濬治之費哉出稅之民何其苦也治澮之民何其樂也天下必無此法章句腐儒之見譏於桑大夫不亦宜乎○臣又按畿內分封之法極於一都故都曰大都縣曰小都見於載師其文確然鄭乃曰畿內有百里之國不亦過乎鄭所據者王制也然王制九十三國之說朱子已破之見陳澔集說春秋傳曰大都之城不過參國之一中五之一小九之一隱元年坊記曰都城不過百雉家富不過百乘都之耦國聖人所戒刱可以百里之國布列於畿內乎舜本紀云一年成聚二年成邑三年成都都之爲物本非國也舜稱都君不稱國君周召毛聃之等以其采邑爲之爵號而已周國召國所未聞也況鄭所謂百里之國乃一同田之所封也鄭以邦畿千里之地想之爲棊局曾無一峰一林纖翳其間故欲於百里之內全得一周之田迂闊至此亦可以休矣然蘇明允塞谿壑平澗谷之說皆起於此等誤註臣不敢不辨頁以二十

五里之國爲家邑天下有以家邑爲國者乎

〔考工記〕匠人爲溝洫耜廣五寸二耜爲耦一耦之伐廣尺深尺謂之甽與畎同廣二尺深二尺謂之遂

鄭曰古者耜一金兩人併發之其壟中曰畎畎上曰伐伐之言發也甽畎也今之耜歧頭兩金象古之耦也田一夫所佃百畝方百步地遂者夫間小溝遂上亦有徑○賈曰畎上高土謂之伐伐發也以發土於上故名伐也節後漢用牛耕種故有歧頭兩脚耜今猶然也遂人云夫一廛田百畝彼雖爲溝洫法一夫則與此同也○又曰按遂人云夫間有遂遂上有徑彼溝洫法此井田法雖不同夫間有遂遂上有徑則同也按彼鄭云以南畝圖之遂從溝橫洫從澮橫九澮而川周其外遂在夫間故遂則從矣此云田首倍之爲遂遂即橫也彼則遂從而溝橫此則遂橫而溝從○又曰彼川則人造之此百里有澮澮水注入川相去遠故宜爲自然川也○臣謹案伐者垡也發者墢也其字同皆以耜起土之名經云一耦之伐者謂二耜之所垡廣尺深尺也鄭乃云畎上曰伐明是誤註賈乃云畎

上高土謂之伐此順鄭而言無足怪者○又按歧頭之耜此古人之法流至漢末也但古者兩人耦耕漢時一牛獨耕鄭乃曰古者耜一金兩人併發之夫以兩人各持一金之耜共作一尺之畎手勢參差必難雙行此亦鄭氏之迂處也○臣又按川者流水也經曰兩山之間必有川焉大川之上必有涂焉 見下文 天下豈有人作之川乎遂人以十匠人以九此雖不同川則皆天作也大抵井田溝洫之制當自大川之邊隨勢立經南流北流之川當以南北爲經東西爲緯東流西流之川當以東西爲經南北爲緯鄭所云南畝圖意亦迂儒閉戶之所作也古人或云東西曰阡南北曰陌或云南北曰阡東西曰陌蓋亦川流之經隨地不同其名以殊而川居之人各憑古聞凡經者謂之阡凡緯者謂之陌迂儒欲以南北東西執定阡陌之名亦難矣禹自奏其功曰濬畎澮距川濬川距四海則川直達海尙可曰人作乎大凡田水之行也耜發爲畎畎者緯也畎注于遂遂者經也遂注于溝溝者緯也溝注于洫洫者經也洫注于澮澮者緯也澮注于川川者經也若其畫井之法起於川邊十畝之長十十開方以爲一夫三夫之長三三開方以爲一井十井之長十十開方以爲一成十成之長謂之一終十十開方以爲一同此井田之大數也然始於川邊終於山根其間地勢長短廣狹遠近斜正隨地不同則此井田或畫至一井遂逢山根或畫至百井得成一成或未滿一成即逢山根不得成成或平原廣野其方百里渺渺漫漫一望無際則百成開方可爲一同雖然無缺無礙完爲一同者天下蓋絕無也然聖人制法如是者如皐陶謨五服之制大司馬九畿之法極其所至準備爲說非其地悉然也乃鄭註賈疏皆想之如棊局五服之方五千九畿之方萬里一同之方百里都如棊局無復一角之缺豈理也哉後世之論井田者必欲得方百里平衍之地畫之爲一同然後乃議施行此天之下何處得此地乎將謂堯舜三王之世山川原隰非今日之觀乎九澮而川周其外者鄭玄之謬義也○臣又按經云井間者謂一井

之內也其云成間者謂一成之內也其云同間者謂一同之內也考工記文例本自如此輈人曰五分其軫間以其一爲之軸圍軫間是一軫頭尾之間也梟氏曰銑間去二分爲之鼓間銑間是一銑始終之間也鼓間亦然則井間成間亦當釋之如此乃鄭含糊鶻突無所分劈今之學者專執遂人章夫間有遂一句遂以井間爲兩井之間以成間爲兩成之間同間爲兩同之間若然三里一溝(自此溝至彼溝其間三里)十里一洫(自此洫至彼洫其間十里)百里一澮(自此澮至彼澮其間百里)稀闊如此一遇水潦必堙塞潰決損其禾稼漫其經界聖人解事必不爲是矣

九夫爲井井間廣四尺深四尺謂之溝方十里爲成成間廣八尺深八尺謂之洫方百里爲同同間廣二尋深二仞謂之澮專達於川各載其名

鄭曰此畿內采地之制九夫爲井井者方一里九夫所治之田也采地制井田異於鄉遂及公邑三夫爲屋屋具也一井之中三屋九夫三三相具以出賦稅共治溝也○又曰方十里爲成成中容一甸甸方八里

出田稅緣邊一里治洫方百里爲同方八十里出田稅緣邊十里治澮○又曰載師職曰園廛二十而一近郊什一遠郊二十而三甸稍縣都皆無過十二謂田稅也皆就夫稅之輕近重遠耳○臣謹案十夫之溝百夫之洫以定什一之率者六遂之田也六遂四郊同在百里之內其郊遂相分之界經雖無文以意推之五十里之內當爲六遂五十里之外當爲遠郊也六遂七萬五千家每以九家治田十畝(百十畝)則九千家治田萬畝(百萬畝)七萬五千家共治田八萬三千三十三畝其什一乃公田也十十開方不能爲方百里(所不足者田七成有餘)王城五十里之內若無大山大澤荒廢之地則庶可以容此田也此田密近王城師田政役多於外地祭祀賓客大喪大葬皆有供億先王特用寬典別行什一之法自遠郊以往皆是井田其率九一鄭每云采地用井田法鄉遂用溝洫法而遠郊邦甸終無所論今乃以采地之制別之於鄉遂公邑則公邑亦非井田矣公邑者邦甸之地(二百里之內)而猶不爲井則四郊尤可知矣今

按經文十夫之溝百夫之洫明是六遂之制而小司徒井牧之法通括遠邇鄭君何苦違此的確之經文而自立其法也井田爲經法什一爲特例六遂之外豈有所謂十夫之溝哉謬矣○臣又按夫三爲屋屋當讀之如乘屋之屋古制屋皆三間東爲阼階西爲賓階其中堂之南謂之兩楹之間斯可知也井田三區其形如三間之屋故曰夫三爲屋鄭訓屋爲具亦覺少味一井八家今謂之三三相具又何說也○臣又按通成終同以十乘十之名也邑丘甸縣以四乘四之名也其率絕不相同鄭每以一成容一甸自叛緣邊十里之說謂之治洫其好詭如此○臣又按戴師云甸稍縣都無過十二者宅稅之謂也鄭於彼註不言某稅今於此註忽謂之田稅何也田稅極於九一其輕者什一夫豈有十二乎下將詳論今姑略之詳下篇

〔駁義〕鄭曰孟子曰其中爲公田八家皆私百畝同養公田詩云雨我公田遂及我私由此觀之雖周亦莇也魯哀公問於有若有若對曰盍

徹與曰二吾猶不足如之何其徹也春秋宣十五年秋初稅畝傳曰非禮也穀出不過籍以豐財也此數者世人謂之錯而疑焉以載師職及司馬法論之周制畿內用夏之貢法稅夫無公田以詩春秋論語孟子論之周制邦國用殷之莇法制公田不稅○又曰夫貢者自治其所受田貢其稅穀莇者借民之力以治公田又使收斂焉畿內用貢法者鄉遂及公邑之吏旦夕從民事爲其促之以公使不得恤其私邦國用莇法者諸侯專一國之政爲其貪暴稅民無藝賈云無藝謂宜公稅斂況爲貢法有何準法故爲井田不爲貢也用之畿內稅有輕重諸侯謂之徹者通其率以什一爲正孟子云野九夫而稅一國中什一是邦國亦異外內之法耳○賈曰按左氏杜服所引司馬法云甸方八里出長轂一乘鄭註論語引司馬法云成方十里出長轂一乘○鄭註小司徒引司馬法成方十里士十人徒二十人竝據郊遂之外及采地法未見鄭所引證周之畿內之事而云以司馬法論者司馬法必論周之畿內用夏之貢法非鄭虛言但餘儕所

不見耳。○臣謹案。鄭玄不信孟子。不信論語。不信詩。不信春秋。而歸重於載師司馬法二文。謂周法有貢稅而無公田。設令二文眞有不合。尙不當執此二文以擊羣經。況二文皆無證乎。載師所論。一是任田之法。一是稅宅之法。鄭以稅宅。誤作田稅。詳載師條下 遂疑周法異於九一。旣一錯矣。況司馬法之散見諸家之註者。又未嘗明言周法有貢稅而無公田。賈疏雖云必論貢法。若其本文眞有明言。鄭註詩註禮。豈有不引之理。其言亦億之也。○臣又按鄭所論貢法助法。其苦樂輕重。亦乖反矣。如鄭所論。則貢法但貢其穀。可樂也。藉法旣治公田。又有收斂。可苦也。乃曰鄉遂公邑以不恤之故用貢法。邦國都鄙以慮貪之故用藉法。豈合理之言乎。今考經文。六遂明用什一。都鄙明用九一。內輕外重。內樂外苦。如此而鄭之所言。悉皆相反。豈不謬哉。且云邦國用藉法。而乃云諸侯以什一爲徹。則助法豈什一乎。鄭之所言。皆散漫而不根矣。

鄭曰。達猶至也。謂澮直至於川。復無所注入。載其名者。識水所從出。○

賈曰。諸澮旣多。當各記水所出之處。著其名。使人有所稱謂也。○臣謹案十里一澮。其長百里。則其水頗大。不可以無名也。江淮河漢。川之大者也。伊洛瀍澗。川之小者也。一川源委。其所受之澮。雖多少不等。總有名稱。井田之功。蓋自川邊始也。

賈曰。畎遂溝洫皆廣深等。其澮廣二尋深二仞。若以孔安國八尺曰仞。則澮亦深廣等。但度廣以尋。度深以仞。故別言之。若王肅依爾雅四尺曰仞。深二仞八尺。與廣二尋不類。鄭以仞七尺。淺於廣二尋二尺者。以澮爲大。故宜淺校二尺。與溝洫不得相類也。○臣謹案溝洫之等。若不砌石土。必斜塌。凡所謂廣幾尺者。當以水底實闊之度。爲準也。十里一澮。其水甚大。安得止此。當以孔安國之說。爲正。澮亦廣深相等也。

地官修制　田制二

臣竊考井田之法。蓋其疆理之功。起於川邊。川者經流也。耜垈之勢。覼川爲緯。畎者緯也。相至十畝。屈而反之。十十開方。以爲一畉。則一畉十

畎也。實九畎十畎之首。臥以一遂。卽所云田首倍之遂者經也。與川同勢流九畎開方。以爲一井。則一井四遂也。實三遂四遂之長。構以四溝。溝之爲文井溝者緯也。與遂相交。則一井四溝也。實三溝十井之首。臥以一洫。洫者經也。洫至十井。乃入于澮。十井之長。十十開方。以爲一成。則一成十洫也。實九洫十成之外。臥以一澮。澮者緯也。澮至十成。則一終乃入于川。十成之長。十十開方。以爲一同。則一同十澮也。實九澮又有所遂二澮十澮之首。臥以一川。川者經也。南流北流。以南北爲經。東流西流。以東西爲經。而遂溝洫澮之名各視川流之勢。以爲經緯。此古井田之眞面也。注疏乃云。遂人則遂從而溝橫。匠人則遂橫而溝從。豈不謬哉。

今取遂溝洫澮之等。各爲圖如左。

一夫九畎圖

甲 乙

丙 丁

如上圖甲乙丙丁。爲一夫。百畝之地。甲丙線乙丁線。遂也。遂者經也。與川同勢流甲乙線丙丁線。溝也。溝者緯也。遂水之所注中間九橫線。皆畎也。畎亦緯也。畎水注於遂其細點九行。有如從線者。一畎之長。分爲十畝。十十開方。以爲百畝也。畎之長竟十畝。一耕至百步遂之長竟十畝。至十畝過溝溝之長竟一井。此圖溝亦如遂者。三分溝之一也。

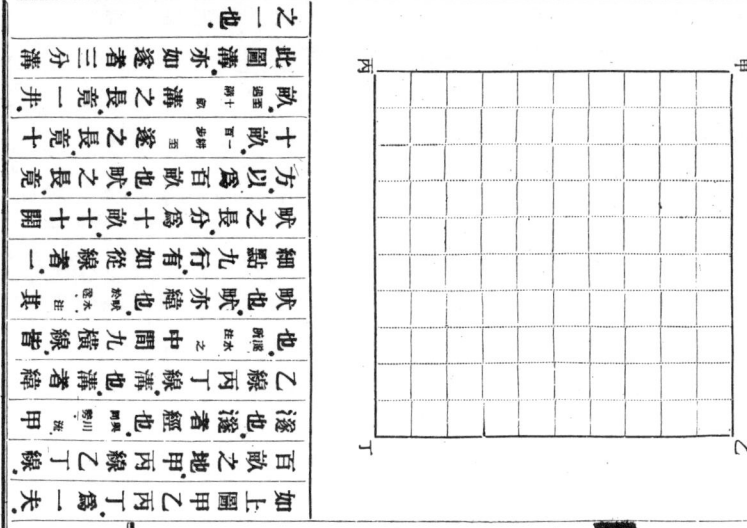

一井四遂四溝圖

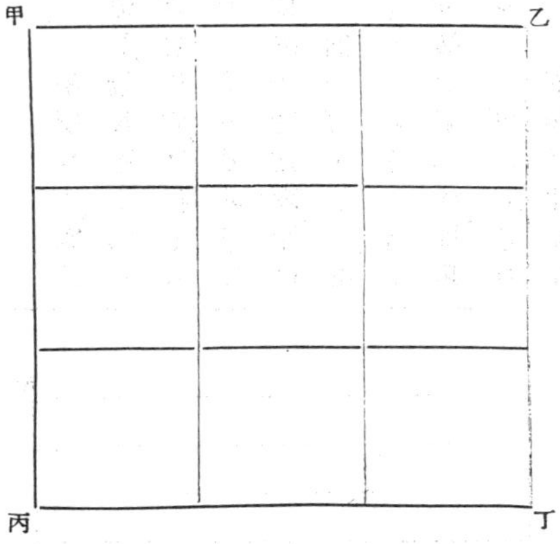

如上圖甲乙丙丁爲一井。九夫之地。甲丙等四從線。皆遂也。經 甲乙等四橫線。皆溝也。緯 ○遂之長竟一夫。即遇溝、溝之長竟一井。乃遇洫 圖面雖經緯交錯。溝長遂短。覽者宜知之。○諸井相連。則遂與溝。其實各三。○凡遂上有徑。溝上有畛。今所不著。

百井一成十洫圖

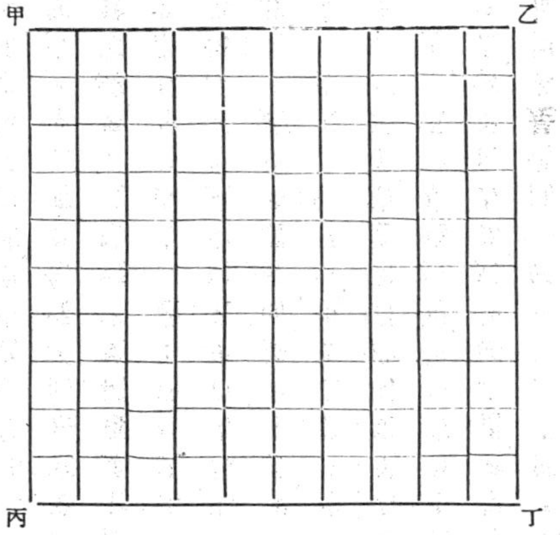

如上圖甲乙丙丁爲百井。一成之地。其甲丙等十一從線。皆洫也。洫者經也。與川流同勢 甲乙線丙丁線澮也。澮者緯也。其線橫 中間之九橫線。皆一井之外溝也。緯 ○溝之長竟一井。即遇洫 洫之長竟十井。乃遇澮 澮之長竟百井。乃遇川 圖內其長皆相等者。凡溝宜作十段看。凡澮宜作十分一看。只著一試之所經 唯洫爲實度也。洫之長竟十井。

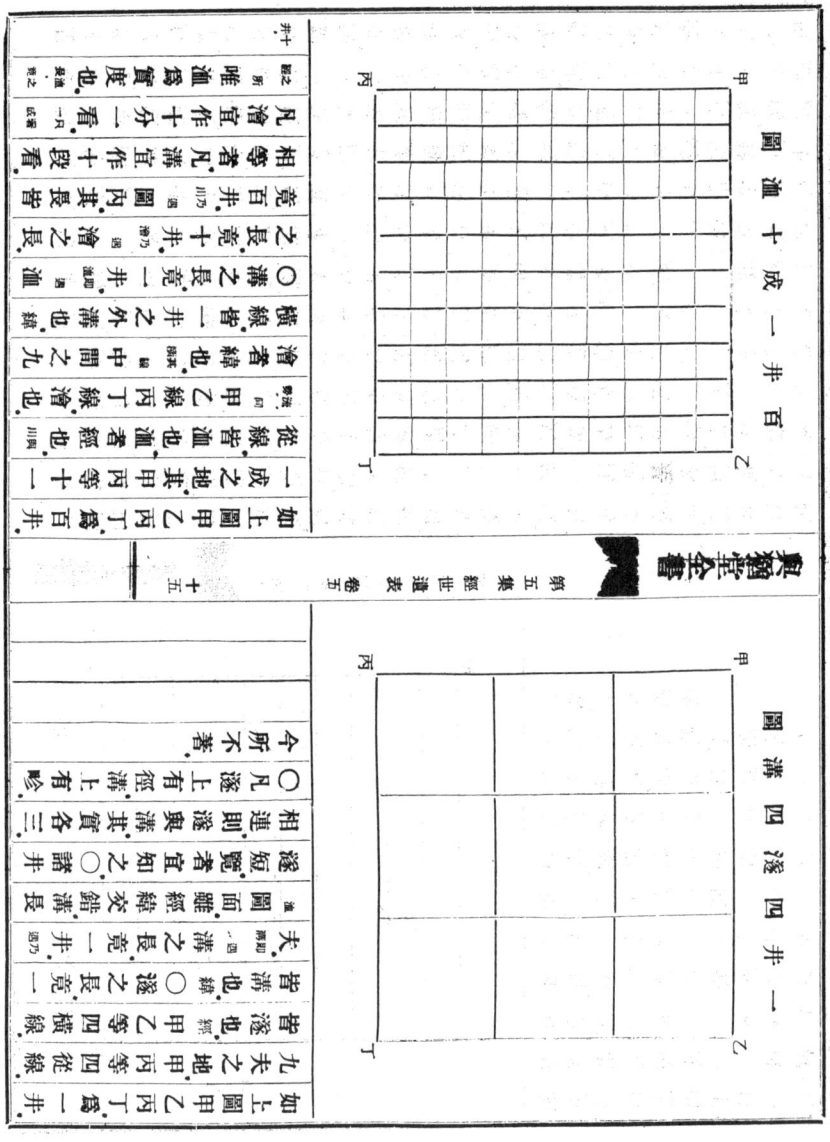

百成一同十澮圖

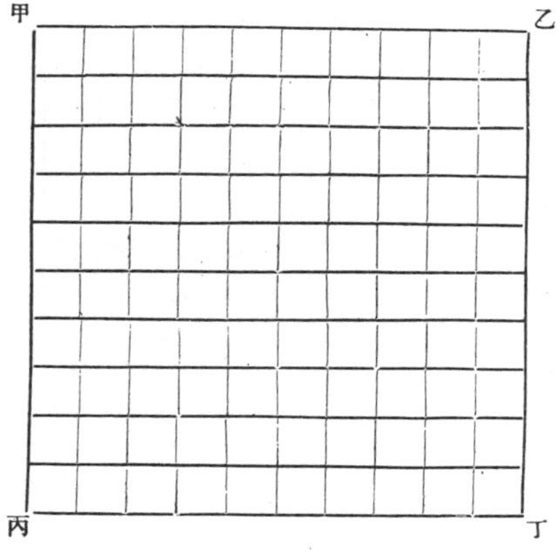

如上圖甲乙丙丁爲一同方百里之地其十一橫線皆澮也緯其十一從線皆洫也經〇洫注於澮其長止於一成長不過十里澮注於川其長至於一同一同長百里圖內雖經緯交錯洫短澮長覽者宜知之〇凡洫宜作十段看唯澮爲實度長百里〇川上有路凡遇澮入之處上有橋梁

右圖四首臣謹依經文辨其經緯別其長短以明其法數而已若以此圖擧而措之以議其施行必不能畫之爲一成一同若是者何也其方一里者畫之如棊局其方十里者畫之如棊局其方百里者畫之如棊局其方一里者猶之可也天下有方百里可以爲棊局者乎方十里猶不能然況方百里乎經云方百里爲同則同間之澮其長百里也考之於經其廣不過二尋二尋者中人之二丈也人尋之長多八尺夫以二丈之渠每到十里受一大洫流至百里受十大洫而其廣不加於二丈其終於無病乎天下莫暴於潦水今若以方百里之內山陵谿谷畎遂溝洫之水束之於十澮之中而其入川之口猶不過二丈則臣知其氾濫逆行包原隰而潰墳衍瞬息之間其黍稷稻粱之薿薿芃芃者將漫爲流沙而一望無際矣雖禹稷在岸亦立視而不能禁矣將云聖人少智制法如是乎將云作是經者考工記不知先王之典章謬以不驗之法著之如是乎作是經者閉戶而制法註是經者閉戶而作圖壹於是棊局之翫

而卒不能畫一畦而揷一苗則儒者之見笑於桑大夫其亦無辭而可解矣然則奈何註是經者閉戶而作圖臣固言之作是經者閉戶而制法必無是矣經之下文備說本理顧先儒之不察耳凡議井田之法者先讀上文以畫其棊局次讀下文一變其棊局然後一成一同始有可完之日矣

凡天下之地勢兩山之間必有川焉大川之上必有涂焉凡溝逆地阞謂之不行句水屬句不理孫謂之不行句梢溝三十里而廣倍註阞音勒，孫音遜，屬音燭

臣釋曰遠言之則南山北山之間必一川橫臥通言之則左厓右厓之間必一溪流出溪是天作雖小亦川也大川逕於百里人由川上之路而行者及盡百里其間遇小川之入于川者必不下數十此必然之理也言此者明畫井之法先觀大川以之起功其小川因其天作而爲之溝洫不可畫之如棊局也○溝者五溝之通名故夏官司險畎遂溝洫澮謂之五溝也涂者五涂之總名阞者地之脈理阞者筋也地之阞如人之筋脈○水屬謂以

此水注於彼水相連屬也鄭文屬作注孫順也理孫謂順其本勢也終必決溢故謂之不行○梢剡削也梢溝者治溝令上小下大如木梢也三十里而廣倍者自初起時寸寸微廣以至於此非至三十里猝增爲倍也澮之初起其廣十六尺則流至七里半其廣二十尺流至十五里其廣二十四尺流至二十二里有半其廣二十八尺流至三十里其廣三十二尺還視初起時其廣倍之也爲二尋之倍○人作之溝極不過三十里今中國澮穿至數百里三古無此阞也故遂人作澮亦止於三十餘里然苟欲準備則前溝流至四十五里其廣四十尺流至六十里其廣四十八尺流至七十五里其廣五十六尺流至九十里其廣六十四尺流至百里其廣七十一尺三寸零以中人之身幾滿九丈其源委雖長庶可以寫其水而無潰決矣○或曰三十里而廣倍則六十里之廣又倍於三十里爲六十四尺九十里之廣又倍於六十里爲一百二十八尺若然此溝至三十里猝變其勢左瀉磬折而向左右瀉磬折而向右至六十里又變其勢開

口如前法豈有是乎雖江河之水其漸大之勢千里如百里萬里如千里無三十里猝變之法何獨溝如是乎其義非也〇總之田間之澮三十里而廣倍則一同之田左斜右仄碁局破已久矣其溝上狹而下闊則其田上闊而下狹何以爲碁局乎凡溝必因水勢(亦見下圖文)則緯溝經澮亦當視溪澗天作之勢爲之進退其可築而正之者築之其可割而正之者割之其或石脈地防不可築割或陂陁崛起不能理孫者不得不屈其溝澮以就其理孫此天下之公理禹稷之所不得不然也若然其溝澮之水或不得不磬折或不得不句倨或紆餘以蛇行或旁仄以蟹行不能皆直如弦也若然其田疇之在是旁者不能皆畫之爲井其水理孫而弦直者其田畫之爲全井其水理孫而紆曲者其田或爲八畉或爲七畉或缺一角或虧一畝或贅一角或賸一畝破落牽連不能平直將何以畫之爲碁局乎不惟是也一同之田狀如碁局無一片空土參錯其間則其佃夫九萬皆環田而列居矣其緣邊諸田可以耕治

而纔入五里已漸不便十里十里至於中心則五十里也窮日之力僅可往返耕耰鋤銍奚暇爲之碁局一同非大夢乎若云田中有廬如成卒屯田之法則及其秋冬入保之日載其藁穗擔其籽粒五十里而爲廛世無此事何況所種牟麥又誰養之輦載溲溺寒天短日五十里而糞麥不已勞乎農家之事四時無隙冬日雖閒不能相忘出其糞壞修其版築颺其塵雜流其汚惡土以之肥沃人以之暇逸若於五十里之外遂過三冬農事其荒矣入保之說元自孟浪(辨詳下)碁局之制破已久矣〇理旣然矣則經云方十里爲成者完井計之爲一井殘畉合之爲一井通共百井之田名之曰一成開之曰方十里非直一成之田正方如碁局也經云方百里爲同者完成計之爲一成殘井合之爲一成通共萬井之田名之曰一同開之曰方百里非直一同之田正方如碁局也上公之方百里其田一同乃謂之方百里山林川澤不在計也上公之國必不似碁局猶謂之方百里則一同之田雖不碁局獨不謂之方

百里乎一井之間四遂四溝雖不可加減一同之間不必爲十澮也百里之川其溪澗之赴於川者小者引之爲緯溝其大者順其勢而治之注之於川此天下之公理禹稷之所不得不然也大溪適十則因以爲十澮其或八九者鑿之爲十澮其或踰十者或二或三亦因其勢而爲之澮而已有誰能遏其流而爲洫(以緯而爲經)屈折而注於澮者乎水注不理孫經已戒之矣然則成間之洫亦有然者經十里而直如弦蓋未易也(洫長本十里)洫澮之水其可一定爲法無加無減如棊局之有經緯乎○今始拭眼再看經文何嘗云一成之內必有十洫乎何嘗云一同之內必有十澮乎經但云方十里爲成成間廣八尺謂之洫而已經但云方百里爲同同間廣二尋謂之澮而已不錄其數者非經之略之也因天作而順地勢其數不可定也繼之曰兩山之間必有大川則川之數不可定也繼之曰逆地防者不行不理孫者不行則澮洫之數不可定也繼之曰梢溝三十里而廣倍之則澮洫之長與廣不可定也經何嘗定

其數乎凡經流而逕十里者其名爲洫其名爲洫則其廣八尺凡緯流而過十里者其名爲澮其名爲澮則其廣二尋經所言者明此而已○臣又按洫之初起其廣八尺則流至十里其廣十尺六寸零亦梢溝之例

鄭曰禹鑿龍門播九河爲此逆防與不理孫也○又曰梢溝謂不墾地之溝也鄭司農云梢讀爲桑螵蛸之蛸梢謂水漱齧之溝故三十里而廣倍○臣謹案經論作溝之法鄭卻以鑿龍門播九河當之豈鑿龍門播九河是作溝之法乎凡溝皆田水也溝者構也與遂洫交構也不墾之溝何至於三十里乎始雖不墾流至於三十里則其左右兩旁必有田疇何得謂之不墾乎古無漕溝鑿是溝將安用之讀之如螵蛸訓之謂漱齧亦奇語也田之溝不漱齧乎

凡行奠水磬折以參伍欲爲淵則句於矩凡溝必因水勢防必因地勢善溝者水漱之善防者水淫之(奠音停)

臣釋曰寘水者停水也淵者深水也磬折者折而其隅爲鈍角也(磬之倨句)(一矩有半是鈍角也見樂圖)參伍者鄭云直行三而折行五也句於矩者折而其隅爲直角也(如曲尺)水回則必淵(顚回日淵字)折之如矩使之回也此節論溪澗流水之勢明天作之水不能直行其欲因之爲田溝者或引之如磬折以行其停水或折之爲矩句以成其洄滀皆所以因其水勢以作田溝也故繼之曰凡溝必因水勢○水漱之者以水而流土以省畚鍤之勞也水淫之者以水而堆土以省掘撈之費也

凡爲防廣與崇方句其稠三分去一句大防外稠凡溝防必一日先深之以爲式句里爲式然後可以傳衆力(稠音色界反)

鄭曰方猶等也稠者薄其上○臣釋曰大防者陂澤也田間小防內外皆稠之陂澤大防唯外有稠其內淺短不爲稠也○一日先深之者爲溝必去土爲防必起土其役民之法勿起大衆先取數人一日奏功以爲程也深猶探也度淺深謂之深(見書字)試冷熱謂之探其義同也○里

一同之地中有枉澮不能爲同圖

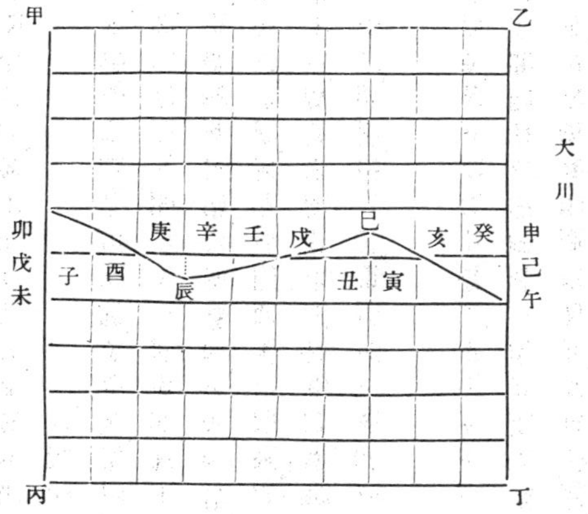

爲式者力役之事必以里調之先試一里以出程式也傳衆力謂使衆力附於此役也(纔讀里爲已不必然也)已○臣謹案井地或其洫澮巧逢地防者不能疆理如法試爲圖如右○如上圖甲乙丙丁本爲一同之地(方百里)該有十一澮橫注大川緣中間一澮屢犯地防不得由戊己正線乃自卯入頭斜至於辰又折而前斜至於巳又折而前斜至於午

以入大川名曰枉澮於是所經諸田悉被妨礙不得畫之爲一成唯庚辛壬癸子丑寅七區得爲完成其餘或六七十井或八九十井猶得相連其間隙地或得數井或爲棄地○再論戊己正線若不鑿渠則卯申之間十區未午之間十區不能正其疆域又其洫水之長將踰一成不得不依線鑿渠注之枉澮乃自戊而鑿之至酉而注之又離酉而鑿之至戌而注之又離戌而鑿之至亥而注之又離亥而鑿之至巳而入于川此必然勢也此渠大小宜與洫同○此地既有枉澮不必畫爲一同但緣甲乙邊外丙丁邊外各有大川川外有山甲丙邊外原有山陵不可拓地不得不就此畫之也○不唯是也澮之下流既廣一同不能正方如綦局圖不盡言

如下圖甲乙丙丁本爲一成之地方十里該有十一洫下注橫澮線中間一洫屢犯地防不得由戊己正線乃自辰入頭斜至於巳又折而前斜至於午乃克入澮名曰枉洫於是所經諸田悉被妨礙不得畫之爲一

一成之地中有枉洫不能爲成圖

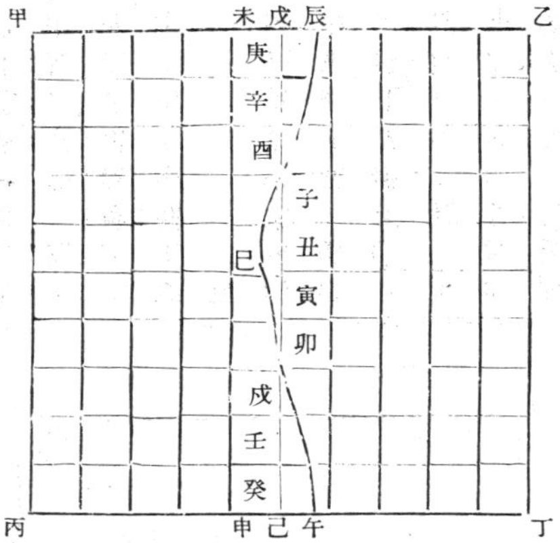

井唯庚辛壬癸子丑寅卯八區得爲完井其餘或五六畎或七八畎猶得相連其間隙地或爲數畎或爲數畝○再論戊己正線若不鑿渠則辰午之間十區未申之間十區不能正其疆域又其溝水之長將踰一井不得不依線鑿渠注之枉洫乃自辰而鑿之至酉而注之又離酉而鑿之至戌而注之又離戌而鑿之至午而入于澮此必然

成

之勢也。此渠大小宜與渠同○此地旣是枉澮不必畫爲一威。但緣地
勢本自平衍不得以小疵棄之也。

一同之地半遭山根不能爲同圖

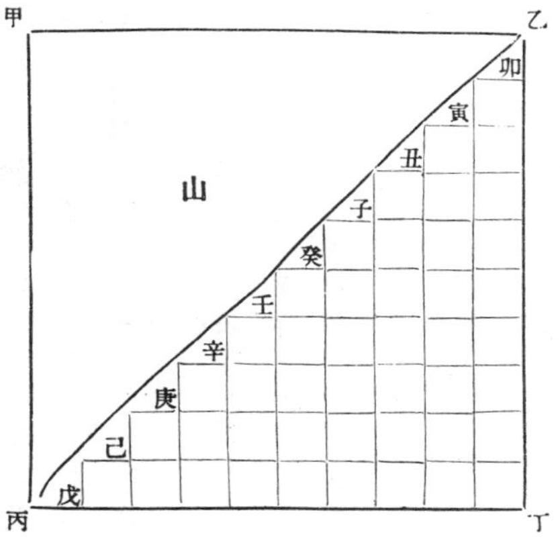

臣又按井地或其一半斜遭山根不得疆理如法試爲圖如左。

如上圖甲乙丙丁本是一同之地當畫爲百成緣有一座高山在於甲角山麓山根斜亘丙乙則不能完作一同乙丁之內第一間只得九成其次得八成其次得七成下至第九間單得一成總得四十五成戊

一成之地半遭山根不能爲成圖

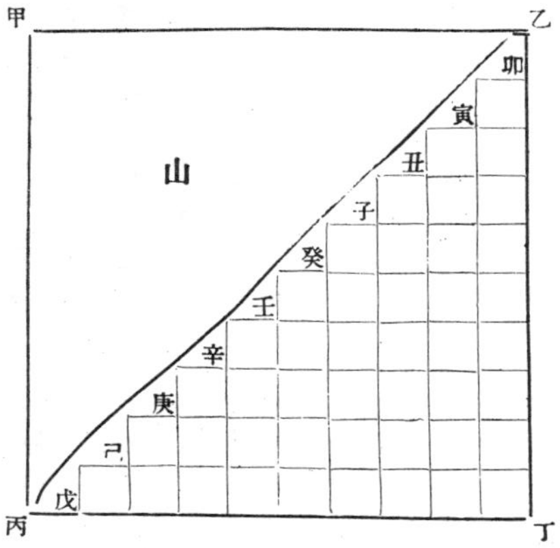

己庚辛壬癸子丑寅卯十區皆爲三角形不能成成但於其中各畫幾井與上四十五成通計得實數(下見圖)○不唯是也澮之下流旣廣一同不能正方乙丁丙角不得爲直角圖不盡言。

如上圖甲乙丙丁本是一成之地當畫爲百井緣甲丙乙三角形入於山根不能完作一成乙丁之內第一間只得九井其次得八

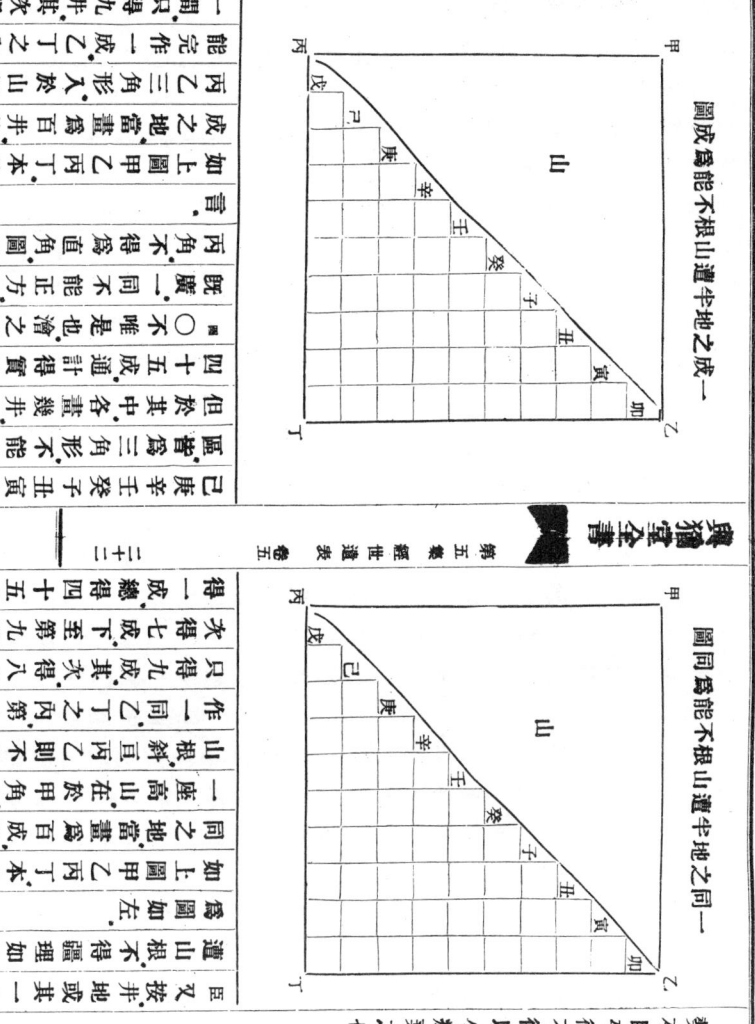

井其次得七井下至第九間單得一井總得四十五井戊己庚辛壬癸子丑寅卯十區皆爲三角形不能成井但於其中各畫幾畎與上四十五井通計得實數(圖見下)

一井之地半遭山根不能爲井圖

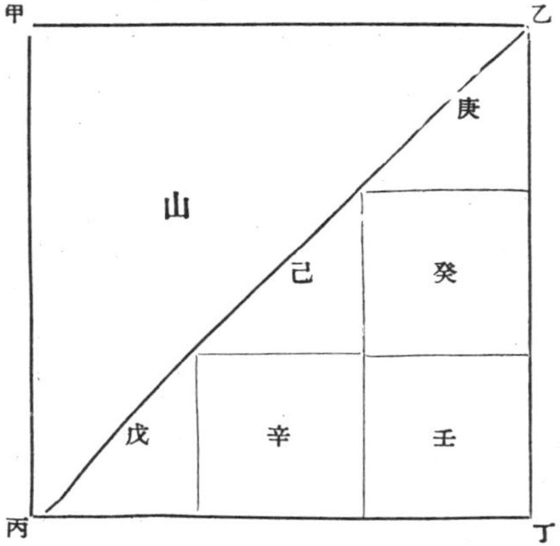

如上圖甲乙丙丁本是一井之地當畫爲九畎緣甲乙丙三角形入於山根不能完作一井辛壬癸三區只得三畎正方之田而戊己庚三區皆爲三角形不能成畎(不能開方爲百畝)但於其中各畫幾畝與上三畎通計得實數(圖見下)

一畎之地半遭山根不能爲畎圖

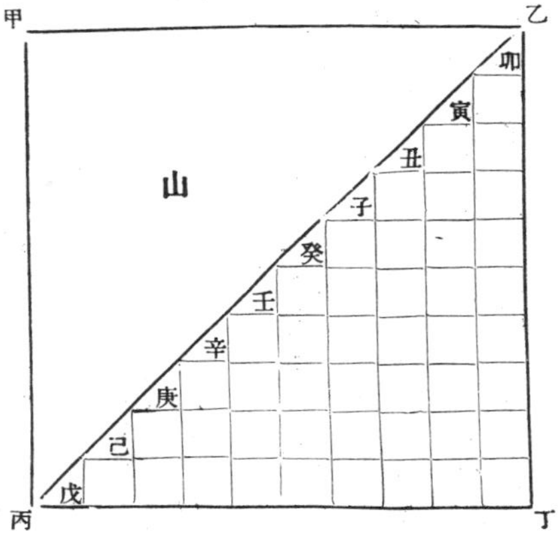

如上圖甲乙丙丁本是一畎之地當畫爲百畝緣甲丙乙三角形入於山根不能完作一畎乙丁之內第一間只得九畝其次得八畝其次得七畝下至第九間單得一畝總得四十五畝戊己庚辛壬癸子丑寅卯十區皆爲三角形不能成畝或牉合以成畝或棄

捐不治荒爲石堆【若是畉地兩兩畔合總得五畝與上圖十五畝合之正爲一畉之半】凡不能成畉者不能成井者不能成成者不能成同者皆執此諸圖照例作畉照例作井照例作成照例作同與全畉全井全成之完爲正方者合而計之凡九畉所積得稱一井凡九百畉所積得稱一成凡九萬畉所積得稱一同不必四角平直完如碁局然後乃可以曰夫曰井曰成曰同也○臣謹案古者封建之制上公百里侯伯七十里子男五十里雖周禮王制參錯不齊其大法蓋然也其所謂方百里者凡封疆之內有田一同則謂之方百里凡封疆之內有田四十九成【七七四十九】則謂之方七十里凡封疆之內有田二十五成【五五二十五】則謂之方五十里非謂五等諸侯之國皆四角正方狀如碁局也齊魯鄭滕疆域不泯其有一正方如碁局者乎不惟是也封之於山澤之地則雖百里之國其田總不如子男封之於平衍之地則雖五十里之地其田總多於公侯天下其有是乎且雖上公之國如欲必得其正方一同之地然後乃算一同則終古不得封

矣其以殘畉破井合而計之以充一同之數者又確然無疑矣

周禮遂人掌邦之野以土地之圖經田野造縣鄙【節】凡治野夫間有遂遂上有徑十夫有溝溝上有畛百夫有洫洫上有涂千夫有澮澮上有道萬夫有川川上有路以達于畿

鄭曰十夫二鄰之田百夫一酇之田千夫二鄙之田萬夫四縣之田○又曰遂溝洫澮皆所以通水于川也遂廣深各二尺溝倍之洫倍溝澮廣二尋深二仞徑畛涂道路皆所以通車徒於國都也徑容牛馬畛容大車涂容乘車一軌道容二軌路容三軌都之野涂與環涂同可也○賈曰匠人云環涂以爲諸侯經涂野涂以爲都經涂鄭註云經亦謂城中道諸侯環涂五軌其野涂及都環涂皆三軌彼註亦與此注同皆以爲都之野涂與環涂同依內則云道有三涂男子由右女子由左車從中央是以鄭解川上之路及都之野涂皆容三軌也○【臣】謹按匠人營國其云涂者路也與遂人畛涂之涂所指不同○又按經涂者王國城

中之大路也環涂者六遂四郊之大路也環國四衢故謂之環涂也野涂者邦甸家削之大路也在王國百里之外故謂之野涂也都經涂者邦縣邦都之城中大路也其經涂旣爲五軌則其環涂野涂應爲三軌

鄭說皆可從也

鄭曰萬夫者方三十三里少半里(即百步)九而方一同(萬夫積九則爲九萬夫)以南畝圖之則遂從溝橫洫從澮橫九澮而川周其外焉○又曰去山陵林麓川澤溝瀆城郭宮室涂巷三分之制其餘如此以至于畿則中雖有都鄙遂人盡主其地○賈曰遂地在郊外田野之中(又云六遂唯在二百里以內雖都鄙作井田遂人亦盡主其地)○又曰從西北隅北畔至東頭有十洫一洫百夫十洫千夫千夫萬步萬步有三十三里百步百步是少半里以九澮總而言之則萬夫矣○又曰九而方一里者匠人云方百里爲同彼井田法溝洫稀少而云同(百成爲一同)此溝洫法溝澮稠多與彼井田相準擬而言也○又曰九澮而川周其外者案詩有今適南畝又云南東其畝故以南畝

圖之其田南北細分者是一行隔爲一夫十夫則於首爲橫溝(十溝即百夫)於東畔爲南北之洫十洫則於南畔爲橫澮九澮則於四畔爲大川此川亦人造雖無丈尺之數蓋亦倍澮耳○又曰鄭注載師亦以此等三分去一皆大判而言之耳是以田之法一成九百夫亦三分去一以其餘通計出稅故每云三百家也○臣謹案遠郊以外皆用九一故匠人用九夫一井之法六遂特用什一故遂人用十井有溝之法此二經所以不同也然遂經溝緯洫經澮緯以順川流之經則二文皆同特緣鄭氏註彼有誤賈說遂云溝洫從橫悉皆相換非也然其以百夫之地十十開方總於三十三里百步之內函此萬夫者註疏極精不似匠人之解今並從之但其云九澮而川周其外者大是謬義川之爲物發源於高山或往會于江河或直達于大海世豈有人作之川乎王城南向而川橫其南則是東流之川也田在川北者十澮皆南注而入川田在川南者十澮皆北注而入川川一而已川周其外有是理乎此鄭迂處也

○臣又按六遂之地內近王城外接遠郊故或與六鄕並稱國中若遂人什一孟子稱國中什一者是也或與遠郊並稱四郊若秋官遂士盡掌四郊者是也然魯之費誓三郊三遂原自別稱不可遂以六遂爲四郊也蓋此四郊之內以近城之七萬五千家爲六遂名之曰近郊其餘家之在外者名之曰遠郊也六遂民戶七萬五千家而其授田之法良田百畝之外又授萊田少者五十畝多者二百畝若有山林川澤溝瀆之等又在此中則四嚮五十里之內恐無以容此田地此所以郊遂割界別無一定之明文也王城方九里(見匠人)畫爲九區中爲王宮面朝後市其左右六區謂之六鄕然此方三里六區之內七萬五千家決不能盡容必有溢出於城外者載師以此謂之園地其六遂之田載師謂之近郊其文歷然鄭不知六鄕六遂原在何處其註周禮漫漶周章無所指的或稱六遂在於郊外或稱六遂在於公邑(在王城二百里之內)或稱六遂盡主都鄙(在王城五百里之內距王城最遠)東撞西觸不可歸一今按六遂正在遠郊之內(自六遂之外爲遠郊)無可疑也○又按農夫受廛必在近田之地則六遂之民散在於王城五十里之內共爲三十縣與六鄕之接屋連牆稠密聚居者其法不同故六鄕曰族黨州鄕六遂曰鄰鄙縣遂其立名不同也○又按井田之法九畎爲井則中一畎爲公田遂田之法十夫相累(如十間之邑平爲一列)則上一夫爲公田(川在南則北爲上)經雖不言可推而知也○總之遂人溝洫之制賈疏無錯今依賈疏作溝洫諸圖如左

百夫之地遂溝洫澮圖

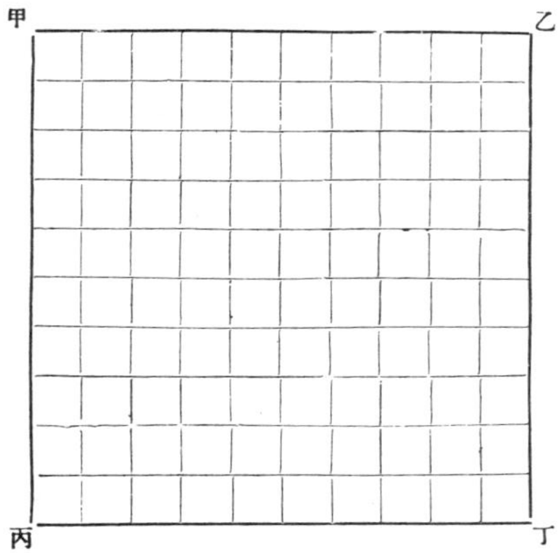

如上圖甲乙丙丁爲遂人百畮之地。(遂人之法，十十開方。)甲乙大線丙丁大線即澮也。(百夫一洫，而十洫注於澮，故曰千夫有澮。)甲丙次大線乙丁次大線即洫也。(十夫一溝，而十溝注於洫，故曰百夫有洫。)中間之九橫線即十夫有溝也。(溝之長竟十夫。)中間之九從線即夫間有遂也。(兩夫之閒有一遂。)遂之長竟一夫，(經十畝之地入于溝。)溝洫之長竟十夫，澮之長竟百夫。而此圖澮之長亦十夫者，是澮之一段也。(十分之一澮)

與猶堂全書 第五集 經世遺表 卷五 二十七

萬夫之地十澮交洫圖

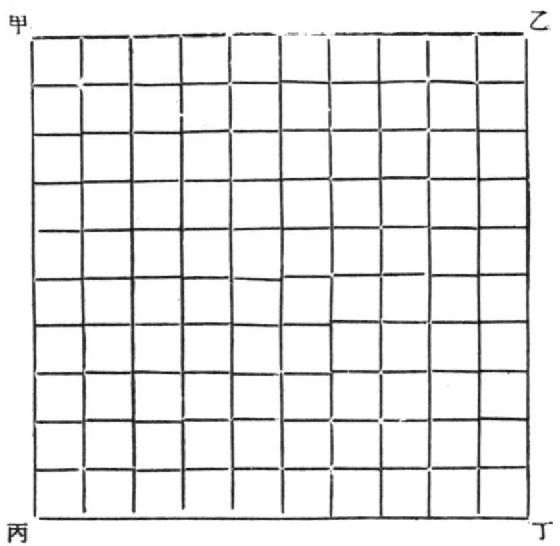

如上圖甲乙丙丁爲萬夫之地，其一區爲百夫之地。其橫線十一，皆澮也。澮入于川，澮者緯也。其從線十一，皆洫也。洫入于澮，洫者經也。〇澮之長竟百夫，(上圖)(一區爲百夫，則一區之長爲十夫。)一洫之長竟十夫。(經十夫之地入于澮。)圖面雖經緯交錯，澮長洫短，覽者宜知之。〇乙丁線總有十洫，每洫之外直近川水，川上有路，路內有洫，故乙丁亦有洫也。〇畛涂道路不

在圖又澮水入川之處皆有橋梁今所不著
臣謹案遂之長竟一夫膝一夫以注溝溝之長竟十夫受十遂以注洫洫之長竟十夫受十溝以注澮澮之長竟百夫受十洫以注川兩洫相距三里有十畝即十夫之長兩澮相距亦三里有十畝其長則三十三里有百步十十開方則萬夫之地也然或遇地阞或遇山根有虧有礙必當以破畝殘畎計其積數以充萬夫之地不可想之如碁局也其不成完局者亦皆夫間有遂十夫有溝百夫有洫片片方正無一皴爪此先王之制也其必極之於千夫之澮萬夫之川者此準備之法非六遂之田悉皆如此也蘇明允終不悟此何嗟及矣○又按川上有路以達于畿者明此路非田間小道乃自王城達于四畿者也秋官野廬氏掌達國道路至于四畿考工記曰大川之上必有涂焉經旨不過如此鄭乃執達于畿三字謂遂人盡主畿內不亦過乎

〔夏官司險〕設國之五溝五涂而樹之林木以爲阻固皆有守禁而達其道路○賈曰皆有守禁則非遂人田間五溝五涂○臣謹案溝洫之制不特爲利田水而已設險守國之義實寓於其中誠以平原廣野四無遮阻則攻者無礙守者無措乃溝洫爲物掘塹斷壟灌水成濠使敵人不得舍正路而趨他路正路一而已或設關以守之或屯兵以拒之何所不可乎周易之例坎爲田象而坎之象傳曰王公設險以守其國蓋與司險之文相表裏也昔吳玠設地網法以禦虜騎李勣在平壤設屯田劉仁軌在南原設屯田其遂溝澮洫皆如井田亦所以備盜也李德履桑土志欲自國之西郊達于龍灣其間沿路之田皆設溝洫以仿地網之制其言必當用也○又按賈氏以五溝五涂謂非田制田制之外安有五溝其義非也

地官修制　田制三

〔周頌噫嘻之篇〕曰駿發爾私終三十里亦服爾耕十千維耦

朱子曰三十里萬夫之地四旁有川內方三十三里有奇言三十里舉成數也萬人爲耦並力齊心如合一耦也此必鄉遂之官司稼之屬其

職以萬夫爲界。昔溝洫用貢法。無公田。故皆謂之私。（陳祥云周制國中鄉遂之地。用貢法。）大宰十而賦其一。○臣謹案私田之名。成於公田。若無公田。亦無私田。詩旣云。駿發爾私。則其有公田可知。如大田之詩旣云。雨我公田。則其有私田可知。六遂之有公田。於斯明矣。有賓而後主之名生焉。有私而後公之名起焉。斯易悟也。餘見前。

〔小雅甫田之篇〕曰。倬彼甫田。歲取十千。

鄭曰井稅一夫。其田百畝。通稅十夫。其田千畝。成稅百夫。其田萬畝。○朱子曰十千。謂一成之田。地方十里。爲田九萬畝。而以其萬畝。爲公田。蓋九一之法也。○臣謹案鄭注周禮。每云九夫治一井。有王稅而無公田。今於甫田之箋。却云井稅一夫。可知禮註皆謬義也。

〔小雅大田之篇〕曰。雨我公田。遂及我私。

臣謹案鄭箋朱傳。亦皆以此爲九一之法。

〔小雅信南山之篇〕曰。中田有廬。疆場有瓜。

與猶堂全書　第五集　經世遺表　卷五　二十九

董仲舒云。每家廬舍二畝半。○孔穎達曰。古者宅在都邑。農時則出而就田。須有廬舍。○朱子曰。一井之田。其中百畝爲公田。內以二十畝分八家爲廬舍。以便田事。於畔上種瓜。以盡地利。○臣謹案楚茨。信南山二詩。卽公卿有田祿者。祭其先祖之詩也。卿大夫祭其先祖。必以圭田。幾見圭田有公田乎。中田有廬者。於圭田之中。偶作草廬。以監其瓜。今俗瓜田。皆有守草樓。無古今華東之別也。其詩云。中田有廬。疆場有瓜。是剝是菹。獻之皇祖。四句皆瓜說也。廬是守瓜之廬。故詞旨調叶。若是公田二十畝之廬。則起句贅疣而不安。四句不能調叶。先儒引此以證二畝半之義。似巧而實迂。不可從也。二畝半之說。本不合理。下詳見。特以董仲舒治公羊之學。（史記儒林傳）欲立什一之義。爲此說耳。

孟子曰。夏后氏五十而貢。殷人七十而助。周人百畝而徹。其實皆什一也。徹者徹也。助者藉也。龍子曰。治地莫善於助。莫不善於貢。貢者校數歲之中。以爲常。樂歲粒米狼戾。多取之而不爲虐。則寡取之。凶年糞其田而不

足則必取盈焉節詩云雨我公田遂及我私惟助爲有公田由此觀之雖周亦助也

趙曰耕五十畝者貢上五畝耕七十畝者以七畝助公家耕百畝者徹取十畝以爲賦雖異名而多少同故曰皆什一也○又曰徹猶取也徹取物也○春秋正義云趙岐不解夏五十殷七十之意蓋古者人多田少一夫唯得五十七十(宣十五年初稅畝之疏)○臣謹案孟子所聞五十七十之說本與井田不合趙氏釋皆什一之義最爲平正其所云周人百畝而徹者必指遂人而言然則五十七十亦似夏殷六遂之制也今人以公田二十畝爲廬之說爲周人什一之解然此十一取一非什一也(詳見下)易若趙註之爲合理乎○又按徹字之義亦趙註爲長餘見孟子說今不疊述

使畢戰問井地節孟子曰請野九一而助國中什一使自賦卿以下必有圭田圭田五十畝餘夫二十五畝節方里而井井九百畝其中爲公田八

家皆私百畝同養公田公事畢然後敢治私事所以別野人也

趙曰九一者井田以九頃爲數而供什一郊野之賦也國中什一者周禮園廛二十而稅一時行重法賦責之什一也○又曰餘夫者一家一人受田其餘老少尙有餘力者○又曰公田八十畝其餘二十畝以爲廬井園圃家二畝半也○臣謹案野九一者小司徒所掌遠郊之外至於四畿皆用井田之法也國中什一者遂人所掌唯六遂之地特用什一之法也(五十里之內) 周禮有邦中之賦四郊之賦甸稍縣都之賦由內達外歷歷各言而六遂之賦無所論明六遂在四郊之中也(秋官遂師掌四郊) 然自外甸而視之則六遂密近王城故孟子以六遂爲國中而遠郊以外始謂之野周禮孟子豈不符合趙註不可用也○又按餘夫者一夫一婦之不能廣治者也八口之家有五六人可任其力者乃授百畝其或一夫一婦難治百畝者授二十五畝也八口治百畝則每二十五畝二人治之也

春秋宣十五年秋初稅畝
左氏曰初稅畝非禮也穀出不過藉以豐財也(杜云公田十畝借民力所治之稅不過此)○杜曰公田之法十取其一今又履其餘畝復十收其一故哀公曰二吾猶不足遂以爲常故曰初○孔曰漢書食貨志井田方一里是爲九夫八家共之各受私田百畝公田十畝是爲八十畝餘二十畝爲廬舍諸儒多用彼爲義如彼所言則家別一百一十畝是爲十外稅一也鄭玄詩箋云井稅一夫其田百畝則九而稅一其意異於漢書也又孟子對滕文公云請野九一而助國中什一使自賦鄭玄匠人註引孟子此言乃云是邦國亦異外內之法則鄭玄以爲諸侯郊內十一郊外九一也
○臣謹案井田者九一也九一之外似若毫髮不侵然考諸經傳九一之外明有賦稅禹貢曰百里賦納總二百里納銍此九一之外又以爲饋賦之於田夫也(詳見貢賦篇)小司徒曰經土地而井牧其田野以任地事而令貢賦凡稅斂之事此九一之外明有貢賦又斂之於田夫也旅師

收耡粟屋粟者九一之收也屋粟者夫三之稅也此九一之外明有田地之小稅也今人童習白紛不出於孟子若云九一之外又有稅斂無不愕然以驚者然諸書具存不可諱也然則初稅畝之書於春秋何也井田之稅徵於其屋非徵之於其畝也通一屋而定額非逐畝而稅之也書之春秋不亦宜乎稅畝以來魯之田役遂爲什二此天下之大變易不書矣○又按二畝半謬義也詳論在下
〔公羊氏〕曰初者何始也稅畝者何履畝而稅也古者什一而藉什一者天下之中正也多乎什一大桀小桀寡乎什一大貉小貉什一者天下之中正也什一行而頌聲作矣○何曰什一以借民力以什與民自取其一爲公田○又曰聖人制井田之法而口分之一夫一婦受田百畝以養父母妻子五口爲一家公田十畝即所謂什一而稅也廬舍二畝半凡爲田一頃十二畝半八家而九頃共爲一井故曰井田廬舍在內貴人也公田次之重公也私田在外賤私也○又曰因井田以爲市

故俗語曰市井○又曰多於五口名曰餘夫餘夫以率受田二十五畝十井共出兵車一乘司空謹別田之高下善惡分爲三品上田一歲一墾中田二歲一墾下田三歲一墾肥饒不得獨樂墝埆不得獨苦故三年一換主易居○又曰在田曰廬在邑曰里一里八十戶八家共一巷吏民春夏出田秋冬入保○臣謹案若非九一則井田原不必作本以九一之故爲井田今乃於井田之中割畝二十欲成什一之制豈合理乎誠若什一爲天下之中則先古聖人何不治田如遂人溝洫之法使其無待乎刻補也何況公田爲廬之法是十一而稅一不是什一公羊旣以多乎什一者爲大桀則九一不免爲大桀獨不念寡乎什一者爲大貉乎避桀趨貉將又何益吾東之俗朝鮮洌水之間田稅謂之九一方言或謂九一或謂九賓傳習一說實本自況同意者箕子之時始行井田之法名曰九一古語流傳至今不變也什一之文見於載師什一之法見於遂人而井田則斷非什一公羊以來譯立什一之義其文則竊取孟子大桀小桀貉其學

則傳於董子而穀梁又竊公羊之文自槪廬居之說漢魏諸儒無有能擘其非理者其說於是乎大行矣臣竊思之古者一宅之廛不過一畝故禮記曰儒有一畝之宮古制王城之內分爲九區王宮居中面朝後市左右六鄕兩兩相嚮而六鄕之數爲七萬五千家彼於方十里之地僅占九分之六而戶數若是其多則一廛之不滿一畝亦已明矣方十里所國本不過九萬畝其中又除三區及廟社塗巷況匠人營國本爲九里則尤不可解城中恒居之廛猶不能滿一畝而田中時寓之廬乃至於二畝半有是理乎孟子稱五畝之宅本指野廛而言先儒乃謂國中之宅二畝半田中之廬二畝半以當五畝之數其崎嶇雕刻乃至是乎夫以衍沃之土畫之爲井片畦如金今乃以什一之故割去二十以廣無用之廬誠如是也何不畫地如遂人不煩雕刻而天然爲什一乎小人懷居安土重遷人情也春夏出田秋冬入保又何說也春土脈旣發則民負其耒耜戴其瓶罌肇其錡釜擔其箱篋携老扶幼曳犢招豚于于然就二畝半之廬寢苫

枕塊土癲濕瘴苦楚若赴戍之卒而王城之中十室九空人煙斷絕巷塗寂寞雞犬無聲天子將誰與共居觸目荒寒氣象愁慘及至秋成之後氏又輸其穗秸運其粟米與凡日用百物盡收而還入城天下其有是乎騷騷擾擾無一時之安息人其有樂生之心乎斯皆秦漢之際迂儒曲說斷斷非先王之法也井田九一無什一也○又按何休謂肥田瘠田三年一換主易居此亦行不得之政也民以此田知之爲永業然後除其磽礫去其荼蓼謹其畎遂厚其糞壤若知三年之後按例換易其誰肯爲是乎荒天下之田者必此法也市井餘夫之義亦謬

穀梁氏曰初者始也古者什一藉而不稅初稅畝非正也古者三百步爲里名曰井田井田者九百畝公田居一私田稼不善則非吏公田稼不善則非民初稅畝者非公之去公田而履畝十取一也以公之與民爲已悉矣古者公田爲居井竈葱韭盡取焉○范曰餘二十畝家各二畝半爲廬舍○又曰損其廬舍作一圜以種五菜外種楸桑以備養生

送死○臣謹案穀梁者公羊之影也凡其訓義皆剽竊公羊而又增飾之此章其一也公羊竊孟子之義以什一爲井田之法其後公羊學者病其不合乃叛二畝半之說爲穀梁者又竊其義乃稱公田爲居斯豈周儒之文乎二畝半太廣故內設葱韭之圃外起楸桑之園欲以文其說嗟乎公田荒矣漢晉儒者無有能覺其詐者至唐始克研究孔穎達爲春秋疏引漢書廬舍之說曰是爲十外稅一（見上文）賈公彥爲周禮疏引公羊葱韭之說曰是爲十外稅一（匠人溝洫疏）孫奭爲孟子疏引漢書廬舍之說曰十外稅一（白圭章）十外稅一者謂十一而稅一也十一而稅一則寡於什一此公羊所謂貉道也無寧桀道爲中國乎井田九一無什一也

白圭曰吾欲二十而取一何如孟子曰子之道貉道也（節）貉二十而取一欲輕之於堯舜之道者大貉小貉也欲重之於堯舜之道者大桀小桀也

趙曰堯舜以來什一而稅足以行禮○孫曰載師云近郊十一遠郊二

十而三節鄭玄曰什一而稅謂之徹徹通也爲天下之通法言天下皆什一耳○臣謹案孟子答白圭之問亦不曾明言什一而趙岐據滕文公之章解之爲什一然周時之有無公田孟子不能明知僅誦大田之詩疑周之有公田則其稅之九一什一孟子將何以明辨乎井田九一無什一也

〔通論〕陳及之曰周禮井田之法通行於天下安有內外之異哉遂人以一直度之也凡十夫之首必有一溝以方度之則方一里之地所容者九夫也遂人所言者積數也匠人所言者方法也其實一制也○朱子曰溝洫以十爲數井田以九爲數決不可合近世諸儒論田制乃欲混井田溝洫爲一則不可行鄭氏註分作兩項却是○陳鵬飛曰鄉遂用貢法遂人是也都鄙用助法匠人是也○馬端臨曰孟子所謂野九一者乃授田之制國中什一者乃取民之制蓋助有公田故其數必拘於九若貢則無公田孟子之什一特言其取之之數遂人之十夫特姑

擧成數以言之耳九夫自有九夫之貢法十一夫自有十一夫之貢法初不必拘以十數而後可行貢法也今徒見匠人有九夫爲井之文而謂遂人所謂十夫有溝者亦是以十爲數則似太拘蓋助法必須以平地之田畫如井字整如棊局貢法則無問高原下隰折長補短每夫授之百畝此二法之所以異也是以匠人言洫必曰八尺言澮必曰二尋有一定之尺寸若遂人止言百夫有洫千夫有澮不言其尺寸耳○臣謹案二法決不可合然九一什一皆可以爲助法何必什一有貢而無助乎鄉遂用助法都鄙用貢法者鄭玄之說也然鄉在城中本無田地毋論助貢都是無麪之餠飥六遂之用貢法其在周禮六篇亦無影響其說豈有徵乎千畝之田九夫治之以其百畝輸於公室是亦助也何謂什一必貢乎周制以九職任萬民九職之民各獻其物名之曰貢除此以外無貢也馬氏之說疎闊尤甚不足多辨今姑略之

周禮地官載師掌任土之法以物地事授地職而待其政令以廛里任國

中之地。以場圃任園地。以宅田。士田。賈田任近郊之地。以官田。牛田。賞田牧田。任遠郊之地。以公邑之田。任甸地。以家邑之田。任稍地。以小都之田。任縣地。以大都之田。任畺地。

鄭曰載事也。臣謂載猶籍也。洛誥云不視王載。○任猶擔負也。謂以此職授之於此地。似若擔負然也。○物猶辨也。鄭云物色之地事。地之所宜也。

地職農牧衡虞之等也。大宰云以九職任萬民。○國中者。城中也。大宰云邦中園地者。城外之地也。在六遂之田近郊者。四郊之內地也。即六遂之內遠郊者。

四郊之外地也。百里之內甸地者。邦甸也。二百里之內稍地者。家削也。三百里之內縣地者邦縣也。四百里之內畺地者。邦都也。五百里之內○鄭曰。廛民居之區域也。

臣謂里者比閭之總名。國城之中。惟有民家。無園圃田疇。○種樹曰場。孟子云場師舍其梧檟周禮場人共果蓏種菜曰圃。鄭云圃果蓏六鄉六遂十五萬家。必廣置園圃。可給果蓏。○鄭曰宅田致仕者之家所受田也。士相見禮云宅者在邦則曰市井之臣在野則曰草茅之臣○士田三士所受之祿田也。賈田賈人以其貨物供國用。

與猶堂全書

第五集 經世遺表 卷五 三十五

及秋會計。以賈田之穀。受其價。是賈田也。近郊之地。以此田任之。○官田庶人在官者所受祿田也。牛田牛人之田以養牛也。牧田牧人之田以養羊豕也。賞田特例賞賜之田也。司勳有賞田之文遠郊之地。以此田任之。○公邑之田。天子之祿田也。孟子曰君十卿祿。天子亦如之。天子之祿十倍於卿祿四井爲邑。故謂之公邑。○家邑之田。卿大夫之祿田也。小都之田受封四甸者之采地也。大都之田。受封四縣者之采地也。鄭云王子弟所食○臣謹案周制六遂什一。野外九一之外。其賦稅之大者有三。一曰里布此後世之所謂戶役也。二曰屋粟。此後世之所謂田租也。三曰夫家之征此後世之所謂身貢也。漢唐之租庸調。即此遺法。租者田稅也。庸者身貢也。調者戶役也。什一遂人之所掌。九一小司徒之所掌。乃若載師之所掌者。一曰任土以授地職。二曰征稅。即三者以徵雜賦。什一九一。非載師之所掌也。

先鄭曰民宅曰宅。宅田者。以備益多也。○臣謹案周制凡仕於朝者皆

以官爲家長其子孫大宰居大宰之署載師居載師之署有功則車服以庸陞其秩增其祿而已不以罪免官不以年致仕則恒居公署豈復有私宅乎惟致仕之臣退居私宅或在城中則自稱市井之臣或在郊外則自稱草茅之臣後鄭之義不可違也

先鄭曰士田者士大夫之子得而耕之田也○鄭曰仕者亦受田所謂圭田也○臣謹案古者世祿大夫之子必不躬耕若庶士之子遂爲農夫則但當受田百畝編於井邑又何爲別給士田乎若云父方食祿子又耕田則尤屬非理先鄭不可從也圭田雖是祭田亦於祿田之傍置此圭田故大田甫田楚茨之詩皆卿大夫旣稼祭先之詞而其詩曰我庾維億南東其畝曰歲取十千如坻如京雨我公田皆非五十畝之所能當也況大夫士之祿田鄭注都無所任豈不疎哉後鄭不可從也

先鄭曰賈田者吏爲縣官賣財與之田○鄭曰賈田在市賈人其家所受田也○臣謹案賈人非吏先鄭非也賈人坐市其貨足以養八口又使其家人受田可乎後鄭非也案聘禮曰賈人西面坐啓櫝取圭又云展幣於賈人之館明玉帛皮幣或使賈人共之也鄭讀賈爲價非也我邦宣惠廳大同之法令賈人供其貨物貢人本賈人以大同之米受價古今之情宜未殊也若使公家盡主一國之田而割畿內之田名之曰大同之田以償供物之價則此周之所謂賈田也夫工商二家其利厚於農夫又從而官給田祿必使之富益富有是理乎賈田者酬貨之田也

先鄭曰官田公家之所耕田也○鄭曰官田庶人在官者其家所受田也○臣謹案凡田皆農夫耕之士大夫之家府胥之家其家人別受田將何爲哉亦授之農夫而已誠若受田於國家以授農夫則是祿田之外又一祿田也其父食祿足以俯育而其子又受祿田不亦過乎鄭說非也

先鄭曰牛田者以養公家之牛○鄭曰牛田牧田畜牧者之家所受田也○賈曰司農意此即掌牧六牲者也後鄭不從者若是牧人則是公

家放牧之地何得下文有稅乎○臣謹案周官牛人掌養國之公牛凡祭祀共其享牛求牛凡賓客之事共其牢禮之牛饗食賓射共其膳羞之牛軍事共其犒牛喪事共其奠牛凡會同軍旅共其兵車之牛其牛幾千頭矣又牧人掌牧六牲以共祭祀之牲牷其羊豕幾千頭矣不授之田何以養之牛田牧田不可無也尋常畜牧之家受田無義後鄭非也賈疏以爲公家放牧之田不得有稅又一蔀也凡所謂士田官田宅田賈田牛田牧田皆收其九一以給其祿以酬其價以資其牧養而其本田之屋粟本廛之里布本身之征役無不自在何得云公家牧田不得有他稅乎田名雖異一夫之受百畝天下皆同賈說其當於理乎

鄭曰公邑謂六遂餘地天子使大夫治之自此以外皆然二百里三百里其上大夫如州長四百里五百里其下大夫如縣正是以或謂二百里爲州四百里爲縣云遂人亦監焉○臣謹案鄭不知六鄉六遂在何地或鄉遂並稱或以六遂謂在郊外或以六遂謂在三百里四百里又

以六遂爲公邑其誤大矣夫旣以公邑任甸地則甸地者二百里之內也與六遂何干司馬法云二百里爲州者適其所聞不同耳同一周禮之書六遂或稱圜地邦都或稱畺地蓋自當時名稱或殊鄭欲以此偏置州長縣正於鄉遂之外亦拗矣

鄭曰家邑大夫之采地小都卿之采地大都公之采地王子弟所食邑

○臣謹案采邑之制原不可解大夫公卿各有應受之祿田將云祿田之外又有采邑乎後世之法漕天下之粟班祿於京師三古之制分畿內之田仰祿於采邑故公卿大夫士之祿皆以田而爲制王制孟子其文歷然若班祿京倉如後世之法則制祿當云粟米幾石豈可曰其田幾畝乎祿田之外或有軍功賞之以田此非人人之所得有也臣故曰公邑者天子之祿田家邑者公卿大夫之祿田士田者三等適士之祿田官田者府史胥徒之祿田小都者勳臣同姓受封之地大都者親王子弟受封之地然其受封者止爲封君不得爲國君此古制也位卑者

授之以近地位高者授之以遠地量力之大小較穀之多少使卑者便也。

鄭曰地之形實不方平如圖受田邑者遠近不得盡如制○臣謹案此條最合理鄭既知如此又何以一成一甸强合之爲棊局也

鄭曰以廛里任國中而遂人職授民田夫一廛田百畝是廛里不謂民之邑居在都城者與凡王畿內方千里積百同九百萬夫之地也有山陵林麓川澤溝瀆城郭宮室涂巷三分去一餘六百萬夫又以田不易一易再易上中下相通定受田者三百萬家也○臣謹案國城之中但有屋宅無一片之土可任樹藝故任之以廛里城外之地專務果蓏其所須之急甚於稼穡故任之以場圃(凡畿近王城者果蓏多利)自郊以外乃治田也鄭乃以國中爲邦畿千里之總名豈不疎哉冢宰九賦之目邦中之賦四郊之賦邦甸之賦家削之賦邦縣之賦邦都之賦由內達外歷歷各言國中非邦中乎遂人之授夫一廛者六遂之地其地猶窄故廛有定

制郊外闊遠之地地廣人稀離落荒疎不必限之以一廛故鄉遂之外別無授廛之文鄭欲以遂人統領千里之畿皆授一廛之地則先王制作之妙無地可問矣

鄭曰食貨志士工商亦以口授田五口當農夫一人餘夫在遂地之中如此則士工商以事入在官而餘夫以力出耕公邑(節)其在甸七萬五千家爲六遂餘則公邑○賈曰遠郊百里內置六鄉四面相距二百里○臣謹案鄭不知六遂在何地今以六遂謂在邦甸賈不知六鄉在何地今以六鄉謂在遠郊茫昧甚矣六遂者四郊之內別以三十縣爲六遂也六鄉本在城中唯其溢出於城外者謂之園廛也食貨志之誤詳論在下

凡任地國宅無征園廛二十而一近郊十一遠郊二十而三甸稍縣都皆無過十二唯其漆林之征二十而五

鄭司農曰國宅城中宅也○臣謂園廛者城外附城之地受一廛以爲

宅者也○城中不治園圃不治稼穡又欲其繁庶樂生故不征其宅稅
六鄉之廛溢出城外者專務園圃其利雖多旣是六鄉之民故其宅稅
從輕二十而一也近郊者六遂也其宅稅亦從輕爲十一遠郊漸從重
其宅稅爲二十而三甸稍縣都益以從重其宅稅至於十二若夫漆林
之征內自郊遂外達畺畿皆二十而五也○其征稅之法亦量其廛地
假如園廛以一畝爲一廛儒行云儒有一畝之宮則二百家爲二百畝之地乃於
二百家但取十畝之率則二十而稅一也遠郊之地以五畝爲一廛孟子
云五畝之宅則四十家爲二百畝之地乃於四十家通取三十畝之率則二
十而稅三也近郊之十一縣都之十二其例皆同
鄭曰國宅凡官所有宮室吏所治者也賈云官府治事處○臣謹案載師之文
一國中二園地三近郊四遠郊五六七八甸稍縣都由內達外文如貫
珠國宅明是城中民家園廛明是城外民家先鄭之解本自合理鄭必
以國宅改之爲官府豈不拗哉官府公署有無征稅原無可問唯民宅

之稅在所商度故著之爲法曰國宅無征
鄭曰園廛亦輕之者廛無穀園少利也古之宅必樹而畺埸有瓜○賈
曰孟子云五畝之宅樹之以桑麻是廛無穀也百畝田畔家各二畝半
以爲井竈葱韭是園少利也信南山詩云畺埸有瓜瓜成又入其稅天
子剝削淹漬以爲菹獻之皇祖是園廛有稅也○又曰園即上經塲圃
任園地廛即上經廛里任國中之地幷言之者以其出稅同故也○臣
謹案通邑大都其密近城闉者例治園圃以給萬家之果蓏况天子之
國城乎故六鄉之廛其溢出於城外者專治園圃名之曰園地此雖城
外猶是六鄉之地也故其宅稅至輕其外六遂之地謂之近郊其外四
郊之地謂之遠郊郊遂雖同在百里之內祭祀賓客大喪大葬師田征
役六遂之民勞於遠郊故田稅宅稅皆遂輕而郊重鄭乃以園廛爲遠
近內外之通稱凡瓜蔬之田皆欲二十而稅一豈不疎哉國宅園廛近
郊遠郊由內達外文如貫珠若以園廛爲畿內園圃之通稱則章法亂

矣中心最薄而無征國中宅次外從輕而廿一六遂宅次外居中而十一近郊宅次外稍重而廿三遠郊宅次外最重而十二甸稍縣都宅層層包裹節節差等如竹籜之苞靑如葱根之疊白其制絶妙其義至精鄭說一至而其法破碎混亂不可以按行豈不惜哉農家之利莫厚於園圃百畝之田歲收粟幾釜以之爲錢其錢幾何百畝之田歲收葱幾束以之爲錢其錢幾何葱之利必十倍於粟矣但此等果蓏必國城至近之地乃可無滯故郊野以外有稼穡而無園圃此物情自然也鄭乃曰園圃少利故其稅從輕迂闊如此無以議玆事矣○又按廛者民居之區域也鄕內地狹限之以一廛故上文曰以廛里任國中此六鄕之在城中者也下文曰以場圃任園地此六鄕之溢出於城外者也即圜廛鄭以園廛看作二物尤大迂也○疆場有瓜是於棄地之中種瓜以盡其地利也雖使桑大夫爲國此瓜不可有稅鄭賈乃欲以此瓜當園廛之稅不亦迂哉天子之祭場人供其果蓏又何必取瓜於疆場

鄭曰國稅輕近而重遠近者多役也○賈曰近郊十一者即上經宅田·士田·賈田同十一而稅也遠郊二十而三即上經官田·牛田·賞田·牧田同二十而稅三也甸稍縣都皆無過十二者即上經公邑已下四處甸地之中兼有六遂矣三者之中皆有公邑若然此云十二者除三等采地而鄕遂公邑皆爲夏之貢法故也○又曰春秋公羊說過於十一大桀小桀減於十一大貉小貉周禮國中園廛之賦二十而稅一遠郊二十而稅三有軍旅之歲一井九夫百畝之賦出禾六百四十斛芻秉一百六十斗缶米十六斗若然周禮稅法據王畿公羊稅法據諸侯邦國諸侯邦國無遠近之差者以其國地狹小役賦事暇故無遠近之差也○臣鏞案國宅者城中之民家也園廛者城外之民家也然則近郊之十一遠郊之廿三甸稍縣都之十二皆蒙上文立宅稅之率者也世有田稅之率而或爲廿三或爲十二者乎小桀大桀之譏周公首犯之矣鄭爲是悶此經之註漫漶彌縫不言其爲某稅權且誓之曰國稅所謂

國稅者廛里之稅乎關市之稅乎山林之稅乎澤梁之稅乎以文則如田稅以事理則不可以十二故權且名之曰國稅至考工匠人之註乃引此經謂之田稅故賈疏遂以此爲田稅也賈疏諸說皆糊塗迷亂不可致詰或以公邑通於遠近或以公邑同於鄕遂末乃斷之曰王畿用桀貉法諸侯用什一法豈可以破吾惑乎國彌小則役彌煩役彌煩則賦彌重誠以諸侯之法亦具體而微祭祀賓客軍旅會同百官羣吏事大交鄰其用浩繁也賈乃曰國小則稅輕其亦闇於情矣○又按一井出稷禾秉芻缶米者魯語仲尼之言也此是井田之恒率何必有軍旅之歲乃有此收亦謬義也(詳在下)○總之載師之職既任其地收其里布收其屋粟收其夫家之征(見下文)國宅園廛一節即里布之立率者也里布者宅廛之稅也與田稅何干田稅但有九一惟六遂之地別用什一也

與猶堂全書第五集第五卷 終

HANGIL GREAT BOOKS 015

경세유표 I

지은이 정약용
옮긴이 이익성
펴낸이 김언호

펴낸곳 (주)도서출판 한길사
등록 1976년 12월 24일
주소 10881 경기도 파주시 광인사길 37
홈페이지 www.hangilsa.co.kr
전자우편 hangilsa@hangilsa.co.kr
전화 031-955-2000~3 팩스 031-955-2005

인쇄 오색프린팅 제본 경일제책사

제1판 제1쇄 1997년 3월 22일
제1판 제6쇄 2021년 3월 30일

값 33,000원

ISBN 978-89-356-0190-5 94900
ISBN 978-89-356-0193-6(전3권)

한길그레이트북스 인류의 위대한 지적 유산을 집대성한다

1 관념의 모험
앨프레드 노스 화이트헤드 | 오영환

2 종교형태론
미르치아 엘리아데 | 이은봉

3·4·5·6 인도철학사
라다크리슈난 | 이거룡
2005 『타임스』 선정 세상을 움직인 100권의 책
『출판저널』 선정 21세기에도 남을 20세기의 빛나는 책들

7 야생의 사고
클로드 레비-스트로스 | 안정남
2005 『타임스』 선정 세상을 움직인 100권의 책
2008 『중앙일보』 선정 신고전 50선

8 성서의 구조인류학
에드먼드 리치 | 신인철

9 문명화과정 1
노르베르트 엘리아스 | 박미애
2005 연세대학교 권장도서 200선
2012 인터넷 교보문고 명사 추천도서
2012 알라딘 명사 추천도서

10 역사를 위한 변명
마르크 블로크 | 고봉만
2008 『한국일보』 오늘의 책
2009 『동아일보』 대학신입생 추천도서
2013 yes24 역사서 고전

11 인간의 조건
한나 아렌트 | 이진우
2012 인터넷 교보문고 MD의 선택
2012 네이버 지식인의 서재

12 혁명의 시대
에릭 홉스봄 | 정도영·차명수
2005 서울대학교 권장도서 100선
2005 『타임스』 선정 세상을 움직인 100권의 책
2005 연세대학교 권장도서 200선
1999 『출판저널』 선정 21세기에도 남을 20세기의 빛나는 책들
2012 알라딘 블로거 베스트셀러
2013 『조선일보』 불멸의 저자들

13 자본의 시대
에릭 홉스봄 | 정도영
2005 서울대학교 권장도서 100선
1999 『출판저널』 선정 21세기에도 남을 20세기의 빛나는 책들
2012 알라딘 블로거 베스트셀러
2013 『조선일보』 불멸의 저자들

14 제국의 시대
에릭 홉스봄 | 김동택
2005 서울대학교 권장도서 100선
1999 『출판저널』 선정 21세기에도 남을 20세기의 빛나는 책들
2012 알라딘 블로거 베스트셀러
2013 『조선일보』 불멸의 저자들

15·16·17 경세유표
정약용 | 이익성
2012 인터넷 교보문고 필독고전 100선

18 바가바드 기타
함석헌 주석 | 이거룡 해제
2007 서울대학교 추천도서

19 시간의식
에드문트 후설 | 이종훈

20·21 우파니샤드
이재숙
2005 서울대학교 권장도서 100선

22 현대정치의 사상과 행동
마루야마 마사오 | 김석근
2005 『타임스』 선정 세상을 움직인 100권의 책
2007 도쿄대학교 권장도서

23 인간현상
테야르 드 샤르댕 | 양명수
2007 서울대학교 추천도서

24·25 미국의 민주주의
알렉시스 드 토크빌 | 임효선·박지동
2005 서울대학교 권장도서 100선
2012 인터넷 교보문고 MD의 선택
2012 인터넷 교보문고 MD의 선택
2013 문명비평가 기 소르망 추천도서

26 유럽학문의 위기와 선험적 현상학
에드문트 후설 | 이종훈
2005 서울대학교 논술출제

27·28 삼국사기
김부식 | 이강래
2005 연세대학교 권장도서 200선
2012 인터넷 교보문고 필독고전 100선
2013 yes24 다시 읽는 고전

29 원본 삼국사기
김부식 | 이강래

30 성과 속
미르치아 엘리아데 | 이은봉
2005 『타임스』 선정 세상을 움직인 100권의 책
2012 인터넷 교보문고 명사 추천도서
『출판저널』 선정 21세기에도 남을 20세기의 빛나는 책들

31 슬픈 열대
클로드 레비-스트로스 | 박옥줄
2005 서울대학교 권장도서 100선
2005 연세대학교 권장도서 200선
2008 홍익대학교 논술출제
2012 인터넷 교보문고 명사 추천도서
2013 yes24 역사서 고전
『출판저널』 선정 21세기에도 남을 20세기의 빛나는 책들

32 증여론
마르셀 모스 | 이상률
2003 문화관광부 우수학술도서
2012 네이버 지식인의 서재

33 부정변증법
테오도르 아도르노 | 홍승용

34 문명화과정 2
노르베르트 엘리아스 | 박미애
2005 연세대학교 권장도서 200선
2012 인터넷 교보문고 명사 추천도서
2012 알라딘 명사 추천도서

35 불안의 개념
쇠렌 키르케고르 | 임규정
2012 인터넷 교보문고 필독고전 100선

36 마누법전
이재숙·이광수

37 사회주의의 전제와 사민당의 과제
에두아르트 베른슈타인 | 강신준

38 의미의 논리
질 들뢰즈 | 이정우
2000 교보문고 선정 대학생 권장도서

39 성호사설
이익 | 최석기
2005 연세대학교 권장도서 200선
2008 서울대학교 논술출제
2012 인터넷 교보문고 필독고전 100선

40 종교적 경험의 다양성
윌리엄 제임스 | 김재영
2000 대한민국학술원 우수학술도서

41 명이대방록
황종희 | 김덕균
2000 한국출판문화상

42 소피스테스
플라톤 | 김태경

43 정치가
플라톤 | 김태경

44 지식과 사회의 상
데이비드 블루어 | 김경만
2002 대한민국학술원 우수학술도서

45 비평의 해부
노스럽 프라이 | 임철규
2001 『교수신문』 우리 시대의 고전

46 인간적 자유의 본질·철학과 종교
프리드리히 W.J. 셸링 | 최신한

47 무한자와 우주와 세계·원인과 원리와 일자
조르다노 브루노 | 강영계
2001 한국출판인회의 이달의 책

48 후기 마르크스주의
프레드릭 제임슨 | 김유동
2001 한국출판인회의 이달의 책

49·50 봉건사회
마르크 블로크 | 한정숙
2002 대한민국학술원 우수학술도서
2012 『한국일보』 다시 읽고 싶은 책

51 칸트와 형이상학의 문제
마르틴 하이데거 | 이선일
2003 대한민국학술원 우수학술도서

52 남명집
조식 | 경상대 남명학연구소
2012 인터넷 교보문고 필독고전 100선

53 낭만적 거짓과 소설적 진실
르네 지라르 | 김치수·송의경
2002 대한민국학술원 우수학술도서
2013 『한국경제』 한 문장의 교양

54·55 한비자
한비 | 이운구
한국간행물윤리위원회 추천도서
2007 서울대학교 추천도서
2012 인터넷 교보문고 필독고전 100선

56 궁정사회
노르베르트 엘리아스 | 박여성

57 에밀
장 자크 루소 | 김중현
2005 서울대학교 권장도서 100선
2000·2006 서울대학교 논술출제

58 이탈리아 르네상스의 문화
야코프 부르크하르트 | 이기숙
2004 한국간행물윤리위원회 추천도서
2005 연세대학교 권장도서 200선
2009 『동아일보』 대학신입생 추천도서

59·60 분서
이지 | 김혜경
2004 문화관광부 우수학술도서
2012 인터넷 교보문고 필독고전 100선

61 혁명론
한나 아렌트 | 홍원표
2005 대한민국학술원 우수학술도서

62 표해록
최부 | 서인범·주성지
2005 대한민국학술원 우수학술도서

63·64 정신현상학
G.W.F. 헤겔 | 임석진
2006 대한민국학술원 우수학술도서
2005 연세대학교 권장도서 200선
2005 프랑크푸르트도서전 한국의 아름다운 책 100선
2008 서우철학상
2012 인터넷 교보문고 필독고전 100선

65·66 이정표
마르틴 하이데거 | 신상희·이선일

67 왕필의 노자주
왕필 | 임채우
2006 문화관광부 우수학술도서

68 신화학 1
클로드 레비-스트로스 | 임봉길
2007 대한민국학술원 우수학술도서
2008 『동아일보』 인문과 자연의 경계를 넘어 30선

69 유랑시인
타라스 셰브첸코 | 한정숙

70 중국고대사상사론
리쩌허우 | 정병석
2005 『한겨레』 올해의 책
2006 문화관광부 우수학술도서

71 중국근대사상사론
리쩌허우 | 임춘성
2005 『한겨레』 올해의 책
2006 문화관광부 우수학술도서

72 중국현대사상사론
리쩌허우 | 김형종
2005 『한겨레』 올해의 책
2006 문화관광부 우수학술도서

73 자유주의적 평등
로널드 드워킨 | 염수균
2006 문화관광부 우수학술도서
2010 『동아일보』 '정의에 관하여' 20선

74·75·76 춘추좌전
좌구명 | 신동준

77 종교의 본질에 대하여
루트비히 포이어바흐 | 강대석

78 삼국유사
일연 | 이가원·허경진
2007 서울대학교 추천도서

79·80 순자
순자 | 이운구
2007 서울대학교 추천도서

81 예루살렘의 아이히만
한나 아렌트 | 김선욱
2006 『한겨레』 올해의 책
2006 한국간행물윤리위원회 추천도서
2007 『한국일보』 오늘의 책
2007 대한민국학술원 우수학술도서
2012 yes24 리뷰 영웅대전

82 기독교 신앙
프리드리히 슐라이어마허 | 최신한
2008 대한민국학술원 우수학술도서

83·84 전체주의의 기원
한나 아렌트 | 이진우·박미애
2005 『타임스』 선정 세상을 움직인 책
『출판저널』 선정 21세기에도 남을 20세기의 빛나는 책들

85 소피스트적 논박
아리스토텔레스 | 김재홍

86·87 사회체계이론
니클라스 루만 | 박여성
2008 문화체육관광부 우수학술도서

88 헤겔의 체계 1
비토리오 회슬레 | 권대중

89 속분서
이지 | 김혜경
2008 대한민국학술원 우수학술도서

90 죽음에 이르는 병
쇠렌 키르케고르 | 임규정
『한겨레』 고전 다시 읽기 선정
2006 서강대학교 논술출제

91 고독한 산책자의 몽상
장 자크 루소 | 김중현

92 학문과 예술에 대하여·산에서 쓴 편지
장 자크 루소 | 김중현

93 사모아의 청소년
마거릿 미드 | 박자영
20세기 미국대학생 필독 교양도서

94 자본주의와 현대사회이론
앤서니 기든스 | 박노영·임영일
1999 서울대학교 논술출제
2009 대한민국학술원 우수학술도서

95 인간과 자연
조지 마시 | 홍금수

96 법철학
G.W.F. 헤겔 | 임석진

97 문명과 질병
헨리 지거리스트 | 황상익
2009 대한민국학술원 우수학술도서

98 기독교의 본질
루트비히 포이어바흐 | 강대석

99 신화학 2
클로드 레비-스트로스 | 임봉길
2008 『동아일보』 인문과 자연의 경계를 넘어 30선
2009 대한민국학술원 우수학술도서

100 일상적인 것의 변용
아서 단토 | 김혜련
2009 대한민국학술원 우수학술도서

101 독일 비애극의 원천
발터 벤야민 | 최성만·김유동

102·103·104 순수현상학과 현상학적 철학의 이념들
에드문트 후설 | 이종훈
2010 대한민국학술원 우수학술도서

105 수사고신록
최술 | 이재하 외
2010 대한민국학술원 우수학술도서

106 수사고신여록
최술 | 이재하
2010 대한민국학술원 우수학술도서

107 국가권력의 이념사
프리드리히 마이네케 | 이광주

108 법과 권리
로널드 드워킨 | 염수균

109·110·111·112 고야
홋타 요시에 | 김석희
2010 12월 한국간행물윤리위원회 추천도서

113 왕양명실기
박은식 | 이종란

114 신화와 현실
미르치아 엘리아데 | 이은봉

115 사회변동과 사회학
레이몽 부동 | 민문홍

116 자본주의·사회주의·민주주의
조지프 슘페터 | 변상진
2012 대한민국학술원 우수학술도서
2012 인터파크 이 시대 교양 명저

117 공화국의 위기
한나 아렌트 | 김선욱

118 차라투스트라는 이렇게 말했다
프리드리히 니체 | 강대석

119 지중해의 기억
페르낭 브로델 | 강주헌

120 해석의 갈등
폴 리쾨르 | 양명수

121 로마제국의 위기
램지 맥멀렌 | 김창성
2012 인터파크 추천도서

122·123 윌리엄 모리스
에드워드 파머 톰슨 | 윤효녕 외
2012 인터파크 추천도서

124 공제격치
알폰소 바뇨니 | 이종란

125 현상학적 심리학
에드문트 후설 | 이종훈
2013 인터넷 교보문고 눈에 띄는 새 책
2014 대한민국학술원 우수학술도서

126 시각예술의 의미
에르빈 파노프스키 | 임산

127·128 시민사회와 정치이론
진 L. 코헨·앤드루 아라토 | 박형신·이혜경

129 운화측험
최한기 | 이종란
2015 대한민국학술원 우수학술도서

130 예술체계이론
니클라스 루만 | 박여성·이철

131 대학
주희 | 최석기

132 중용
주희 | 최석기

133 종의 기원
찰스 다윈 | 김관선

134 기적을 행하는 왕
마르크 블로크 | 박용진

135 키루스의 교육
크세노폰 | 이동수

136 정당론
로베르트 미헬스 | 김학이
2003 기담학술상 번역상
2004 대한민국학술원 우수학술도서

137 법사회학
니클라스 루만 | 강희원
2016 세종도서 우수학술도서

138 중국사유
마르셀 그라네 | 유병태
2011 대한민국학술원 우수학술도서

139 자연법
G.W.F 헤겔 | 김준수
2004 기담학술상 번역상

140 기독교와 자본주의의 발흥
R.H. 토니 | 고세훈

141 고딕건축과 스콜라철학
에르빈 파노프스키 | 김율
2016 세종도서 우수학술도서

142 도덕감정론
애덤스미스 | 김광수

143 신기관
프랜시스 베이컨 | 진석용
2001 9월 한국출판인회의 이달의 책
2005 서울대학교 권장도서 100선

144 관용론
볼테르 | 송기형·임미경

145 교양과 무질서
매슈 아널드 | 윤지관

146 명등도고록
이지 | 김혜경

147 데카르트적 성찰
에드문트 후설·오이겐 핑크 | 이종훈
2003 대한민국학술원 우수학술도서

148·149·150 함석헌선집 1·2·3
함석헌 | 함석헌편집위원회
2017 대한민국학술원 우수학술도서

151 프랑스혁명에 관한 성찰
에드먼드 버크 | 이태숙

152 사회사상사
루이스 코저 | 신용하·박명규

153 수동적 종합
에드문트 후설 | 이종훈
2019 대한민국학술원 우수학술도서

154 로마사 논고
니콜로 마키아벨리 | 강정인·김경희
2005 대한민국학술원 우수학술도서

155 르네상스 미술가평전 1
조르조 바사리 | 이근배

156 르네상스 미술가평전 2
조르조 바사리 | 이근배

157 르네상스 미술가평전 3
조르조 바사리 | 이근배

158 르네상스 미술가평전 4
조르조 바사리 | 이근배

159 르네상스 미술가평전 5
조르조 바사리 | 이근배

160 르네상스 미술가평전 6
조르조 바사리 | 이근배

161 어두운 시대의 사람들
한나 아렌트 | 홍원표

162 형식논리학과 선험논리학
에드문트 후설 | 이종훈
2011 대한민국학술원 우수학술도서

163 러일전쟁 1
와다 하루키 | 이웅현

164 러일전쟁 2
와다 하루키 | 이웅현

165 종교생활의 원초적 형태
에밀 뒤르켐 | 민혜숙 · 노치준

166 서양의 장원제
마르크 블로크 | 이기영

167 제일철학 1
에드문트 후설 | 이종훈

168 제일철학 2
에드문트 후설 | 이종훈

169 사회적 체계들
니클라스 루만 | 이철 · 박여성 | 노진철 감수

170 모랄리아
플루타르코스 | 윤진

●한길그레이트북스는 계속 간행됩니다.